Unity 3D开发 从零基础到项目实战

简问 ◎ 编著

www.waterpub.com.cn

·北京·

内 容 提 要

本书通过四大篇章的讲解，全面涵盖了Unity开发从入门到实战的各方面内容。在起航篇中，通过讲解Unity引擎的基础使用，帮助读者快速上手引擎开发。在编程进阶篇中，通过C#编程、面向对象开发、设计模式、Unity引擎编程基础以及数学开发基础5个章节的讲解，为初学者建立系统的编程技能，并掌握基础的3D数学思维与引擎编程能力。在模块解构篇中，详细拆解Unity的各个子系统，包含物理、光照、动画、UI、音频和寻路等子系统，全面掌握Unity引擎的使用。最后在实战演练篇中，综合使用前三个篇章所学的知识点，通过4个实战项目训练开发能力，提升专业水平。

本书提供了121集配套教学视频，读者扫描书中二维码即可在线观看学习，也可根据前言中的相关方法下载到计算机中观看。另外，本书还提供了全书实例的代码和资源，方便读者按照书中实例操作时直接调用。

本书语言通俗易懂，案例丰富，实践性强，特别适合对游戏开发感兴趣的初学者，也可作为中高级游戏开发从业者的案头书。另外，本书还可作为相关专业培训机构、大中专院校，以及应用型本科的辅导教材。

图书在版编目（CIP）数据

Unity 3D 开发从零基础到项目实战 / 简问编著.
北京：中国水利水电出版社，2025.9 -- ISBN 978-7-5226-3660-3

Ⅰ．TP317.6

中国国家版本馆 CIP 数据核字第 20252P5A27 号

书　　名	Unity 3D 开发从零基础到项目实战 Unity 3D KAIFA CONG LINGJICHU DAO XIANGMU SHIZHAN
作　　者	简问　编著
出版发行	中国水利水电出版社 （北京市海淀区玉渊潭南路 1 号 D 座　100038） 网址：www.waterpub.com.cn E-mail：zhiboshangshu@163.com 电话：（010）62572966-2205/2266/2201（营销中心）
经　　售	北京科水图书销售有限公司 电话：（010）68545874、63202643 全国各地新华书店相关出版物销售网点
排　　版	北京智博尚书文化传媒有限公司
印　　刷	北京富博印刷有限公司
规　　格	190mm×235mm　16 开本　28.5 印张　718 千字
版　　次	2025 年 9 月第 1 版　2025 年 9 月第 1 次印刷
印　　数	0001—3000 册
定　　价	99.80 元

凡购买我社图书，如有缺页、倒页、脱页的，本社营销中心负责调换

版权所有·侵权必究

前　　言

编写背景

作为一款全球知名的实时3D内容创作平台，Unity 3D近年来展现出了强大的市场潜力和广泛的应用前景。随着虚拟现实（Virtual Reality，VR）、增强现实（Augmented Reality，AR）和混合现实（Mixed Reality，MR）等技术的快速发展，Unity 3D的应用范围不断扩大，已经渗透到影视动画、建筑设计、教育培训等多个领域。据统计，全球超过一半的游戏是使用Unity 3D开发的，其在游戏引擎领域的市场份额处于领先地位。

此外，得益于Unity 3D友好的界面设计、丰富的资源库和强大的社区支持，无论是初学者还是专业开发者，都能快速上手Unity 3D，并借助其强大的功能实现自己的创意。在游戏开发领域，Unity 3D以其出色的性能和灵活性成为众多游戏开发者的首选；在影视动画领域，Unity 3D的实时渲染和特效制作功能为影视作品提供了高质量的视觉效果；在建筑设计领域，Unity 3D可以帮助设计师快速构建3D模型，并进行实时预览和调整；在教育培训领域，Unity 3D可以创建虚拟实验室和模拟场景等，提高学生的学习效果和兴趣。

然而，在Unity 3D的学习旅程中，初学者常常面临信息过载的困境。网络上的学习资源丰富且庞杂，让人无从选择。众多视频教程和文字教程往往只聚焦于Unity 3D的某个局部功能，缺乏整体性和连贯性，使初学者难以从全局角度把握知识脉络。初学者在摸索过程中，可能会因为迷失学习方向或过度纠结于某个技术细节而耗费大量时间。

作者深知这一痛点，致力于将碎片化的知识整合成系统、连贯的学习体系。本着"容易上手，轻松学习，从零基础入门到快速学会Unity 3D项目开发"的理念，本书尝试将Unity 3D的基础知识和主流Unity项目整合在一起，帮助开发者快速、高效地掌握Unity 3D的精髓。通过学习本书，读者可以建立起对Unity 3D开发的整体认知，明确学习方向，避免走弯路，从而加速成长进程。无论是Unity 3D的初学者，还是希望进一步提升技能的中高级开发者，本书都将是你不可或缺的学习伙伴。

本书内容

本书分为四篇，共17章，系统介绍了Unity 3D从零基础到项目实战的全过程。具体章节划分及内容简述如下。

1. 起航篇：引擎初探，筑梦基石（第1、2章）

本篇主要介绍认识Unity开发和Unity基础。

认识Unity开发通过介绍职业角色、技术角度、具体与抽象这3个方面，引导读者理解开发；通过介绍Unity 3D的学习路线，指明读者的进阶方向；通过介绍Unity 3D的核心——Unity引擎，筑牢读者的基础功底。

Unity基础以Unity引擎的基础使用为主线，如Unity引擎的安装方法、视图界面、基础操作等，系统而全面地讲解其核心基础知识，帮助读者轻松掌握Unity开发的基本技能和操作要领。

2. 编程进阶篇：驾驭代码，创造世界（第3~7章）

本篇主要介绍C#编程、面向对象开发、设计模式、Unity引擎编程基础及数学开发基础。

C#编程是一门强大而灵活的编程语言，本章将介绍C#的基本语法、数据类型、变量、运算符以及控制结构等，为后续的Unity开发打下坚实的基础。

面向对象开发是一种编程范式，它强调将现实世界的事物抽象为对象，并通过对象之间的交互来实现程序的功能。本章将介绍类、对象、继承、封装和多态等面向对象的核心概念，以构建更加高效和可维护的代码。

设计模式是软件开发中的一大宝藏，是解决特定问题的最佳实践方案，经过长时间的应用和验证，被广大开发者所认可。本章将介绍一些常用的设计模式，如单例模式、抽象工厂模式、观察者模式等，并探讨它们在Unity开发中的应用场景。

Unity引擎编程基础是Unity开发的另一个关键方面。Unity引擎提供了一套强大的API和工具，用于实现游戏的各种功能。本章将介绍如何使用Unity的API进行场景管理、角色控制、物理模拟以及音频处理等，同时介绍一些常用的Unity组件和脚本编写技巧。

最后将探讨**数学开发基础**。游戏开发离不开数学的支持，无论是图形渲染、物理模拟还是AI算法，都需要数学知识的支撑。本章将回顾一些基本的数学概念，并介绍它们在Unity开发中的应用和技巧。

3. 模块解构篇：解构核心，精通系统（第8~13章）

本篇主要介绍Unity引擎的六大核心系统：物理系统、光照系统、动画系统、UI系统、音频系统及寻路导航系统。

物理系统是一套高度可配置和可扩展的模拟引擎，能够精确模拟现实世界的物理现象，如重力、碰撞、刚体动力学等。通过物理系统，开发者可以轻松创建出逼真的物理效果，为游戏增添更多的真实感和沉浸感。

光照系统拥有强大的实时渲染能力，能够模拟出各种复杂的光照环境和光影效果。无论是日光、点光源还是聚光源，Unity都能轻松应对，为游戏场景营造出逼真的光影氛围。同时，Unity还支持高级的光照技术，如阴影映射、环境光遮蔽等，进一步提升了游戏的视觉表现。

动画系统是Unity中的另一个重要组成部分。它提供了一套完整的动画解决方案，包括骨骼动画、混合动画、过程动画等。通过动画系统，开发者可以创建出丰富多样的角色动作和场景过渡效果，为游戏增添更多的生动性和趣味性。

UI系统是Unity中与玩家交互的关键环节。它提供了一套灵活的用户界面系统（User Interface，UI）框架和丰富的控件库，帮助开发者快速构建出直观易用的游戏界面。无论是菜单、按钮还是滑动条，Unity的UI系统都能轻松应对，为玩家提供流畅自然的交互体验。

音频系统也是Unity中不可或缺的一部分。它支持多种音频格式和音频效果，能够为游戏提供高质量的音效和背景音乐。通过音频系统，开发者可以营造出沉浸式的游戏氛围，让玩家更加深入地沉浸在游戏世界中。

寻路导航系统能够帮助游戏中的角色自动寻找路径并避开障碍物，实现智能的移动和交互。这一系统对于创建复杂的游戏场景和角色行为至关重要，能够大大提升游戏的可玩性和趣味性。

通过深入学习和掌握这些系统，开发者可以打造出更加精彩和逼真的游戏作品，为玩家带来前所未有的游戏体验。

4. 实战演练篇：实战破局，项目制胜（第 14~17 章）

本篇将带领读者进行实战演练，深入探讨项目综合实战、增强现实开发项目实战、虚拟现实开发项目实战以及音频可视化程序的精髓。

游戏开发项目实战是一个综合性极强、挑战性极大的环节，它要求读者将之前所学的知识和技能进行综合运用，通过详细解析项目需求、设计思路、开发流程以及关键技术，帮助读者全面理解项目开发的完整过程。通过实战演练，读者将能够综合运用所学知识，提升项目开发和团队协作能力。

增强现实技术近年来备受瞩目，它将虚拟世界与现实世界完美融合，为用户带来前所未有的体验。本章将详细介绍增强现实项目的开发流程和关键技术，包括场景搭建、交互设计、传感器应用等。通过实战操作，读者将掌握如何运用增强现实技术创建具有互动性和沉浸感的应用程序。

虚拟现实技术是一种能够创造和体验虚拟世界的计算机技术，具有极高的沉浸感和交互性。读者将学习如何构建逼真的虚拟场景、设计流畅的交互逻辑，打造令人惊艳的虚拟现实应用。

音频可视化程序是一个综合性的章节，它将本书所涉及的UI、音频与脚本等知识融会贯通。通过界面设计与分析以及音频可视化等内容，能够有效提升开发者使用Unity进行综合应用开发的能力。

本书特点

与其他同类书相比，本书具有以下特点。
（1）主流技术全，知识点分布合理连贯，方便初学者系统学习。
（2）采用"案例驱动 + 视频讲解 + 代码调试"相配套方式，提高学习效率。
（3）根据认知规律，化解知识难点，实例简短，实现轻松阅读。
（4）强调动手实践，书中配有习题，方便读者自测。
（5）配备丰富的教学资源和及时的在线服务，方便读者自学和教师教学。

资源下载

1. 资源放送

为了给读者提供完整、系统的学习体验，本书配套以下学习资源。通过这些资源的帮助和支持，读者可以更好地掌握相关知识技能、提高学习效率和成果、增强实践操作能力、拓宽视野、获得及时的技术支持，以保持竞争力。

● **题库**：赠送游戏开发经典题库，章后附有习题及答案解析。

- **教学视频**：赠送121集视频教程，直观呈现操作过程。
- **在线技术支持**：提供在线技术支持服务，确保学习无阻。
- **定期更新与补充**：根据行业发展和技术进步，定期更新和补充新内容。

2. 下载服务

读者可以通过以下方式获取资源。

- 扫描下方公众号二维码，关注"人人都是程序猿"公众号，在后台发送文字"Unity 2025"，领取学习资源。
- 加入读者QQ群1049487401，与其他读者交流学习。本书的内容勘误等情况会在群中及时发布。此外，读者还可以在此群中分享读书心得、提出对本书的建议等。

人人都是程序猿

本书约定

为了节省版面，本书的示例代码大部分是局部的，完整代码可通过公众号获取下载链接，为了提供更多学习资源，本书提供了许多参考链接。但由于链接具有时效性，本书并不保证链接中的内容永久有效，请读者谅解。

本书所示插图可能与读者实际环境的操作界面有所差别，这可能是Unity版本不一致引起的，一般不影响学习。

关于作者

简问，Unity开发领域优质内容创作者，拥有多年的游戏开发实战经验，包括端游、手游和AR等Unity项目。其创作的Unity开发系列教程在全平台累计播放量超过百万次，吸引数万开发者关注，教学内容实战性强、通俗易懂，深受广大游戏开发爱好者好评。

希望本书能成为各位读者在数字领域探索的得力助手，帮助读者在AR、游戏开发和元宇宙世界中迈出坚实的步伐。祝愿读者在阅读本书的过程中收获满满，早日实现自己的技术梦想！

目　录

起航篇：引擎初探，筑梦基石

第1章　认识Unity开发 ... 002
- 1.1 对Unity开发的三重理解 ... 002
  - 1.1.1 第一重理解：职业角色 ... 002
  - 1.1.2 第二重理解：技术角度 ... 003
  - 1.1.3 第三重理解：具体与抽象 ... 004
- 1.2 Unity开发的学习路线 ... 006
  - 1.2.1 第一阶段：引擎及编程语言 ... 006
  - 1.2.2 第二阶段：深入了解引擎子系统 ... 007
  - 1.2.3 第三阶段：项目开发及综合实战 ... 009
- 1.3 Unity引擎特点 ... 009
  - 1.3.1 组件化 ... 009
  - 1.3.2 离散化 ... 010
  - 1.3.3 循环化 ... 010

第2章　Unity基础 ... 011
- 2.1 项目搭建 ... 011
  - 2.1.1 Unity引擎安装 ... 011
  - 2.1.2 Unity项目新建 ... 015
- 2.2 Unity引擎面板介绍 ... 016
  - 2.2.1 Scene视图 ... 018
  - 2.2.2 Game视图 ... 022
  - 2.2.3 Hierarchy视图 ... 022
  - 2.2.4 Inspector视图 ... 024
  - 2.2.5 Project视图 ... 025
- 2.3 Unity引擎的基础操作 ... 026
  - 2.3.1 场景视角操作 ... 026
  - 2.3.2 常见物体操作 ... 027
  - 2.3.3 物体精确操作 ... 028
  - 2.3.4 其他常见操作 ... 029

2.4 基本物体 029
2.4.1 空物体 029
2.4.2 物体与数据 031
2.4.3 物体材质与网格 031
2.4.4 基本形体 033
2.4.5 相机物体 034

2.5 工程管理 035
2.5.1 Tag与Layer 036
2.5.2 预制体 037
2.5.3 场景文件 040
2.5.4 unitypack文件 042
2.5.5 项目目录结构 044

2.6 资源处理流程 045
2.6.1 资源导入 045
2.6.2 元数据分配 046
2.6.3 资源处理 047

2.7 本章习题 048

编程进阶篇：驾驭代码，创造世界

第3章 C#编程 050

3.1 C#语言基础 050
3.1.1 C#项目新建 050
3.1.2 代码规则与注释 051
3.1.3 变量基本概念 053
3.1.4 常见值类型 058
3.1.5 类型转换 059
3.1.6 运算符 060

3.2 条件语句 062
3.2.1 if语句 062
3.2.2 枚举类型 065
3.2.3 switch语句 066
3.2.4 异常 067

3.3 循环语句 071
3.3.1 while语句 071
3.3.2 for语句 072
3.3.3 foreach语句 074
3.3.4 跳转语句 075

3.4 程序空间 077
3.4.1 命名空间 078

	3.4.2	类	081
	3.4.3	方法	084

3.5 程序原理初探 ... 087
    3.5.1 程序运行机制 ... 087
    3.5.2 ref与out ... 093
    3.5.3 静态 ... 097

3.6 本章习题 ... 099

第4章 面向对象开发 ... 101

4.1 面向对象的基本概念 ... 101
    4.1.1 面向对象与设计思想 ... 101
    4.1.2 类与对象 ... 102

4.2 封装 ... 106
    4.2.1 字段与常量 ... 106
    4.2.2 属性 ... 108
    4.2.3 构造函数 ... 112
    4.2.4 索引器 ... 116
    4.2.5 分布类与内部类 ... 117

4.3 继承 ... 118
    4.3.1 类与继承 ... 118
    4.3.2 密封类与密封函数 ... 122
    4.3.3 虚函数 ... 123
    4.3.4 this与base关键字 ... 124

4.4 多态 ... 127
    4.4.1 多态的基本概念 ... 127
    4.4.2 抽象类与抽象方法 ... 129
    4.4.3 接口 ... 132

4.5 本章习题 ... 134

第5章 设计模式 ... 136

5.1 设计模式介绍 ... 136

5.2 设计的基本原则 ... 137
    5.2.1 单一职责原则 ... 137
    5.2.2 开放封闭原则 ... 138
    5.2.3 迪米特原则 ... 140
    5.2.4 依赖倒置原则 ... 142

5.3 具体设计模式学习 ... 143
    5.3.1 单例模式 ... 144
    5.3.2 抽象工厂模式 ... 147
    5.3.3 策略模式 ... 151

		5.3.4 观察者模式 154
5.4	本章习题 157

第6章 Unity引擎编程基础 158

6.1	Unity引擎编程入门 158
	6.1.1 在Unity中新建C#脚本 158
	6.1.2 Unity引擎组件化系统的类结构 159
	6.1.3 Unity 3D引擎的生命周期函数 160
	6.1.4 MonoBehaviour类 163
	6.1.5 组件之间的交互 164
6.2	Unity 3D引擎的常用数据类型 167
	6.2.1 Vector3 167
	6.2.2 Transform 169
	6.2.3 GameObject 172
	6.2.4 Time类 176
6.3	内容加载 179
	6.3.1 物体实例化 179
	6.3.2 本地资源加载 182
	6.3.3 场景加载与退出 184
6.4	Input接口与Debug接口 187
	6.4.1 Input系统 187
	6.4.2 Debug系统 193
6.5	本章习题 198

第7章 数学开发基础 199

7.1	矢量运算 199
	7.1.1 矢量运算的基本概念 199
	7.1.2 Unity中的矢量运算 203
7.2	角与四元数 205
	7.2.1 角与四元数的基本概念 205
	7.2.2 常见旋转方式 208
	7.2.3 Unity中的四元数 210
7.3	简单数学运算 212
7.4	插值计算 214
7.5	本章习题 218

模块解构篇：解构核心，精通系统

第8章 物理系统 ... 220

- 8.1 物理系统基础 ... 220
  - 8.1.1 基于物理与反物理的设计 ... 220
  - 8.1.2 Unity中的物理系统 ... 222
- 8.2 碰撞系统 ... 224
  - 8.2.1 碰撞体 ... 224
  - 8.2.2 碰撞检测 ... 226
  - 8.2.3 触发器检测 ... 229
  - 8.2.4 射线检测 ... 230
  - 8.2.5 物理调试界面 ... 232
- 8.3 刚体动力学系统 ... 233
  - 8.3.1 刚体动力学基础 ... 234
  - 8.3.2 刚体 ... 235
  - 8.3.3 物理材质 ... 241
- 8.4 角色控制器 ... 242
- 8.5 本章习题 ... 246

第9章 光照系统 ... 247

- 9.1 基本光源类型 ... 247
  - 9.1.1 灯光组件 ... 247
  - 9.1.2 四种基本的光源类型 ... 248
  - 9.1.3 自发光材质 ... 249
  - 9.1.4 天空盒 ... 252
- 9.2 光源进阶设置 ... 253
  - 9.2.1 光源剪影 ... 253
  - 9.2.2 光源阴影 ... 254
  - 9.2.3 光源资源管理器 ... 256
- 9.3 光照烘焙 ... 256
  - 9.3.1 光照贴图概念 ... 257
  - 9.3.2 光照参数设置 ... 258
- 9.4 光与探针 ... 259
  - 9.4.1 光照探针 ... 259
  - 9.4.2 反射探针 ... 261
- 9.5 灯光布置 ... 262
  - 9.5.1 视觉传达的逻辑 ... 262
  - 9.5.2 阴影 ... 263
  - 9.5.3 光源的方向 ... 264

	9.5.4 光源的尺寸	266
	9.5.5 光源与物体之间的距离	266
	9.5.6 颜色	267
9.6	本章习题	269

第10章 动画系统 270

10.1	动画基础	270
	10.1.1 角色动画的发展历史	270
	10.1.2 Unity动画系统的核心框架	272
10.2	动画片段	272
	10.2.1 动画片段基础	273
	10.2.2 动画事件	277
	10.2.3 动画曲线	279
10.3	动画状态机	282
	10.3.1 动画控制器	282
	10.3.2 子状态机	285
	10.3.3 混合树	287
	10.3.4 动画层	290
10.4	可复用角色动画	292
10.5	本章习题	295

第11章 UI系统 296

11.1	UI基础概念	296
	11.1.1 UI的设计原则	296
	11.1.2 画布	297
	11.1.3 轴心与锚点	302
11.2	UI基本元素	304
	11.2.1 文本UI	304
	11.2.2 图片	309
	11.2.3 按钮	311
	11.2.4 开关	316
11.3	UI交互元素	319
	11.3.1 输入框	320
	11.3.2 滑动条	323
	11.3.3 滚动条	325
11.4	本章习题	328

第12章 音频系统 329

12.1	音频系统介绍	329
12.2	音频系统基础	329

	12.2.1	音频格式	329
	12.2.2	音频片段组件	331
	12.2.3	音频源	332
	12.2.4	三维空间音频	335
12.3	音频混音器		336
	12.3.1	混音器基础	337
	12.3.2	混音器界面介绍	337
	12.3.3	混音器脚本相关内容	342
	12.3.4	混音器音效	344
12.4	音频录音与采样		347
	12.4.1	游戏内录音	347
	12.4.2	音频采样	349
12.5	本章习题		350

第13章 寻路导航系统 351

13.1	寻路导航系统基础		351
13.2	导航网格		351
	13.2.1	可行走区域与寻路算法	351
	13.2.2	导航网格烘焙	353
13.3	寻路组件		355
	13.3.1	代理组件	355
	13.3.2	障碍组件	358
	13.3.3	外链接组件	359
13.4	本章习题		360

实战演练篇：实战破局，项目制胜

第14章 游戏开发项目实战 362

14.1	需求分析与项目准备		362
	14.1.1	需求分析	362
	14.1.2	项目准备	364
14.2	人物控制系统		366
	14.2.1	基础移动实现	367
	14.2.2	运动间隔限制	371
	14.2.3	相机视角控制	372
14.3	项目核心功能框架		373
	14.3.1	功能块框架	374
	14.3.2	流程控制框架	378
14.4	功能块的核心功能		383

14.4.1 功能块触发 383
 14.4.2 功能块的锁定与解锁 386
 14.4.3 锁定时人物移动限制 388
 14.4.4 功能块破坏 395
 14.4.5 功能块类型创建 397
14.5 能量系统实现 399
14.6 音频系统实现 403
14.7 美术资源接入 407
14.8 项目导出 409

第15章 增强现实开发项目实战 411
15.1 增强现实简介 411
15.2 Vuforia基本概念 411
15.3 Vuforia开发实战 413
 15.3.1 在项目中导入Vuforia 413
 15.3.2 密钥创建与图像目标激活 415
 15.3.3 倒计时逻辑实现 418

第16章 虚拟现实开发项目实战 421
16.1 虚拟现实基本概念 421
16.2 虚拟现实项目环境配置 421
16.3 虚拟现实场景创建 425
16.4 虚拟现实项目实现 428

第17章 音频可视化程序开发实战 434
17.1 项目准备 434
17.2 交互界面 435
17.3 音频可视化脚本实现 437
17.4 交互事件实现 439

1

起航篇

引擎初探,筑梦基石

第 1 章 认识 Unity 开发

> **内容概述**
>
> 在初次学习使用 Unity 开发时,首先需要对这个复杂且系统的开发工程有一个全面的认识,即明确 Unity 开发的流程、需要学习的知识,以及这些知识之间的关系和层次。在建立对 Unity 开发所需技术的高层次认知后,再深入每个子系统中了解其具体内容、作用和原理。

1.1 对 Unity 开发的三重理解

随着学习的深入,读者会认识到Unity引擎,乃至其他类似的引擎工具,都可用于抽象表述真实世界的各个层面。这种抽象的特点使它具有不同于现实世界的互动形式,要求初学者在学习时采用新的思维方式来理解和应用它。为了详细介绍Unity开发这个主题,接下来将从初学者关心的3个方面进行讲解。

1.1.1 第一重理解:职业角色

Unity工程师在团队中主要扮演程序员的角色,负责编写产品的逻辑脚本、实现各项功能,以及创造视觉效果因为。因为不同团队开发的产品类型有所不同,所以其内部的职业分工会呈现出显著的差异。每个团队都会根据自身的产品特点和需求,细化出不同的职业角色和职责,如图1.1所示。

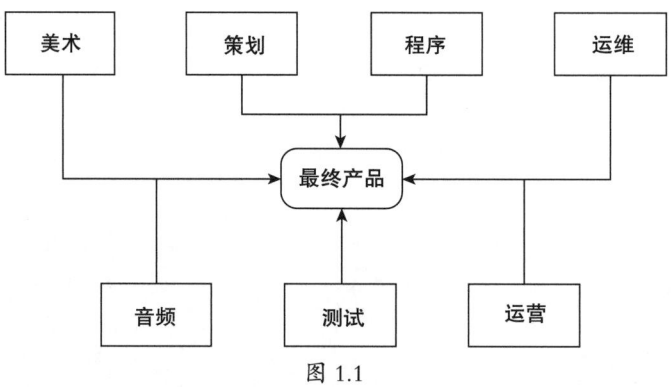

图 1.1

对于大多数Unity工程师而言,除了基础的编程技能与算法能力外,他们还需掌握更多涉及游戏引擎的编程技能。在商业产品的开发过程中,一般的Unity工程师更侧重于多个框架和系统之间的灵活组合与集成。他们依赖于迅速整合工具和运用专业技能的能力,以最小的成本、最高的效率达成项目目标。这通常意味着,大多数的Unity工程师不必对某个特定技术或底层原理有深入透彻的研究,而只需掌握如何将

1.1.2 第二重理解：技术角度

下面将对几种常见技术进行简单介绍，帮助读者理解Unity开发的内涵。

1. 引擎

引擎是一个集成了多种已实现功能的软件框架。Unity引擎的开发者为Unity工程师提供了一系列子系统及对应工具，Unity工程师们只需使用这些工具进行复用与开发。简而言之，引擎是一个高度集成的开发平台，它封装了开发过程中所用到的多种工具。通过引擎，Unity工程师可以不用"从头造轮子"，从而快速地设计出心仪的产品。

> **提示：**
> Unity引擎的学习可以分为两个部分：一是引擎基础操作的学习，这主要在第2章中讲解，要求熟练掌握Unity引擎的界面，了解各个功能模块的操作及其背后的意义，从而熟悉Unity引擎的整体使用；二是各个子系统API的学习，这部分内容主要在模块解构篇中详细讲解。Unity引擎是对于现实世界的抽象，为了达成这种抽象，需要各个模块提供对应的API。这是API实现各种效果的核心工具，因此需要重点学习。

2. 常见编程语言

在Unity及其他相关开发领域，常见的编程语言包括C++、C#和Lua。虽然Java和PHP在客户端直接编程的应用相对较少，但在涉及网络功能时，它们也常被采用。本书的编程主要是指编写实现客户端效果展示的代码。限于篇幅，本书将重点介绍C#相关的内容，并在编程进阶篇中详细讲解，要求读者掌握C#的基本概念，熟练使用C#的基础语句，然后结合具体的设计思想，探讨如何根据特定需求设计常见的业务模式和架构。

> **提示：**
> C++、C#和Lua各有其独特优势，并经常结合使用。例如，在基于Unreal平台开发时，开发者可以利用C++处理高性能部分，同时借助Lua开发速度优势来加快逻辑部分的实现；而在基于Unity平台开发时，C#与Lua的结合则常被用于实现游戏的热更新功能，这一做法不仅提升了开发效率，还增强了游戏开发的灵活性。

3. 计算机图形学

无论是多么复杂的画面，其本质依然是由无数的0和1组成的二进制序列。但令人惊奇的是，计算机这个复杂的系统能够通过层层抽象，将这些底层的二进制代码转化为我们在屏幕上看到的生动画面。那么，计算机是如何实现这一神奇转变的呢？这背后涉及的学科就是计算机图形学。它研究如何将这些底层的数学公式、计算数据转化为屏幕前的图像，让我们能够在屏幕上看到真实的画面。简而言之，计算机图形学就是探索计算机如何"画出"虚拟世界的科学。图1.2所示为一种可编程渲染管线的示例。

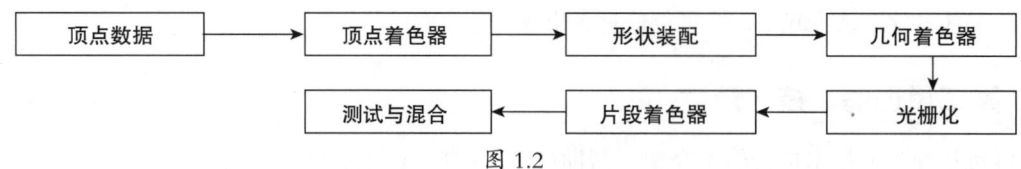

图 1.2

画面渲染、物理模拟、动画处理、流体模拟、光线追踪等，这些技术共同构建了虚拟现实中的世界。在进行Unity开发时，如果想对引擎中的画面进行深度开发和优化，以创造出更风格化的效果，就必须对产品最终要呈现的画面有深度理解。虽然本书不会深入讲解计算机图形学，但在学完Unity引擎的基础内容后，读者可以自行深入了解计算机图形学的基础知识。

4. 数据结构与算法

信息的有效组织是确保信息高效利用的关键。在计算机世界中，如何整合与管理信息是一个核心课题。采用适当的数据结构与算法来管理信息是有效解决方案之一。从计算机内存到数据库系统，再到机器学习与图像处理，都能看到数据结构与算法的身影。

例如，基于图的A*算法可以实现场景的动态寻路，四叉树算法则可以实现空间的有效加载与划分，这些都是较为复杂的算法实例。此外，常见的排序算法、基础数据结构（如队列、栈）等，也在计算机领域中被广泛应用。

对于程序员而言，掌握数据结构与算法是入门的标志。在进行Unity开发时，虽然开发者通常不需要从头开始实现这些算法，但深入了解它们的基本原理和调用标准库的方法，对于提升代码编写能力具有重大意义。因此，掌握基本的数据结构与算法知识对于任何一名追求进步的程序员都是必不可少的。

5. 设计模式

在学习编程的初期，设计模式可能不是学习焦点。然而，设计模式却是编写高质量、符合工程标准代码的关键要素，而这也是新手程序员容易忽视的重要方面。在一个产品的代码架构中，存在大量的代码和数据，这就需要我们运用一定的规则和模式，对数据进行有效的组织，对方法进行合理的架构与封装，这便是设计模式与软件架构所要探讨的核心内容。通过深入理解和掌握这些概念，读者可以更好地构建出稳定、高效、可维护的软件系统。

设计模式是指GoF（指Erich Gamma、Richard Helm、Ralph Johnson 和 John Vlissides四人，又称四人组）在 *Design Patterns*: *Elements of Reusable Object-Oriented Software*（《设计模式：可复用面向对象软件的基础》）一书中提出的23种基本模式。这本书中还提到了一些概念，如解耦合、职责、应对变化等。通过学习设计模式，读者可以加深读者对于计算机工程组织的理解，避免写出"不可维护的代码"。

1.1.3 第三重理解：具体与抽象

计算机中的一切都是由抽象构建出来的。**计算机科学中遇到的所有问题都可通过增加一层间接性来解决**（All problems in computer science can be solved by another level of indirection）。这句话是计算机科学家David Wheeler的名言。这句话指引出一个计算机工程的重要特点：计算机科学就是一门抽象的学科。

简而言之，抽象就是将复杂事物简化成更易于理解和操作的形式。在计算机领域，抽象是一种强大的工具，它帮助我们更好地与机器交流。

汇编语言是机器语言的一层抽象，它让工程师们可以使用人类更易于理解的符号来指挥计算机，而不是直接面对那些复杂难懂的0101代码。C语言则是对汇编语言的进一步抽象，它使程序员能够更专注于逻辑本身，以更符合人类思维的方式来编写代码。这就好比我们使用高级编程语言，而不是直接操作机器语言，使得编程工作变得更加高效和直观。操作系统和标准库则更进一步，它们对常用功能进行了封装和抽象，为程序员提供了一个稳定且高效的平台。图1.3所示为各层次之间的关系模型。

这样，程序员们就可以专注于实现应用程序的功能，而无须过多关注底层的内存管理、虚拟化等复杂问题。

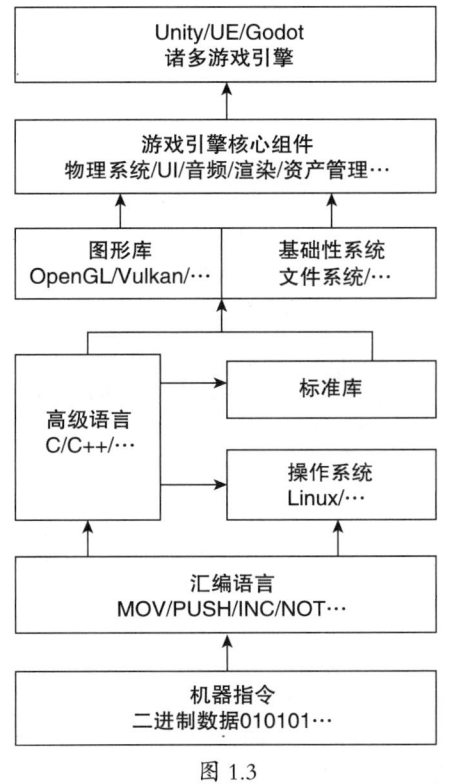

图 1.3

> **提示：**
>
> 而当我们谈论图形编程时，OpenGL、DirectX、Vulkan等技术就是在操作系统和硬件所提供的基础上进行的抽象。它们为我们构建出了图形应用程序接口，使得程序员能够方便地绘制3D画面，构建3D环境中的网格、材质，甚至计算场景中的阴影和反射效果。这就像我们有了画笔和颜料，就可以轻松地绘制出美丽的画作一样。

通过这些层层的抽象，我们得以更加高效、便捷地与计算机交流，实现各种复杂的功能。这也是计算机科学能够不断进步的重要原因之一。

而游戏引擎以及本书所讲解的Unity引擎就是建立在以上经过抽象的系统之上。这些引擎巧妙地将各种功能整合在一起，除了负责渲染出逼真的画面，还管理各种文件资源、运行脚本系统、接入了物理引擎等，通过这些层层的抽象和整合，开发者无须再去关注文件系统、图形渲染等底层细节，也不需要直接在操作系统上进行开发。通过将各种子系统进行封装，最终创造出了一个栩栩如生的虚拟世界。

举个例子，Unity引擎中的资产系统负责管理游戏中的美术资源、场景信息等数字资产，但它依赖于引擎的平台独立层来工作。这个平台独立层负责适配不同的操作系统，因为每个操作系统都有自己的系统指令。当资产系统需要在电脑磁盘上进行文件操作时，它会通过平台独立层来适配不同的操作系统，并调用系统指令来完成这些操作。图1.4所示为各层之间的关系。

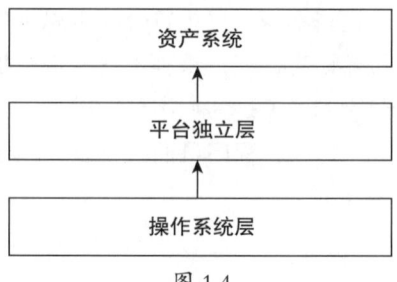

图 1.4

这种层次关系使得各个部分之间解耦合，各自负责自己的职责。当资源系统需要访问平台独立层时，它只需要调用相应的接口，平台独立层就会按照操作系统的指令，将数据存储在文件系统中。无论是从上层发出的命令，还是从底层回传的数据，每个层次都会执行自己的职责，对数据进行处理。这样，当数据从资源系统传入平台独立层时，平台独立层并不需要关心上层要实现什么功能，它只需做好自己分内的事情就可以了。

通过这种巧妙的层次设计和解耦合，引擎能够构建出稳定且高效的接口，使得开发者能够更加专注于实现游戏的核心逻辑和创意，而不需要过多关注底层细节。

> **提示：**
>
> 　　如果没能深入理解上面提到的例子也无须担心，关键在于领悟其背后的逻辑，即在Unity引擎中构建的一切是由一层层抽象堆叠而成的。在学习如何使用Unity引擎开发庞大且绚丽的虚拟世界时，可以按照以下3个层次，有条不紊地推进。
>
> 　　（1）熟悉不同高层次接口的使用：通过掌握高层次接口的使用，快速地实现目标效果，了解子系统具体的使用方式以及设计目的。
>
> 　　（2）了解各个层次系统的实现：对于各个层次的设计有更进一步的认识，了解它们在系统中所处的位置，并进一步构建或修改自己的子系统。
>
> 　　（3）构建从抽象到具体的思维：通过对于不同层次的了解，掌握一种解决具体问题的能力，通过把问题抽象成引擎的不同层次，实现从抽象的知识到具体代码的过程。

1.2 Unity 开发的学习路线

本节主要讲解Unity工程师所需掌握的不同层次的技术，通过构建一个清晰的知识结构框架，以帮助读者更好地规划学习路径并有效提升专业技能。

1.2.1 第一阶段：引擎及编程语言

第一阶段的核心目的就是帮助零基础的读者学会使用一个强大的工具，在面对具体需求时，实现从抽象的、模糊的自然语言思维向具体的、可用代码描述的形式化思维的转变。为了达成这一核心目的，需要筑牢两个坚实的基础：一是熟悉引擎的基础操作（见第2章）；二是掌握编程语言（见第3~7章）。

对于该阶段的学习，确保学习内容的连续性至关重要。系统性地掌握这些知识，一方面能为后续学习奠定坚实的基础，另一方面能有效降低第二阶段的学习压力，从而加速Unity的学习进程。

1.2.2 第二阶段：深入了解引擎子系统

一旦掌握了基础的语言特性和引擎操作后，开发者就如同获得了构建虚拟世界内容的新技能。为了更精细地呈现和开发虚拟世界的各个部分，接下来将聚焦于每个子系统，系统性地讲解其相关概念和接口。既然要开展系统性学习，首要任务就是明确需要学习的系统，如图1.5所示。这样，读者便能更加条理分明地推进学习进程，逐步掌握构建虚拟世界的必备知识。

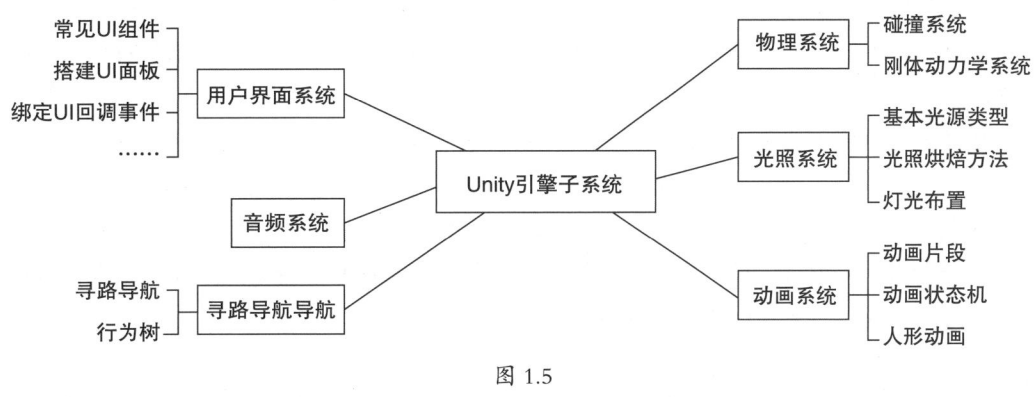

图 1.5

1. 物理系统

Unity中的物理系统主要包括**碰撞系统**和**刚体动力学系统**，这两个系统之间既相互协同工作，又在一定程度上保持独立。根据产品类型的不同，对于这两个系统的使用频率也有所不同。

碰撞系统是用于处理对象之间碰撞和互动的关键组件。**碰撞体**用于定义物体的形状（如盒状碰撞体、球状碰撞体等），从而检测物体之间的碰撞。**触发器**则用于触发事件，如触发特定脚本中的方法。碰撞事件允许开发者对碰撞做出响应，执行自定义行为，如播放声音、增加分数等。**碰撞系统**提供的对于空间中交互的基础描述，使得物理行为拥有了几何基础。

刚体动力学系统负责模拟对象的物理运动和力学效果。通过将**刚体**附加到对象上，可以模拟物理运动，使对象能够受到力、重力和碰撞的影响，实现真实的物理模拟。刚体的应用让对象能够依据物理规律进行移动或旋转。

> **提示：**
> 在学习物理系统时，将重点学习这两大物理系统的相关核心组件。通过深入了解不同物理类的属性，来实现各种各样与物理相关的逻辑。物理系统是Unity开发的核心系统之一，其中包含的各项内容值得读者深入研究和学习。

2. 光照系统

在现实世界中，能够看到五彩缤纷的世界，其原因就是光线通过物体表面的反射传入人的眼睛中，进而获得不同的光照信息。在虚拟世界中，光照同样是不可或缺的重要组成部分。即使是一个非常简单的场景，通过高质量的光线追踪技术，也可以让画面展现出非凡的高级感和真实感。

光照系统的学习分为3个基础部分：①**基本光源类型**；②**光照烘焙方法**；③**灯光布置**。了解基本光源的属性与构成，学习如何对其进行设置，并最终获得精致的光照效果。

3. 动画系统

场景中的角色移动、建筑摧毁，以及界面交互等，都经常需要搭配动画系统来使画面效果更加自然。

动画系统的基础内容主要分为3个部分：①**动画片段**；②**动画状态机**；③**人形动画**。

动画片段是对象上的关键帧动画，由多个关键帧组成，用于定义对象的运动、外观和互动。关键帧代表特定时间点的状态，使用插值的技术确保了平滑的状态过渡。

动画状态机可以用于管理对象的动画状态和过渡，每个状态表示一个特定动画或行为，而过渡则定义了状态之间的条件和方式。

人形动画涵盖了可复用角色动画、逆向动力学和角色控制。其中，可复用角色动画使用可通用的骨骼系统来控制角色的动作，通过这套骨骼系统，可以灵活快速地实现包括角色移动、跳跃和交互等方面的动画自然过渡。

这些关键概念共同构建了Unity中的动画系统，为开发人员提供了丰富的工具和技术，以创造引人入胜的游戏体验，无论是卡通风格还是更加真实感十足的虚拟世界。

4. 用户界面系统

用户界面（User Interface，UI）的学习是个大课题。在基础学习阶段，首先，需要了解常见UI组件、搭建UI面板、绑定UI回调事件；然后，需要学习UI代码框架及不同的UI系统。

> **提示：**
> 限于篇幅，本书主要讲解UGUI的操作及常用脚本的内容，更加进阶的知识可以在学习完基础内容后，在实际的工作场合中结合业务逻辑进行深入的理解。

5. 音频系统

音频系统的内容相对而言比较独立，知识点比较散。首先，要掌握Unity中所提供的基础音频组件，包括音频片段、音频源等。然后，在对音频有了控制能力后，需要了解混音器、音频录制、编码的基础知识等。

6. 寻路导航系统

寻路导航系统是用于解决场景中角色动态寻路问题的系统。Unity内置了一套基于A*算法的寻路导航系统，使得角色能够在场景中快速找到最优的路径、避开障碍物，并确保角色能够以最高效的方式移动到目的地。开发者可以通过Unity的导航组件设置导航网格、定义障碍物和可行走区域，使角色能够智能地穿越游戏世界，可以让开发者非常简单地实现寻路的功能。

1.2.3 第三阶段：项目开发及综合实战

基本了解Unity的各个子系统后，就可以进入项目开发及综合实战部分。这一阶段的主要目的是综合使用各个子系统中的技术，并结合具体的编程思想，将其整合成完整的项目。

这部分主要规划了3部分内容：项目综合实战、增强现实开发实战、虚拟现实开发实战。

项目综合实战将以开发一款能在PC端完整运行的游戏为目标，综合运用Unity的各个子系统。从需求分析开始，逐步设计出项目的架构和所需技术，并通过实际开发这款游戏的方式，全面掌握Unity开发。

增强现实开发实战和**虚拟现实开发实战**属于扩展的知识内容。事实上，它们大多不需要专门进行系统的学习。在掌握第一阶段和第二阶段的内容后，如果读者想要切换为AR或VR的开发，只需额外学习相应AR/VR平台提供的API和平台配置，便可满足开发需求。这些扩展内容对开发者没有严格的要求，只需对业务层面的熟练度。在这两部分扩展内容中，将分别通过两个项目详细讲解所需使用的接口、平台配置，以帮助开发者快速入门AR或VR开发。

1.3 Unity 引擎特点

在学完前面的内容后，相信读者对引擎的作用有了基本认识。接下来，介绍引擎的3个重要特点：组件化、离散化和循环化。

> **提示：**
> 引擎的各个子系统之间存在一些共通点，这些共通点正是引擎的鲜明特点，它们会贯穿于不同系统的学习过程中。一旦掌握了这些共通点，读者就能更加迅速地理解各个知识点之间的联系，从而在学习的过程中更加得心应手，事半功倍。

1.3.1 组件化

引擎的第一个特点是组件化，也是3个特点中最重要的一个。

组件化这个词来源于一种编程范式：面向组件开发。**面向组件编程**（Component-Based Programming）是一种编程范式，其起源于面向对象编程范式之上，并逐渐发展为一种独立的编程范式。在这种范式中，每个组件代表系统的一部分功能，它们可以被单独开发和维护，随后组合在一起以构建更为复杂的系统。这种方法有助于提高代码的可维护性、可扩展性和重用性。

类似于面向对象编程范式，面向组件编程和面向对象编程都是解决软件系统复杂度这一主题。只不过当两者进行开发时，对于抽象问题的处理方法不同。**面向对象编程着重于处理不同的模块中类之间的关系，而面向组件编程则着重于可独立工作的、可被替换的程序模块，以确保开发者在使用时完全无须了解其内部的具体实现**。如果将面向对象开发的工作比作工程师利用不同的积木来搭建高楼大厦，那么面向组件开发的工程师就是在平地上设计不同的积木。

> **提示：**
>
> 在Unity引擎开发中，API的应用是基于面向组件编程的核心理念。对于初学者来说，学习Unity的过程在很大程度上就是掌握并运用不同组件的使用方法。通过熟悉组件提供的方法和属性，并按照一定的语法规则进行组合，就能构建出简单的程序。组件化思维是一种高效且通用的学习方法，一旦掌握，将极大地缩短不同引擎系统的学习时间。在后续内容中，读者将频繁接触到这一重要思维。

1.3.2 离散化

引擎的第二个特点是离散化。对于离散化而言，比较学术化的定义是将**无限空间内容中的有限个体映射到有限的空间中**。例如，现实世界中的任意一条线段，都可以看作是一个连续且无限的信号，每一部分都可以被无限细分。而如果在这条无限的线段中取一个有限的个体，如对局部进行采样，用十个点或其他有限个数值来表示这个线段的不同部分，就是完成了在无限空间内容中取得有限个体，进而达成有限空间的过程。

虚拟世界中的所有画面看似拥有连续且无限的内容，但这些内容都是隐藏在数字之下、开发者精心营造出来的表象。在计算机中，所有被处理的数据都是离散化的数据。所有运行着的软件，包括逻辑运算、特效展示、动画播放与插值、音频等内容，都是由不同帧率的连续图像信号所构成，并以多种形式的离散数据存储在内存中。当计算机想要模拟类似的过程时，永远是要以某种离散的形式来进行。这种离散化的思想可以帮助开发者从数学的角度对需求进行建模，并思考如何模拟该需求达成行为：在具体的一个个帧循环中，通过一帧帧的逻辑计算、画面渲染达成最后的效果。

1.3.3 循环化

引擎的第三个特点是循环化，它是离散化特性的延伸。任何游戏功能的实现都必须嵌入到特定的循环结构中。这包括掌控整体游戏流程的主循环、处理物理计算的物理循环、负责图像绘制的渲染循环，以及负责界面更新的UI循环等。这些循环机制相互协作，推动游戏逻辑发展，从而营造出接近现实世界的线性时间感。

归根到底，虚拟世界是一门互动的艺术。它是实时的、动态的计算机模拟，当互动行为发生时，用户的互动行为会触发引擎的不同系统，而这些系统因为其各自计算的特点，经常会有不同频率的时间循环。例如，动画系统可能需要60Hz的更新频率来保证动画的流畅运行，而寻路导航系统（人工智能系统）则只需要1~2Hz来实现。这个区别就源自如何理解循环化这一特点：什么样的循环特征可以满足某一系统或者功能的效果实现？如果一开始就建立了这种循环化的认知，则在后续的编程实践中它将为你提供宝贵的指导。

第 2 章 Unity 基础

> **内容概述**
>
> Unity 引擎是后续开发工作的根基,因此对其操作、界面及基本构成的了解,无疑是学习开发的首要任务。本章将深入剖析 Unity 的基础知识,涵盖场景设置、美术资源管理、基本操作技巧及视图功能等核心要点。
>
> 对于 Unity 初学者而言,本章内容尤为关键,建议反复研读,以奠定坚实的学习基础。

2.1 项目搭建

本节主要介绍如何安装Unity引擎,随后详细讲解在Unity Hub中如何创建与配置项目,并介绍一些新手在创建项目时可能遇到的常见问题。

2.1.1 Unity 引擎安装

Unity引擎安装主要分为3步。

1. 下载 Unity Hub

在浏览器中搜索Unity,进入图2.1所示的界面,单击"下载Unity"按钮;在图2.2所示的界面中,单击"下载Unity Hub"按钮;在图2.3所示的界面中,安装与自己的计算机所对应的版本。

扫一扫,看视频

图 2.1

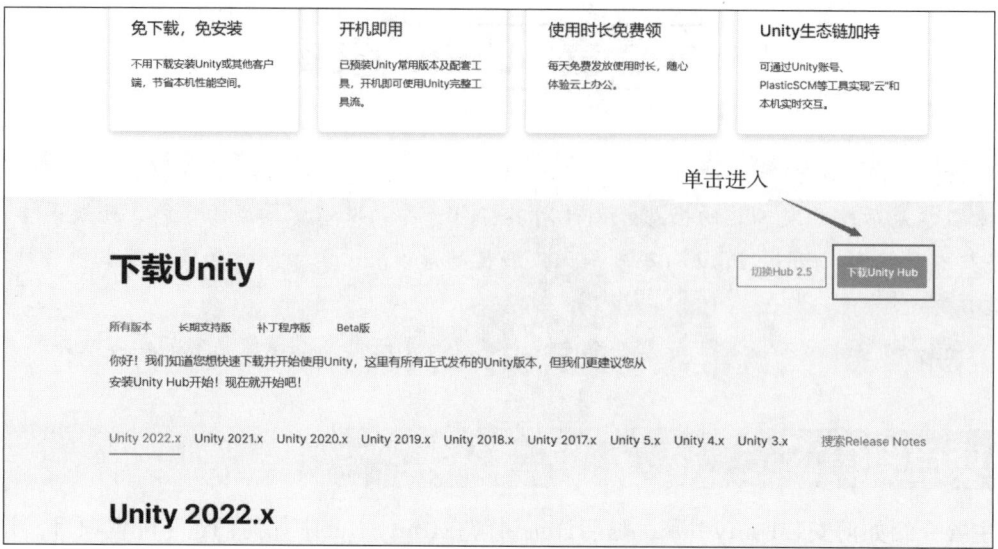

图 2.2

> **提示：**
> 如果之前未注册过 Unity 账号，则需要先使用邮箱或手机号注册一个 Unity 账号，如图 2.4 所示。此账号可用来在 Unity Asset Store 中购买资源，或者创建云端项目。

图 2.3

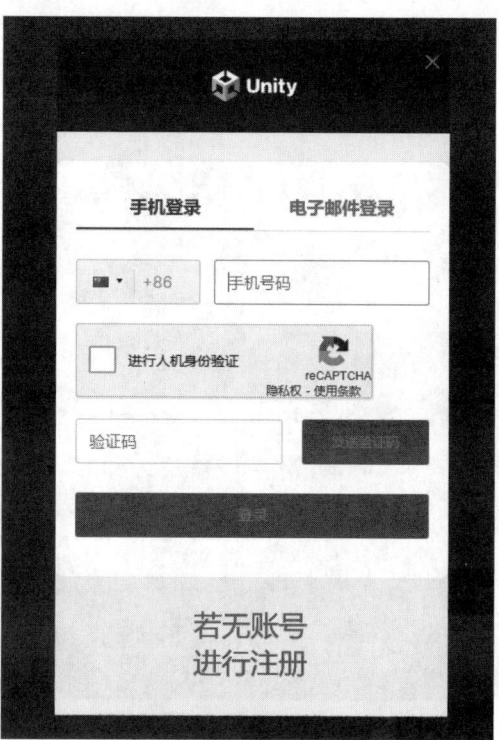

图 2.4

2. Unity Hub 设置

双击Unity Hub图标，进入Unity Hub界面，该界面有4个部分需要关注，如图2.5所示。

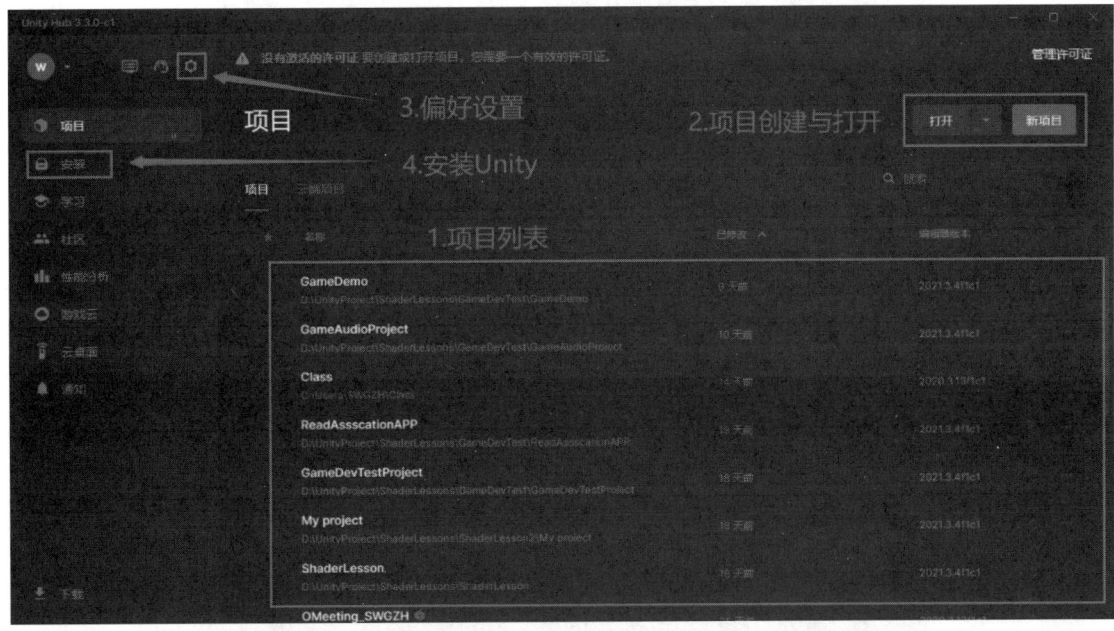

图 2.5

> **⚠ 警告：关于版本切换**
>
> 在使用高版本Unity打开低版本Unity时，引擎可能会自动完成API的更新，也有可能直接加载缺少的资源插件或进行对应的升级。然而，更常见的情况是出现大量的报错，提示资源不存在或显示其他错误信息。因此，如果无必要，尽量不对已有项目进行频繁的版本切换。

（1）"项目列表"模块：用于展示所有创建的Unity项目名称、修改时间和对应的编辑器版本。如果想更改项目的编辑器版本，可以单击版本按钮，如图2.6所示。

图 2.6

（2）"项目创建与打开"模块：用于从本地选择已有项目或者创建新项目。

（3）"偏好设置"按钮：用于设置项目、安装、外观、许可证等，如图2.7所示。Unity Hub每隔一段时间便会要求更新一次许可证，读者可在此界面中选择对应的许可证类型进行更新。

（4）"安装"选项：用于查看目前已安装的Unity版本，以及安装其他Unity版本，如图2.8所示。

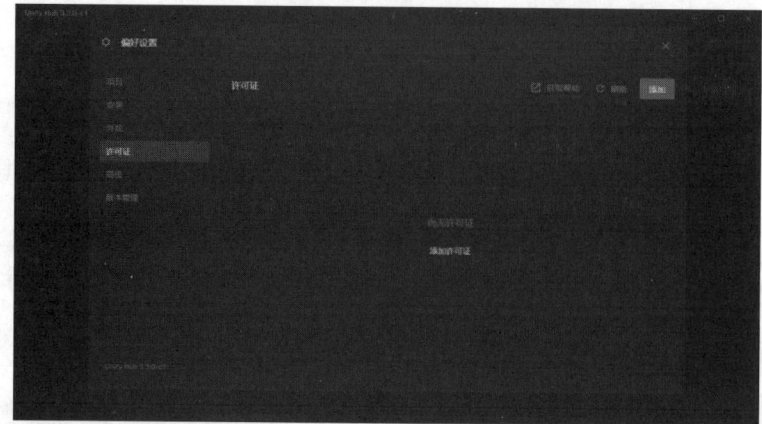

图 2.7

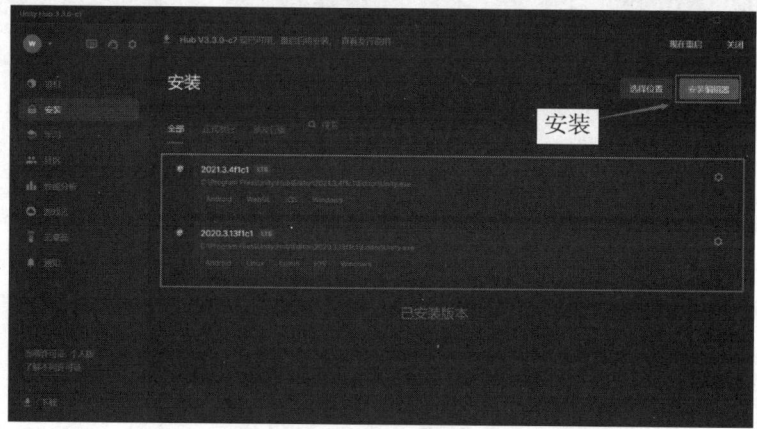

图 2.8

3. Unity 安装

单击Unity Hub界面中的"安装"选项,进入"安装"界面;然后单击"安装编辑器"按钮,进入"安装Unity编辑器"界面,如图2.9所示。选择目标编辑器版本(本书使用2021.3.13f1c1 LTS版)进行安装,进入"安装Unity 2021.3.13f1c1 LTS"界面,如图2.10所示。

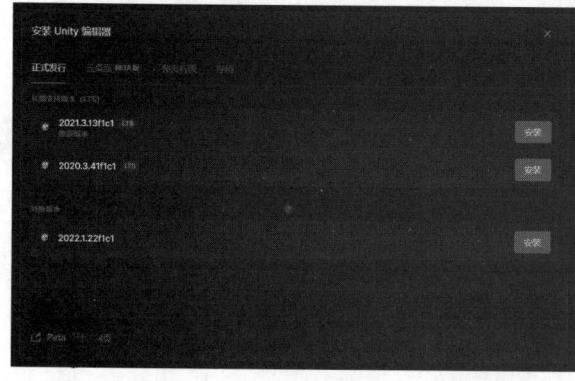

图 2.9   图 2.10

> **提示：**
> 如果不需要使用Unity的最新功能，推荐安装LTS版本，即长期支持版。此版本具有更高的稳定性，并且官方会提供更长时间的支持与维护。

选择Unity要使用的开发工具、导出平台、语言等，然后单击"安装"按钮。

> **提示：**
> - 开发工具：用于编写脚本的重要工具。如果已经安装过如VS Code等集成开发环境（IDE），可以在Unity编辑器中设置这些外部工具。如果尚未安装或希望重新安装开发工具，可以在开发工具栏中安装Unity官方支持的Visual Studio。
> - 导出平台：Unity引擎相较于其他同类工具，拥有显著的跨平台优势。如果要将项目部署至其他平台，只需简单勾选相应的平台版本即可。针对Linux平台的导出，还可以选择使用Mono或IL2CPP作为脚本后处理方式。
> - 语言：推荐使用英文。主要原因有两方面：一方面，网络上的大部分教程都是用英文演示的，使用英文版更便于查找和学习项目资料；另一方面，Unity界面涉及的复杂英文单词相对不多，很多单词翻译成中文后可能会失去原意或造成理解上的困扰。

2.1.2 Unity 项目新建

Unity引擎安装成功后，即可创建Unity项目。在Unity Hub主界面中单击"新项目"按钮，进入模板选择界面。该界面需重点关注4个模块：核心模板模块、不同渲染管线下的核心模板模块、项目设置模块和版本控制软件模块，如图2.11所示。

扫一扫，看视频

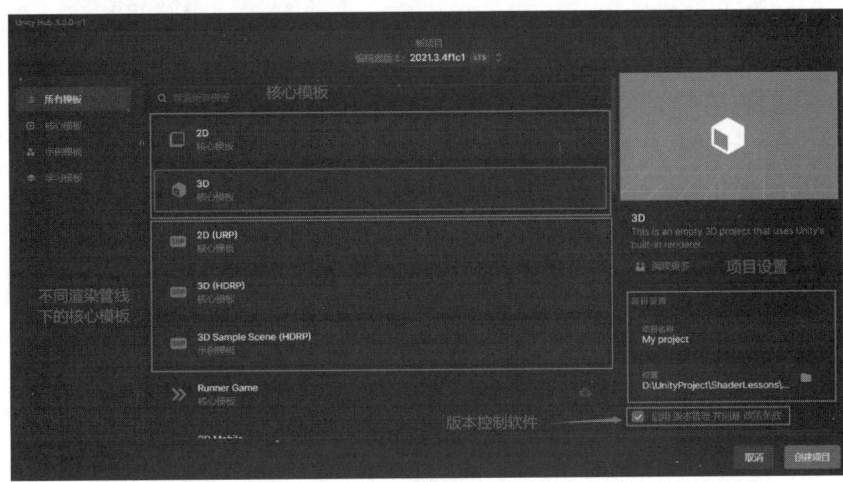

图 2.11

（1）"核心模板"模块：用于选择新建的项目模板及配置的渲染管线，此处选择2D或3D。

（2）"不同渲染管线下的核心模板"模块：用于设置项目使用的渲染管线。URP表示通用渲染管线；HDRP表示高清渲染管线。

（3）"项目设置"模块：用于设置项目的名称及位置。

（4）"版本控制软件"模块：用于设置是否启用版本管理功能。如果勾选"启用版本管理并同意政策条款"复选框，则项目会默认安装PlasticSCM。该工具用于项目版本管理与多人协作，当多人进行协同开发时，可实现不同开发者的项目共享。现阶段取消勾选该复选框。

模板选择完毕，单击"创建项目"按钮，即可完成Unity项目新建工作。

> **警告：关于项目名称**
>
> 项目名称、引擎中的场景信息、物体名称，以及代码中的变量名等，建议尽量避免使用中文命名，否则可能会导致项目编译错误。这是新手在编程时容易忽视的一个细节，特此提醒。

2.2 Unity 引擎面板介绍

扫一扫，看视频

新建Unity项目后，会进入Unity主界面，如图2.12所示。Unity主界面中有5个主要视图。

图 2.12

为什么在Unity引擎中会有五大视图？这五大视图的内在设计逻辑分别是什么？

在虚拟3D世界中，开发者就是这个世界的"造物主"，通过拖动、搭配和组合场景内的物体，赋予它们不同的功能和逻辑，从而构建出各具特色的场景和关卡。这些关卡之间依靠统一的数值体系来维系逻辑的一致性。那么，当开发者需要在一整套工具中进行设置时，需要哪些部分来实现这一切？

首先，假设存在一个虚拟世界，若计划对其进行改造，开发者首要具备的则是空间。在该空间中，不同的物体得以展示并被绘制于计算机屏幕上。想要对这些物体进行操作，一个关键前提是拥有一个能够操控和修改空间的视图。在Unity中，这个视图称为Scene（场景）视图，如图2.13所示。Scene视图是开发者与虚拟世界互动的基础平台。

在Scene视图中，开发者可以更改物体的位置、大小、角度，并向场景中导入美术资源。

Scene视图是开发者的"上帝"视角，用于构建和编辑游戏世界，但并非用户的实际视角。用户所见的游戏画面称为Game（游戏）视图，如图2.14所示。

图2.13

图2.14

用户在Game视图中所看到的画面取决于游戏中的一种特殊物体：Camera（相机）。Camera物体的观察范围和位置会决定Game视图最终的画面。简而言之，针对Camera物体的设计将从根本上决定Game视图的交互方式。

场景中会有大量的物体，而如何管理和组织场景中的这些物体，就需要专门的视图来完成，这个视图就是Hierarchy（层级）视图，如图2.15所示。

Hierarchy视图用于管理场景中的所有物体，并且可以设定物体之间的父子级关系。当场景中的物体数量越来越多时，场景中物体的管理将成为一个重要工作。

有了前面的3个视图后，虚拟世界看起来有了外形。但是每个物体都有各种属性数据，如位置、角度、大小、相机的视野、点光源的亮度等。为了能够在开发时观测和编辑这些数据，Unity提供了用于更改和观测物体数据的视图，称为Inspector（检视）视图，如图2.16所示。

在Inspector视图中，开发者可以实时观测并配置场景中所有物体的信息。

最后一个视图是Project（工程）视图，如图2.17所示。在Project视图中，项目中所有的美术资源、代码文件、场景文件、配置信息等都会作为文件展示在Project视图中。

以上是Unity中5个主要视图的简要介绍。需要特别说明的是，Unity引擎中不只有这5个视图，在涉及程序调试时有Console（输出台）视图，涉及动画时有Animation（动画）视图等。当学习到对应内容时会有相关的详细介绍。

接下来，会基于这5个视图的内在设计逻辑，逐一讲解其具体的作用。

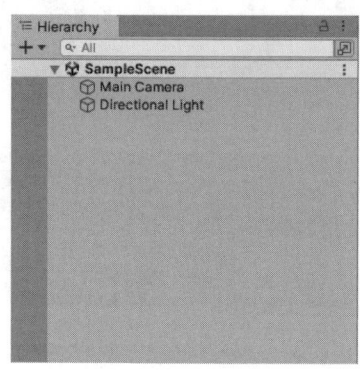

图 2.15

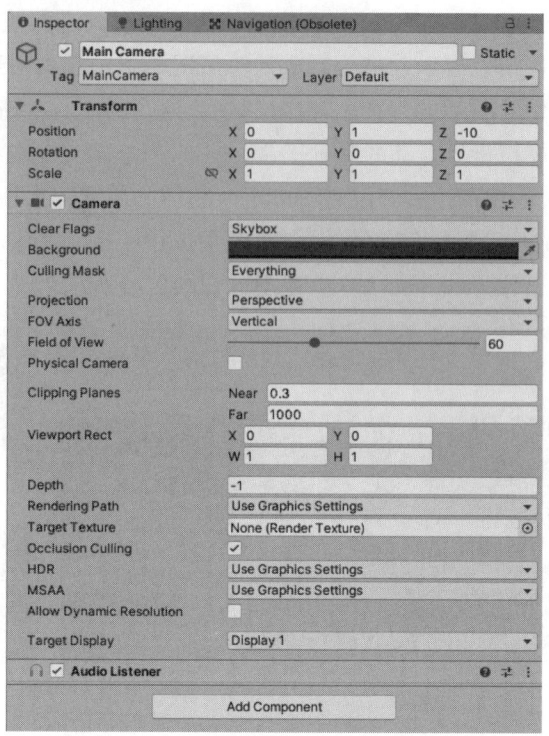

图 2.16

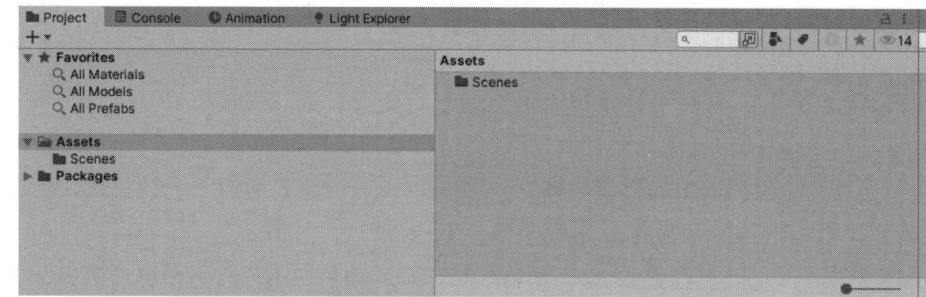

图 2.17

2.2.1 Scene 视图

扫一扫,看视频

Scene视图的核心功能是与正在创建的虚拟世界进行交互。下面重点关注Scene视图为开发者提供的各种场景、图形、物体等。

1. 物体选择

默认情况下,当一个物体被选中时,其轮廓为橙色;当此物体有子物体时,其子物体的轮廓会变为蓝色,如图2.18所示。其中,左边的物体为子物体;右边的物体为父物体。

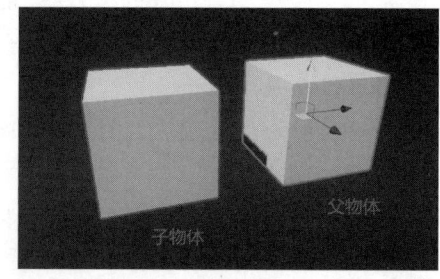

图 2.18

> **提示：**
> 如果要调整轮廓颜色，可以在Unity主界面中选择Edit→Preferences命令，单击Colors选项，在此界面中设置Selected Children Outline（子物体轮廓）与Selected Outline（父物体轮廓）的颜色，如图2.19所示。

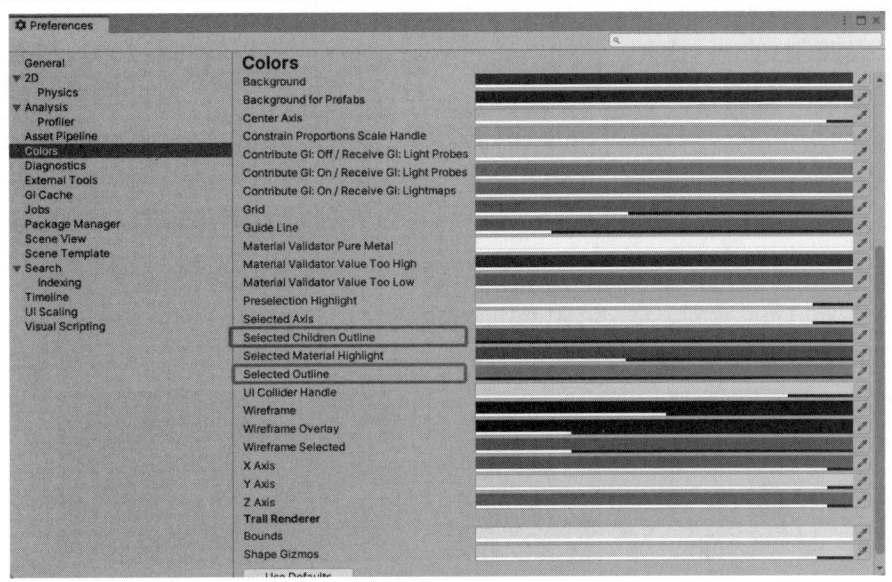

图 2.19

2. 视图摄像机

在Scene视图中，开发者所看到的画面是由Scene视图摄像机呈现的（以下简称"视图摄像机"）。

在Scene视图工具栏中，可以配置视图摄像机的参数。单击图2.20所示的视图摄像机图标，即可进入图2.21所示的视图摄像机属性界面。

图 2.20

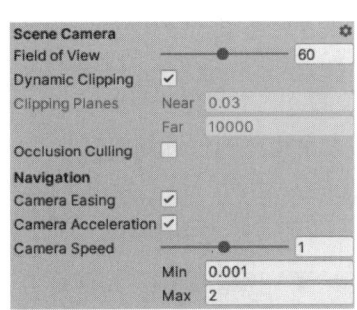

图 2.21

视图摄像机属性界面中的常用参数如下。

（1）Dynamic Clipping：勾选此复选框，Unity则会计算摄像机的近裁剪面和远裁剪面，不需要开发者设置。

（2）Clipping Planes：取消勾选Dynamic Clipping复选框，则显示该参数。

- Near：相对于视图摄像机的最近点，视图摄像机从此处开始渲染物体对象。

- Far：相对于视图摄像机的最远点，视图摄像机从此处停止渲染物体对象。

（3）Occlusion Culling：勾选此复选框，则会对Scene 视图中的画面进行遮挡剔除。它能够防止Unity渲染那些视图摄像机看不到的物体对象，从而优化游戏性能。

（4）Camera Speed：视图摄像机在Scene视图中移动的速度。

- Min：视图摄像机的最慢速度。
- Max：视图摄像机的最快速度。

3. 场景视图辅助图标

场景视图辅助图标（Scene Gizmo）在Scene视图的右上角，如图2.22所示。场景视图辅助图标主要有以下两个功能。

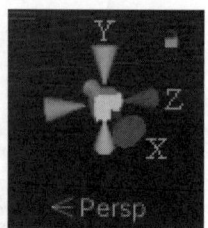

图 2.22

（1）快速更改Scene视图中场景摄像机的角度。场景视图辅助图标中心有个小立方体，其中每个面的前面都有一个锥形臂，标有X、Y和Z。一旦单击相应的轴，场景摄像机的视角便会迅速切换。例如，最初的画面如图2.23所示；当单击正Y轴锥形臂时，变换后的画面如图2.24所示。

图 2.23

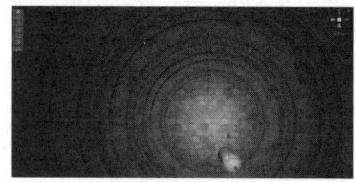

图 2.24

（2）将场景的观测模式切换为投影视图或正交视图。单击场景视图辅助图标中心的小立方体，切换当前场景的观测模式。

- 投影视图：投影视图是人类观察物体时的自然视角，它展现了物体近大远小的特点，如图2.25所示。在Unity中，当物体进入场景摄像机的视野时，它们会经过渲染管线的处理，以投影矩阵的方式"压入"二维平面，进而进行后续的渲染流程。简而言之，投影视图就是对3D物体进行"降维打击"，通过投影变换将其绘制到二维屏幕上，模拟人类视觉体验。
- 正交视图：正交视图与投影视图相对，其特点在于物体的大小不因距离而改变，如图2.26所示。在正交视图中，无论物体的位置如何变化，其长宽高在屏幕上均保持不变。因此，在3D内容开发中，正交视图并不常用。然而，在涉及2D内容或3D场景特定切面搭建时，如Unity中的2D用户界面制作，正交视图则显得尤为实用。

图 2.25

图 2.26

4. Scene 视图控制栏

Scene视图控制位于Scene视图的上方，如图2.27所示。上文所讲解的视图摄像机的相关配置也可以在此控制栏中找到。

图 2.27

（1）■（场景的绘制模式）：场景的绘制模式有三种，分别为Shaded（默认模式）、Wireframe、Shaded Wireframe。其中Shaded模式是指正常渲染物体的材质，但是不会渲染物体的线框；Wireframe模式是指在场景中只会渲染物体的线框。虚拟世界中的所有物体都由线框构成，不同线框之间的连线形成形体，在线和线之间形成的平面上绘制不同的材质，进而构成3D世界的画面。

（2）■（维度切换）：单击2D按钮，场景会切换到2D模式。在3D中，开发与UI相关的内容时，也会经常使用此按钮。

（3）■（场景的灯光模式）：用于控制场景中的灯光效果。

（4）■（场景的音频模式）：用于控制场景中的音频效果。

（5）■（个体配置模式）：单击此按钮，会进入图2.28所示的界面。在此界面中可以设置是否在场景中渲染天空、雾、火焰、后处理、粒子效果、VFX等美术效果。

（6）■（3D图标绘制模式）：单击此按钮，会进入图2.29所示的界面。在此界面中可以设置场景中是否绘制3D图标，如场景中的Camera、Point Light等物体。因为这些物体没有Mesh的渲染，但又需要在场景中轻松找到它们，所以就可以选择通过渲染它们的图标来找到其位置。

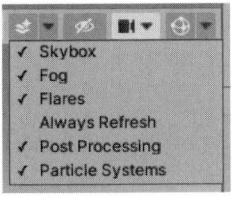

图 2.28

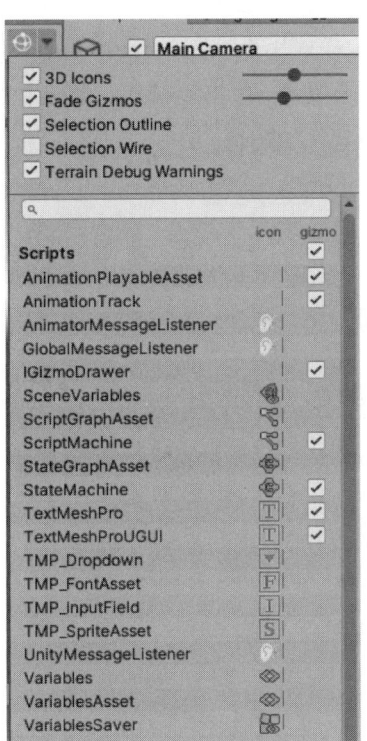

图 2.29

2.2.2 Game 视图

扫一扫，看视频

Game视图就是用户在实际体验中所看到的画面，由场景中的Camera决定。

1. Game 视图控制栏

Game视图控制栏位于Game视图上方，如图2.30所示。在此控制栏中，可以设置当前Game视图的分辨率、尺寸、显示屏等。

图 2.30

（1）Display（显示屏）：用于设置Game视图所使用的摄像机。当场景中有多个摄像机时，可以使用此选项在摄像机列表中进行设置。

（2）Aspect（尺寸）：用于设置画面在具有不同宽高比的显示器上的最终显示效果，默认设置为Free Aspect。当进行不同设备的开发（如针对手机平台的开发）时，经常需要在一开始就将其值设定为普通手机的尺寸。

（3）Maximize on Play（视图最大化）：选用此选项后，当项目运行时，将会自动使Game视图最大化。

（4）Stats（统计信息）：选择此选项后，将会展示有关应用程序音频和图形的渲染统计信息，进而帮助检测应用程序的性能，如图2.31所示。

2. Game 视图播放模式

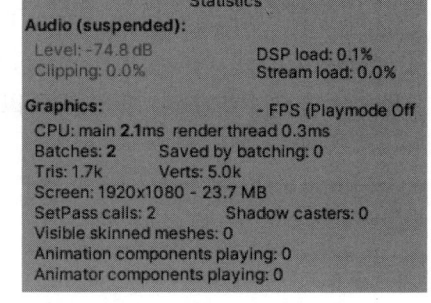

图 2.31

Game视图播放模式用于控制Game视图，如图2.32所示。

（1）▶（开始按钮）：单击该按钮，将会进入运行模式，并开始播放当前脚本设置好的逻辑。

（2）⏸（暂停按钮）：单击该按钮，暂停播放当前逻辑，画面也不再渲染新帧。再次单击该按钮，则会继续执行。

（3）⏭（逐帧执行按钮）：当进入运行模式时，单击此按钮会暂停项目，并执行一帧逻辑。每单击一次该按钮，逻辑便会运行一帧。此选项常用于调试程序。

图 2.32

2.2.3 Hierarchy 视图

扫一扫，看视频

Hierarchy视图是浏览场景中物体的视图，在此视图中可以观测场景中的所有物体，并且直观显示物体的父子级关系，如图2.33所示。除此之外，在Hierarchy视图中，还可以轻松地配置物体是否可视与是否可拾取。

1. 物体父子级

在Hierarchy视图中，选择物体并按住，可以将其拖动到其他物体下，此时该物体就成了对应物体的子物体。当移动了父对象物体时，同时也会移动所有的子物体对象。

不仅是位置的移动，当父物体的Transform发生变化时，子物体也会跟随着一起变化，但子物体的变化不会影响父物体。

2. 物体拾取与渲染对象控制

Hierarchy视图左侧边栏用于控制物体的可见性和可拾取性，如图2.34所示。眼睛图标表示控制物体的渲染，当禁止渲染时，物体在场景中不可见。手指图标表示物体的可拾取状态，若禁止拾取，则在场景中无法选中该物体。随着场景中物体的增多，开发者可以为无须操作的静态物体设置禁止拾取，以提高操作效率。

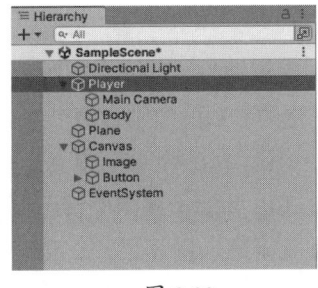
图 2.33

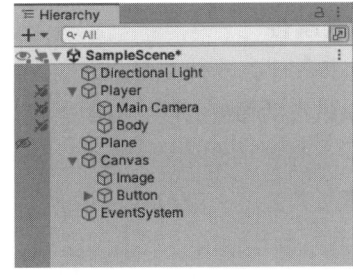
图 2.34

> **[技巧]快速隐藏非目标物体**
>
> 在Hierarchy视图中，如果只想对场景中的部分场景进行操作，其他部分全部隐藏，可以先在Hierarchy视图中选中目标物体，然后按Shift + H组合键，即可进入隔离模式。此时场景中除了选中的物体，其他物体都不会被渲染。进入隔离模式后，可以单击Scene视图中的退出隔离图标，或者再次按Shift + H组合键退出隔离。

> **[扩展]多场景编辑**
>
> Hierarchy视图能够同时展示两个场景的物体信息，Scene视图也会同步显示。方法是在Project视图中的对应场景中右击，选择Open Scene Additive选项，如图2.35所示。这样，Hierarchy视图和Scene视图就会同时展示两个场景的物体信息，如图2.36所示。若需移除某个场景，只需在Hierarchy视图中右击该场景，选择Remove Scene选项即可。

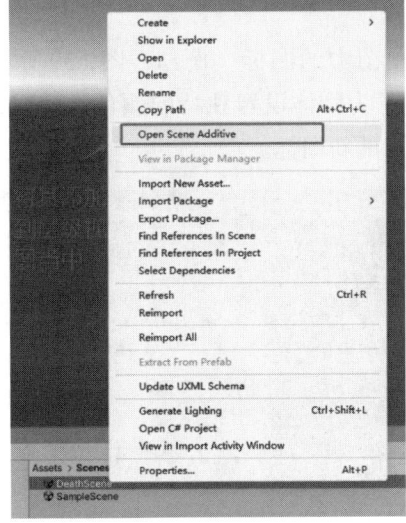
图 2.35

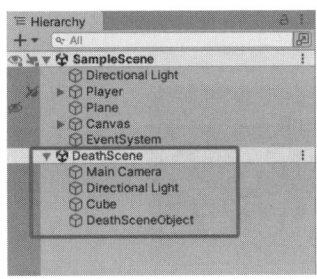
图 2.36

2.2.4 Inspector 视图

扫一扫，看视频

物体对象拥有众多属性，如位置、角度、灯光的亮度和范围，以及挂载脚本后的公开变量等。为了方便检视这些属性，Unity提供了专门的Inspector视图。接下来，将详细探讨Inspector视图的内容和功能。

1. 编辑属性

Inspector视图中的参数值有两种类型，分别为值类型和引用类型，如图2.37所示。在图2.37中的Player Control（Script）下，被框选的参数的值为引用类型，未被框选的参数的值则为值类型。值类型是指变量本身就存储着具体的内容，而引用类型是指只存储了指向内容的引用，在C#部分会重点介绍。

常见的值类型变量（如数值、颜色和枚举等）可以直接在Inspector视图中修改其数值。而引用类型变量存储的是引用，在视图中会显示一个小圆图标，单击后可以进入选择界面，选择引用类型变量所需使用的对象，如图2.38所示。

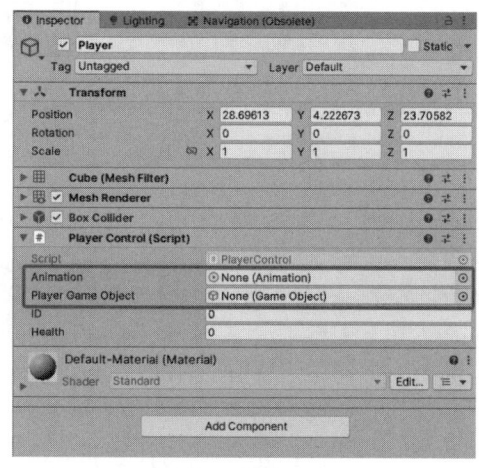

图 2.37

图 2.38

2. 自定义图标

在Inspector视图中，可以为物体自定义其在Scene视图中的图标。例如，图2.39所示为灯光物体的图标。开发者可单击Inspector视图左上角的图标按钮，为物体设置独特的颜色，如图2.40所示。在Scene视图中，物体将显示由所选颜色与物体名称组合而成的新图标。

图 2.39

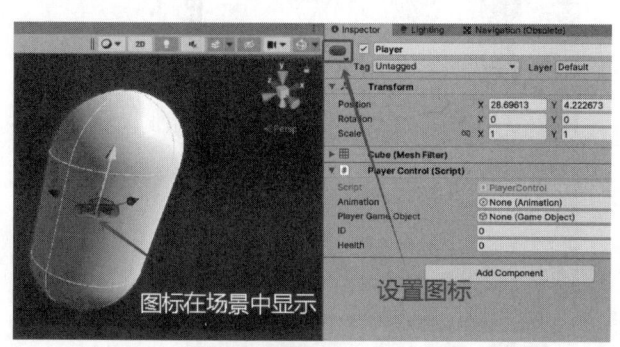

图 2.40

3. 视图内容锁定

视图内容锁定有以下两种方式。

（1）锁定整个Inspector视图：只需单击Inspector视图右上角的Lock图标，如图2.41所示。锁定后，此时即使在场景中选择了其他的物体，该Inspector视图也不会更改检视的内容。

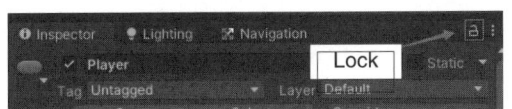

图 2.41

（2）单独锁定组件或脚本的检视界面：在检测视图中可以单独选择某个组件或脚本，然后单击其右上角的图标，如图2.42所示。选择Properties选项后，即可出现单独的视图。该视图中的数据可以在游戏运行时单独检测，在开发过程中经常需要将一些重要脚本展示在单独界面，方便同时观测多个脚本的数据。

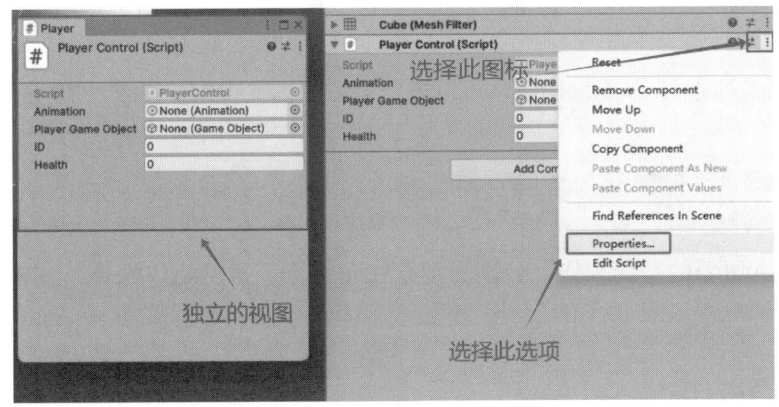

图 2.42

2.2.5 Project 视图

在Project视图中，可以看到与项目相关的所有文件夹，其组织方式与操作系统的文件资源管理器一样。不同的文件夹和文件路径构成了清晰的文件结构，每个文件都拥有唯一的位置和名称，便于快速定位和管理项目资源。

扫一扫，看视频

Project视图界面分为两部分，如图2.43所示。其中，左侧展示项目的层级列表，一旦选中某个文件夹，右侧便会立刻显示该文件夹内的所有文件。

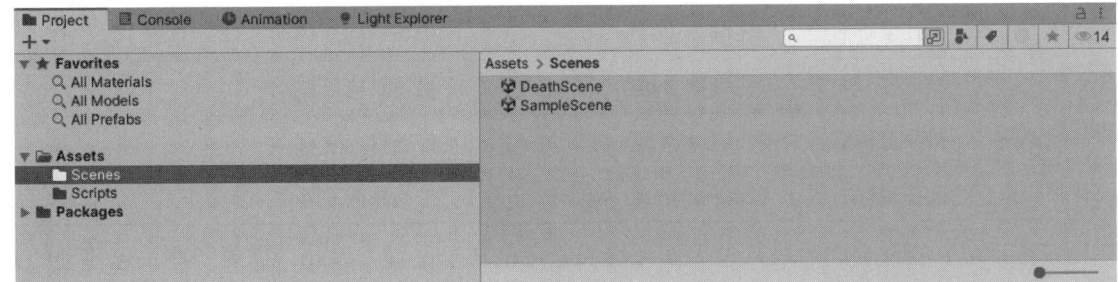

图 2.43

> [技巧]快速展开和收回所有文件夹
>
> 在Project视图中，可以在左侧的层级列表中按住Alt键的同时单击对应的文件夹，此时便会将此文件夹下的所有文件夹的目录结构展开或者收回。

在Project视图中，可以按名称或物体的标签搜索文件。搜索栏在Project视图的上方，如图2.44所示。

图 2.44

（1） （搜索框）：用于在Project视图中搜索文件。它可以在整个文件夹或某个文件夹中进行搜索。使用搜索框除了可以对资源进行筛选外，还可以筛选标签或资源类型。

（2） （按照资源类型搜索）：单击该按钮，可以按照资源的类型搜索。例如，搜索项目中所有的字体文件、音频片段等。

（3） （按照标签搜索）：单击该按钮，可以按照资源的标签搜索。

2.3 Unity 引擎的基础操作

本节将介绍Unity引擎的基础操作，分别为场景视角操作、常见物体操作、物体精确操作及其他常见操作。

2.3.1 场景视角操作

扫一扫，看视频

开发者在Scene视图中操作时，需要掌握基本的视角操作方法。Scene视图摄像机的设置已在上文提及，本小节将介绍如何在Scene视图中进行高效操作。

场景移动的快捷方式见表2.1。

表 2.1 场景移动的快捷方式

场景移动	快 捷 方 式	功　　能
方法 1	按住鼠标右键，向上下、左右进行拖动	旋转 Scene 视图视角
	按住鼠标中键，上下拖动	平移 Scene 视图视角
方法 2	按住鼠标右键，按住键盘 W 键	将场景向前移动
	按住鼠标右键，按住键盘 S 键	将场景向后移动
	按住鼠标右键，按住键盘 A 键	将场景向左移动
	按住鼠标右键，按住键盘 D 键	将场景向右移动

在场景移动时，经常会因为场景过大而无法快速定位某个位置。因此，需要一些快速移动的方法，其快捷方式见表2.2。

表 2.2 快速移动的快捷方式

快速移动	快捷方式	功　能
方法 1	滚动鼠标中键	（1）更改 Scene 视图摄像机速度； （2）更改视图位置，向前滚动即为向前移动
方法 2	选中物体，按下 F 键	快速移动到目标物体的前方
	选中物体，同时按下 Shift 键和 F 键	视角锁定

以上内容无须死记硬背，多试几次就能熟练上手。

2.3.2　常见物体操作

除了需要经常对场景摄像机进行操作外，在开发过程中还经常需要对场景中的物体进行操作。

1. 选择多个物体

在场景视图中同时操作多个物体的快捷方式见表 2.3。

扫一扫，看视频

表 2.3　操作多个物体的快捷方式

操　作	快捷方式
选择多个物体	按住 Shift 键或 Ctrl 键，单击对应的物体
取消物体的选择	按住 Ctrl 键，单击对应的物体，如图 2.45 所示
改变物体变换时的轴心	按住 Shift 键，单击已被选择的物体，如图 2.46 所示

图 2.45

图 2.46

2. 物体变换

物体变换是指对目标物体进行移动（快捷键：W 键）、旋转（快捷键：E 键）和缩放（快捷键：R 键）、矩形变换（快捷键：T 键）、变换（快捷键：Y 键）。

（1）物体的移动、旋转和缩放比较简单，如图 2.47 所示。其中，红色表示 X 轴，绿色表示 Y 轴，蓝色表示 Z 轴。

（2）矩形变换：通常用于 UI 元素或者其他 2D 物体的变换，单击选择物体边缘处的 4 个蓝点可对当前物体进行大小变换，如图 2.48 所示。单击按住矩形中间的蓝色小圆点可以进行位移。

（3）变换：该变换是指将W、E、R三者的界面合并在一起，可以同时对物体进行位移、旋转、缩放的操作（见图2.47最右侧）。

图 2.47

图 2.48

2.3.3 物体精确操作

扫一扫，看视频

在进行物体位置或角度变换时，通常需要借助网格或特定增量来实现精确控制。接下来，将详细介绍这部分内容。

图2.49所示为控制物体对齐的工具栏，可以在Scene视图的工具栏中找到。从左到右分别是"控制世界网格""控制对齐吸附""控制增量变换"。

（1）"控制世界网格"选项：单击 按钮，即可弹出图2.50所示的界面。其中，Grid Plane选项用于设置世界网格的轴向，即X轴、Y轴和Z轴。选择之后，对应轴向的网格线会显示在Scene视图中；Opacity选项用于配置网格线的透明度；Move To选项用于将此网格的中心位置移动到操作位置或世界中心位置。

图 2.49

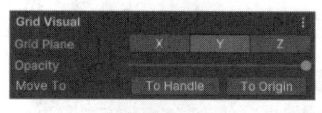

图 2.50

（2）"控制对齐吸附"选项：单击 按钮，即可弹出图2.51所示的界面。在该界面中，通过设置可以让物体在场景中移动时自动吸附到单个轴向上最近的网格点。在使用前，需要将工具栏中的坐标系改为Global（世界）。其中，Grid Size选项用于设置要对齐的网格的尺寸；Align Selected选项用于设置要对齐的轴向。

（3）"控制增量变换"选项：除了可以按照世界网格进行物体的变换，还可以按照增量变换的方式来进行物体的变换。增量变换的方式可以简单理解为按照规定的数值变换。

单击 按钮，即可弹出图2.52所示的界面。在该界面中可以设置每次增量变换时的尺寸。其中，Move选项用于设置位移增量；Rotate选项用于设置角度增量；Scale选项用于设置大小增量。

在进行增量变换时，对物体进行变换操作的同时按住Ctrl键即可。

图 2.51

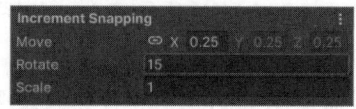

图 2.52

2.3.4 其他常见操作

其他常见操作的快捷方式见表2.4。

扫一扫，看视频

表 2.4 其他常见操作的快捷方式

其他常见操作	快 捷 方 式
撤销上一步操作	同时按下 Ctrl 键和 Z 键
保存当前项目	同时按下 Ctrl 键和 S 键
复制	同时按下 Ctrl 键和 C 键
粘贴	同时按下 Ctrl 键和 V 键
创建一个空物体	同时按下 Ctrl 键、Shift 键和 N 键
创建子空物体	同时按下 Alt 键、Shift 键和 N 键

还有一些常用的按键，如V键是物体的顶点选择键。按住V键时，此时鼠标经过物体的不同部分，Unity会自动选择最近的顶点作为变换点，这时可以以此变换点作为变换中心进行移动、旋转和缩放等操作。

> **补充：关于场景保存**
> 经常使用Ctrl＋S快捷键来保存场景的更改是一个良好的编程习惯。Unity引擎虽然功能强大，但也可能会出现意外情况导致项目进度丢失。因此，定期保存可以极大程度减少因漏洞等问题导致的进度损失。对于新手来说，养成这一习惯至关重要，有助于确保项目的顺利进行。

2.4 基本物体

在本节中，将会讲解虚拟世界中的另一个重要内容——物体。

现实世界中的物体丰富多彩，各具特色，那么如何在虚拟世界中重现这些物体的多样性和行为呢？答案是组件化。通过将物体拆分为不同的组件，并学习这些组件的作用及属性，就可以理解它们是如何协同工作的。这样，工程师们就能更好地在虚拟世界中构建现实世界的多样性和行为。在接下来的学习中，将从最简单的物体开始，逐步深入了解各种组件及其搭配方式，为构建丰富多彩的虚拟世界打下坚实的基础。

2.4.1 空物体

如何创建一个空物体？在Hierarchy视图中右击，选择Create Empty选项，即可创建一个空物体。创建的空物体的位置可能不在世界坐标系的中心，此时可以在Inspector视图中右击Transform组件，选择Reset选项将其位置重置，如图2.53所示。

当有了最基本的形体后，需要重点关注的是物体的Transform组件。

扫一扫，看视频

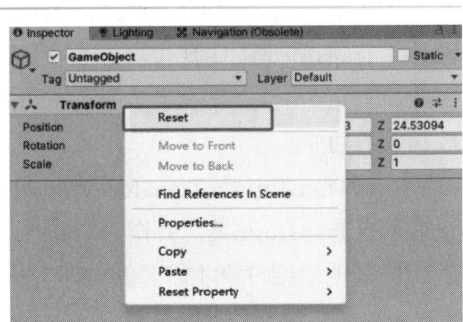

图 2.53

1. Transform 组件

Unity中的每个对象物体都具有 Transform 组件，即使是UI元素也不例外。此组件无法被删除。普通3D物体的Transform组件有3组数据，分别对应3个数组，也就是物体的位置、角度和缩放，如图2.54所示。

有一些物体比较特殊，也具有Transform 组件，但其组件继承自Transform，如UI元素的Rect Transform（矩形变换），如图2.55所示。因为其继承自Transform组件，所以在Rect Transform中也会有位置、角度和缩放，但同时有Transform组件所不具备的一些属性，如锚点、宽高等。

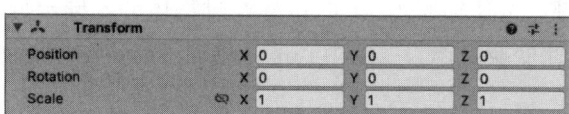

图 2.54

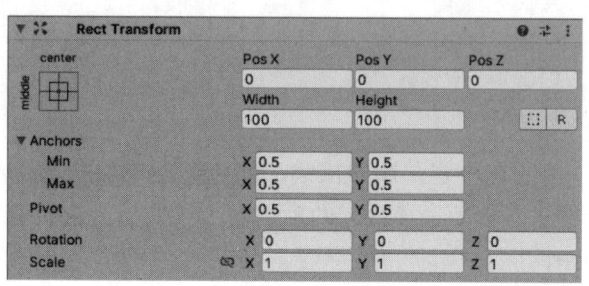

图 2.55

> **提示：**
>
> 在Inspector视图中，显示的Transform组件中的数据是相对于父物体的。如果当前物体没有父物体，则此时Transform组件展示的是其在世界坐标系中的数据；如果当前物体是某个物体的子物体，则此时Transform组件展示的是相对于父物体的数据。

2. 组件的继承关系

组件之间具有继承关系。在Unity世界中，最基本的一个概念就是Object（对象）。任何对象都有一些基本的属性和方法，因为Object是最基础的对象，所以它会提供物体的销毁、物体的名称、物体的实例化等相关内容。

组件是一种特殊的对象，它同样具有销毁、名称等基本属性。因此，组件在逻辑上就理应继承自Object。除了进行创建和销毁外，组件还需要提供一些专门服务于自身的方法。例如，获取其他物体上的组件，或者仅获取子物体中的组件。因此，除了继承Object所具有的基本功能外，组件还添加了其他与组件相关的功能。

Transform是组件的一种具体表达，它也是一种组件。除了具有组件相关的属性外，Transform还具有位置、角度、缩放等属性，以及一系列与此相关的方法。因此，Transform会继承自Component类，同时还提供了与物体的移动、旋转、缩放相关的功能。

Rect Transform是Transform的一种特殊形式，仅用来表达UI元素的位置。因此，它继承自Transform类，并作为Transform类的子类存在，同时还提供了一些仅服务于UI或其他二维对象才需要的属性。其最终的继承关系如图2.56所示。

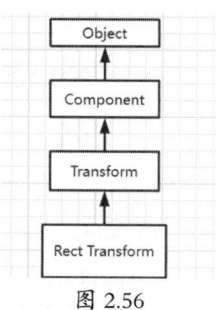

图 2.56

2.4.2 物体与数据

虚拟世界中的一切都是数据的体现，只用言语叙述或许不够直观。所有场景中的数据都会被存储在".unity"的场景文件中。假如在Project视图中新建一个场景，双击进入此场景后，在场景中新建一个TestObject空物体对象，并且在其Transform组件中将其位置改为{1234，1223，123}，如图2.57所示。

修改完数据后，可以在Project视图中找到当前场景文件。右击该文件，选择Show In Explorer命令，在操作系统的资源文件夹中找到此文件并选中，右击，选择按照文本格式打开，如图2.58所示。

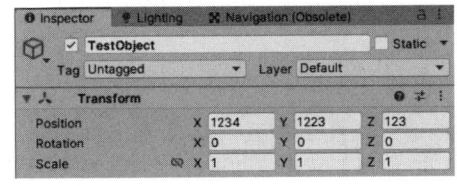

图 2.57

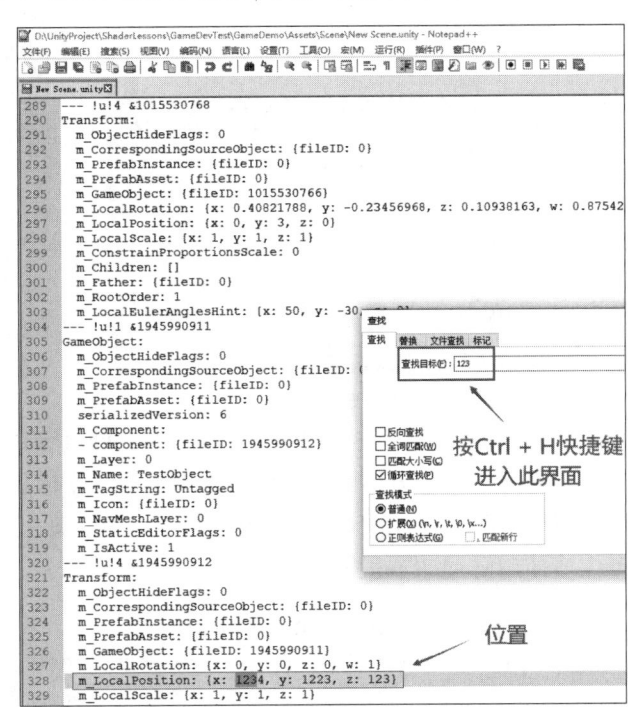

图 2.58

按Ctrl + H组合键，在查找目标栏中输入刚刚的位置值1234（只输入123就可以找到），此时就会定位到此物体的数据部分。

可以看到，所有场景中的物体都被以某种格式的数据存储在了文件系统中。这些数据以二进制的形式存储在本地，但为了便于进行版本同步及工程师阅读，也提供了一些更加结构化的语言来展示这些数据。图2.58所示为Unity中使用的YAML文件格式，所有场景中的信息都会被以YAML的语法格式进行存储。

2.4.3 物体材质与网格

在了解了一个空物体的基本组成后，接下来，就可以在空物体的基础上尝试构建更复杂的物体。空物体不具有颜色和形状，为了使空物体有具体的颜色与形状，就需要两个非常重要的内容：材质与网格。材质决定此物体的外观，网格决定此物体的形状。而在一个物体上

提供材质和网格的组件就是Mesh Filter（网格过滤器）与Mesh Renderer（网格渲染器）。

1. Mesh Filter

Mesh Render想要渲染物体的画面，需要先从Mesh Filter这里获得几何体，然后在Transform组件所指示的位置进行渲染。如果想要添加此组件，只需在目标物体的Inspector视图中所有组件的下方找到Add Component选项，然后在下拉框的搜索栏中输入Mesh Filter，选择后即可添加此组件。

添加组件后，可以在Inspector视图中看到此组件对应的信息，如图2.59所示。属性Mesh就是当前物体的网格。

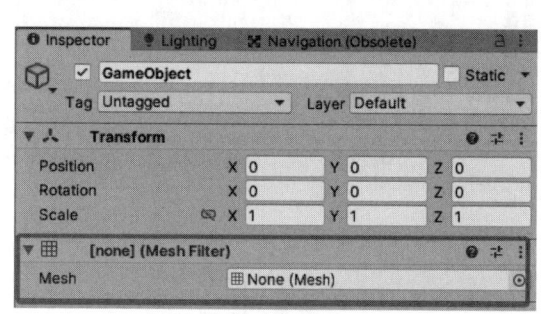

图 2.59

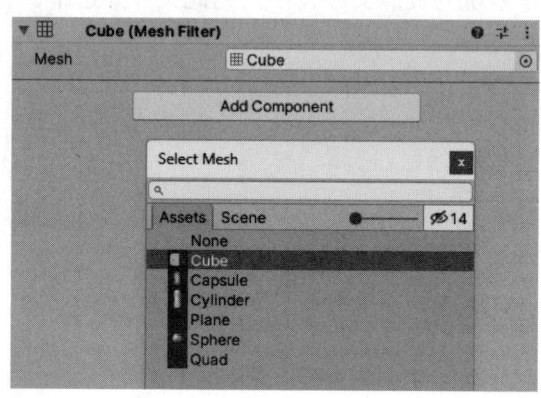

图 2.60

单击图2.59中Mesh属性右侧的小圆圈按钮，即可选择一个网格。单击小圆圈按钮后，在界面中选择Cube选项，创建一个立方体网格，如图2.60所示。此时，当前物体就有了Cube网格。

即使添加了网格，当前网格也没有在场景中被渲染，这是因为程序还不知道此网格要使用什么材质，此时就需要使用Mesh Renderer组件。

> 补充：关于Mesh Filter和Mesh Renderer
> 当物体添加了Mesh Filter而没有添加Mesh Renderer时，当前场景依然会加载网格信息，但不会进行渲染绘制。但当前的网格信息仍会占用额外的计算机资源，造成性能浪费。因此，尽量不要单独添加Mesh Filter。

2. Mesh Renderer

当物体具备了网格后，还需要对应的Mesh Renderer将其画面渲染到场景中。在Add Component中添加Mesh Renderer组件，添加后的效果如图2.61所示。

Mesh Renderer组件的Materials属性是当前Mesh Renderer所渲染的材质列表。当Materials列表的数组增长后，可以为同一个网格添加多个材质。如果材质具有透明效果，材质间可以重叠并生出更特殊的艺术效果。但如果最上层的材质不是透明的，则下层的材质并不会产生任何作用。该组件的其他属性将在第9章中讲解。

另外，也可以在Materials属性的Element选项中添加材质。单击右侧小圆环按钮，即可选择材质。例如，在图2.60中已经为物体添加了一个Cube网格，此时可以为此物体再添加一个Cube的默认材质，如图2.62所示。此时，该空物体就已经具有颜色与形状了。

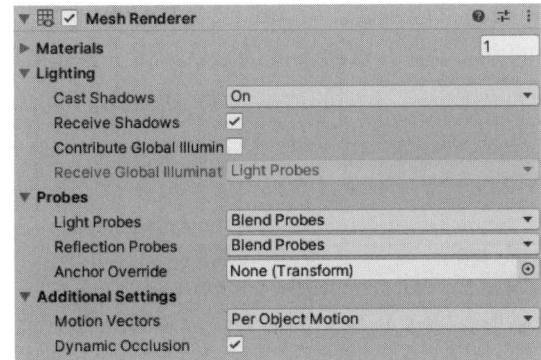
图 2.61

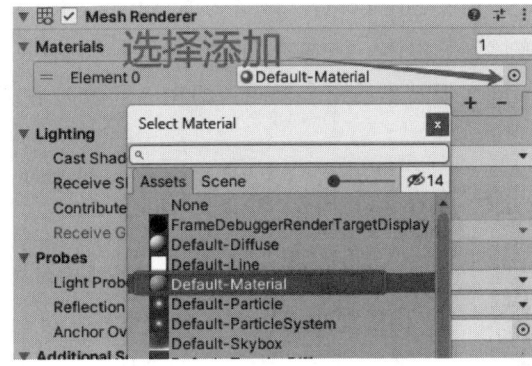
图 2.62

2.4.4 基本形体

在Unity中已经内置好了很多基本的形体，如立方体（Cube）、胶囊体（Capsule）、球体（Sphere）等。这些基本形体与上面添加了Mesh Renderer和Mesh Filter的物体相比，多了一个碰撞盒组件。

如果只有Mesh Renderer和Mesh Filter，当前物体在场景中虽然可以被摄像机观测，但是并不能进行物理的碰撞，即使用户从物体面前经过，也不会对物理移动的逻辑产生干扰。此时，就需要为此物体添加碰撞盒，来将此物体纳入物体系统中。在物体的Add Component下拉框中，选择Physics选项，即可进入图2.63所示的界面。

图2.63显示了最基本的碰撞盒类型。单击Box Collider，即可为当前物体添加立方体碰撞盒，如图2.64所示。

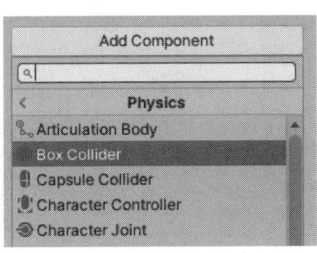
图 2.63

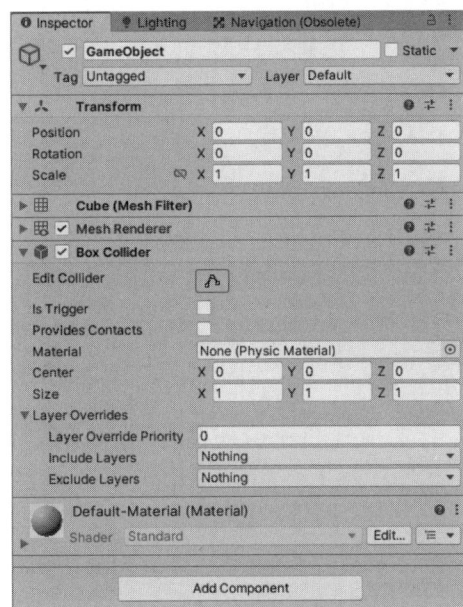
图 2.64

添加Box Collider后，该空物体具有立方体的网格、材质及碰撞盒，与Unity内置的Cube一致。不只是立方体，胶囊体、球体、平面物体等都可以使用类似的方法创建。这些不同的默认形体，看起来形状、画面不同，但其本质完全相同，即在一定数据格式的组件中放入了不同的数据对象，展现出不同的物体行为。

2.4.5 相机物体

扫一扫，看视频

在Unity的物体中，有一类特殊的物体需要重点关注——相机（Camera）。

相机物体是用户在虚拟世界中进行实时画面观测的物体，因此深入了解相机物体具有十分重要的意义。当新建一个场景后，该场景中默认包含一个Main Camera的物体，单击选中该物体后，其Inspector视图中将展示如图2.65所示的内容。

相机物体的核心组件是Camera，不同渲染管线类型的项目，其Camera组件的内容也不一样。图2.65则展示了通用渲染管线下Camera组件的内容。

Camera组件中相对重要属性的讲解如下。

（1）Culling Mask（剔除层）：此选项用于设置摄像机要渲染的对象层，默认为所有对象。也可以选择性取消部分层，如图2.66所示，可以将UI层从相机渲染中剔除。

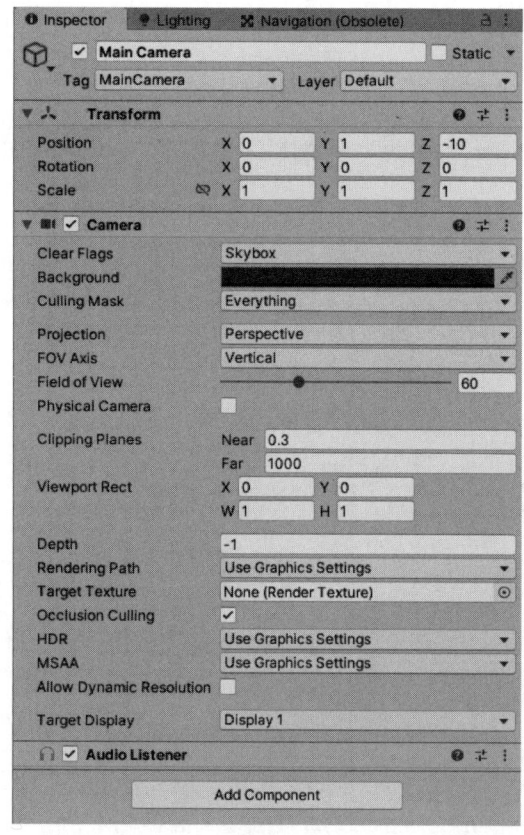

图 2.56

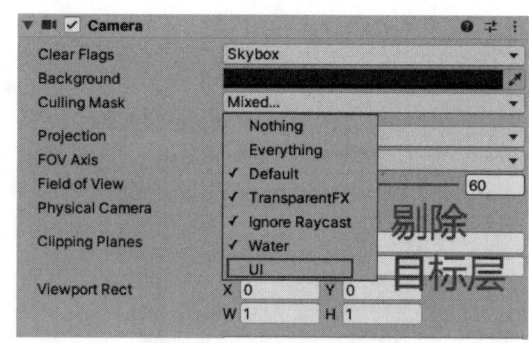

图 2.66

（2）Field of View（摄像机视角）：此选项用于设置摄像机的视角大小，默认为60。在运行时，可以使用代码来动态更改此选项。例如，在角色奔跑时，将摄像机的视角大小线性递增至80，进而营造出快速奔跑的效果；或者在用户想要看向远方物体时，提供对应的按键逻辑，当用户按下某些按键后，视角就会被锁定，同时摄像机视角的数值也配合减小。

（3）Physical Camera（基于物理的摄像机）：此选项默认为关闭状态。开启此选项后，可以为相机设置一些真实世界中的相机所具有的属性，如相机的焦距、传感器的大小等，如图2.67所示。在开发过程中，此选项较少被打开。然而，当应用需要提供运行时的拍照功能时，可以使用代码启用此选项，然后提供对应的UI界面，进而允许用户在拍照过程中动态地调整其数值，以获取静态的图像。

（4）Depth：此选项用于设置摄像机在渲染时的优先级。当场景中有多个摄像机时，可以通过动态更改此数值的方式来决定使用哪个相机作为用户的画面。

（5）Occlusion Culling（遮挡剔除）：此选项开启后，如果场景已经完成了遮挡剔除的烘焙，则摄像机不会渲染在其他对象后背的对象。遮挡剔除的作用是，防止Unity为那些已经被其他对象完全遮挡的对象物体进行渲染，通过遮挡剔除来优化程序的性能。

（6）Viewport Rect（视角矩形）：在有些虚拟世界中可能需要同时存在多个相机物体来渲染不同画面，此时可以调整Viewport Rect的参数来设置其画面的位置以及大小，如图2.68所示。其中，X、Y用于设置相机的位置；W、H用于设置相机的宽度和高度。

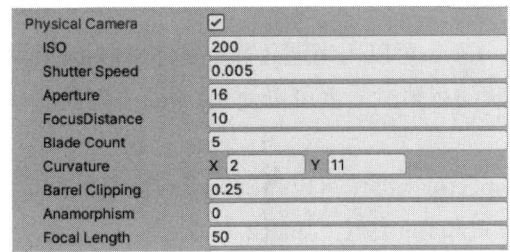

图 2.67

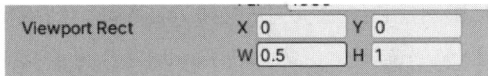

图 2.68

（7）Render Texture（渲染纹理）：相机的画面有时还需要被输出到某个纹理上，让某些物体能够显示该相机的画面。此时，就可以使用Render Texture来设置当前相机的画面会被渲染到哪个纹理上。

在Project视图中右击，选择Create→Render Texture命令，新建一个Render Texture资源，然后可以在Camera的Render Texture属性中将其内容设置为新创建的Render Texture资源。创建完成后，此资源就可以被应用到场景中。

2.5 工程管理

在一个项目中，往往会包含大量的对象，可能是场景中的物体，又或者是文件系统中的某个资源。随着项目的工程量越来越大，整个项目会变得繁杂和难以维护。在本节中，将会详细讲解Unity引擎与工程管理有关的基础知识。

2.5.1 Tag 与 Layer

扫一扫,看视频

首先从物体开始讲起。当场景中的物体过多时,可以为某些物体设置一些Tag(标签)以便于管理。

1. Tag

Tag可用于识别物体,在物体的Inspector视图的名称下方会有Tag选项。单击Tag选项,在下拉框中选择设置物体的Tag或新添加一个Tag。在所有Tag的最下方会有一个Add Tag选项,单击该选项,如图2.69所示。

在图2.70所示的画面中,可以添加新Tag,然后为物体设置该Tag。

图 2.69

图 2.70

2. Layer

Layer(层)的概念和Tag类似,但是使用场合不同。Layer可以用来定义哪些物体可以被摄像机渲染,或者设定光源可照亮场景的某些部分。在编写用户跳跃的逻辑时,也可以使用Layer来判断哪些物体可以视为地面物体,进而进行跳跃。

分配和创建Layer的方法也和Tag类似,在物体的Inspector视图中可以找到Layer选项,如图2.71所示。单击Add Layer选项,进入添加Layer的界面,其添加方式和Tag类似,如图2.72所示。

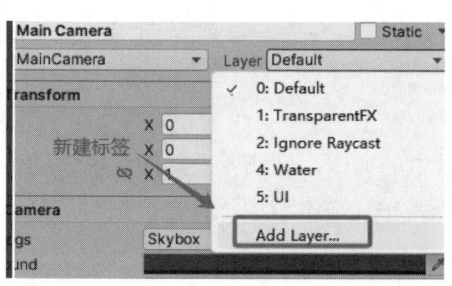
图 2.71

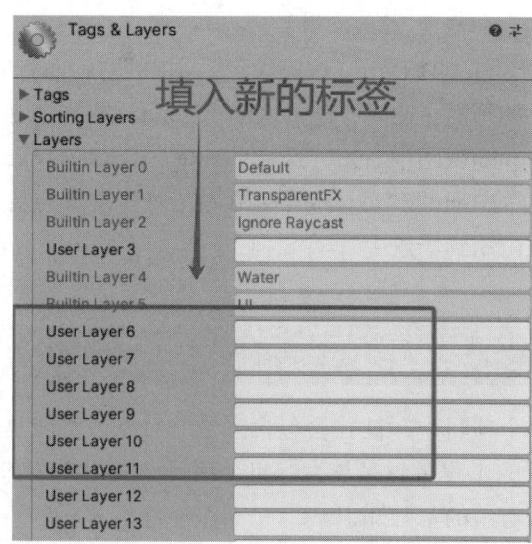
图 2.72

2.5.2 预制体

场景中会有很多物体,而这些物体具有各种各样的组件以及相应的数据。如果想重复利用某些物体,最常见的思路就是将其复制粘贴。但是,这种方式存在一些问题:对原物体所做的任何更改不会同步到其复制体上,而且场景中的物体数据不会单独存储在本地的资源文件中,因此复用率低。基于这些问题,Unity引擎提供了一个可复用资源,即预制体(Prefab)。Unity中的预制体是存储在本地资源文件中的一个具体文件,它存储了对象及其所有组件、属性的完整信息。其充当对象资源的模板,当需要在场景中重复创建某一种或一类物体时,可以将其制作成预制体,然后通过生成预制体的方式创建物体。

扫一扫,看视频

1. 预制体的创建及其实例

创建预制体的方法:在场景中选好想创建的物体,将其从Hierarchy视图拖入Project视图即可。此时,Hierarchy视图中其资源的颜色会变成蓝色,如图2.73所示。

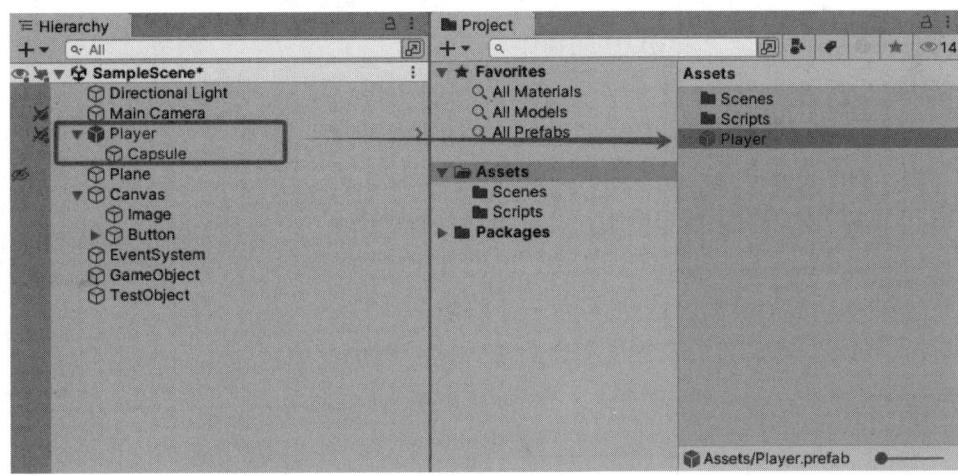

图 2.73

利用预制体创建物体实例的方法:与创建预制体类似,将预制体拖到Scene视图或Hierarchy视图中即可完成实例的创建。

2. 预制体编辑

预制体编辑分为**预制体模式**和**上下文模式**两种。

处于预制体模式时,对预制体进行的任何更改都会影响到此预制体的所有实例,并且完全忽视该预制体实例的上下文;处于上下文模式时,除了预制体本身,还会看到场景中的其他物体,只不过是以灰色的形式展现,并且无法对场景中的内容进行更改。

如果要进入预制体模式,只需在Project视图中双击,打开对应的预制体文件。在此界面中,Scene视图的左上角会显示当前预制体的名称,以及单击此标题栏后会进入的场景,如图2.74所示。

如果要进入上下文模式,只需在Hierarchy视图中单击此预制体的实例,然后在Inspector视图中选择Open选项即可,如图2.75所示。

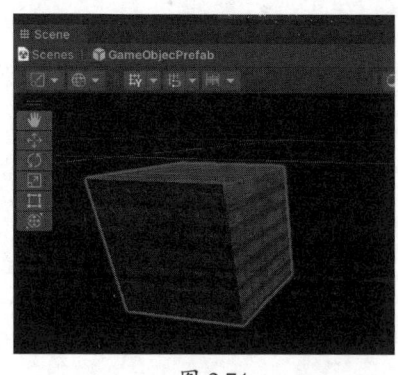

图 2.74

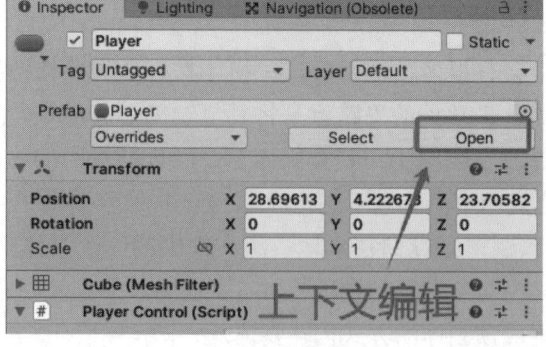

图 2.75

在进入上下文模式后，就可以在Scene视图的工具栏中找到Context选项，如图2.76所示。此选项可以设置当前场景上下文的展现形式。其中，Gray表示场景物体会以灰色的形式展现；Normal表示不隐藏场景中的物体；Hidden则表示完全隐藏场景中的物体。

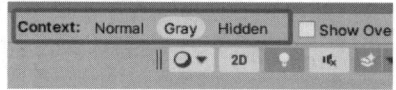

图 2.76

3. 实例覆盖

利用Unity的预制体资源创建实例后，实例与原始资源之间常会产生差异，如子物体位置微调或组件数值变化等。为保持实例的独特性，Unity特别引入了实例覆盖机制。这意味着，尽管对预制体资源的任何改动都会自动应用到所有实例，但仍可针对特定实例进行个性化调整，这些调整将覆盖原有数据。因此，即使后续预制体资源有所更新，已调整的实例也不会受到影响，确保游戏对象的灵活性与一致性。

在Unity中，工程师可对实例进行以下关键数据的覆盖操作：组件的增删、子对象的添加及属性值的调整。一旦实例数据被更改，Inspector视图中会呈现出明显的标识。具体而言，被覆盖的数据将以加粗字体显示，并在视图左侧附加蓝色条纹作为提示。例如，如图2.77所示，实例的X轴位置发生了变动，同时新增了一个Nav Mesh Agent组件，这些更改在Inspector视图中一目了然。

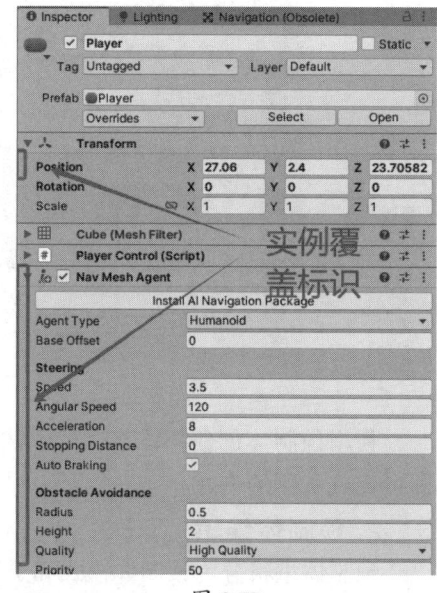

图 2.77

> **补充：覆盖优先级**
> 当某个实例对某些属性进行实例覆盖后，被覆盖值的优先级高于预制体资源的值。此时，如果再次对预制体资源的某些值进行修改，则此修改将不会同步到部分已经被实例覆盖的属性。因此，当场景中有大量预制体的实例时，为了更有效地同步这些预制体资源，应该认真思考是否需要对某个预制体的实例进行覆盖。

4. 上下文内容覆盖

进入上下文模式后，有一个Auto Save选项，表示是否自动保存并覆盖修改，该选项位于Scene视图工具栏中，如图2.78所示。若开启该选项，则在此模式下对预制体实例所做的任何更改，都

图 2.78

将直接覆盖到预制体资源上。也就是说，对于这个预制体的更改，将会影响到其他所有的预制体资源（前提是其他资源的对应内容没有被覆盖）。

还有一个Show Overrides选项。开启该选项后，上下文编辑环境中将仅展示实例覆盖后的值的内容。若要查看覆盖前的原始内容，则需关闭Show Overrides选项。

5. 实例编辑预制体

上文已提到，通过预制体创建的实例可以覆盖预制体资源的内容。修改后，仅该实例内容会发生变化。若要将此实例的修改同步到预制体资源，以更新所有相关实例，可使用实例编辑预制体的功能，实现数据的同步更新。

在Hierarchy视图中选中实例后，可以看到Inspector视图中的3个选项，如图2.79所示。其中，Open选项可开启预制体的上下文编辑功能；Select选项可快速定位到Project视图中对应的预制体资源位置；Overriders选项则专门用于编辑预制体资源的内容。

从图2.79中可见，单击Overrides选项后，将呈现一个列表，它详细列出了所有被实例覆盖的属性。单击Revert All按钮，表示将撤销所有对预制体实例的修改，即实例覆盖的内容将丢失；单击Apply All按钮，表示当前实例的修改将被保存至预制体资源，并覆盖原有内容，此后预制体实例不再保持这些修改作为覆盖。

除了可以对整个预制体实例进行编辑，Unity还允许工程师针对特定实例覆盖的属性进行精确编辑。如图2.80所示，只需右击被更改的属性，即可选择将其应用到预制体资源或撤销此修改，实现更灵活的资源管理。

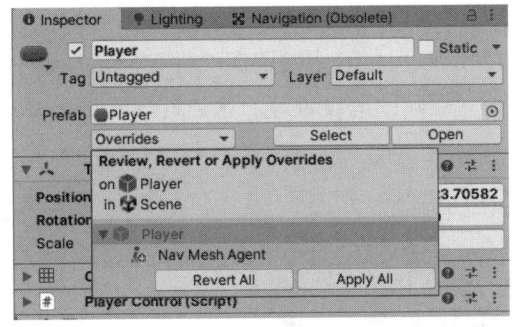

图 2.79

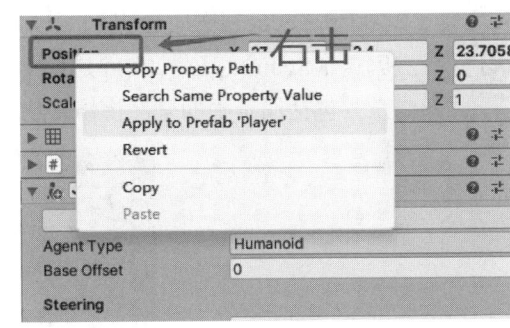

图 2.80

6. 预制体变体

预制体变体是一个相对抽象的概念。简单来说，它可以在Project视图中创建预制体资源的复制体。这种复制体并非原资源的简单复制，它可以设置原资源所不具备的属性，并继承基础预制体的属性。通过这种方式，用户可以灵活地扩展和定制预制体的功能，满足不同的开发需求。

在Project视图中，找到所需的预制体资源，右击，选择Create→Prefab Variant命令，即可在同一目录下创建该预制体的变体，如图2.81所示。预制体变体与基础预制体资源的关系类似于预制体实例与预制体资源的关系。变体初始时并无任何覆盖，但可在预制体模式下打开该变体，并为其添加覆盖内容，以满足特定的开发需求。

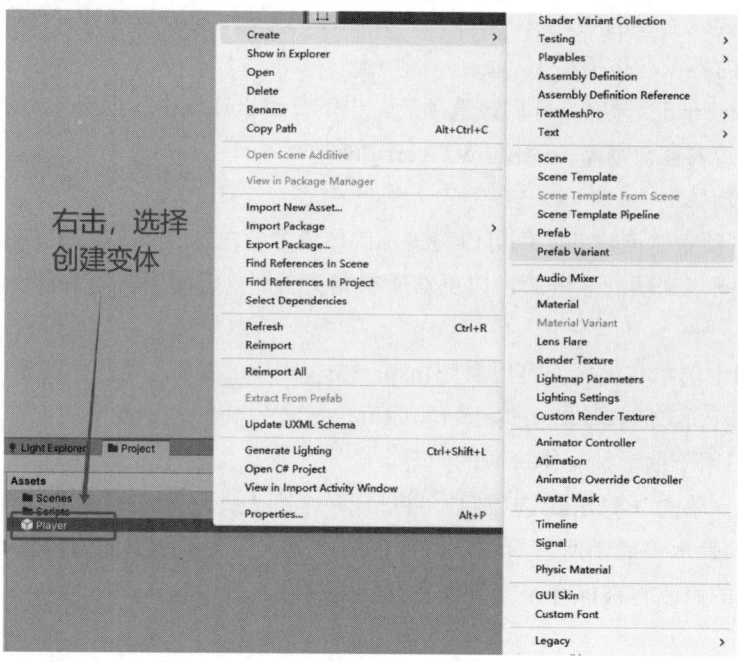

图 2.81

2.5.3 场景文件

扫一扫，看视频

在讲解Scene视图时也提到了场景的概念，但只侧重于讲解Scene视图本身的配置，而没有讲解这个Scene（场景）文件是什么。如图2.82所示，Unity中的资源文件存储了场景中的全部信息，包括场景中的全部物体、物体的位置、光照贴图的设置等。这类资源就是场景文件。

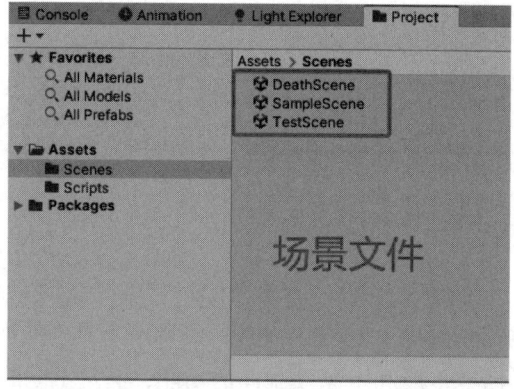

图 2.82

1. 创建场景

场景既可以通过编写脚本来创建，也可以直接在Unity的Project视图中通过简单的右键操作完成。具体步骤如下：在Project视图中的空白处右击，选择Create→Scene命令，即可快速创建新场景，如图2.83所示。创建后，可以为场景命名并双击打开。

2. 场景模板

在Unity中，大多是基于特定模板新建场景，默认的Basic模板常用于快速创建新场景。除了Unity的内置模板外，工程师还可以自定义场景模板，以满足特定需求。

自定义场景模板有两种方法：一是直接创建空场景模板，只需在Project视图中选中目标文件夹，右击，选择Create→Scene Template命令即可。二是从现有场景中生成模板，即选中目标场景后，右击，选择Create→Scene Template From Scene命令，Unity将在同级目录下生成对应场景的模板文件，如图2.84所示。这两种方法都可以让场景创建更加灵活高效。

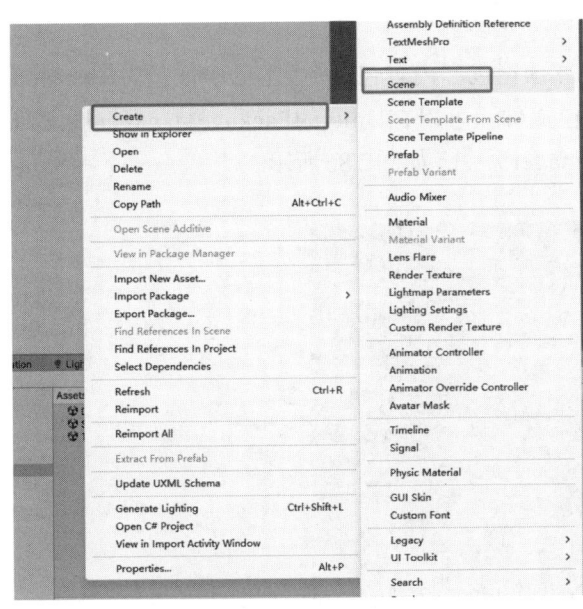

图 2.83

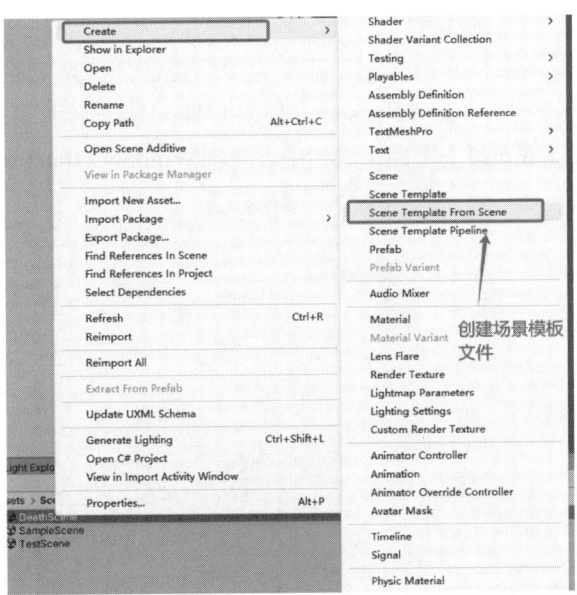

图 2.84

3. 编辑场景模板

在图2.84中选择场景模板文件后，Inspector视图中会展示该模板的详细信息，如图2.85所示。该界面包含四部分：Details（详细信息）用于指定模板场景及设置模板名称；Thumbnail用于设置模板预览图；Scene Template Pipeline用于添加自定义脚本，每次从该模板创建新场景时，Unity 也会创建管线脚本的新实例；Dependencies用于展示模板场景的依赖项。Unity会检查模板场景是否包含可克隆的依赖项，若有，则创建与新场景同名的文件夹，并存放所有克隆的依赖项。

> **注意：**
> 这里的"可克隆"指的是模板场景中的资源是引用原场景的资源还是克隆资源。若为引用原场景的资源，则对于模板场景中物体的更改将会影响原场景；若为克隆资源，Unity将会创建一个新的文件夹存放克隆后的资源，此时对模板场景的更改对原场景无任何影响。

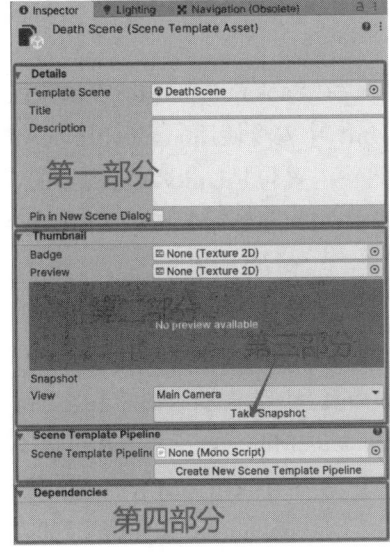

图 2.85

因此，在Dependencies中，可以为场景模板中的资源设置依赖项。若为克隆，则可以开启Clone选项。

2.5.4 unitypack 文件

扫一扫，看视频

在Unity中，包是一种存储功能、资源及项目信息的容器，包括运行资源、模板、编辑器工具、运行时的库等。这些文件与数据被压缩成.unitypack文件，便于分享与扩展项目。在项目开发过程中，理解包的概念至关重要，因为它不仅有助于项目顺利加载已有的包，还能促进项目的打包与迁移工作。

1. 包类型

在Unity中有三种基本类型的包，分别是已验证包、预览包和内置包（新版本已验证包为Released，预览包为Pre-Release）。如果想要安装或者管理这些包文件，可以在Unity的PackageManager中找到。在Unity最上方的工具栏中，选择Window→PackageManager命令，如图2.86所示。

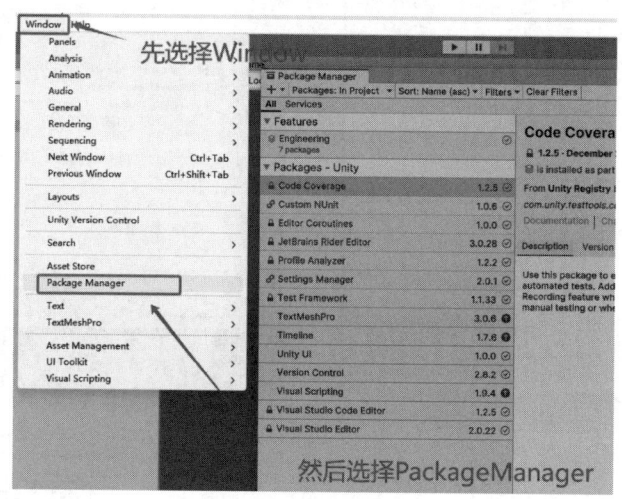

图 2.86

在PackageManager中，绿色Verified符号表示该包已验证，即已验证包。已验证包可在指定版本的Unity中安全使用。黄色Preview符号表示该包处于预览阶段，即预览包。

内置包是Unity默认内置的，如Audio、UI和Physics等。工程师可通过PackageManager自定义这些包的启用与禁用状态，从而优化项目大小，减少不必要的代码和资源，使打包更为高效。

2. 包的加载流程

当使用Unity打开新项目时，PackageManager会自动读取位于项目根目录Packages文件夹下的manifest.json文件，即项目清单文件。通过此文件，Unity了解项目所需的包文件，并向Unity官方维护的包注册表发送请求。注册表包含官方提供的包内容及版本信息，响应请求后将相关数据发送至PackageManager，并由其负责安装所需包到项目中。

3. PackageManager 界面

在PackageManager界面的左上角设有添加包的功能，如图2.87所示。单击+按钮，可以选择"从本地添加""通过包名添加""使用URL链接添加"这三种方式，以满足不同需求。

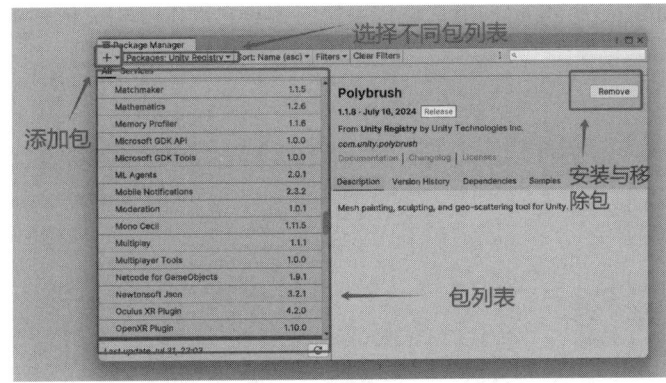

图 2.87

单击选择不同包列表的按钮,如图 2.88 所示。其属性值介绍如下。
- Unity Registry:可查看 Unity 包注册表中的所有包,无论是否已安装。
- In Project:将展示该项目已安装的所有包,包括从 Git、注册表及本地安装的包。
- My Assets:可查看 Unity Asset Store 中购买的资源包。
- Built-in:显示项目的内置包。
- Featured:用于展示 Unity 官方推荐或重点推广的包。

要想在包列表中选择并安装包到项目中,选中所需包,单击 Install 按钮即可。

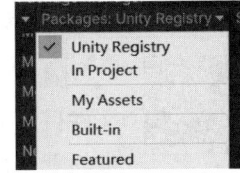

图 2.88

4. 导出自定义 UnityPack 文件

要想打包当前的项目,可以选择 Assets→Export Package 命令,进入 Exporting package(导出包设置)界面,如图 2.89 所示。在该界面中,可以设置当前要导出项目的资源,以及设置是否在导出时包含部分资源的相关依赖项。

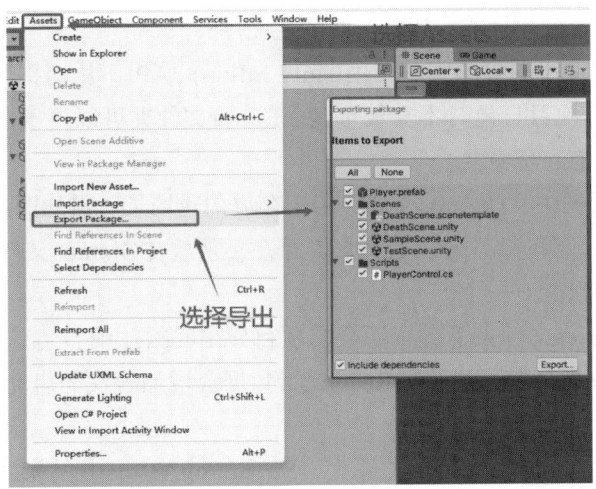

图 2.89

除了可以通过 Assets 菜单项选择整个项目的资源,还可以在 Project 视图中选择部分资源进行导出。右击所选资源,选择 Exporting Package 命令,Unity 将自动勾选当前资源所依赖的其他资源。如果不希望包含依赖项，可取消勾选Include dependencies复选框，系统将不再自动选择相关依赖资源，如图2.90所示。

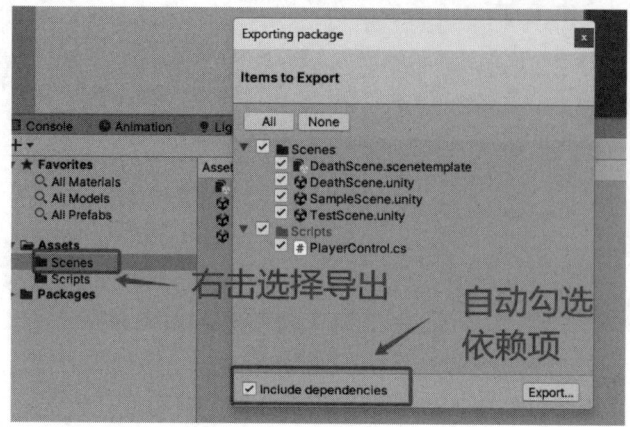

图 2.90

2.5.5 项目目录结构

随着项目规模逐渐扩大，Project视图中的资源量与类型也会急剧增长。如果没有合理的文件目录结构，项目将难以维护，资源的使用与管理也将陷入混乱。本小节首先将介绍Unity中的默认特殊文件夹，然后介绍如何自定义文件夹，包括其目录结构与命名规范，以确保项目的有序性与高效性。

1. 特殊文件夹

在Unity工程中有一些特殊的文件夹，这些文件夹具有特殊的功能，有些脚本必须配合这些文件夹才能工作。这些文件夹的特点及功能如下。

（1）Assets：工程的根目录，是Unity项目资源的主文件夹。

（2）Editor：Editor文件夹中的脚本能够调用Unity Editor的API，从而扩展引擎编辑器的功能。但这些脚本不针对游戏逻辑，在项目打包时不会被包含。Editor文件夹可以位于项目目录的任何层级，但如果是Assets的子目录，则具有特殊意义。

（3）Gizmos：在开发过程中，Gizmos文件夹用于存放构建场景所需的图形资源，帮助开发者实现可视化逻辑或展示复杂效果。这些资源通常是美术资源，必须放在Gizmos文件夹下。Gizmos文件夹只能是Assets的子目录且项目中只能有一个。

（4）Resources：Resources文件夹下的资源会在项目导出时被压缩打包。通过Resources.Load()接口可以读取这些资源。需要注意的是，过多的Resources数据会增加游戏的启动时间，因此应保持其精简，并考虑使用StreamingAssets文件夹。

（5）StreamingAssets：作为流式资源文件夹，StreamingAssets中的资源会被保留为原始文件格式，不会像Resources那样进行压缩。不同平台下，该目录的路径不同，可通过Application.streamingAssetsPath访问。

（6）Plugins：Plugins目录是插件目录，用于存放项目中使用的第三方SDK和库，确保项目能够顺利集成外部功能。

了解了这些特殊文件夹后，接下来，将探讨开发者在项目中常创建的文件夹及其目录结构，以优化资源管理和项目组织。

2. 自定义目录结构

在Unity 3D项目中，文件命名应遵循一个核心原则：名称可以自我解释。意思是无论文件还是代码，其命名都应清晰明了，避免使用无意义的符号。有意义的命名能够减少检索文件时花费的时间，并快速了解每个文件的具体用途。

在命名文件（之后所使用的代码命名）时，大驼峰命名法（也称为帕斯卡命名法）是较为常用的方法。该方法的特点是每个变量的首字母和后续英文单词的首字母均大写。例如，若要表示学生的数量，文件可命名为"StudentCount"。若在同一文件夹中有多个文件表示不同学生的数量，可在其后添加下划线进行区分，如"StudentCount_1""StudentCount_2""StudentCount_3"。关于命名规范，后续将详细介绍。

文件目录是资源管理的重要组成部分，没有固定的标准结构，因为每个项目的需求和内容各不相同。这里提供一个参考思路。

除了Unity的特殊文件夹外，建议创建一个名为GameAssets的文件夹，专门用于存放所有艺术资源，直接置于Assets目录下。在GameAssets文件夹内，可根据需要细分不同的美术资源文件夹，如Shaders、Prefabs、Fonts、Textures、Animations、Models等，这些文件夹结构应根据项目实际需求自然形成。

此外，在Assets目录下，还有Scripts和Scenes两个重要文件夹。其中，Scripts文件夹用于存放项目中的所有脚本；Scenes文件夹则用于存放场景文件及其强依赖资源。在Scripts文件夹下，还可以进一步细分，以便更好地组织和管理代码。在后续内容中，将根据具体功能需求进一步讲解这些文件夹的功能和使用。

2.6 资源处理流程

在Unity引擎中，资源文件种类繁多，包括材质、动画、音频、网格和纹理等。随着美术资源的增加，数据量急剧增长。为了高效处理这些多样化的数据，并统一整合到Unity引擎中，我们需要深入了解Unity的资产调节管道（Asset Conditioning Pipeline，ACP）。尽管Unity ACP的底层代码主要是由C/C++语言编写的且源代码未开放，但我们可以从抽象层面探讨其资源转化流程，以便更好地利用这一强大工具。资源处理的流程主要分为资源导入、元数据分配和资源处理3部分。

2.6.1 资源导入

1. 导入方式

在Unity中导入资源分为两种方式：第一种是在Unity的Project视图中，将外部文件拖入Project视图的某个文件夹中。在这种情况下，Unity会立马检测到资源的导入并进行后续操作。第二种是直接将资源导入工程的本地目录中。对于大部分通用的格式，可以直接将资源放入Unity的Assets文件夹下，系统会在进入和退出Unity时使用C++平台原生的窗口焦点事件来得知当前需触发刷新，检测到相关文件的变化，并且在必要时执行导入。

2. 导入器转换

资源管道的起点通常是其他数字内容创作（Digital Content Creation，DCC）工具（如Blender、Maya、Photoshop等）所生成的内容。一旦资源被导入Unity，它们就会由相应的AssetImporter（导入器）进行转换，每种资源类型都有对应的AssetImporter。例如，Texture（纹理）资源使用TextureImporter（文本导入器），音频资源则使用AudioImporter（音频导入器）。在Unity的Project视图中选中资源后，Inspector视图中会显示AssetImporter的相关设置数据。这些数据会在后续生成.meta文件时保存，以确保资源的完整性和一致性。

3. 可编程导入器

对于Unity中不常见的资源类型，它会使用默认的AssetImporter进行导入。由于Unity导入过程的底层代码是C++且闭源，因此无法直接自定义或扩展。不过，Unity提供了Scripted Importer（脚本化可编程导入器），允许使用C#语言为Unity不支持的文件格式进行自定义导入。

2.6.2 元数据分配

扫一扫，看视频

大多数资源在导入Unity时并不会直接使用其原始格式。为了确保资源的兼容性和高效利用，Unity会通过ACP将这些数据转换为引擎所需的格式。一旦资源经过调节管道转换为平台数据，Unity会在文件系统中自动生成.meta文件，用于描述如何处理这些资源，以确保它们在项目中的正确使用，如图2.91所示。

图 2.91

这些.meta文件在Project视图中并不可见，默认情况下会被隐藏显示。.meta文件和.scene文件一样，用户也可以使用文本编辑器打开并查看其中的数据，如图2.92所示。

在.meta文件中包含对应的AssetImporter的设置数据。这些资源在导入Unity后，会经过相应的AssetImporter处理，并将相关数据存储在.meta文件中。由于.meta文件与资源的紧密关联，若删除.meta文件，编辑器将无法识别对应资源，导致相关引用中断。

此外，资源的全局唯一标识符（Globally Unique Identifier，GUID）是另一个关键内容（图2.92）。

即使资源的名称相同、被重命名或移动位置，只要拥有GUID，就能够精准定位该资源。这一特性确保资源在项目中的唯一性和稳定性。

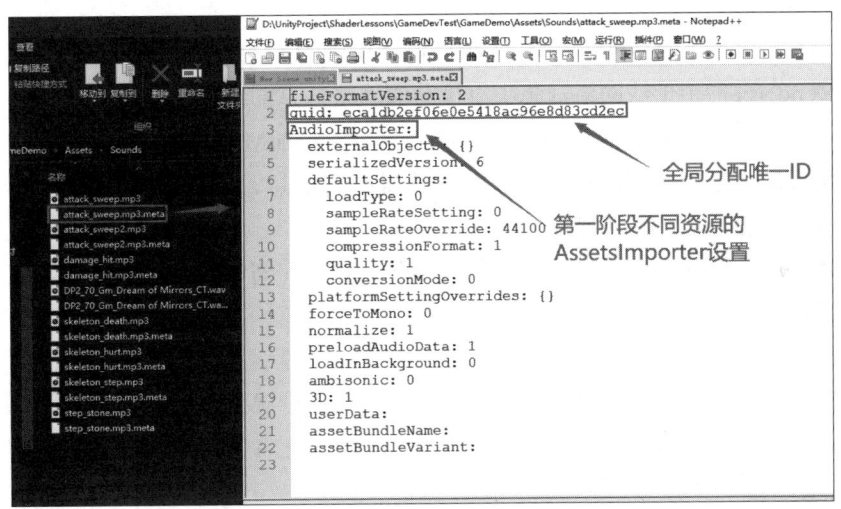

图 2.92

2.6.3 资源处理

将资源文件导入Unity的Assets文件夹后，Unity会自动将支持的资源类型转换为引擎可识别的格式，并与编译后的动态链接库（Dynamic Link Library，DLL）文件一同存放在Library文件夹中。Library文件夹还集中存储了元数据，以便实时追踪文件修改状态。

扫一扫，看视频

> **补充**：关于Library文件夹
> 当Assets中的文件被删除后，Library文件夹中的文件并不会被一起删除，而是继续保存在项目中。因此，随着项目的开发，Library文件夹中的文件量也会越来越大。若Library文件夹中的文件被删除，则Unity会通过Assets和ProjectSettings这两个文件夹自动加载当前项目中正在使用的资源文件。

上文提到，Unity引擎在第一阶段会将DCC资产转换为引擎所需格式，这一转换过程由资源调节管道完成。在第二阶段，Unity引擎会根据资产信息生成.meta元数据文件，记录GUID和导入设置等。随着项目的复杂度增加，元数据量也会增大。为了更好地管理这些元数据，Unity使用**资源数据库**来保存资源修改、引用完整性及导入结果等信息。若开发者直接通过文件系统添加文件，则再次进入Unity时会自动触发数据库刷新，检测并识别新文件。

在Unity中，资源数据库的刷新方式有三种：Unity编辑器获得焦点时、在Assets菜单中选择Refresh（刷新）时，以及直接在C#脚本中使用AssetDatabase.Refresh方法时。刷新后，数据库会检查资源文件更改并更新。随后，编译与程序代码相关的内容，并处理所有资源文件。

Unity中包括SourceAssetDB和ArtifactDB两个资源数据库，位于Library文件夹下，均为内存映射型数据库（Lighting Memory-Mapped Databcse，LMDB）。由于Unity对文件IIO（输入/输出）操作频率高，因此需数据库具备良好性能。LMDB基于内存映射实现，可直接返回键和值内存地址指针，访问效率高。

2.7 本章习题

一、选择题

1. 以下对Mesh Renderer（网格渲染器）组件描述正确的是（　　）。
   A. Mesh Renderer是用于从网格资源中直接获取网格信息的组件
   B. 为场景中的某一对象增添物理特性时，需要为对象添加Mesh Renderer组件
   C. Mesh Renderer组件从Mesh Filter组件中获得网格信息，并根据物体的Transform组件所定义的位置提供渲染画面所用的数据
   D. Mesh Renderer组件决定了场景中对象的位置、旋转和缩放

2. 以下对于Unity中特殊文件夹的描述，错误的是（　　）。
   A. Assets是Unity项目资源的主文件夹
   B. Editor文件夹中的脚本能够调用Unity Editor的API，扩展引擎编辑器的功能
   C. Gizmos用于存放构建场景所需的图形资源，帮助开发者实现可视化逻辑或展示复杂效果，其只能是Assets的子目录，项目中可以有多个
   D. Resources文件夹下的资源会在项目导出时被压缩打包。通过Resources.Load()接口可以读取这些资源。

二、简答题

1. 简述prefab的作用。
2. 简述localPosition 与 Position 的区别。
3. 简述Unity中Tag和Layer的区别以及使用场合。
4. 简述Unity中的包文件加载流程。
5. 简述Unity中.meta文件的作用。
6. 简述Unity中对资源数据库的三种刷新方式。

三、操作题

1. 在Unity中新建一个场景，并使用Unity自带的基本形体搭建一个简单的3D场景。
2. 在Unity的Project视图中，参考2.5.5小节中所讲解的项目目录结构，新建可以存放脚本、音频、UI、场景资源的多个文件夹。

2

编程进阶篇

驾驭代码,创造世界

第 3 章　C#编程

> **内容概述**
>
> 本章将深入探讨 Unity 3D 的核心支撑——C# 编程语言。C# 是构建逻辑的关键工具，是表达与呈现游戏世界逻辑的桥梁。本章仅聚焦于 C# 的基础语法，并不涉及 Unity 引擎的具体应用，其相关内容将在后续章节中详细展开。作为后续章节的基础，本章内容至关重要，需要读者深入理解。

3.1　C#语言基础

C#语言以其丰富的语法特性支持面向对象与面向组件的开发，使开发者能够迅速实现所需功能。本节将具体介绍C#语言的核心概念。

3.1.1　C#项目新建

扫一扫，看视频

在第 2 章讲解安装Unity引擎时，就已经成功安装了Visual Studio（VS）。用户可以在当前系统中找到已安装的VS并直接打开。然后，单击"创建新项目"按钮进入项目创建界面，如图 3.1 所示。在此界面中，**选择C#作为编程语言，并从模板列表中选择"控制台应用"选项**，如图 3.2 所示。为项目命名后，将进入图 3.3 所示的开发环境。

图 3.1

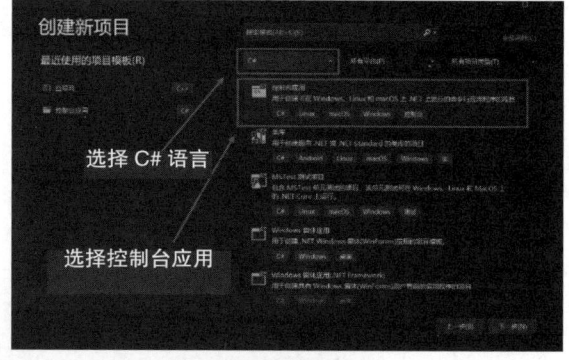

图 3.2

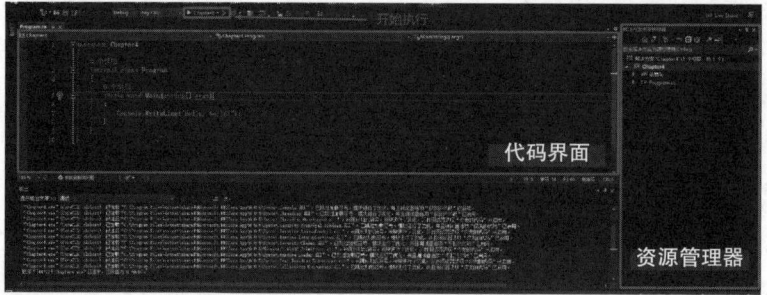

图 3.3

在C#开发环境中，中间的代码界面是编写代码的主要区域；右侧的资源管理器则展示了项目的所有代码及其他资源，可以在此添加或删除脚本；界面上方设有执行按钮，单击该按钮后，控制台接口输出的内容将显示在下方的输出框中。

3.1.2 代码规则与注释

1. Main 函数

当新建一个C#脚本时，Visual Studio会自动生成一个模板脚本。在该模板脚本中，最核心的部分就是Main函数。**Main函数是C#程序的起点**。也就是说，当项目启动后，它会首先执行该函数。

扫一扫，看视频

【示例3.1】 Hello World!

```
namespace Chapter3
{
    internal class Program
    {
        static void Main(string[] args)
        {
            Console.WriteLine("Hello World!");
        }
    }
}
```

在上面代码中，Main函数被定义在Program类中。该函数会在控制台中输出"Hello World!"。

> **注意**：关于Main函数的数量
>
> 在标准的C#控制台应用程序中，通常只能有一个Main函数。如果存在多个Main函数，计算机就不知道应该从哪里开始执行程序。
>
> 此外，Main函数的参数和返回值类型也可以根据需要进行调整。关于与该函数相关的具体语法将在3.4.3小节中详细介绍。

2. 基本语法规则

在C#编程中，**每行代码都必须以英文分号（;）结尾**。当一行代码过长时，为了提高可读性，可以选择换行，但此时并不需要额外添加分号。例如：

```
Func<(int, int, int), (int, int, int)> doubleThem = ns => (2 * ns.Item1, 2 * ns.Item2, 2 * ns.Item3);
```

这里，尽管代码分了两行，但分号仅在第二行表达式的末尾。重要的是，必须确保使用的分号是英文分号，因为中文分号会导致编译错误，这是初学者常犯的错误之一。

当代码在逻辑上存在包含关系时，如一个方法内部包含另一个方法调用，格式上的处理就尤为重要。例如：

```
static void Main(string[] args)
```

```
{
    Console.WriteLine("Hello, World!");
}
```

在以上代码中，Console.WriteLine方法位于Main方法的内部，因此它应该编写在大括号的下一行，并且为了表示逻辑上的层次关系，通常会在前面使用4个空格进行缩进。这4个空格可以使用Tab键快速输入，也可以通过连续按4次空格键来实现。

3. 程序注释

在编写代码时，注释是不可或缺的一部分，它有助于他人快速理解代码的功能和逻辑，不会被程序执行。对于初学者来说，常常忽视注释的重要性，但随着项目规模的扩大，缺乏规范注释的代码将变得难以理解。因此，合理使用注释对于项目的可维护性至关重要。

注释主要分为以下三种类型。

（1）**单行注释**。单行注释是最简单也是最常用的注释方式。通过在代码行后添加两个斜杠"//"来标记注释的开始，其后跟随注释内容。例如：

```
Console.WriteLine("Hello, World!");//这是一个单行注释
```

单行注释可以紧跟在代码行后或置于代码行上方。对于变量声明或初始化，注释可放在代码右侧；对于代码块，则通常置于其上方。若注释内容较长，应考虑使用多行注释。

（2）**多行注释**。当需要注释多行代码或注释内容较长时，可以使用多行注释。它以"/*"开头，以"*/"结尾。例如：

```
/*
    Console.WriteLine("Hello, World!");
    Func<(int, int, int), (int, int, int)> doubleThem = ns
        => (2 * ns.Item1, 2 * ns.Item2, 2 * ns.Item3);
*/
```

多行注释常用于暂时屏蔽不使用的代码块或包含长段文字说明。为保持代码整洁，多行注释的首尾行通常不书写内容。

（3）**文档注释**。文档注释专门用于生成API文档，常伴随类、方法、接口等特定内容。它以"///"开始并包含特定的XML格式标签，如<summary>、<param>等，这些标签用于描述类型、成员、参数等信息；<example>标签则用于说明代码的使用场景；<remarks>标签用于提供有关类型的额外信息。

【示例3.2】 在Main方法中使用文档注释

```
///<summary>
///      这里是对函数的总结
///</summary>
///<param name="args">函数参数的注释</param>
static void Main(string[] args){}
```

【示例3.3】 在XML格式代码中使用文档注释

例如，在<summary></summary>中间插入的内容，表示描述类型或类型的成员；在<param>中表示

对方法或者构造函数中的参数进行注释。要想在注释的内容中插入代码，可以在<code></code>中加入代码。

```
///<code>
///    Console.WriteLine("Hello, World!");
///    Console.WriteLine("你好，世界！");
///</code>
```

通常<code>代码会和<example>一起使用。<example>标记后常跟一段<code>注释，表示这是一段演示代码，告诉其他开发者这段代码的使用案例。

经常和<summary>一起使用的注释还有<remarks>，使用此文档注释来指定有关当前类型的额外信息。

【示例 3.4】 在 XML 格式代码使用文档注释

在以下代码中，<summary>中指定了此接口的内容，<remarks>中的内容则是告知此接口的例子可以在其他模块中阅读。

```
///<summary>
    ///Interface to implement if you wish to receive OnPointerExit callbacks.
///</summary>
///<remarks>
    ///Criteria for this event is implementation dependent. For example see
    StandAloneInputModule.
///</remarks>
public interface IPointerExitHandler : IeventSystemHandler
```

其他文档注释类型，在后文中遇到时再进行讲解。

补充：关于文档注释
当在代码编辑器中输入"///"分隔符后，VS 会自动插入所需的文档注释，如 <summary> 和 </summary> 标记，并且当前光标将置于这些标记中。

3.1.3 变量基本概念

1. 变量三要素

在深入探讨C#的变量之前，首先要理解一个核心概念，即**变量三要素：名称、内容和容器**，如图3.4所示。名称如同给每个人取的名字，用于标识特定的变量，如Number；内容则是变量所承载的数据，可以是一个数字、一串字符或是一个引用；而容器在计算机中就是一块特定的内存空间，用于存放这些内容。

图 3.4

C#作为一种强类型语言，容器不仅仅代表一个内存空间，还有类型限制。这表示在程序编译时，就必须明确这块内存是用来存储何种类型的数据。例如，如果计划将数字9存储在某个容器中，那么在声明变量时，就需要指定其类型为int，即这块内存是用于存放int类型（整型）变量的。

2. 变量声明与定义

变量的声明就是告诉程序这个变量的类型和名字，就像在图3.4中只保留名称部分，并指明它代表的数据类型，如int或char。但此时变量还没有具体的内存空间来存储数据。声明只是给计算机一个预告，告诉它要使用变量的名称和类型。如果不仅声明了变量的类型和名称，还为其分配了具体的内存空间，这个过程就叫作定义。用更直白的话来讲，**定义就是给变量分配一个真实的容器来存储其内容。**例如：

```
int a;
```

这段代码就是定义了一个变量，变量名称是a，变量的容器是int类型。定义变量的图示过程如图3.5所示。

由于声明变量时只是声明了类型和名称，而没有指定具体的内存，因此一个变量可以被声明多次。但因为定义是指定了类型和名称的同时还包括了地址，所以定义的同时也完成了声明，并且变量的定义只能有一次。

3. 变量赋值

定义变量仅意味着为数据分配了一片内存空间，但此时该空间尚未存储任何具体数值。**给这个内存空间填充数据的过程称为"赋值"。**

如图3.6所示，右边是要存放的数据"9"，而左边则是一个完整的变量，包含容器、名称和内容。

例如：

```
int a = 9;
```

将此行为变成图，就是如图3.6所示的内容。图3.6的右边是内容"9"，左边的容器、名称、内容合在一起称为一个变量。

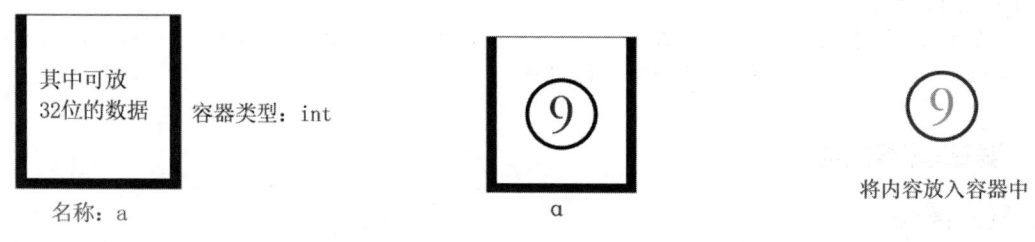

图 3.5　　　　　　　　　　图 3.6

4. 变量的左值与右值

在赋值操作时，使用等号"="来实现。变量的左值与右值是C++中的概念，在C#这样的强类型语言中，也可以使用类似的含义来解释。等号左边的称为左值，它既有内存地址也有存储的值；而等号右边的则是右值，它只包含值本身。

赋值操作的核心在于=**左边的对象（即左值）必须拥有足够的内存空间来容纳右边对象（即右值）的数据。**这样，右值的内容就会被复制到左值的内存空间中（图3.6）。

简而言之，赋值就是将右值的数据放入左值的内存容器中，确保等号左边有足够的空间来承载等号右边的数据。

因此可以得到表 3.1。

表 3.1　赋值操作的特点

项目	是否可在等号左边	是否可在等号右边	是否具有容器	是否具有类型	是否具有内容
左值	可以	可以	是	是	是
右值	不可以	可以	否	是	是

赋值操作的关键在于=的使用。=左边必须是一个有内存空间的左值，用于存储数据；而=右边则可以是左值或仅有数据的右值。

例如：

```
int a = 1;
int b = 2;
```

上面两行代码分别声明且赋值了两个变量a和b，此过程如图3.7所示。

当把变量b的数值赋给变量a时，代码如下：

```
a = b;
```

此过程如图3.8所示。

  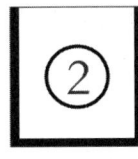 

　　　　a　　　　　　　　　　b　　　　　　　　　　a　　　　　　　　　　b

　　　　　图 3.7　　　　　　　　　　　　　　　　　　图 3.8

由此可知，将变量b赋值给变量a的过程，在计算机中就是把变量b中的内容进行了复制，然后把复制之后的内容又放到了变量a的容器中。如果此时对变量b进行更改，则变量a中的内容不会产生影响。

5. 值类型与引用类型

此部分内容会涉及一些与类相关的知识点，如果读者没有任何编程基础，可以在学习完本章后再看此部分内容。

变量的内容除了会有上述的1、2这种值类型之外，还有引用类型。当=的左右两边使用值类型来赋值时，等号会对右侧的值内容进行复制；当=的左右两边使用引用类型来赋值时，则等号会复制右侧引用类型变量的引用。

什么是引用类型，什么是值类型呢？ C#中一种典型的引用类型变量就是类，以下代码中声明了一个名字为A的类，在该类中声明了a和b两个变量。

```
class A
{
    int a;
    int b;
}
```

上述代码定了一个类，此时可以使用这个类来声明两个实例，分别命名为class 1和class 2。代码如下：

```
A class1 = new A();
class1.a = 51;
class1.b = 34;
A class2 = new A();
class2.a = 11;
class2.b = 90;
```

在上述代码中，用A类创建了两个实例。实例中有两个属性，分别是a和b，如图3.9所示。**引用类型变量保存了对于一个对象的引用，然后在这个对象的内部可能还包含了一些值类型或引用类型。**

如果对引用类型变量进行赋值，就是把等号右边变量的引用进行一次复制，然后将其放到了等号左边变量的容器中。代码如下：

```
class1 = class2;
class2.a = 34;
class2.b = 20;
Console.WriteLine(class1.a);
Console.WriteLine(class1.b);
Console.WriteLine(class2.a);
Console.WriteLine(class2.b);
```

当执行完上面的代码后，程序的输出结果如下：

```
34
20
34
20
```

在把class2的引用复制给class1之后，此时的class1和class2都指向了同一个对象。因此，无论是对class1还是class2进行更改，都是先从此变量的容器中找到其引用，然后计算机顺着引用找到该对象的值，如图3.10所示。

这也是引用类型变量和值类型变量最大的区别。

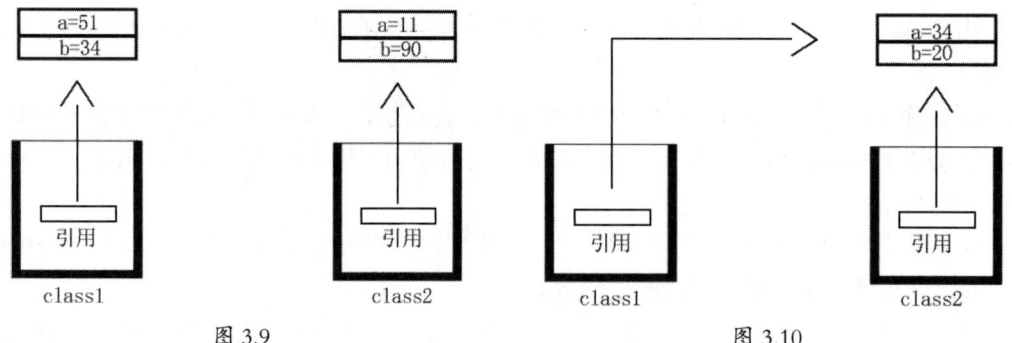

图3.9　　　　　　　　　　　　图3.10

在值类型变量中，变量的容器直接存储对象的值。因此当使用值类型进行赋值时，计算机通过复制实例，将当前容器中的值赋值一次后放到目标容器。

而如果使用引用类型变量,则此变量的容器中存储了一个对于对象的引用,而在该对象的内部,则可能还存储了一些值类型或引用类型。

使用引用类型来赋值时,也只会复制这个引用,整个对象不会被进行复制。

> **补充:C#中常用的引用类型**
>
> C#中有两种类型,即引用类型和值类型。其中,引用类型的变量存储对其数据对象的引用,而值类型的变量直接包含其数据。常用的引用类型包括class、interface、delegate、record等,还有一些常用的内置引用类型,如object、string等。

6. 引用类型与地址

在C++或者C这样比较底层的语言中会有指针的概念。指针就是一个地址,指向了一块计算机中的内存。**引用的本质就是指针实现,引用真正传递的是地址,计算机通过地址进行间接寻址。** C#中虽然不直接使用指针的概念,但类似的地址操作是一致的。当在程序中声明和赋值了一个引用类型变量后,此变量存储的内容就是一串十六进制的地址。

如图3.11所示,当代码进入调试状态后,可以观察变量的内容。此时,class1代表的是0x000002-ADB7D984D0这一串十六进制的数字。而这串数字在被CPU读取后就可以定位到计算机中的某一片地址,在此地址中就可以找到当前对象中的内容。如图3.11所示,class1.a和class1.b分别对应了十六进制的33与22,将33与22变成十进制分别为51与34。

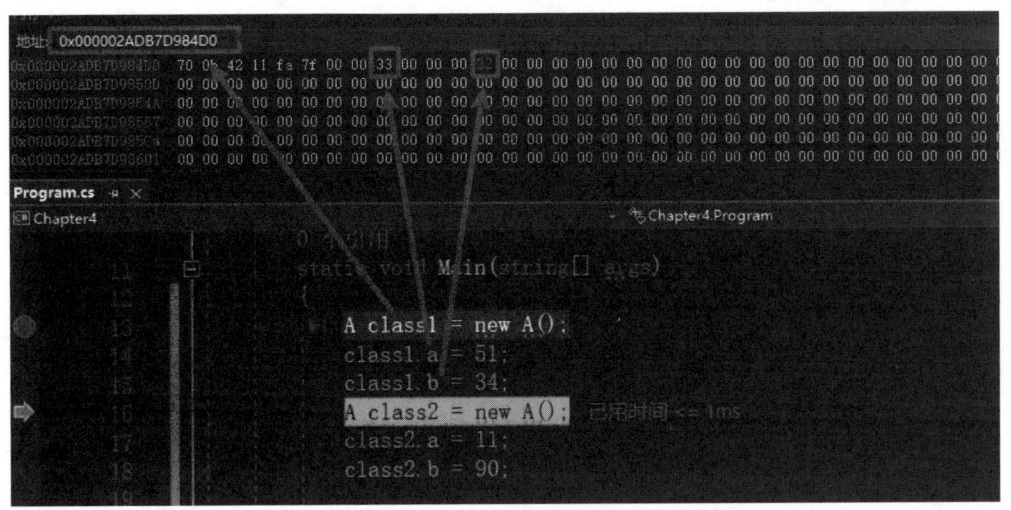

图 3.11

而如果把这个过程进一步剖析,将其变成汇编语言的代码,如图3.12所示。图3.12红框中的第一行汇编指令会把class1变量的引用地址取出,然后将其存储到rcx寄存器中。在第二行汇编指令中,CPU从rcx寄存器所对应的地址开始进行偏移,偏移8个单位后到达class1.a所代表的位置。CPU使用mov指令将33h所代表的数值51给到此位置,完成对引用类型变量的赋值操作。由此可知,计算机CPU所作的其实也就是刚刚图示的内容。先取出变量的容器中所存储的引用,再在此引用的位置找到目标内容。

```
00007FFA11384FD0  nop
                   A class1 = new A();
00007FFA11384FD1  mov        rcx,7FFA11420B70h
00007FFA11384FDB  call       CORINFO_HELP_NEWSFAST (07FFA70D6AFC0h)
00007FFA11384FE0  mov        qword ptr [rbp+30h],rax
00007FFA11384FE4  mov        rcx,qword ptr [rbp+30h]
00007FFA11384FE8  call       方法存根对象: Chapter4.A..ctor() (07FFA11384470h)
00007FFA11384FED  mov        rax,qword ptr [rbp+30h]
00007FFA11384FF1  mov        qword ptr [rbp+48h],rcx
                   class1.a = 51;
00007FFA11384FF5  mov        rcx,qword ptr [rbp+48h]
00007FFA11384FF9  mov        dword ptr [rcx+8],33h
                   class1.b = 34;
00007FFA11385000  mov        rcx,qword ptr [rbp+48h]
00007FFA11385004  mov        dword ptr [rcx+0Ch],22h
```

图 3.12

关于引用类型，本章后半部分会深入讲解。这里只需了解引用类型变量的核心，**即只存储对于对象的引用，而不存储对象本身**。

3.1.4 常见值类型

扫一扫，看视频

在有了变量的基本概念之后，接下来，介绍C#中的常见值类型。

1. 整型数值类型

整型数值类型代表整数，如1、2、3、-1、-2、-3等。C#中的常见整型类型见表3.2。

表 3.2　C# 中的常见整型类型

类　型	数　值　范　围	数　值　大　小
int	-2147483648 ~ 2147483647	带符号的 32 位整数
short	-32768 ~ 32767	有符号的 16 位整数
long	-9223372036854775808 ~ 9223372036854775807	64 位带符号整数
uint	0 ~ 4294967295	无符号的 32 位整数
nint	取决于代码运行时的平台	带符号的 32 位或 64 位整数
nuint	取决于代码运行时的平台	无符号的 32 位或 64 位整数

每种类型都有数值范围，而数值大小的单位主要有以下几种。

（1）位（bit）：计算机中处理、存储、传输信息的最小单位，一个bit即代表一个0或1的数字信号。

（2）字节（byte）：1byte = 8bit，1字节代表了8位数据，是二进制的最基本计量单位。计算机中存储器按照字节进行编码，字节是计算机寻址以及存储的最小单元。

（3）字（word）：字表示的是被处理的信息的单位，用于衡量数据类型的宽度。在英特尔的x86体系架构中，如8086处理器，其字的长度为16位。而在英特尔的80386处理器中，其字的长度则变为了32位。

（4）字长：字长的概念和CPU的寻址有关。字长是数据通路的宽度，是指CPU内部的数据在不同CPU的部件之间运算、存储和送达时，其单次操作数据的长度，因为它和CPU的操作数据长度有关。例如，32位的CPU对应的字长就是32位，64位的CPU对应的字长就是64位。

（5）无符号整数：如果一个变量表示的内容不可能出现负值，则可以考虑使用无符号整数，在同样内存大小的前提下可表示更多内容。

C#的int型范围是32位，占4字节。如果想要更大或更小数值范围的，可以用short型或long型。

2. 其他值类型

浮点数值类型指的是一个变量能够包含整数部分和小数部分。 例如，10.23 和-23.1 都是浮点数值。

可以使用带有d/D后缀的数字表示double类型，使用带有f/F后缀的数字表示float类型。double表示双精度浮点类型，float表示单精度浮点类型，它们的主要区别是表示的数字精度不一样。双精度浮点类型大致为15～17位数字，单精度浮点类型大致为6～9位数字。具体见表3.3。

若指定1.5为float类型，可以在其后添加字母'f'，即

```
float x = 1.5f;
```

可以使用bool类型代表布尔类型。 布尔类型只有两种取值，即true（真）和false（假）。尽管布尔值在内存中只需要1位来表示，但由于计算机处理数据的最小单位是字节，所以bool类型的变量实际上是占用1字节的空间。

char类型用于表示Unicode UTF-16编码的字符，它占用2字节的空间。 Unicode是一种统一的字符编码标准，它支持多种语言，包括中文。UTF-16是Unicode的一种实现方式，它将Unicode字符映射到长度为16位（即2字节）的整数序列，从而实现字符的表示。

浮点数值类型、布尔类型、char类型数值范围及数值大小见表3.3。

表 3.3 浮点数值类型、布尔类型、char 类型数值范围及数值大小

类型	数 值 范 围	数值大小/字节
float	$\pm 1.5 \times 10^{-45}$ ～ $\pm 3.4 \times 10^{38}$	4
double	$\pm 5.0 \times 10^{-324}$ ～ $\pm 1.7 \times 10^{308}$	8
bool	true 或 false	1
char	U+0000 ～ U+FFFF	2

3.1.5 类型转换

扫一扫，看视频

将变量内容赋值给其他变量时，会有变量类型不一致的情况：若当前数值支持隐式转换，则将自动执行隐式转换过程；若支持显式转换，则需要将目标变量类型写入括号中。代码如下：

```
int a = 10;
long b = a;
short c = (short)a;
```

在上述代码中，a是int类型变量。当将变量a赋值给long类型的变量b时，编译器进行了隐式转换，因为int类型可以安全地转换为long类型，且不会丢失数据。然而，当尝试将变量a赋值给short类型的变量c时，由于int类型不能直接隐式转为short类型（可能会丢失数据），因此需要显式转换，即用(short)来告诉编译器进行强制类型转换。

由此可知，**隐式转换和显式转换的主要区别在于数据是否会丢失**。隐式转换是C#默认的安全转换，不会丢失数据；而显式转换则可能导致数据丢失，因为需要强制将数据改成目标格式。

- 常见隐式转换：short→int→long→float→double；char→int
- 常见显式转换：double→float→long→int→short；int→char

3.1.6 运算符

扫一扫,看视频

1. 算术运算符与赋值运算符

算术运算符是完成基本算术运算的符号,用来实现基本的四则运算,其内容描述见表3.4。

表 3.4 算术运算符内容描述

运算符	内 容 描 述
+	加法运算符,将操作数左右的数值进行相加
-	减法运算符,将 - 号的左操作数减去右操作数的值
*	乘号运算符,将左右两个操作数的值相乘
/	除号运算符,将分子除以分母
%	取余运算符,获得整除后的余数
++	自增运算符,将整数值加 1
--	自减运算符,将整数值减 1
+=	将右操作数加上左操作数的结果赋值给左操作数,同类型还有 -=、*= 等

整数除法会丢弃余数。例如:

```
int a = 1/3;
```

这里变量a的值为0,因为1除以3的余数被丢弃了。另外,如果除数为0,则程序将发生错误。

取余运算符用于获取除法运算后的余数。例如,当7%3时,因为7除以3等于2余1,此时7%3的结果就是1;当3%7时,其结果为3。

自增(++)和自减(--)运算符用于将变量的值分别增加或减少1。它们可以放在变量前或后,但位置会影响其作用的时机。

i++: 先使用i的当前值,然后再将i加1。
++i: 先将i加1,然后再使用i的新值。
例如:

```
int i = 1;
Console.WriteLine(i++); //输出结果: 1
Console.WriteLine(i);   //输出结果: 2
//而如果是将++符号用到i的前面,则++i代表的数值就是执行加1后的数值。
int i = 1;
Console.WriteLine(++i); //输出结果: 2
Console.WriteLine(i);   //输出结果: 2
```

同理,也适用于自减运算符。

赋值运算符,如+=、-=、*=、/=和%=,是简化赋值操作的快捷方式。它们分别表示"加等于""减等于""乘等于""除等于""取余等于"。

补充:关于整数溢出

在执行整数类型的算术运算时,由于类型的数值范围有限,可能会发生溢出的问题。如果不使用一些语法来捕捉这些溢出行为,则这些溢出将默默地执行,难以被程序员检测到。为了避免整数溢出,需要在为变量分配类型时提前确认当前变量的使用场景，为其分配合适的变量类型；同时还可以使用一些语法来捕捉这些溢出行为。在C#中，提供了checked运算符来检测整数溢出。例如，在以下代码中执行a*b的计算时，checked运算符会检测当前的运算是否发生溢出，如果溢出，则会抛出一个OverflowException。

```
int a = 1234567;
int b = 1234567;
int c = checked(a*b);//抛出System.OverflowException
```

2. 关系运算符

关系运算符的内容描述见表3.5。

表3.5　关系运算符的内容描述

运算符	内　容　描　述
==	检查左右操作数的值是否相等，如果相等，则为 true，否则为 false
>	检查左操作数的值是否大于右操作数的值，如果是，则为 true，否则为 false
<	检查左操作数的值是否小于右操作数的值，如果是，则为 true，否则为 false
>=	检查左操作数的值是否大于或等于右操作数的值，如果是，则为 true，否则为 false
<=	检查左操作数的值是否小于或等于右操作数的值，如果是，则为 true，否则为 false
!=	检查左右操作数的值是否相等，如果相等，则为 false，否则为 true

以上操作符执行后的结果为true或false，因此可以使用一个bool类型变量来存储关系运算符的结果。例如：

```
int a = 123;
int b = 456;
bool c = (a == b);
bool d = (a <= b);
Console.WriteLine(c);//输出false
Console.WriteLine(d);//输出true
```

上述代码中的变量c和变量d用于存储关系运算符的结果，将值进行输出就可以知道结果为true还是false。

3. 逻辑运算符

逻辑运算符常与条件语句一起使用。逻辑运算符的内容描述见表3.6。

表3.6　逻辑运算符的内容描述

逻辑运算符	内　容　描　述
&&	逻辑与运算符，如果操作符左右的值都为真，则条件为真；否则条件为假
||	逻辑或运算符，如果操作符左右的值至少有一个为真，则条件为真；如果操作符左右的值都为假，则条件为假
!	逻辑非运算符，如果条件为真，则使其变为假；如果条件为假，则使其变为真

这几种运算符经常搭配在一起使用。例如：

```
int a = 123;
int b = 456;
```

```
bool c = (a == b);        //false
bool d = (a <= b);        //true
bool e = !c && (c || d);
Console.WriteLine(c);
Console.WriteLine(d);
Console.WriteLine(e);     //输出结果:true
```

在以上代码中为变量e赋值时,将运算符展开成一个树状结构后分别执行逻辑运算。计算机会先计算!c和(c||d)的结果,得到!c=true,(c||d)=true;然后将结果放入运算符&&的两侧,计算出true&&true的结果为真,即输出e的结果为真。

4. 运算符优先级

在包含多个运算符的表达式中,会按照运算符的优先级来决定先对哪些部分进行计算。运算符优先级名称见表3.7。其中的优先级从上往下逐渐降低。

表3.7 运算符的优先级名称

运算符	名称
new、sizeof、delegate、typeof、checked、i++、i--	关键字
++i、--i、+i、-i	一元
switch、with	switch 和 with 表达式
x * y、x / y、x % y	乘、除、取余
x + y、x - y	加、减
x < y、x > y、x <= y、x >= y、is、as	关系
x == y、x != y	相等
x && y	逻辑与
x || y	逻辑或
x=y、x+=y、x-=y、x*=y、x/=y	赋值

3.2 条件语句

在代码编写过程时,经常会遇到逻辑的分支选项,即根据逻辑的对或错来选择执行某部分内容,这种语句称作条件语句。

3.2.1 if 语句

扫一扫,看视频

条件语句中使用最多的是 if 语句。使用 if 语句,计算机可以判断表达式的真或假,然后决定使用哪段语句。

1. if 语句

if语句的语法规则如图3.13所示。

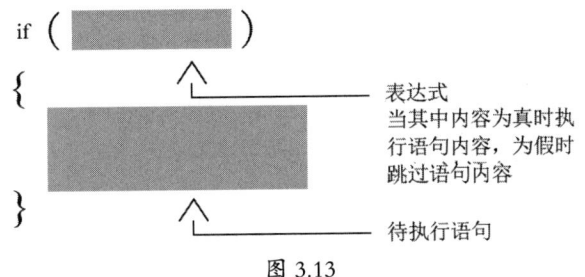

图 3.13

if 语句包括 if 关键字和表达式。**当表达式中的内容为真时,将执行if语句下方大括号中的内容**。例如:

```
int a = 123;
int b = 456;
bool c = (a == b);    //false
bool d = (a <= b);    //true
if (!c && (c || d))
{
    Console.WriteLine(c);
    Console.WriteLine(d);
}
```

在上述代码中,如果 "!c && (c || d)" 的结果为真,则执行下方大括号中的语句,输出代码。

2. if…else 语句

在一般的if 语句中,如果表达式中的内容为假,则程序不会执行相关内容。如果想让程序在表达式中的内容为假时执行另一部分语句的内容,可以使用if…else语句。

if…else语句的语法规则和if语句类似,不同的是在if语句的大括号结束后又加了一行else及其对应的语句内容。例如:

```
int a = 10;
int b = 20;
if (a>b)
{
    Console.WriteLine(a);
}
else
{
    Console.WriteLine(b);
}
```

在以上代码中,if 语句结束后跟着else语句,当a>b的结果为假时,则执行Console.WriteLine(b)这行代码。

3. else…if 语句

如果想在if语句后再跟上一个if语句,进一步判断逻辑的对错,可以在if语句结束后跟上else…if语句。例如:

```
int a = 10;
int b = 20;
if (a > b)
```

```
    {
        Console.WriteLine(a);
    }
    else if (a == b)
    {
        Console.WriteLine(b);
    }
    else
    {
        Console.WriteLine(a);
        Console.WriteLine(b);
    }
```

在以上代码中,如果a和b的值相等,则程序会进入else…if的语句中输出b的值。

4. 嵌套 if 语句

在if语句的表达式内也可以使用if语句。此时,程序会先执行最外层的if语句,然后逐层向内执行。例如:

```
int a = 10;
int b = 20;
int c = 30;
if (a > b)
{
    Console.WriteLine(a);
    //嵌套if语句
    if (c > a && c > b)
    {
        Console.WriteLine(c);
    }
}
else
{
    Console.WriteLine(b);
}
```

在上述代码中,如果a>b成立,则程序进入if语句,并执行Console.WriteLine(a);语句,再执行下一个if语句;如果c大于a且大于b,则执行Console.WriteLine(c);语句。

补充:使用三元运算符简写if语句

三元运算符用于简化if语句。例如,在示例3.5中使用三元运算符减少了行号。

【示例3.5】 使用三元运算符

```
//if语句
int A = 10;
if (A < 18) {
    Console.WriteLine("CASE1");
}
else {
    Console.WriteLine("CASE2");
```

```
}
//三元运算符，真执行CASE1，假执行CASE2
int A = 10;
string result = (A < 18) ? "CASE1" : "CASE2";
Console.WriteLine(result);
```

3.2.2 枚举类型

枚举类型定义了一组相关的常量，这些常量可以是整型或其他数据类型。通过枚举类型，可以为这些常量进行命名，使其具有特殊含义。**枚举类型在开发中常用于表示状态、类型等，特别是在实现状态机时，通常将不同状态设置为枚举类型。**

扫一扫，看视频

1. 枚举声明

枚举类型既可以声明在namespace中，也可以在某个class或struct中。下面是一个用户状态枚举的声明。

```
enum PlayerState
{
    idle,
    walk,
    run,
    death
}
```

在上述代码中，在enum关键字后跟着当前枚举变量的名称，在下面的大括号中，每个枚举符号都代表了一个整数值。**如果没有为第一个枚举符号设定值，则其默认值为0**，即idle的数值为0。下面的枚举符号依次增加，即walk为1，run为2，death为3。

在声明枚举变量时，也可以指明枚举符号所代表的整型值。

```
enum PlayerState
{
    idle = 3,
    walk,
    run,
    death
}
```

在上述枚举变量中，将idle的数值设置为3，因此其下面的枚举符号将以3为基准依次增加，即walk=4，run=5，death=6。

2. 枚举变量的使用

声明枚举变量的方式与整型类似。

```
PlayerState playerState;
```

在上述代码中，PlayerState为枚举类型，声明了一个枚举变量playerState。枚举变量的赋值方式如下：

```
playerState = PlayerState.idle;
```

此时，playerState的内容是枚举变量中的idle枚举符号。

3.2.3 switch 语句

扫一扫，看视频

switch语句可以根据表达式来选择执行哪条语句。

1. switch 语句语法

与if语句不同，switch语句可以判断多条语句。

```
int number = 1;
    switch (number)
    {
        case 1:
            Console.WriteLine("执行语句1");
            break;
        case 2:
            Console.WriteLine("执行语句2");
            break;
        case 3:
            Console.WriteLine("执行语句3");
            break;
        default:
            Console.WriteLine("执行默认语句");
            break;
    }
```

在上述代码中，switch语句会根据number的数值来决定执行哪一条case语句。例如，当number为1时，执行case 1，即执行Console.WriteLine("执行语句1"); 语句。当number为2或3时同理。

如果switch语句中的case语句没有可以匹配number的值，如当number=10时，switch会执行默认语句default，即执行Console.WriteLine("执行默认语句"); 语句。

2. 表达式类型

switch语句中的表达式除了可以使用整型外，还可以使用枚举类型、布尔类型、char类型。

当使用枚举类型时，代码如下：

```
PlayerState playerState = PlayerState.idle;
switch (playerState)
{
    case PlayerState.idle:
        Console.WriteLine("站立状态");
        break;
    case PlayerState.walk:
        Console.WriteLine("行走状态");
        break;
    case PlayerState.run:
        Console.WriteLine("奔跑状态");
        break;
    case PlayerState.death:
        Console.WriteLine("死亡状态");
        break;
    default:
        Console.WriteLine("执行默认语句");
```

```
        break;
}
```

在上述代码中,switch语句会根据playerState的状态来决定执行哪一条case语句。

在C#7.0之后,switch语句中的表达式还加入了对于类的支持。switch语句会根据当前表达式内对象的类型来决定执行哪条语句。例如,先声明3个类,A是B和C的父类。

```
class A { }
class B :A { }
class C :A { }
```

声明类后,switch语句会根据class1的类型来决定执行哪条case语句。

```
A class1 = new A();
B class2 = new B();
class1 = class2;
//输出结果为:当前class类型为B
switch (class1)
{
    case B:
        Console.WriteLine("当前class类型为B");
        break;
    case C:
        Console.WriteLine("当前class类型为C");
        break;
}
```

在上述代码中,因为class2是使用B类声明的对象,所以将此对象装入A这个父类对象容器后,class1的类型即可为B,输出结果为"当前class类型为B"。

3.2.4 异常

扫一扫,看视频

在编写程序时,经常会遇到各种各样的异常,如果不及时处理这些异常,程序可能会中断甚至崩溃。例如:

```
int a = 30;
int c = a/0;
```

因为0不能作为分母,所以当程序执行到第2行语句时将发生异常,如图3.14所示。

图 3.14

当程序发生异常后,终端程序……不会继续向下执行。C#提供了专门的异常处理语句,用于处理发生的异常。最简单的异常处理语句是try…catch。

1. 异常捕捉语句基本语法

下面是一个简单的异常捕捉语句。

```
try
{
    int a = 30;
    int c = a / 0;
}
catch
{
    Console.WriteLine("程序发生异常!");
}
```

计算机会依次判断try语句中的每行代码是否正确。当执行第2行代码发生异常时，会进入catch语句完成输出。

最简单的异常捕捉分为两个部分：用try语句逐行检测问题，用catch语句输出异常。

2. Exception 异常类

在try…catch的语句中，可以为catch语句声明表达式，表达式的内容为异常类Exception或继承自Exception的子类。

```
try
{
    int a = 30;
    int c = a/0;
}
catch (Exception exception)
{
    //输出结果为"程序发生异常:Attempted to divide by zero."
    Console.Write("程序发生异常:");
    Console.WriteLine(exception.Message);
}
```

在上面代码的catch语句中，使用Exception类声明了一个对象exception。在Exception中用于获得异常相关信息的常见属性如下。

- Exception.Message：描述异常内容的字符串。
- Exception.InnerException属性：导致外部异常发生的内部异常信息。
- Exception.Source：获取或设置导致错误的应用程序或对象的名称。

另外，Exception类还有一些常见的异常类型子类，分别代表常见的错误类型。

- System.NullReferenceException：当试图访问一个值为null的对象时，抛出此异常。
- System.ArgumentException：当使用不恰当的函数、参数调用函数时，抛出此异常，即传递的方法的参数无效。
- System.InvalidOperationException：当对象的状态无法使得方法成功执行时，抛出此异常。
- System. IndexOutOfRangeException：当试图访问索引越界的数组或集合时，抛出此异常。

3. catch 语句

上述内容演示了在catch语句中可以执行的相关逻辑，并捕捉Exception异常。在一段异常捕捉的代码中，可以不止有一段catch语句，如示例3.6所示。

【示例3.6】 使用 catch 语句

```
try
{
    int a = 30;
    int c = a/0;
    //输出结果：程序发生运算除以0异常：Attempted to divide by zero.
}
catch (IndexOutOfRangeException ex)
{
    Console.Write("程序发生超出索引范围异常：" + ex.Message);
}
catch (DivideByZeroException ex)
{
    Console.Write("程序发生运算除以0异常：" + ex.Message);
}
catch (Exception ex)
{
    Console.Write("程序发生异常：" + ex.Message);
}
```

在上述代码中有3个catch语句，当程序在try语句中发现异常时，将会从上往下依次检查catch语句是否符合。此处的try语句中发生异常的原因是分母为0，因此程序会执行第2个catch语句。

Exception类是所有异常的父类，如果当前的异常类型和所有的catch语句都无法匹配，则程序执行catch(Exception ex)语句。

4. throw 语句

程序员有时可能想人为抛出一些异常。例如，在某个方法的判断语句中抛出异常以提醒程序员此处发生错误时，可以使用throw语句。

例如：

```
int a = 30;
int b = 0;
if (b == 0)
{
    throw new DivideByZeroException();
}
int c = a/b;
```

在上述代码中，当程序执行到throw new DivideByZeroException();语句时，会抛出对应的异常（即使不执行到int c = a / b这一行），如图3.15所示。

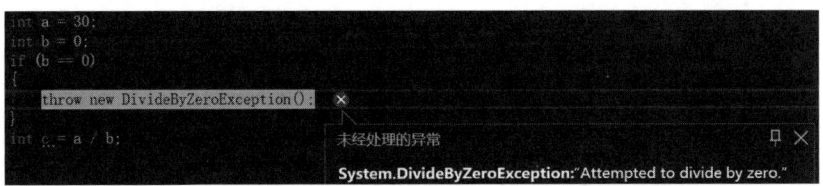

图 3.15

5. finally 语句

在执行完catch语句后，有时需要对某些资源或网络连接进行释放或关闭，此时就需要在catch语句后添加一行语句来执行以上操作，此语句就是finally。

finally语句对于异常捕捉而言不是必选项。在一个异常捕捉程序中可以有多个catch语句，但同时最多只能拥有一个finally语句。finally语句的简单使用如示例3.7所示。

【示例 3.7】 使用 finally 语句

```
try
{
    int a = 30;
    int b = 0;
    int c = a/b;
    /*
     * 输出结果:
     * 程序发生异常:Attempted to divide by zero.
     * 执行finally语句
     */
}
catch (Exception ex)
{
    Console.WriteLine("程序发生异常:" + ex.Message);
}
finally
{
    Console.WriteLine("执行finally语句");
}
```

在上述代码中，catch语句执行结束后，程序会执行finally语句中的内容，并输出"执行finally语句"。

6. 异常过滤器

在catch语句后还可以添加when语句和表达式，只有满足when语句中的条件，catch语句才能被执行。示例3.8展示了when语句的使用。

【示例 3.8】 使用 when 语句

```
int a = 30;
int b = 0;
try
{
    int c = a / b;
    //输出结果: a的数值大于b,异常信息为:Attempted to divide by zero
}
catch (Exception ex) when (a > b)
{
    Console.WriteLine("a的数值大于b,异常信息为:" + ex.Message);
```

```
}
catch (Exception ex) when (a == b)
{
    Console.WriteLine("a的数值大于b,异常信息为:" + ex.Message);
}
```

在上述代码中，两个catch语句捕捉的类型都是Exception，即所有异常的父类。程序在从上向下执行的同时，除了会检测catch语句中的类型是否相同外，还会检测when语句中的表达式内容是否为真，如果该表达式内容为真，catch语句中的内容就会被执行；否则，跳过此内容。

> **注意：尽量使用具体的异常**
>
> 异常捕捉程序不应用来捕捉逻辑错误。如果是代码本身的设计有缺陷，此时应该考虑如何去改进代码，而不是使用异常捕捉程序。异常处理程序的目的是提高系统的容错率和稳定性。在对程序的异常进行处理时，必须要有明确的相关说明或要求，否则应该考虑如何去修改程序，而不是使用异常捕捉。
>
> 在捕捉异常时，尽量不要使用Exception类，而应该使用具体的异常。好的代码应该在必要时抛出相应的异常，太过抽象的异常信息对于程序没有帮助，应尽量去捕获具体的异常。

3.3 循环语句

在程序中，循环语句通常用来改变数据的状态、检测用户的输入等。在第1章中提到Unity引擎的一个基本特点就是循环化，而循环化最基本的实现就是一个无限循环的循环语句。本节中将介绍几种常见的循环语句。

3.3.1 while 语句

1. while 语句

while语句包括状态与循环体两部分。在while语句的状态中，将会判断当前表达式的值为真或假，如果结果为真，将会执行循环体内的内容。while语句的基本语法如下：

扫一扫，看视频

```
while(状态)
{
    循环体;
}
```

在while语句的状态中，使用表达式进行逻辑判断。代码如下：

```
int i = 0;
while (i <= 3)
{
    i++;
    Console.WriteLine("当前i的数值:" + i);
}
```

输出结果如下：

```
当前i的数值:1
当前i的数值:2
当前i的数值:3
当前i的数值:4
```

在上述代码中,在while语句之前声明了一个变量i,初始值为1。在while语句中,程序会先检测变量i的值是否小于或等于3,如果满足此条件,则执行循环体内的内容;在循环体内,变量i的数值自加1并输出当前值。完成循环体内的内容后,程序会返回while语句后的状态语句中检测当前变量i的数值,如果变量i的数值继续满足条件,将重复执行以上过程,直到while语句中的条件不满足时,程序跳出while语句并执行之后的内容为止。

2. do…while 语句

while循环体内的语句必须先进行状态的判断,其判断结果为真后才会执行。**如果使用do…while语句,无论状态语句中的内容是否为真,程序都会先执行一次。**do…while语句的基本语法如下:

```
do
{
    循环体;
}while(状态);
```

与while语句相比,do…while语句多了一行do关键字,并且while关键词放到了语句的最后。代码如下:

```
int i = 4;
do
{
    i++;
    Console.WriteLine("当前i的数值:" + i);
} while (i == 5);
```

输出结果如下:

```
当前i的数值:5
当前i的数值:6
```

在do…while语句中,无论内容是否为真,程序都会先执行一次,尽管变量i的值为4,依然会执行循环体的内容,变量i完成自加1变成5。此时,因为i==5条件成立,所以,while语句会再进行一次循环,变量i完成自加1变为6。当i=6时,条件不成立,程序跳出循环。

3.3.2 for 语句

扫一扫,看视频

除了可以使用while语句实现循环,还可以使用for语句。在while语句中,只有循环体和状态两部分,对于与状态相关的变量,如判断退出循环条件的变量i,没有专门的语句块进行逻辑判断。在for语句中,内嵌了相关逻辑判断语句。

1. for 语句

for语句的基本语法如下:

```
for (初始化; 状态; 迭代)
{
```

```
    循环体;
}
```

在for关键词后有3个部分：初始化、状态和迭代，这3个部分之间用分号隔开。

（1）**初始化**：初始化语句在for语句开始时执行一次且只执行这一次。这部分可以声明循环控制变量，并且可以不止声明一个变量，变量之间用逗号隔开。代码如下：

```
for (int i = 0, j = 100; ;)
```

初始化部分同时声明了i和j两个变量。这两个变量通常用于迭代部分的数值处理。

（2）**状态**：状态语句中包括关系表达式、逻辑关系符或其他能够产生布尔值的语句。for语句在执行完初始化后，会检查状态语句是否满足条件。代码如下：

```
for (int i = 0; i <= 3;)
```

完成变量i的初始化后，程序会检查i是否小于或等于3，若结果为真，将执行一次循环体内的语句，然后返回执行迭代语句。

（3）**迭代**：在迭代语句中，通常会执行与循环控制变量相关的语句，如将变量i进行自增或者自减。代码如下：

```
for (int i = 0; i <= 3; i++)
{
    Console.WriteLine("当前i的数值为:" + i);
}
```

输出结果如下：

```
当前i的数值为:0
当前i的数值为:1
当前i的数值为:2
当前i的数值为:3
```

由于i是从0开始自增的，因此程序会输出4次内容。当i的值为4时，才会在状态语句中判断失败，跳出循环。

2. for 语句的执行顺序

for语句中的初始化、状态、迭代3个部分的执行顺序如图3.16所示。

在for语句中，首先执行一次初始化语句；然后检查状态语句，如果满足条件，程序会向下执行循环体中的语句，接着程序会返回执行一次迭代语句，最后再次进行状态判断，如果依旧满足判断条件，则再执行循环语句，直到不满足条件时跳出循环。

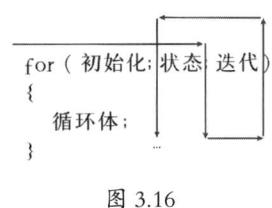

图 3.16

补充：for语句的3个部分

for语句的3个部分并不是必需的，三者都可以选择性舍去。例如：

```
int i = 0;
for (; ;)
{
    i++;
```

```
    Console.WriteLine("这是第" + i + "循环");
}
```

由于循环体中没有设定任何中断条件，因此程序会一直运行此循环直到外部中断的出现。

3.3.3 foreach 语句

扫一扫，看视频

foreach语句可以迭代一个可枚举对象的所有元素，如数组、字符串都属于可被枚举的对象。**通过foreach语句，可以在不知道元素个数的情况下遍历对象，并获得对象中的每个元素。**

foreach语句的思想和设计模式中的迭代器模式紧密相关，一个对象的内部结构通常会发生各种各样的变化，不同类型的对象之间也常拥有不同的内部结构。而程序员通常需要在不暴露对象内部结构的同时，透明地访问其内部的元素。这种迭代器的设计提供了一种优雅的解决方法。无论不同类型对象的内部结构如何，程序总能够使用一种统一的迭代方式来获得其中的元素。

1. foreach 语句

使用foreach语句遍历所有数组中的元素。代码如下：

```
int[] numbers = {123, 456, 789};
foreach (int number in numbers)
{
    Console.WriteLine(number);
}
```

输出结果如下：

```
123
456
789
```

由上述代码可知，foreach语句与for语句语法类似，不同的是，在foreach语句中，表达式int number in numbers用于获取被迭代对象的内容。第一次执行此迭代时，number的值被赋值为numbers[0]后，程序进入循环体中并输出当前number的数值。第一次迭代完成之后，程序重新回到number的赋值部分，number的值被赋值为numbers[1]后再进行一次迭代。重复此过程直到numbers数组中的所有对象都被迭代完成。

2. 用 foreach 语句迭代对象数组

迭代器除了可以迭代值类型数组外，还可以迭代自定义类对象数组。以下定义了一个最简单的类。

```
class A
{
    public int number = 3;
}
```

下面使用A类生成一个拥有3个元素的数组，并使用迭代器对对象中的number进行访问。

```
A[] a = new A[3];
a[0] = new A();
a[1] = new A();
a[2] = new A();
a[0].number = 1;
```

```
a[1].number = 2;
a[2].number = 3;
foreach (A class1 in a)
{
    Console.WriteLine(class1.number);
}
```

在上述代码中,数组中的每个对象都被访问与输出了,最后的输出结果如下:

```
1
2
3
```

3.3.4 跳转语句

在循环体中,有时需要在合适时跳出当前循环,甚至返回当前方法,此时就可以使用跳转语句来完成。跳转语句主要有以下四种。

- break:直接终止当前循环。
- continue:返回当前循环。
- goto:跳转到指定标签的语句。
- return:结束方法,返回对应类型的值。

扫一扫,看视频

return会在方法部分进行详细讲解,这里主要介绍前三种跳转语句。

1. break 语句

break语句用于终止当前循环语句。例如:

```
for (int i = 0; i < 5; i++)
{
    Console.WriteLine(i);
    if (i == 3)
    {
        Console.WriteLine("跳出循环");
        break;
    }
}
```

输出结果如下:

```
0
1
2
3
跳出循环
```

如果上述代码中没有if语句,那么该循环体会将0、1、2、3、4这5个数值依次遍历输出后退出。而此时,因为程序中有break语句,当循环控制变量i的值为3时,程序进入if循环体,进而执行break语句,程序跳出当前循环。

> **注意：break跳出的循环情况**
>
> 当程序嵌套在for循环中时，break语句只结束离其最近的循环语句。代码如下：
>
> ```
> for (int i = 0; i < 5; i++)
> {
>     for (int j = 3; j > 0; j--)  {
>         if (i == 3){
>             Console.Write("i=3被跳出");
>             break;
>         }
>         Console.Write(i);
>     }
>     Console.WriteLine();
> }
> ```
>
> 输出结果如下：
>
> ```
> 000
> 111
> 222
> i=3被跳出
> 444
> ```
>
> break语句只终止其最接近的封闭循环语句，程序中的两层循环只有内层循环会受到影响。

break语句除了可以用在循环体中，还可以用在switch语句中结束switch语句的执行。

2. continue 语句

与break语句类似，continue语句用于结束当前循环，但是continue仅会结束当前循环体之后的语句，并会继续进行下一轮的循环。代码如下：

```
for (int i = 0; i < 3; i++)
{
    if (i == 1)
    {
        Console.WriteLine("不执行后续语句");
        continue;
    }
    Console.WriteLine("当前i的数值为:" + i);
}
```

输出结果如下：

```
当前i的数值为:0
不执行后续语句
当前i的数值为:2
```

当i的值为1时，循环体执行到continue语句后，程序会跳过下方循环体直接进入下轮循环。

3. goto 语句

goto语句用于将代码跳转到对应的带有标签的代码行。代码如下：

```
for (int i = 0; i < 5; i++)
{
```

```
    if (i == 1)
    {
        Console.WriteLine("不执行后续语句");
        goto target;
    }
    Console.WriteLine("当前i的数值为:" + i);
}
target:
    Console.WriteLine("跳出语句");
```

输出结果如下:

```
当前i的数值为:0
不执行后续语句
跳出语句
```

在goto语句之后可以设定要跳转语句的标签,如设置target。编写goto语句的标签之后,还需要在当前goto的上方或者下方加上对应的标签语句。

```
target:
    要执行的语句;
```

在设定完成要跳转的语句后即可进行运行。goto语句除了可以用在循环体中,还可以用在switch语句中。如示例3.9所示。

【示例3.9】 使用 goto 语句

```
int number = 1;
switch (number)
{
    case 1:
        Console.WriteLine("执行语句一");
        goto case 2;
    case 2:
        Console.WriteLine("执行语句二");
        goto case 3;
    case 3:
        Console.WriteLine("执行语句三");
        goto case 1;
}
```

在上述代码的switch语句中,程序会先执行case 1,然后在case 1中执行goto语句后进入case 2,再通过case 2的goto语句进入case 3。在case 3中重回case 1完成逻辑的死循环。以上代码会一直进行,直到程序发生中断导致停止。

3.4 程序空间

在3.1 ~ 3.3节中讲解了C#语言的基本语法概念。但前文所述内容都只涉及Main函数,没有和构成程序的其他空间进行交互。本节将采取从上到下、从外到内的顺序逐层剖析程序的空间。

按照逻辑层级关系，程序空间可以分为以下4个层次。

第一层：命名空间。
第二层：类与结构。
第三层：方法属性。
第四层：程序逻辑。

上述内容的图示结构如图3.17所示。

3.1 ~ 3.3节中的内容基本上是在第四层中进行，即只涉及和程序相关的判断、循环、运算、赋值等逻辑。而本节将逐层剖析每层的语法、概念，进而了解整个程序空间。

图 3.17

3.4.1 命名空间

扫一扫，看视频

命名空间是程序空间的第一层，它将系列不同的类构成共同的领域。在一个项目中会有很多类与类型，为了方便区分不同的类、防止类之间重命名，方便进行其他代码的引用与查找，C#提供了命名空间的语法，使用命名空间可以**方便地组织代码元素并创建全局唯一类型**。

1. 命名空间声明

命名空间通过namespace**关键字**进行声明，一个简单的namespace结构如下所示。

```
namespace GameSpace
{
    class Player { }
    class Enemy { }
}
```

以上代码定义了一个名为GameSpace的命名空间，在此命名空间的语句块中可以声明类或结构，如Player和Enemy两个类。

命名空间可以在多个代码或单个代码中进行重复声明，在同一个命名空间下的类可以自由地互相访问。代码如下：

```
namespace GameSpace
{
    class Player { }
    class Enemy { }
}

namespace GameSpace
{
    class UI { }
}
```

以上代码可以存在同一个代码文件中，在UI类、Player或Enemy类中可以直接访问该命名空间内的类。同一个命名空间中的类不可以重名，但是在同一个项目的不同命名空间中，可以出现多个同名类。

2. 嵌套命名空间

在一个命名空间的内部可以嵌套声明命名空间，并且在外层声明的类型可以直接在内层中使用。代码如下：

```
namespace GameSpace
{
    namespace GameUI
    {
        class People { }
        namespace GameUIPanel
        {
            class Player : People { }
        }
    }
}
```

在上述代码中，GameUIPanel的命名空间可以直接使用GameUI命名空间中声明的类型。

嵌套代码除了可以写成上述层次形式之外，还可以将其写在一行代码中。

```
namespace GameSpace.GameUI.GameUIPanel
{
    class Enemy : Entity { }
}
```

嵌套的命名空间之间用"."号表示其层级关系，并且可以将其编写在一行代码中。上面的 GameSpace.GameUI.GameUIPanel所实现的效果，和将其层层展开来编写命名空间得到的效果一致。

3. 命名空间引用

命名空间及其内部内容的使用方法主要有以下四种。

（1）命名空间.类名。这是最简单的使用命名空间中的某个内容的方法。例如，在下列代码中有两个命名空间，如果要在命名空间UI中引用命名空间Animation中的内容，可以直接使用命名空间将PlayerAnimation类型用"."标识符点出。代码如下。

```
namespace UI
{
    class PlayerUI
    {
        void UIAnimationPlay()
        {
            //直接把Animation命名空间下的PlayerAnimation类型使用"."标识符点出
            Animation.PlayerAnimation playerAnimation = new Animation.PlayerAnimation();
        }
    }
}
namespace Animation
{
    class PlayerAnimation { }
}
```

在上述UI命名空间中有一个UIAnimationPlay()方法，在此方法内可以直接通过Animation命名空间获取其下的PlayerAnimation()方法，并且用方法实例化了一个对象。

（2）using + 命名空间。这是用得最多的一种方法。无论是在Unity中还是在VS中新建项目，项目中都已经提供了很多功能。只要调用这些功能的接口，就可以实现大多数基本功能。例如，在C#中经常使用的Console.WriteLine()方法，也是通过引用System命名空间来实现的。图3.18所示为System命名空间下的Console类。

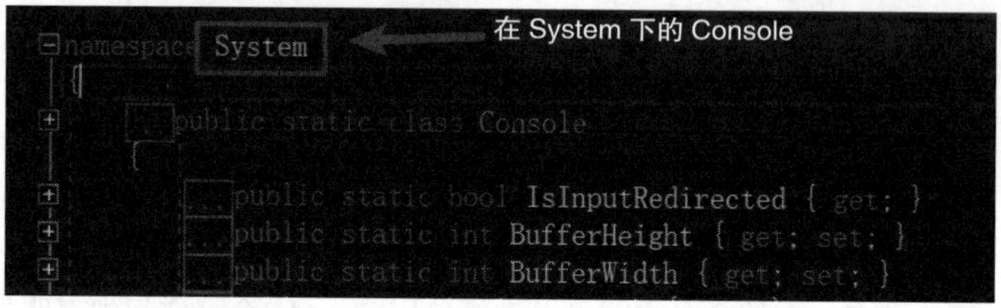

图 3.18

除了可以引用自带的命名空间外，还可以引用自己声明的命名空间。在当前C#代码文件中使用using获得命名空间后，当前代码内的类都可以访问该命名空间中的内容。

假设在Program.cs中声明命名空间，代码如下：

```
namespace SpaceFromOther
{
    class OtherClass { }
}
```

然后，在同一个项目的另一个代码文件中可以引用此命名空间。

```
using SpaceFromOther;
namespace GameSpace
{
    class Player
    {
        void Fun()
        {
            OtherClass otherClass = new OtherClass();
        }
    }
    class Enemy { }
}
```

引用命名空间后就可以使用该命名空间中的内容。

（3）using + 命名空间.某个static类。有时在代码中并不需要引用整个命名空间，此时可以选择性地对部分命名空间中的Static类进行引用。例如，System命名空间中的Console是一个Static类，因此可以通过以下语句进行选择性引用。

```
using static System.Console;
```

引用完成后，System中的其他类不会被引用，只有Console类会被引用过来。

（4）using + 命名空间别名。在导入某个命名空间时，有时可能会导致类的名称冲突。因此，可以只导入特定的、所需类的语句，并且为这些特定导入的类创造别名。在以下代码中，首先声明了要使用的命名空间。

```
namespace GameSpace
{
    namespace GameUI
    {
        namespace GameUIPanel
        {
            class  Player { }
        }
    }
}
```

然后，在其他代码中可以使用using语句为命名空间中的类创建一个别名。

```
using otherName = GameSpace.GameUI.GameUIPanel.Player;
```

在上述代码中，使用using创建了一个别名为otherName的类，此别名的内容和GameUIPanel中的Player保持一致，此时可以使用otherName类创建一个对象。

```
otherName other = new otherName();
```

3.4.2 类

在了解了程序空间的第一层内容后，接下来进入程序空间的第二层内容。在本小节中只讲解类的基础内容，有关面向对象设计以及更进阶的C#语法详见第4章。

扫一扫，看视频

1. 类的基础语法

一个类有两个最基本的部分：字段与方法。**字段就是一个个的变量，它可以是引用类型，也可以是值类型；方法则是该类对象可以进行的行为**。在3.4.3小节中将会具体介绍方法的概念。可以通过class关键字加上类名称的方式声明一个类，代码如下。

```
class People
{
    int age;
    char sex;
    float height;
    void GetAge(){}
}
```

在上述代码中，声明了一个名为People的类。在该类的内部有3个变量和1个成员方法，3个变量分别是age、sex、height，代表了当前People的年龄、性别和身高。

2. 成员变量

在一个类的内部可以有无限个变量，并且变量可以为任何类型，包括当前的类自身。在声明变量时，可以选择是否对其进行初始化，如果不初始化，则该变量会等于当前类型的默认值。

```
class People
{
    int age = 18;
    char sex = '男';
    float height;
}
```

在上述代码中，使用了3个值类型的变量，其中age和sex分别分配了初始值。而height未分配初始值，则height的值会等于当前类型的默认值。例如，通过以下语句可以打印其类型的默认值。

```
Console.WriteLine(default(int));
Console.WriteLine(default(char));
Console.WriteLine(default(float));
Console.WriteLine(default(bool));
```

以上程序的打印结果如下：

```
0

0
False
```

补充：C#中的default关键字

在C#中进行类的初始化时，会给未显示赋值的字段、属性赋上默认值。值变量可以使用默认构造函数或default(T)为其赋值。

例如，以下代码效果相同：

```
int testInt1 = default(int);
int testInt2 = 0;
```

以上代码都为int类型的变量赋予了初始值0。在不知道类型参数为值类型还是引用类型的情况下，可以使用default(T)为对象实例赋初值。

3. 类的实例化

编写完一个类后，还要根据这个类创建对象。接下来，将详细探讨类和对象之间的关系。

类实例化的结果称为对象。

```
People people1 = new People();
People people2 = new People();
People people3 = new People();
```

在上述代码中，People（P为大写）是创建对象的类，而people1、people2、people3（p为小写）是使用此类实例化的3个对象。People可以理解为一个自定义的类型，在使用People类创建对象时，就是将peeple类作为变量类型来创建一个变量的实例。

实例化语法的关键字为new，实例化对象的语法如下：

类名 对象名 = new 类名();

如果不使用new关键字，可以创建一个空的对象。例如：

```
类名 对象名 = null;
```

4. 对象方法与成员变量的使用

在一个类的内部,可以定义方法和属性。当利用这个类实例化出对象后,可以使用这些对象内的方法和属性来执行不同的逻辑。例如,以下是一个包含方法和属性的类定义。

```
class People
{
    public float height;
    int age = 18;
    public int GetAge()
    {
        if (age >= 0)
        {
            return age;
        }
        Console.WriteLine("年龄错误!");
        return 0;
    }
}
```

如果要使用对象中的方法,首先要将当前对象实例化,然后通过该对象调用相应的方法。

```
People people1 = new People();
people1.height = 175.6f;                    //使用类内部的属性
Console.WriteLine(people1.GetAge());        //输出结果:18
```

需要注意的是,如果想要在类的外部使用类内的方法,需要将其关键字设置为public。

5. 访问修饰符

类的方法和成员变量都可以指定访问修饰符,默认情况下,类的方法及成员变量都指定为private修饰符,即私有访问修饰符。C#中主要有以下三种修饰符。

- private:私有访问。
- protected:保护访问。
- public:公开访问。

这三种修饰符所代表的可访问级别依次升高。

private是类内成员被允许访问的最低级别。一个变量被设置为private后,该变量只能在该类内部的成员方法中使用。例如:

```
class People
{
    private int age = 18;
    private char sex = '男';
    private float height;
}
```

在以上代码中,因为这3个变量都被设置为private,所以,此类中的变量均无法在该类外部访问。
public是类内成员被访问的最高级别,类外部对于公开类型的变量访问没有任何限制。

用protected修饰符的方法和字段可以在当前类的内部、同一个包内的其他类中以及当前类的子类中使用，但是，它们不可以直接从当前类外部的不同包中的类进行访问。

3.4.3 方法

扫一扫，看视频

接下来，了解一下程序空间的第三层：方法。

方法是对具体实现细节的抽象。类是为了满足一类职责而进行的抽象表示，而这一类职责通常包含一系列动作。这些动作由具体的逻辑语句构成，并且这些逻辑语句以方法为单位进行组织和执行。

1. 方法的基础语法

方法的定义如下：

```
访问修饰符 返回值类型 方法名(参数类型 参数1,参数类型 参数2,…)
{
    方法体;
}
```

一个基础的方法由以上部分构成。其中，访问修饰符在介绍类的部分时已经讲解，如果访问修饰符为public类型，则该方法可以被类外部的其他类或方法调用。如果为private类型，则该方法只能在该类的内部被访问和使用，包括该类的其他方法。如果为protected类型，则可以在子类中以及当前类中使用。

2. 返回值类型

示例3.10如下所示。

【示例3.10】 使用 class 以及返回值类型

```
class SumCal
{
    public bool SumCompare(int[] numbers,int targetNumber)
    {
        int maxNumber = 0;
        foreach (int number in numbers)
        {
            if (number > maxNumber)
            {
                maxNumber = number;
            }
        }
        if (targetNumber > maxNumber)
        {
            return true;
        }
        else
        {
            return false;
        }
```

```
    }
}
```

在SumCal类的SumCompare()方法中可以传入两个参数：第一个参数是int类型的数组，即numbers；第二个参数是int类型的targetNumber。在此方法中，使用foreach语句遍历numbers数组中的每个数字，如果targetNumber大于numbers中的所有数字，则在if语句中执行return true语句；否则执行return false语句。这里用到了一个用于返回值的关键字：return。

在定义方法时，可以设置当前方法的返回值类型。例如，声明一个返回值为bool类型的方法。

```
public bool SumCompare()
```

可以使用方法中的return获得的返回值。以下代码使用上述SumCal类中的SumCompare()方法实现的一个大小值比较。

```
int[] numbers = {123,214,1245,241};
int targetNumber = 231;
SumCal call = new SumCal();
//输出结果：目标数值小于numbers数组中的最大值
if (call.SumCompare(numbers, targetNumber))
{
    Console.WriteLine("目标数值大于numbers数组中的最大值");
}
else
{
    Console.WriteLine("目标数值小于numbers数组中的最大值");
}
```

在上述代码中，if语句使用call对象中的SumCompare()方法，传入了numbers数组和targetNumber变量，返回值为true或false。此过程即在if语句中进行的逻辑判断。

有一种比较特殊的返回值类型：void，即无返回值类型。当一个方法不需要返回值时，可以使用void作为其返回值类型。以下代码是一个无返回值类型的方法。

```
void SetNumber(){}
```

该方法在使用void作为返回值类型时，不需要return语句来返回值。

3. 方法参数

在方法的小括号中可以定义其参数，参数可以为任意类型。以下代码定义了一个方法，有3个不同类型的参数。

```
void Func(int a, char b, float c) { }
```

在方法中定义参数后，调用该方法时可以给参数传入变量或具体的数值。在以下代码中，可以向SetAge()方法传入一个targetNumber参数。

```
class People
{
    int age = 18;
    public void SetAge(int targetNumber)
```

```
        {
            if (targetNumber >= 0)
            {
                age = targetNumber;
            }
        }
        public int GetAge()
        {
            return age;
        }
}
```

在调用此方法时,可以给参数传入一个数值。

```
People people = new People();
people.SetAge(10);
Console.WriteLine(people.GetAge());//输出结果:10
```

在向SetAge()方法传入数值10后,当前people对象中的age数值就被设置为10。此时,再使用GetAge()方法返回私有变量age的数值,即可输出新的age数值。

4. 方法重载

重载就是在方法名称不变的前提下,通过参数或返回值的不同来实现方法的不同行为。在示例3.11代码中,通过改变参数个数实现了方法的重载。

【示例3.11】 使用方法重载

```
class People
{
    int age = 18;
    float height = 175.3f;
    public void SetNumber(int targetNumber)
    {
        if (targetNumber >= 0)
        {
            age = targetNumber;
        }
    }
    public void SetNumber(int targetNumber1,float targetNumber2)
    {
        if (targetNumber1 >= 0 && targetNumber2 >= 100)
        {
            age = targetNumber1;
            height = targetNumber2;
        }
    }
}
```

在上述代码中虽然有两个SetNumber()方法,但并不会引发歧义。因为这两个SetNumber()方法的参数列表不同,当传入的参数为int类型的值时,会执行第一个SetNumber()方法;当传入的参数为两个,并且第一个参数为int类型、第二个参数为float类型时,会执行第二个SetNumber()方法。

3.5 程序原理初探

3.4节对程序的空间层次进行了简单的介绍。但对于其语法层面的了解只是学习的第一层面,想要更加深入地使用C#的语言特性,就需要对程序的运作机制有更加深入的了解。在本节中,将会沿着C#的程序机制作为讲解的主线,介绍C#与程序空间相关的语法特性。

3.5.1 程序运行机制

计算机中的一切都是二进制数据,而这些数据会以一定的规则进行组织与管理。

在其他的非托管语言中(如C、C++等),语言可对系统进行一定程度的控制,在使用这些语言的过程中,开发者可以按照自己的想法管理内存。而C#语言作为一门托管语言,由于其依赖于**公共语言运行时**(Commom Language Runtime,CLR)机制,因此开发者通常不需要关注内存管理。虽然在语言层面对于内存管理的机制进行了一定程度的隐藏,但这并不代表不需要对其中的机制进行了解。想要充分理解和使用C#语言,对其中程序运作机制的理解必不可少。

C#语言的内存空间从概念上可以分成4个部分:**堆区、栈区、静态存储区、代码区**,如图3.19所示。

接下来,将对每个区域进行简单的介绍。

> **注意:关于C#中的静态存储区**
>
> 在本书的讲解中,为了便于读者理解,将静态存储区在概念上划分成了一片独立的区域。但在现实世界中,C#中并没有严格的"静态存储区"的概念。静态资源的实际存储位置也是分布在堆栈之中,其具体的存储位置由CLR根据不同情况制定了一套规范。但读者在初步学习时不必深入理解,将其简化理解成图3.19所示的空间即可。

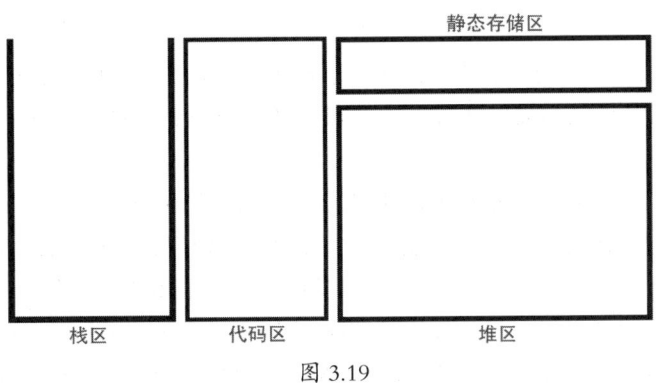

图 3.19

1. 栈与堆的抽象理解

(1) 栈的抽象理解。什么是栈?形象地理解,栈就像一个开口朝上的容器。在这个容器中可以存放若干内容,如图3.20所示。由于栈中的元素是以一种类似于叠加的方式存在的,因此每当一个新元素被放入栈中时,栈顶的位置就会随之发生变化。

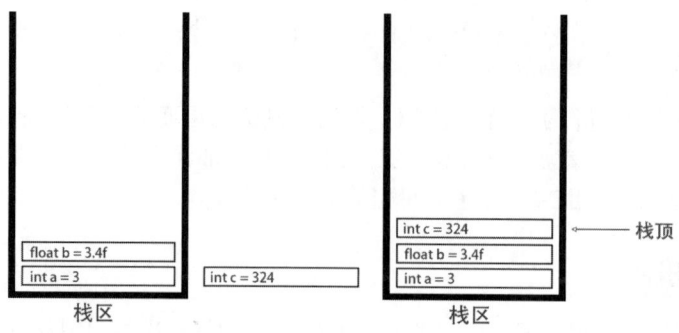

图 3.20

在图3.20的左半部分展示了栈的初始状态,其中包含两个已压入栈中的变量:int类型的变量a和float类型的变量b。当程序继续执行并尝试向栈中再存放一个新元素(图3.20中间所示的int类型变量c)时,此元素会被放置在栈区的栈顶位置,从而更新栈的状态,如图3.20的右半部分所示。

因为栈区的这种存储形式使栈区中的内容具有先进后出(First In Last Out,FILO)的特点。最先进入的元素会放置在栈区的最底部,只有其他所有后进入的元素全部出栈后,最先进入的元素才离开栈。

(2)堆的抽象理解。如果说栈区的特点是高度有序、前后关系严谨,那么**堆区的特点就是可以被任意地访问、没有访问顺序限制**。堆区的内容如果按照字面意思来理解,就是一堆对象平等地堆在一大片空间上,如图3.21所示。

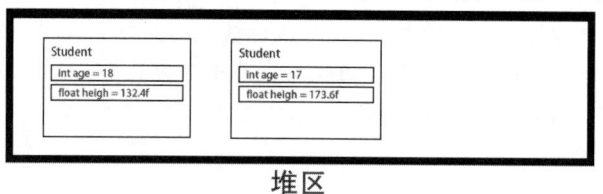

图 3.21

在堆区的内存中,数据被平等地放置在空间中,想要找到一个数据不需要像栈那样必须从栈顶开始。

以上内容是对于栈区和堆区的抽象理解,接下来,将结合C#语言的特性进一步讲解堆栈的内容。

2. 栈

栈的概念在计算机中无处不在。为了深刻理解C#中栈的运作机制,首先需要了解操作系统中**线程**的基本概念。在计算机执行计算任务时,CPU通过多个线程并行处理,这些线程之间既有共享的内存空间,也各自拥有独立的执行环境和状态。而这个独立的线程状态主要由指令指针、寄存器和程序堆栈构成。这些内容共同构成当前线程的状态空间,程序利用状态空间中的不同部分,为运行代码过程中所需要的内存、代码执行流的切换提供保证机制。当C#使用Main函数作为程序的入口运行程序后,程序就运行在当前程序的主线程中。

指令指针保存了当前程序正在执行的指令,寄存器保存了程序的部分状态,这些状态在CPU内部可以直接使用。上述内容理解起来可能比较抽象,下面通过示例来认识这些概念。

在Main函数中写入以下内容。

```
int a = 3;
```

```
float b = 4.3f;
Func();
int h = 121;
```

Func函数定义如下：

```
static void Func()
{
    int c = 11;
    float d = 12.34f;
}
```

假设int a = 3;为当前程序的第一行代码。当函数开始执行后，当前程序的指令指针会指向int a = 3;这行代码的地址。因为这行代码在程序中声明了一个int类型的变量，所以当此行代码执行完之后，变量a会进入栈中。程序继续执行下一行，此时程序的指令指针指向float b = 4.3f;这行代码的地址，并将变量b压入栈中，此时的程序状态如图3.22所示。

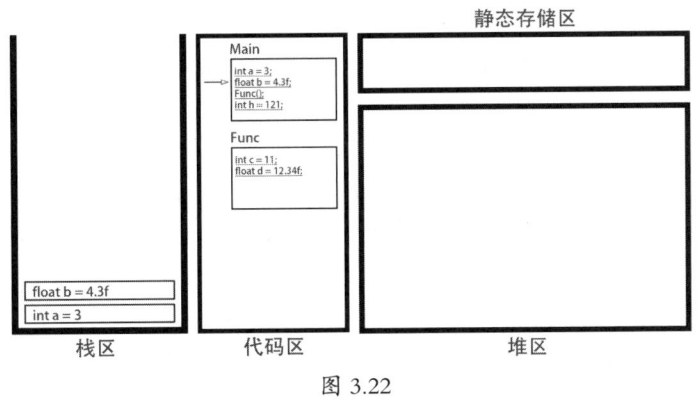

图 3.22

当程序继续运行下一行代码时，指令指针指向了Func()函数，此时程序会在栈上执行以下两步操作。
（1）将当前指令指针指向的地址压入栈中。
（2）将指令指针指向的地址进行转移，指向新的目标地址。

在程序完成第一步后，当前程序执行流所对应的指令指针地址会被压入栈中，然后在第二步结束后，程序会进入Func()函数体内继续执行。此过程的状态如图3.23所示。

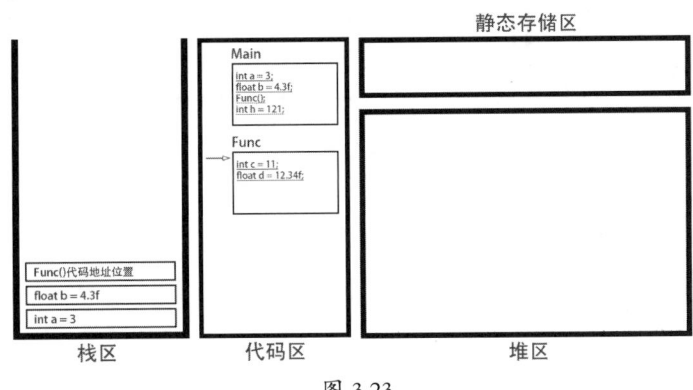

图 3.23

此时，代码开始执行Func()函数，int类型的变量c和float类型的变量d依次进入栈中，如图3.24所示。

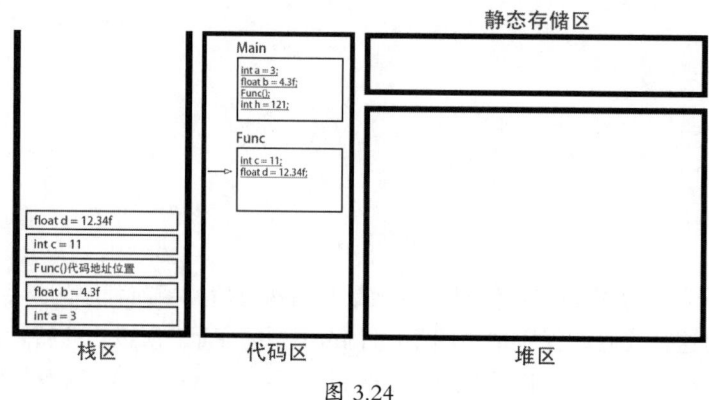

图 3.24

从图3.24中可以看到，在Func()函数中声明的两个变量都被压入栈中。

当程序执行完Func()函数后，为了返回调用函数的指令位置，程序会执行以下两步操作。

（1）程序读取栈上Func()函数执行前保存的代码地址，将当前指令指针指向此代码地址。

（2）释放栈上空间。

执行完以上操作后，当前程序的状态空间如图3.25所示。

在图3.25的栈区中可以看到，原本在Func()函数中被分配的变量在栈区中被释放了。

由此可知，在C#中，如果值类型的变量不是某个引用类型的成员，并且是分配的局部变量，其都会被分配在栈空间中。

有一个基本前提需要了解：栈的空间有限，并且栈比堆要小得多。这可能会导致栈空间溢出的问题。

在以下代码中，程序递归地执行Func()函数，并且没有为递归设定终止条件。

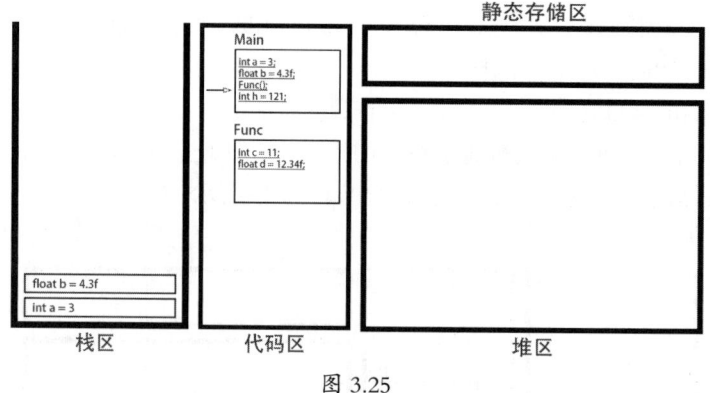

图 3.25

```
static void Func()
{
    int c = 11;
    float d = 12.34f;
    Func();
}
```

如果将以上代码放到Main函数中执行，则会得到图3.26所示的StackOverflow的结果。

如果理解了图3.26中栈区的特点，就可以知道程序为什么会导致这样的结果。因为程序不断地将Func函数中的局部变量以及程序地址放入栈空间中，并且没有终止条件，所以此过程会被不断地循环，直到栈空间的所有内存都被使用，如图3.27所示。

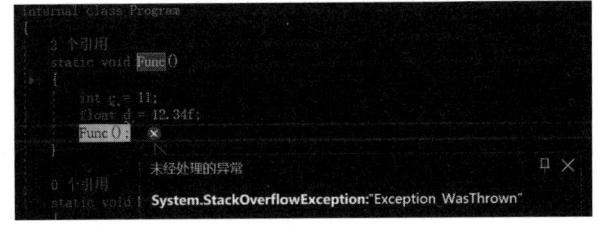

图 3.26

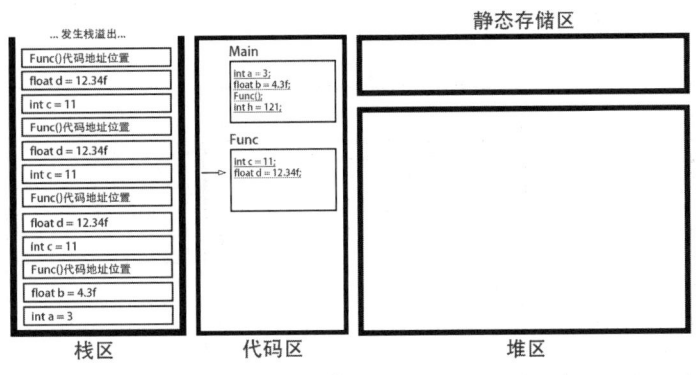

图 3.27

因此，在栈区上通常不会放置太大的对象，如果想要存储更大的对象，可以使用堆区。

3. 堆

了解以上内容基础后，下面介绍另外一个部分：堆区。

在C#中，变量类型主要分为值类型和引用类型。引用类型的实例存储在堆区中，而引用类型的变量则存储在栈中。

这里要先区分清楚：引用类型的变量和实例是两个概念。本章在讲解变量时也提到过，引用类型存储的是对于一个实例的引用。这个引用类型的变量类似于一个指针或地址，它并不存储具体的值，该值会分配在堆区上。

首先定义一个Student类，其中只有一个值类型的成员变量age。

```
class Student
{
    public int age;
}
```

然后，在Main函数中使用此类实例化两个对象：student1和student2。代码如下：

```
Student student1 = new Student();
Student student2 = new Student();
student1.age = 17;
student2 = student1;
student2.age = student1.age + 5;
Console.WriteLine("Student1的age:" + student1.age);
Console.WriteLine("Student2的age:" + student2.age);
```

以上代码的输出结果如下：

```
Student1的age:22
Student2的age:22
```

从以上输出结果可以发现一个问题：在上述代码中，虽然已经将student1的age属性改成17，但student1和student2的age属性都显示为22。为了理解这个结果，首先需要了解引用类型在堆上的存储特点。

在以上代码中，声明了两个引用类型的变量student1和student2。在实例化对象后，第三行代码将student1的成员变量age属性的值改成了17，此时程序的状态空间如图3.28所示。

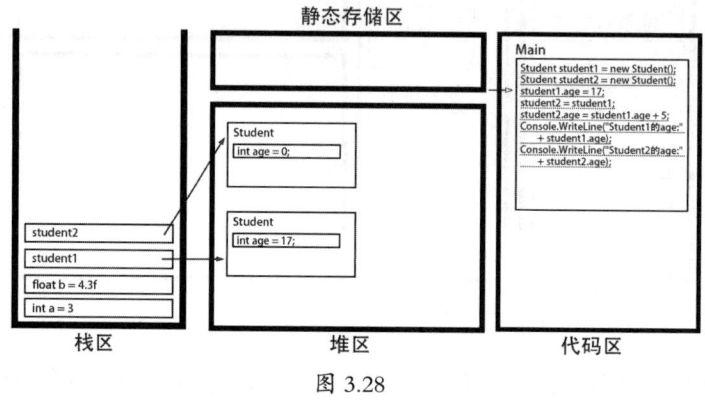

图 3.28

从图3.28中可以看到，在程序的栈区保存了两个引用，这两个引用分别指向堆区上的两块内存。**堆区中存储的是引用类型变量的实例，而栈区存储的是这些实例的引用。**

当代码继续执行，程序指针指向了student2 = student1; 这一行代码时，程序会将student2变量容器中存储的引用改成与student1变量中存储的引用相同。变化后的程序状态空间如图3.29所示。

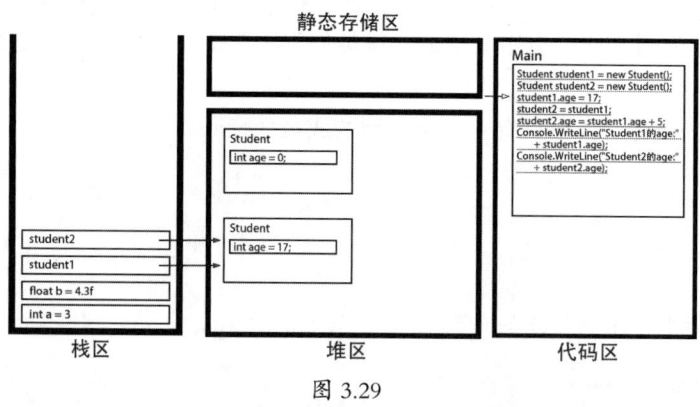

图 3.29

由图3.29可见，由于student2 = student1将student2的引用指向了student1指向的对象，因此当前student1和student2都指向了同一个对象。而此对象中的age属性的值为17，因此将此age属性的值自加5之后，当前对象的age属性值为22。由于student1和student2都指向了这个对象，因此输出的结果都为22。

补充：关于C#的垃圾回收

C#中的堆区在CLR中被称为"托管堆"。在托管堆中分配的内容将由.NET的垃圾回收器进行应用程序分配和释放。每当有对象被实例化时，CLR都会从托管堆中为对象分配内存。只要在托管堆中还有空闲的地址空间，CLR就可以为新对象分配空间。

虽然托管堆通常比栈区大，但其内存也并不是无限的。垃圾回收器的目的，就是执行垃圾回收来释放内存。垃圾回收器会根据所执行的分配来确定执行回收的时机，执行回收时，它会在托管堆中检查当前堆区上不再使用的对象，然后执行必要的操作来回收内存。

3.5.2 ref 与 out

在了解了上面的例子后，现在可以进一步深入了解C#的参数传递机制。在给方法传递参数时，存在以下四种情况。

扫一扫，看视频

1. 值类型参数

值类型参数，顾名思义，就是在向一个方法传递参数时，使用的是值类型的变量。先看以下Main函数中的代码。

```
int value = 10;
Func(value);
Console.WriteLine(value);//输出结果:10
```

上述代码中使用的Func函数如下所示。

```
static void Func(int number)
{
    number += 5;
}
```

当程序执行之后，输出的结果为10，没有因为将value变量传递到Func函数中而发生变化。这是因为**值类型参数的传递特点：按值传递（Pass By Value）**。

当参数是按值传递时，在参数进入函数时，程序会对当前传入参数的值进行一次复制，然后将当前复制得到的值传递给新的变量number，如图3.30所示。

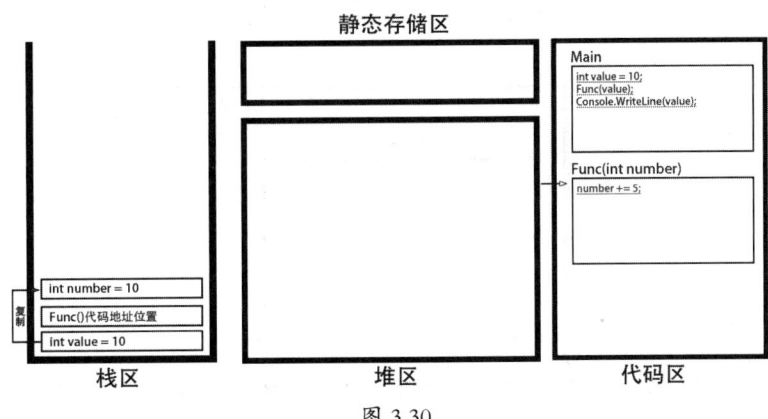

图 3.30

从图3.30中可以看到，当前程序的状态为进入Func函数执行了number+=5语句；同时函数还未返回前的状态。此时可以看到，函数的参数number被分配在了栈区上面，并且将value的值进行了复制。当在Func函数中更改number的值时，其内容并不会影响到变量value的内容。当函数返回之后，分配在栈上的number变量会被释放。

由此可知值传递的两个特点。

（1）按值传递需要进行一次值的复制行为。

（2）值传递会占用更多的栈上空间。

按值传递会发生在值类型中，而引用类型在参数传递时的行为又是什么样子的呢？

2. 引用类型参数

当引用类型作为参数传递时，会进行引用复制。与值类型一样，这个过程也会执行复制行为，只不过复制的是指向堆上对象的引用。先来看以下Main函数中的代码。

```
Student student = new Student();
student.age = 10;
Func(student);
Console.WriteLine(student.age);//输出结果:20
```

其中，Student类的定义如下：

```
class Student
{
    public int age;
}
```

当代码执行到第一行和第二行后，程序在栈上分配一个引用类型的变量，此变量指向堆上的一个Student对象，该对象成员变量age的值为10。

当程序继续执行，进入Func函数中。Func函数的定义如下：

```
static void Func(Student student)
{
    student.age += 10;
}
```

当程序进入Func函数并执行完student.age += 10;语句后，程序状态空间如图3.31所示。

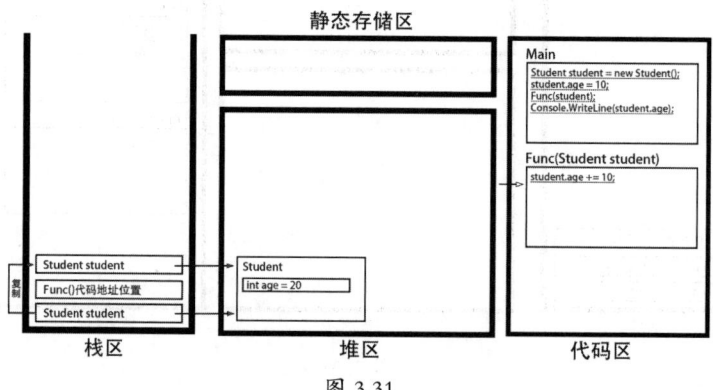

图 3.31

由图3.31可见,尽管在栈区中对student进行了一次复制,但复制的内容并不是堆区上的对象,而是在栈区上面分配的引用。因此,在执行了参数传递并在Func函数中更改age属性的数值后,即使在函数返回后参数在栈区上分配的内存进行了释放,但之前更改的内容依然不会变化,因此**引用的释放和对象的释放是两个不同的概念**。

3. 值类型引用参数

在C#中有两个关键字:ref和out。这两个关键字可以让参数从之前的按值传递变成按引用传递(Pass By Reference)。接下来,介绍按引用传递在值类型上的体现。

Func函数的定义:

```
static void Func(ref int number)
{
    number += 5;
}
```

在Func函数的参数中,number参数的类型前面使用了一个关键字:ref。使用此参数后,Main函数输出的结果为15。

```
int value = 10;
Func(ref value);
Console.WriteLine(value);//输出结果:15
```

在上述代码中,在将变量value传入Func函数后,参数number执行了自加5的代码。在Func函数执行了number += 5的同时且Func函数还没返回时,程序的状态空间如图3.32所示。

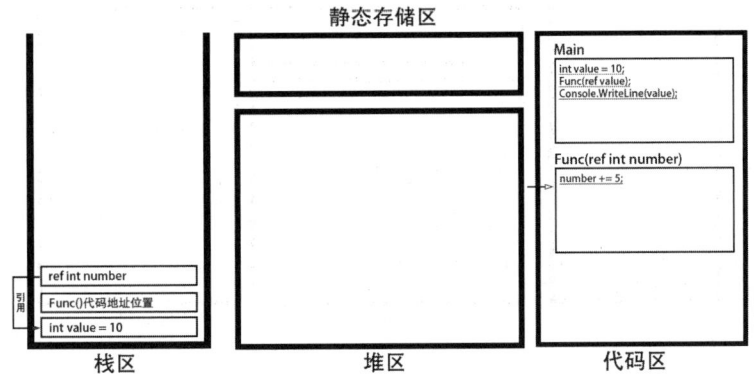

图 3.32

在图3.32中的栈区上面,Func函数的参数number引用了value。与之前不同的是,当前参数number并没有将value的数值进行复制,参数number的数值指向了value的容器,当程序更改number数值时,程序会找到number指向的位置,然后改变此位置的数值,即改变value的数值。

由此可知值类型按引用传值的特点:**不对原本的值变量进行复制,仅仅是创建了一个指向此值变量的引用**。对标记了ref变量的更改,会影响到在当前函数返回后原本传入参数的值。

在C#中,按引用传递有两个关键字:ref 和out。这两个关键字在程序编译之后的效果一致,都表示参数按照引用进行传递。但是ref和out在使用时还是会有些区别。**用ref传入的变量必须先进行初始化。**

如果声明了一个变量int a，但是此变量没有被赋予一个初始值，此时将a使用ref传入方法后程序会显示报错。ref 传入的参数需要先进行一次初始化才可以使用。**用out传入的参数不用初始化，但是在函数的内部必须对参数进行更改。**如果在函数的内部不对out传入的参数进行更改，那么程序会发生报错。其他情况下，ref和out并没有太大的使用区别。

4. 引用类型引用参数

Func函数的定义：

```
static void Func(Student student)
{
    student = new Student();
    student.age = 20;
}
```

在上面的函数中，参数没有使用ref 或out标记。在函数体内部使用new关键字重新在堆区上分配了一个对象，并让student执行当前新的对象。在Main函数中的代码如下：

```
Student student = new Student();
student.age = 10;
Func(student);
Console.WriteLine(student.age);//输出结果:10
```

在程序执行完Func函数之后，程序的输出结果依然为10。

Func函数虽执行完student.age = 20，但还没有返回前，程序的状态如图3.33所示。

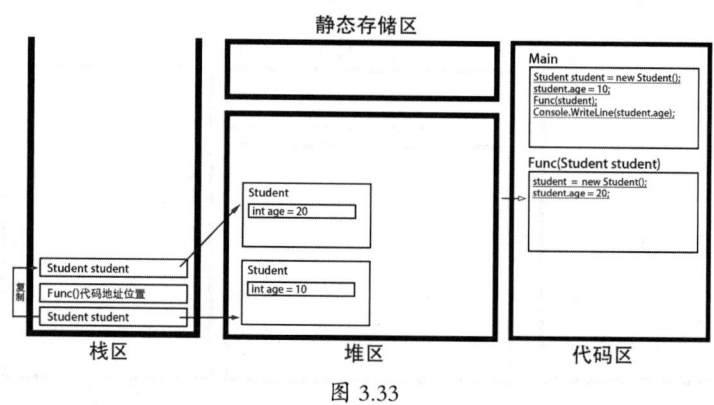

图 3.33

因为函数的参数是按值进行传递的，所以在程序进入函数后，尽管当前参数的student和原本的student都指向了同一个对象，但是它们在根本上依然是两个不同的变量，只是指向了同一个对象而已。因此，当程序执行了student = new Student()之后，参数中的student指向了一个新的对象，对这个新的对象的成员变量的更改不会影响到原本函数外的那个student。而如果使用了ref 或out关键字，当前的参数将会是对原本student的引用，此时如果在Func函数中让student指向了一个新的对象，原本的student也会被更改。因为按照程序的执行流程，此时程序就是在对参数的对象进行更改，程序会先沿着参数的引用地址找到原本的student，然后进入堆区中更改变量。将代码改成如下所示。

```
static void Func(ref Student student)
```

```
{
    student = new Student();
    student.age = 20;
}
```

在Func函数加上ref关键字之后,Func函数执行完student.age = 20但没有返回前,程序的状态如图3.34所示。

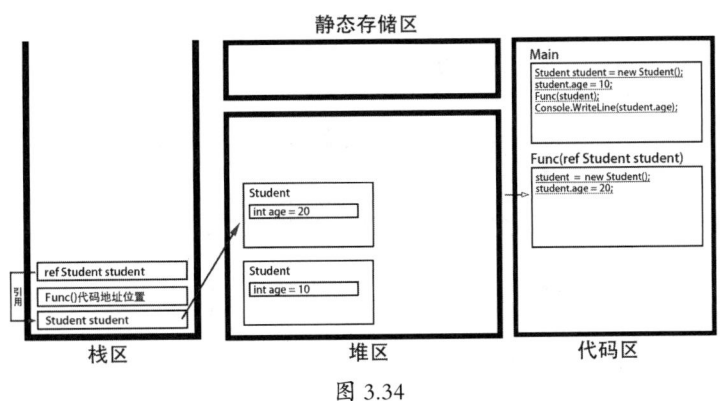

图 3.34

通过以上讲解,对程序的堆栈空间以及参数的传递有了比较深入的了解。接下来,介绍程序内存空间中的另一个重要内容:静态存储区。

3.5.3 静态

除了堆栈以及代码区,程序中还有其他类型的数据,其中最重要的就是静态(static)。接下来,将讲解与之相关的**静态变量、静态方法以及静态类**。

扫一扫,看视频

1. 静态变量

要想让类中的某个变量成为静态成员,只需在其变量类型前面加上static关键字。代码如下:

```
class Number
{
    public static int a = 10;
    public static int b = 20;
    public int c = 30;
}
```

定义了上述类之后,在程序的Main函数中可以直接通过类名访问变量a和b。代码如下:

```
int temp1 = Number.a;
int temp2 = Number.b;
```

在前面章节介绍过,类必须实例化之后才会有对象,即用此类作为模板创建一个实际的对象内容,再在堆上才分配了具体的内存。但此时类还没有实例化,为什么依然可以访问其中的变量?其原因就在于静态变量的分配区域不同。

静态变量有以下两个特点。

（1）被分配在程序的静态存储区。
（2）分配动作在程序刚开始执行时就已完成。
下面是Main函数中的代码。

```
int temp1 = Number.a;
int temp2 = Number.b;
Number number = new Number();
number.c = 10;
```

当程序执行到number.c = 10且还没有结束时，程序的内存空间如图3.35所示。

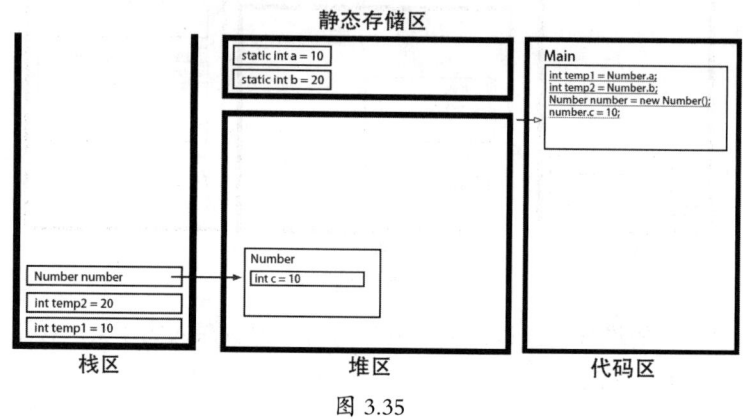

图 3.35

由图3.35可见，Number类中的变量a和b在程序的一开始就被存储在静态存储区中了，而不是程序执行完Number number = new Number()再分配。由此可知，**static修饰的内容属于类本身，而不属于某个特定对象，在代码中，可以直接通过类名访问变量而并不需要实例化。**

2．静态方法

静态方法需要和静态变量深度绑定。**在一个类的静态方法中，不能使用非静态的变量。**代码如下：

```
public static void Func(int number)
{
    a = b + number;
}
```

在以上代码中，因为变量a和b都是静态变量，所以在静态方法中可以使用。但如果是以下代码：

```
public static void Func(int number)
{
    a = b + number + c;
}
```

运行以上代码会直接报错，因为在该方法内，使用了Number类的非静态变量c。

究其核心问题，还在于方法到底是属于对象实例，还是属于类本身。如果一个变量或方法被加上了static，该变量或方法就已经脱离了具体的实例，进入了程序的其他空间。在静态方法中不能使用非静态变量，因为静态方法在程序一开始就已经存在，但在使用此静态方法时，非静态变量可能还没有被分配内存。

3. 静态类

静态类具有以下两个特点。

（1）静态类不可被实例化。

（2）静态类中只可包含静态变量或静态方法。

如果理解了程序静态存储区的特点，应该可以理解为什么静态类具有以上特性。一个静态类的内容会在程序一开始就被分配，此时类本身已经被分配了内存。在程序执行过程中，如果程序想要使用静态类中的内容，需要在静态存储区中寻找。以下是一个静态类的定义。

```
static class StaticNumber
{
    static public int a = 10;
    static public int b = 20;

    static public void Func(ref int number)
    {
        number = a + b;
    }
}
```

由上述代码可知，在静态类中，所有成员和方法都标记为static。当在Main函数中使用这些成员和方法时，只需直接使用StaticNumber.Func或StaticNumber.a即可。例如，在以下代码中，可以直接使用StaticNumber类名来更改变量a的值，并将temp3作为引用传入Func函数中。

```
int temp3 = 100;
StaticNumber.a += temp3;
StaticNumber.Func(ref temp3);
Console.WriteLine(temp3);//输出结果:130
```

3.6 本章习题

一、选择题

1. 下面能用作C#程序用户标识符的一组标识符是（   ）。
   A. void   define   +WORD   B. a3_b3   _123   YN
   C. for   -abc   Case   D. 2a   DO   sizeof
2. 下面能作为C#程序的基本单位是（   ）。
   A. 字符   B. 语句
   C. 函数   D. 源程序文件
3. 以下描述正确的是（   ）。
   A. 函数的定义可以嵌套，函数的调用不可以嵌套
   B. 函数的定义不可以嵌套，函数的调用可以嵌套
   C. 函数的定义和函数的调用均可以嵌套
   D. 函数的定义和函数的调用均不可以嵌套

4. 下列表达式中，值为0的是（　　）。
   A. 5/10　　　　　　　　　　　　　B. ！0
   C. 2>4 ? 0:1　　　　　　　　　　 D. 2&&2||0
5. 已知：int a[5] = {1, 2, 3, 4}；下列数组元素中值为2的是（　　）。
   A. a[0]　　　　　　　　　　　　　B. a[1]
   C. a[2]　　　　　　　　　　　　　D. a[3]

二、简答题

1. 简述值类型和引用类型的区别。
2. 简述ref和out的区别。
3. 简述静态成员和非静态成员的区别。
4. 简述命名空间的四种引用方式。

三、操作题

1. 请遵循以下步骤，使用C#设计一个求和算法：①声明一个int类型变量sum，用来存储求和的结果，待求和的数值为1、2、3、4、5；②在循环中用变量x访问每个数字，并将其与变量sum进行累加；③循环结束后输出求和的结果。

2. 设计一个简单的学生信息管理系统，其中包含一个 Student 类，用于表示学生信息，要求具有以下功能：①可以设置学生的姓名和年龄；②可以获取学生的姓名和年龄；③提供一个静态变量 totalStudents，用于统计学生对象的总数，并且当学生年龄大于等于18岁时，设置年龄输出警告信息。要求使用 C# 语言编写，使用 static 变量和 if 语句来实现上述功能。

第4章 面向对象开发

> **内容概述**
>
> 本章将基于面向对象的语法，详细介绍如何利用 C# 语言进行面向对象开发，学习其更深层次的面向对象思想。
>
> 本章主要介绍 C# 语言的语法，通过语法的学习读者可以掌握面向对象的编程思想。面向对象不仅是语法，更是一种软件设计思路，通过面向对象实现好的软件设计。

4.1 面向对象的基本概念

在介绍 C# 面向对象的语法之前，首先了解一下这些语法背后的基本概念。只有掌握了解这些基本概念后，才能再更好进入语法层面的学习。

扫一扫，看视频

4.1.1 面向对象与设计思想

1. 从具体到抽象

在日常生活中，无论是描述事物、概念还是人，语言都扮演着至关重要的角色。在描述一个对象时，一般会经历一个从具体到抽象的思维过程。若从复杂系统的视角来看，可以得出一个有趣的结论：**在一个系统中，对一个描述对象的内容抽象层次越高，其在整个系统中往往越倾向于稳定。**

那么，什么是编程语言呢？简单来说，当客户提出需求时，程序员会用代码来实现这些需求。这些代码是对语言的精确描述，它们没有歧义，最终会转化为具体的二进制数据。因此，在编程时，程序员需要将抽象的概念细化为具体功能，并用代码表示出来。然而，具体功能往往是易变的，因为需求总是在变化的。为了应对这种变化，程序需要具备更强的可扩展性。这就引出了编程中的一个重要思维：从具体到抽象。**通过为程序构建抽象，让实现细节依赖于这些抽象，进而确保系统在面对变化的需求时的稳定性。**这是编程中保证系统稳定的关键手段。

2. 应对变化，提高复用

以软件工程与传统工程之间的区别为例。传统工程，特别是在土木行业，一旦施工图纸确定，最终成果便基本定型。其开发流程相对固定，结果也更易预测。因此，在传统工程中，需求变化相对较少，项目可以像瀑布一样层层推进，按部就班地实现各个阶段的目标。

然而，在软件工程中，变化是常态。市场的需求、产品经理的意见、技术的更新等都可能催生新需求。当新需求涌现时，现有代码可能面临重构挑战。若程序架构设计不合理，采用面向过程的方法，新需求一旦出现，就需要在多处代码中进行修改。这些代码之间往往存在高度耦合，一处修改可能影响多处代码。随着工程复杂度和代码量的增加，这种耦合关系愈发严重，最终可能导致程序难以维护。

因此，从软件设计的角度来看，**如何使程序更好地应对变化、减少无意义的代码复制**，成为系统设计的关键。面向对象设计的一个重要目的，就是解决这些问题。

通过上述两点，可以总结出以下两点。

（1）面向对象设计可以从具体到抽象的思维中得到。

（2）好的面向对象代码能够应对变化，提高代码复用性。

3. 面向对象的三大特性

在使用面向对象的编程语法时，开发者通常会遇到以下3个核心概念。

（1）封装：**将对象的内部实现细节隐藏起来，只对外暴露必要的接口。**这样做的好处是提高了代码的安全性和可维护性，使得外部代码无法直接访问或修改对象的内部状态。

（2）继承：**允许一个类（子类）继承另一个类（父类）的属性和方法，从而实现代码的复用。**通过继承，可以创建具有共同特性的类，并减少重复的代码编写。

（3）多态：**允许不同类的对象对同一消息作出不同的响应。**这意味着可以用父类的引用来引用子类对象，并调用其特有的方法，从而实现更加灵活和可扩展的程序结构。

这些概念对于学习过编程语言的人来说并不陌生，但许多教程往往只关注它们的语法实现。然而，对于面向对象编程而言，理解其背后的设计思想和掌握其具体语法同样重要。只使用类、接口等语法结构并不意味着就能实现良好的面向对象设计。面向对象是一种应对程序变化的技术手段，它超越了具体的编程语言，类似于设计模式的概念。因此，在不同的面向对象语言中，开发者都可以使用不同的语法来达到相同的设计目标。

对于初学者来说，正确的学习路径如下：

（1）掌握面向对象的基本语法，熟悉如何使用面向对象的技术来构建程序。

（2）深入理解面向对象的设计原则，并将这些原则与具体的语法结合起来。这样可以帮助初学者更好地应用面向对象的思想来解决问题。

（3）学习设计模式并掌握设计方法。通过结合面向对象的语法和设计模式，初学者可以学会在不同业务场景下灵活运用设计思想，从而构建出更加健壮、可维护的程序。

因此，本章的主要目标是帮助读者掌握前两个阶段的内容：以语法学习为基础，进一步深入理解面向对象的设计原则。通过这样的学习路径，读者可以逐步掌握面向对象编程的精髓，并在实际开发中运用自如。

4.1.2 类与对象

在C#中，一切都是对象，甚至类本身也是一种对象。对象由类创建而来，而类又是什么呢？类与对象之间的关系又是什么样的？这部分将聚焦于这几个问题。

1. 什么是类

在C#编程中，**类就像是一个详尽的"蓝图"，它定义了如何创建对象。**在程序中生成一个对象时，程序会依据这个蓝图在托管堆上构建对象，同时在栈上创建一个指向这个新对象的引用。这就像是在工厂里，类作为"模具"，而每个实例对象则是使用这个模具制造出来的具体产品。

对象其实就是在内存中按照类蓝图所分配的一块专属区域。C#的GC（垃圾回收）机制会自动管理这片内存的分配和释放。在分配内存时，程序会根据类中定义的各个值精确划分不同的区域，为每个变量分配合适的内存空间。

从更抽象的角度来看，C#中的实例对象主要由3部分组成：**类对象指针、同步块索引以及实例字段**。在创建一个对象实例时，它的类对象指针会指向对应的类对象，同时实例字段会被初始化并分配具体的内存。

以下是定义People类的代码。

```
class People
{
    static string Name;
    private int age;
    public int GetAge()
    {
        return age;
    }

    public static void PrintString()
    {
        Console.WriteLine(Name);
    }
}
```

在以上代码中，定义了一个公开方法、一个私有字段、一个静态字段以及一个静态方法。People类在内存中状态如图4.1所示。

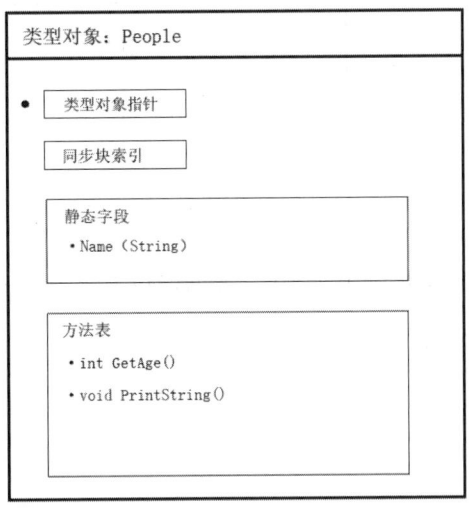

图 4.1

由图4.1可见，People类中定义的静态字段Name属于People类型，另外还有GetAge()、PrintString()方法，也都在方法表中。

> **注意**：类对象不等同于实例对象
>
> 类对象存储了类的元数据和静态成员，而实例对象则是根据类创建的具体实例，包含动态的成员数据。理解这两者的区别对于深入掌握C#面向对象编程至关重要。

2. 类与对象的关系

当定义了一个类后，可以利用此类在程序中使用new关键字实例化一个类的实例。

```
People people1 = new People();
People people2 = new People();
```

此时，这些小写的people在内存中的分布如图4.2所示。

由图4.2可以看出类对象指针的使用，以及类与对象的关系。**对象中的类对象指针会指向当前类的实际类型，而实际上，类本身在内存中也是一个对象。**只不过这种对象与实例对象不同的是，它具有静态字段以及方法表。当实例对象调用类对象的方法时，如people1调用GetAge()方法时，程序会查看people1中类对象指针指向的位置，并在此位置所对应的方法表中查找GetAge()方法的实现，并且使用这部分代码。

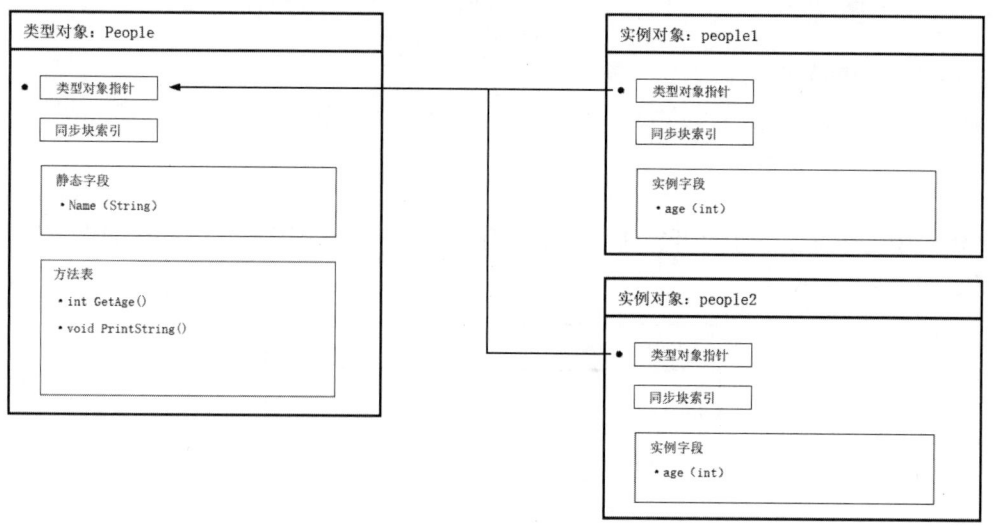

图 4.2

在这个概念下，继承又是如何实现的呢？例如，在示例4.1中，People类继承自GameObject。

【示例 4.1】 类对象与实例对象

```
class GameObject
{
    static int number;
    private float value;
    public float GetValue()
    {
        return value;
    }
}
class People : GameObject
{
    static string Name;
    private int age;
```

```
    public int GetAge()
    {
        return age;
    }
    public static void PrintString()
    {
        Console.WriteLine(Name);
    }
}
```

GameObject类和People类在内存中的分配如图4.3所示。

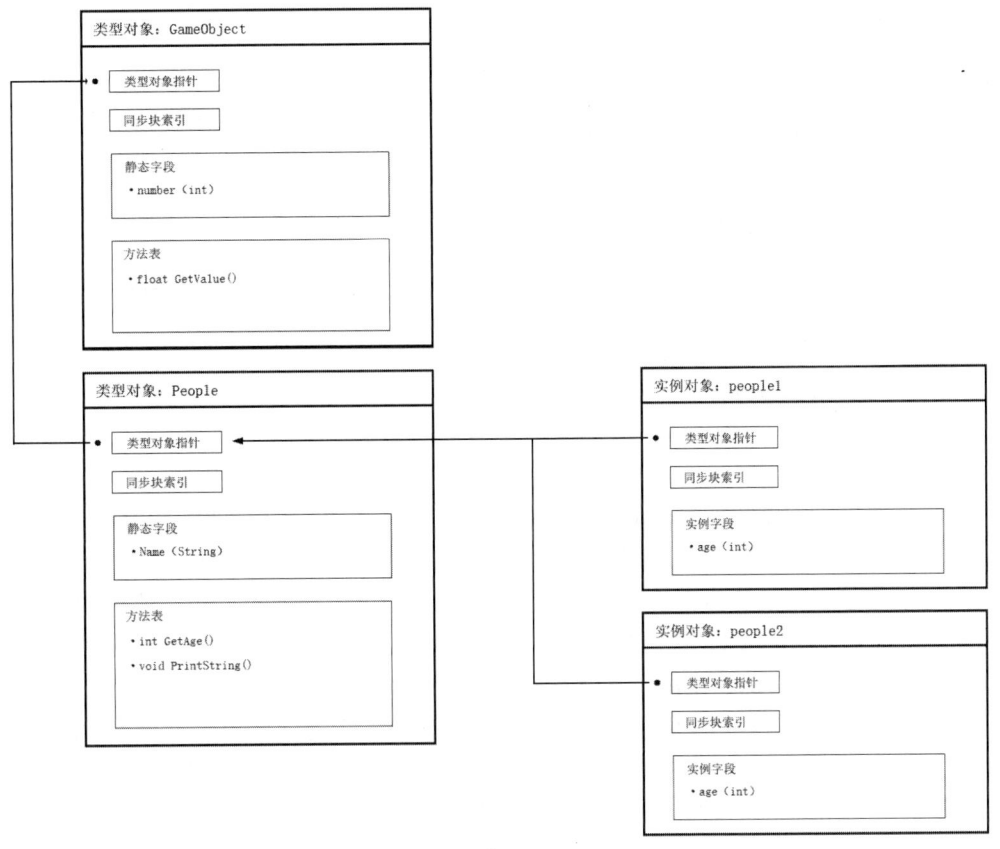

图 4.3

由图4.3可见，GameObject类中所定义的静态字段在GameObject类自身的静态字段区间；GameObject类中定义的GetValue()方法，也在GameObject的方法表中。而当实例对象使用GetValue()方法时，代码如下：

```
People people1 = new People();
Console.WriteLine(people1.GetValue());
```

程序调用people1.GetValue()时，会先根据people1中的类对象指针找到类对象People；然后在类对象People的方法表中进行遍历，查找GetValue()方法。当发现无法找到此方法时，程序会沿着People类对象指针找到People类所指向的对象，即People类的父类GameObject，然后在父类GameObject的方法表中进行遍历，最终找到GetValue()方法，并执行此方法。

通过上面所描述的程序执行过程可知：类和对象通过类对象指针联系在一起，但其在本质上并没有太大的差别，在C#中，**无论是类还是实例，它们都是另一个层面上的对象**，即"万物皆对象"的概念。

3. 类与对象总结

（1）类本质上也是一种对象。

（2）每个类对象都有一个字段引用了它的基类。

（3）使用对象访问方法时，若当前类不存在目标方法，编译器会沿着类对象指针回溯类的层次结构，直到找到目标为止。

（4）类在编译器视角中也被作为对象来对待，类对象本身也是一种特殊的对象。

（5）在对类和对象有了更深一步的掌握后，接下来就可以更进一步地学习面向对象的语法。

4.2 封装

扫一扫，看视频

本节将学习C#封装部分的语法，并且通过这部分的学习，进一步掌握封装的思想，了解类型的基础使用。

4.2.1 字段与常量

扫一扫，看视频

1. 字段与常量介绍

在C#中，类包含两种变量类型：字段和常量。它们各自在内存中占据特定的空间，并由程序负责分配和释放。这两种变量类型在编程中比较常见，各自具有鲜明的特点。

（1）字段：**字段作为类的数据成员，可以存储值类型数据的实例，或者指向引用类型数据的引用**。简而言之，字段就是用来存储数据的容器，它持有类实例的特定信息。

（2）常量：**常量是一种特殊的变量，其值在程序运行过程中始终保持不变**。这意味着一旦为常量赋值，就不能再修改。常量的值必须在编译时就已经确定，因此它们通常用于表示在整个程序执行过程中都不会改变的数值或字符串。由于这个特性，常量只能定义为编译器能够识别的基本数据类型。

以上是对C#中常量和字段的简要介绍。接下来，将详细探讨这两种变量类型的具体使用方法和注意事项。

2. 字段的基本概念

字段是类或结构中直接声明的变量，用来存储各种类型的数据。具体来说，字段可以存储值类型的实例，如整数、浮点数等；也可以存储引用类型的实例，如对象、数组等。例如，在以下代码中，TestClass类中的私有变量a、b、person都是字段。

```
public class Person { }

public class TestClass
{
    private Person person;
```

```
    private int a;
    private double b;
}
```

3. 实例字段与类字段

在C#中,字段可以根据其是否静态分为两类:实例字段与类字段。其中,**实例字段不使用static关键字,这意味着它们的内存空间是在创建类的实例时分配的**。以People类为例,在创建people1和people2这两个实例时,如果在People类中定义了一个int类型的字段age,那么字段age的内存空间将被分别分配到people1和people2的内存区域中。

相反,**如果在字段前加上static关键字,它就称为类字段。这种字段的内存空间是直接在类的对象中分配的,而不是在实例中。因此,可以直接使用类名来访问静态字段,而无须创建类的实例。静态字段是类级别的变量,与具体的实例无关,它们通常用于存储与类本身相关但不依赖于特定实例的数据。**

4. readonly 与四种字段类

除了可以使用static关键字来修饰字段外,还可以**使用readonly来表示一个字段为只可读数据**。任何数据都有读和写两种选项,由此对应可读可写、只可读不可写、只可写不可读、不可读不可写。因为后两者对于字段而言意义不大,所以C#中只提供了readonly关键字来修饰变量的读/写权限。

可以通过以下代码使用readonly关键字。

```
public class Person
{
    public readonly string Name;
    public Person(string name)
    {
        this.Name = name;
    }
}
```

或者通过以下代码来初始化Name变量。

```
public class Person
{
    public readonly string Name = "Mark";
}
```

当从外部更改变量Name的数值时,程序将会报错,因为readonly关键字具有以下特点。

(1) readonly修饰的数据为只可读,不可再进行赋值更改。

(2) readonly修饰的字段只可在声明时或在同一个类的构造函数中向字段进行赋值。

将readonly和static两种关键字搭配使用,可以得到四种字段类,分别是静态只读类型成员、非静态只读实例成员、可读可写类型成员、可读可写实例成员,见表4.1。

表 4.1 关键字修饰字段的类型对照

关键字	只读(readonly)	可读可写(默认)
static 关键字	静态只读类型成员	可读可写类型成员
no-static 关键字	非静态只读实例成员	可读可写实例成员

5. 常量的基本概念

常量的数值不会发生变化，在编译时就已经被确定。因此，在编译器中，常量的数值就和内联代码一样，直接被嵌入代码中用到的常量变量位置中，即使用常量的位置，类似于直接把数值复制于此。**常量使用const关键字定义**。下面Person类中定义了一个int类型的常量。

```
public class Person
{
    public const int MAX_NUMBER = 100;
}
```

在以下代码中，对number1和number2的赋值方式在编译器中是一致的。

```
int number1 = Person.MAX_NUMBER;
```

在编译完成后，使用MAX_NUMBER和使用100数值并没有本质差异，即int number1=Person.MAX_NUMBER和int number1=100的效果是等价的。由此可总结出以下常量特点。

（1）常量总被视为类型定义的一部分，而不是实例对象的成员。
（2）由于编译器直接将常量的数值嵌入代码中，因此运行时常量并不需要为其分配内存。
（3）在方法中不能以传引用的方式传入常量。
（4）常量可以识别的类为基元类型，如整数常量、浮点常量、字符常量和枚举常量。

6. const 和 readonly 比较

（1）const关键字只可用于编译器支持的基元类型，readonly关键字既支持基元类型，也支持引用类型。
（2）const常量总是类的一部分，而readonly则两者都可。
（3）const和readonly修饰的常量都不可以被更改。

4.2.2 属性

扫一扫，看视频

当讨论面向对象中的类时，必然会涉及构成类的不同组成部分。而在这些不同类所创建的对象组成部分中，很重要的一部分是那些用于获取或更改状态的信息，这些状态信息会作为类型的字段而存在。

而属性是什么？简单而言，通过属性可以轻松完成对字段成员的封装，实现对字段成员的访问控制以及写入控制。**因此，属性本质上是一种简化的语法，提供给开发者一种便捷的形式来对数据进行封装。**

1. 数据封装

对于一个类的实例而言，其封装程度通常可以作为一个衡量指标，用于判断类设计是否合理。一个好的类应该对其内部状态可以进行合理的控制，即不让其内部状态被不合理使用所破坏，保证实例永远可以处于正常状态。假设有一个People类，用于实例化"人"这一对象，此对象中有一个字段age，用于表示人的年龄。此时，如果此实例age的访问修饰符为public，并且没有对其访问以及修改做出任何限制，那么在这个实例的外部，客户会很容易破坏这个实例的内部状态。例如，把人的年龄设置超过100岁，或者出现负的年龄。而此时就需要引入数据封装的核心思想：**保证类的数据字段的状态合理性，并保证其不被外部的不合理使用而破坏。**

2. 字段访问器

对于字段封装性的实现,首先体现在优先把所有字段都设置为private。当外部需要使用此字段时,根据需求实现此字段的访问器。字段访问器封装了对此字段的访问权限和修改权限,并对数据的合理性进行检测。例如,在示例4.2的代码中,就对People类中age字段的访问权限做了限制。

【示例4.2】 对字段访问权限进行限制

```
class People
{
    private int age;
    public int GetAge()
    {
        if (age >= 0 && age <= 100)
        {
            return age;
        }
        else
        {
            age = 0;
            Console.WriteLine("people的age数据有误");
            return 0;
        }
    }

    public void SetAge(int age)
    {
        if (age <= 100 && age >= 0)
        {
            this.age = age;
        }
        else
        {
            Console.WriteLine("设置的age数据有误");
        }
    }
}
```

在以上代码中,getAge()和setAge()方法,分别对age的获取和设置做出了限制。其中,使用get()方法来获得age的数值,并且对获得行为进行了判断;使用set()方法在设置数值时,给出相应的合理性判断,并保证设置的数值在合法的范围内。这种通过一层方法来抽象数据的获得与设置,并保证对象状态的完整性技术,称为数据封装。它将每个字段数据作为封装的最小单位,考虑字段状态的合理性。

3. 属性:数据封装的简化语法

在getAge()和setAge()方法中,分别对get()和set()方法进行了限制,而这种限制在C#中提供了专门的语法来更加简单地实现这一功能:属性。

```
public class People
{
    private int age;
```

```
public int Age
{
    get
    {
        return age;
    }
    set
    {
        age = value;
    }
}
```

以上代码演示了对age字段进行数据封装的方法。与之前不同的是，这里使用了属性的语法：get和set。当从外部使用对象内部的年龄数值时，只能通过Age来获得，因为age被设置为了私有类型的变量。例如：

```
People people = new People();
people.Age = 100;
```

在此代码之后，people对象中的age变量的值会变为100。由此可知，在以上演示的属性中，其get部分内将会有一个return值，当从外部使用这个Age时，将返回一个数值，类似于GetAge()方法。另一方面是set，set中有一个value关键字，此关键字代表当前Age传入的数值。例如：

```
people.Age = 50;
```

当执行以上代码时，程序会调用set()方法，value的值会变为50，因此age的数值会被赋值为50。

综上所述，get和set构成的属性语法就是对数据封装中所用到的字段访问器进行简化，其本质上还是由一个字段和两个方法构成。

4. 属性与访问修饰符

在属性中，可以为get和set单独设置访问修饰符，**如果不为get和set显式地设定一个修饰符，则其修饰符将会默认和属性本身的修饰符保持一致。**

如果想要为get和set添加修饰符，需要保证其访问权限低于属性。例如，在以下代码中，属性本身的修饰符为protected，则其get和set的修饰符权限不可以高于protected，可以显式地将其设置为private。

```
private int age;
protected int Age
{
    get
    {
        return age;
    }
    private set
    {
        age = value;
    }
}
```

在以上代码中，将age的访问权限设置为private，Age的访问权限设置为protected。因此，外部类以及子类都不可以直接修改age变量，但子类可以通过修改Age来对age进行修改。

> **注意**：关于set和get的private修饰符使用
>
> 如果将属性中的set和get全部设置为private时，此属性将会报错。因为将访问和设置权限全部设为private对于想要使用此字段的客户而言并没有意义，其只是一个不可见的字段而已。

5. 属性默认方法与简化语法

属性可以单独省略get或set语法，表示此属性为只可设置或为只读。例如，以下属性是一个只读属性。代码如下：

```
private int age;
protected int Age
{
    get
    {
        return age;
    }
}
```

以上属性省略了set语法部分，因此此属性为一个只读属性。

属性也会有一些简化的语法。例如，在以下代码中，可以不用在类中直接声明一个公开属性，也没有与之对应的私有字段。

```
public int Age{ get; set; }
```

虽然以上属性没有在代码中直接声明一个对应的age私有字段，但是在编译时，C#会自动为其生成一个私有字段，并且自动实现一个get和set方法，分别返回和设置其自己生成的私有字段。

6. 属性的特点

虽然属性的方法与使用字段类似，但在编译器中，属性依然是一个特殊的方法，即编译器只会将其当作方法来处理，而不是一个字段。因此，使用属性时就会产生一个令人费解的矛盾：客户很容易将属性当作一个字段，而非一个方法，但属性本质上确实是一个方法，此时由于字段和方法的差异，属性具有以下特点。

（1）属性不能作为ref和out参数传入方法，但字段可以。

（2）属性返回的引用可能并非指向对象状态的一部分，这在某种程度上破坏了数据的封装性。

（3）属性的访问通常可以立刻完成，因为其本质是直接获取存储在内存中的值。然而，在某些情况下，属性的访问可能涉及方法的执行，这可能会花费较长时间。

在了解属性的3个特点后，在使用属性时，就应该从以上几个问题的角度来思考是否使用属性。而且不仅要聚焦于语法的使用，还要考虑另一个更关键的问题：对于对象中数据封装的态度。如何保护此对象的状态，完成保护之后，对于被保护对象的新行为，是否呈现为方法？还是另一种字段？对于这些问题的思考，将会帮助我们合理使用字段，并且进一步理解封装。

4.2.3 构造函数

扫一扫，看视频

在了解了类的字段以及字段的访问之后，接下来，将进一步了解类的另一块内容：构造函数。

类中有实例字段和静态字段，而这些字段需要有初始状态。在创建类时，可以使用构造函数为字段赋予初始值。

1. 构造函数的基本概念

构造函数是类的特殊成员函数。它在创建对象时被隐式调用，用来初始化对象的数据成员。 构造函数通常用于为对象的数据成员赋予初始值。

构造函数的定义格式与普通成员函数类似，只是函数名称与类名相同。按照初始化的对象不同，可以将构造函数分为实例构造函数和类构造函数。**实例构造函数是将类的实例字段初始化为良好状态，而类构造函数是将类的静态字段初始化为良好状态。**

接下来，先以类构造函数为例，讲解构造函数的基本语法和特点；然后学习类构造函数的用法。

2. 构造函数的基本语法和特点

构造函数与一般函数不同，其具有以下几个特点。

（1）函数名要与类名相同。

（2）构造函数不需要指定其返回值类型。

（3）实例构造函数会通过new关键字创建对象来自动调用；类构造函数会由编译器自动调用。

（4）可以对实例构造函数提供不同的参数列表，并进行函数重载。

在示例4.3中，Person类包括Name和Age两个实例字段，并且分别为这两个字段提供了构造函数的重载。

【示例4.3】 构造函数重载

```
class Person
{
    public string Name;
    public int Age;
    public Person()
    {
        Name = "默认";
        Age = 0;
    }
    public Person(string name)
    {
        Name = name;
    }
    public Person(int age)
    {
        Age = age;
    }
}
```

在以上代码中，Person类提供了3个构造函数的重载，分别对应以下3个使用new关键字进行实例化的情况。

```
Person p1 = new Person();
Person p2 = new Person("JianWen");
Person p3 = new Person(100);
```

在以上3个new语句中，分别对应了无参数的Person()构造函数、Person(string name)构造函数以及Person(int age)构造函数。这些构造函数在执行结束后，类中的Name和Age两个实例字段被赋予了初始值，类也因此获得了更加合理的状态。

3. this与构造函数

在使用构造函数时，可以**使用this关键字调用当前类中的其他构造函数或字段**。在4.3.4小节中将详细介绍this关键字，这里主要介绍this关键字在构造函数中的使用。

使用this关键字调用构造函数的方法：通过在构造函数的右边跟上 :this()，可以访问当前类中的其他构造函数。例如，在示例4.4的Person类中，Person(string name, int age)构造函数调用了Person(string name) 构造函数。

【示例4.4】 使用 this 关键字调用构造函数

```
public class Person
{
    public string Name;
    public int Age;
    public Person()
    {
        //默认构造函数
    }
    public Person(string name)
    {
        Name = name;
    }
    public Person(string name, int age) : this(name)
    {
        //使用this调用重载的构造函数
        Age = age;
    }
}
```

在接收name和age（两个参数）的构造函数中，使用this关键字调用了接收name（一个参数）的构造函数重载。这样就可以利用已经定义的构造函数，先对Name进行赋值，然后对Age进行赋值。

使用this调用构造函数重载，可以复用已有的初始化逻辑。这样就实现了this在C#构造函数中的使用，提高了代码的复用性。

4. 构造函数的执行顺序

构造函数的执行顺序是本小节学习的关键。通过学习构造函数的执行顺序，可以帮助读者理解：在C#中，如何从最开始的类逐渐变成一个具体内存的实例对象这一过程。

具体而言，一个构造函数的执行顺序可以分为以下4个阶段。

第一阶段，构造函数执行之前。

在创建类的实例时，编译器需初始化对象，主要分为以下几个部分。

（1）为实例的数据字段分配相应的内存。

（2）初始化对象的附加字段，包括类对象指针和同步块索引。

（3）调用类的实例构造函数，设置对象的初始状态。

在执行构造函数时，首先为该类的实例对象在内存中分配用来存储数据字段的空间，然后初始化对象的附加字段，即前面介绍的类对象指针和同步块索引。

在完成数据字段的内存分配以及附加字段的初始化后，编译器会在内存中找到构造函数的入口地址，并调用此类的实例构造函数。

第二阶段，在实例构造方法体中嵌入内联初始化字段代码。

C#提供了实例字段初始化的简化语法，即在类中定义类型时直接设置其值数据。在Student类中初始化age字段的代码如下：

```
public class Student
{
    public int age = 18;
}
```

运行以上代码，编译器会自动生成一个默认构造函数。在执行构造函数的方法体之前，age以及其他实例字段会被设置为0或null，即所谓的"空值状态"。随后，构造函数进入第二阶段，编译器会自动生成关于age的初始化代码。例如，将18赋值给age并插入构造函数中。因此，即使没有直接在构造函数中写明age的初始化，编译器也会确保这个初始化过程被内联到构造函数中。

相比使用其他函数初始化字段，这种内联初始化方式更加简洁，使得对象初始化的语法更加清晰。

第三阶段，在实例构造方法体中插入调用基类构造器的代码。

执行完内联初始化字段代码后，在构造函数的方法体中还将插入调用基类的实例构造函数的代码。从Object类的Object构造函数开始，首先执行顶级基类的构造函数，然后依次执行基类的实例构造函数。在示例4.5中，在实例化C类时，输出结果为ABC。

【示例4.5】 构造函数的执行顺序

```
public class A
{
    public A()
    {
        Console.Write("A");
    }
}
public class B : A
{
    public B()
    {
        Console.Write("B");
```

```
    }
}
public class C : B
{
    public C()
    {
        Console.Write("C");
    }
}
```

在实例化C类时,首先在C类的构造函数中插入对于A类构造函数的调用,因此第一个输出为A。然后沿着类对象指针路径向下查找下一个类,即B类的构造函数,将其构造函数的调用也插入C类的构造函数中。最后在执行C类的构造函数时,先执行A、B类的构造函数,再执行C类的构造函数。

第四阶段,在实例构造方法体中调用实例构造函数。

执行完以上4个阶段后,程序将调用构造函数。

5. 类构造函数

在C#中,除了通常使用的实例构造函数外,还有一种特殊的构造函数,即类构造函数。**这类构造函数的主要作用是设置类的初始状态,如对类中的静态字段进行初始化。**

类构造函数的基本特点如下:

(1)类默认为没有定义类构造函数。
(2)类构造函数没有返回值,并且不需要定义参数。
(3)使用static关键字修饰,并且不可以使用访问修饰符。
(4)类构造函数只能访问类的静态字段。

下面在MyClass类中定义一个静态字段count,并且在类构造函数中对该字段进行初始化。代码如下:

```
public class MyClass
{
    public static int count = 0;
    static MyClass()
    {
        count = 10; //初始化静态字段
    }
}
```

在以上代码中,使用static关键字定义了无参数的静态构造函数。静态构造函数会在MyClass首次加载时,将count静态字段初始化为10。

6. 类构造函数的调用

类构造函数和实例构造函数的一个重要区别在于它们的调用方式不同。**类构造函数的调用会由编译器自动进行,并且只调用一次。由于类构造函数是由编译器来自动完成调用,因此任何代码都不能要求此构造函数以特定的顺序执行。**类构造函数可以在以下三种情况下被调用。

(1)首次引用类的静态成员时。
(2)创建类的第一个实例时。

(3) 对类执行反射操作时。

在上述三种情况下，CLR都会自动触发对类构造函数的调用。类构造函数不能像调用方法一样调用静态构造函数，如以下调用语法将会报错。

```
MyClass.MyClass();  //错误，不能直接调用
```

4.2.4 索引器

扫一扫，看视频

4.2.2小节中介绍了可以使用属性的get()和set()方法对类的实例字段进行封装，对外仅暴露对方法的访问。其本质上就是一种简便的语法，即通过get()和set()来生成对应的方法，完成对数据的访问、设置和控制。

事实上，**在C#中，可以把属性看成是一种没有参数的get()/set()方法，而索引器则是一种有参数的get()/set()方法**。索引器使用 get 和 set 访问器进行定义，通过索引器可以安全、高效地访问实例内部的数据，并且可以对这种访问进行限制。

索引器允许对象可以像数组一样使用下标的方式来访问。当为类定义一个索引器时，就可以使用数组的访问运算符 [] 来访问该类的成员。因此，可将索引器理解为C#对[]操作符提供的一种重载。

在C#中，可以使用get和set来访问和定义索引器，使用索引器将返回一个特定的数据成员。具体要求如下：

(1) this：定义索引器时，需要使用this关键字，其指向对象的实例。
(2) get：使用get时，将返回一个数值。
(3) set：使用set时，可以传入一个数值。
(4) this[]：[]中的内容为参数，也可以是索引。

在以下代码中，为nums数组提供了一个索引器的封装。

```
class Numbers
{
    int[] nums = new int[10];
    public int this[int index]
    {
        get
        {
            return nums[index];
        }
        set
        {
            nums[index] = value;
        }
    }
}
```

在Numbers类中，接收了一个int类型的index参数作为索引，使得该类的实例可以作为属性访问nums数组中的内容。代码如下：

```
Numbers numbers = new Numbers();
```

```
numbers[0] = 5;
Console.WriteLine(numbers[0]);   //输出5
```

在代码行numbers[0]中,将索引参数index设置为0,并且为其赋予了一个初始值。随后,程序会进入set()的方法体内,将数组nums中索引为0的元素值设置为5。当在Console中使用这个索引时,将调用get()方法,并返回该索引对应的数值。

4.2.5 分布类与内部类

在C#中,类还可以按照分布类和内部类的形式编写。其中,分布类可以使类的定义分布在多个文件中;内部类可以在一个类的内部再声明一个仅在此类内部使用的类。通过这两种语法,开发者可以更加充分地使用类进行开发。

扫一扫,看视频

1. 分布类

分部类可以将类的定义分布在两个甚至多个文件中。其中每个文件中拥有部分类的定义,在编译应用程序时,编译器会将其所有部分合并在一起,使其虽然在物理上分布在多个文件中,但在逻辑上依然是同一个类。

想要将一个类声明为分布类,需要在类之前加上关键字partial。在以下代码中,声明了一个名为MyDistributedClass的类,此类分布在Class1.cs和Class2.cs两个文件中。

```
//此类源代码在Class1.cs文件中
public partial class MyDistributedClass
{
    public void Method1()
    {
        //方法1实现
    }
}

//此类源代码在Class2.cs文件中
public partial class MyDistributedClass
{
    public void Method2()
    {
        //方法2实现
    }
}
```

当开发者使用MyDistributedClass类时,Method1和Method2方法在使用上和一般的类没有任何差异。代码如下:

```
MyDistributedClass obj = new MyDistributedClass();
obj.Method1();
obj.Method2();
```

2. 内部类

内部类(又称嵌套类)即在一个类的内部再定义一个类,并且可以从该类的内部对再定义类进行访问。

内部类可以直接在一个外部类中声明。在以下代码中，在Map类的内部，声明了一个名为Block的内部类。

```
public class Map
{
    public class Block
    {
        public int width;
        public int height;
    }
    public Map()
    {
        Block[] blocks = new Block[10];
        blocks[0].width = blocks[0].height = 1;
    }
}
```

Map类的方法可以对Block类的内部成员进行访问，并且对其进行实例化。内部类与外部类实例的生命周期是绑定的，当外部类实例被回收时，其内部类实例也会被回收。

> **补充：关于内部类的可访问性**
> 无论外部是类还是接口，内部类的可访问性均默认为 private。因此，内部类只能从包含它的类内部访问，而无法访问外部类。然而，内部类可以访问包含它的类的所有成员，包括私有成员和受保护成员。

4.3 继承

在4.1.1小节中讲解了面向对象的三大原则：封装、继承和多态。本节将介绍与继承相关的知识点以及面向对象思想。

4.3.1 类与继承

扫一扫，看视频

继承是面向对象编程的一个重要特征。它允许在创建新类时，可以从现有的类继承其属性以及方法。

基类（Base Class）：基类是一个被其他类所继承的类，基类的公共成员和受保护成员可以被它的派生类继承。

派生类（Derived Class）：派生类是继承自基类的类，它继承了基类的属性和方法，并且可以添加新的属性和方法。

1. 继承的基本语法

继承的基本语法如下：

```
<访问修饰符> class <基类>
{
    ...
}
class <派生类> : <基类>
```

```
{
    ...
}
```

在定义一个类时,可以在类名称后面加上一个冒号,然后跟上被继承的父类的名称。例如,在示例4.6中,定义了一个名为Person的父类,其子类分别为Teacher和Student。这些子类继承了Person类的name属性,并在其基础上增加了各自独有的方法。

【示例4.6】 类继承

```
//父类Person
public class Person
{
    public string name;
    public void Introduce()
    {
        Console.WriteLine("My name is " + name);
    }
}
//子类Teacher
public class Teacher : Person
{
    public void Teach()
    {
        Console.WriteLine("I'm teaching");
    }
}
//子类Student
public class Student : Person
{
    public void Study()
    {
        Console.WriteLine("I'm studying");
    }
}
```

在上述代码中,Teacher和Student类都继承自Person类,因此它们都继承了Introduce()方法。这表示所有人都可以进行自我介绍,无论是老师还是学生。

同时,在Student和Teacher类中,分别增加了Teach()方法和Study()方法,用于表示老师或学生可以进行教书或学习。例如:

```
Teacher p1 = new Teacher();
p1.name = "Mrs. Wang";
p1.Introduce();   //输出 " My name is Mrs. Wang "
Person p2 = new Student();
p2.name = "John";
p2.Introduce();   //输出 " My name is John "
p2.Study();       //输出 " I'm studying "
```

2. 继承的基本特点

了解了类继承的基本概念后，接下来介绍C#中继承的3个基本特点。

（1）单一继承：C#仅支持单一继承，不允许继承多个类。

（2）继承传递：C#中的继承可被传递，即可定义C类继承自B类，B类继承自A类。

（3）类的成员与方法可以被继承，构造函数和终结器除外。

> 补充：关于接口继承
>
> 尽管C#仅支持单一继承，即一个类只能继承自一个父类，但它允许一个类实现多个接口。这是因为在C#的设计中，接口的继承在一定程度上只是方法声明的集合。

3. 继承中的字段与方法

继承机制的一个重要优势是能够复用父类中的字段和方法。而在子类继承父类后，子类是如何使用父类中的字段和方法的呢？

（1）继承中的静态字段。在子类继承父类后，如果父类中的字段被修饰为public或protected，那么可以在子类中直接使用父类的静态字段。在子类使用父类中的字段时，子类的类对象指针会指向父类，并且找到所对应的字段。在以下代码中，子类可以直接调用父类的num字段。

```csharp
public class Father
{
    static protected int num = 10;
}

public class Son : Father
{
    public void Fun()
    {
        Console.Write(num);
    }
}
```

（2）继承中的静态方法。当使用子类的静态方法时，如果在子类当前的定义中可以找到此静态方法，则直接执行此静态方法；反之，则向上回溯到父类中寻找。在以下代码中，当执行C类中的Fun2()方法时，程序会依次在C、B、A类中寻找Fun()方法的定义，并且执行找到的第一个定义。

```csharp
public class A
{
    static public void Fun()
    {
        Console.WriteLine("Class A");
    }
}

public class B : A {}

public class C : B
{
    void Fun2()
    {
```

```
        Fun();
    }
}
```

尽管在子类中可以追溯父类的方法，但在编写代码时，应尽量避免方法名重名的情况。在遇到重名方法时，应首先思考此方法是否可以用虚函数或者抽象函数来替代。同时，在遇到重名方法时，还可以使用new关键字来显示覆盖。

（3）继承中的实例字段与方法。当使用类创建一个实例对象时，此实例对象的类对象指针将会指向创建对象的类。①子类创建的对象指向子类类型定义，父类创建的对象指向父类类型定义；②子类对象的实例字段存储在子类实例对象中，父类实例对象存储在父类实例对象中；③使用在父类中定义的实例字段时，实例字段存储在子类实例对象中。

在以下代码中，分别定义了A、B、C 3个类，其中都包含实例字段。

```
public class A
{
    public int fieldA;
}
public class B : A
{
    public int fieldB;
}
public class C : B
{
    public int fieldC;
}
```

在上述代码中，当仅实例化A类时，A的对象中仅包含A中的实例字段fieldA。但如果实例化C类时，C类的实例对象中将包含来自B和A所拥有的实例字段，并且这些字段在内存中的分布也会和C类的实例字段一起存储。

继承中的实例方法和静态方法的用法类似。**在子类中可以通过实例对象来访问父类的public方法，在子类内部可以访问父类的protected方法。**

4．类继承的设计原则

在设计类之间父子关系时，需要遵循一定的设计原则。这些设计原则总体上指导读者理解继承的意义，以及通过继承来实现的设计目标，以更好地学习继承的优势和用法。

里氏替换原则(Liskov Substitution Principle，LSP)是面向对象设计的重要原则之一，它针对继承关系提出了额外的约束条件。对于里氏替换原则的内涵，可以用以下两句话进行解释。

（1）父类容器可以装载子类对象，反之不行。

（2）任何父类可以出现的地方，子类一定可以出现。

将这两句话变成更加具体的描述：如果B类继承自A类，那么任何A类的实例都应该可以被B类的实例替换，并且程序行为不受任何影响。也就是说，子类可以对父类的功能进行扩展，出现A类的地方，可以被B类的实例替代。

在示例4.7中，TimeInfo类是Month类和Day类的父类，它们都表示一种时间概念。

【示例4.7】 继承的使用原则

```
public class TimeInfo
{
    protected int value;
    protected TimeInfo(int value)
    {
        this.value = value;
    }
}
public class Month : TimeInfo
{
    public Month(int mouth) : base(mouth)
    {
        value = month;
    }
}
public class Day : TimeInfo
{
    public Day(int day) : base(day)
    {
        value = day;
    }
}
```

在对时间信息进行处理时，提供了一个StoreTime()方法，在此方法中可以使用TimeInfo类定义参数。

```
public static void StoreTime(TimeInfo day,TimeInfo month)
{
    //...
}
```

但是，在使用Store Time()方法时，传入的参数可以是Month和Day的实例。

```
StoreTime(new Day(10),new Month(3));
```

由以上代码可知，在出现父类容器的地方，子类的实例都可以对其等效替换，并且可以使用父类的容器来装载子类的对象。

4.3.2 密封类与密封函数

扫一扫，看视频

在C#中，为了对类以及类中的方法的继承进行限制，分别提供了密封类（sealed class）和密封函数（sealed method）的概念。

1. 密封类

并不是所有的类都希望被继承。**当一个类不希望被其他类继承时，可以将其定义为密封类。** 在程序设计中，使用sealed修饰符可以明确表示该类或方法不适合继承或重写，从而简单清晰地传达了设计意图。

使用sealed修饰符可阻止类被其他类继承。 例如，在以下代码中，B类继承自A类，但没有任何类可以继承自B类。

```
class A {}
sealed class B : A {}
```

当B类被加上sealed修饰符后，如果其他类尝试对B类进行继承，将会产生编译错误。

2. 密封函数

当一个函数使用了sealed修饰符后，就表示这个函数不能被重写。例如，在以下代码中，X类定义了F1()和F2()两个函数，在子类Y中，F2()进行了重写，而F1()被设置为密封函数。

```
class X
{
    protected virtual void F1() { }
    protected virtual void F2() { }
}
class Y : X
{
    protected sealed override void F1() { }
    protected override void F2() { }
}
```

如果再有Z类继承自Y类，则Z类无法对F1()函数进行重写。

```
class Z : Y
{
    protected override void F1() { }//重写F1()函数将会发生编译错误
    protected override void F2() { }//重写F2()函数正常
}
```

在上述代码中，尝试重写F1()函数将会导致编译错误，因为F1()函数在Y类中已经被设置为密封函数。

4.3.3 虚函数

在面向对象编程中，当父类的方法需要在子类中被重写时，可以将该方法声明为虚函数。虚函数主要涉及两个关键字：virtual和override。

（1）virtual关键字：用于声明方法、属性、索引器或事件，使它们可以在派生类中被重写。
（2）override关键字：用于在派生类中重写基类的虚方法。

扫一扫，看视频

例如，以下代码将Base父类中的Test()方法声明为虚函数。

```
class Base
{
    public virtual void Test()
    {
        Console.WriteLine("Base::Test");
    }
}
```

然后在子类中，可以对Base父类中的Test()方法进行重写。

```
class Derived : Base
{
```

```
    public override void Test()
    {
        Console.WriteLine("Derived::Test");
    }
}
```

虚函数是面向对象编程中的一个重要概念，**它允许子类根据需要重写父类的函数实现**。

假设有一个父类和一个子类，在父类和子类中都定义了名为Test()的函数时，可能会遇到以下四种情况。

（1）如果子类没有重写父类的虚函数Test()，那么通过子类对象调用Test()函数时，实际上调用的是子类自己定义的Test()。这是因为子类编译器会优先调用子类中存在的方法。

（2）如果子类重写了父类的虚函数Test()，并且使用了override关键字明确标识，那么通过子类对象调用Test()函数时，将调用子类中的重写版本。这是因为override关键字确保了子类是在正确地重写父类的虚函数。如果使用父类对象但实际装载了子类实例（如通过父类指针指向子类对象），调用Test()函数时，同样会调用子类的重写版本，这是多态性的体现。

（3）当子类确实重写了父类的虚函数Test()时，无论是通过子类对象还是通过父类对象（装载了子类实例）调用Test()函数，都会调用子类中的重写函数。这是因为虚函数机制确保了在运行时，根据对象的实际类型来调用正确的函数版本。

（4）如果子类没有重写父类的虚函数Test()，但尝试通过父类对象（装载了子类实例）来调用Test()函数，那么调用的是父类中的Test()函数。这是因为子类没有提供自己的实现，所以多态性机制会回退到父类的实现。

> 补充：虚函数和普通函数的区别
> 普通函数在编译完成后，其相对地址就被静态地编译到各个执行文件中，程序运行期间相对地址不发生变化。而虚函数在编译期间不被静态编译，其相对地址在运行时根据对象实例动态确定，这是两者之间的主要区别。

4.3.4 this 与 base 关键字

扫一扫，看视频

在类和对象继承的设计中，this与base是两个常用的关键字。本小节将总结这两个关键字的使用情况，并给出对应的示例。

1. this 关键字

this关键字表示当前对象实例本身，用于在实例方法中访问当前实例。下面介绍this关键字的几种使用场景。

使用场景1：访问类对象的成员变量。

在Person类中，构造函数的参数名和当前Person类中定义的字段名相同，因此可以使用this关键字来区分字段和参数。

```
class Person
{
    private string name;

    public Person(string name)
```

```
        this.name = name;
    }

    public void Display()
    {
        Console.WriteLine("Name: " + this.name);
    }
}
```

使用场景2：声明索引器。

参考4.2.4小节，this关键字可以用来声明一个索引器。

使用场景3：将当前对象作为参数传递给方法。

在Person类中的Greet()方法中，调用了Person类中的另一个方法DisplayPersonInfo(Person person)，并将this关键字作为参数传入Greet()方法中。当使用DisplayPersonInfo()方法时，其所操作的对象就是当前Person类的实例本身。

```
class Person
{
    private string name;
    public Person(string name)
    {
        this.name = name;
    }
    public void Greet()
    {
        Console.WriteLine("Hello, I'm" + this.name);
        DisplayPersonInfo(this);
    }

    private void DisplayPersonInfo(Person person)
    {
        Console.WriteLine("Person Information: " + person.name);
    }
}
```

使用场景4：使用this()调用类的无参构造函数。

在MyClass类中，无参构造函数使用this(0)调用含整型参数的构造函数。当程序执行MyClass类的无参构造函数时，将会执行MyClass类的有参版本，并且为value赋予初始值0。

```
class MyClass
{
    private int value;
    //无参构造函数
    public MyClass(): this(0)
    {
    }
    //含参构造函数
    public MyClass(int value)
    {
```

```
            this.value = value;
        }
    }
```

2. base 关键字

base关键字用于子类访问基类成员,包括基类中的方法、成员变量和构造函数。

在示例4.8中,子类Son的构造函数使用base()关键字将参数传入父类Father的构造函数中;在子类的PrintFullMessage()方法中,使用base关键字访问父类中的message字段,并将其输出;在子类Son的VirtualMethod()方法中,使用base.VirtualMethod()调用父类中的方法。

【示例4.8】 使用 base 关键字

```
class Father
{
    protected string message;
    public Father(string message)
    {
        this.message = message;
    }
    public void PrintMessage()
    {
        Console.WriteLine(message);
    }
    public virtual void VirtualMethod()
    {
        Console.WriteLine("Base class virtual method");
    }
}
class Son : Father
{
    private string additionalMessage;
     public Son(string message, string additionalMessage):base(message)
    {
        this.additionalMessage = additionalMessage;
    }
    public void PrintFullMessage()
    {
        Console.WriteLine(base.message + " " + additionalMessage);
    }
    public override void VirtualMethod()
    {
        base.VirtualMethod();
        Console.WriteLine("Derived class override method");
    }
}
```

测试程序如下:

```
Son derivedObj = new Son("Hello", "World");
derivedObj.PrintMessage();
derivedObj.PrintFullMessage();
derivedObj.VirtualMethod();
```

输出结果如下:

```
Hello
Hello World
Base class virtual method
Derived class override method
```

4.4 多态

多态是封装和继承之后,面向对象编程的第三大支柱。通过多态机制,可以实现同一行为的不同表现形式。本节将会详细讲解多态的语法和设计思想。

4.4.1 多态的基本概念

多态的核心思想可以概括为:**改写对象行为,提升可扩展性**。

多态可以轻松实现同一行为的多种形式,进而提高程序的可扩展性。这是多态概念层面的意思,在具体的程序运作层面,C#中多态主要通过类对象指针的运作来实现。

扫一扫,看视频

1. 多态在 C# 中的运作机制

在C#中,所有基于当前类而实例化出来的对象都会具有类对象指针。使用基类类型时,如果装载了一个派生类对象,那么可以通过类指针调用派生类中的方法。例如,当B类继承自A类时,可以使用A a =new B()代码语句。而同一个基类类型的对象也可以在代码运行时动态更改其引用的对象,实现同一行为的不同形态。例如,当B类继承自A类,并且C类也继承自A类时,可以使用以下代码。

```
A a1 = new B();
a1 = new C();
```

2. 多态案例分析

在程序开发中,经常会面对面向过程和面向对象的程序设计两种选择。面向过程的程序设计 对于行为的抽象程度更浅,扩展时需要改动较多代码,导致代码更容易膨胀。而面向对象的程序设计可以通过具体行为或对象进行抽象来避免这一点。

(1) **面向过程的代码示例**。假设当前场景中需要有三种不同类型的敌人,分别对应了枚举变量中的3个值,那么可以在Enemy类中通过一个枚举变量字段来表示当前Enemy代表的是哪一种敌人。

```
public enum EnemyType
{
    Warrior,
    Archer,
```

```
        Cavalry
}

public class Enemy
{
    public EnemyType Type {get; set;}
}
```

当客户端需要使用不同类型的Enemy时，可以使用switch语句来对不同类型的Enemy进行处理。

```
static void AttackTestFun(Enemy enemy)
{
    switch (enemy.Type)
    {
        case EnemyType.Warrior:
            //...
            break;
        case EnemyType.Archer:
            //...
            break;
        case EnemyType.Cavalry:
            //...
            break;
    }
}
```

以上代码采用的是一种十分常见的面向过程程序设计。每当需要为敌人新增加一种类时，所有依赖于此类的客户端都需要手动对其进行扩展，即在switch语句中增加对应的处理逻辑。随着使用此类的客户端数量越来越多，如类似于AttackTestFun()方法，每次对敌人这一概念的扩展都伴随着非常高的代价。这是因为在这些行为背后有一个非常重要的设计因素：类的耦合度。

当一个类是直接面向行为过程进行设计时，此时该类就和直接的行为产生了耦合。当类进行扩展时，和该类相关的行为方法也都需要进行对应的更改，这不利于程序的可扩展性。为了解决这个问题，常见的做法是对代码进行重构，并且利用多态机制来提高代码的可重用性。

（2）面向对象的代码示例。在以下代码中，在Enemy类中增加了一个虚函数Attack()，来表示敌人攻击的默认行为。当子类继承Enemy类后，在子类中会对此Enemy类进行重写。

```
public class Enemy
{
    public virtual void Attack() { }
}

public class Warrior : Enemy
{
    public override void Attack(){}
}

public class Archer : Enemy
{
    public override void Attack() { }
```

```
}
public class Cavalry : Enemy
{
    public override void Attack() { }
}
```

在客户端使用Enemy类的Attack()方法时,可以通过实例化不同的对象来实现。

```
static void AttactTestFun(Enemy enemy)
{
    enemy.Attack();
}
static void Main(string[] args)
{
    AttactTestFun(new Warrior());
    AttactTestFun(new Cavalry());
}
```

在上述代码中,客户端使用的AttackTestFun()方法仅调用了Enemy父类中定义的Attack()方法。当在Main()函数中调用AttackTestFun()方法时,程序会根据传入的实例对象的具体类来决定执行哪个类中的Attack()方法,即执行Warrior类或Cavalry类中重写的Attack()方法。

这种代码设计的好处显而易见:当Enemy类需要添加一种新类时,只需新建一个类,并让此类继承自Enemy父类即可。在AttackTestFun()方法中,不需要对新扩展的类进行任何特别的修改,只需在客户端明确实例化的类即可。换言之,使用多态的代码提高了程序的可扩展性。实施攻击事件的AttackTestFun()方法不依赖于具体的类。

3. 提高程序可扩展性的必要性

一个计算机程序的开发,就是一个通过系统化的方法和技术来构建可靠、高质量的软件系统的过程。因此,在软件工程这一学科中,对需求的管理和理解至关重要。

需求是软件开发过程中的基础,但它们往往是不断变化的。技术、用户或市场需求的改变可能导致软件开发项目的需求被频繁修改、添加或删除。因此,这就对程序员有了新的要求:必须能够灵活地应对这些变化,并及时调整开发计划和代码实现。

面向对象编程是软件工程中常用的编程范式之一。它将系统划分为相互关联的对象,强调每个对象都应具有清晰的职责和功能。当新的需求出现时,面向对象编程的设计原则告诉开发者:**只有与此需求相关的对象才应受到影响,其他对象应保持独立**。这种原则有助于降低代码的耦合度,使系统更加灵活和更易于维护。同时,对于扩展而言,面向对象编程的另外一个核心目标是应对变化和提高代码复用性。通过将系统划分为模块化的类和对象,设计合理的继承结构和行为,将同一方法以多种形态进行呈现,进而可以更好地应对需求的变化。

4.4.2 抽象类与抽象方法

抽象类和抽象方法是实现多态的重要机制。本小节将会讲解抽象类与抽象方法相关的基本概念,并通过这部分语法的使用,更好地掌握C#中的多态机制。

扫一扫,看视频

1. 抽象类与抽象方法的基本概念

在C#中，可以使用abstract关键字创建一个抽象类。例如，以下代码中声明了一个Vehicle抽象类，来表示抽象概念的"车辆"。

```csharp
public abstract class Vehicle
{
    public string Brand {get; set;}
    public string Model {get; set;}

    //抽象方法：启动
    public abstract void Start();

    //普通方法：停止
    public void Stop()
    {
        Console.WriteLine("The vehicle has stopped.");
    }
}
```

使用abstract关键标识Vehicle类，表示此类为一个抽象类，并且在此类中，还定义了一个抽象方法Start()。该方法没有具体的方法体，只提供了一个方法的定义，即标识了该方法具体的返回值类型和参数。然后在有抽象类作为父类后，可以让派生类继承自此抽象类。

```csharp
//派生类：汽车
public class Car : Vehicle
{
    public int NumberOfDoors {get; set;}
    //实现抽象方法
    public override void Start()
    {
        Console.WriteLine("The car is started.");
    }
}
//派生类：卡车
public class Truck : Vehicle
{
    public int CargoCapacity {get; set;}
    //实现抽象方法
    public override void Start()
    {
        Console.WriteLine("The truck is started.");
    }
}
```

在上述代码，Car和Truck两个子类分别对Start()方法进行了重写，并且分别定义了子类中独属的成员NumberOfDoors和CargoCapacity。当客户端使用这两个子类时，可以调用在父类中定义的抽象方法，并执行子类定义的行为。

```csharp
Car myCar = new Car();
Truck myTruck = new Truck();
```

```
//调用抽象方法
myCar.Start();
myTruck.Start();
//调用普通方法
myCar.Stop();
myTruck.Stop();
```

输出结果如下:

```
The car is started.
The truck is started.
The vehicle has stopped.
The vehicle has stopped.
```

通过上述示例代码可以认识到一件事情:**抽象类的主要目的是对继承进行更进一步的极端化设计。当需要设计那些没有具体实现,但是要作为父类被继承的类型时,可以考虑将其设计为抽象类。**

2. 抽象类的基本语法

通过在类名前面放置关键字 abstract,可以将类声明为抽象类。

```
public abstract class A
{
    //Class members here.
}
```

抽象类具有以下几个特点。

(1) 抽象类无法被实例化。

(2) 抽象类可以作为父类容器,装载子类对象。

(3) 抽象类中的方法必须全部被重写。

因此,**被标记为抽象类的类型只可以被继承,对于其进行实例化将会导致报错**。例如,当定义如下抽象类时,不可以对此类进行实例化。例如:

```
public abstract class Test{}
public class A : Test{}
```

如果对抽象类进行实例化,则会报错。例如:

```
Test t1 = new Test();//此代码将会报错
```

但是,尽管抽象类不能被实例化,但其依然可以作为父类容器来装载子类对象。例如:

```
Test t2 = new A();//此代码可以正常运行
```

3. 抽象方法的基本语法

只需在方法的前面加上关键字 abstract,即可将该方法定义为抽象方法。

```
abstract class Shape
{
    public abstract int GetArea();
}
```

抽象方法具有以下几个特点。

（1）抽象方法只能在抽象类中声明。

（2）抽象方法没有具体实现，所以其定义以分号结束，而不是常规的方法块。

（3）抽象方法在基类中定义，在派生类中必须使用override关键字对所有抽象方法进行重写。

（4）抽象方法必须为public或protected。因为抽象方法的设计目的是被子类重写，所以不可以被private修饰符修饰。

此外，抽象方法只可以在抽象类中定义，并且在子类继承了一个包含抽象方法的父类后，该子类必须重写父类中定义的所有抽象方法。

4.4.3 接口

扫一扫，看视频

在某些支持多继承的语言中，如C++，一个类可以同时继承多个类。然而在C#中，一个类被定义后只能继承自一个父类，不允许同时继承多个类。但是，C#提供了一种替代机制，允许一个类继承多个接口。通过接口的多继承，可以实现对子类的约束，以及类行为的扩展。

1. 接口的基本概念

当一个类被加载时，该类的一个实例会被创建，并且会同时初始化一个方法表。类中定义的每个方法都会被登记在此方法表中。

接口的本质是让继承自该接口的类在其方法表中实现一系列已在接口中定义的方法，并在类中对这些方法进行统一的签名与定义。编译器会将接口中定义的方法纳入到类的方法表中。因此，与其说接口是一种继承，更确切地说应该是一种方法定义的继承。

由于接口的本质是对方法的签名，因此接口中允许出现的内容包括事件、属性、索引器等，它们本质上都是方法的描述。

2. 接口的基本语法

在C#中可以使用interface关键字来定义接口，以下是一个接口的定义。

```
interface IMyInterface
{
    bool MethodTest(object obj);
}
```

上述代码中定义了一个方法MethodTest()，该方法可以接收Object类或其子类得到的实例。

接口被定义后，在子类继承自接口后需要给出此方法的具体定义。以下是IMyInterface在Test类中的具体实现。

```
public class Test : IMyInterface
{
    public bool MethodTest(object obj)
    {
        return true;
    }
}
```

接口的特点如下：

（1）在接口中，允许定义属性、方法、索引器以及事件。
（2）接口通常以字母I开头，如IMyInterface。
（3）接口定义的方法没有方法体，只有方法签名。方法体在具体的类中实现。
（4）接口中的方法定义完成后，需要以分号结束。

例如，IExampleInterface接口中定义了Name属性、Execute()方法、索引器以及事件。代码如下：

```
public interface IExampleInterface
{
    //属性
    string Name {get; set;}
    //方法
    void Execute();
    //索引器
    int this[int index] {get; set;}
    //事件
    event Action OnExecute;
}
```

在ExampleClass类中继承了此接口，并对此接口进行了具体实现。代码如下：

```
public class ExampleClass : IExampleInterface
{
    //属性
    public string Name {get; set;}
    //索引器
    private int[] numbers = new int[5];
    public int this[int index]
    {
        get {return numbers[index];}
        set {numbers[index] = value;}
    }
    //方法
    public void Execute()
    {
        Console.WriteLine("Executing...");
        OnExecute?.Invoke();
    }
    //事件
    public event Action OnExecute;
}
```

当接口中定义的所有方法都实现后，使用类中接口定义的方法时，其效果与其他方法并无差异。

```
ExampleClass exampleObj = new ExampleClass();
exampleObj.Name = "Example";
exampleObj[0] = 10;
exampleObj[1] = 20;
exampleObj.Execute();    //输出结果:Event executed.
```

接口和抽象类一样，无法被实例化，但是可以作为父类容器来装载子类对象。例如，在以下代码中，可以使用接口类型来装载ExampleClass对象。

```
IExampleClass test = new ExampleClass();
```

同样,也可以使用test来访问由IExampleClass类定义的方法。

```
test.Excute();
```

3. 接口的继承

接口可以从一个或多个接口中继承。例如,在示例4.9中,第2个接口对第1个接口进行了继承。当一个类实现接口时,它需要实现接口中定义的方法,以及接口继承而来的方法。

【示例4.9】 接口的继承

```
//定义第1个接口
public interface IExampleInterface
{
    void MethodA();
}
//定义第2个接口,并继承自第1个接口
public interface IExtendedInterface : IExampleInterface
{
    void MethodB();
}
//实现接口的类
public class ExampleClass : IExtendedInterface
{
    public void MethodA()
    {
        Console.WriteLine("MethodA executed.");
    }
    public void MethodB()
    {
        Console.WriteLine("MethodB executed.");
    }
}
```

最终,当客户使用这部分代码时,对接口继承而来的方法的执行也与其他接口并无差异。

```
ExampleClass exampleObj = new ExampleClass();
exampleObj.MethodA();        //输出结果:MethodA executed.
exampleObj.MethodB();        //输出结果:MethodB executed.
```

4.5 本章习题

一、简答题

1. 请简述接口与抽象类之间的不同。
2. 请简述const和readonly的区别。
3. 什么是构造函数?构造函数的执行过程是什么样的?

4. 简述C#中的静态构造函数。

5. 总结this关键字的用法。

二、操作题

1. 设计一个简单的图形类库，其中包含图形的基类 Shape 和两个派生类 Circle 和 Rectangle。每个图形都有一个标识符、颜色属性和计算面积的方法。要求使用抽象类和虚函数实现。

2. 设计一个简单的音乐播放器类，其中包含一个接口 IMusicPlayer 和一个抽象类 MusicPlayer。实现类需要实现接口中的方法，并根据需求添加索引器。

第 5 章 设 计 模 式

> **内容概述**
>
> 经过前 4 章的系统学习,相信读者已经对 C# 语法有了深入的理解和掌握。然而,要编写出具有高扩展性、稳定的程序,仅掌握语法是远远不够的。接下来,本章将是迈向更高台阶的关键一步。
>
> 本章首先深入探讨设计模式的原则和思想,从思想层面了解设计模式的使用原则;然后,深入到具体的设计模式技术层面;最后,结合实际案例,详细讲解如何在编程中运用这些设计模式,将设计思想转化为具体的代码实现。

5.1 设计模式介绍

扫一扫,看视频

1. 为什么需要设计模式

在日常生活中,人们会遇到各种经验性的事物,并且会对这些经常出现的问题形成固定的解决方案,软件开发领域也是如此。

在编写代码时,程序员需要将需求转化为具体的代码,从而去解决某一个问题。而在解决这些不同的问题时,有经验的程序员总是能够更快速地找到高效且实用的解决方法,而新手程序员编写出的代码往往存在各种问题。

面对一般性问题时,有经验的程序员通常已经预设了一些一般性的解决方案。**总结和归纳这些在不同业务场景下经常出现的问题的一般性解决方案,就形成了设计模式。**

2. 什么是设计模式

每个设计模式都描述了一个在开发过程中不断重复发生的问题,以及该问题解决方案的核心。它们帮助开发者基于以往的工作成果构建新的设计,复用以往成功验证的设计方案。通过熟悉这些设计模式,开发者可以将合适的、经过验证的解决方案重新应用在新的业务环境中。

因此,设计模式的概念是对那些在日常开发中不断重复发生的问题及其解决方案的总结。更正式地来说,设计模式是在软件设计中常见问题的解决方案的可复用描述。它们提供了一种结构化的方法,用于在特定情况下解决常见的设计问题。

3. 如何学习设计模式

在学习设计模式时,应首先树立一个正确的认识:设计模式并非某种具体的编程语言或开发工具,而是一种通用的设计思想。每种设计模式都是从丰富的实践中总结提炼出来的,经过多年的实践检验,得到了广泛的认可和应用。因此,在学习设计模式的过程中,首要的一点是理解好的设计可以通过不同的语言和技术形式来实现。不应过多地纠结于模式的具体实现细节,而应更多地关注这些模式背后所蕴含的设计思想。

5.2 设计的基本原则

在了解了什么是设计模式之后，本节将讲解设计的基本原则。对这些原则的理解，将很大程度上影响开发者在实际开发中能否进行合理设计。

首先需要强调的是，不要轻易使用设计模式。好的设计应当是通过重构逐步达成的。

为什么在讲设计原则时首先提及这一点呢？因为学习设计模式的一个很大误区就是对模式的盲目套用。很多初学者在学完设计模式的知识后，经常会刻意地把某些原本无法用模式解决的问题强行套上设计模式的框架。这会导致项目早期变得十分臃肿，而且随着需求的变化，这部分过早套用设计模式的代码经常会显得不适应，甚至会发现之前选择的设计模式并不符合当前问题的实际情况。

正确的方法应该是**采用迭代的方式进行设计和开发**。在项目的初始阶段，可以先适当地使用面向过程的思维方式来解决当前的问题。然后，随着需求的变化和代码的演化，逐步进行代码重构，并选择合适的设计模式来提升代码的质量、可扩展性和可维护性。

因此，在编写涉及设计模式的代码时，应始终保持灵活和开放的心态，要不断检查和评估当前的设计，并根据实际情况进行重构。通过迭代的方式，逐步实现更好的设计，以满足系统的要求。总之，好的设计是需要通过反复的重构过程来实现的。

5.2.1 单一职责原则

单一职责原则（Single Responsibility Principle，SRP）是面向对象设计中的一个基本原则，它指出**一个类应该有且只有一个引起它变化的原因**。

单一职责原则要求将一个类的职责清晰地确定在一个明确的功能上，使每个类变得简单、易于理解与维护，而不是无限制地扩张、变得臃肿。**一个类应该只负责一项特定的任务或功能，不涉及其他无关的功能。** 如果一个类具有多个职责，那么它的各个职责之间可能会相互影响，导致代码复杂性增加，不相关的功能之间可能会互相干扰，并最终使代码的耦合程度变高。

> 业务需求：
> 为一个应用程序编写日志功能，这个功能可以产生日志文件并进行存储。

在对以上业务需求建模时，可以发现至少存在3个对象：①使用日志程序的客户端；②产生日志文件的对象；③存储日志文件的对象。

对于日志功能的开发者而言，使用日志程序的客户端并不需要纳入到考虑范畴。此时，需要思考的是：对于"产生日志文件的对象"和"存储日志文件的对象"这两个功能，应当将其拆分成两个不同的类，并分别由对应的对象来管理其职责。

在示例5.1中，新建了两个类来分别负责日志管理和文件存储。

【示例5.1】 SRP 原则示例

```
//日志管理类，负责日志记录
public class LogManager
{
```

```csharp
    //记录日志的方法
    public void Log(string message)
    {
        Console.WriteLine($"Logging: {message}");
    }
}
//文件管理类，负责文件存储
public class FileManager
{
    //存储文件的方法
    public void SaveFile(string fileName, string content)
    {
        Console.WriteLine($"Saving file '{fileName}' with content: {content}");
    }
}
```

在这两个类中，分别对日志记录功能和文件存储功能进行了封装。这样在客户端实际使用这些功能时，就可以清晰地了解每个对象所负责的范围。

```csharp
LogManager logger = new LogManager();
FileManager fileManager = new FileManager();
//使用日志管理类记录日志
logger.Log("This is a log message.");//Logging: This is a log message.
//使用文件管理类保存文件
fileManager.SaveFile("test.txt", "This is the content of the file.");
//Saving file 'test.txt' with content: This is the content of the file.
```

如果将以上两个功能合并为一个类，那么这个类将同时具有日志管理和文件存储两个职责。此时，如果需求发生变化，如需要更换日志记录或修改当前文件的存储方式，这个类就需要进行修改。相反，如果将这两个功能分离成单独的类，一个负责日志记录，另一个负责文件存储，那么当其中一个功能发生变化时，只需修改对应的类，而不会影响其他类。

通过以上示例可以了解到一个点：**在设计和编写代码时要关注类的职责，并且将类的功能限制在一个明确的职责范围内，从而减少类与类之间的依赖关系，增强程序的可扩展性。**

5.2.2 开放封闭原则

开放封闭原则（Open-Closed Principle，OCP）指出：软件中的一个实体，如类、模块、函数等，应该对扩展开放，对修改关闭。在对现有代码进行重构时，应更多地通过扩展的方式对现有实体实现新的功能，而不是直接修改现有的代码。

> **业务需求：**
> 能够绘制不同形状的图形，如矩形和圆形，并且能够根据需要灵活地扩展添加新的图形形状。

在分析以上业务需求时，一个经常产生变化的关键点是能够"灵活地扩展添加新的图形形状"。因此，在对此业务需求进行建模时，能否在不干扰其他代码模块的情况下灵活地扩展其他功能，是衡量代码质量非常重要的标准。

首先，在此需求中，对于不同图形形状的设计，所有的图形都需要能够具备绘制功能，因此可以设计一个父类来定义此功能。另外，由于抽象的形状没有实际意义，不应被实例化，因此该父类应当设计为抽象类。

【示例 5.2】 OCP 原则示例

```csharp
//图形抽象基类
public abstract class Shape
{
    public abstract void Draw();
}
//矩形类
public class Rectangle : Shape
{
    public override void Draw()
    {
        Console.WriteLine("Drawing a rectangle.");
    }
}
//圆形类
public class Circle : Shape
{
    public override void Draw()
    {
        Console.WriteLine("Drawing a circle.");
    }
}
```

在以上代码中，具体的图形子类矩形和圆形实现了 Draw() 方法的功能，而父类则是对这一方法进行了定义。此外，还需要一个专门的类来负责图形的绘制。

```csharp
//图形绘制类
public class ShapeDrawer
{
    private List<Shape> shapes;
    public ShapeDrawer()
    {
        shapes = new List<Shape>();
    }
    //添加图形
    public void AddShape(Shape shape)
    {
        shapes.Add(shape);
    }
    //绘制所有图形
    public void DrawAllShapes()
    {
```

```
        foreach (var shape in shapes)
        {
            shape.Draw();
        }
    }
}
```

在以上代码中,将图形绘制的职责与图形本身的职责进行了区分。客户端可以使用图形绘制类来存储不同的图形,然后使用统一的DrawAllShapes()方法来对图形进行绘制。

```
//创建图形绘制对象
ShapeDrawer shapeDrawer = new ShapeDrawer();
//添加矩形和圆形
shapeDrawer.AddShape(new Rectangle());
shapeDrawer.AddShape(new Circle());
//绘制所有图形
shapeDrawer.DrawAllShapes();
```

输出结果如下:

```
Drawing a rectangle.
Drawing a circle.
```

在上述代码中,开发者通过抽象基类 Shape 可以轻松地扩展添加新的图形类,如 Rectangle 和 Circle。Shape 类定义了一个抽象的 Draw () 方法,用于绘制图形。这体现了一种对扩展开放的态度,即**当出现新的需求时,应多通过扩展的方式对现有实体实现新的功能,而不是直接修改现有的代码。**

5.2.3 迪米特原则

迪米特原则(Law of Demeter,LoD)也被称为最少知道原则,要求对象之间应该尽可能减少对其他对象的了解,**只与其直接朋友进行交流**,如成员变量、方法参数、返回值等,尽量避免与非直接对象交互。这种设计原则可以将系统的复杂性分解成更小、更独立的部分。

具体而言,迪米特原则体现了一个道理:**一个对象应该对其他对象尽可能地少了解**。如果一个对象过多依赖于其他对象,就会变得非常脆弱,新增代码功能时往往会牵扯到很多部分。

> 业务需求:
> 客户可以下单购买商品,产生包含购买ID、顾客信息以及产品清单的订单,并输出所有的订单信息。

在以上需求中,订单管理和订单本身明显可以区分成两个类,这在学习了单一职责原则后很容易判断。实现难点在于订单信息的展示应放在订单管理类还是订单类本身。如果依照迪米特原则来说,一个对象应该尽可能地少了解其他对象。如果订单管理类想要实现订单信息处理或展示功能,则此订单管理类代码不可避免地会陷入具体订单信息中,并直接访问成员变量。

符合迪米特原则的设计就是提供一层抽象:订单管理类拥有展示所有订单的方法,但具体展示订单的行为由订单对象自身完成。例如,在示例5.3中,实现了一个简单的Order类。

【示例 5.3】 LoD 原则示例

```csharp
public class Order
{
    public int OrderId {get; set;}
    public string CustomerName {get; set;}
    public List<string> ProductNames {get; set;}
    public void DisplayOrderDetails()
    {
        Console.WriteLine($"Order ID: {OrderId}");
        Console.WriteLine($"Customer: {CustomerName}");
        Console.WriteLine("Products:");
        foreach (string productName in ProductNames)
        {
            Console.WriteLine($"- {productName}");
        }
    }
}
```

在这个Order类中，DisplayOrderDetails()方法是一个公开的方法，用于展示所有内部对象的信息。而在OrderManager类中，DisplayAllOrders()方法则具体调用了这些订单的DisplayOrderDetails()方法，从而完成了信息的输出。

```csharp
public class OrderManager
{
    private List<Order> orders;
    public OrderManager()
    {
        orders = new List<Order>();
    }
    public void AddOrder(Order order)
    {
        orders.Add(order);
    }
    public void DisplayAllOrders()
    {
        foreach (Order order in orders)
        {
            order.DisplayOrderDetails();
            Console.WriteLine();
        }
    }
}
```

在上述类结构中，DisplayAllOrders()方法归属于OrderManager类，这保证了OrderManager类的单一职责。在满足其职责的同时，该方法还实现了与订单对象内部实现的解耦合。OrderManager类只负责管理所有订单，包括添加订单和显示所有订单的详情，而Order类本身对OrderManager类一无所知，OrderManager类也只依赖于Order类所提供的DisplayOrderDetails()方法。通过这样的设计，Order类与OrderManager类之间的耦合程度被降至最低，从而提高了代码的可维护性。

5.2.4　依赖倒置原则

依赖倒置原则（Dependency Inversion Principle，DIP）强调高层模块不应该依赖于低层模块的实现细节，而应该依赖于低层模块的抽象。其核心思想是**模块之间的依赖关系应该建立在抽象而非具体实现上**。

在代码的高层模块中，根据程序需求定义所需的抽象类、接口或基类，这些接口定义了抽象方法。然后，程序的低层模块具体实现这些细节，并依赖于这些抽象。通过这种设计，程序可以通过高层抽象与低层模块进行通信，无须直接依赖于低层模块的具体实现。

> 业务需求：
> 通知服务程序能以邮件、短信或其他方式向客户发送信息。

在拆分上述业务需求时，按照DIP，首先应分析高层模块中的内容。在上述示例中，发送信息是抽象动作，而不同的程序发送信息则是具体实现。此时，可将程序设计成接口继承形式，先定义高层的抽象功能，再让子类实现具体细节。具体实现如示例5.4所示。

【示例5.4】 DIP原则示例

```csharp
//高层模块
public interface IMessageSender
{
    void SendMessage(string message);
}
//低层模块的具体实现类
public class EmailSender : IMessageSender
{
    public void SendMessage(string message)
    {
        Console.WriteLine("Sending email message: " + message);
        //实现发送邮件的具体逻辑
    }
}
public class SmsSender : IMessageSender
{
    public void SendMessage(string message)
    {
        Console.WriteLine("Sending SMS message: " + message);
        //实现发送短信的具体逻辑
    }
}
```

在以上代码中，IMessageSender接口定义了发送信息的抽象行为，然后在EmailSender或SmsSender类中具体实现了这一信息的发送功能。

当程序需要实现发送与通知服务时，此服务只需依赖于高层模块，无须依赖于具体的实现细节。例如，在NotificationService类中，其SendNotification()方法只使用了高层的IMessageSender接口，而对

SmsSender和EmailSender类一无所知。

```
public class NotificationService
{
    private readonly IMessageSender messageSender;
    public NotificationService(IMessageSender sender)
    {
        messageSender = sender;
    }
    public void SendNotification(string message)
    {
        //使用抽象接口发送通知
        messageSender.SendMessage(message);
    }
}
```

最终,当客户使用这个信息发送模块时,只需为其注入不同的依赖实例,就可以实现不同的发送效果。

```
IMessageSender smsSender = new SmsSender();
IMessageSender emailSender = new EmailSender();
NotificationService smsNotificationService = new NotificationService(smsSender);
NotificationService emailNotificationService = new NotificationService(emailSender);
//发送通知
smsNotificationService.SendNotification("Hello, SMS!");
emailNotificationService.SendNotification("Hello, Email!");
```

输出结果如下:

```
Sending SMS message: Hello, SMS!
Sending email message: Hello, Email!
```

通过以上程序设计,NotificationService类不再直接依赖于具体的发送类,而是依赖于抽象的IMessageSender接口。遵循DIP原则,可以使模块之间的依赖关系更加清晰,代码更灵活、可扩展。

> **补充:关于抽象思维能力**
> 在进行代码设计时,掌握设计原则可以更好地锻炼程序员的抽象思维能力。具体而言,这体现在对需求中稳定部分的拆分与建模上。
> 需求是易变的,但总归是会有一些稳定的部分。因此,在代码设计时,如何拆分出这些稳定部分,并且让不同的模块依赖于它们,是设计原则的关键。对需求进行抽象思考,是重要的抽象思维能力体现。

5.3 具体设计模式学习

在对设计模式背后的思想和原则有了基本认识后,接下来就可以学习一些具体的设计模式了。对设计原则而言,不同的设计模式是它们在不同业务情况下的具体表现。先掌握分析方法和原则,再对业务需求进行建模,从而得出不同的模式。对于这些设计模式的实现细节,读者可以不必完整记忆,但是希望对其实现过程能有足够深的印象,并且通过对设计模式的学习,进一步掌握设计原则。

5.3.1 单例模式

扫一扫,看视频

单例模式(Singleton Pattern)是最常用的设计模式之一。这种设计模式提供了一种创建对象的策略:通过单一的类来创建自己的实例,并确保系统中只有单个实例被创建。该类还提供了访问其唯一对象的方法,无须客户手动实例化。

具体来说,单例模式是对对象实例化的控制。当一个类很明显仅需要在系统中存在一个实例时,就可以使用单例模式来设计这唯一实例。

1. 从最简单的情况开始:创建一个简单的实例对象

当系统中存在一个AudioManager类,并且这个类希望提供一个实例被访问时,最直观的方法就是直接创建此类的实例。

```
public class AudioManager
{
    private int audioNumber;
    private int audioValue;
    public void Play() { }
}
```

当需要使用此类中的Play()方法时,最简单的实例化策略就是直接创建一个AudioManager类的实例。

```
AudioManager audioManager = new AudioManager();
audioManager.Play();
```

这种方法十分直观,是平时开发过程中最常见的实例化行为。但如果当前程序要求该类只能有一个实例时,就需要对此方法进行第一次重构。

2. 对实例的扩展:让其可以被全局访问

当类在系统中只需拥有一个实例时,一个最直观的思路就是新建一个静态变量,将对象的实例变量直接隶属于该类,从而使客户可以在任何位置自由地调用此变量。

```
public class AudioManager
{
    public static AudioManager Instance;
    private int audioNumber;
    private int audioValue;
    public AudioManager()
    {
        Instance = new AudioManager();
    }
    public void Play() { }
}
```

在以上代码中,AudioManager类提供了一个静态变量,用于存储AudioManager类的实例。当用户想要使用此类时,只需实例化AudioManager类一次,就可以直接获取此AudioManager类的实例。

```
AudioManager audioManager = new AudioManager();
AudioManager.Instance.Play();
```

上述实例化策略有其优势。首先,实例直接隶属于类本身。其次,变量的实例化只需进行一次,之后可通过类直接访问此实例。然而，此方法也存在一些问题，首先是变量的封装性问题，具体如下。

问题1：变量的调用毫无封装性，对象状态易被破坏。

对于Instance的访问没有任何限制，而是直接将其设置为公开变量。因此，在程序运行过程中，客户有可能会将此Instance设置为其他有问题状态的实例对象，进而导致所有使用此实例的代码出现问题。

问题2：对象可能在系统中存在多个实例，容易造成资源浪费。

由于实例的创建是在AudioManager类的构造函数中进行的，并且此构造函数被声明为public，因此客户端可以随意创建新的AudioManager类的实例。这可能导致系统中出现多个AudioManager类实例，进而造成资源浪费。

为了解决这些问题，单例模式应运而生。

3. 简单的单例模式：对于全局唯一实例的控制（延迟加载）

有些特殊的类必须确保在系统中仅存在一个实例，以保证其逻辑的正确性和良好的效率。此时，单例模式是一个合理的选择。

例如，在示例5.5中，对于AudioManager类再一次进行了重构。

【示例5.5】 简单单例模式：延迟加载

```
public class AudioManager
{
    private static AudioManager instance;
    public static AudioManager GetInstance()
    {
        if (instance == null)
        {
            instance = new AudioManager();
        }
        return instance;
    }
    private int audioNumber;
    private int audioValue;
    private AudioManager(){ }
    public void Play() { }
}
```

上述代码有以下几个特点，这些特点是设计单例模式的关键。

（1）通过一个静态方法返回private访问限制的instance实例，而不是直接暴露实例对象。

（2）将构造函数设为private，从而控制对象的实例化，防止其被外部实例化。

（3）在静态方法中判断对象是否已创建，并执行对象的实例化行为。

以上是单例模式的一种常见实现方式，这种方式又被称为延迟加载，因为AudioManager类唯一实例的创建被延迟到客户第一次访问GetInstance()方法时。

4. 简单的单例模式：对于全局唯一实例的控制（非延迟加载）

与延迟加载不同，这种单例模式在类加载时就对instance进行初始化。与延迟加载在使用时才执行实例化相比，此方法在类被加载时就已经完成了实例化。

【示例 5.6】 简单单例模式：非延迟加载

```
public class AudioManager
{
    private static AudioManager instance = new AudioManager();
    public static AudioManager GetInstance()
    {
        return instance;
    }
    private int audioNumber;
    private int audioValue;
    private AudioManager() { }
    public void Play() { }
}
```

使用以上方法实现单例时需注意以下特点：多个单例之间的实例化顺序无法保证。参考之前关于类构造函数的内容可知，类构造函数的执行由编译器自动完成，程序员无法显式控制这一过程。因此，在使用这种方法构建单例时，需要先思考清楚此单例的适用情形。

5. 多线程下的单例模式设计：简单的线程安全实现

在多线程的环境下，普通的单例模式可能会产生访问问题。具体来说，如果不采取适当的措施来限制多线程的访问，可能会出现多个线程同时访问单例对象的情况，并且有可能因此导致创建出多个实例，这违反了单例模式的初衷。**多个线程并发访问代码，会导致共享资源的竞争和并发操作的不确定性。**

为了避免多线程环境下普通单例模式的访问问题，可以为判断instance是否为空的逻辑块上锁。当两个（或多个）线程进入这部分代码时，程序会先尝试获取锁。获取锁的线程可以进入方法体内执行，获取对象的实例，而后进入的线程需要等待锁释放后才可以进入并获取锁。

【示例 5.7】 简单的线程安全实现

```
public class AudioManager
{
    private static AudioManager instance = null;
    private static readonly object locker = new object();
    public static AudioManager GetInstance()
    {
        lock (locker)
        {
            if (instance == null)
            {
                instance = new AudioManager();
            }
        }
        return instance;
    }
    private int audioValue = 0;
    private int auidoNumber = 0;
    private AudioManager(){}
    public void Play(){}
}
```

在以上实现方式中,程序会先尝试获取锁,只有在成功获取锁之后,才会进行实例的获取。但这种方式也存在一些问题,每次调用GetInstance()方法时都必然会使用到锁,而调用锁的开销相对较大。如果每次进行实例访问时都要进行锁的判断,将会带来一定的性能损失。

6. 多线程下的单例模式设计:双检测下的线程安全实现

只有在instance为空时,才会执行锁的判定行为;其他情况下,只需直接返回该类的实例。

【示例5.8】 双检测下的线程安全实现

```
public class AudioManager
{
    private static AudioManager instance = null;
    private static readonly object locker = new object();
    public static AudioManager GetInstance()
    {
        if (instance == null)
        {
            lock (locker)
            {
                if (instance == null)
                {
                    instance = new AudioManager();
                }
            }
        }
        return instance;
    }
    private int audioValue = 0;
    private int auidoNumber = 0;
    private AudioManager(){}
    public void Play() { }
}
```

在以上代码中,GetInstance()方法执行时,会先判断instance是否为空,只有当instance为空时才会进入锁的判断环节,其他情况则是直接获取类的实例。**这种方法减少了锁获取的消耗,从而提高了程序的运作效率。**

5.3.2 抽象工厂模式

抽象工厂模式(Abstract Factory Pattern)和单例模式都用于解决对象的创建问题。其中,单例模式用来解决单个实例对象的创建问题;而抽象工厂模式及其他工厂模式则用来解决多个实例对象的创建问题。

扫一扫,看视频

当程序中需要多个不同类的实例对象时,如何管理这些实例的创建就成了一个关键问题。**抽象工厂模式可以提供一个用于创建产品的接口,负责创建和管理这些相关联的对象,并且不需要明确指定具体类。**

1. 抽象工厂模式的基本概念

抽象工厂模式提供了一种创建系列相关或相互依赖对象的接口，使用这些接口时无须指定具体的类。**抽象工厂模式的目标是将对象的创建与使用分离，从而使系统具有更好的灵活性和可扩展性。**

在抽象工厂模式中有两个关键角色：抽象工厂和具体工厂。抽象工厂定义了一个用于创建相关对象的接口，而具体工厂则实现了这个接口，负责实际创建对象。其核心在于提供一个抽象层，将客户与具体的产品进行解耦。通过切换不同的具体工厂，可以方便地生成并使用不同的产品，从而满足不同的业务需求。

2. 从最简单的 new 开始

与单例模式相同，抽象工厂模式的讲解也会通过重构的方式逐步进行。

```
class Bridge{}
class House{}
class Road{}
```

在以上代码中，定义了3个简单的类。此时，如果想要获取这些类的实例，那么可以直接通过实例化来获取。

```
Road road1 = new Road();
Road road2 = new Road();
Bridge bridge = new Bridge();
```

直接new出需要的实例对象并不一定是一种糟糕的设计。一种设计的好坏取决于其是否能满足当前的需求情况。当系统中仅需要实例化一个或有限个对象时，最简单直观的方法就是直接new出所需要的对象。

但在其他情况下，这种方法可能无法很好地应对更复杂的情形。例如，当类变得复杂，实例分布在系统的各处时，程序中会充斥着各种不受统一控制、随意创建的实例。这是因为每当需要使用不同的实例时，就直接new出不同的对象。

在程序中，哪里容易发生变化，就应该在哪里进行抽象与封装。

3. 简单工厂：对于 new 的简单封装

由于实例化在系统中是一个变化点，因此可以通过简单工厂提供的方法将此行为封装起来。当系统中需要更改待创建对象的类时，只需更改此方法的返回值类型即可。

```
class Factory
{
    Bridge CreatBridge()
    {
        return new Bridge();
    }
    House CreatHouse()
    {
        return new House();
    }
    Road CreatRoad()
    {
        return new Road();
    }
}
```

这种方法虽然对变化点进行了简单封装，但无法应对不同风格的实例化要求。当程序要求创建不同系列的对象时，简单工厂就无法很好地应对。例如，在当前需求中，如果有五种及以上的道路、房屋以及桥梁类，并且这些类会被用在不同的环境中，此时就需要能够创建这些系列对象。

4. 抽象工厂模式的组成

抽象工厂提供一个接口，用于创建一系列相关或互相依赖的对象，并且无须指定它们的具体类。

抽象工厂模式组成部分包括：

（1）抽象工厂（AbstractFactory）：声明一个用于创建抽象产品对象的操作接口。
（2）具体工厂（ConcreteFactory）：继承自抽象工厂，具体实现产品对象的实例化行为。
（3）抽象产品（AbstractProtect）：为一类产品提供一个统一的接口。
（4）具体产品（ConcreteProtect）：继承自抽象产品，将被具体工厂实例化。
（5）客户（Client）：仅使用由抽象工厂和抽象产品所声明的接口，完成创建过程。

示例5.9是抽象工厂与抽象产品的实现。

【示例5.9】 抽象工厂与抽象产品的实现

```
abstract class AbstractFactory
{
    public abstract Bridge CreatBridge();
    public abstract House CreatHouse();
    public abstract Road CreatRoad();
}
abstract class Bridge {}
abstract class House{}
abstract class Road{}
```

在有了抽象工厂和抽象商品后，可以对这些抽象类进行具体实现，设计不同系列的工厂和类。

```
class ClassicFactory : AbstractFactory
{
    public override Bridge CreatBridge()
    {
        return new ClassicBridge();
    }
    public override House CreatHouse()
    {
        return new ClassicHouse();
    }
    public override Road CreatRoad()
    {
        return new ClassicRoad();
    }
}
class ClassicRoad : Road{}
class ClassicHouse : House{}
class ClassicBridge : Bridge{}
```

以上代码是对传统风格系列类的实现。如果想要实现现代风格的道路、房子以及桥梁，同样可以对抽象类进行继承并实现。

```csharp
class ModernFactory : AbstractFactory
{
    public override Bridge CreatBridge()
    {
        Console.WriteLine("ModernBridge");
        return new ModernBridge();
    }
    public override House CreatHouse()
    {
        Console.WriteLine("ModernHouse");
        return new ModernHouse();
    }
    public override Road CreatRoad()
    {
        Console.WriteLine("ModernRoad");
        return new ModernRoad();
    }
}
class ModernRoad : Road {}
class ModernHouse : House{}
class ModernBridge : Bridge {}
```

在有了以上不同风格的类后，设计创建不同类的接口时，只需传入不同的工厂，即可实现同一接口的不同行为。

```csharp
class GameManager
{
    private AbstractFactory factory;
    public GameManager(AbstractFactory abstractFactory)
    {
        factory = abstractFactory;
    }
    public void CreatGameObject()
    {
        Bridge bridge = factory.CreatBridge();
        House house = factory.CreatHouse();
        Road road = factory.CreatRoad();
    }
}
```

在构建GameManager类时，需要传入一个具体的工厂类实例。当使用GameManager类所提供的CreatGameObject()方法创建对象时，它会根据传入的工厂类不同实现同一个接口的不同行为。

```csharp
GameManager gameManagerClassic = new GameManager(new ClassicFactory());
gameManagerClassic.CreatGameObject();
GameManager gameManagerModern = new GameManager(new ModernFactory());
gameManagerModern.CreatGameObject();
```

在以上代码中，通过向GameManager类中传入不同的工厂类实例，如传入new ClassicFactory()，可以使CreatGameObject()方法创建出不同的对象。

总体而言，**抽象工厂模式通过提供用于创建系列相关产品的接口，隐藏了具体产品的创建逻辑，使客户能够更方便地使用不同产品系列**。具体实现依赖于高层抽象，而高层抽象并不依赖于具体实现。当面对一系列相互依赖对象的创建工作时，抽象工厂模式提供了一种封装机制，避免客户程序与这种多系列具体对象的创建工作产生耦合，进而提高整个系统的稳定性。

5.3.3 策略模式

在5.3.1和5.3.2小节中，通过学习单例模式和抽象工厂模式，初步掌握了对象创建的设计方法。在本小节中，将尝试对对象的行为进行具体的组织与抽象。

扫一扫，看视频

1. 策略模式的基本概念

在策略模式（Strategy Pattern）中，一个类的各种行为（或者说算法）可以在运行时动态地更改其定义，这些行为被逐一封装，并使它们可以互相替换。这种模式使算法的变化独立于使用算法的客户端，它将算法的定义与使用分离。通过将算法封装成独立的策略类，客户端可以根据需要，在运行时选择不同的策略来完成特定的任务。

通过策略模式，可以避免在客户端代码中使用大量的条件语句，从而使代码更加灵活且易于扩展。

> **业务需求：**
> 现在软件需要实现寻路功能，此功能要求可以返回一堆Point，表示目标移动的路径。目前，实现此寻路功能共有三种算法，并且未来可能还会有新的算法加入进来。程序需要在不同的场景下动态切换所使用的寻路计算算法。

2. 第一次演化：简单管理

在示例5.10中，所有算法均以一个个方法的形式直接存储在算法对象中。

【示例5.10】 行为的简单管理

```
public class PathFind
{
    public Point[] PathAlgorithm_1()
    {
        //...
        Point[] result = new Point[5];
        return result;
    }
    public Point[] PathAlgorithm_2()
    {
        //...
        Point[] result = new Point[5];
        return result;
    }
    public Point[] PathAlgorithm_3()
    {
        //...
```

```
        Point[] result = new Point[5];
        return result;
    }
}
```

在以上代码中，不同的算法直接实现在一个PathFind类中，客户需要通过PathFind类的实例来访问不同的算法。这种将算法直接存储在某个类的方法中的方式，与具体算法的耦合度较高，在遇到复杂环境时难以扩展新的功能。例如，当客户端使用这段代码时，可能经常会使用switch或if语句来实现在不同情况下执行不同算法。而当程序需要加入新算法时，就需要在if或switch语句中添加新的语句。

3. 第二次演化：简单封装

为了实现对算法使用行为的封装，在PathFind类中进行了一层简单的封装。客户端在使用算法时，只需传入不同的枚举值，即可通过CalPath()方法执行不同的行为。

【示例5.11】 行为的简单封装

```csharp
public enum PathFindType
{
    Algorithm1,
    Algorithm2,
    Algorithm3
}
public class PathFind2
{
    public Point[] CalPath(PathFindType pathFindType)
    {
        switch (pathFindType)
        {
            case PathFindType.Algorithm1:
                return PathAlgorithm_1();
                break;
            case PathFindType.Algorithm2:
                return PathAlgorithm_2();
                break;
            case PathFindType.Algorithm3:
                return PathAlgorithm_3();
                break;
        }
        return new Point[5];
    }
    private Point[] PathAlgorithm_1()
    {
        //...
        Point[] result = new Point[5];
        return result;
    }
    private Point[] PathAlgorithm_2()
    {
        //...
        Point[] result = new Point[5];
```

```
        return result;
    }
    private Point[] PathAlgorithm_3()
    {
        //...
        Point[] result = new Point[5];
        return result;
    }
}
```

以上代码已经实现了一层抽象,即将具体算法实现隐藏起来,并将多个具体算法封装为一个接口。通过枚举或类来区分需要使用的方法,并执行对应的方法体。然而,**这种方法依然是直接面向过程的。虽然通过接口实现了统一的算法细节封装,但依然依赖于静态类或枚举**。如果要实现更加稳定的接口,就需要运用多态技术来实现。

4. 第三次演化:策略模式

策略模式通过定义一系列的算法并将其封装,使得算法之间可以相互替换。具体来讲,不同算法在C#中可以面向同一接口对算法进行实现,进而这些接口在实际使用时可以动态替换使用的算法。

【示例 5.12】 策略模式示例

```
public interface IPathFindStrategy //算法抽象
{
    public void PathFind();
}
```

以下三种具体的算法实现则是在具体的子类中完成的。

```
public class PathFindStrategyA : IPathFindStrategy //具体算法
{
    public void PathFind()
    {
        //...
    }
}
public class PathFindStrategyB : IPathFindStrategy //具体算法
{
    public void PathFind()
    {
        //...
    }
}
public class PathFindStrategyC : IPathFindStrategy //具体算法
{
    public void PathFind()
    {
        //...
    }
}
```

接口及其子类为组件提供了一系列可重用的算法,从而使类能够在运行时方便地根据需要在各个算法之间切换。客户端通过PathFind类并传入具体的算法类实例,使得同一个方法能够实现不同的行为。

```
class PathFind3
{
    IPathFindStrategy PathFindStrategy;
    public PathFind3(IPathFindStrategy PathFindStrategy)
    {
        this.PathFindStrategy = PathFindStrategy;
    }
    //不同方法,同一接口,不同对象,不同实现
    public void Somemethod()
    {
        PathFindStrategy.PathFind();
    }
}
```

由以上代码可知,策略模式由以下几方面内容构成。

(1)环境:即上述代码中的PathFind类,它持有策略对象,并提供了一个接口供客户端调用,同时根据不同的策略对象来执行具体的操作。

(2)抽象策略:抽象策略定义了一个通用的接口,具体策略类实现了该接口,从而实现不同的算法行为。

(3)具体策略:具体策略类实现了抽象接口,实现了具体的算法或行为。

策略模式提供了一种将行为与使用解耦的实现方式,使得算法的变化可以与客户完全解耦,从而实现算法的独立演化。当一个类中包含多个类似的算法,并且需要经常动态选择其中一个时,策略模式是一种很好的设计思路。

5.3.4 观察者模式

扫一扫,看视频

在描述对象的行为时,经常需要为这些对象之间建立一种通知–依赖关系,即当一个对象的状态发生变化时,所有依赖于它的对象都将收到状态变更的通知。

当这种通知-依赖关系过于紧密且复杂时,代码中相互依赖的部分会变得越来越复杂,对象状态的通知也将变得十分复杂,软件难以有效抵御变化。此时,可以使用面向对象的技术来解耦这种紧耦合关系。用于解决此类通知-依赖问题的设计模式就是观察者模式(Observer Pattern)。

1. 观察者模式的基本概念

意图定义对象间的一种一对多的依赖关系使得当一个对象的状态发生改变时,所有依赖于它的对象都能得到通知并自动更新。

观察者模式的组成如下:

(1) Subject:Subject维护了所有的观察者对象,并提供了通知或增加观察者的对应方法。

(2) AbstractObserver(抽象观察者):抽象观察者将自身绑定到Subject,并提供了Update的抽象接口方法。

(3) ConcreteObserver(具体观察者):具体观察者继承自抽象观察者,重新实现Update,从而实现不同的行为。

2. 抽象观察者

抽象观察者是一个接口或抽象类，定义了观察者的通用行为。它通常包含一个更新方法，如Update()，该方法在接收到Subject的通知时被调用。具体观察者类必须实现该接口或继承该抽象类，并根据实际需求自定义Update()方法的实现。抽象观察者的存在使得具体观察者能够以统一的方式接收主题的通知。

抽象观察者主要有以下两部分功能。

（1）在构造函数中为抽象观察者提供订阅Subject的功能。

（2）提供Update()方法，使得子类可以重写该方法，实现具体的行为，以及可以在Subject中更新所有Observer。

【示例5.13】 观察者模式示例

```
public abstract class Observer
{
    public Subject subject;
    public Observer(Subject subject)
    {
        this.subject = subject;
        this.subject.AddObserver(this);
    }
    public abstract void Update();
}
```

3. Subject 设计

Subject维护了一组观察者对象，并提供了对观察者的增加、删除和通知的方法。当Subject的状态发生变化时，它会遍历观察者列表，并依次调用每个观察者的Update()方法，将通知传递给它们。一个Subject的设计主要分为以下4个部分。

（1）存储Observer的数据结构。

（2）设置与获取状态的方法。

（3）增加与删除Observer的方法。

（4）通知所有Observer的方法。

对应的代码示例如下。

【示例5.14】 Subject 设计

```
public class Subject
{
    private ArrayList observers = new ArrayList();
    private int stateNumber = 0;
    public int GetState()
    {
        return stateNumber;
    }
    public void SetState(int newState)
```

```
        this.stateNumber = newState;
    }
    public void AddObserver(Observer observer)
    {
        observers.Add(observer);
    }
    public void RemoveObserver(Observer observer)
    {
        observers.Remove(observer);
    }
    public void NotifyObservers()
    {
        foreach (Observer observer in observers)
        {
            observer.Update();
        }
    }
}
```

在以上代码中，observers存储了所有的观察者，并提供了增加和删除观察者的方法。当状态发生变化时，可以使用NotifyObservers()方法遍历observers中的所有观察者，并执行Update()方法。

4. 具体观察者

实现了抽象观察者接口，当收到Subject的通知时，会根据Subject的状态进行相应的更新操作。以下两种Observer分别继承了Observer父类，并具体实现了Update()方法。

【示例5.15】 具体观察者类的实现

```
public class PlayerObserver : Observer
{
    public PlayerObserver(Subject subject) : base(subject){}
    public override void Update()
    {
        Console.WriteLine("当前PlayerObserver的状态:" + subject.GetState().ToString());
    }
}
public class EnemyObserver : Observer
{
    public EnemyObserver(Subject subject) : base(subject){}
    public override void Update()
    {
        Console.WriteLine("当前EnemyObserver的状态:" + subject.GetState().ToString());
    }
}
```

在有了以上所有Subject和Observer后，便可以使用Subject中的SetState()方法来设置状态，并使用NotifyObservers()方法来通知所有的观察者，以同步这种状态。

```
Subject subject = new Subject();
PlayerObserver playerObserver1 = new PlayerObserver(subject);
```

```
PlayerObserver playerObserver2 = new PlayerObserver(subject);
EnemyObserver enemyObserver = new EnemyObserver(subject);
subject.SetState(4);
subject.NotifyObservers();
subject.SetState(6);
subject.NotifyObservers();
```

输出结果如下：

```
当前PlayerObserver的状态:4
当前PlayerObserver的状态:4
当前EnemyObserver的状态:4
当前PlayerObserver的状态:6
当前PlayerObserver的状态:6
当前EnemyObserver的状态:6
```

通过以上代码示例可以了解到，观察者模式如何实现Subject和Observer的解耦合。通过设计一层抽象的Observer，使得对Observer的依赖全部转移到对抽象接口的依赖上，从而将程序的变化点控制在很小的范围内。无论模式如何变化，只要能熟练掌握几种最基本的设计原则和思想，就可以通过重构逐渐达成这些设计。

5.4 本章习题

一、简答题

1. 请简述面向对象的三大特性。
2. 请简述简单工厂和抽象工厂的区别。
3. 请简述单例模式的基本特点。
4. 请说出四种面向对象的设计原则，并分别简述它们的含义。

二、操作题

1. 使用抽象工厂模式设计一个简单的汽车工厂，该工厂生产两种类型的汽车：轿车和卡车。每种汽车类型都有自己的品牌和型号。要求使用抽象工厂模式实现该汽车工厂。
2. 使用单例模式设计一个日志记录器类，该类提供用于输出日志信息的Log()方法。请确保系统中只有一个日志记录器实例，并提供全局访问点。要求提供两种实现：一种是无线程安全下的简单单例实现；另一种是线程安全的单例实现。

第 6 章　Unity 引擎编程基础

> **内容概述**
>
> 　　掌握 C# 编程语言的基础后，即可将 C# 的语法巧妙地融入 Unity 引擎中。借助 Unity 引擎提供的丰富接口，用户可以创造出独一无二的虚拟世界。本章将深入浅出地讲解 Unity 引擎编程的基础知识，学习在开发过程中最为常用的 Unity API，从而轻松开启虚拟世界的创造之旅。

6.1　Unity 引擎编程入门

　　本节将讲解 Unity 引擎编程的几个基本概念，包括 Unity 引擎组件化系统的类结构、Unity 循环中的生命周期函数，以及一个非常重要的 MonoBehaviour 类。这部分概念比较抽象，但它们是进行下一步开发的基础知识。

6.1.1　在 Unity 中新建 C# 脚本

扫一扫，看视频

　　要想在 Unity 中新建一个 C# 脚本，可以在 Unity 的工程视图中右击，然后选择 Create→C# Script 命令，如图 6.1 所示。

　　Unity 默认的开发工具是 Visual Studio。如果想使用其他开发工具，可以在 Unity 中选择 Edit→Preferences→External Tools 选项，在其中选择对应的工具，如图 6.2 所示。

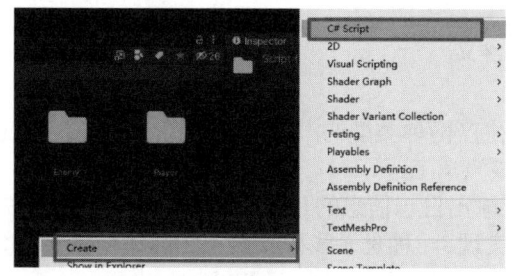
图 6.1

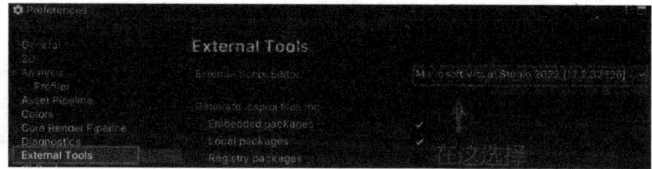
图 6.2

　　新建一个 C# 脚本后，需要给脚本命名。需要注意的是，新建 C# 脚本时设置的名称将应用在进入 C# 脚本界面后对应的类名上，如图 6.3 所示。因此，在给脚本命名时，最好一步到位。否则，如果在 C# 中更改了图 6.3 中继承自 MonoBehaviour 的类名，还需要在外部进行相应的修改。如果当前的文件名与继承自 MonoBehaviour 的类名不相同，则将此脚本挂载在场景中的某个物体上时，会弹出图 6.4 所示的错误。

　　如果发生以上错误，只需确保当前 C# 脚本的类名与文件名统一即可。

> **补充**：为什么脚本的文件名需要和类名相同
>
> 　　在 Unity 的底层实现机制中，对于参与 Unity 生命周期的类，实际上是 Unity 根据脚本文件名在文件系统中搜索同名类来实现的。具体到 Unity 场景中，当一个 Unity 对象被添加了一个继承自

MonoBehaviour的类后，Unity将会为此对象添加一个与文件名同名的索引。当使用此类中的内容时，Unity会根据当前对象上的索引在文件系统中找到同名的类。

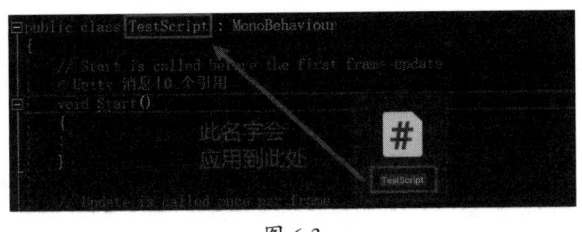

图 6.3

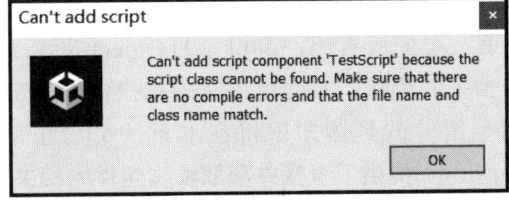

图 6.4

6.1.2 Unity 引擎组件化系统的类结构

第1章中介绍了一个重要概念：Unity引擎的组件化特点。从本章开始，将会正式踏入Unity引擎的组件化世界。在深入学习这些组件的具体内容之前，首先要对这些组件系统有一个整体的把握。

扫一扫，看视频

第2章中介绍了组件之间存在类继承关系。不同组件之间通过继承，在父类方法的基础上增加子类组件的更多内容，并完成相关属性及方法的复用。图6.5所示为一个简化版的Unity常见类关系图。

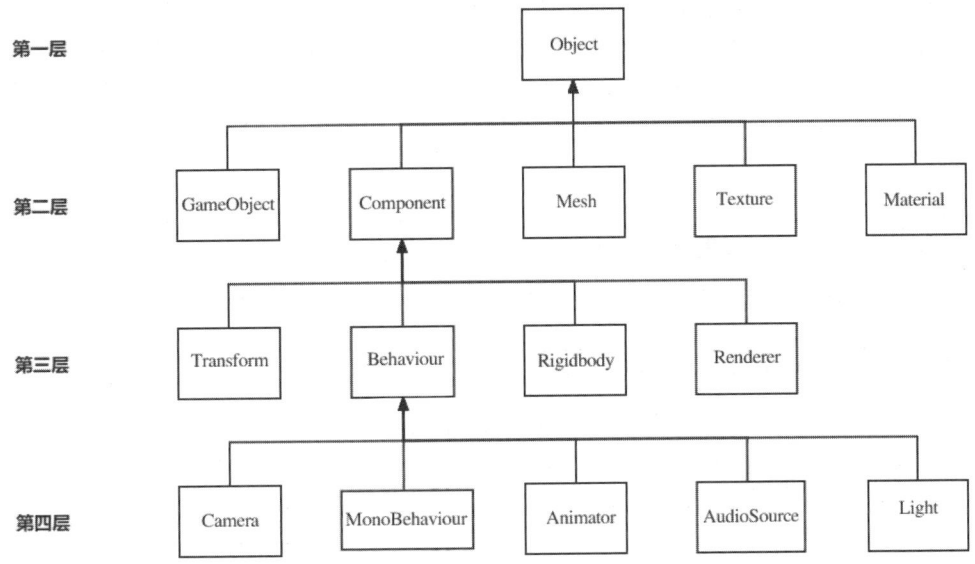

图 6.5

接下来，介绍图6.5中一些常用类的作用。这些类的具体接口将在后续章节中详细讲解。这里主要是了解这些类的大概作用，从而对组件化系统有更进一步的认识。

1. 第一层

所有接口都直接或间接继承自Object。在Object组件上有几个很重要的方法。例如，Object.Destroy

用于删除物体对象，Object.FindObjectOfType用于根据Type查找物体，Object.Instantiate用于提供物体的实例化。**Object提供了对象的查找、实例化和删除等相关的内容，是所有组件的根基。**

2. 第二层

第二层的所有组件都继承自Object组件，因此它们除了具有自身特有的组件外，也支持Object组件中相关的删除、实例化以及查找操作。第二层中有两个十分重要的组件：Component和GameObject。这两个组件的具体知识将在本章的6.1.2小节和6.2.3小节中详细讲解。这里只需知道其核心作用：**Component提供了查找并获取物体组件的相关功能，而GameObject提供了查找物体、删除物体对象等功能。**

3. 第三层

第三层中有4个组件：

Transform组件**存储了一个物体的位置、角度和缩放信息，还提供了大量与变换相关的方法，用于对物体的Transform数据进行更改。**相关内容将在6.2.2小节中详细讲解。

RigidBody（刚体）组件**是物体进行物理交互的一个基础性组件。**RigidBody组件中包含很多与物理相关的方法，如对物体施加力的效果等。

Renderer组件**提供了与物体渲染相关的方法，**可以更改与画面渲染相关的一些设置。

Behaviour组件**主要为第四层的内容作铺垫。**

4. 第四层

在第四层中，除了MonoBehaviour组件之外，其他几个组件分别对应几个重要的系统。其中，Light组件提供了大量与灯光相关的方法，开发者可以调用Light组件下的方法，在游戏运行时动态更改灯光效果。Animator和AudioSource组件分别对应了动画系统和音频系统，是各自系统的核心组成部分，可用于实现游戏动画与游戏音频的相关内容。Camera组件提供了与相机相关的参数与方法，可以在运行时更改相机的参数。

最后还有一个MonoBehaviour类，在前文新建C#脚本时已经介绍过，在新建一个脚本后，其对应的类继承自MonoBehaviour类。**开发者新建的脚本会默认继承自MonoBehaviour类。**如果了解了图6.5中MonoBehaviour类所处的位置，即可知道开发者自己新建的组件都具有哪些继承的属性和方法。

6.1.3 Unity 3D 引擎的生命周期函数

扫一扫，看视频

所有的Unity 3D引擎都存在逻辑循环，开发者在这些循环中编写代码以推动逻辑运行。在本小节中，将讲解Unity 3D引擎的生命周期函数。

什么是生命周期函数？在Unity引擎的一次循环中包含多个环节，如专门负责动画的动画循环、负责画面渲染的渲染循环以及负责界面绘制的GUI循环等。这些循环共同构成了Unity的逻辑循环。不同的循环在总循环中的位置不同，对应的功能也各有差异。学习生命周期函

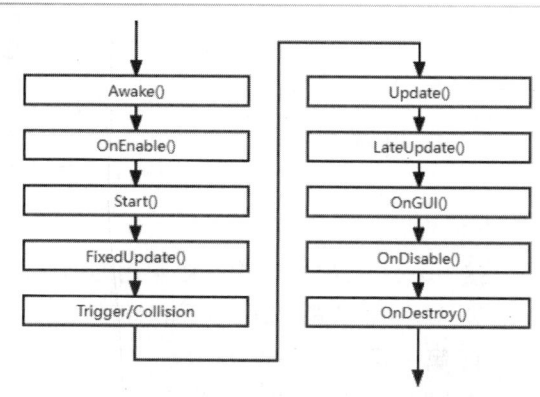

图 6.6

数就是了解这些循环的特点，并在实际开发场合中加以应用。

1. 生命周期函数宏观图

以下是开发中使用最多的生命周期函数的简化图，如图6.6所示。

2. Awake() 函数

执行频率：执行一次。

执行要求：物体对象状态需为开启，与脚本实例状态无关。

描述：Awake()是最先执行的函数，在MonoBehaviour被创建之后就立刻被调用，并在整个生命周期中仅执行一次。

应用场合：**使用Awake()函数获取在后续函数中需要使用的物体对象或组件。**

> **注意：关于Awake()函数的激活**
>
> 如果当前物体对象的初始状态是未激活，则在刚开始运行时并不会触发Awake()函数。只有当前物体对象被激活后，Awake()函数才会执行一次。

3. OnEnable() 函数

执行频率：与脚本实例被启用的次数相同。

执行要求：物体对象状态需为开启，脚本实例状态也需为开启。

描述：此函数经常与OnDisable()函数配合使用。OnDisable()函数负责处理脚本实例禁用时的关闭相关逻辑，而OnEnable()函数则负责在脚本实例被启用时执行相关的启用逻辑。

应用场合：**脚本开启之后的逻辑。**

4. Start() 函数

执行频率：执行一次。

执行要求：物体对象状态需为开启，脚本实例状态也需为开启。

描述：在Unity中新建C#脚本后，默认会自带一个Start()函数，该函数在程序运行中只执行一次。

应用场合：**适用于对变量、属性进行初始化。**

5. FixedUpdate() 函数

执行频率：默认为每0.02s执行一次，但可进行修改。

执行要求：物体对象状态需为开启，脚本实例状态也需为开启。

描述：此循环会在运行时持续执行，直到脚本被关闭或物体对象状态变为关闭。此循环的特点是循环频率与程序运行帧率无关，只与时间有关，即每秒执行固定次数。

应用场合：**FixedUpdate()函数循环一般用于物理模拟**。例如，当物体移动时，若将移动代码放在Update函数中，则物体每秒移动的速度会与帧率有关，帧数高时移动速度快。使用FixedUpdate()函数可以直接避免这个问题，无须使用每帧时间来抵消帧率影响。可在Edit→ProjectSetting→time→Fixed timestep中更改此函数的执行间隔时间。

6. Trigger/Collision

执行频率：与函数类型及检测有关。

执行要求：物体对象状态需为开启，脚本实例状态也需为开启，且需要开启碰撞检测或触发器。

描述：这部分主要包括6个函数。其中，OnTriggerEnter()、OnTriggerStay()、OnTriggerExit()负责进入触发器、正在触发器、离开触发器的方法回调；OnCollisionEnter()、OnCollisionStay()、OnCollisionExit()负责进入碰撞、正在碰撞、离开碰撞。这些函数的具体内容将在本章节中进行讲解。

应用场合：**负责物理检测、关卡触发等内容。**

7. Update() 函数

执行频率：每帧执行一次。

执行要求：物体对象状态需为开启，脚本实例状态也需为开启。

描述：此函数的执行次数与帧率相关，在相同的时间范围内，此函数执行的次数并不一致。

应用场合：**程序的主要逻辑通常放在此函数中。**

8. LateUpdate() 函数

执行频率：每帧执行一次。

执行要求：物体对象状态需为开启，脚本实例状态也需为开启。

描述：此函数和Update()函数一样，每帧执行一次。但是此函数在Update()函数之后执行，因此通常用于处理当前Update()函数执行逻辑完成后需要进行的内容。由于多个Update()函数之间的执行顺序是随机的，当多个物体同时改变同一个物体的位置时，改变的效果是无法控制顺序的。

应用：**若当前逻辑需要在Update()函数之后再进行相关处理，为了保证顺序的一致性，最好将相关逻辑放在LateUpdate()函数中。**例如，在实现第三人称游戏中的玩家视角移动时，为了保证当前相机的相关逻辑更新发生在玩家运动完成之后，可以把相机跟随运动的相关逻辑放在LateUpdate()函数中。

9. OnGUI() 函数

执行频率：根据GUI的事件要求每帧调用多次。

执行要求：物体对象状态需为开启，脚本实例状态也需为开启。

描述：当涉及程序的GUI系统时，相关逻辑会放在OnGUI()函数中。在OnGUI()函数中，首先处理和绘制相关的事件，然后处理用户的输入事件。

应用场合：调试用UI绘制。

10. OnDisable() 函数

执行频率：根据激活状态的改变而触发。

执行要求：当物体对象状态为激活时，脚本实例状态被取消激活；或者当脚本实例状态和物体对象状态均为激活时，物体对象状态被取消激活。

描述：OnDisable()函数会在激活状态改变时触发，经常与OnEnable()函数配合使用。

11. OnDestroy() 函数

执行频率：物体销毁后执行一次。

执行要求：物体被销毁。

描述：此函数不仅在物体被销毁时执行，当程序退出时，OnDestroy()函数也会被执行，因为场景中的所有物体都会被销毁。

6.1.4 MonoBehaviour 类

当新建一个C#脚本后,Unity会默认将此脚本继承自MonoBehaviour类。这个MonoBehaviour类有什么作用?为什么需要使用它?在这个类中包含哪些成员变量与方法?这些问题都将在本小节中进行讲解。

扫一扫,看视频

1. MonoBehaviour 类与生命周期函数

在6.1.3小节中讲解了生命周期函数,如Update()函数、Start()函数等。这些函数需要通过继承MonoBehaviour类,并利用其提供的方法来实现。**MonoBehaviour类提供了对大量事件消息的访问,因此可以在相关事件发生时进行函数回调。**

由此得出一个重要的结论:如果一个代码或类不需要使用生命周期函数,应尽量避免让当前代码中的类继承自MonoBehaviour类。因为一旦继承自MonoBehaviour类,相关的机制就会回调相关函数,从而导致程序的性能消耗最终变大。例如,即使是空的Update()函数,也会增加程序的开销。

另外,还需要了解的一个知识点:**如果一个脚本需要挂载到场景中的物体上,那么此类必须继承自MonoBehaviour。**

2. MonoBehaviour 类与组件

在6.1.2小节中讲解组件系统时,了解到MonoBehaviour类的上层继承自Behaviour,同时Behaviour又继承自Component,而Component又继承自Object,如图6.7所示。当开发者新建一个继承自MonoBehaviour类的脚本后,该类自动继承了MonoBehaviour类及其父类的所有定义好的方法和属性,同时也获得了一个非常重要的身份——组件。

这意味着新建的类继承了Component,因此所有组件类中用于组件相关的方法和变量,全部都内置在此类中。在Unity的Inspector视图中的AddComponent界面中,也可以在新添加的组件中搜索到当前新建的类。换言之,**自建类在行为上包含了组件的一切行为**。在学习了Component相关方法后,所有对其他组件的GetComponent、AddComponent等操作,同样可以对自建类进行使用。

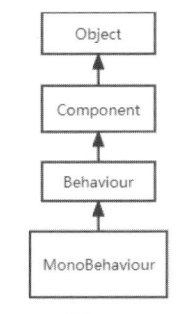

图 6.7

3. MonoBehaviour 类中的两个成员变量

在MonoBehaviour类中有很多重要的成员变量,其中两个常用的成员变量是gameObject和enabled。

当想要获取此脚本所挂载的物体时,可以直接在脚本中使用gameObject进行获取。

```
private void Update()
{
    gameObject.transform.position += Vector3.up;
}
```

在以上代码中,直接通过gameObject获取了当前脚本对应的物体,并且改变了其transform上的position属性,从而使物体的位置每帧发生变化。

除了gameObject之外,还可以使用enabled成员变量来更改当前脚本的激活状态。

例如,在以下代码中,如果当前用户按下W键,则当前脚本实例对应的状态将会被切换为未激活。反之,如果使用enabled=true,则会将脚本切换为激活状态。

```
private void Update()
{
    if (Input.GetKeyDown(KeyCode.W))
    {
        enabled = false;
    }
}
```

> **注意**：脚本激活状态与enabled
>
> 在使用enabled时，需要注意当前脚本是否处于激活状态。若脚本处于未激活状态，则其中的Update()函数不会被回调。因此，需要通过其他实例中的函数来执行enabled代码，将当前脚本的enabled设为true。

6.1.5 组件之间的交互

扫一扫，看视频

为了在Unity中通过脚本与其他组件进行交互，需要学习Component类中提供的与组件间交互相关的方法。

定义GetComponent()方法的代码如下：

```
public Component GetComponent(Type type);
public T GetComponent<T>();
```

在以上代码中，第1个GetComponent()方法根据标签来获取组件；第2个方法根据组件类型直接获取组件。

1. 获取物体上的组件

使用GetComponent()方法可以非常方便地获取其他物体上的组件。例如，当前创建了一个名为A.cs的脚本，并将其挂载在了场景中的TestObject物体上，如图6.8所示。

在A.cs代码中，首先声明一个GameObject类型的变量gameObjectTest。

```
public GameObject gameObjectTest;
```

然后，在Unity的Inspector视图中将场景中的TestObject1物体拖动到此脚本中的gameObjectTest变量上。在当前实例中，gameObjectTest物体在层级视图中的父子级关系如图6.8所示。

在图6.8所示的物体上有4个子物体。可以对当前的TestObject1物体使用GetComponent()方法。在以下代码中，先声明了一个Transform类型的变量，然后对此变量进行赋值，并让其等于gameObjectTest物体上的Transform组件。

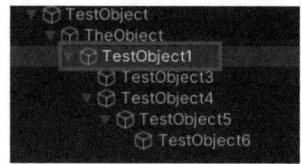

图 6.8

```
public Transform transform1;
void Start()
{
    //GetComponent:获得物体上的目标组件
    transform1 = gameObjectTest.GetComponent<Transform>();
}
```

GetComponent()方法的泛型部分，即GetComponent后面的"<>"括号中的内容，表示GetComponent()方法返回的组件类型。当填入组件类型后，可以让某个变量来接收此方法得到的返回值，如以上代码中的transform1。

2. 获取子物体上的组件

如果想获取某个物体的子物体上的组件，有以下两种方法：

第1种是GetComponentInChildren，此方法会遍历查找子物体中是否有目标组件，并返回找到的第1个组件。第2种是GetComponentsInChildren，与第1种方法相比，它在GetComponent的后面多了一个s，表示可以获取多个组件。当使用GetComponentsInChildren()方法后，将会返回一个数组，此组件会获取当前物体的子物体中所有的目标组件。以下代码演示了如何获取子物体上的组件。

```
public Transform transform2;
public Transform[] transforms1;
void Start()
{
    //GetComponentInChildren：获取从物体的子物体上遍历得到的第1个目标组件
    transform2 = gameObjectTest.GetComponentInChildren<Transform>();
    //GetComponentsInChildren：获取当前子物体中所有的目标组件
    transforms1 = gameObjectTest.GetComponentsInChildren<Transform>();
}
```

在以上代码中，分别通过两种方法获取了gameObjectTest物体的子物体的Transform组件。第1种方法只获取了第1个递归循环中找到的组件，而第2种方法则将所有子物体的Transform组件保存到一个数组中，即所有子物体的Transform都存储在transforms1数组中。

3. 获取父物体上的组件

获取父物体上的组件的方法与获取子物体上的组件的方法基本一致，只不过使用的方法名称有所不同。以下是使用此方法的示例。

```
public Transform transform3;
public Transform[] transforms2;
void Start()
{
    //GetComponentInParent：获取物体的父物体上遍历得到的第1个目标组件
    transform3 = gameObjectTest.GetComponentInParent<Transform>();
    //GetComponentsInChildren：获取当前子物体中所有的目标组件
    transforms2 = gameObjectTest.GetComponentsInParent<Transform>();
}
```

在上述代码中，GetComponentInParent和GetComponentsInParent两种方法分别用于从父物体中获取一个组件和获取全部组件。用法与获取子物体中的组件类似，在此不再赘述。

4. 添加组件

除了有获取组件相关的方法，还会有添加组件的相关方法。下面将讲解三种主要的给物体添加组件的方法。

（1）脚本拖动。这是最简单也是最直观的一种方法。只需在Project视图中选择想要附加的脚本，将其拖动到对应的物体上即可完成此操作，如图6.9所示。

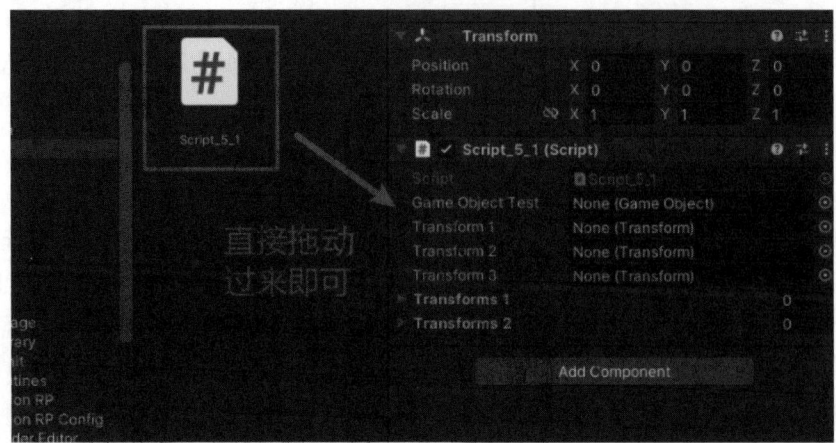

图 6.9

（2）RequireComponent特性。在脚本的类名上方可以添加RequireComponent特性以及对应的目标组件。当添加了此特性之后，如果当前代码附加的物体没有对应的组件，则Unity会自动完成添加。此特性的语法如下：

```
[RequireComponent(typeof(组件名称))]
```

使用此特性的示例代码如下：

```
[RequireComponent(typeof(AudioSource))]
public class Script_5_1 : MonoBehaviour
{
    //...
}
```

（3）AddComponent方法。此方法的用法与GetComponent类似，在对应的物体上使用AddComponent方法为其添加一个组件。例如，在以下代码中，使用此方法在gameObjectTest物体上添加了一个AudioSource组件。

```
//AddComponent: 添加一个组件
gameObjectTest.AddComponent<AudioSource>();
```

下面是上述组件交互代码的完整版本。

【示例 6.1】 组件间的交互演示

```
using UnityEngine;

[RequireComponent(typeof(AudioSource))]
public class ExampleScript_6_1 : MonoBehaviour
{
    public GameObject gameObjectTest;

    public Transform transform1;
    public Transform transform2;
```

```
    public Transform transform3;

    public Transform[] transforms1;
    public Transform[] transforms2;

    void Start()
    {
        gameObjectTest = gameObject;
        //GetComponent:获取物体上的目标组件
        transform1 = gameObjectTest.GetComponent<Transform>();
        //GetComponentInChildren:获取物体的子物体上遍历得到的第1个目标组件
        transform2 = gameObjectTest.GetComponentInChildren<Transform>();
        //GetComponentInParent:获取物体的父物体上遍历得到的第1个目标组件
        transform3 = gameObjectTest.GetComponentInParent<Transform>();
        //GetComponentsInChildren:获取当前子物体中所有的目标组件
        transforms1 = gameObjectTest.GetComponentsInChildren<Transform>();
        //GetComponentsInChildren:获取当前子物体中所有的目标组件
        transforms2 = gameObjectTest.GetComponentsInParent<Transform>();
        //AddComponent:添加一个组件
        gameObjectTest.AddComponent<AudioSource>();
    }
}
```

6.2 Unity 3D 引擎的常用数据类型

在Unity中有一些常用的数据类型，如表示物体角度的Quaternion、表示时间的Time以及表示向量的Vector等。本节将对这些数据类型进行简单的介绍。

6.2.1 Vector3

1. Vector3 的基础概念

Vector3数据类型既可以表示一个点，也可以表示向量。 其本质就是Vector3向量内部提供的3个变量：x、y、z。

扫一扫，看视频

如果一个Vector3表示的是从原点到Vector3当前的x、y、z位置的一条射线，那么它是一个向量。但同时，它也可以仅仅表示x、y、z这3个数值，即表示一个三维空间中的点。以下是新建一个Vector3向量的代码示例。

```
Vector3 vector = new Vector3(1, 1, 1);
```

在上述代码中，通过new关键字实例化了一个vector变量。而在进行实例化时，可以在Vector3构造函数中传入当前vector的x、y、z的值，或者通过以下代码进行x、y、z的更改。

```
vector.x = 10;
vector.y = 10;
vector.z = 10;
```

在Vector3中除了有x、y、z属性外,还有一个很重要的属性:magnitude。此属性为只读属性,开发者在程序中不可对其进行更改。**magnitude属性根据公式(x*x+y*y+z*z)计算当前向量的平方根,即当前Vector3的长度。**示例代码如下:

```
Vector3 vector = new Vector3(1, 1, 1);
print(vector.magnitude);//输出结果:1.732051
vector.x = 10;
vector.y = 10;
vector.z = 10;
print(vector.magnitude);//输出结果:17.32051
```

在上述代码中,输出了vector的长度信息,分别为1.732051和17.32051。

2. Vector3的简单运算

在Vector3内部提供了常见数学运算符的重载机制,使得Vector3之间可以进行加、减、乘、除等计算。 加法和减法的计算示例如下:

```
Vector3 vector1 = new Vector3(1, 1, 1);
Vector3 vector2 = new Vector3(3, 3, 3);
vector2 = vector1 + vector2;
print(vector2);//输出结果:(4.00, 4.00, 4.00)
vector1 = vector1 - vector2;
print(vector1);//输出结果:(-3.00, -3.00, -3.00)
```

在以上代码中,当执行加法或减法指令时,vector1和vector2中对应的x、y、z会执行加、减运算。乘除运算的方法也与加、减法类似,代码如下:

```
Vector3 vector1 = new Vector3(1, 1, 1);
Vector3 vector2 = new Vector3(3, 3, 3);
vector1 = vector2 * 10 + vector1;
print(vector1); //输出结果:(31.00, 31.00, 31.00)
vector2 = vector1 / 3 - vector2;
print(vector2); //输出结果:(7.33, 7.33, 7.33)
```

在以上代码中,使用乘、除运算时,可以使用单个数据对x、y、z同时进行乘或除运算。

3. Vector3的常用静态变量

Vector3中提供了一些常用的静态变量,用于表示一些常见的向量。具体内容如下所示。

- Vector3.zero:数值为Vector3(0, 0, 0),表示0向量。
- Vector3.one:数值为Vector3(1, 1, 1),表示全1向量。
- Vector3.forward:数值为Vector3(0, 0, 1),表示向前方向向量。
- Vector3.back:数值为Vector3(0, 0, -1),表示向后方向向量。
- Vector3.up:数值为Vector3(0, 1, 0),表示向上方向向量。
- Vector3.down:数值为Vector3(0, -1, 0),表示向下方向向量。
- Vector3.left:数值为Vector3(-1, 0, 0),表示向左方向向量。
- Vector3.right:数值为Vector3(1, 0, 0),表示向右方向向量。

使用这些向量可以轻松地进行一些物体的变换。例如，将Vector3.forward累加到物体的transform位置上时，可以使当前脚本附加的物体向前移动。

```
float speed = 10;
void Update()
{
    gameObject.transform.position += Vector3.forward * speed;
}
```

Vector3中还包含许多涉及数学运算相关的方法，这些会放在7.1.2小节中详细讲解。

6.2.2 Transform

前面章节已经介绍了Transform的基本属性。本小节将重点讨论Transform组件的代码部分。

扫一扫，看视频

1. Transform的基本概念

Transform最核心的作用就是表示物体的位置、角度以及缩放。由于场景中的物体具有父子级关系，这种父子级关系会导致世界坐标系与局部坐标系的区别，从而Transform的数据也会受到这种坐标系差别所带来的影响。

在前面讲解组件化系统的继承关系时，了解到Transform组件继承自Component组件。因此，Component组件内的与组件进行交互的相关方法和变量在Transform组件中都可以使用。

2. Transform.position 与 Transform.localPosition

Transform组件会存储物体的位置信息，而这些位置信息会与物体的坐标系密切相关。**如果使用Transform中的position变量，获取的是物体在世界坐标系中的数据；而如果使用localPosition，获取的则是相对于其父物体的局部坐标系信息。**

关于世界坐标系与局部坐标系的区别在前面的内容中已有所提及。当物体a是另一个物体b的子物体时，物体a的坐标系会以物体b的位置作为原点进行计算。

例如，在以下代码中，同时输出了两个物体的position和localPosition。代码如下：

```
public GameObject gameObject1;
public GameObject gameObject2;
void Start()
{
    Debug.Log(gameObject1.gameObject.transform.position);
    Debug.Log(gameObject1.gameObject.transform.localPosition);
    Debug.Log(gameObject2.gameObject.transform.position);
    Debug.Log(gameObject2.gameObject.transform.localPosition);
}
```

在场景中挂载上述代码后，gameObject1与gameObject2在Inspector视图中所显示的position信息如图6.10所示。

图6.10中的数据显示了当前两个物体在世界坐标系中的位置。其中，数据为(4,3,0)的物体是子物体，对应代码中的gameObject2；数据为(2，0，0)的物体为父物体，对应代码中的gameObject1。代码的输

出截图如图6.11所示。

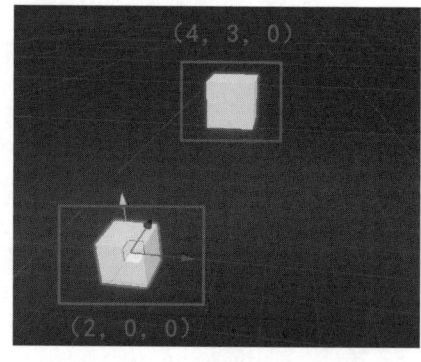
图 6.10

图 6.11

综上所述，如果一个物体没有父物体，则其transform.position和transform.localPosition所表示的数值一致，即表示其世界坐标系与局部坐标系的数值一致。而如果当前物体为某个物体的子物体，则在代码中获取的Transform.position和其在Inspector视图中所看到的数值并不一致，这是因为Transform.positon表示的是世界坐标系的位置，而Transform.localPosition表示的是局部坐标系的位置。

> **注意**：Inspector视图中的位置数据
>
> 在场景中选择一个物体后，其Inspector视图中的Transform组件显示的position数据是当前物体的局部坐标系数据。

此概念同样适用于Transform.rotation与Transform.localRotation。**Transform.rotation**表示物体在世界坐标系中的角度，而**Transform.localRotation**则表示物体在局部坐标系中的角度。

略微不同的是，物体的缩放使用的是Transform.localScale变量。

3. Transform 的常用静态变量

与Vector类似，Transform中也提供了6个表示方向的向量。接下来将以Transform.forward为例，讲解Transform中方向向量的内容。

在Vector中，Vector.forward表示一个固定的数值（0，0，1）；而在Transform中，forward与它的最大不同在于它表示的是当前物体的Z轴方向，即当前物体的Transform.forward会根据其当前朝向的角度而变化。

例如，在以下代码中，同时对两个物体的position进行操作。

```
gameObject1.transform.position += Vector3.forward;
gameObject2.transform.position += gameObject2.transform.forward;
```

当这两个物体的rotation的x、y、z全部都为0时，两个物体都会朝着Z轴指向的正方向移动，如图6.12所示；而如果将两个物体的rotation.y改为90°时，则当前两个物体的局部坐标系的Z轴都会指向世界坐标系中的X轴，如图6.13所示；当两个物体的Z轴都指向图6.13中的世界坐标系的X轴方向时，此时再执行代码，移动的方向如图6.14所示。

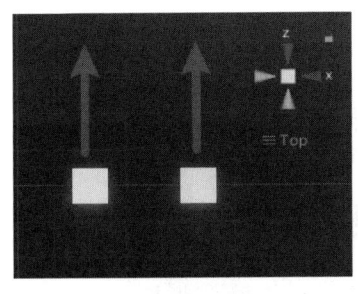
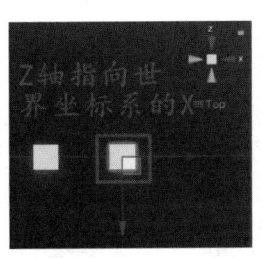
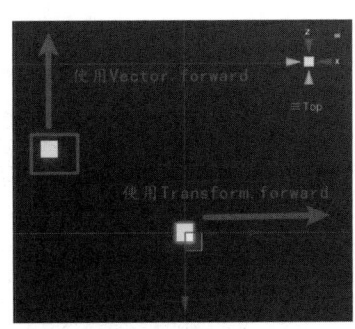

图 6.12　　　　　　　　图 6.13　　　　　　　　图 6.14

从图6.14中可以看到，因为右边的物体使用Transform.forward来改变物体的位置，所以其位移的方向受到物体角度的影响。**Transform.forward表示当前物体朝向的方向，因此当物体角度发生变化时，此数值也会发生变化**。例如，当物体的Z轴指向X轴时，Transform.forward的数值会变为(1，0，0)；当物体的Z轴指向-Z轴时，Transform.forward的数值会变为(0，0，-1)；当物体指向其他任意角度时，会计算其在各个方向上的数值，并确保最后由x、y、z构成的向量长度为1。

同理，Transform.up以及另外4个方向向量也是如此。它们表示的都是当前物体局部坐标系下的方向，而不是Vector3在世界坐标系下的绝对数值。

4. 使用 Transform 设置父子级

Transform提供了SetParent()方法，用于设置当前Transform所属的父Transform。SetParent()方法的用法如下。

```
public void SetParent (Transform p);
public void SetParent (Transform parent, bool worldPositionStays);
```

在以上代码中，Setparent()方法有两个重载。如果该方法只有一个参数，则表示将目标Transform设置为当前Transform的父物体。在这种情况下，当前Transform在世界坐标系中的位置和角度属性不会发生变化，因此其Inspector视图中所展示的局部坐标系数据将会发生改变。代码如下：

```
gameObject2.transform.SetParent(gameObject1.transform);
```

在以上代码中，将gameObject1设置为gameObject2的父物体，在Hierarchy视图中也可以看到gameObject2被放置在gameObject1的下面。因此，当前gameObject2在局部坐标系下的位置和角度信息也发生了变化。

此方法还提供了一个重载，即第2个bool类型的参数。如果此参数为 true，则表示**将修改相对于父级的位置、缩放和旋转，使得当前对象保持与之前相同的世界坐标系中的位置、旋转和缩放**。但如果此参数为false，则当前Transform在使用SetParent()方法后，其原本世界坐标系的数值被直接设置成了其局部坐标系的数值，而其真正的世界坐标系的数值则很有可能发生了变化。也就是说，一个物体在成为另一个物体的子物体后，其在Inspector视图中所显示的数值不发生变化。

例如，在图6.15中，两个物体的位置分别为(2，0，0)、(5，0，0)，并且两个物体在Y轴上的角度都是90°，这意味着两个物体都朝向X轴的正方向。

如果将SetParent()方法的第2个参数设置为false，则在执行了该方法后，右边物体在世界坐标系中的位置将会变成(2，0，-5)，如图6.16所示。

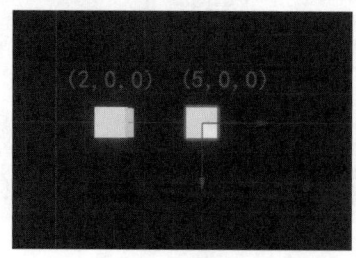
图 6.15

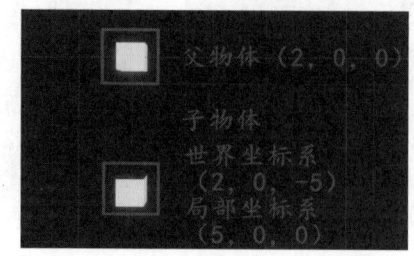
图 6.16

由图6.16可知，当前物体的局部坐标系位置与之前无父物体时的(5，0，0)保持一致。但由于当前物体变成了另一个物体的子物体，因此其在世界坐标系中的位置需要相应地发生变化。

Transform中还提供了许多与位置移动和角度变化相关的重要方法，这部分内容将在物理系统部分进行讲解。

6.2.3 GameObject

扫一扫，看视频

开发者需要在场景中创建并修改物体，这些物体可以用于渲染画面、模拟物理、挂载脚本等。在Unity中，场景中的每个可见物体或实体都是由GameObject对象表示的。通过将不同的组件附加到Game-Object上，可以赋予它们不同的行为和功能。因此，GameObject的任务主要分成两大块：① Unity中的GameObject类表示任何能存在于场景中的物体；② GameObject是Unity中场景的构建块，充当各种功能组件的容器。

对于开发者而言，GameObject是将编程语言所组成的脚本世界过渡到Unity中的虚拟世界的桥梁。所有涉及场景逻辑的功能最终都需要通过GameObject来呈现。

新建一个GameObject，可以选择在Hierarchy视图中直接右击并选择Create命令来新建一个空物体，也可以通过脚本的方式新建。这些内容将会在下文详细讲解，接下来介绍GameObject的基本属性、构造函数和静态函数。

1. GameObject 的基本属性

如图6.17所示，一个空物体上具有许多可以设置的属性，包括name、tag、static等。这些属性都可以通过脚本进行控制。

（1）GameObject的name、tag和layer属性。

- name：在Unity中，GameObject的name属性继承自其父类。当GameObject中的name属性被赋值后，其在场景中显示的名称也会相应地更改。

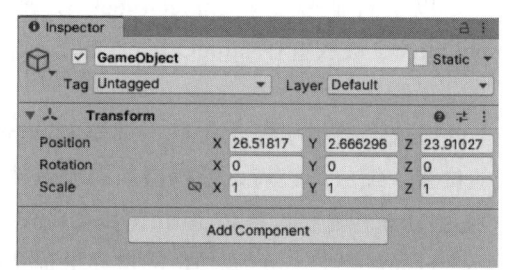
图 6.17

- tag：GameObject的tag属性允许开发者将对象分组为不同的标签类别。它是一个字符串类型的属性，经常用于在代码中标记和查找具有相似功能或属性的对象。

- layer：GameObject的layer属性用于将对象分配到特定的层中。layer在Unity中经常用于控制对象的可见性以及相互作用。通过设置layer属性，可以使对象处于特定的层中，并按需进行碰撞、渲染等操作。

示例6.2是这3个属性的使用示例。在以下代码中，分别获取了testGameObject的name、tag以及layer，并将这些属性输出。

【示例6.2】 使用 GameObject 组件

```
using UnityEngine;
public class ExampleScript_6_2 : MonoBehaviour
{
    private GameObject testGameObject;
    private void Start()
    {
        //获取对象的名称
        string gameObjectName = testGameObject.name;
        Debug.Log("Game Object Name: " + gameObjectName);
        //设置对象的标签
        testGameObject.tag = "Player";
        //获取对象的标签
        string gameObjectTag = testGameObject.tag;
        Debug.Log("Game Object Tag: " + gameObjectTag);
        //设置对象的层
        testGameObject.layer = LayerMask.NameToLayer("UI");
        //获取对象的层
        int gameObjectLayer = testGameObject.layer;
        Debug.Log("Game Object Layer: " + gameObjectLayer);
    }
}
```

（2）GameObject与Static。为了提高程序运行时的效率，Unity允许在场景中预计算静态对象的部分信息。这些静态对象的属性计算结果在运行时仍然有效，并参与场景的渲染、检测等内容。

在Unity中，物体的静态Static()属性设置需要在GameObject上完成，如图6.18所示。

在GameObject的Inspector视图中，可以设置物体是否为静态物体，以及具体是哪一种静态物体。这部分内容称作Static Editor Flags。

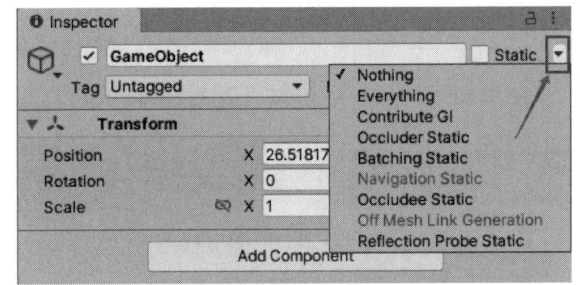

图 6.18

Static Editor Flags 属性位于游戏对象的Inspector 的右上角，使用此下拉框可以设置具体的静态类型。以下是几种常用的静态设置。

- Occluder Static：在遮挡剔除系统中，将GameObject标记为静态遮挡物。
- Occludee Static：在遮挡剔除系统中，将GameObject标记为静态被遮挡物。
- Batching Static：将GameObject的网格与其他符合条件的网格组合起来，用于降低运行时的渲染成本。

- Navigation Static：在烘焙导航网格的数据时，包括此 GameObject。
- Off Mesh Link Generation：在烘焙导航数据时，尝试生成一个从该 GameObject 开始的网格外链接。

（3）GameObject 的其他变量。除了以上所讲的变量之外，还有以下常用的变量。
- activeInHierarchy：定义 GameObject 在 Scene 中是否处于活动的状态。
- activeSelf：GameObject 的本地活动状态，此属性为只读。如果想设置此属性，可以使用 SetActive() 方法。
- isStatic：获取并设置 GameObject 的 StaticEditorFlags。如果已使用了任何的 StaticEditorFlags，那么获得此属性时将返回 true；如果所有 StaticEditorFlags 都没有使用，那么返回 false。
- scene：GameObject 所属于的场景。
- transform：GameObject 所拥有的 Transform 组件，每个 GameObject 必须具有一个 Transform 组件。

2. GameObject 的构造函数

使用 GameObject 的构造函数可以创建一个名为 name 的对象。以下是 GameObject 的三种构造函数：

```
public GameObject();
public GameObject(string name);
public GameObject(string name, params Type[] components);
```

GameObject 类的构造函数用于创建一个新的 GameObject 实例，并为其提供一个名称，或者传入一个名称与组件。通过构造函数创建的 GameObject 将自动添加到场景中，并可以在运行时进行操作和管理。

可以通过以下示例来使用构造函数创建实例。

```
GameObject cube = new GameObject("Cube");
```

在上述代码中，在场景中创建了一个名为 cube 的空物体。此时，此物体还不具有任何组件，可以通过以下代码为其添加组件。

```
cube.AddComponent<BoxCollider>();
```

在添加组件后，还可以设置此物体的位置以及缩放。

```
cube.transform.position = new Vector3(0f, 0f, 0f);
cube.transform.localScale = new Vector3(1f, 1f, 1f);
```

3. GameObject 的静态函数

除了可以直接使用构造函数来获取物体外，Unity 还在 GameObject 中提供了两个用于创建或获取对象的方法：GameObject.CreatePrimitive() 与 GameObject.Find()。

（1）GameObject.CreatePrimitive() 方法的语法格式如下。

```
public static GameObject CreatePrimitive(PrimitiveType type);
```

CreatePrimitive() 方法用于创建一个具有网格渲染器和碰撞体的基础对象。通过在参数中指定具体的 PrimitiveType 枚举，可以创建不同的基础物体。PrimitiveType 枚举包括 Sphere（球体）、Capsule（胶囊体）、Cylinder（圆柱体）、Cube（立方体）、Plane（平面）和 Quad（四边形）六种变量。

在使用CreatePrimitive()方法时，可以通过指定枚举值来完成创建不同的基础物体。例如：

```
GameObject cube = GameObject.CreatePrimitive(PrimitiveType.Cube);
cube.transform.position = new Vector3(0, 0.5f, 0);
GameObject sphere = GameObject.CreatePrimitive(PrimitiveType.Sphere);
sphere.transform.position = new Vector3(0, 1.5f, 0);
GameObject capsule = GameObject.CreatePrimitive(PrimitiveType.Capsule);
capsule.transform.position = new Vector3(2, 1, 0);
```

在以上代码中，使用CreatePrimitive()方法分别创建了立方体、球体和胶囊体，并设置了其位置。

（2）GameObject.Find()方法的语法格式如下。

```
public static GameObject Find (string name);
```

Find()方法会按照传入的参数name在场景中查找GameObject，并返回找到的第1个匹配的物体。该方法返回场景中处于活动状态的GameObject。如果未找到对应名称的GameObject，则返回null。

示例6.3展示了如何使用方法在场景中查找物体。在以下代码中，Start()函数会根据传入的名称尝试在场景中获取GameObject。

【示例6.3】 在场景中获取 GameObject

```
using UnityEngine;
public class ExampleScript_6_3 : MonoBehaviour
{
    public GameObject CubeTest;
    private void Start()
    {
        if (CubeTest == null)
        {
            CubeTest = GameObject.Find("CubeTest");
            if (CubeTest == null)
            {
                Debug.LogWarning("无法在场景中找到名为CubeTest的物体!");
            }
        }
    }
}
```

除了基本使用方法之外，关于GameObject.Find()方法还有以下内容需要掌握。
- Find()方法是在场景中按照递归形式进行查找，因此每次调用的性能消耗较大。通常的做法是先在Awake()或Start()函数中调用一次，然后将其作为变量存储起来，在Update中使用。切记不要在Update中逐帧使用Find()方法。
- Unity场景中可以有多个GameObiect具有相同的名字。此时，如果对这些名字的物体进行查找，Find()方法将会按照其在Hierarchy视图中的绘制顺序，返回位置最靠前的物体。
- Find()方法不支持含有"/"符号的GameObiect的name的查找。
- 与GameObject相关的方法中，有两个经常使用的方法：SetActive()与AddComponent()。SetActive()方法用于设置物体的激活状态；AddComponent()方法用于为此物体添加一个组件。

AddComponent()方法在6.1.5小节中已经讲解过,这里主要讲解SetActive()方法的使用。

(3) SetActive()方法的语法格式如下。

```
public void SetActive (bool value);
```

SetActive()方法根据给定的值true或false,激活或停用GameObject。需要注意的是,如果一个子物体的activeSelf为false,则即使对父物体使用SetActive(true),该子物体的activeSelf也不会发生变化。

在示例6.4中,根据用户的输入,当按下左键时,尝试将CubeTest物体禁用;当按下右键时,尝试将CubeTest物体启用。

【示例6.4】 SetActive 代码示例

```
using UnityEngine;
public class ExampleScript_6_4 : MonoBehaviour
{
    public GameObject CubeTest;
    private void Update()
    {
        if (CubeTest != null)
        {
            if (Input.GetMouseButtonDown(0))
            {
                if (CubeTest.activeSelf == true)
                {
                    CubeTest.SetActive(false);
                }
            }
            if (Input.GetMouseButtonDown(1))
            {
                if (CubeTest.activeSelf == false)
                {
                    CubeTest.SetActive(true);
                }
            }
        }
    }
}
```

6.2.4 Time 类

在现实世界中,时间是一个连续不断的概念,对于人类而言,时间可以无限向前或向后延展。然而,在计算机参与模拟计算的虚拟世界中,时间线被抽象化为一维的离散轴,其原点可以设置为相对于现实时间线的任意时间点。因此,Unity中的虚拟时间轴与现实时间轴不同,这种不同也为开发者提供了更多的设置选项。

抽象时间线的特性让开发者能够进行更多的设置。例如，可以对离散化的时间间隔进行设置、自定义时间的原点以及控制时间的流逝速度等。具体而言，这些设置在Unity的Time类中对应了Time.time（总时间）属性、Time.deltaTime（增量时间）属性和Time.timeScale（时间尺寸）属性。

本小节将重点介绍这些内容，通过深入理解和运用这些概念，开发者能够更好地控制虚拟世界中的时间流逝，带来更多的可能性。

1. Time.time 与 Time.unscaledTime

（1）Time.time属性：**表示应用程序当前执行的总时长，为只读属性。** 在Unity中，它提供了应用程序中当前帧开始的时间，即自程序启动以来已经流逝的时间。Time.time的值会随着每帧的开始而增加。

> **注意：关于Time.time的使用**
>
> 由于Time.time表示的是应用程序自启动以来的总运行时长，因此它并不适合在每一帧中频繁调用。因为Time.time更倾向于提供应用程序已运行的总时间长度，而不是每一帧的时间长度。如果需要精确计算每一帧的时间，应该使用其他相关的属性或方法。

（2）Time. unscaledTime属性：提供了一个与时间相关的值。在Unity中，开发者可以控制时间的流逝速度，甚至暂停时间。然而，仅使用Time.time有时并不能准确反映应用程序的实际运行时间。与Time.time不同，**Time.unscaledTime在对应用程序进行时间暂停时，仍然继续计时。它代表了自应用程序运行以来的时间，并不考虑时间缩放影响。** 换句话说，它是一个未受时间缩放影响的时间值。

这两个属性都可以直接通过Time类进行调用。示例6.5展示了如何使用这两个属性。

【示例6.5】 Time 属性的使用

```
using UnityEngine;
public class ExampleScript_6_5: MonoBehaviour
{
    private float startTime;
    private void Start()
    {
        startTime = Time.time; //记录此脚本开始后的时间
        Debug.Log("此脚本的time = " + startTime);
    }
    private void Update()
    {
        float currentTime = Time.time - startTime; //获取当前运行时间
        Debug.Log("已运行时间:" + currentTime + "秒");
        float unscaledTime = Time.unscaledTime; //获取不受时间缩放影响的时间
        Debug.Log("不受时间缩放影响的时间:" + unscaledTime + "秒");
    }
}
```

2. 增量时间与 Time.deltaTime

（1）从增量时间到平均速率。在最初开发时，场景中逻辑的计算常常并不是基于精确的真实经过时间,而是基于当前的帧率来每帧推进。例如,在Unity中,可以在Update()方法中,按每帧计算位移的方法来改变物体位置。

这种简单的方法在某些情况下可能会导致问题。例如,如果需要实现角色的移动,将移动的逻辑放在Update()方法中,**则物体移动的速度将会依赖于计算机能够生成的帧率**。如果在一台高性能的计算机上运行这类应用,物体的运动看起来就会像快进一样;而如果在一台性能非常差的计算机上运行这类应用,移动速度则会特别慢。这种类型的应用被称为"受CPU速度影响的游戏"。

为了解决这个问题,需要在开发时使用"增量时间"。在以下代码中,moveObj物体在Update()方法中按照speed变量提供的速度每帧进行运动。

```
public float speed = 10f;
public GameObject moveObj;
private void Update()
{
    moveObj.transform.position += Vector3.forward * speed;
}
```

假设此时应用程序的帧率为每秒30帧。当执行以上程序时,moveObj物体将在1秒内向前移动300米。而如果当前帧率为每秒100帧时,则moveObj物体会向前移动1000米。这是开发时不希望看到的事情。为了解决这个问题,需要将以上代码加上一个语句:Time.deltaTime。

(2)时间增量:Time.deltaTime。Time.deltaTime表示上一帧和当前帧之间的时间间隔,单位为秒。Time.deltaTime可以确保应用程序在不同的帧率下保持一致的行为。无论是在高帧率的设备上运行,还是在低帧率的设备上运行,都不会影响物体的移动速度或其他与时间相关的计算。

具体而言,因为Time.deltaTime表示上一帧到下一帧的时间间隔,此时执行下列代码。

```
moveObj.transform.position += Vector3.forward * speed * Time.deltaTime;
```

在上述代码中,假设此时应用程序的帧率为每秒10帧、变量speed为10f。因为Time.deltaTime代表上一帧到下一帧的时间间隔,所以此数值的大小为0.1f,即0.1秒。此代码在1秒内将会在Update()方法中执行10次。在这1秒内执行完成后,物体往前移动了10f,这正是speed设置的数值。

假设当前运行时的帧率变成了每秒100帧时,此时Time.deltaTime的数值将会变成0.01f。当执行完100次之后,物体向前运动的距离依然为10米。

综上所述:当物体的移动乘以Time.deltaTime后,可以将其理解为将1秒内需要移动的距离,按照帧间隔的时间成比例地分配到了各个帧中。因此,不管帧率是多少,其移动的速度依然保持一致。

Time.deltaTime除了可以处理物体的移动,还可以计时。当需要对程序进行计时时,程序使用Time.deltaTime进行累加,得到程序经过的时间。

3. 时间缩放与 Time.timeScale

Time.timeScale可用于设置当前时间流逝的速度。当 Time.timeScale设置为1.0时,时间流逝的速度为正常速度;当 Time.timeScale 设置为0.5时,时间流逝的速度比实时慢2倍;当 Time.timeScale设置为0时,程序则基本上处于暂停状态,并且不会调用 FixedUpdate 函数。

在示例6.6中,当用户按下Space(空格键)时,将进行时间缩放的设置,分别在0.5倍速度和1倍速度之间进行切换。

【示例 6.6】 时间缩放示例

```csharp
using UnityEngine;
public class ExampleScript_6_6 : MonoBehaviour
{
    private void Update()
    {
        //键盘按键检测
        if (Input.GetKeyDown(KeyCode.Space))
        {
            //切换时间缩放
            ToggleTimeScale();
        }
    }
    private void ToggleTimeScale()
    {
        //如果当前时间缩放为正常速度(1.0),则切换至慢动作速度(0.5)
        if (Time.timeScale == 1f)
        {
            Time.timeScale = 0.5f;
            Debug.Log("切换至慢动作");
        }
        //否则,切换至正常速度
        else
        {
            Time.timeScale = 1f;
            Debug.Log("切换至正常速度");
        }
    }
}
```

Time.scaleTime的使用场景很丰富,并且经常用来实现一些特殊的效果。例如,当角色施展某些技能时,对时间进行缩放;当按下暂停键时,对当前程序进行暂停等。

6.3 内容加载

在Unity中,需要管理大量的资源,包括场景资源、物体、本地艺术资源等。为了有效管理这些资源,Unity提供了一系列接口,可以对这些内容进行加载、实例化或删除。本节将详细讲解这些内容。

6.3.1 物体实例化

在6.2.3小节中已经详细讲解了GameObject的各种功能及使用方法。但如果想要在场景中实例化一个物体时,通常不会直接使用构造函数,而是使用另一个函数Instantiate来完成此功能。该函数除了具有创建物体的功能外,还有删除物体的功能,这由Destroy函数来实现。

扫一扫,看视频

1. Instantiate 静态函数

Instantiate静态函数的语法格式如下。

```
public static Object Instantiate (Object original, Transform parent);
public static Object Instantiate (Object original, Vector3 position, Quaternion rotation, Transform parent);
```

Instantiate函数在Object类中定义，是一个静态函数。由于该函数定义在Object类中，因此所有继承自Object的类都会拥有此函数。以上提到的两个定义是使用比较多的函数重载。该函数的主要作用是克隆传入的original对象，并返回克隆后的对象。该函数可以通过指定目标父物体的Transform来指定即将实例化物体的父物体。同时，也可以具体指定新实例化的物体的位置和角度，从而对物体的位置属性进行进一步的设置。

> 补充：Unity中的Objeet类与C#中的Object类的区别
> C#中的Object类并不完全等同于Unity中的Object类。这一点从它们所拥有的方法即可看出。具体而言，Unity中的Objeet类和C#中的Object类有以下差别。
> - 命名空间：Unity中的Object类位于UnityEngine命名空间，而C#中的Object类位于System命名空间。
> - 类：Unity中的Object类是一个基类，用于表示Unity中所有对象的基本行为和功能。它包含了一些通用的方法和属性，如Instantiate和Destroy等。而C#中的Object类是所有类的基类，包括Unity中的Object类，也是继承自C#中的Object类。它提供了一些最基本的功能，如对象的比较、转换等。
> - 功能：Unity中的Object类主要用于表示和管理Unity中的对象、组件和资源，它支持一些特定的功能，如对象的克隆、销毁以及设置对象的活动状态等。而C#中的Object类是所有类的根，它提供了通用的基础功能，如Equals方法和GetHashCode方法。

因此，更加严谨地说，在这里所讲解的Instantiate函数应该是 UnityEngine.Object.Instantiate函数。

2. GameObject.Instantiate 方法

Object类中提供的函数Instantiate可以用于返回所有类的对象，并且它可以被继承。因此，当子类继承Instantiate后，该函数的内容也会产生略微的变化。Object.Instantiate可用于返回任意类的对象，而GameObject.Instantiate只会返回GameObject类的对象。

在使用Object创建对象后，经常需要进行类型转化。然而，如果只需创建GameObject对象，则那些克隆出来的对象可以直接使用，无须额外的类型转换。**因此，在实际开发时，如果创建的对象类型就是GameObject，推荐直接使用GameObject.Instantiate方法。**

示例6.7是使用GameObject.Instantiate创建对象的代码案例，分别使用两种方法重载来创建对象。

【示例6.7】 物体实例化演示

```
using UnityEngine;
public class ExampleScript_6_7 : MonoBehaviour
{
    public GameObject prefabTest;
    private void Update()
    {
        //使用GameObject.Instantiate创建对象
```

```csharp
        if (Input.GetKeyDown(KeyCode.D))
        {
            GameObject clone = GameObject.Instantiate(prefabTest);
            clone.transform.position = new Vector3(1f, 2f, 3f);
            clone.transform.rotation = Quaternion.Euler(0f, 90f, 0f);
        }
        if (Input.GetKeyDown(KeyCode.A))
        {
            GameObject clone = GameObject.Instantiate(prefabTest, new Vector3 (1f,
            2f, 3f), Quaternion.Euler(0f, 90f, 0f));
        }
    }
}
```

3. Destroy 方法

(1) 定义：Destroy()方法的语法格式如下。

```csharp
public static void Destroy (Object obj, float t= 0.0F);
```

(2) 描述：Destroy()方法和实例化方法类似，也定义在Object类中，并且也提供了GameObject.Destroy的版本。如果只是为了删除GameObject物体，推荐使用GameObject版本的Destroy()方法。此方法的作用是对传入参数的对象进行删除，将其实例从场景中移除。参数t表示从现在开始t秒后销毁对象，默认为0，表示立即销毁。示例6.8是Destroy方法的使用案例。

【示例6.8】 摧毁物体示例

```csharp
using UnityEngine;
public class ExampleScript_6_8 : MonoBehaviour
{
    public GameObject prefabTest;
    private GameObject clone;
    private void Update()
    {
        //使用GameObject.Instantiate创建对象
        if (Input.GetKeyDown(KeyCode.D))
        {
            clone = GameObject.Instantiate(prefabTest);
            clone.transform.position = new Vector3(1f, 2f, 3f);
            clone.transform.rotation = Quaternion.Euler(0f, 90f, 0f);
        }
        if (Input.GetKeyDown(KeyCode.A))
        {
            if (clone != null)
            {
                GameObject.Destroy(clone);
            }
        }
    }
}
```

6.3.2 本地资源加载

扫一扫,看视频

在本小节中,将讲解在Unity中进行本地加载的方式及其相关概念。并不是所有的资源都会随着场景一起实例化,在之前的物体实例化部分,了解到可以通过以下几种方法进行GameObject的实例化。

- 直接拖到场景中:当场景加载时,这些资源会随着场景一起实例化。
- 使用GameObject的构造函数:直接实例化对象。
- 使用Object提供的Instantiate方法:克隆并实例化对象。

这三种方法可以用来实例化物体。然而,除了实例化物体的需求外,还经常有一类需求:从文件系统中加载物体。如果实例化的资源不在场景中,而是在文件系统中,就需要在程序运行时动态地从文件系统中加载物体,此时就需要用到本小节所讲解的知识。

1. 静态加载与动态加载

按照加载的时机和过程来分,可以把本地资源的加载分成两种类型:静态加载与动态加载。

(1)**静态加载**。静态加载是指在程序启动时,将所有需要的资源(如模型、纹理、声音文件等)一次性加载到内存中。这意味着在程序运行期间,所有需要使用的资源都已经加载完成,可以直接从内存中获取,而不需要额外的加载操作。

这种方式通过直接对属性进行设置,将资源绑定在场景内的任意对象上。静态加载是最为常见的资源加载方式。在Unity中,使用静态加载的资源,其生命周期与其所在的场景完全一致:在场景加载时被加载,在场景切换时被释放。

静态加载的优点如下:

- 可以在场景加载过程中完成自身的加载过程,确保在场景运行期间该资源不会出现性能隐患。
- 在场景切换时会被完全释放,无须担心因为释放不及时、不完整而导致内存泄漏。

静态加载的缺点如下:

- 只支持不变的静态资源,无法根据实际需求灵活更换不同资源。
- 所有的资源和场景"同生共死",无法在场景运行过程中提前释放。因此,静态加载可能会消耗较多的内存空间,尤其是当资源规模很大时。

(2)**动态加载**。动态加载是指在程序运行时根据需要,按需加载所需的资源。相比于静态加载,动态加载不会在运行期间一次性将所有资源加载到内存中,而是根据当前场景的行为,动态地加载所需的资源。动态加载发生在场景的运行期间,可以加载不同类型的资源。

动态加载的优点如下:

- 更加灵活:有些资源在场景刚开始时无法确定,必须动态加载。
- 动态资源可以在场景运行的任何时间加载和释放。

动态加载的缺点如下:

- 动态资源的控制需要更高的技巧。在不理解当前所使用的对象的情况下进行使用,可能会导致内存陷阱。
- 游戏的性能问题和内存泄漏是常见问题。

2. 复制加载与引用加载

除了按照资源的加载时机来区分加载类型外，还可以通过另一个维度来区分加载这一行为：对于资源加载的复制与引用。

计算机中的所有资源都可以被当作对象来处理，包括IO设备、文件资源、Socket、数据库连接、视频资源等。当开发者想要加载这些资源时，有时将这些资源直接复制一份，对复制的资源进行加载与使用；有时则是创建一个对对象的引用，使用者需要通过引用获取对象，再进行具体的处理。这两种加载方式各自有其优缺点，接下来就对这部分知识进行讲解。

（1）复制加载。**复制加载直接对原资源进行复制，在内存中创建一份资源的镜像。当对新资源进行更改时，这些更改不会影响到原资源。**

由于新资源和原资源在文件系统中是两个独立的物体，因此可知复制加载最大的缺点是消耗内存资源大。原资源越大，复制加载的性能消耗就越高。

但复制加载也有优点，那就是资源的依赖关系明确。在使用引用加载的文件之间，经常会出现多个对象之间互相引用的情况。例如，从文件系统中加载一个角色的预制体，而此预制体引用了其他的材质、贴图以及骨骼，骨骼模型又可能引用了角色的动画。这些不同的资源之间的引用关系会因为资源本身功能的复杂变得难以维护。对于复制加载而言，由于每个资源都是复制而来的独立对象，因此可以一定程度上解决资源依赖关系紧密的问题。

（2）引用加载。**在程序进行引用加载时，新加载的资源仅是对于原资源的引用。新资源不会在内存中进行重新复制，而是创建对资源的引用。**

引用加载的优点十分清晰：在内存中占据的空间小。然而，引用加载也有其缺点：在资源之间的引用关系复杂时，难以对这些资源进行维护，尤其是在进行垃圾回收与对象删除时。由于各个对象之间可能会相互引用，因此在进行垃圾回收时可能会出现循环引用的问题。所以，在使用引用加载时，一定要在一开始时就清晰地思考资源之间的引用关系，确保程序的行为在可控范围之内。

3. Resources 类加载

在了解了文件加载的一些基本概念后，接下来具体学习一下Unity中进行资源加载的方法。

Resources类是Unity引擎中的一个工具类，用于访问和管理项目中的资源。它提供了一种方便的方式来加载和获取各种资源，包括模型、纹理、声音、预制体等。通过Resources类，可以在运行时动态加载各种资源，也可以在需要时在场景中使用这些资源。

（1）Resources类的使用准备。

在使用Resources类进行资源加载之前，需要了解以下内容。

- 要加载的资源必须位于 Resources文件夹下。
- 在Resources 文件夹下，可以使用下划线"_"来代表子目录。
- 在Resources下加载文件时，不需要加上资源的后缀名。
- 在Assets中可以新建多个Resources文件夹。当使用Resources.Load进行加载时，程序将会在这些文件夹中对每个资源进行查找并返回。
- 存放在Resources下的资源，无论是否使用，**在Unity将项目打包时都会将其打包进项目中。**

（2）Resources.Load()方法。

Resources.Load()方法的语法格式如下：

```
public static T Load (string path);
```

Resources.Load()方法用于在Resources文件夹下加载指定类型的资源。其中，T表示要请求的资源类型，字符串类型的path参数表示当前要查找资源的路径。如果在指定的 path 中找到资源，则此方法将返回类型 path；否则，返回 null。示例6.9展示了Resources.Load()方法的使用示例。

【示例 6.9】 本地资源加载示例

```
using UnityEngine;
public class ExampleScript_6_9: MonoBehaviour
{
    void Start()
    {
        //加载并实例化一个预制体
        GameObject prefab = Resources.Load<GameObject>("Prefabs/CubePrefab");
        //加载一个纹理
        Texture2D texture = Resources.Load<Texture2D>("Textures/LogoTexture");
        //加载一个音频剪辑
        AudioClip audioClip = Resources.Load<AudioClip>("Audio/BackgroundMusic");
        //在控制台输出加载的资源信息
        Debug.Log("Loaded prefab: " + prefab.name);
        Debug.Log("Loaded texture: " + texture.name);
        Debug.Log("Loaded audio clip: " + audioClip.name);
    }
}
```

在以上代码中，使用Resources.Load()方法加载了位于Resources文件下路径为"Prefabs/CubePrefab"的预制体资源、位于"Textures/LogoTexture"路径下的纹理资源，以及位于"Audio/BackgroundMusic"路径下的音频片段资源。

6.3.3 场景加载与退出

扫一扫，看视频

为了实现从离线的、开发者视角的世界编辑器到运行中的游戏模型之间的过渡，需要一些有效的方法，以便在Unity中将不同的世界块加载到内存中，并在使用完成后进行卸载。Unity以Scene（场景）为基本单位构成不同的场景关卡，这些场景成了程序的一个个相对独立的部分。

场景在开发中扮演了重要的角色，每个场景都存放了与之相关的静态资源，如地形、道具、角色等。通过将不同的内容划分为不同的场景，可以有效地对流程进行控制。下面介绍这些场景的切换、资源在不同场景间的保存等功能的具体实现。

1. SceneManager 类与场景加载

在学习SceneManager.Load()方法之前，首先了解Unity中一个用于场景管理的类：SceneManager。SceneManager类是Unity引擎中的一个重要组件，用于管理场景的加载、卸载和切换操作。它提供了一系列的方法和属性，使开发者能够方便地管理不同的场景，并实现无缝的过渡和流程控制。

在SceneManager类中有很多常用的静态方法，这些方法的定义与介绍如下。

（1）LoadScene(string sceneName)：用于加载指定名称的场景。通过调用该方法，开发者可以根据场景名称加载相应的场景。该方法也是最常使用的方法。

（2）SetActiveScene(Scene scene)：用于将指定的场景设置为活动场景。活动场景是将用作新游戏对象（由脚本实例化）的目标的场景，在这些场景中会使用光照设置。

（3）GetSceneByName(string sceneName)：用于根据场景名称获取场景。通过调用该方法，开发者可以搜索已加载的场景，查找包含给定名称的场景。

（4）GetActiveScene()：用于获取当前活动的场景。通过调用该方法，开发者可以获取当前正在运行的活动场景。

2. LoadScene() 方法

LoadScene()方法的语法格式如下：

```
public static void LoadScene (int sceneBuildIndex, SceneManagement.LoadSceneMode
mode= LoadSceneMode.Single);
public static void LoadScene (string sceneName, SceneManagement.LoadSceneMode
mode= LoadSceneMode.Single);
```

LoadScene()方法按照参数中传入的场景名称或索引加载目标场景。需要注意的是，在使用LoadScene()方法加载场景之前，首先需要保证此场景被添加到Scenes In Build中，添加步骤如下：①在Unity的File菜单中选择Build Settings；②单击图6.19中的Add Open Scenes按钮，将当前场景添加到Scenes In Build中。

此时，可以看到当前场景的索引以及加载时的顺序。索引为0的场景将会作为程序启动时的场景。示例6.10展示相关的代码示例。

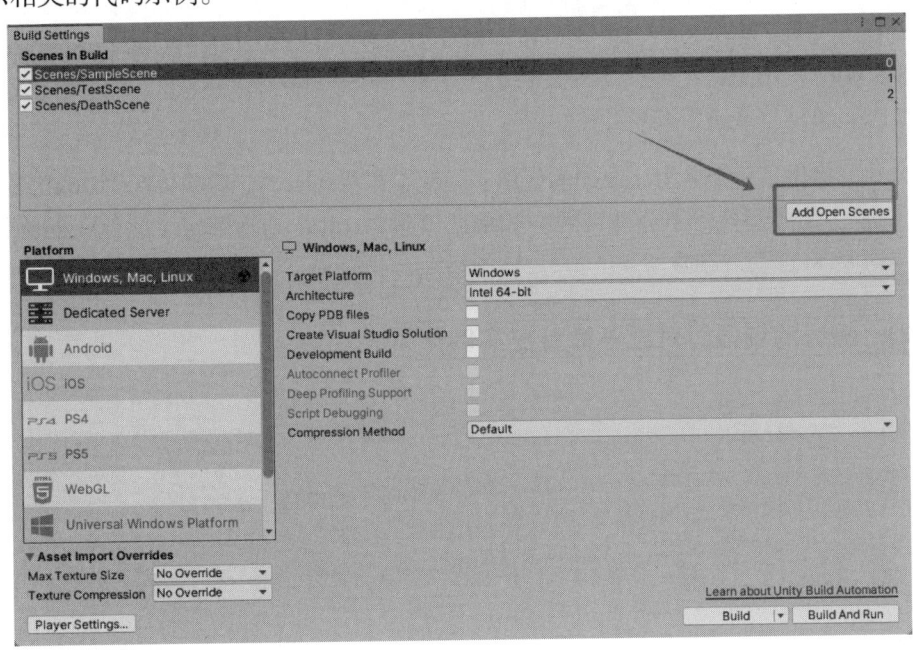

图 6.19

【示例 6.10】 场景加载示例

```
using UnityEngine;
using UnityEngine.SceneManagement;
public class ExampleScript_6_10 : MonoBehaviour
{
    //场景的名称
    private string sceneName = "OutdoorsScene";
    private void Update()
    {
        if (Input.GetKeyDown(KeyCode.Q))
        {
            SceneManager.LoadScene(sceneName);
        }
    }
}
```

3. DontDestroyOnLoad() 方法

定义如下：

```
public static void DontDestroyOnLoad(Object target);
```

描述：DontDestroyOnLoad()方法是Unity中的一个重要方法，用于确保对象在场景切换时不被销毁。此方法可以保持某个特定的对象在多个场景之间持久存在，而不受场景加载和销毁的影响。

> **注意：DontDestroyOnLoad()方法使用后的场景物体**
>
> 尽管DontDestroyOnLoad()方法参数内的对象在场景间切换时不会被销毁，但这并不代表在重新进入此场景时此对象不会被重新加载。当需要在几个场景之间来回切换时，可能会因为DontDestroyOnLoad()方法而出现重复的对象。因此，在使用DontDestroyOnLoad()方法使某个对象不会被销毁前，需要先思考这个对象是否在程序中仅需一个。如果是，则还需要增加单独的判断，在多个此物体被实例化时销毁不需要的物体。

在示例6.11中，提供了一个名为created的变量。当此变量为false时，对象会接受DontDestroyOnLoad()方法的作用，使其在场景切换时不会被销毁；如果此变量为true，则当绑定了此代码的物体在场景被加载时实例化，该物体将自动被删除。

【示例 6.11】 保证跨场景时对象不被重复实例化

```
using UnityEngine;
public class ExampleScript_6_11: MonoBehaviour
{
    private static bool created = false;
    private void Awake()
    {
        if (!created)
        {
```

```
            //保持该游戏对象在场景切换时的持久性
            DontDestroyOnLoad(gameObject);
            created = true;
        }
        else
        {
            //如果存在重复的游戏对象，销毁后续出现的对象
            Destroy(gameObject);
        }
    }
}
```

6.4 Input 接口与 Debug 接口

本节将会讲解两个独立的部分：获得用户输入的Input接口和输出调试信息的Debug接口。

当需要对用户的行为进行反应时，首先要对用户的输入进行检测。这种输入可以是鼠标、键盘、触屏、手柄等。Unity引擎需要提供一套API来对这些输入设备的输入进行判定。

除了输入的需求外，开发者在进行程序调试时，经常需要对应用程序的状态进行输出。当需要在程序的代码中插入一些输出代码，从而可以打印程序的状态或警告信息时，就可以使用Unity提供的Debug接口。

6.4.1 Input 系统

Unity的Input系统允许开发者轻松获取用户的输入，并将其用于程序的逻辑中。该系统提供了一个统一Input的接口，用于处理各种输入设备，如键盘、鼠标、手柄等。Unity的Input系统是一个功能强大且灵活的工具，为开发者提供了处理用户输入的便利性和可定制性。接下来，将按照不同的输入类型，讲解与之相关的各个方法。

1. Input 类

在Unity中，Input类提供了一系列用于处理用户输入的方法和属性。 它可以被程序直接调用，位于UnityEngine命名空间中。引用UnityEngine命名空间后可以直接使用Input类提供的功能。

Unity的Input类具有多平台的适应性。Unity是一个跨平台的游戏开发引擎，支持不同的设备和操作系统。Input类提供了一种统一的接口来处理各种输入设备，无论是键盘、鼠标还是触摸屏，程序都能够获取相应的输入信息，使得程序在不同平台上运行时，从开发者视角都能保持一致的编程体验。

Input类还具有很强的可配置性，它支持对Input Manager进行配置，为不同的操作定义不同的按钮以及轴，从而提升输入系统的灵活性。这些特点使处理输入变得非常简单。在以下讲解内容中，将很清楚地看到以上特点。

2. 处理鼠标按键输入的方法

在处理鼠标按键的输入时，Input类提供了三种方法，分别对应鼠标按键的持续按下、按下帧、释放

帧时。以下是这三种方法的定义。

GetMouseButton()方法的定义如下：

```
public static bool GetMouseButton (int button);
```

描述：返回是否持续按下了给定的鼠标按键。

GetMouseButtonDown()方法的定义如下：

```
public static bool GetMouseButtonDown (int button);
```

描述：在用户按下给定鼠标按键的帧期间返回true。

GetMouseButtonUp()方法的定义如下：

```
public static bool GetMouseButtonUp (int button);
```

描述：在用户释放给定鼠标按键的帧期间返回true。

这三种方法都接收了一个int类型的参数，分别代表鼠标的3个按键：button 值为 0 表示左键；1 表示右键；2 表示中间键。

当用户按下鼠标时，GetMouseButtonDown()方法将会返回true，其他情况下返回false；当用户持续按下鼠标时，GetMouseButton()方法将会返回true，当用户释放鼠标时，返回false；当用户释放鼠标时，GetMouseButtonUp()方法将返回true，其他情况下都返回false。

示例6.12展示了这三种方法的简单代码示例。

【示例6.12】 鼠标按键代码示例

```
using UnityEngine;
using System.Collections;
public class ExampleScript_6_12: MonoBehaviour
{
    void Update()
    {
        if (Input.GetMouseButtonDown(0))
        {
            Debug.Log("按下左键");
        }
        if (Input.GetMouseButton(0))
        {
            Debug.Log("持续按下左键");
        }
        if (Input.GetMouseButtonUp(0))
        {
            Debug.Log("抬起左键");
        }
    }
}
```

3. Input Manager 界面与 GetButton() 方法

在了解GetButton()方法的用法之前，首先了解如何对InputManager进行配置。

（1）Input Manager界面。在InputManager界面中，可以为当前项目定义输入轴及其关联操作。在Unity的主菜单中选择 Edit→Project Settings命令，然后从右侧的导航栏中选择 Input Manager界面，如图6.20所示。

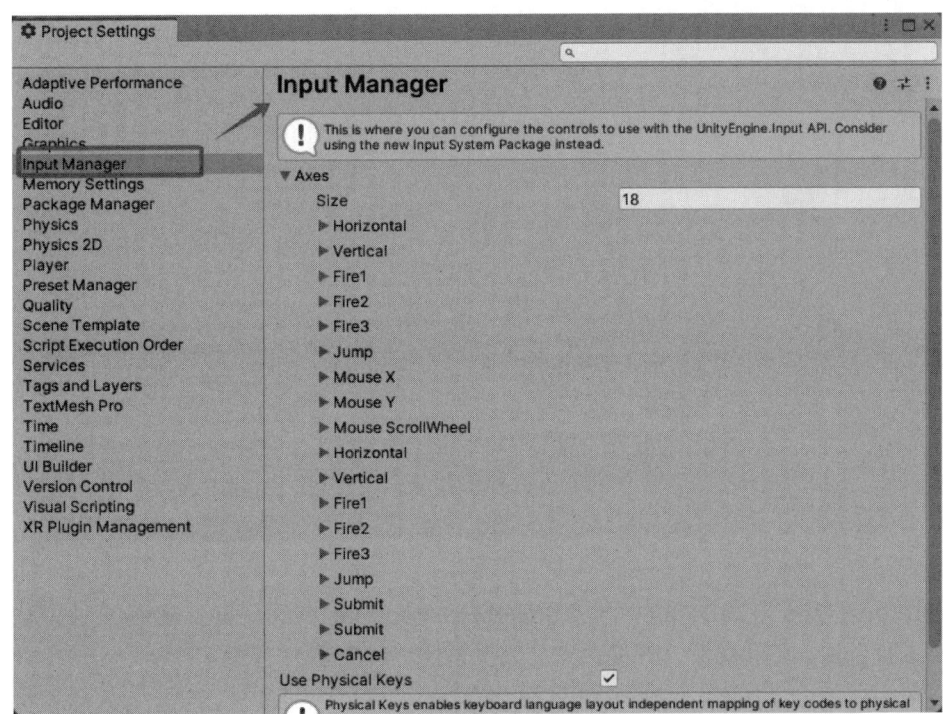

图 6.20

对于可配置的输入内容，需要注意以下3个概念。

- 键（Key）：当一个输入是由Key发起时（如使用GetKey()方法），表示它是直接通过检测物理键盘上的任意按键（如 W、Shift或空格键）进行的。
- 按钮（Button）：按钮的对应输入可以由Input Manager进行配置。其中定义的属性可以是物理控制器（如键盘）上的任意按键。例如，Jump对应键盘上的Space（空格）键。
- 虚拟轴（Virtual Axis）：虚拟轴会被映射到某个控件上。当用户激活该控件时，虚拟轴会在 [−1, 1] 的范围内接收到某个值。

对于以上输入种类，GetButton()方法输入的参数为Input Manager中的虚拟按钮，这些参数代表的实际意义可以在运行时动态更改。而GeyKey()方法的参数则对应具体的键，即需要键盘上对应的键编码来获得输入。

在Input Manager中可以对按钮进行配置。例如，在图6.21中对Jump进行配置。其中，name表示名称，通过此名称可以在脚本中访问此定义轴；Negative Button和Positive Button分别用于沿负向和正向推动轴的控件。这些控件可以是键盘上的键，也可以是游戏杆或鼠标按钮。在Jump中，只为其设置了Positive Button属性，并将其设置为键盘上的Space键。这意味着当用户按下Space键时，将触发与Jump相关的操作。

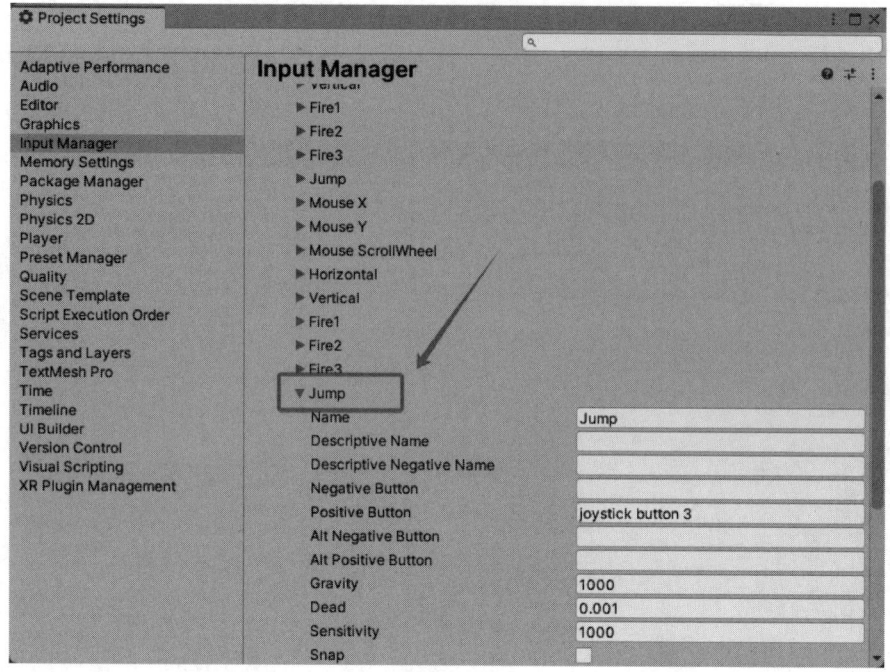

图 6.21

（2）GetButton()方法。GetButton()方法和GetMouseButton()方法一样，也有三种方法，分别对应鼠标按键的按下时、按下中和释放时三种状态。以下是这三种方法的定义。

GetButton()方法的定义如下：

```
public static bool GetButton(string buttonName);
```

描述：当用户按下 buttonName 标识的虚拟按键时返回 true。

GetButtonDown()方法的定义如下：

```
public static bool GetButtonDown(string buttonName);
```

描述：当用户按下 buttonName 标识的虚拟按键那一帧时返回 true。

GetButtonUp()方法的定义如下：

```
public static bool GetButtonUp(string buttonName);
```

描述：当用户释放 buttonName 标识的虚拟按键那一帧时返回 true。

以上三种方法都接收一个 string 类型的参数，此参数就是在 Input Manager 中设置的 name 属性。通过 string 参数可以检测不同的按键输入。示例 6.13 是一个简单的 GetButton()方法代码示例。

【示例 6.13】 GetButton() 方法代码示例

```
using UnityEngine;
public class ExampleScript_6_13: MonoBehaviour
{
```

```
    private void Update ()
    {
        //检测按键是否被按下,并输出消息
        if (Input.GetButtonDown ("Fire 1"))
        {
            Debug.Log ("Fire 1 按钮被按下");
        }
        //检测按键是否持续按住,并输出消息
        if (Input.GetButton("Jump"))
        {
            Debug.Log("Jump 按钮持续按住");
        }
        //检测按键是否被释放,并输出消息
        if (Input.GetButtonUp("Fire2"))
        {
            Debug.Log("Fire2 按钮被释放");
        }
    }
}
```

4. GetKey() 方法

GetKey()方法和GetButton()方法的主要区别在于：GetKey()方法使用键编码，而GetButton()方法使用虚拟按钮。因此，GetKey()方法获得的输入可以通过系统已经定义好的KeyCode枚举参数进行标识。

KeyCode中定义的枚举是由键盘事件定义的原始键代码，其值可以与物理键盘的键一一匹配。KeyCode可以在GetKey()方法中作为参数使用。

GetKey()方法的定义如下：

```
public static bool GetKey (KeyCode key);
```

描述：当用户按下 KeyCode 枚举参数标识的键时返回 true。

GetKeyDown()方法的定义如下：

```
public static bool GetKeyDown(KeyCode key);
```

描述：当用户按下 KeyCode 枚举参数标识的键的那一帧时返回 true。

GetKeyUp()方法的定义如下：

```
public static bool GetKeyUp(KeyCode key);
```

描述：当用户释放 KeyCode 枚举参数标识的键的那一帧时返回 true。

其代码示例如示例6.14所示。

【示例 6.14】 GetKey() 方法代码示例

```
using UnityEngine;
public class ExampleScript_6_14: MonoBehaviour
```

```
{
    private void Update()
    {
        if (Input.GetKeyDown(KeyCode.Space))
        {
            Debug.Log("Space 按键被按下");
        }
        if (Input.GetKey(KeyCode.W))
        {
            Debug.Log("W按键被持续按住");
        }
        if (Input.GetKeyUp(KeyCode.Escape))
        {
            Debug.Log("ESC按键被释放");
        }
    }
}
```

5. GetAxis() 方法

GetAxis()方法返回由参数标注的虚拟轴的值，该值位于[-1,1]范围内。GetAxis()方法常用于对用户输入进行连续响应的场合，如控制角色的移动、旋转或其他连续变化的操作。根据不同的输入设备和配置，GetAxis()方法可以检测并返回相应的输入数值，以便程序根据用户的输入进行逻辑处理和动作触发。

GetAxis()方法的定义如下：

```
public static float GetAxis(string axisName);
```

GetAxis()方法返回由 axisName 标识的虚拟轴的值。对于键盘和游戏杆输入设备，该值位于[-1，1]范围内。

常用的GetAxis()方法包括Input.GetAxis("Mouse X")和Input.GetAxis("Mouse Y")，它们分别用于检测鼠标在水平（X）和垂直（Y）方向上的移动，返回的数值表示鼠标移动的相对距离。此方法可以实现第一人称角色的视角旋转。其代码示例如示例6.15所示。

【示例 6.15】 GetAxis() 方法代码示例

```
using UnityEngine;
public class ExampleScript_6_15: MonoBehaviour
{
    public float rotationSpeed = 100f;    //角色旋转速度
    public Transform CameraTransform;
    //垂直方向上的视角限制
    [Header("垂直方向上的视角限制")]
    public float upMaxAngle = 90f;
    public float downMaxAngle = -90f;
    //绕X轴的旋转角度
    private float _yRotation;
    //绕Y轴的旋转角度
    private float _xRotation;
    private void Start()
```

```csharp
            {
    if (CameraTransform == null)
    {
        CameraTransform = GameObject.Find("Main Camera").transform;
        if (CameraTransform != null)
        {
            CameraTransform.SetParent(this.transform);
        }
        else
        {
            Debug.Log("Camera获得为空!");
        }
    }
}
private void Update()
{
    //获取鼠标的X轴向和Y轴向输入
    float mouseX = Input.GetAxis("Mouse X") * rotationSpeed * Time.deltaTime;
    float mouseY = Input.GetAxis("Mouse Y") * rotationSpeed * Time.deltaTime;
    _yRotation += mouseX;
    //获得绕X轴旋转的度数并限制在-90~90
    _xRotation -= mouseY;
    _xRotation = Mathf.Clamp(_xRotation, downMaxAngle, upMaxAngle);
    //父物体能够绕Y轴旋转360
    transform.localRotation = Quaternion.Euler(0f, _yRotation, 0f);
    //相机只能够上下旋转180
    CameraTransform.localRotation = Quaternion.Euler(_xRotation, 0f, 0f);
}
}
```

在以上代码中，通过mouseX和mouseY分别获取了鼠标在X轴和Y轴上的输入。在Update()方法中，首先获取鼠标的X轴和Y轴输入，并将其乘以旋转速度和时间增量，从而得到最终的旋转增量；然后将鼠标在X轴上的移动量累加到_yRotation变量上，并将该变量的值赋给角色物体本身transform角度，以实现角色绕Y轴的旋转。

接下来，将鼠标在Y轴上的移动量减去_xRotation变量，实现角色绕X轴的旋转。为了限制垂直方向上的视角，在设置_xRotation时，使用了Mathf.Clamp()函数将其限制在指定的最小和最大角度之间。

需要注意的是，在Start()函数中对相机进行初始设置时，将其父物体设置为当前脚本绑定的角色物体。这是因为相机物体的旋转只需在上下方向进行，而左右方向的旋转是通过角色的旋转而达成的。因此，需要将相机物体设置为角色物体的子物体，使其角度可以随着角色物体一起旋转。

6.4.2 Debug系统

Debug系统是一个功能强大的开发工具，用于帮助开发者在程序运行过程中进行调试和排查错误。该系统提供了一系列接口，使程序员在开发过程中能够更加高效和准确地工作。

具体而言，Unity中的Debug系统主要分为两个部分：Console界面和Debug接口。**通过Debug.Log接口，程序员可以输出日志信息，这些日志信息会在Console界面中显示。**为了输出不同类型的日志信息，还可以使用Debug.LogWarning和Debug.LogError接口输出警告和错误信息，从而进一步区分日志的类型。

在本小节中，将综合讲解这部分知识，帮助用户建立对Debug系统的认识。

1. Debug 类及接口

Debug类可用于在编辑器中可视化各种信息，这些输出信息有助于了解或调查项目运行时的情况。例如，可以使用该类在Console界面中打印消息，或在Scene视图和Game视图中绘制可视化的线条。

（1）Debug.Log/LogWarning/LogError。当需要把信息输出到Console界面时，可以使用以下3个接口。

Debug.Log：用于输出一般信息。其定义如下：

```
public static void Log(object message);
public static void Log(object message, Object context);
```

描述：将消息记录到 Unity 控制台。当传入第2个参数context（用于传递 GameObject 或 Component）时，则在Console界面中单击日志消息时，Unity 将暂时在 Hierarchy 视图中高亮显示该对象。使用Debug.Log输出的对象在Console界面中以灰色文字显示，标识为一般的Debug信息。

Debug.LogWarning：用于输出警告信息。其定义如下：

```
public static void LogWarning(object message);
public static void LogWarning(object message, Object context);
```

描述：将警告消息输出到Console的 Debug.Log 变体中。与Debug.Log一样，传入的第2个参数可以在Hierarchy视图中高亮显示相关对象。

Debug.LogError：用于输出报错信息。其定义如下：

```
public static void LogError(object message);
public static void LogError(object message, Object context);
```

描述：将报错消息输出到Console的 Debug.Log 变体中。第2个参数表示可以在Hierarchy视图中高亮显示相关对象。

（2）Debug.DrawLine与Debug.DrawRay。

Debug.DrawLine的定义如下：

```
public static void DrawLine(Vector3 start, Vector3 end, Color color= Color.white,
float duration=0.0f, bool depthTest=true);
```

描述：当需要以图形形式输出Debug信息时，可以使用Debug.DrawLine方法。**该方法可以在指定的起始点start与结束点end之间绘制一条直线。当游戏正在运行且辅助图标绘图功能被启用时，将在编辑器的Game视图中绘制直线。**其中，color参数表示绘制的直线的颜色；duration 参数表示在第一次显示该直线后，该直线可见的时间长短。

Debug.DrawRay的定义如下：

```
public static void DrawRay(Vector3 start, Vector3 dir, Color color= Color.white,
float duration=0.0f, bool depthTest=true);
```

描述：该方法可在世界坐标系中绘制一条从起点start发出的、沿指定方向dir的直线。其中，color参数表示绘制的直线的颜色；duration参数表示直线在第一次显示后的可见时间。

在示例6.16中，使用Debug.Log()方法分别输出了普通、警告、错误信息。在输出警告信息时，使用了Debug.LogWaring()方法，并绑定了对应的物体对象WarningObject。

在Update()方法中，首先使用Debug.DrawLine()方法在StartPoint位置和EndPoint位置之间绘制一条红色的线；然后，利用Debug.DrawRay()方法在StartPoint位置向世界坐标系的后方位置绘制一条直线。

【示例6.16】 Debug 日志与绘制操作

```
using UnityEngine;
public class ExampleScript_6_16: MonoBehaviour
{
    public GameObject WarningObject;
    public Vector3 StartPoint = Vector3.zero;
    public Vector3 EndPoint = Vector3.forward;
    public Vector3 Direct = Vector3.back;
    private void Start()
    {
        Debug.Log("这是一条普通信息");
        Debug.LogWarning("这是一条警告信息", WarningObject);
        Debug.LogError("这是一条错误信息");
    }
    private void Update()
    {
        Debug.DrawLine(StartPoint, EndPoint, Color.red);
        Debug.DrawRay(StartPoint, Direct,Color.blue);
    }
}
```

（3）Debug.Assert()方法。

Debug.Assert()方法的定义如下：

```
public static void Assert(bool condition);
public static void Assert(bool condition, Object context);
public static void Assert(bool condition, object message);
public static void Assert(bool condition, object message, Object context);
```

描述：对传入的参数condition进行判断。当condition的值为false时，输出错误信息message到Console控制台中。需要注意的是，这些方法仅在定义了UNITY_ASSERTIONS符号时才有效。

在示例6.17中，Update()方法中的Debug.Assert()方法只有在AssertionBool为false时，才会输出Debug.Assert()方法中定义的断言信息。

【示例6.17】 断言信息输出条件

```
using UnityEngine;
public class ExampleScript_6_17: MonoBehaviour
{
    public bool AssertionBool = true;
    private void Update()
    {
        Debug.Assert(AssertionBool,"输出断言信息");
    }
}
```

（4）Debug.Break()方法。

Debug.Break()方法的定义如下：

```
public static void Break();
```

描述：当需要在Editor运行时暂停引擎，以便查看Inspector视图的数值或查看相关信息时，可以在脚本中调用Debug.Break()方法。使用此方法后，当前正在运行的Editor将会被暂停。以下是一个简单的代码示例，当用户按下Space键时将会暂停Editor。

```
using UnityEngine;
public class ExampleScript_6_18: MonoBehaviour
{
    private void Update()
    {
        if (Input.GetKeyDown(KeyCode.Space))
        {
            Debug.Break();
        }
    }
}
```

2. Console 界面

在菜单栏中选择Window→Panels→Console命令，可以打开Console界面，如图6.22所示。

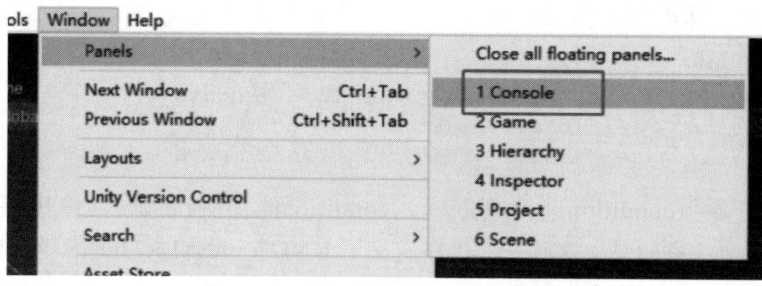

图 6.22

进入Console界面后，可以看到图6.23所示的界面。

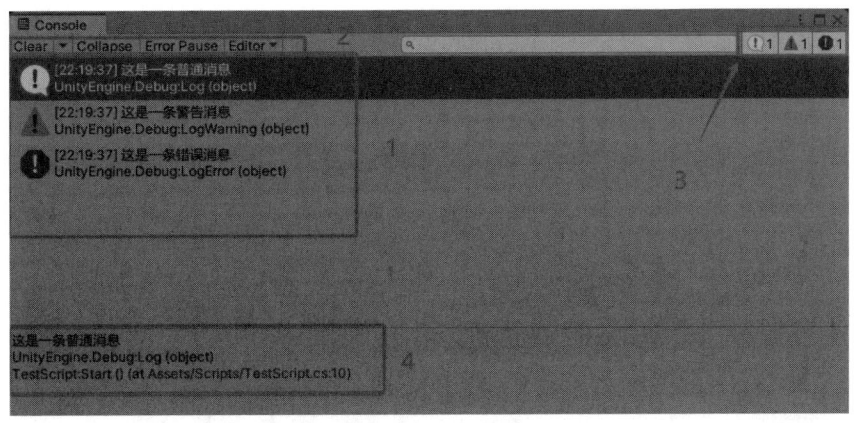

图 6.23

图6.23中的1号区域显示的是当前控制台输出的信息,这些信息可以由Debug.Log()方法、Debug.LogWarning()方法、Debug.LogError()方法发出。其中,Debug.Log()方法发出的信息显示为灰色;Debug.LogWarning()方法发出的信息显示为黄色;Debug.LogError()方法发出的信息显示为红色。

图6.23中的2号区域包含以下常用按钮。

- Clear按钮:用于移除当前从代码中生成的所有消息,但会保留编译器错误。
- Collapse按钮:当出现大量重复信息时,此按钮可使控制台仅显示重复消息的第一条。
- Error Pause:开启此选项后,只要从脚本中调用了 Debug.LogError()方法,便会暂停当前Editor 的运行。

在图6.23中的3号区域中,可以选择是否在Console界面中显示普通、警告以及报错信息。

图6.23中的4号区域,用于显示当前输出代码的堆栈跟踪日志记录。当Unity 将消息输出到控制台或日志文件时,可以包含详细的堆栈跟踪信息。代码如下:

```
using UnityEngine;
public class TempScript : MonoBehaviour
{
    private void Start()
    {
        fun1();
    }
    private void fun1()
    {
        fun2();
    }
    private void fun2()
    {
        fun3();
    }
    private void fun3()
    {
        Debug.Log("显示堆栈跟踪信息");
    }
}
```

在以上代码中，Start()函数调用了fun1()方法，随后fun1()方法又调用了fun2()方法，而fun2()方法进一步调用了fun3()方法。最终，在Console界面中输出的结果如图6.24所示。

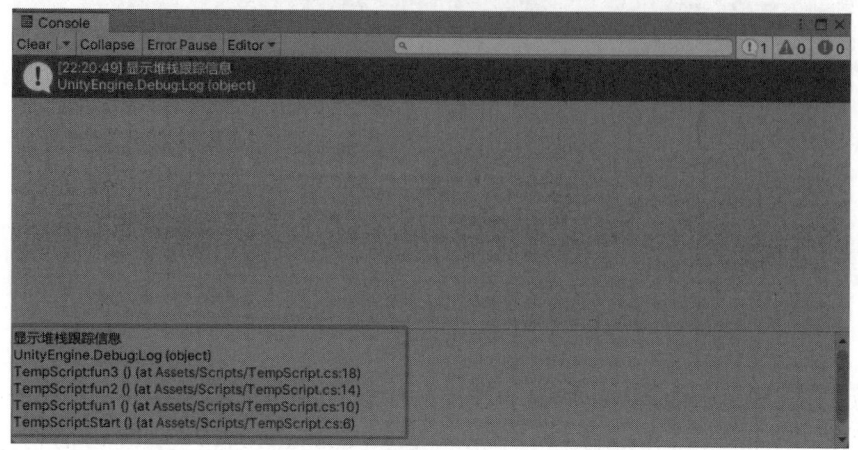

图 6.24

当单击图6.24中的Log信息后，可以在图中框出的区域中看到当前Log输出信息的堆栈调用情况，即从上往下显示：当前Debug.Log()方法在fun3()方法中被调用，fun3()方法被fun2()方法调用，fun2()方法被fun1()方法调用，最终fun1()方法被Start()函数调用的全过程。

6.5 本章习题

1. OnEnable()函数、Awake()函数、Start()函数运行时的顺序是怎样的？哪些可能在同一个对象周期中反复地发生？
2. 物理更新一般放在哪个回调函数中？
3. 相机跟随一般放在哪个回调函数中？
4. 请列举Unity中添加组件的几种主要方式。
5. 请简述GameObject类的作用。

第 7 章 数学开发基础

> **内容概述**
>
> 本章是起航篇的最后一章。在前面的章节中,已经对 C# 语言和引擎编程进行了详细介绍,接下来将讲解编程开发基础的最后部分:数学开发基础。
>
> 当面对一个三维或者二维物体时,总会有对其行为进行控制的需求。而对于一个空间中的物体而言,其所有的位移、旋转等行为都需要依靠数学作为支撑,从而能够精确地执行变换。本章将综合讲解数学开发所需要的基础知识,以便为 Unity 引擎开发打下良好的基础。

7.1 矢量运算

数学包含众多分支,如代数、统计学、微积分等。然而,在Unity开发中,使用最多的分支是矢量运算与矩阵运算。

在本节中,首先讲解矢量运算的基础概念;然后学习Unity引擎所提供的相关API接口。

7.1.1 矢量运算的基本概念

什么是矢量运算?对于计算机程序而言,矢量运算是一种对矢量进行操作和计算的过程。**矢量是具有大小和方向的量,常用来表示位移、速度、力等。**因此,当需要在三维空间中表示一个物体的空间属性时,矢量的概念便分布于各个多维空间。例如,二维平面上的(x,y)坐标,或者三维空间中的(x,y,z)坐标。

扫一扫,看视频

矢量运算包括数学运算和几何变换。常见的矢量运算包括矢量加法、矢量减法、标量乘法、点积、叉积等。本小节将详细讲解这些内容。

1. 点与矢量

在三维场景中,存在大量三维物体。引擎程序必须记录这些物体的位置、角度和比例等属性。为了在屏幕上呈现这些物体,需要对这些属性进行三维数学变换,将它们转换到屏幕空间中。现代三维物体通常由许多三角形组成,其中每个三角形的顶点(vertex)都用点(point)来表示。

(1)点。在数学中,点是一个基本的几何概念,它表示空间中的一个位置,**被视为没有大小、形状或方向的对象,只有位置的属性。**

在三维坐标系中,点可以使用3个数值来表示,这些数值分别对应于空间中的3个坐标轴,也称为点的坐标。**一个点的坐标通常以有序三元组的形式表示:**(x,y,z)。

需要注意的是,点的表示方式根据不同的坐标系而有所不同。在极坐标系或其他曲线坐标系中,点可能采用不同形式的坐标表示。

(2)**矢量**。在数学中,**矢量是具有大小和方向的量,常用于描述空间中的位移、力、速度等。**如果给定向量的起点(A)和终点(B),可将向量记作$\overline{AB}$。矢量的方向可以使用不同的方式表示,其中一种常见的方式是使用单位矢量。

三维矢量可以使用3个标量来表示：(x,y,z)。由其形式可知，矢量也由3个属性构成，因此它也可以用于表示一个点，只需将其起始位置放置于坐标系的原点，即可实现矢量与点的转换。由此可以理解矢量和点的一个根本区别：**对于计算机中三维的数据(x,y,z)而言，点是绝对的概念，而矢量是相对的概念。**

（3）**单位矢量**。单位矢量是长度为1的矢量，它与原始的矢量(x, y, z)具有相同的方向。假设一个矢量v的三维矢量表示为(v_x, v_y, v_z)，单位矢量表示为$\hat{v}$，长度表示为$|v|$，可以通过将矢量v除以其大小来计算得到单位矢量：

$$\hat{v} = \frac{v}{|v|} = \left(\frac{v_x}{|v|}, \frac{v_y}{|v|}, \frac{v_z}{|v|}\right) \tag{7.1}$$

而矢量的大小可以通过求平方和的平方根得到：

$$|v| = \sqrt{v_x^2 + v_y^2 + v_z^2} \tag{7.2}$$

其中，$\sqrt{\ }$表示对括号中的数值求平方根。

单位矢量又称为基矢量。当将沿X轴方向的单位矢量记为i，沿Y轴方向的单位矢量记为j，沿Z轴方向的单位矢量记为k时，任何一个点或矢量都可以用这3个基矢量的乘积之和来表示。例如，$(3,4,3)$可以用$3i+4j+3k$来表示。

除了坐标表示外，矢量还有其他表示方法，如矩阵表示等。这些表示方法可以在不同的应用场景中使用，根据具体的问题选择合适的表示方法。

2. 笛卡儿坐标系

笛卡儿坐标系是一种常用的平面或空间坐标系，由法国数学家笛卡儿于17世纪提出。它提供了一种描述点和矢量位置的方法。在二维笛卡儿坐标系中，坐标平面被划分为水平的X轴和垂直的Y轴，它们相交于原点(O)。在三维笛卡儿坐标系中，每个点可以用一个有序的三元组(x, y, z)来表示。其中，x、y、z分别表示点在X轴、Y轴和Z轴上的坐标。

笛卡儿坐标系的引入，使得这些抽象的数字可以以一种直观、易于理解的方式呈现出来。

3. 左手坐标系与右手坐标系

当使用笛卡儿坐标系来表示三维空间时，需要确定3个轴的方向来表示位置。而这3个轴所指向方向的不同，就构成了左手坐标系（Left-Handed Coordinate System）与右手坐标系（Right-Handed Coordinate System）的区别。

（1）**左手坐标系**是一种坐标系，其坐标轴的排列方式如下。

- X轴：指向右侧。
- Y轴：指向上方。
- Z轴：指向观察者的前方。

一种简单的判断方法：在当前坐标系中，如果将左手伸直，拇指指向正X轴，食指指向正Y轴，中指指向正Z轴，那么这个坐标系就是左手坐标系。

（2）**右手坐标系**是另一种坐标系，其坐标轴的排列方式如下。

- X轴：指向右侧。

- Y轴：指向上方。
- Z轴：指向观察者的后方。

类似地，在右手坐标系中，如果将右手伸直，拇指指向正X轴，食指指向正Y轴，中指指向正Z轴，那么这个坐标系就是右手坐标系。

图7.1所示为两种坐标系的示意图。

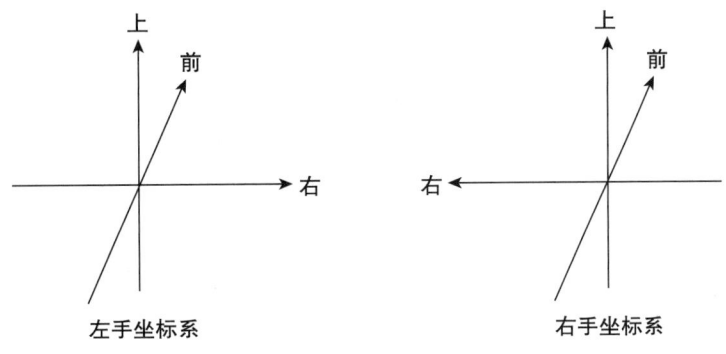

图 7.1

左手坐标系和右手坐标系的主要区别在于Z轴的指向方向：**在左手坐标系中，Z轴指向观察者的前方；而在右手坐标系中，Z轴指向观察者的后方**。这个区别导致了坐标轴正方向和旋转方向的差异。

在Unity中，**默认使用的是左手坐标系**。因为左手坐标系的定义使得摄像机的正Z轴方向与观察者的前方对应，这样开发者可以更直观地控制相机的位置和观察方向。

4. 矢量与标量相乘

矢量与标量相乘是一种很常见的数学操作，它将一个标量与矢量的每个分量相乘，得到一个新的矢量。这个过程也可以称为矢量的缩放。

矢量与标量相乘的计算方法很简单，只需将标量乘以矢量的每个分量即可。对于一个二维矢量 $v=(x, y)$ 和一个标量 k，矢量与标量相乘的结果记为 $k \cdot v$，计算方法如下：

$$k \cdot v = (k \cdot x, k \cdot y) \tag{7.3}$$

由式（7.3）可以看出，新的矢量的每个分量都是标量乘以原始矢量的对应分量。

当一个二维矢量 $v=(2, -3)$，一个标量 $k=3$ 时，可以对矢量 v 进行标量乘法操作，计算矢量与标量相乘：

$$k \cdot v = 3 \cdot (2, -3) = (3 \cdot 2, 3 \cdot -3) = (6, -9)$$

由以上结果可以看到，经过标量相乘后，矢量 v 的每个分量都乘以了标量 k 的值。矢量的方向没有发生变化。

5. 矢量的加法与减法

(1) 矢量的加法。 矢量的加法是指将两个矢量相加，得到一个新的矢量。其计算方法是将两个矢量的对应分量相加。例如，此时有两个二维矢量 $a=(a_x, a_y)$ 和 $b=(b_x, b_y)$，它们的加法计算方法如下：

$$a + b = (a_x + b_x, a_y + b_y) \tag{7.4}$$

假设有两个二维矢量 $a=(2, 3)$ 和 $b=(1, -2)$，对它们进行加法操作：

$$a + b = (2, 3) + (1, -2) = (2+1, 3+(-2)) = (3, 1)$$

通过对应分量相加，矢量a和矢量b相加得到新的矢量(3，1)。

（2）**矢量的减法**。矢量的减法是指从一个矢量中减去另一个矢量，得到一个新的矢量。其计算方法是将两个矢量的对应分量相减。例如，有两个二维矢量 $a=(a_x, a_y)$ 和 $b=(b_x, b_y)$，它们的减法计算方法如下：

$$a - b = (a_x - b_x, a_y - b_y) \tag{7.5}$$

假设有两个二维矢量 $a=(2, 3)$ 和 $b=(1, -2)$，对它们进行减法操作：

$$a - b = (2, 3) - (1, -2) = (2-1, 3-(-2)) = (1, 5)$$

通过对应分量相减，矢量a和矢量b相减得到新的矢量(1，5)。

（3）**方向与点之间的运算**。当涉及方向和点之间的运算时，它们具有不同的含义和意义。

- 方向 + 方向：相加的结果将得到一个新的方向，它表示将两个方向的大小和方向相结合，从而得到一个合成方向。
- 点 + 方向：表示将一个点按照给定的方向进行位移，得到一个新的点。例如，有一个点 $P=(x, y)$ 和一个方向 $D=(dx, dy)$，点 + 方向的结果为

$$P + D = (x + dx, y + dy) \tag{7.6}$$

这意味着将点 P 沿着方向 D 进行位移，到达一个新的点。

- 点 + 点：此运算并没有直接的数学含义。
- 点 − 点：点与点之间的减法运算可以得到两个点之间的差向量，表示点之间的位移。例如，当前有两个点 $A=(x_1, y_1)$ 和 $B=(x_2, y_2)$，点 − 点的结果为

$$A - B = (x_1 - x_2, y_1 - y_2) \tag{7.7}$$

这个向量的结果表示了两点之间相减得到的位移矢量。

由以上内容可知，当使用点或矢量进行加减运算时，需要首先编写其对应的结果及解释，然后进行进一步的计算。

6. 矢量点积

矢量的点积又称点乘，是一种对两个矢量进行乘法运算的方法。它将两个矢量的对应分量相乘，并将结果相加，得到一个标量作为结果，记作 $A \cdot B$。

对于两个三维矢量 $A=(a_1, a_2, a_3)$ 和 $B=(b_1, b_2, b_3)$，它们的点积计算公式如下：

$$A \cdot B = a_1 \cdot b_1 + a_2 \cdot b_2 + a_3 \cdot b_3 \tag{7.8}$$

例如，假设有两个三维矢量 $A=(1, 2, 3)$ 和 $B=(4, 5, 6)$，对应位置的分量相乘并相加：

$$A \cdot B = (1 \cdot 4) + (2 \cdot 5) + (3 \cdot 6) = 32$$

即表示此点积的结果为32。

矢量点积与方向判断。点积可以用来判断两个矢量的角度关系。以下是一些常见的判断。

- 共线判断：当 $(a \cdot b) = |a||b| = ab$ 时，即夹角角度为0°，两个矢量共线。
- 共线但方向相反：当 $(a \cdot b) = -ab$ 时，即夹角角度为180°，两个矢量共线但是方向相反。
- 垂直：当 $(a \cdot b) = 0$ 时，即夹角角度为90°，两个矢量垂直。
- 相同方向：当 $(a \cdot b) > 0$ 时，即夹角角度小于90°，表示两个矢量方向相同。
- 相反方向：当 $(a \cdot b) < 0$ 时，即夹角角度大于90°，表示两个矢量方向相反。

7. 矢量叉积

矢量叉积又称为叉乘。它使用两个矢量得到一个新的矢量。矢量叉积用于计算两个矢量之间的垂直于它们所在平面的矢量，对于两个三维矢量 $A=(a_1, a_2, a_3)$ 和 $B=(b_1, b_2, b_3)$，它们的叉积计算公式如下：

$$A \times B = (a_2 \cdot b_3 - a_3 \cdot b_2, a_3 \cdot b_1 - a_1 \cdot b_3, a_1 \cdot b_2 - a_2 \cdot b_1) \tag{7.9}$$

假设有两个三维矢量 $A=(1, 2, 3)$ 和 $B=(4, 5, 6)$，它们的叉积为

$A \times B = ((2 \cdot 6)-(3 \cdot 5),(3 \cdot 4)-(1 \cdot 6),(1 \cdot 5)-(2 \cdot 4))=(12-15, 12-6, 5-8)=(-3, 6, -3)$

此时得到的叉积为 $(-3, 6, -3)$。这个新的矢量垂直于矢量 A 和 B 所在的平面。

7.1.2 Unity 中的矢量运算

在Unity中，Vector3类提供了一系列用于矢量运算的方法。通过这些方法，开发者可以轻松地完成矢量运算基本概念中所涉及的数学计算过程，从而有效地对三维空间中的关系进行计算与描述。

扫一扫，看视频

1. Vector3 类与矢量的长度

在Unity中，可使用Vector3类中的方法和属性来获取矢量的长度，包括magnitude模长属性和Vector3.Distance()方法。

（1）magnitude。此属性用于表示矢量的长度。假设当前矢量的数值为(x, y, z)，则此时矢量的长度表示为各项平方的和，即$\sqrt{x^2+y^2+z^2}$。

（2）Vector3.Distance()方法。

Vector3.Distance()方法的定义如下：

```
public static float Distance (Vector3 a, Vector3 b);
```

描述：使用Vector3.Distance()方法可以返回a与b之间的距离。使用$(a-b)$.magnitude和使用Vector3.Distance（a，b）得到的计算结果一致，都表示距离的大小。代码如示例7.1所示。

【示例7.1】 Vector3.Distance() 方法

```
using UnityEngine;
public class ExampleScript_7_1 : MonoBehaviour
{
    private void Start()
    {
        Vector3 pointA = new Vector3(1f, 2f, 3f);
        Vector3 pointB = new Vector3(4f, 5f, 6f);
        //使用 Vector3.Distance() 方法计算两点之间的距离
        float distance = Vector3.Distance(pointA, pointB);
        Debug.Log("两点之间的距离是： " + distance);
        //使用 Vector3.magnitude 属性获取矢量的长度
```

```
        float magnitude = pointA.magnitude;
        Debug.Log("矢量A的长度是: " + magnitude);
    }
}
```

2. Vector3 类与点积

当需要计算两个向量点积的结果时，可以使用Vector3.Dot()方法。

Vector3.Dot()方法的定义如下：

```
public static float Dot (Vector3 lhs, Vector3 rhs);
```

Vector3.Dot()方法接收两个向量作为参数，分别为lhs和rhs。当进行计算时，程序将计算这两个矢量的点积，结果以float类型存储。代码如示例7.2所示。

【示例7.2】 Vector3 点积方法

```
using UnityEngine;
public class ExampleScript_7_2 : MonoBehaviour
{
    private void Start()
    {
        //创建两个矢量
        Vector3 vectorA = new Vector3(1f, 2f, 3f);
        Vector3 vectorB = new Vector3(4f, 5f, 6f);

        //使用 Vector3.Dot() 方法计算两个矢量的点积
        float dotProduct = Vector3.Dot(vectorA, vectorB);
        Debug.Log("矢量的点积为: " + dotProduct);
    }
}
```

3. Vector3 类与叉积

当需要计算两个矢量的叉积时，可以使用Vector3.Cross()方法。

Vector3.Cross()方法的定义如下：

```
public static Vector3 Cross (Vector3 lhs, Vector3 rhs);
```

Vector3.Cross()方法接收两个矢量作为参数，分别为lhs和rhs。两个矢量的叉积生成第3个矢量，该矢量垂直于两个输入矢量，并作为函数的返回值返回给开发者。代码如示例7.3所示。

【示例7.3】 Cross() 方法

```
using UnityEngine;
public class ExampleScript_7_3 : MonoBehaviour
{
```

```
public Transform vectorA;
public Transform vectorB;
private void Start()
{
    //获取矢量A和矢量B的方向矢量
    Vector3 directionA = vectorA.forward;
    Vector3 directionB = vectorB.forward;
    //使用 Vector3.Cross()方法计算矢量A和矢量B的叉积
    Vector3 crossProduct = Vector3.Cross(directionA, directionB);
    Debug.Log("矢量A和矢量B的叉积为:" + crossProduct);
}
```

7.2 角与四元数

在三维空间中，除了要描述物体的位置之外，还需要描述物体的角度。本节将讲解角与四元数的基础理论，首先从数学层面掌握这些概念。

7.2.1 角与四元数的基本概念

常见的物体旋转方式有**绕轴旋转、线性矩阵方程、欧拉角和四元数**四种。在学习最常见的旋转方式之前，还需了解一个概念，即自由度。自由度是一个在统计学和物理学中都至关重要的概念。

扫一扫，看视频

在统计学中，自由度是指当用样本数据来推测整体情况时，样本中那些能够自由变化、互不影响的数据点的数量。换句话说，自由度决定了分析数据时能够有多少独立的变量或信息点。

而在物理学中，特别是当谈论物体的运动时，**自由度描述的是物体能够自由移动或变化的方式的多少**。例如，一个物体在三维空间中可以沿X、Y、Z 3个方向移动，这就意味着它有3个位移自由度。如果再加上绕这3个轴的旋转，那么总共有6个自由度，涵盖了物体的所有可能运动方式。

在3D开发中，理解自由度尤为重要。**虽然旋转看起来似乎只涉及3个方向，但在实际表示时，由于使用的方法和工具不同，可能需要多于3个数值来描述一个旋转**。然而，这些额外的数值最终只是以某种方式约束了物体在3个基本自由度上的运动。

这揭示了另一个关键概念：参数的非独立性。在描述旋转时，即使使用超过3个的数值，这些数值之间也不是完全独立的。它们之间往往存在某种逻辑关系，使得改变其中一个数值时，其他数值也会相应地发生变化。因此，虽然表示形式可能更为复杂，但物体在空间中的运动仍然受限于其基本的自由度。

对于物体自由度的计算，可以简化为以下公式：

$$N_{(\text{DOF})} = N_{(\text{参数})} - N_{(\text{约束})} \tag{7.10}$$

在对物体的角度进行旋转时，使用的旋转方程可能会使用不止3个参数，尽管物体的角度是3个自由度。此时，便可以由式(7.10)得知物体的角度与旋转的关系，以及参数之间的联系。

1. 绕轴旋转

绕轴旋转广泛应用于3D建模、动画制作等开发中，**其通过两个核心要素来精准实现旋转：单位矢量定义的旋转轴和标量定义的旋转角。**

首先，绕轴旋转需要一个单位矢量来精确指定旋转的中心轴。这个单位矢量在三维空间中确定了一个方向，通常用3个标量（x, y, z）来清晰地描述这个方向。为了确保旋转的准确性，这个矢量会被标准化，即其长度被调整为1，从而避免因矢量长度不同导致的旋转误差。

其次，除了旋转轴，还需要一个标量来明确旋转的角度。这个标量直观地反映了物体绕旋转轴转动的幅度。通过调整这个标量，可以轻松地控制物体旋转的快慢和大小，从而实现各种复杂的旋转效果。绕轴旋转**示意图**如图7.2所示。

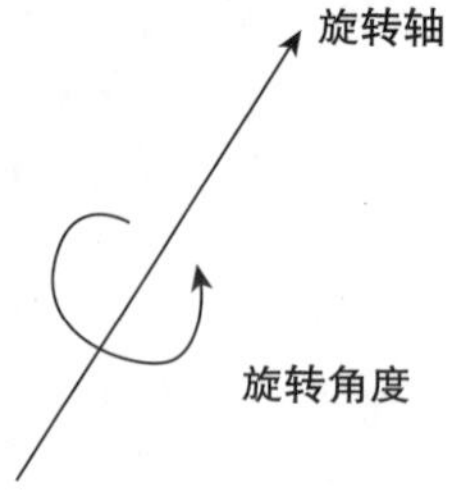

图 7.2

绕轴旋转的参数形式可以表示为（x, y, z, m）或（a, m），**其中x、y、z及a表示旋转轴；m表示旋转的角度。**

> **提示：绕轴旋转的优缺点**
>
> **优点：** 绕轴旋转具有直观性，非常符合人类的空间感知直觉。这种方式能够直接反映物体在三维空间中的旋转状态，使用户能够轻松理解和把握物体的运动规律。无论是游戏中的角色动画，还是3D建模中的物体旋转，绕轴旋转都能提供直观且易于理解的视觉效果。
>
> **缺点：** 绕轴旋转在进行线性插值时存在一定的难度。由于它是在三维空间中进行的非线性变换，因此在尝试对旋转进行平滑插值时，可能会遇到一些技术挑战。这可能会影响动画效果的流畅性和自然性。此外，绕轴旋转通常使用轴角形式来表示，但在某些应用中可能需要其他形式的旋转表示。这就需要在旋转前进行坐标系的转换和计算，增加了操作的复杂性。

2. 线性矩阵方程

线性矩阵方程通过一个 3 × 3 的矩阵来表示旋转，将矩阵乘法应用于点或矢量，进而计算旋转之后的结果。参数是9个浮点数。

> **提示：线性矩阵方程旋转的优缺点**
>
> **优点：** 线性矩阵方程旋转在部分硬件的支持下可以对计算进行加速。现代的处理器基本都针对矩阵乘法进行了硬件级的加速优化。通过硬件层面的优化，使得线性矩阵方程的计算变得十分高效。
>
> **缺点：**
>
> （1）需要更大的存储空间：相比于其他旋转表示方法，线性矩阵方程需要额外的存储空间来存储旋转矩阵的9个浮点数，增加了内存占用。在处理大规模的旋转操作时，这应当成为一个考虑因素。
>
> （2）不直观：线性矩阵方程表示的旋转操作相对于其他形式的旋转表示方式，如对欧拉角或四元数来说，不够形象和直观，其更多需要计算和推理。
>
> （3）难以插值：由于线性矩阵方程的非线性特性，对两个旋转矩阵之间的插值可能变得困难。在需要实现平滑的旋转过渡和旋转的动画效果时，可能需要使用复杂的方法或技术来解决这个问题。

3. 欧拉角

欧拉角（Euler Angles）是一种用于描述物体旋转的方法。具体而言，它由3个角度参数组成，分别是**仰俯角（Pitch）、偏航角（Yaw）和滚动角（Roll）**。使用这3个浮点数作为参数，使物体在3个轴上进行旋转。图7.3所示为欧拉角旋转的坐标轴示意图。

（1）仰俯角：仰俯角是指物体在其局部坐标系中，向右方向矢量旋转的角度。它描述了物体绕垂直于自身局部坐标系的横轴旋转的程度。当仰俯角为正值时，物体向上方向旋转；当仰俯角为负值时，物体向下方向旋转。

（2）偏航角：偏航角是指物体在其局部坐标系中，向下方向矢量旋转的角度。它描述了物体绕垂直于自身局部坐标系的纵轴旋转的程度。当偏航角为正值时，物体向右方向旋转；当偏航角为负值时，物体向左方向旋转。

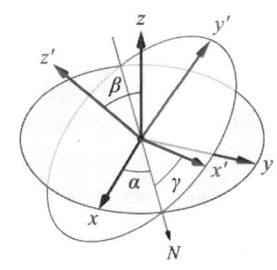

图 7.3

（3）滚动角：滚动角是指物体在其局部坐标系中，向前方向矢量旋转的角度。它描述了物体绕垂直于自身局部坐标系的纵轴旋转的程度。当滚动角为正值时，物体顺时针方向旋转；当滚动角为负值时，物体逆时针方向旋转。

> **提示：欧拉角的优缺点**
>
> 在Unity的Scene视图中，Unity使用欧拉角的方式来表示旋转。这些因为欧拉角具有非常突出的好处：直观。使用欧拉角可以非常直观地描述和控制对象的旋转，它符合人类对物体旋转的日常观察和体验，因此更加直观和易于理解。相比于线性矩阵方程或绕轴旋转，欧拉角旋转只需接收3个浮点数作为参数，其对空间的消耗小。
>
> 但欧拉角也有非常明显的缺点。
>
> （1）万向节死锁：使用欧拉角来表示旋转时，会出现万向节死锁问题。万向节死锁简单而言，就是当旋转物体时，**如果欧拉角的某两个轴变得接近或重合，会导致旋转自由度的丧失**。这种受限的旋转自由度可能导致预期之外的结果或难以调整旋转。为了解决这个问题，在Unity的内置引擎中，使用四元数来存储物体的角度。
>
> （2）旋转顺序：**欧拉角的旋转顺序对结果有影响**。不同的旋转顺序可能导致不同的旋转结果，需要仔细选择和处理旋转的顺序，以确保得到正确的旋转效果。
>
> 对于开发者而言，尽管欧拉角有明显优势，但欧拉角和四元数都需要掌握其使用方法。

4. 四元数

由于使用欧拉角存储物体的角度时会出现万向节死锁问题，因此在Unity中需要引入四元数进行存储。具体而言，四元数由1个实数和3个虚数单位（i、j和k）组成。它们之间有一些特定的关系：

$$i^2 = j^2 = k^2 = -1 \tag{7.11}$$

四元数可以与三维向量相对应，并且可以可视化为三维空间中表示旋转的矢量，加上第四维的标量坐标：

$$q（四元数）= [x,y,z,w] \tag{7.12}$$

其中，x、y、z、w都为浮点数。

由式（7.12）可知，四元数在与三维向量进行对应时，多了一位数据存储四元数的数值。这种表示方式使得四元数成为一种可以精确表达旋转的工具，可以更好地描述和处理三维空间中的旋转和姿态。

需要注意的是，虽然四元数的x、y、z看起来对应于Unity中角度的x、y、z，但事实上这些数字不代表角度或轴。**四元数的计算有其自己的规则**，通常在Unity中不需要直接修改$[x,y,z,w]$中的数值，而是通过方法转化后访问。

> **提示：四元数的优缺点**
>
> **优点：** 四元数可以精确地存储物体的角度，并且不受万向节死锁的影响。
> **缺点：** 四元数不直观，难以通过直接阅读数值了解当前物体的角度。
> 因为四元数和欧拉角各自有其优缺点，所以在Unity中通常混合使用这两种计算方式。

7.2.2 常见旋转方式

扫一扫，看视频

在学习了关于旋转的基本原理及其表示形式后，接下来学习Unity中实现这些旋转的接口。本小节主要讲解与欧拉角相关的内容。

在Unity中，会同时使用两种方式来表示角度，即欧拉角和四元数。**当存储物体的角度时，引擎内部会使用四元数来存储。但当需要在Inspector视图或Scene视图中对物体进行更改时，则使用欧拉角表示物体旋转。**

欧拉角是一种常用来描述和应用旋转变换的方法。这种方法通过按照特定的顺序应用3个角度值：X、Y和Z。基于此来表示要将欧拉角旋转用于特定游戏对象。这些角度值依次应用，作为围绕其对应轴的旋转。

在Unity中，欧拉角旋转通过 Transform 组件来实现。每个游戏对象都有一个 Transform 组件，它包含有关对象的位置、旋转和缩放等信息。对于旋转来说，Transform 提供了3个角度值，分别对应 X、Y 和 Z 轴的旋转。虽然Transform在面对外部进行暴露时，使用X、Y、Z这3个数值表示角度，但当更改一个物体的Transform下的transform.rotation成员变量时，却发现不能直接更改。例如，以下的代码将会报错。

```
transform.rotation = new Vector3(x,y,z);
```

当使用以上代码时，将会产生"无法将类型UnityEngine.Vector3隐式转换为UnityEngine.Quaternion"的报错。如果想要通过欧拉角的形式更改物体的角度，可以使用以下接口。

```
transform.Rotate(90.0f, 0.0f, 0.0f, Space.Self);
```

而如果想要直接更改transform.rotation的数值，可以使用以下方法。

```
transform.rotation = Quaternion.Euler(x, y, z);
```

由此可以总结出：**在Unity中使用旋转相关接口时，欧拉角旋转的方法在Transform类中，四元数旋转的方法在Quaternion类中。**

接下来，讲解Transform类中的常用方法。

1. Transform.Rotate() 方法

（1）定义如下：

```
public void Rotate (Vector3 eulers, Space relativeTo= Space.Self);
public void Rotate (float xAngle, float yAngle, float zAngle, Space relativeTo= Space.Self);
```

（2）描述：Transform.Rotate ()方法是 Unity 中用于旋转游戏对象的方法。它通常使用欧拉角旋转，允许在三维空间中以指定的角度旋转游戏对象。这个方法有不同的重载，可以根据需要传递不同的参数。它可以在局部坐标系中或世界坐标系中旋转，这取决于所提供的参数。该方法可以选择接收3个float或

1个Vector3作为参数,指定物体旋转的角度,这部分参数比较好理解。**需要注意的是,Unity中的欧拉角旋转是按照Z、X、Y轴的顺序依次进行的**。该方法接收的第2个参数表示旋转是按照对象的本地坐标系(即局部坐标系),还是相对于世界空间中的坐标(世界坐标系)来旋转对象。

当relativeTo = Space.Self时,表示按照局部坐标系进行旋转;当relativeTo = Space.World时,表示按照世界坐标系进行旋转。

在示例7.4中,可以通过键盘输入数字1和2来对testObj物体进行旋转,并且分别使用世界坐标系以及局部坐标系的旋转。物体的初始角度被设置为(0,0,0),物体的父物体为testParentObj,父物体的角度为(0,-45,0)。

【示例7.4】 Rotate 旋转示例

```
using UnityEngine;
public class ExampleScript_7_4 : MonoBehaviour
{
    public GameObject testObj;
    public GameObject testParentObj;
    private void Start()
    {
        if (testObj != null && testParentObj != null)
        {
            testObj.transform.SetParent(testParentObj.transform);
        }
    }
    private void Update()
    {
        if (Input.GetKeyDown(KeyCode.Alpha1))
        {
            testObj.transform.Rotate(30, 0, 0, Space.World);
            Debug.Log("第一次旋转后的角度为:" + testObj.transform.rotation.eulerAngles);
        }
        if (Input.GetKeyDown(KeyCode.Alpha2))
        {
            testObj.transform.Rotate(20, 0, 0, Space.Self);
            Debug.Log("第二次旋转后的角度为:" + testObj.transform.rotation.eulerAngles);
        }
    }
}
```

2. Transform.RotateAround() 方法

(1)定义:

```
public void RotateAround (Vector3 point, Vector3 axis, float angle);
```

(2)描述:Transform.RotateAround()方法可以使物体围绕某点或者某个物体进行旋转。此方法以point作为旋转点、axis作为旋转轴,将物体绕轴进行旋转angle度。由于是围绕某点进行的旋转,因此物体的角度以及位置都有可能会发生改变。

在示例7.5中,物体将每秒围绕目标点旋转10°。

【示例 7.5】 RotateAround 旋转示例

```
using UnityEngine;
public class ExampleScript_7_5 : MonoBehaviour
{
    public GameObject testObj;
    public Vector3 targetPos = new Vector3(2, 2, 0);
    void Update()
    {
        //每秒围绕(2, 2, 0)目标点旋转10°
        testObj.transform.RotateAround(targetPos, Vector3.up, 10 * Time.deltaTime);
    }
}
```

7.2.3 Unity 中的四元数

扫一扫，看视频

无论是将欧拉角转换为四元数，还是对物体的旋转进行精确计算和处理，Quaternion都发挥着至关重要的作用。

1. 四元数的基本概念

首先需要了解的是四元数中的一些基本变量。由于四元数需要使用4个数值来表达，因此在Quaternion结构中有以下4个成员变量。

X：四元数的 *x* 分量。

Y：四元数的 *y* 分量。

Z：四元数的 *z* 分量。

W：四元数的 *w* 分量。

Quaternion使用以上4个数值来存储角度。

> **注意**：Quaternion和Vector3 中的变量
>
> 需要注意的是，尽管Vector3和Quaternion都有命名为*x*、*y*、*z*的变量，但它们两者并不相同。四元数中的*x*、*y*、*z*并不直接等于物体的X、Y、Z轴上的角度。并且，除非对四元数的计算规则十分了解，否则无法通过直接观察*x*、*y*、*z*的数值来理解当前物体的角度。而使用Vector3 的*x*、*y*、*z*来表示欧拉角时，对于数值和角度的关系是十分直观的。

2. eulerAngles 变量

当需要获得当前Quaternion的欧拉角数值时，可以访问eulerAngles变量。eulerAngles变量为Vector3类型，读取eulerAngles的属性时，Unity 将四元数的内部旋转表示形式转换为欧拉角。

3. Quaternion.Euler() 方法

（1）定义：

```
public static Quaternion Euler (float x, float y, float z);
public static Quaternion Euler (Vector3 euler);
```

（2）描述：当需要将一个欧拉角转换为四元数时，可以将欧拉角作为参数传入Quaternion.Euler()方法中。此方法将会返回一个四元数,其中存储了转换后的四元数角度。需要注意的是,当传入一个欧拉角进行旋转时,Unity中欧拉角的旋转顺序是:围绕 Z 轴旋转 z 度、围绕 X 轴旋转 x 度、围绕 Y 轴旋转 y 度。

4. Quaternion.Angle() 方法

(1) 定义:

```
public static float Angle (Quaternion a, Quaternion b);
```

(2) 描述:此方法传入两个四元数,并计算 a、b 之间的夹角,单位为°。

5. Quaternion.LookRotation() 方法

(1) 定义:

```
public static Quaternion LookRotation (Vector3 forward, Vector3 upwards= Vector3.up);
```

(2) 描述:upwards表示当前物体旋转时的向上方向,forward表示当前物体旋转的目标方向(向前方向)。通过定义并传入这两个变量作为参数,可以唯一地决定当前物体的旋转角度,并对物体执行旋转。此方法常用于人物、载具等其他垂直于水平面的物体上。

【示例7.6】 使用 LookRotation 方法

```
using UnityEngine;
public class ExampleScript_7_6: MonoBehaviour
{
    //目标点的位置
    public Transform target;
    void Update()
    {
        //检查是否有目标点
        if(target != null)
        {
            //获取目标点和当前物体位置的向量
            Vector3 direction = target.position - transform.position;
            //使用 Quaternion.LookRotation 计算出旋转,使物体朝向目标点
            Quaternion rotation = Quaternion.LookRotation(direction);
            //应用旋转到物体
            transform.rotation = rotation;
        }
        else
        {
            //如果目标点未设置,发出警告
            Debug.LogWarning("目标点未设置!");
        }
    }
}
```

6. Quaternion.FromToRotation() 方法

(1) 定义:

```
public static Quaternion FromToRotation (Vector3 fromDirection, Vector3 toDirection);
```

(2) 描述：当需要创建一个从formDirection方向到toDirection方向的旋转时，可以使用此方法来自动对此方向进行变换。

7.3 简单数学运算

扫一扫，看视频

在Unity开发中，数学是不可或缺的工具。当涉及角度计算、向量分析时，常常需要运用三角函数这类基础的数学函数。为了确保数值在合理范围内，还需要对最大值和最小值进行限制。为了满足这些常见的数学运算需求，Unity和C#提供了一系列基础的数学运算函数。本节将深入解析这些函数。

1. 弧度与三角函数

Unity提供了完整的与三角函数相关的计算方法，可以帮助开发者将弧度按照Sin、Cos等函数转化成对应的数值。在了解这些方法前，首先了解一下弧度的基本概念。

弧度是角的度量单位。弧度和度都是角度的单位，它们本质上是等价的。弧度把一个圆周角分成2π份，而度把圆周角分成了360份。具体换算关系为：$1° = \pi/180°$，$1\text{rad}=180°/\pi$。

为了方便开发者在弧度和度之间进行转换，Unity提供了两个非常实用的属性：Mathf.Rad2Deg和Mathf.Deg2Rad。前者用于将弧度转换为度，后者则用于将度转换为弧度。

（1）弧度到度：Mathf.Rad2Deg。

1）定义：

```
public static float Rad2Deg;
```

2）描述：由弧度得到相应的度数时，可以使用弧度乘以此项，得到对应的度数值。代码如下：

```
float deg = rad * Mathf.Rad2Deg;
```

（2）度到弧度：Mathf.Deg2Rad。

1）定义：

```
public static float Deg2Rad;
```

2）描述：由度得到相应的弧度时，可以使用度数乘以此项，得到对应的弧度值。代码如下：

```
float rad = deg * Mathf.Deg2Rad;
```

2. 三角函数

Unity中的所有三角函数使用弧度进行计算。以下是一些常见的三角函数及其描述：

（1）余弦。

1）定义：

```
public static float Cos (float f);
```

2）描述：float 是[−1, +1]之间的返回值，返回角度 f 的余弦。

（2）正弦。

1)定义：

```
public static float Sin (float f);
```

2)描述：float 是[-1, +1]之间的返回值，返回角度 f 的正弦。

(3)正切。

1)定义：

```
public static float Tan (float f);
```

2)描述：返回角度 f 的正切。

(4)反正弦。

1)定义：

```
public static float Asin (float f);
```

2)描述：返回 f 的反正弦，其正弦为 f 的角度。

(5)反余弦。

1)定义：

```
public static float Acos (float f);
```

2)描述：返回 f 的反余弦，其余弦为 f 的角度。

(6)反正切。

1)定义：

```
public static float Atan (float f);
```

2)描述：返回 f 的反正切，其正切为 f 的角度。

3. 幂、平方根与对数

Unity中提供了用于计算幂指数、平方根、近似平方根及对数的相关方法，使用这些方法可以轻松完成数学计算。

(1)对数：Mathf.Log。

1)定义：

```
public static float Log (float f, float p);
public static float Log (float f);
```

2)描述：接收两个float参数的Log函数返回指定的数字以指定的底数为底的对数。接收一个float参数的Log函数返回指定的数字的自然对数，以e为底。

(2)幂指数：Mathf.Pow。

1)定义：

```
public static float Pow (float f, float p);
```

2)描述：返回 f 的 p 次幂。

（3）平方根：Mathf.Sqrt。
1）定义：

```
public static float Sqrt (float f);
```

2）描述：返回f的平方根。

4. 最大值、最小值与限制值

在Unity中，可以使用Mathf.Max和Mathf.Min来获取输入的参数中的最大值和最小值。

（1）最大值：Mathf.Max。
1）定义：

```
public static float Max (float a, float b);
public static float Max (params float[] values);
```

2）描述：返回两个或更多值中的最大值。例如，以下代码将返回3.3f。

```
Debug.Log(Mathf.Max(1.2f, 3.3f));
```

（2）最小值：Mathf.Min。
1）定义：

```
public static float Min (float a, float b);
public static float Min (params float[] values);
```

2）描述：返回两个或更多值中的最小值。例如，以下代码将返回1.2f。

```
Debug.Log(Mathf.Min(1.2f, 3.3f));
```

（3）限制值：当需要对输入的数进行范围限制时，使用限制值函数。
1）定义：

```
public static float Clamp (float value, float min, float max);
public static int Clamp (int value, int min, int max);
```

2）描述：根据传入的参数类型，返回一个float或int，其值将被限制在max和min之间。当value > max时，将会返回max的值；当value < min时，将会返回min的值；其他情况下，直接返回value的值。

7.4 插值计算

在计算机中，数据都是离散的。即使是数学上连续的函数，在计算机进行计算和存储时也会被转换成一系列离散的0101数据。在Unity开发中，经常需要在这些离散数据的基础上得到更连续、更平滑的离散值。

当想要在两个位置点之间计算出若干个中间位置点，或想让物体的动画从初始状态平滑过渡到目标状态，甚至想让相机跟随物体移动时更加流畅时，都会涉及插值的概念。

1. 插值的基本概念

简单来说，插值就是通过已知的数据点来估算出未知数据点的方法。在Unity中，有以下三种常用的插值方法。

- 线性插值（Linear Interpolation）：这是一种最简单的插值方式，**它按照固定的比例在两点之间计算中间值。**
- 平滑插值（Smooth Interpolation）：这种插值方式能让数据变化得更加平滑。它考虑到了速度的变化，不仅仅是线性地增加或减少，而是像汽车加速或减速那样，有一个逐渐变化的过程。这使得动画或相机移动看起来更加自然和流畅。
- 球形插值（Spherical Interpolation）：当处理三维空间中的旋转或方向变化时，球形插值就显得尤为重要。它确保在旋转过程中，物体能够沿着最短的路径从一个方向平滑地过渡到另一个方向，避免了不必要的绕圈或突然的方向变化。

为了更精确地描述，假设当前有 n 个已知的数据点，每个点都由横坐标 X_k 和纵坐标 Y_k 组成，其中 k 的范围是 $1\sim n$。当需要找到某个不在这些已知点上的 x 值所对应的 y 值时，这个过程就称为内插。通过内插，可以基于已知的数据点，利用插值方法估算出 x 所对应的近似值 y。

例如，假设当前有一组数据点，表示某个物体在不同时间点的位置。这些数据点见表 7.1。

表 7.1　物体位置随时间变化数据表

时间 t	位置 x
0	2
1	3
2	5
3	6

在已知 $t=1$ 和 $t=2$ 时位置信息的前提下，如果想要知道 $t=1.5$ 时的位置，就需要用到插值，因为 $t=1.5$ 时的确切位置是未知的。假设两个已知数据点之间的变化是线性的，此时可以使用线性插值，就像画一条直线连接这两点一样。基于这个假设，可以利用线性插值来估算 $t=1.5$ 时的位置 x。这种方法简单有效，有助于快速得到想要的结果。具体步骤如下：

（1）找到 $t=1$ 和 $t=2$ 时的位置值，分别是 $x_1=3$ 和 $x_2=5$。

（2）使用线性插值公式来计算 $t=1.5$ 时的位置：

$$x_{1.5}=x_1-(t-t_1)\frac{x_2-x_1}{t_2-t_1} \tag{7.13}$$

（3）将数据代入式（7.13）得到：

$$x_{1.5}=3+(1.5-1)\frac{5-3}{2-1} \tag{7.14}$$

（4）得到 t 在 1.5 时，其位置的估计值为 4。

由此可见，**通过插值方法，可以估算出在已知数据点之间的任何位置的值、填补数据的空白、生成光滑的曲线以及进行数据分析和模拟。**

2．线性插值

线性插值（三种插值方法中最简单直观的一种）是一种常用的技术，用于在两个或多个数值之间进行平滑的过渡。形象地理解，可以认为是线性插值一种基于直线的概念：通过在两个已知数据点之间绘制一条直线,从而估算出两点之间的任何位置的值。

在Unity中,基于线性插值提供了Mathf.Lerp、Mathf.LerpAngle、Vector3.Lerp和Quaternion.Lerp 4个主要接口。

虽然这4个接口的使用场合有所不同,但使用原理和方法都是类似的。接下来,将重点讲解Mathf.Lerp的使用方法,并简要介绍其余三种方法的使用场景。

(1) Mathf.Lerp线性插值。

1) 定义:

```
public static float Lerp(float a, float b, float t);
```

2) 描述:Lerp()方法中的参数 a 表示插值的起点值,b 表示插值的终点值。而Lerp()方法返回的结果,为 a 与 b 按照比例 t 进行线性插值计算的结果,其中参数 t 的值被限制在范围[0,1]内。

例如,假设$a=0$,$b=1$:

- $t=0$时,则Lerp()方法返回(0+1)*0=0,即返回起点值。
- $t=0.5$时,则Lerp()方法返回(0+1)*0.5=0.5,即返回0.5。
- $t=1$时,则Lerp()方法返回(0+1)*1=1,即返回终点值。

Lerp()方法根据参数t的比例进行线性插值,并返回最终插值的结果。

【示例7.7】 线性插值

```
using UnityEngine;
public class ExampleScript_7_7 : MonoBehaviour
{
    //开始位置
    public float startX = 0f;
    //结束位置
    public float endX = 1f;
    //插值系数(0表示开始位置,1表示结束位置)
    [Range(0f, 1f)]
    public float lerpAmount = 0.5f;
    void Update()
    {
        //使用 Mathf.Lerp()方法在开始位置和结束位置之间插值
        float lerpedX = Mathf.Lerp(startX, endX, lerpAmount);
        //将插值后的X轴位置应用到物体上
        Vector3 newPosition = new Vector3(lerpedX, transform.position.y, transform.position.z);
        transform.position = newPosition;
    }
}
```

(2) 其他线性插值。

虽然Mathf.Lerp的使用范围最为广泛,但除了有一般的数值插值外,有时还需要对角度、四元数等数值进行插值。Unity提供了多种线性插值方法来满足这些需求。

1) Mathf.LerpAngle:当需要对角度进行插值时,可以使用Mathf.LerpAngle()方法。Mathf.

LerpAngle()方法可以保证角度值在环绕360°时，可以被正确地处理和插入。

2）Vector3.Lerp：当需要在两个点之间进行线性插值，以便在这些点之间逐步移动对象时，可以使用Vector3.Lerp()方法。Vector3.Lerp的使用方法和Mathf.Lerp类似，按照参数的比例计算到两点的距离。

3）Quaternion.Lerp：对于四元数的插值，Quaternion类中提供了Quaternion.Lerp()方法，使得可以在两个给定的四元数角度之间进行插值，得到目标插值角度。

3. 平滑插值

使用Lerp处理位置点时，无论距离起点或终点多近，返回的结果永远是按比例线性插值返回的平均数值。如果希望插值从起点逐渐加速、朝着终点减慢，以实现平滑过渡的效果，可以使用基于平滑插值的方法。

扫一扫，看视频

在Unity中，平滑插值用于在值之间实现平滑渐变，通常用于创建过渡效果，使值从一个状态平滑过渡到另一个状态，进而避免突然的、不自然的变化。通过在中间点上进行平滑过渡，来产生更加自然的效果。以Vector3.SmoothDamp为例，讲解平滑插值的概念。

（1）定义：

```
public static Vector3 SmoothDamp (Vector3 current, Vector3 target, ref Vector3
currentVelocity, float smoothTime, float maxSpeed= Mathf.Infinity, float
deltaTime= Time.deltaTime);
```

（2）描述：参数current表示当前的位置。target参数表示目标位置。当需要向目标位置平滑移动时，可以给定移动时的currentVelocity，此参数表示当前速度，该值由函数在每次调用时进行修改。smoothTime表示达到目标位置所需的近似时间，该值越小，到达目标位置的速度就越快。此外，maxSpeed参数表示可以选择的允许限制的最大速度；deltaTime参数则表示自上次调用此函数以来的时间，默认情况下为Time.deltaTime。

Vector3.SmoothDamp通常用于计算与位置相关的平滑插值。如果需要处理更加普遍的情况，还可以使用Mathf.SmoothStep()方法。此方法在参数 min 与 max 之间进行插值，并在限制处进行平滑。此方法采用与Mathf.Lerp相似的方式，在 min 与 max 之间进行插值。但是，插值会从起点逐渐加速，然后朝着终点减慢，从而实现更加自然的过渡效果。

4. 球形插值

球形插值和线性插值不同。当将球形插值应用于Vector3时，其返回的结果不是一条直线，而是圆弧。在线性插值中，Vector3.Lerp将Vector3当作空间中的点；而在球形插值中，Vector3.Slerp则是将Vector3当作一个方向。球形插值返回的Vector3的长度是两点之间距离的插值，方向则是两个向量之间夹角度数的插值。

扫一扫，看视频

用更通俗的话来讲，**球形插值对两条直线进行插值后，得到的结果是一个球（或弧线），而普通插值得到的则是一条直线**。这种插值方法主要用于在球面上进行插值，通常用于处理旋转变换。球形插值可以确保在两个旋转之间的插值是最短的，因此在旋转操作中特别有用，它可以避免旋转过多圈或出现不必要的变换。

在Unity中，可以使用Quaternion.Slerp和Vector3.Slerp进行球形插值。接下来，将讲解Vector3.Slerp()方法的概念。

（1）定义：

```
public static Vector3 Slerp (Vector3 a, Vector3 b, float t);
```

（2）描述：Vector3.Slerp()方法将在a和b两个向量之间进行球形插值。该方法在 a 和 b 之间根据参数 t 的大小进行插值。在插值过程中，向量被视为方向而不是空间中的点，返回的Vector3表示的是根据向量a和b形成的夹角对角度进行插值得到的方向向量。

【示例7.8】 球形插值

```
using UnityEngine;
using System.Collections;
public class ExampleScript_7_8 : MonoBehaviour
{
    public Transform sunrise;
    public Transform sunset;
    //移动从日出到日落位置所需的时间,以s为单位
    public float journeyTime = 1.0f;
    //动画开始时的时间
    private float startTime;
    void Start()
    {
        //记录动画开始时的时间
        startTime = Time.time;
    }
    void Update()
    {
        //弧的中心点
        Vector3 center = (sunrise.position + sunset.position) * 0.5F;
        //将中心向下移动一点，使弧垂直
        center -= new Vector3(0, 1, 0);
        //相对于中心插值弧线
        Vector3 riseRelCenter = sunrise.position - center;
        Vector3 setRelCenter = sunset.position - center;
        //到目前为止动画已经完成的部分等于经过的时间除以总旅程所需的时间
        float fracComplete = (Time.time - startTime) / journeyTime;
        transform.position = Vector3.Slerp(riseRelCenter, setRelCenter, fracComplete);
        transform.position += center;
    }
}
```

7.5 本章习题

1. 什么是欧拉角？什么是万向节死锁？
2. 请简述矢量的点积、叉积以及标准化矢量的意义。
3. 什么是插值？
4. 线性矩阵方程有什么优缺点？

3

模块解构篇

解构核心，精通系统

第 8 章 物理系统

> **内容概述**
>
> 通过编程进阶篇的系统学习，读者已经掌握了 Unity 结合 C#开发的知识。在此基础上，读者应进一步深入学习 Unity 3D 引擎的各个核心组件。通过对这些不同子系统的学习，读者能够开发出更加全面、功能完善的项目。

8.1 物理系统基础

本节将宏观讲解在实际开发中所涉及的物理系统技术，回顾物理引擎技术的发展历史，并介绍 Unity 3D 引擎在这些基础上构建的独特脚本架构。

8.1.1 基于物理与反物理的设计

扫一扫，看视频

如今，许多热门的 Unity 3D 开发产品都融入了物理效果，以增强真实感。然而，符合物理效果并非模拟现实感的唯一标准。在 Unity 3D 的开发实践中，为了创造出别具一格的艺术效果，开发者有时并不会完全按照真实的物理定律来设计产品。

因此，**开发者在设计物理模块时，需要巧妙地平衡逻辑与物理性**。一方面，要确保物理行为的呈现与产品需求的逻辑相吻合；另一方面，要认识到更逼真的物理效果往往伴随着更高的计算机性能消耗和维护成本。这需要开发者在追求视觉效果与保持系统高效稳定之间找到最佳的平衡点。

1. 不同游戏类型所用到的物理系统

游戏开发是物理系统应用最为广泛的领域之一。这里将以常见的游戏类型为例，介绍面对不同需求时，如何针对性地设计物理功能。

（1）**沙盒类游戏**：典型的游戏案例包括《侠盗飞车手》《我的世界》《方舟》等。这类游戏为玩家提供了丰富的自主探索空间，希望玩家在与游戏世界的交互中体验到真实的物理效果，从而获得更多的乐趣。因此，物理模拟能为这类游戏提供有趣的玩法，但此类游戏的开发者通常会提供不止一种动力学模拟的方式，进而增强不同场景下玩家的沉浸感。

（2）**解谜类游戏**：玩家在解谜时需要利用游戏的物理规律来破解关卡。因此，设计使用物理系统的解谜类游戏时，需要依靠强大的物理系统作为核心机制，提供以动力学模拟和碰撞检测为基础的道具，以此增强游戏逻辑的真实性。

（3）**叙事类游戏**：基于目标的叙事类游戏通常含有一些特殊的游戏规则和推动游戏进程的任务。因此，对于这类游戏而言，叙事的流畅性是游戏的核心机制。如果物理模拟过于逼真，可能会限制玩家的操作自由，阻碍游戏流程的推进，甚至破坏游戏故事为玩家精心营造的沉浸感。以战争游戏为例，当玩家试图摧毁桥梁时，若散落的碎片随意堆积，可能会堵塞唯一的逃生通道，这样的物理效果反而降低了游戏的可玩性。因此，为了保证游戏的叙事流畅性和玩家的体验乐趣，这类游戏在物理模拟上会进行一定的取舍，不完全遵循现实世界的物理规律。开发者会主动介入游戏系统，调整物理行为的不确定性，确保玩家能够按照游戏设计的目标顺利推进。

对于开发这类游戏的团队来说，应用物理系统时需要格外小心，确保它不会与游戏的核心玩法相冲突。在某些情况下，物理模拟可能更多地被用作画面渲染的一部分，以增强视觉效果，而不会对游戏本身产生过多干扰。通过这样的平衡调整，开发者能够打造出既具视觉冲击力又充满乐趣的游戏。

2. 游戏开发与物理系统

（1）**不可预测性与意外行为**。在呈现事件产生的视觉效果时，既可以借助物理模拟来重现，也可以通过动画来预先录制并保存这些过程，然后在游戏运行时播放预先设定好的内容。这两种方式在游戏制作中各有优势，但它们的核心差异在于物理的特性。**物理行为因其混沌性和多变性而难以预测，这也是物理模拟结果常常出乎意料的原因。**

对于游戏中那些需要精确控制、呈现固定画面的情节，开发者通常会选择使用动画来展现，如角色抓取某个特定道具或跳跃到指定位置。然而，在某些游戏环境中，玩家物理行为的不可预测性恰恰成了游戏设计的一部分，为游戏机制增添了更多乐趣和深度。以《军团要塞》为例，在游戏中，玩家可以利用火箭筒进行跳跃，这一技能的实际效果并不总是符合开发者的预期，甚至可能违反了物理规律。但这些意料之外的行为不仅为玩家带来了更多惊喜和乐趣，也极大地丰富了游戏的内容和增强了玩家的体验。

（2）**复杂路径预测与角色动画**。**在游戏中引入基于物理模拟的角色物体后，角色的移动路径可能变得难以预测**。这是因为物理行为本身就充满了不确定性，引擎需要实时处理这些动态的物理交互点。当物理计算与角色的寻路算法产生冲突时，会干扰到角色对下一步行动路径的规划。例如，在战争类游戏中，如果路径点被意外摧毁，无论是玩家角色还是非玩家角色（Non-Player Character，NPC），前进的路线都可能受到阻碍。

相比之下，动画驱动的物体在与其他物体发生碰撞时，仍能按照开发者预先设计好的行为逻辑进行动作。然而，对于基于动力模拟的动画来说，当两个物体发生碰撞时，有时会出现物体被意外弹开的情况，这并非开发者的初衷。为了解决这一问题，开发者需要在游戏中加入碰撞过滤机制，允许某些物体之间发生轻微的相互重叠，以确保游戏的流畅性和可玩性。通过这些技术手段，开发者可以更好地平衡物理模拟与游戏机制之间的关系，为玩家带来更加真实而又稳定的游戏体验。

（3）**物理模型下的网络状态一致**。部分网络游戏确实需要借助物理模拟来增强游戏体验。然而，**物理模拟的随机性特点意味着在不同客户端独立进行模拟时，结果可能会出现不一致，导致游戏同步问题。**

面对这种情况，可以采取不同的策略。如果物理模拟主要影响画面效果，而对游戏性没有实质影响，可以**选择在每个客户端独立进行模拟，这样既能保持游戏的视觉效果，又能避免复杂的同步问题**。

但是，**如果物理模拟对游戏行为产生直接影响，那么需要在服务器端进行统一的模拟**。服务器会负责进行物理计算，并将模拟出的数据准确地分发给所有客户端。这种方式确保了网络同步的正确性，使得每个玩家都能获得一致的游戏体验。

当然，这种方法也有一些挑战。由于服务器需要处理更多的数据，对网络加载的性能要求会更高。因此，在设计和实施这样的系统时，需要仔细权衡性能与同步需求，以确保游戏能够流畅运行并提供良好的玩家体验。

8.1.2 Unity 中的物理系统

扫一扫，看视频

Unity 提供了一整套完整的系统，帮助开发者在项目中简单轻松地使用现场的物理系统，从而能够对碰撞、重力以及其他动力学效果做出响应。本小节将讲述碰撞检测和刚体动力之间的关系，并解析它们在物理系统中是如何通过脚本架构实现的。

1. Unity 中的物理系统解决方案

Unity 提供了多种物理系统解决方案，以满足不同项目的需求。以下是这些方案的简要介绍。

（1）内置物理系统。内置物理系统是 Unity 自带的物理系统解决方案，它集成了业界领先的 Nvidia PhysX 引擎。这一方案无须额外配置，即可轻松实现各种物理模拟效果，适用于大多数常规游戏和应用程序。

（2）面向数据项目的物理引擎包。**面向数据项目的物理引擎包是专为数据驱动项目设计的物理引擎解决方案**，需要安装 DOTS（Data-Oriented Technology Stack）物理包。

1）Unity Physics 包：作为 DOTS 物理引擎的默认组件，它适用于任何数据驱动的项目。由于基于数据驱动的引擎架构，该方案特别适合并行运算，能够更高效地利用 GPU 性能，从而提升物理模拟的效率和准确性。

2）Havok Physics for Unity 包：这是 Unity Physics 包的扩展，允许开发者在 Unity 引擎中使用 Havok 物理引擎。Havok 以其卓越的稳定性和性能而闻名，为追求极致物理模拟效果的项目提供了强大支持。

2. 物理引擎中间件

从零开始开发一个物理碰撞系统及刚体动力学模拟系统，不仅成本高昂，而且涉及庞大且结构复杂的代码量。由于这部分代码在游戏中的应用广泛，具有很高的复用价值，因此**大多数游戏引擎在构建物理系统时，倾向于采用成熟的物理引擎中间件作为基础，通过封装和扩展其功能来满足特定需求**。以下是对一些常见物理引擎中间件的简要介绍。

（1）PhysX：与 Physics 发音相同，是由 AGEIA 公司开发的一套知名物理运算引擎，位列世界三大物理引擎之一。其前身是 NovodeX 程序库，最初由 AGEIA 公司开发并发布。随后，NVIDIA 公司收购了 AGEIA 公司，并对 PhysX 进行了改造，使其能够利用 NVIDIA GPU 作为协处理器进行物理运算，从而大幅提升了物理模拟的性能。

（2）Havok（Havok Game Dynamics SDK）：Havok 引擎专为电子游戏设计，致力于在虚拟世界中还原真实世界的物理效应。利用 Havok 引擎的碰撞检测功能，开发者可以实现在游戏中对真实世界的高度模拟。该引擎的许多设计已成为商业化物理 SDK 的标准，提供丰富的物理功能，并在各种平台上表现出色。此外，Havok 引擎由核心碰撞与物理引擎和多个可选产品组成，如载具物理系统、可破坏环境建模系统以及一个与布娃娃物理系统整合的动画 SDK，为开发者提供了全面的物理系统解决方案。

3. Built-in 3D Physics 架构

这部分将宏观介绍 Unity 物理系统的脚本架构。首先，会对引擎的物理架构有一个整体的认识，再深入到具体的类及方法中进行功能的学习。此物理引擎的整体架构图如图 8.1 所示。

从图 8.1 中可以看到，Collider（碰撞体）和 Collision（碰撞行为）是两个不同的类。当两个碰撞体发生相对运动并产生碰撞时，这个碰撞行为会生成详细的碰撞信息，并将这些信息存储在一个 Collision 类的实例中。

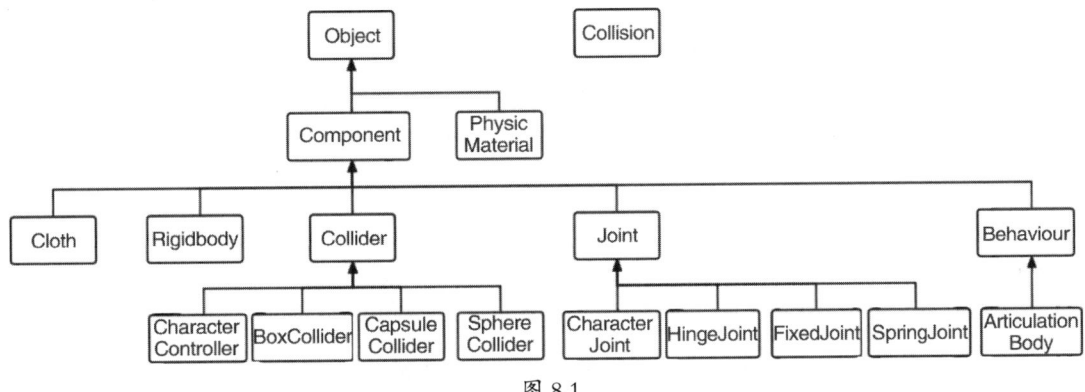

图 8.1

开发者可以通过编写特定的回调函数来捕获Collision类的实例，从而获取关于物理运动过程的关键信息。Collision组件用于描述这种碰撞行为，碰撞信息会通过事件回调机制，被精准地传递到Collider类的3个关键事件中：Collider.OnCollisionEnter（碰撞开始）、Collider.OnCollisionStay（碰撞持续）和Collider.OnCollisionExit（碰撞结束）。

（1）Collider：Collider类从Component类继承而来，而Component类又是Object类的子类。这意味着Collider类是以组件的形式在Unity中呈现的，为游戏对象提供了碰撞检测的功能。任何可能参与碰撞的物体都需要加入到碰撞引擎中，而在引擎内部执行碰撞计算的主体正是Collider类及其派生类。简而言之，**Collider是所有碰撞体的基类，是游戏世界中物体发生碰撞时的关键组件。** 当需要在游戏过程中移动具有碰撞体的对象时，还应确保该对象附加了Rigidbody组件。Rigidbody组件为游戏对象提供了物理属性，如质量、摩擦力和阻力等，使得对象能够在Unity的物理模拟系统中进行真实的运动。

（2）Physic Material（物理材质）：Physic Material直接从Object类继承而来，并不是作为组件添加到游戏对象上的。相反，可以直接在Unity的资源文件中创建Physic Material，并为其设置各种物理属性，如摩擦系数和反弹力等。这些设置会直接影响动力学计算的结果，让游戏世界的物理表现更加逼真和可控。

（3）Rigidbody（刚体）：当一个物体需要接入动力学系统时，就需要向对象添加一个Rigidbody组件。在添加此组件后，此物体的运动将受到Unity物理引擎的控制。即使不添加任何代码，Rigidbody对象也会默认受到向下的重力，在与其他对象碰撞时做出反应。

> **提示**：关于Rigidbody组件
> Rigidbody是刚体动力学模拟的核心组件，它提供了大量与力相关的脚本API。通过这些API，能够轻松地向对象施加各种力效果，并对其进行详细的控制。

（4）CharacterController（控制角色）：CharacterController是Unity中专门用于控制角色移动的组件。它能够实现基于碰撞系统的自然移动，而无须额外添加和处理Rigidbody。CharacterController的移动不受外界力的影响，只有在调用其Move函数时，它才会执行相应的移动操作。这使得CharacterController成为控制角色移动的高效、简便的选择。

（5）Joint（连接）：Joint是一种连接机制，**它能够将一个Rigidbody与另一个Rigidbody或者空**

间中的固定点连接起来。Joint不仅可以将力传递给连接的刚体，还可以根据自身的限制条件来约束Rigidbody的运动。通过Joint，开发者可以创建出丰富多样的物理互动效果，如关节运动、链条摆动等。

（6）Cloth（布料）：Cloth专门用于模拟布料物体。它能够响应场景中的任何碰撞体，同时不会将力反弹回整个游戏世界。添加Cloth组件后，该组件将独立工作，不会对其他实体的运动产生任何影响。Cloth组件通常与Skinned Mesh Renderer一起使用，为开发者提供了基于物理的、逼真的纺织品模拟效果，让游戏中的布料物体更加生动和自然。

8.2 碰撞系统

扫一扫，看视频

一个完整物理引擎的核心功能可概括为两大板块：碰撞系统和刚体动力学系统。虽然并非所有应用都需要这两者，但一旦在项目中涉及几何体之间的相交判断，碰撞系统就成了不可或缺的一环。

碰撞系统按其功能划分，主要包括两大核心部分：其一，**能够精准地判断物体之间是否发生了接触**。这一功能的实现对于确保物理模拟的真实性和准确性至关重要。其二，**提供详细的接触信息**。这些信息包括碰撞的位置、方向、速度等关键数据，为开发者在后续处理碰撞事件时提供了有力的数据支撑。

为了实现上述两大功能，Unity提供了碰撞体、碰撞检测以及相应的调试界面等一系列工具。在本节中，将详细讲解这些内容，以便于深入了解碰撞系统的运作原理和应用方法。

8.2.1 碰撞体

扫一扫，看视频

Unity为了方便开发者实现物理交互，将常见的碰撞体封装成了独立的组件。这些碰撞体根据是否配备刚体，分为静态碰撞体和动态碰撞体两类；按照其几何形状的不同，进一步细分为盒型碰撞体（Box Collider）、球型碰撞体（Sphere Collider）、胶囊碰撞体（Capsule Collider）等类型。当物体添加了碰撞体组件后，它们将参与到碰撞检测中，使得可以结合动力学系统来模拟真实的物理行为。本小节重点解析碰撞体及其相关组件的核心功能。

1．基本碰撞体：盒、球、胶囊

（1）盒型碰撞体：如图8.2所示，**盒型碰撞体是一种长方体形状的基础碰撞体组件**，非常适合用作地板、墙壁或坡道等游戏元素的物理边界。这个组件包含几个关键属性，它们对于调整碰撞体的行为至关重要，如图8.3所示。

图 8.2

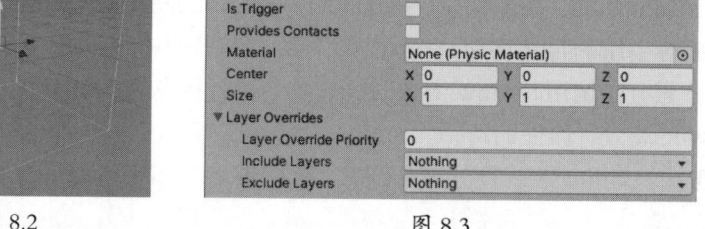

图 8.3

- Is Trigger：启用此属性，该碰撞体将用于触发事件，并被刚体运动所忽略。这部分内容可结合8.2.2小节的碰撞检测知识进行学习。
- Material：引用物理材质，可确定该碰撞体与其他对象的交互方式。
- Center：碰撞体在对象的局部坐标系中的位置。
- Size：碰撞体在X、Y、Z方向上的大小。

除了基础的属性，图8.3中还有一个Edit Collider选项。单击此选项按钮，便能进入该碰撞体的编辑界面，从而进行更加直观、可视化的形状调整，如图8.4所示。

（2）球型碰撞体：球型碰撞体是一种球体形状的原始碰撞体，可以通过Radius属性调整碰撞体的大小，但不能单独沿3个轴缩放，如图8.5所示。其余属性与盒型碰撞体类似。

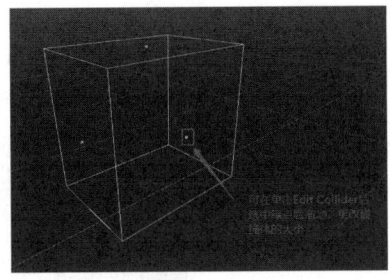
图8.4

图8.5

（3）胶囊碰撞体：胶囊碰撞体由两个半球与一个圆柱体连接在一起组成，如图8.6所示。通过此碰撞体，可以在测试时快速模拟人体的形状，并且可以作为参考物体，帮助开发者在搭建场景时把握大致的场景比例。

胶囊碰撞体有Radius和Height两个可独立调整的属性。其中，Radius代表碰撞体的半径，用于改变碰撞体的宽窄程度；Height代表碰撞体的高度，用于改变碰撞体的长短程度。

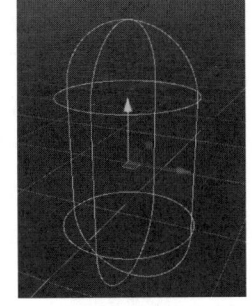
图8.6

2. 静态碰撞体与动态碰撞体

在Unity中，可将碰撞体添加到没有刚体组件的物体对象中，从而创建场景的地板、墙壁和其他静止元素。**这些没有刚体的碰撞体称为静态碰撞体，而有刚体的游戏对象上的碰撞体称为动态碰撞体。**

> 提示：如何使用不同的碰撞体
>
> 　　静态碰撞体能够与动态碰撞体产生相互作用，但由于它本身并不具备刚体属性，因此在碰撞时不会发生位移。**对于那些无须移动的物体，推荐采用静态碰撞体的设计方式。**因为物理运动的计算会消耗一定的系统性能，为了优化性能，只需在确实需要物体移动时为其添加刚体组件。

3. 复合碰撞体

简单的基本碰撞体常常无法满足复杂物体的碰撞需求，因此可以使用几个简单的基本碰撞体来共同构成一个复合碰撞体。

复合碰撞体可以在模拟游戏对象形状的同时，保持较低的处理器开销。对于大部分的场景模型而言，可以采用复合碰撞体，而不是优先考虑网格碰撞体。

例如，图8.7展示了一个由3个盒型碰撞体和两个球型碰撞体构成的复合碰撞体。这5个碰撞体被放置在同一个父物体下，其层次结构如图8.8所示。

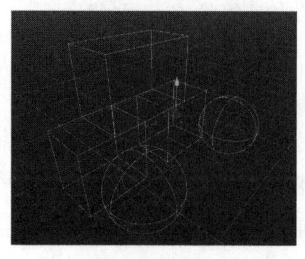

图8.7

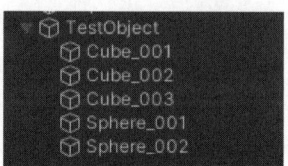

图8.8

在制作复合碰撞体时，需要注意以下两点。

（1）复合碰撞体可以添加到物体的子物体上，可以建立一个空的父物体来专门挂载其子物体构成的复合碰撞体。

（2）**子物体不应添加刚体，刚体应仅添加到整个复合碰撞体的父物体上。** 如果将子物体添加了刚体，则其动力学模拟的计算将不是以一个整体进行，而是每个添加了刚体的物体单独进行计算。

4. 网格碰撞体

当物体模型较为复杂时，如果想要制作精细的碰撞体，使其物体表面可以拥有更好的物理模拟体验时，可以使用网格碰撞体来精确匹配对象的网格形状，如图8.9所示。

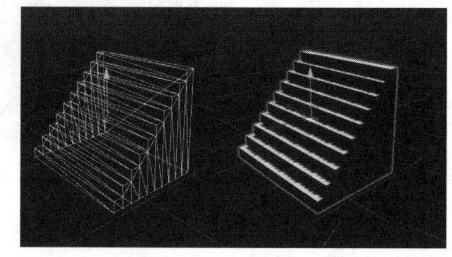

图8.9

这些碰撞体相较于原始类型，其处理器开销会有所增加。要想启用碰撞检测，需要在Inspector视图中勾选Convex选项。一旦设置完成，这些碰撞体将呈现为"凸面外壳"的形状，这种形状能够更精确地描述物体的边界，从而提高碰撞检测的准确性。

在Unity中，碰撞检测可以用于检测游戏对象之间的碰撞和交互。Unity提供了以下3类碰撞检测机制。

- 碰撞检测：用于两个普通碰撞体（非触发器）的碰撞检测。
- 触发器检测：用于两个触发器物体的碰撞检测。
- 射线检测：用于射线物体的碰撞检测。

当碰撞体发生碰撞时，Unity会使用脚本回调的机制，将碰撞事件发送到附加了相关对象所拥有的脚本上，开发者通过定义使用特定名称的函数，即可通过其函数的参数来获得碰撞的信息。接下来，将在8.2.2～8.2.4小节中分别讲解这三种碰撞检测机制。

8.2.2 碰撞检测

扫一扫，看视频

1. 碰撞检测函数

在Unity中，当物体之间发生碰撞时，可以使用碰撞回调函数来响应和处理碰撞事件。其中，包括以下3个常用的碰撞事件函数。

（1）OnCollisionEnter：在首次检测到碰撞的物理更新帧中调用此函数。

（2）OnCollisionStay：在物体保持接触的更新期间，每帧持续调用此函数。

(3) OnCollisionExit：在接触结束之后的第一帧调用此函数。

可以在这些函数中放置所需的任何代码来响应碰撞事件。

【示例8.1】 碰撞检测函数

回调函数与Update()、Start()函数一样，只有在当前类继承自Monobehaviour类后，才可以发挥作用。例如，在以下代码中分别定义了以上3个函数。

```
public class ExampleScript_8_1 : MonoBehaviour
{
    private void OnCollisionEnter(Collision collision)
    {
        //碰撞发生时的逻辑处理代码
        Debug.Log("Collision occurred!");
    }

    private void OnCollisionStay(Collision collision)
    {
        //持续碰撞期间的逻辑处理代码
        Debug.Log("Collision is ongoing!");
    }
    private void OnCollisionExit(Collision collision)
    {
        //碰撞结束后的逻辑处理代码
        Debug.Log("Collision ended!");
    }
}
```

当物体产生碰撞时，只有当该物体身上具有碰撞体，并且满足一定条件时，才可以发生碰撞检测。在执行了以上回调函数后，这些回调函数的参数Collision中将会存储此次碰撞的相关信息。开发者可以通过这个参数来对碰撞进行一系列后续处理。

2. 触发碰撞检测条件

为了了解在什么情况下会发生碰撞检测，首先应该了解碰撞体的三种类型。碰撞体触发回调函数时，根据刚体配置的不同，可以分成三种碰撞体。

（1）静态碰撞体（Static Collider）：完全没有附加任何刚体的碰撞体。

（2）刚体碰撞体（Rigidbody Collider）：附加了刚体，但没有勾选Is Kinematic复选框的碰撞体。

（3）运动刚体碰撞体（Kinematic Rigidbody Collider）：附加了刚体，并勾选了Is Kinematic复选框的碰撞体。

按照上述分类，当两个碰撞体发生碰撞时，碰撞检测的触发情况见表8.1。

表8.1 碰撞检测的触发情况

是否触发碰撞检测	静态碰撞体	刚体碰撞体	运动刚体碰撞体
静态碰撞体	否	是	否
刚体碰撞体	是	是	是
运动刚体碰撞体	否	是	否

在表8.1中，刚体碰撞体与其他碰撞体都可以触发碰撞检测，但静态碰撞体和运动刚体碰撞体只会与刚体碰撞体产生碰撞检测。

3. 刚体与 Is Kinematic 选项

如图8.10所示，当一个碰撞体添加了刚体组件时，可以在刚体的变量中选择是否勾选Is Kinematic复选框。勾选后，物体不会因为碰撞系统而产生碰撞行为，即表示该物体当前的运动完全由脚本控制，而不受刚体动力学系统的影响。

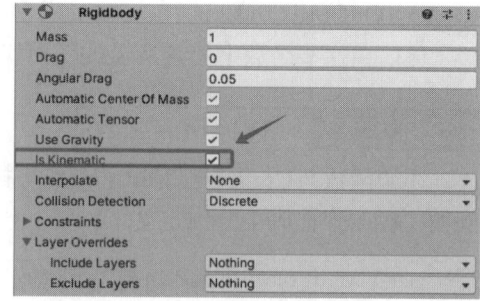

图 8.10

> **提示：关于Is Kinematic**
>
> Is Kinematic是一个中间状态，当两个物体都是静态碰撞体时，它们相互之间不能进行碰撞检测。如果希望物体能够进行碰撞检测，但又不希望刚体动力学系统干扰物体的运动，则可以勾选Is Kinematic复选框，从而使用脚本来控制物体的运动。

4. Collision 类

Collision类中包含关于接触点和冲击速度等信息。 Collision类用于表示物体碰撞时的相关信息，它提供了用于检索和操作碰撞数据的方法和属性。通过Collision类，开发者可以获取有关碰撞和碰撞对象的详细信息，如碰撞的位置点、碰撞法线、碰撞对象等，并根据这些信息进行相应的逻辑处理和交互。Collision类的主要变量如下。

（1）collider：表示撞击对象的Collider，此属性为只读。
（2）contacts：表示碰撞产生的接触点，可以使用GetContact()方法获取。
（3）gameObject：表示正在碰撞的碰撞体所属的游戏对象，此属性为只读。
（4）impulse：表示此碰撞施加于该接触点的总冲量。
（5）relativeVelocity：表示两个碰撞对象之间的相对线性速度，此属性为只读。
（6）transform：表示碰撞对象的Transform，此属性为只读。

【示例8.2】 使用 collision 属性来判断两个物体的相对线性速度

```
private void OnCollisionEnter(Collision collision)
{
    //获取相对速度
    Vector3 relativeVelocity = collision.relativeVelocity;
    //输出相对速度信息
    Debug.Log("相对速度:" + relativeVelocity.magnitude);
    //根据相对速度做出反应
    if (relativeVelocity.magnitude >= 5f)
    {
        //大于等于5单位的相对速度，执行某些操作
        Debug.Log("相对速度大于等于5");
    }
    else
    {
```

```
        //小于5单位的相对速度,执行其他操作
        Debug.Log("相对速度小于5");
    }
}
```

8.2.3 触发器检测

扫一扫,看视频

本小节将对触发器检测进行集中讲解。

1. 触发器检测

触发器检测是一种基于普通碰撞器进行延伸的检测方式。当某个物体进入或离开触发器设定的边界时,Unity会自动调用物体的回调函数。触发器常用于检测特定区域内的碰撞事件,但与普通碰撞不同,它不会对物体的运动产生实际影响。即使物体与触发器发生"碰撞",也不会产生动力学上的反弹或阻碍。触发器的主要作用是调用特定的回调函数,以触发预设的行为或事件。

> 补充:触发器检测的适用情况
> 触发器检测特别适用于那些需要监测区域内碰撞或触发事件的场景。例如,可以用它来检测角色是否进入某个特定区域,或用于收集物品、触发特定事件等。

启用一个碰撞体的触发器检测的步骤如下。

(1)选中需要作为触发器的碰撞体,然后在其Collider组件的属性中将IsTrigger选项设置为true。

(2)如果正在为一个空物体添加Collider组件,也需要勾选IsTrigger复选框。

(3)完成这些设置后,该碰撞体就会转变为触发器,并在物体进入或离开其边界时调用相应的回调函数。

触发器的回调函数包括以下三种。

- OnTriggerEnter:在第一个检测到触发器碰撞的物理更新帧中调用此函数。
- OnTriggerStay:在物体持续处于触发器中时,每帧调用此函数。
- OnTriggerExit:在触发器碰撞结束之后的第一帧调用此函数。

通过在脚本中实现OnTriggerEnter、OnTriggerStay和OnTriggerExit函数,可以实现对触发某种事件或进入某个范围的信息获取。

【示例8.3】 触发器检测

```
private void OnTriggerEnter(Collider other)
{
    //检查进入触发器的对象是否是玩家
    if (other.CompareTag("Player"))
    {
        Debug.Log("进入触发器");
        //执行进入触发器时的逻辑
    }
}
private void OnTriggerStay(Collider other)
{
    //检查停留在触发器内的对象是否是敌人
    if (other.CompareTag("Enemy"))
```

```
        {
            Debug.Log("停留在触发器内");
            //执行停留在触发器内时的逻辑
        }
    }
    private void OnTriggerExit(Collider other)
    {
        //检查离开触发器的对象是否是玩家
        if (other.CompareTag("Player"))
        {
            Debug.Log("玩家离开触发器");
            //执行离开触发器时的逻辑
        }
    }
```

2. 触发器回调条件

要实现触发器的回调功能，需要注意以下条件。

（1）两个GameObject（触发器物体和被触发物体）都**必须包含Collider组件**。

（2）两个对象，其中一个须启用Collider中的IsTrigger，并包含Rigidbody组件。

（3）如果两个GameObject都启用了IsTrigger，则不会发生碰撞。

（4）两个GameObject中至少有**一个需要包含Rigidbody**组件，否则不会触发回调。

8.2.4 射线检测

扫一扫，看视频

碰撞检测可以实现场景内物体之间的交叉检测，但如果需要从第一人称角度进行检测，如检测前方是否能看到某物体，或视野是否能够接触到某物体，此时就可以使用射线检测。

射线检测与前面讲解过的碰撞检测不同，它不需要使用回调函数来获取射线检测信息。在射线检测中起主要作用的是以下两个类：Ray与RaycastHit。

1. Ray 与 RaycastHit 类

（1）Ray：**表示沿着起点向特定方向延伸的长线段**。它主要用于执行射线检测和碰撞检测等操作，常与物理和碰撞检测函数一起使用。例如，Physics.Raycast()函数可以使用Ray类来判断射线是否与场景中的碰撞器相交。

Ray类中包含以下两个主要属性。

1）origin：射线的起点，表示3D空间中的位置（Vector3类型）。射线从起点开始沿direction方向延伸。

2）direction：射线的方向（Vector3类型）。它定义了射线的延伸方向，可以使用Transform或Vector3的forward、right或up属性来指定。

Ray类的构造函数可用来初始化射线的起点和方向。

● 构造函数定义如下：

```
Public Ray(Vector3 origin,Vector3 direction);
```

● 描述：沿着direction创建一条从origin开始的射线。

（2）RaycastHit：**用于存储射线发出后检测到的物体的相关数据**。使用RaycastHit类可以轻松获取射线与场景中碰撞器的交点信息,包括距离、碰撞点、法线等。

RaycastHit类的主要属性如下。

1) point:表示碰撞点的位置,即射线与碰撞器相交时的具体坐标。

2) normal:表示碰撞点的法线,在碰撞点处的表面法线,指示碰撞器表面的朝向方向。可以使用该法线来进行反射、投影或其他与表面交互的计算操作。

3) distance:从射线起点到碰撞点的距离,表示射线在场景中所行进的距离。

4) collider:表示与射线相交的碰撞器(Collider类型)。可以使用该属性获取碰撞器的更多信息。

有了Ray类和RaycastHit类后,就可以实现发射一条射线并存储其检测信息的功能。

2. Physics.Raycast() 方法

使用Physics.Raycast()方法可以向场景中投射一条射线。该方法可以通过传入一个Ray来指定射线的位置和方向,也可以直接传入起点和方向的参数。此外,还可以在参数中设置射线的长度以及射线检测的Layer(图层)。

(1) 构造函数定义如下:

```
public static bool Raycast (Ray ray, out RaycastHit hitInfo, float maxDistance= Mathf.Infinity, int layerMask= DefaultRaycastLayers, QueryTriggerInteraction queryTriggerInteraction= QueryTriggerInteraction.UseGlobal);
```

(2) 描述:第一个参数ray表示线的起点与方向;第二个参数hitInfo表示射线检测产生的信息。当Raycast返回true时,hitInfo将包含最近碰撞体的相关碰撞信息。后面的3个参数为可选参数。

maxDistance:表示射线应检查碰撞的最大距离。

layerMask:表示在投射射线时有选择地忽略哪些Layer的碰撞体。

queryTriggerInteraction:用于指定该查询是否应该命中触发器。

3. Physics.RaycastAll() 方法

(1) 定义如下:

```
Public static RaycastHit[]RaycastAll(Ray ray,float maxDistance=Mathf.Infinity, int layerMask=DefaultRaycastLayers,Query TriggerInteraction queryTriggerInteraction=Query TriggerInteraction.UseGlobal};
```

(2) 描述:Physics.RaycastAll()方法的用法与Physics.Raycast()方法类似,但两者在返回结果上有所不同。Physics.Raycast()方法仅返回射线检测到的最近物体,而Physics.Raycast()方法返回所有射线检测到的所有物体。由该方法定义可知,它会返回一个RaycastHit类型的数组,该数组将表示此射线检测中每个碰撞的详细信息。

【示例8.4】 射线检测代码示例

在以下代码中,会根据光标在屏幕上的位置,从mainCamera的位置向场景中发射一条射线。此射线会产生一个RaycastHit类型的变量,用于存储射线检测的结果。当射线与场景中的物体发生碰撞时,Physics.Raycast()方法将返回true,并对hitInfo进行赋值。在if语句中,代码会输出射线碰撞的相关信息,并更改被射线检测到的物体的材质颜色。

```csharp
using UnityEngine;
public class ExampleScript_8_2: MonoBehaviour
{
    private Camera mainCamera;          //主摄像机
    private void Start()
    {
        mainCamera = Camera.main;       //获取主摄像机
    }
    private void Update()
    {
        if (Input.GetMouseButtonDown(0))
        {
            //从主摄像机创建一条射线
            Ray ray = mainCamera.ScreenPointToRay(Input.mousePosition);
            //创建一个用于存储射线碰撞结果的变量
            RaycastHit hitInfo;
            //射线检测，检测射线是否与碰撞器相交
            if (Physics.Raycast(ray, out hitInfo))
            {
                //如果射线与碰撞器相交，输出相交点的信息
                Debug.Log("射线与碰撞器相交");
                Debug.Log("相交点:" + hitInfo.point);
                Debug.Log("相交对象:" + hitInfo.collider.gameObject.name);
                //在相交点处执行特定逻辑，如改变物体颜色、触发事件等
                hitInfo.collider.gameObject.GetComponent<Renderer>().material.color = Color.red;
            }
            else
            {
                //如果射线没有与任何碰撞器相交，输出没有相交的信息
                Debug.Log("射线没有与碰撞器相交");
            }
        }
    }
}
```

8.2.5 物理调试界面

在复杂的Unity场景中，如果存在大量碰撞体需要调试，物理调试工作往往会变得异常棘手。特别是当物理网格与渲染网格出现不一致时，画面的渲染与实际的物理碰撞体并不吻合，这极大地增加了准确判断碰撞体物理行为的难度。幸运的是，Unity提供了物理调试界面（Physics Debug Visualiser），这个强大的工具能够迅速、直观地展示场景中的碰撞体状态，帮助开发者分析常见的物理情况。

物理调试界面可以使用Window→Analysis→Physics Debugger命令打开，打开后的界面如图8.11所示。

在图8.11中，所有碰撞体都按照相应的颜色进行了渲染。当物理调试界面打开时，场景中的碰撞体会按照其类型绘制不同的颜色。物理调试界面中有很多功能，这里主要讲解其中一个最重要的功能：如何为不同碰撞体属性分配不同颜色。该功能在Inspector视图中实现，如图8.12所示。

图 8.11

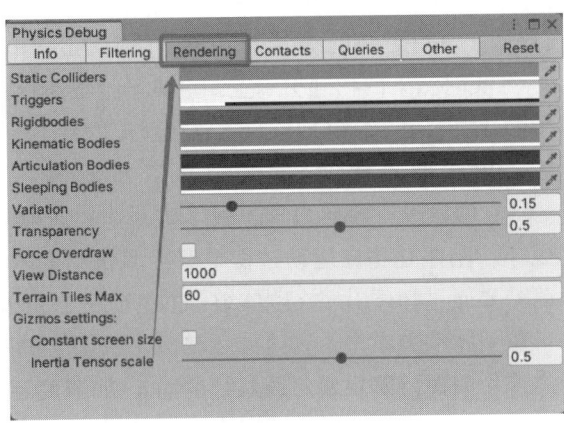

图 8.12

在图8.12中，可以为不同属性的碰撞体设置不同的颜色，包括颜色的透明度和观察范围大小等。其基本属性如下。

（1）Static Colliders：通过此颜色选择器，可以定义用何种颜色可视化地指示静态碰撞体。

（2）Triggers：通过此颜色选择器，可以定义用何种颜色可视化地指示触发器的碰撞体。

（3）Rigidbodies：通过此颜色选择器，可以定义用何种颜色可视化地指示刚体组件。

（4）Kinematic Bodies：通过此颜色选择器，可以定义用何种颜色可视化地指示运动刚体组件。

（5）Sleeping Bodies：通过此颜色选择器，可以定义用何种颜色可视化地指示睡眠刚体组件（即当前无法与物理引擎互动的）。

8.3 刚体动力学系统

刚体动力学系统作为Unity中至关重要的物理模拟系统，专注于模拟物体运动以及碰撞后的真实物理反应。它基于先进的物理引擎，遵循经典力学原理，让开发者能够轻松地对物体施加力和扭矩，并处理碰撞事件，从而创造出更加生动、逼真的画面效果。

刚体动力学系统的核心在于刚体（Rigidbody）组件，**它是描述物体物理属性的关键元素。通过刚体组件，开发者可以精准地控制物体的运动轨迹、受力情况和碰撞行为。**

为了更好地操控刚体，刚体动力学系统提供了丰富的方法和属性。例如，通过AddForce()方法施加力，可以使刚体按照物理规律运动；而AddTorque()方法则用于施加扭矩，使刚体产生旋转。学习刚体动力学，在很大程度上就是学习和掌握这些方法和属性的运用。将在8.3.2小节深入探讨关于刚体的相关内容。

除此之外，刚体还可以借助物理材质（Physics Material）来模拟各种物理特性，如摩擦力和弹力。**物理材质定义了物体间的相互作用属性，如摩擦力系数和弹力系数，从而让开发者能够更真实地模拟物体的物理行为。**关于物理材质的详细讲解将在8.3.3小节中展开。

8.3.1 刚体动力学基础

扫一扫，看视频

许多游戏为了营造真实的环境氛围，通常会借助物理引擎来模拟物体的行为。从技术的视角来看，这些物理引擎主要聚焦于物理学的一个重要分支——力学。具体来说，游戏引擎更加关注物体的动力学，也就是研究Unity中物体如何随着时间推移而移动和变化。在大多数情况下，Unity等实时渲染的物理引擎主要聚焦于经典刚体动力学，即基于刚体模型的动力学。这种动力学模型能够帮助开发者更加精确地模拟物体在虚拟世界中的运动和交互，为用户带来更加真实和沉浸式的游戏体验。

1．两个基本假设

（1）**假设一：经典力学**。刚体动力学是物理学中的一个重要概念，它描述了物体在受力作用下的运动规律。刚体是指在运动过程中保持形状不变的物体，如盒子、球体或角色模型。在Unity中，刚体的运动需要通过物理引擎在刚体组件的基础上进行模拟。

在刚体动力学中，物体的运动由牛顿力学的基本定律来描述。这些定律包括**惯性定律**（物体在没有受力作用时保持静止或匀速直线运动）、**加速度定律**（物体的加速度与施加在物体上的力成正比，与物体质量成反比）、**作用-反作用定律**（作用在物体上的力会引起物体对其他物体的反作用力）等。在Unity中，刚体动力学系统基于这些牛顿经典力学定律，通过应用力、扭矩和碰撞检测的方式来模拟物体的运动行为。

为了实现这些物理效果，刚体动力学系统提供了一些重要的概念和功能，如质量、速度、加速度、力、扭矩等。这些概念和功能可以帮助开发者更精确地控制物体的运动特性，并实现更真实的物理效果。

在Unity中，刚体动力学和其他部分的关系如图8.13所示。

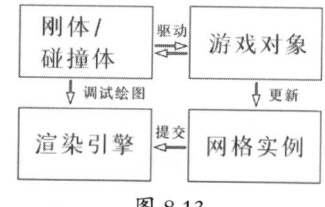

图 8.13

从图8.13中可知，**刚体动力学会驱动游戏对象的移动，游戏对象移动后会驱动渲染程序渲染网格实例**。同时，刚体/碰撞体调试绘图程序，接收网格实例提交的数据，并通过渲染引擎将游戏对象的画面渲染在屏幕中。

（2）**假设二：刚体**。在Unity中，要想让场景中的物体参与动力学模拟，首先需要假设这些物体是完美的固体，也就是所谓的"刚体"。**这意味着这些物体的形状是固定不变的，无论受到何种外力作用，都不会发生形变**。基于这样的假设，物理引擎可以利用高效的碰撞检测系统来精确地检测刚体之间的相互作用。同时，物理引擎还负责确保虚拟世界中的刚体运动符合一系列约束条件，如非穿透性约束。简单来说，就是确保刚体之间不会发生相互穿透的情况。

当物理系统检测到物体之间出现穿透现象时，它会立即采取行动，尝试模拟真实的碰撞响应。这通常是通过给物体施加一个反弹力来实现的，从而防止穿透现象的发生，保持虚拟世界的物理真实性。

补充：Unity中的单位

Unity采用的是MKS标准计量系统。其中，距离以米（meter/m）为单位，质量以千克（kilogram/kg）为单位，时间以秒（second/s）为单位，MKS系统因这些单位缩写而得名。物理行为所使用的单位符号需要保证量纲一致。实际上，大多数同类型的引擎也都使用MKS作为单位系统。

2．线性动力学与旋转动力学

任何一个无约束的刚体在Unity中的运动都可以拆解为两部分来研究。

（1）**线性动力学**。**线性动力学主要聚焦在刚体直线移动时的表现**。简单来说，就是把刚体想象成一个没有大小、只有质量的点，这个点的移动就代表了整个刚体的移动。这个点的位置、速度和受到的力就是决定刚体如何移动的关键。根据牛顿的经典力学定律，可以计算出刚体受力后的位移、速度和加速度变化，从而知道它会怎样移动。例如，给刚体一个推力，线性动力学就能算出它会以多快的速度移动，以及它会走到哪里。

（2）旋转动力学。**旋转动力学专门研究刚体是如何旋转的**。想象一下，刚体围绕自己的中心点或者某个轴进行旋转，这就是旋转动力学的研究范围。和线性动力学一样，旋转运动也离不开力和扭矩的作用。通过考虑刚体的转动惯量、角速度和受到的扭矩，可以计算出刚体旋转时的角速度和角加速度的变化。旋转动力学让开发者能够了解刚体是如何自转的，或者在与其他物体碰撞时是怎么旋转的。

在Unity中，线性动力学和旋转动力学是结合在一起的，它们共同描述了刚体的完整运动。这样，开发者就能准确地模拟出刚体在游戏世界中的行为。当然，有时可能只需考虑刚体的直线移动或者旋转，这种情况下就可以单独使用线性动力学或旋转动力学。

3. 基本物理概念介绍

（1）**质心**。为了更精准地描述无约束刚体的运动，通常会运用线性动力学的原理，将质心作为分析的基准点。质心是将刚体的所有质量集中到一个点上，这样就能更方便地理解和描述刚体的物理运动过程。简单来说，**质心就是刚体在各个方向上都能保持平衡的那个点，刚体的质量在质心周围是均匀分布的**。对于那些密度分布均匀的刚体来说，质心正好位于其几何中心，这使得在分析刚体运动时能更加简洁和高效。

（2）**位置、速度和加速度**。

1）位置：刚体的位置可以由一个位置矢量来描述，该矢量由世界空间原点延伸至刚体的质心。

2）速度：速度通常是位置对时间的第一导数。刚体的线性速度定义了刚体质心的移动速度大小和方向。线性速度是矢量，通常以米每秒（m/s）为单位。

3）加速度：加速度也是矢量。线性加速度是线性速度对时间的第一导数，又等于刚体质心位置对时间的第二导数。

（3）**力与力矩**。

1）力：力是物体改变运动状态或形变的根本原因。在动力学中，力等于物体的质量与加速度的乘积。当N个力同时施加于一个刚体时，其对刚体线性运动的净效应为力的矢量和。

2）力矩：以上讲述的内容都是基于力是施加于质心这一前提。通常情况下，力可以施加在刚体的任意位置。此时，如果力的施力矢量是穿过质心的，则此运动依然是简单的线性运动。但如果力的施加矢量不穿过质心，则将在此刚体上产生力矩。

由于力矩表示力对物体作用时所产生的移动效应的物理量，因此力矩能使物体获得角加速度，并可使物体的角动量发生改变。对同一物体来说，力矩越大，其转动状态就越容易改变。当两个或多个力施加于一个刚体时，可以对各个力矩求和，最后得到净力矩。

8.3.2 刚体

在Unity中，要让场景中的对象能够像真实世界中的物体那样受到物理规则的控制，如受到力的作用后能够移动或旋转，就需要为这些对象赋予"刚体"属性。赋予对象刚体属性的过

扫一扫，看视频

程其实很简单，就像给物体穿上了一件特殊的"外衣"。这件"外衣"就是Rigidbody组件。

具体操作步骤：首先，在Unity编辑器中选中想要赋予刚体属性的物体；然后，单击Add Component按钮，在弹出的组件列表中选择Rigidbody，如图8.14所示。

1. 刚体的基本属性

为了实现物理模拟的效果，需要先让刚体具有一些基本属性，如图8.15所示。

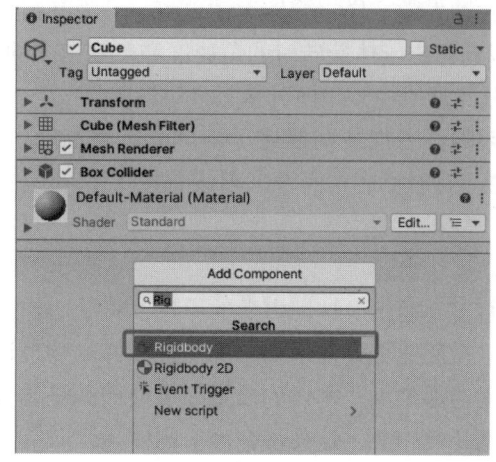

图 8.14

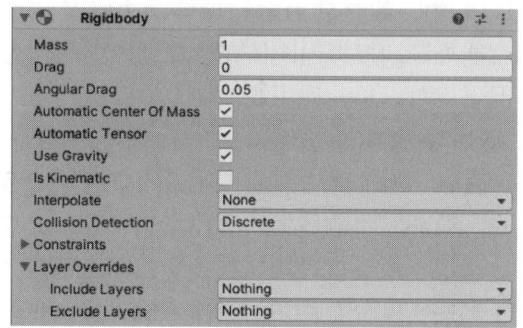

图 8.15

刚体的属性介绍如下。

（1）**Mass（质量）**：表示对象的质量，默认单位为kg。

（2）**Drag（阻力）**：在力的作用下移动对象时，该属性影响对象运动时所受到的空气阻力大小。数值设置为0时，表示没有空气阻力；而数值设置为无穷大时，对象会立刻停止移动。

（3）**Angular Drag（角阻力）**：根据扭矩来旋转对象时，该属性表示阻碍对象旋转的空气阻力大小。

（4）**Use Gravity（使用重力）**：如果启用此属性，则此对象将受到重力的影响。

2. 刚体运动注意事项

（1）**不能同时使用Transform和刚体动力学来控制变化**。当被赋予物体属性后，其移动将受到物理引擎的控制。如果决定向刚体施加力时，意味着此物体的运动将只受运动学控制。此时，不应该直接更改物体的Transform属性，即不应该同时使用变换组件和给刚体施加力来移动物体。

> **注意**：Is Kinematic和刚体运动
>
> 默认情况下，添加了刚体组件的物体，其运动会受到物理系统的支配，但如果开启刚体的Is Kinematic选项，可以让当前添加了刚体组件的物体的运动受到脚本的控制。

（2）**刚体运动的父子化**。当对象处于物理系统的控制下时，子物体对象的移动方式在一定程度上会独立于其父对象的移动方式。如果移动任何父对象，它们会将子对象（有刚体）拉到自己身边。但是，子物体的刚体仍然会因重力的作用而降落，并会对碰撞事件做出反应。

因此，一个较好的设计是将近**碰撞体挂载到子物体上，将刚体添加到父物体上**。如果给子物体添加刚体，则会产生比较混乱的运动。但如果通过新建多个子物体挂载碰撞盒，与父物体一起组成一个较为复杂的复合碰撞体，那么在运行时，物理模拟会将父物体和子物体视为一个整体进行处理。因为只有一个刚体，子物体没有独立的运动能力，所以只会受到父物体的影响而运动。

3. Rigidbody 组件详解

除了可以在Inspector视图中直接对Rigidbody的属性进行更改外，还可以使用脚本来动态更改这些属性。脚本中常见的Rigidbody属性及其含义如下。

（1）Angular Drag/Drag/Is Kinematic/Mass/Use Gravity：这些属性分别代表角阻力、阻力、是否开启运动学、质量、是否开启重力。它们的含义与Rigidbody基本属性中的讲解一致。

（2）centerOfMass（质心）：这个属性返回了刚体相对于其变换原点的质心位置。质心是刚体的几何中心，可以被视为刚体质量集中的点。

（3）worldCenterOfMass（世界空间中的质心）：这个属性返回了刚体在世界空间中的质心位置。它表示质心相对于全局坐标系的位置。

（4）maxAngularVelocity（最大角速率）：这个属性定义了刚体的最大角速率，默认值为7。角速率是刚体每秒围绕某个轴旋转的角度量。

【示例8.5】 使用脚本更改刚体属性

以下示例代码演示了如何在脚本中综合使用Rigidbody的属性。首先，获取了当前脚本挂载对象上的Rigidbody组件，并在Start()函数中打印了该对象刚体质心的位置。然后，在Update()函数中，每帧都会更新世界空间中的质心位置，并将其输出。当按下Space键时，程序会随机生成一个新的质心位置，并使用Rigidbody的centerOfMass属性将其设置为Rigidbody的质心位置。

```csharp
using UnityEngine;
public class ExampleScript_8_3 : MonoBehaviour
{
    private Rigidbody rb;
    private void Start()
    {
        //获取游戏对象上的Rigidbody组件
        rb = GetComponent<Rigidbody>();
        //输出初始状态的质心位置
        Debug.Log("初始质心位置: " + rb.centerOfMass);
    }
    private void Update()
    {
        //每帧更新质心位置
        Vector3 worldCenter = rb.worldCenterOfMass;
        Debug.Log("世界空间中的质心位置: " + worldCenter);
        //检查是否按下Space键
        if (Input.GetKeyDown(KeyCode.Space))
        {
            //随机生成一个新的质心位置
            Vector3 newCenter = new Vector3(Random.Range(-100f, 100f), Random.Range(-100f, 100f), Random.Range(-100f, 100f));
```

```
        //设置Rigidbody的质心位置
        rb.centerOfMass = newCenter;
        //输出设置后的质心位置
        Debug.Log("设置后的质心位置: " + rb.centerOfMass);
    }
  }
}
```

4. AddForce() 方法

在了解了RigidBody的属性后，接下来，使用一些方法来为这些刚体施加运动效果。在Unity中，AddForce()方法可以用来为物体添加一个力。

（1）定义：

```
public void AddForce(Vector3 force,ForceMode mode=ForceMide.Force);
```

（2）描述：AddForce()方法用于向Rigidbody组件施加力。它可以模拟物体受到的外部力，如推力、引力或其他形式的施加力。通过调用此方法，可以改变刚体的速度和运动状态。该方法接收一个表示力的Vector3参数，并将这个矢量应用于刚体。该力将通过刚体的质量计算得到加速度，从而影响刚体的运动。

【示例8.6】 使用 AddForce() 方法为物体添加一个力

以下是一个使用AddForce()方法的代码示例。当用户按下Space键时，此时将会调用Rigidbody组件的AddForce()方法。此方法的第一个参数为Vector3.forward * forceMagnitude，其中，Vector3.forward表示力将要施加的方向，将其乘以forceMagnitude后，使得此力的大小可以受forceMagnitude变量控制。第二个参数则指明了力的模式为ForceMode.Force。

```
using UnityEngine;
public class ExampleScript_8_4: MonoBehaviour
{
    private Rigidbody rb;
    private float forceMagnitude = 10f;
    private void Start()
    {
        rb = GetComponent<Rigidbody>();
    }
    private void Update()
    {
        if (Input.GetKeyDown(KeyCode.Space))
        {
            //在世界坐标系中向前方施加力
            rb.AddForce(Vector3.forward * forceMagnitude, ForceMode.Force);
        }
    }
}
```

ForceMode是一个枚举类型，用于控制Rigidbody组件中AddForce()方法施加力的方式。ForceMode

说明如下。

（1）Force模式：可以向刚体施加连续的力，同时会考虑刚体的质量。此模式适用于在刚体上施加持续力的情况，如推动物体或施加恒定的引力。

（2）Acceleration模式：向刚体施加连续的加速度，忽略刚体的质量。此模式适用于在刚体上施加恒定加速度的情况，如模拟载具启动或跳跃的动作。

（3）Impulse模式：向刚体施加瞬时的力冲击，考虑刚体的质量。此模式适用于在刚体上施加短暂力的情况，如击退或反弹。

（4）VelocityChange模式：向刚体施加瞬时速度变化，忽略刚体的质量。此模式适用于立即改变刚体速度的情况，如瞬间加速或减速。

在使用AddForce()方法时，需要根据实际的需求来选择合适的ForceMode，进而控制力的施加方式。每种ForceMode都具有不同的作用，根据具体情况选择合适的模式可以实现预期的物体运动效果。

5. AddTorque() 方法

（1）定义：

```
public void AddTorque(Vector3 torque, ForceMode mode = ForceMode.Force);
```

（2）描述：**AddTorque()方法用于对Rigidbody施加一个力矩**。它可以改变物体的旋转状态。其参数说明如下。

- torque：表示施加的力矩向量，它指定了施加在物体上的扭力方向和大小。
- mode：表示施加力矩的方式，默认值为ForceMode.Force。可参考上述对ForceMode的讲解。

AddTorque()方法常用于模拟物理交互、角色控制及其他需要改变物体旋转状态的场景。使用该方法可以实现各种旋转效果。例如，通过施加不同方向和大小的力矩，可以使物体在空间中自由旋转；或者通过施加持续的力矩，可以模拟物体像陀螺一样定轴旋转。

6. AddExplosionForce() 方法

（1）定义：

```
public void AddExplosionForce(float explosionForce,Vector3 explosionPosition,
float explosionRadius,float upwardsModifier=0.0f,ForceMode mode=ForceMode.Force);
```

（2）描述：AddExplosionForce()方法用于**向刚体施加一个模拟爆炸效果的力**。此爆炸产生的力被建模为一个在世界空间中具有特定中心和半径的球体。球体外的对象不会受到爆炸力的影响。力的大小与力到中心的距离成反比，但如果传递的半径值为0，则无论刚体距离中心多远，都会施加全部的力。其参数说明如下。

- explosionForce：爆炸力的大小。
- explosionPosition：爆炸波及球体范围的中心点位置。
- explosionRadius：爆炸波及球体范围的球体半径。
- upwardsModifier：调整爆炸的视位，用于呈现掀起物体的效果。
- mode：力的施加模式。

【示例 8.7】 向刚体施加一个模拟爆炸效果的力

以下是一个使用 AddExplosionForce() 方法的代码示例。此代码会对一定范围内的所有碰撞体上的刚体施加爆炸力效果,并且可以设置爆炸的范围以及爆炸力的大小。

```csharp
using UnityEngine;
public class ExampleScript_8_5 : MonoBehaviour
{
    //定义爆炸力度和半径
    public float explosionForce = 10f;
    public float explosionRadius = 5f;
    //爆炸发生的位置
    public Vector3 explosionPosition;
    void Start()
    {
        //在开始时,将爆炸位置设置为当前物体的位置
        explosionPosition = transform.position;
    }
    void Update()
    {
        //检测用户是否按下Space键
        if (Input.GetKeyDown(KeyCode.Space))
        {
            //触发爆炸
            Explode();
        }
    }
    //执行爆炸操作
    public void Explode()
    {
        //在爆炸位置创建一个球形范围,并返回该范围内的所有碰撞体
        Collider[] colliders = Physics.OverlapSphere(explosionPosition, explosionRadius);
        //循环遍历所有碰撞体
        foreach (Collider collider in colliders)
        {
            //获取碰撞体上的刚体组件
            Rigidbody rb = collider.GetComponent<Rigidbody&gt>();
            //如果有刚体组件
            if (rb != null)
            {
                //给刚体施加爆炸力
                //explosionForce:爆炸力度
                //explosionPosition:爆炸位置
                //explosionRadius:爆炸范围
                rb.AddExplosionForce(explosionForce, explosionPosition, explosionRadius);
            }
        }
    }
}
```

8.3.3 物理材质

物理材质在Unity中用于模拟物体间交互的物理属性。通过物理材质，开发人员可以定义物体之间的摩擦和弹性特性，从而控制碰撞时的摩擦力和弹性属性数值，进而创建更真实的物理行为。学习物理材质的重点是掌握摩擦力和弹力的设置，以及如何设置物理材质的基本属性。

扫一扫，看视频

在工程视图中右击，选择Create→Physic Material命令，即可新建一个物理材质，如图8.16所示。

1. 摩擦力

在Unity的物理材质设置中，可以为物体定义两种摩擦系数：静态摩擦系数（Static Friction）和动态摩擦系数（Dynamic Friction）。这两种系数都与物体之间的摩擦力有关，也就是防止物体表面相互滑动的力量。

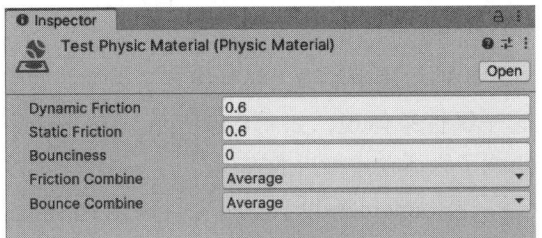

图8.16

例如，当在场景中堆叠多个物体时，为了确保它们不会因为微小的倾斜而滑落，增加适当的摩擦力就显得尤为重要。

- **静态摩擦系数**：顾名思义，就是物体在静止不动时与接触面之间的摩擦力。它就像是一个门槛，只有当外力超过这个门槛时，物体才会开始移动。这个系数的值通常为0～1。值越小，物体越容易滑动，就像在冰面上一样；值越大，物体就越难被推动，就像在地面上的重物一样。
- **动态摩擦系数**：这是物体在已经开始运动后与接触面之间的摩擦力。它的主要作用是减慢物体的运动速度，使其逐渐停止。这个系数的值同样为0～1。值越小，物体滑动得越顺畅；值越大，物体越容易停下来。

通过调整图8.17所示的两个参数，可以设置物体在不同表面之间的摩擦力。例如，可以设置物体在冰面上滑动时更加光滑，而在石子的粗糙表面上移动时抵抗力更大等效果。

当两个物体在Unity中发生物理接触时，如果它们都具有摩擦力属性，则Unity会遵循特定的规则来计算这两个摩擦力之间的总和。这个过程涉及摩擦力求和（Friction Combine）的计算方法。如图8.18所示，可以调整这个计算方法，以便更精确地模拟现实世界中不同物体之间的摩擦行为。

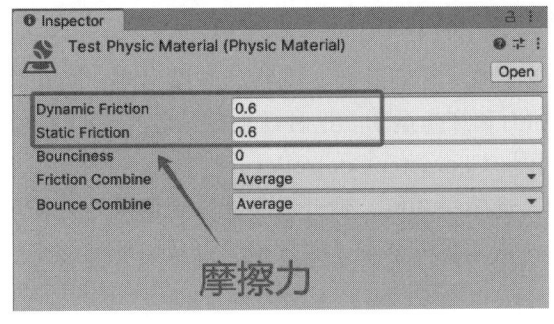

图8.17

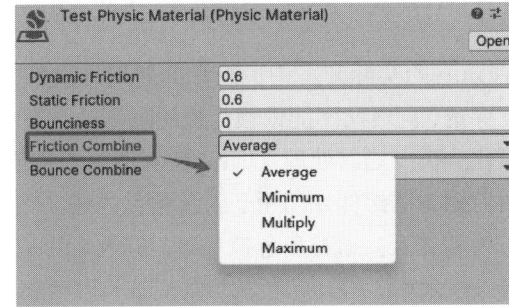

图8.18

在Unity中，提供了四种计算摩擦力的方法，具体用法如下。

（1）Average：计算两个摩擦力值的平均值。

（2）Minimum：取两个摩擦力值中的最小值。

（3）Maximum：取两个摩擦力值中的最大值。

（4）Multiply：将两个摩擦力值相乘。

当两个对象接触时，根据所选择的模式，对它们施加相同的弹性和摩擦力效果。但是，当在两个物体上设置的计算摩擦力方法不一致时，Unity会按照以下优先级选择计算方法：

Average < Minimum < Multiply < Maximum

例如，如果物体A和物体B的Friction Combine都设置为Minimum属性时，那么计算两物体间摩擦力的方式就使用Minimum；如果物体A是Multiply，而物体B是Average时，那么由于优先级设置，将会按照Multiply模式来计算两物体间的摩擦力。

2. 弹力

物理材质中的弹力特性决定了物体在碰撞时的反弹程度，这一特性主要通过"弹性"（Bounciness）这一属性来体现，如图8.19所示。Bounciness属性直接影响了物体在碰撞后的表现：

当Bounciness设置为0时，碰撞是完全非弹性的，物体在碰撞后完全停止运动，不会产生任何反弹；当Bounciness达到1时，碰撞则变为完全弹性，物体将以相同的速度反弹，没有任何能量损失。

通过灵活调整Bounciness的值，可以在模拟物体碰撞时实现丰富多样的弹性效果，从而使场景更加真实生动。

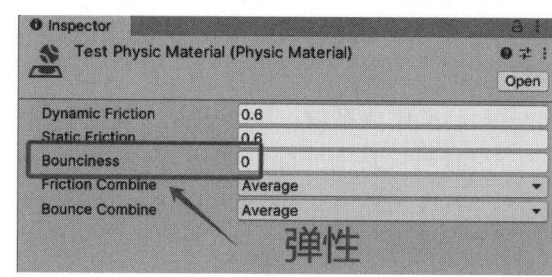

图 8.19

Bounce Combine表示弹性计算的规则，这部分内容与Friction Combine一致，分别有Average、Minimum、Multiply、Maximum 四种属性。

与摩擦力类似，Bounciness属性也可能出现两个物体设置不同的弹性规则的情况。其优先级顺序与摩擦力一致。

8.4 角色控制器

在Unity的实际开发中，经常会遇到一类特殊的碰撞体。它们既要实现物理碰撞检测，防止物体间的相互穿透，同时又不能依赖传统的刚体动力学来施加力和产生运动。这种需求在角色开发时尤为常见。为了简化这类问题的处理，Unity特别推出了角色控制器（Character Controller）组件。

角色控制器组件专门用于封装角色的移动逻辑和其他相关功能，使开发者能够更便捷地处理角色的物理行为和交互。通过角色控制器，开发者可以轻松实现角色的移动、碰撞检测以及与环境的交互，从而提升开发效率，并让角色的行为更加自然流畅。

1. 角色控制器的基本概念

添加角色控制器的方法：选择一个空物体，然后单击Add Component按钮，再选择搜索添加Character Controller组件，即可获得一个角色控制器，如图8.20所示。

角色控制器在初始状态下默认提供了始终处于直立状态下的胶囊碰撞体，如图8.21所示。

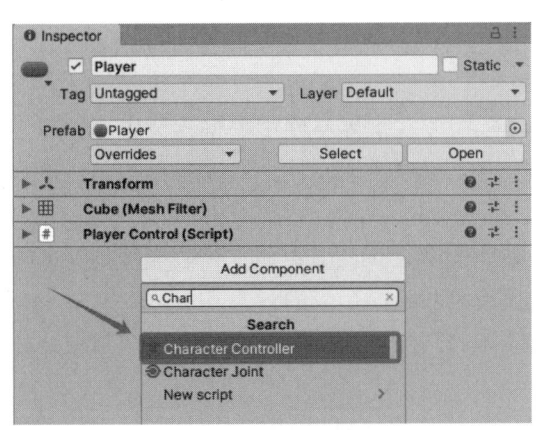

图 8.20

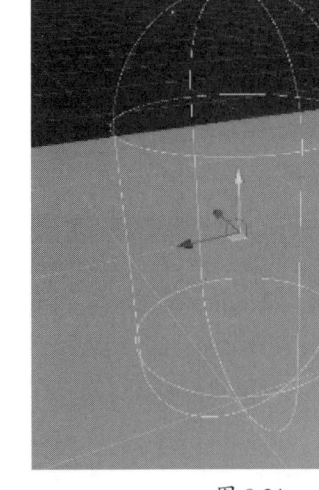

图 8.21

> **注意：使用角色控制器的注意事项**
>
> （1）添加了角色控制器的物体不需要再额外添加刚体，因为使用角色控制器的物体受到碰撞系统的影响，由开发者编写脚本，控制物体的移动，而不需要受到刚体动力学的影响。
> （2）角色控制器代表的碰撞体组件本身始终处于直立状态。

2. 角色控制器的属性

角色控制器的属性大多与移动相关，这些属性的设置会影响角色的可移动区域，如图8.22所示。其参数说明如下。

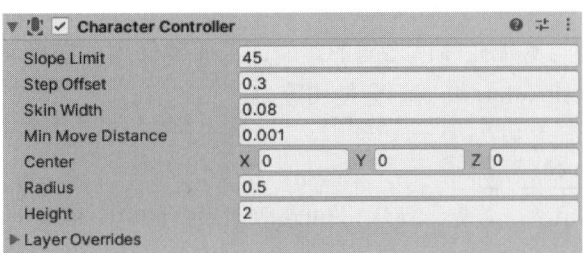

图 8.22

（1）Slope Limit（斜坡限制）：Slope Limit属性用于限制角色在爬坡时的斜率。它表示角色可以爬升的最大斜坡角度，单位为度。

（2）Step Offset（台阶偏移）：Step Offset属性用于控制角色在遇到台阶时的行为。当角色接近地面且下一个台阶距离地面的距离小于Step Offset的值时，角色才会被认为处于一个台阶上，并自动升高物体的高度以完成运动。Step Offset的值不应超过角色控制器的高度，否则可能会导致角色出现错误行为。

（3）Skin Width（皮肤宽度）：Skin Width属性定义了两个碰撞体之间可以相互穿透的最大深度。较大的皮肤宽度可以减少抖动，因为它提供了更大的碰撞判定区域。如果皮肤宽度设置得太小，可能会导致角色被卡住。一种合理的设置是将皮肤宽度设为半径的10%。

（4）Min Move Distance（最小移动距离）：Min Move Distance属性用于限制角色在移动时的最小移动距离。如果角色尝试移动的距离小于该值，那么角色将不会移动。这个属性可以用来减少抖动。通常情况下，Min Move Distance的值建议保持为0。

（5）Center（中心点）：Center属性用于定义胶囊碰撞体在世界空间中的偏移位置。它不会影响角色的旋转方式，只是控制碰撞体的位置偏移。通过调整中心点的位置，可以让碰撞体与角色的可视化外观更加贴合。

（6）Radius（半径）：Radius属性定义了胶囊碰撞体的半径长度，本质上是碰撞体的宽度。通过调整半径的大小，可以改变碰撞体的宽度，从而影响碰撞检测和碰撞响应的行为。

（7）Height（高度）：Height属性定义了胶囊碰撞体的高度。该属性的变化会影响角色的碰撞形状和检测范围。

角色控制器的这些属性为开发人员提供了对角色的移动和碰撞行为进行控制的选项。通过合理调整这些参数，可以实现各种不同的角色控制器行为，以适应特定的应用需求。

3. 角色控制器的脚本详解

通过角色控制器，可以轻松实现受碰撞约束的移动，同时无须处理刚体。**角色控制器不受力的影响，仅在调用Move()或SimpleMove()方法时才会发生移动，并且此移动受到碰撞的约束。**

（1）Move()方法。

1）定义：

```
public CollisionFlags Move (Vector3 motion);
```

2）描述：Move()方法是角色控制器组件中的一个函数，用于移动角色。它接收一个Vector3类型的参数，该参数表示角色在世界空间中的移动方向和速度大小，Move()方法基于此向量提供的方向和速度来计算角色的移动，并处理与其他碰撞体之间的碰撞，从而确保角色在移动过程中不会穿透其他物体。需要注意的是，CharacterController.Move不会使用重力。

【示例8.8】 调用Move()方法

以下是一个简单的代码示例。首先，使用Input获取了用户的两个轴向上的输入，再将这两个轴向上的输入赋值给一个moveDirection对象上，用于表示移动的方向。在有了移动方向之后，将此数值乘以Speed，即可得到速度的数值，将其传入Move()方法中完成移动。

```
using UnityEngine;
[RequireComponent(typeof(CharacterController))]
public class ExampleScript_8_6: MonoBehaviour
{
    public float Speed = 5f;
    private CharacterController characterController;
    private void Start()
```

```csharp
        {
            characterController = GetComponent<CharacterController>();
        }
        void Update()
        {
            //获取玩家的输入，计算移动方向和速度
            float horizontalInput = Input.GetAxis("Horizontal");
            float verticalInput = Input.GetAxis("Vertical");
            Vector3 moveDirection = new Vector3(horizontalInput, 0f, verticalInput);
            //调用Move()方法移动角色
            characterController.Move(moveDirection.normalized * Speed * Time.deltaTime);
        }
    }
```

（2）SimpleMove()方法。

1）定义：

```csharp
public bool SimpleMove (Vector3 speed);
```

2）描述：SimpleMove()方法和Move()方法一样，都用于控制角色的移动，只不过SimpleMove()方法在使用时会忽略Y轴上的速度，并且自动施加重力。当角色落地时返回。

【示例8.9】 调用 SimpleMove() 方法

```csharp
using UnityEngine;
[RequireComponent(typeof(CharacterController))]
public class ExampleScript_8_7: MonoBehaviour
{
    //速度值，控制角色的移动速度
    public float speed = 3.0F;
    //旋转速度，控制角色的旋转速度
    public float rotateSpeed = 3.0F;
    //角色控制器组件的引用
    private CharacterController controller;
    private void Start()
    {
        controller = GetComponent<CharacterController>();
    }
    private void Update()
    {
        //根据水平输入进行角色旋转
        transform.Rotate(0, Input.GetAxis("Horizontal") * rotateSpeed, 0);
        //获取当前角色的向前方向
        Vector3 forward = transform.TransformDirection(Vector3.forward);
        //计算当前速度
        float curSpeed = speed * Input.GetAxis("Vertical");
        //使用CharacterController的SimpleMove()方法移动角色
        controller.SimpleMove(forward * curSpeed);
    }
}
```

在以上代码中，Input获得A、D键的输入后，可以通过transform.Rotate()方法实现对角色的绕轴旋转。然后通过计算角色当前的向前方向，结合W、S键计算出其向前方向以及速度，完成角色的移动。

8.5 本章习题

一、简答题

1. 简述Unity 3D中的碰撞器和触发器的区别。
2. 简述物体发生碰撞的必要条件。
3. 简述当一个细小的高速物体撞向另一个较大的物体时，会出现什么情况，该如何避免。
4. 简述CharacterController和Rigidbody的区别。
5. 简述不建议使用网格碰撞体的原因。

二、操作题

请使用角色控制器组件实现一个简单的人物控制功能，要求如下：

可以使用W、A、S、D键分别控制角色的前、后、左、右，并且可以在Inspector面板中设置单一参数来控制角色移动的速度。

第 9 章 光 照 系 统

> **内容概述**
> 本章将深入探讨 Unity 引擎的关键组成部分——光照系统。在日常生活中，光照无处不在，它通过反射光线让物体被眼睛感知，从而呈现出丰富多彩的图像。在 Unity 中，光照的质量直接决定了最终渲染画面的视觉效果和质感。即便是一个最简单的场景，如仅由几个立方体构成的空间，只要巧妙运用灯光，也能打造出极具现代感的高级视觉效果。因此，掌握 Unity 的光照系统，对于提升游戏或应用的视觉表现力至关重要。

9.1 基本光源类型

本节将详细讲解Unity中的六种基本光源类型。它们分别是点光源（Point Light）、聚光源（Spot Light）、平行光（Directional Lights）、区域光（Area Lights），以及较为特殊的自发光材质和由天空盒带来的环境光。虽然每种光源都有其独特的设置参数，但它们也有一些共通之处，其中最核心的3个属性是光照强度、光照方向和光照颜色。这3个属性是每个光源都可以调整的，它们共同决定了光源的特性和效果。

除了这些基本属性，光照还有一些其他重要的组成部分，如光照阴影和光照模式。这些高级特性将在后续的光源进阶和光照烘焙中进一步讲解。

9.1.1 灯光组件

在讲解具体的光源类型之前，先来了解一个很重要的光源组件：Light。Light组件是点光源、聚光源、平行光和区域光这四种源光类型的共同组件，用于设置光源类型、光照强度等属性。以下是Light组件的属性介绍，如图9.1所示。

扫一扫，看视频

（1）Type（光源类型）：设置光源类型为点光源、聚光源、平行光或区域光。

（2）Color（颜色）：设置光源的颜色，如图9.2所示。单击取色器图标，可以在Unity的任意位置获取颜色信息。在R、G、B、A中可以分别设置当前的RGB通道的颜色数值，以及透明度A的数值。除此之外，如果需要使用特定颜色，也可以输入目标颜色的十六进制数值。

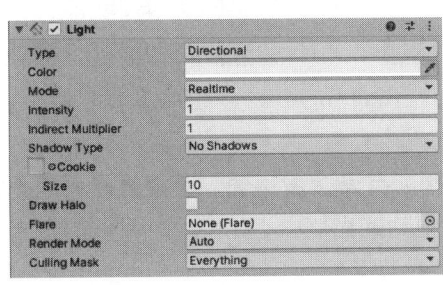
图 9.1

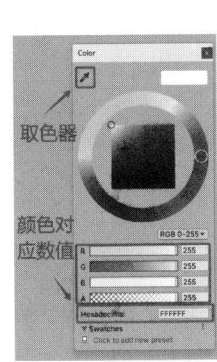
图 9.2

（3）Intensity（光照强度）：设置当前光源的光照强度。

（4）Indirect Multiplier（间接光强度）：**设置当前光源的反射光的光照强度。** 当Indirect Multiplier的数值小于1时，每经过一次反射，光的亮度就会减弱一些；当Indirect Multiplier的数值大于1时，每次反射都会让光变得更亮。如果希望光源只发出直射光而不发生反射，则可以将Indirect Multiplier设置为0。

（5）Shadows（阴影）：设置当前光源产生的阴影类型。这部分内容将在9.2节中详细讲解。

9.1.2 四种基本的光源类型

扫一扫，看视频

在本小节中，将讲解四种基本的光源类型。创建这些光源的方法有两种：一种是通过新建一个空物体，然后在Inspector视图中为其添加Light组件；另一种是直接在Hierarchy视图中右击，在弹出的快捷菜单中选择新建对应的光源类型，如图9.3所示。

1. 点光源

点光源是一种位于空间中某一个位置点的光源类型。它以此点为中心向所有方向均匀发出光线，如图9.4所示。可以通过在Inspector视图中调整Range属性的数值来设置光源的作用范围，也可以直接在Scene视图中拖动光源附近的小点来设置光源的范围，如图9.4所示。

> **注意：点光源的光照强度**
>
> 点光源的光照强度会随着光线距离光源中心的距离呈平方衰减，因此当光源的范围变小时，在距离当前光源相等位置的地方，其光照强度也会随之减弱。换句话说，如果光源的位置保持不变，但其范围变小，那么在相同位置的光照强度会变小。

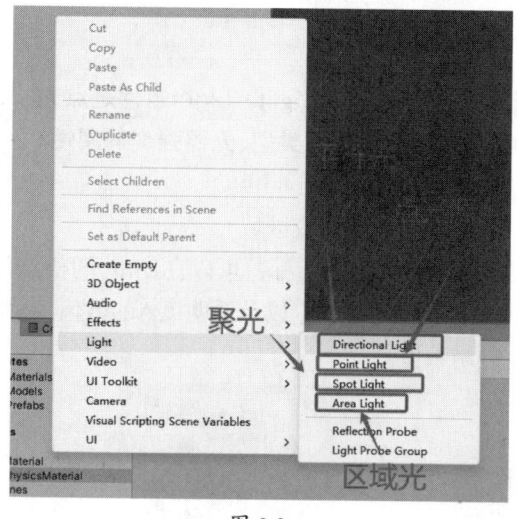

图9.3

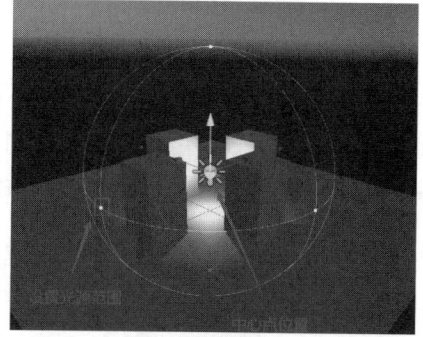

图9.4

2. 聚光源

聚光灯与点光源的区别在于，**点光源向四周所有角度发出光，而聚光灯则有角度限制。** 除此之外，两者的其他属性基本一致，如图9.5所示。通过拖动聚光灯中心的小点，可以调整当前光的范围大小；通过调整光源边缘一圈的4个小圆点（图9.5中的聚光角度范围），可以设置当前光源的聚光角度大小。

3. 平行光

平行光与点光源、聚光灯的最大差异在于，无论平行光在场景中的哪个位置，它产生的光照效果都是均匀且一致的，如图9.6所示。这种特性使得平行光非常类似于太阳光照射到地面的效果。可以将平行光想象成从场景无限远的地方射出的光源，其光线在场景中的任何位置都不会衰减或减弱。

4. 区域光

区域光的光源由一个矩形平面构成。光线通过矩形平面的表面区域，均匀地向所有方向发射光照效果，如图9.7所示。图9.7中小方块的整个表面都被这种区域光照亮，呈现出柔和且均匀的光影效果。

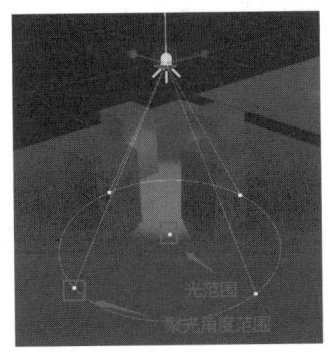
图 9.5

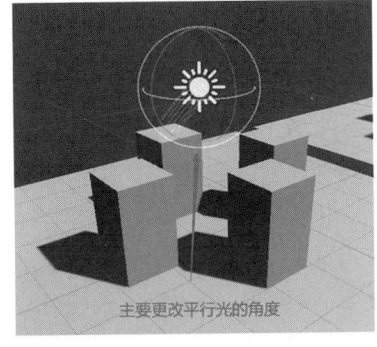
图 9.6

图 9.7

通过拖动光源周围的4个小点，可以调整区域光的高度和宽度。要设置区域光的范围，需要进入Inspector视图，在Light组件中找到Range属性。通过调整Range属性的数值，可以轻松控制灯光的照射范围，以满足不同的场景需求。

> **注意**：关于区域光
>
> 区域光并不是实时光，其光照效果需要在光照烘焙之后才会静态地存储在场景中。9.3节将详细讲解这部分内容。现在只需知道：区域光的效果只有在烘焙之后才会出现在场景中，并且它是静态的数据，不会随着场景中物体的移动而动态变化。

9.1.3 自发光材质

9.1.2小节中提到的四种基本光源类型都是通过在Unity 3D的场景中添加特定的光源对象来实现发光效果的。如果想让场景中已经存在的物体表面也能发光，可以使用自发光材质来实现。

扫一扫，看视频

创建一个自发光材质非常简单。只需在Project视图的空白位置右击，选择Create→Material命令，就可以新建一个自发光材质。

1. 图像渲染基本组成

材质（Material）是物体绘制的重要组成部分。正如在第2章中提到的，一个物体要想被渲染出来，必须至少具有网格和材质，分别对应物体的形状和外观。但在Unity的图像渲染中，这两个内容并不是唯一的。**Unity中图像的渲染主要由4个方面构成，即材质、纹理（Texture）、着色器（Shader）、网格。**

- **网格**：网格决定了图形的形状。Unity中的渲染引擎使用由三角形或四边形构成的多边形网格来描述图形的网格系统。
- **材质和纹理**：材质和纹理都用于决定物体表面所呈现的效果。纹理是材质的一部分，材质中包含了其所引用的纹理以及纹理的平铺信息。可以简单地理解为，材质就像一张图片（或者说位图图像），决定了物体表面的样子。通常情况下，该图片还需要其他信息，如光滑度、金属质感、反射系数等，这部分内容由材质来描述。
- **着色器**：着色器通过一些专门的着色器语言（如GLSL、HLSL）来进一步配置每个顶点和像素的信息。在Unity中，材质与着色器是紧密相关的，必须通过选定的着色器来使用材质。

2. 材质属性设置

在单击了一个材质之后，Inspector视图中会出现该材质的一些属性，如图9.8所示。

在Inspector视图的最上方是Shader选项，单击该选项可以为当前材质设置对应的着色器。不同类型的材质在Inspector视图中的界面可能会有区别，此处主要讲解几个通用的属性。

- **Rendering Mode（渲染模式）**：设置为Opaque时，表示当前材质为不透明的普通材质；设置为Transparent时，表示当前材质为透明类型，可用于设置玻璃、塑料等物体；设置为Cutout时，表示当前材质中间存在镂空的效果；设置为Fade时，比较特殊，表示物体对象透明度完全淡出。例如，一个物体逐渐消失或逐渐出现，可以用此属性实现。
- **Albedo（反射率）**：是材质设置中的关键一环，包括反射率颜色和透明度两个主要部分。当单击Albedo后，会看到一个颜色设置界面，这与前面提到的颜色设置非常相似。Albedo主要用于设置纹理贴图和对象表面的基本颜色。换句话说，它能够直观地展现出材质的基本属性。
- **Metallic（金属材质）与Smoothness（平滑度）**：**Metallic用于设置材质的金属效果。** 当Metallic的数值较高时，材质的表面会更大限度地反射环境的效果，使得物体本身的Albedo颜色变得不那么明显，呈现出强烈的金属质感。**Smoothness用于设置材质的平滑度。** 当Smoothness的数值较高，即材质的表面非常光滑时，光线在材质表面上的反射会呈现出一致的角度，使画面看起来更加细腻；当Smoothness的数值较低时，材质表面就会显得粗糙，充满了凹凸不平的纹理，光线的反射也会变得混乱无序，从而导致画面显得比较粗糙。
- **Normal Map（法线贴图）**：又称凹凸贴图。在绘制图像时，总希望物体的表面能够尽可能真实地展现细节。然而，如果为每一个微小的细节都进行建模，那么模型的多边形面数就会激增，不仅加大了制作难度，还可能影响渲染效果。这时，法线贴图就派上了用场。法线贴图以二维信息的方式存储，模拟物体表面的细节，而不需要改变网格真实的多边形数据。简单来说，**法线贴图不会影响模型本身的形状，只会改变计算机在计算物体表面光照时的方式。**
- **Occlusion（遮挡贴图）**：是一种高级光照技术，可以精确控制模型不同区域接收间接光照的程度，用于设置模型哪些区域应接收高间接光照、哪些区域应接收低间接光照。
- **Emission（发光）**：**用于设置当前材质的发光属性，默认不开启。** 勾选Emission复选框后，即可开启发光属性。Emission下有两个属性：Color和Global Illumination（全局光照）。Color用于设置当前自发光的光源颜色，与之前的颜色设置一致，但其是HDR（High Dynamic Range，高动态范围）灯光，因此在下面多了设置自发光强度的界面，如图9.9所示。

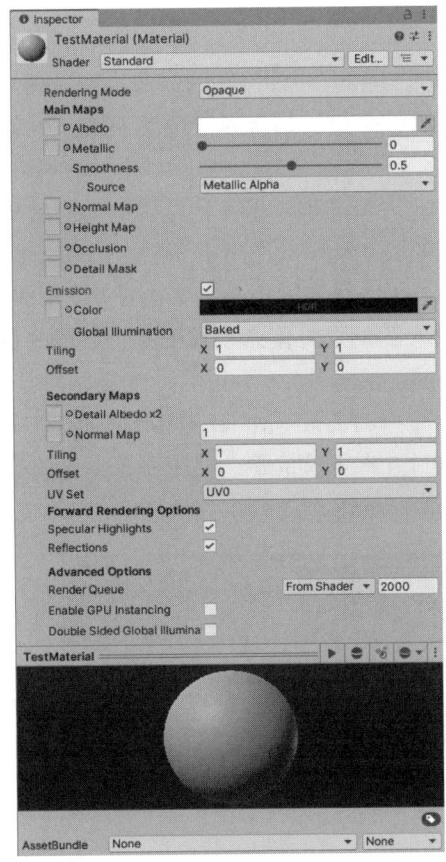

图 9.8

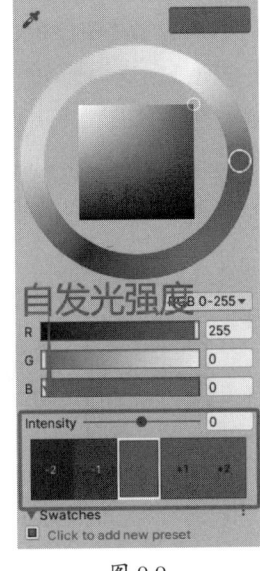

图 9.9

Global Illumination用于指定此材质发出的光如何影响附近其他游戏对象的环境光照，默认为Baked，表示Unity将此材质的自发光烘焙到场景的静态全局光照中。Realtime表示将此材质添加到场景的实时全局光照中，None表示此材质的自发光不会影响场景中的实时光照贴图、烘焙光照贴图或光照探针。

当打开材质的Emission属性后，即创建了一个自发光的材质。此时，可以将此材质拖到带有Mesh Renderer组件（或继承自Renderer类的其他组件）的物体上使用。

如果想要在Unity 3D的场景中展示自发光材质的效果，在应用材质之前和之后都需要进行一些关键的设置。在拖动自发光材质之前，需确保选择的物体类型为Static（静态）。这个设置至关重要，因为它能让Unity的烘焙系统（Baking System）正确地处理这个物体的光照信息。可以在物体的Inspector视图的右上角找到设置选项，如图9.10所示。

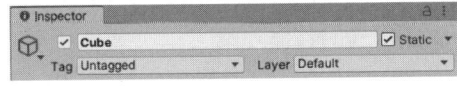

图 9.10

此外，为了让场景中的其他物体能够接收到这个自发光材质的照明效果，也需要将这些受光的物体类型同样设置为Static。这样，Unity就能在计算光照时，将这些物体纳入考虑范围，从而呈现出更加真实、细腻的光照效果。

在拖动完自发光材质后，还需要在Light中设置烘焙数据。完成烘焙后，即可在场景中看到灯光的效果。

9.1.4 天空盒

扫一扫，看视频

在Unity中，除了常见的点光源和聚光源，还有一种特殊的光源类型，即环境光。**环境光并不是由某个特定的光源对象发出，而是由整个场景的背景或环境决定，如常使用的天空盒（Skybox）。**

天空盒就像一个巨大的背景板，环绕着整个场景，为场景提供了一种全局的光照效果。通过调整天空盒的属性和设置，可以轻松改变整个场景的环境光效果，从而营造出不同的氛围和光影效果。

天空盒的核心概念体现在"盒"字上。在Unity中，天空盒实际上是一个由6个面构成的立方体盒子，如图9.11所示。**当Unity渲染天空时，本质上就是将6个面的立方体盒子置于整个场景的背景板中。** 用户所看到的广阔天空便是由这个天空盒包围并营造出来的效果。

创建天空盒的步骤：①在Project视图中右击，选择Create→Material命令，创建一个材质；②在Inspector视图中，将此材质的Shader类型改为Skybox，并在下拉框中选择所需天空盒的类型。

图9.12展示了四种基本的天空盒类型，接下来将主要讲解前三种。

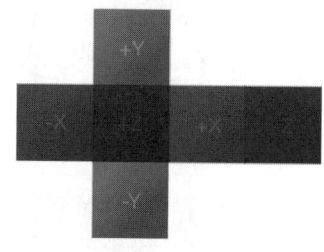

图 9.11

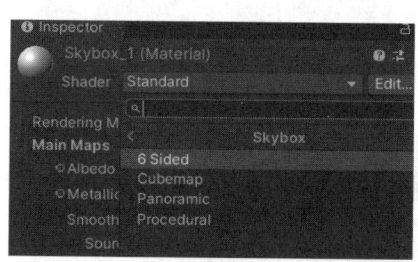

图 9.12

1. 6 Sided

6 Sided（六面）天空盒是天空盒中一种最简单且直观的类型。它通过将6个单独的纹理分别设置到一个材质上，构成天空盒的6个面。6 Sided的属性如图9.13所示，具体说明如下。

- **Tint Color**（色调）：在Inspector视图中，首先可以设置天空盒的色调。该选项决定了天空盒的基本颜色倾向。如果开发者没有为下面的6个贴图进行特定设置，则天空盒在场景中的效果将主要呈现出Tint Color所设定的纯色效果。Unity会运用这种颜色与纹理进行融合，从而改变纹理的整体外观。
- **Exposure**（曝光）：该选项用于控制场景的曝光度，通过调整曝光值可以改变天空盒的亮度。
- **Rotation**（角度）：该选项代表天空盒在场景中的角度，可用于模拟游戏中不同时间段的天空变化。
- **6个纹理选项**：分别对应天空盒的6个面。开发者可以根据需要为每个面设置不同的纹理，从而打造出独一无二、

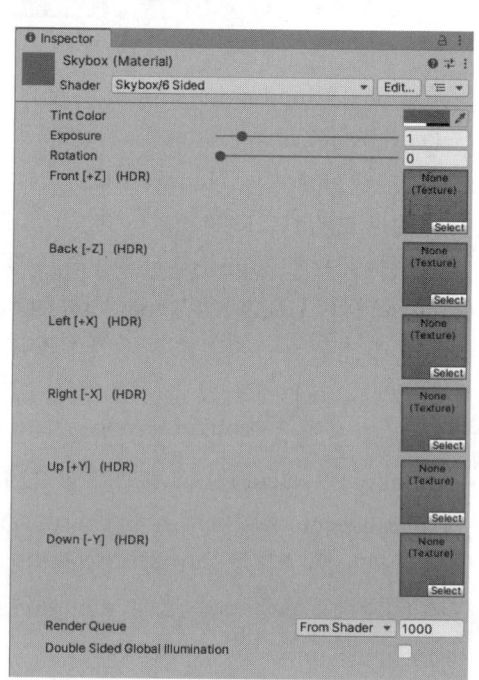

图 9.13

充满个性的天空效果。

2. Cubemap

Cubemap（立方体贴图）和 6 Sided 十分类似，都是通过 6 个面的图像来实现天空盒的效果。但 Cubemap 只接收一个纹理，而 6 Sided 则是接收 6 个纹理，如图 9.14 所示。Cubemap 使用的是一个预先打包好的立方体纹理。

3. Panoramic

前两种天空盒的设计都是巧妙运用 6 个纹理来营造逼真的 3D 视觉效果，而 Panoramic（全景）则采用了截然不同的方式，它仅需一个纹理，便可通过拉伸技术将这个 2D 纹理转化为包围整个场景的 3D 效果。

Panoramic 有两种拉伸方法可供选择：一种是在 Unity 的界面中单击 Mapping 选项，若选择 6 Sided 模式，纹理将以类似于 6 个纹理组成的方式来设置天空盒，这种方式简单直观，易于理解；另一种是 Latitude Longitude Layout 模式，采用圆柱体包裹的方法，将纹理更加平滑地映射到天空盒上，营造出更自然、连贯的视觉效果。图 9.15 所示为更改纹理的展开方式。

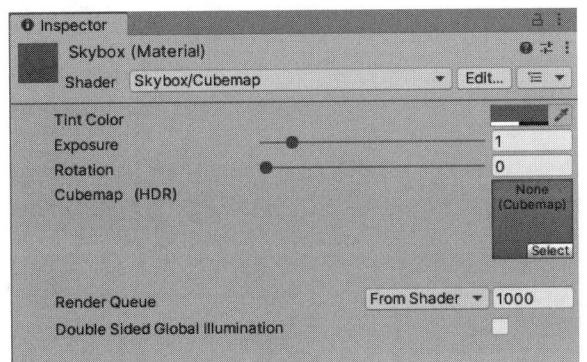

图 9.14

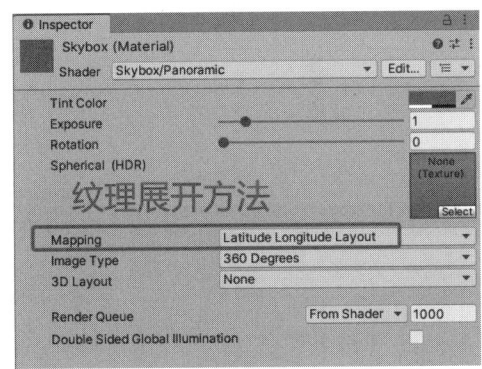

图 9.15

9.2 光源进阶设置

在了解了游戏中哪些对象可能对场景中的光照产生影响后，接下来就对这些光源进行进一步的设置，如设置光源的剪影效果、调整光源阴影等。此外，还将讲解如何使用光源资源管理器来高效管理场景中的光源资源。

9.2.1 光源剪影

给光源添加剪影是一种用低成本的方式模拟复杂光照效果的方法。剪影可以理解为蒙在光源上的一层"薄纸"，在这层纸上可以设置遮蔽或过滤效果，从而对发射出来的光线进行干扰，产生不同的图案效果。在 Unity 中，剪影资源只是简单的纹理资源，可以通过其他图像软件制作出来。

剪影的核心内容就是透明度，即光线可以透过剪影照射到场景中的程度。而剪影的透明度与剪影纹理的亮度有关：亮度高的区域透明度高；反之，亮度低的区域透明度则低。利用此特性可以轻松地制作

出自定义的剪影效果。具体操作时，开发者可以使用Photoshop或者其他图像编辑软件，将设计好的剪影导出为PNG或者其他位图格式的图片，然后将其导入Project视图中进行下一步设置。

【示例9.1】　剪影的导入与设置

本实例将介绍如何将纹理导入项目并将其设置成剪影类型。具体步骤如下。

（1）**纹理类型转换**。将纹理导入项目后，单击该纹理，进入Inspector视图查看其导入设置。将Texture Type选项更改为Cookie类型，完成纹理类型转换，如图9.16所示。

（2）**设置透明度源计算方式**。将Alpha Source选项设置为From Gray Scale，如图9.17所示。此时，Unity会根据纹理的灰度信息生成对应的透明度图，灰度越亮的地方透明度越高。

（3）**选择剪影光源类型**。将Light Type选项设置为对应光源的类型，如图9.17所示。

（4）**为光源设置剪影**。Light组件中的Cookie选项前会有一个小圆点，单击该圆点即可设置对应的剪影资源，如图9.18所示。如果没有出现创建的剪影资源，请仔细检查以上3个步骤。

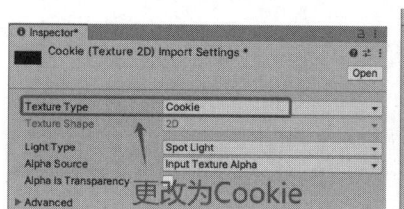

图9.16

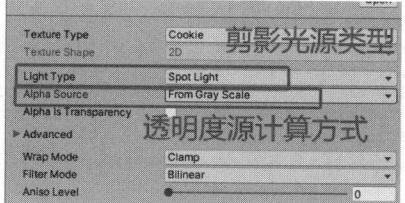

图9.17

图9.18

> **提示**：光源类型和光照投影方式
>
> 不同类型的光源对光照投影方式有不同的要求。例如，点光源由于其向四周发射光线的特性，需要确保剪影效果能够覆盖其6个面，这通常通过采用Cubemap方式来实现。而平行光则不同，它的剪影效果会在画面中以平铺的方式展现。聚光灯则更为独特，它的剪影效果仅会在聚光灯的中心出现一次。

9.2.2　光源阴影

扫一扫，看视频

在Unity中，经常会和光源一起出现的并且进行配置的内容，就是光源所产生的阴影。本小节将分为两部分进行讲解：第一部分介绍阴影产生的原理；第二部分介绍如何在Unity中配置阴影。

1．阴影渲染流程

阴影渲染流程可以分为以下4个阶段。

（1）创建阴影贴图：**此阶段主要是捕捉场景中的深度信息**。可以想象有一个相机与光源位置重合，它正对着场景中的物体。相机所"看到"的物体部分，即被光源照亮的部分，会记录下其深度信息，即这部分距离光源的远近。这些信息对于后续判断其他物体是否处于阴影中至关重要。

（2）物体坐标系转换：在虚拟世界中，每个物体都有其相对于世界或父物体的坐标系。为了计算物体与光源的相对位置关系，需要**将物体坐标系转换为以光源为中心的坐标系**。

（3）深度纹理信息比较：完成坐标系转换后，可以**使用物体的坐标信息来判断其是否处于阴影中**。通过物体的(x,y)坐标，可以确定它在光源坐标系中的位置。接着，比较该位置在深度纹理中对应的Z轴数据（即深度信息）。如果当前物体的Z轴数据大于深度纹理中的对应值，那么说明有其他物体遮挡了光源对该物体的照射，即该物体处于阴影中。

（4）绘制阴影：**如果当前物体处于阴影中，那么它只会接收环境光**（假设使用的是冯氏光照模型）。阴影的最后效果与渲染管线有关，因为阴影的渲染大多是在像素着色器阶段完成的。

2. 阴影效果配置

Unity引擎中提供了许多用于配置阴影的属性，以下是常见的3个配置选项。

- 阴影距离：**决定物体在距离相机多远时开始渲染实时阴影**。实时阴影能够为场景带来更逼真的光影效果。在Unity中，不同的渲染管线会有不同的设置方法，如果是内置渲染管线，可以直接选择Edit→Project Setting命令，在Quality页面的Shadows中设置当前阴影的距离，如图9.19所示。

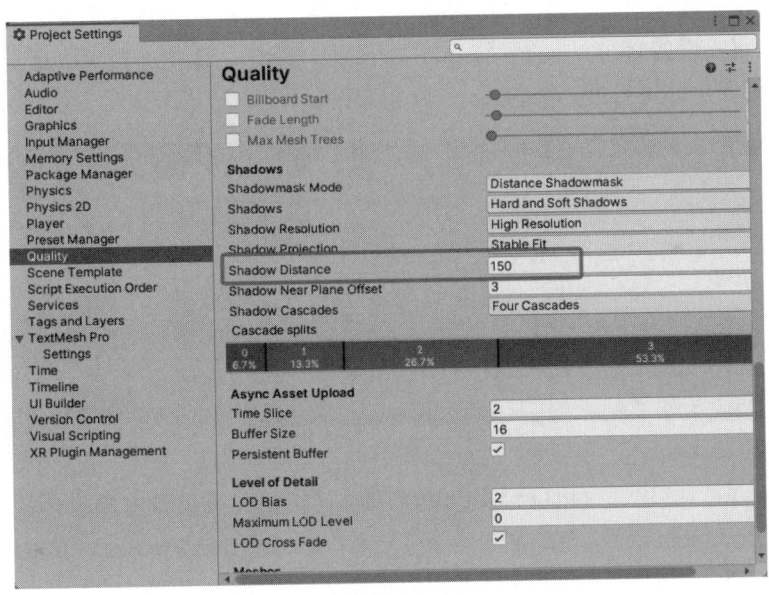

图 9.19

- Mesh Renderer阴影设置：在讲解物体对象时提到过，物体要渲染画面必须有Mesh Renderer组件将材质渲染到网格上。Mesh Renderer组件中有专门设置阴影的部分，如图9.20所示。切换Cast Shadows选项的属性值为On或Off，可以开启或关闭阴影。同时，可以设置Two Sided，表示允许表面的任何一面来投射阴影。

- 阴影级联：在场景中渲染阴影时，阴影边缘可能出现锯齿，这往往会影响当前场景的视觉体验。特别是当阴影由平行光产生时，无论摄像机与阴影贴图的距离如何变化，阴影的质量都保持恒定，这并不是想要的效果。阴影级联技术可以解决这一问题。

阴影级联的核心思想是：当阴影距离摄像机较近时，采用更高分辨率的贴图来渲染阴影，从而提升阴影的渲染质量，使其看起来更加细腻。设置阴影级联的方法与渲染管线相关。如果使用Unity的内置渲染管线，那么设置过程相对简单。选择Edit→Project Setting→Quality命令，设置Shadow Cascades（阴影级联）选项的属性值，如图9.21所示。Shadow Cascades选项可以设置为No Cascades（无级联）、Two Cascades（两级联）或Four Cascades（四级联）。选择的级联数量越多，阴影的渲染质量就越高，但性能消耗也会越大。因此，需要根据游戏的需求和性能要求进行权衡。

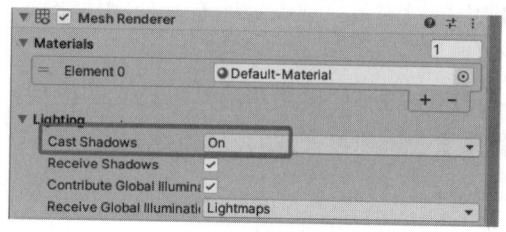

图9.20　　　　　　　　　　　　　　图9.21

9.2.3　光源资源管理器

扫一扫，看视频

当场景中灯光的数量越来越多时，就需要一个专门的视图来管理这些灯光资源，这个界面就是光源资源管理器，也就是Light Explorer窗口。通过选择Window→Rendering→Light Explorer命令，即可打开Light Explorer窗口，如图9.22所示。

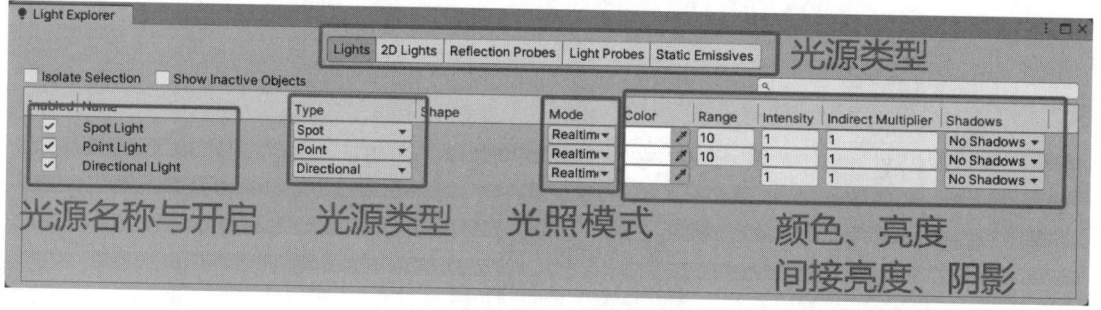

图9.22

在Light Explorer窗口的顶部，可以设置光源类型。这里的光源类型主要包括普通光源（点光源、聚光灯、平行光、区域光）、2D光源（2D Lights）、反射探针（Reflection Probes）、光照探针（Light Probes）和自发光材质（Static Emissives）。涉及探针的内容将在9.4节中详细讲解。

此外，Light Explorer窗口还可以设置当前光源名称与开启、光源类型、光照模式及其他属性（图9.22）。

9.3　光照烘焙

在Unity引擎中，光源与物体相互作用，会产生逼真的光照效果，从而为场景增添真实感。然而，光照的渲染过程往往对计算机性能要求较高，特别是在追求高质量图像的同时，保持程序的流畅运行成为一大挑战。为了解决这一难题，需要引入光照烘焙技术。

光照烘焙是一种优化光照渲染的方法，它通过在场景渲染前预先计算并存储光照信息，从而在实际运行时减少实时计算量，提高性能。本节将深入探讨光照烘焙的相关内容，包括其工作原理、应用场景，以及如何在Unity中设置和使用光照烘焙技术。

9.3.1 光照贴图概念

光照贴图的核心思想在于"以空间换时间"，即在开发阶段预先计算和渲染场景中的光照效果，并将这些效果存储为光照贴图。这样做的好处是在运行游戏时，不再需要实时计算部分光照，而是直接读取这些预先渲染好的光照贴图数据，从而大大提升渲染速度，降低计算负担。

扫一扫，看视频

以图9.23和图9.24为例，前者展示了Scene视图中光照效果渲染后的画面，而后者则是将这一光照效果保存为贴图后的结果。这种方式可以将复杂的光照计算过程转移到开发阶段，使游戏在运行时更加流畅，同时保持高质量的光照效果。

图 9.23

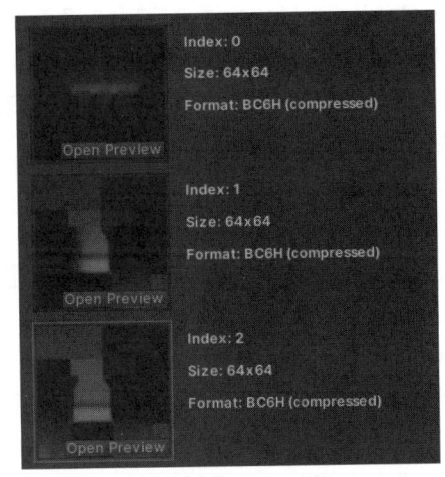
图 9.24

光照贴图是一种存储光照信息的纹理图，它包含了场景中直射光和间接光的详细数据。要想烘焙出这些光照贴图，只需选择Window→Rendering→Lighting命令，在Scene选项卡下单击Generate Lighting选项，此时Unity就会开始计算并渲染场景中的光照贴图，将光照信息以贴图的形式保存下来。

Generate Lighting选项旁边有一个Auto Generate复选框。勾选此复选框后，Unity将自动持续地为场景生成光照贴图，无须手动操作，如图9.25所示。这一功能在场景光照调整频繁时尤为实用，能够大大提高开发效率。

在烘焙光照贴图之前，需要进行一系列关键设置以确保达到预期效果。首先，**所有期望接收光照贴图效果的物体，必须被设置为静态物体，**如图9.26所示。只有静态物体才能参与光照贴图的烘焙过程，并在完成后展现出相应的光照效果。

同时，对于希望参与烘焙的灯光，要在其Light组件中调整Mode（模式）设置。具体来说，应将其设置为Baked（烘焙）或Mixed（混合）模式。这样，灯光的光照信息才会被正确捕捉并融入光照贴图中。

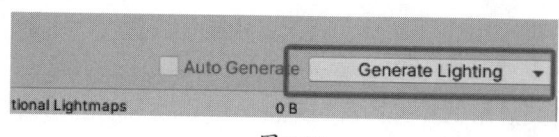
图 9.25

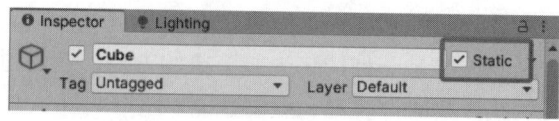
图 9.26

9.3.2 光照参数设置

扫一扫，看视频

Unity中的Lighting窗口是管理和配置灯光属性的核心工具。通过这个窗口，可以轻松调整各种与灯光相关的参数，实现精细的光照效果。此外，Unity提供了一种专用的文件资源，用于保存这些精心设置的属性，确保项目在不同场景和环境中都能保持一致的光照效果。

1. Lighting 窗口

选择Window→Rendering→Lighting命令，即可打开Lighting窗口，如图9.27所示。此界面包括4个选项卡：Scene选项卡用于设置分配给场景的光照资源；Environment选项卡用于设置环境中的一些光照效果，如天空盒、漫反射等；Realtime Lightmaps选项卡用于展示所有使用全局光照系统生成的光照贴图；Baked Lightmaps选项卡则用于展示了当前场景生成的所有光照贴图的列表。

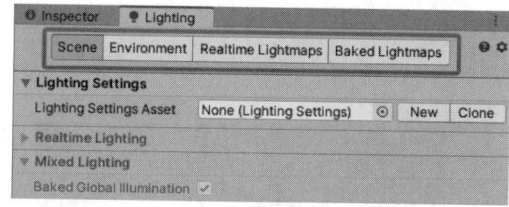
图 9.27

2. 光照设置资源

在Unity中，专门存储场景中灯光配置信息的文件是光照设置资源（LightingSettings）。在Project视图中右击，选择Create→Lighting Settings命令，或在图9.27所示界面中单击New Lighting Settings按钮，即可在工程中新建一个光照设置资源。新建后单击，如图9.28所示。主要参数介绍如下。

- Realtime Global Illumination：实时全局光照。
- Baked Global Illumination：烘焙全局光照。由于实时全局光照会带来较大的性能消耗，因此在多数项目中更倾向于选择烘焙全局光照。
- Lightmapping Settings：用于详细配置与光照烘焙贴图相关的参数。
- Lightmapper：选择使用CPU还是GPU来处理光照烘焙。
- Lightmap Resolution：用于设置光照贴图的单位分辨率大小。请注意，分辨率设置得越高，烘焙时间就会越长，但贴图的精细度也会提升。
- Lightmap Padding：用于调整光照贴图中不同形状之间的距离间隔，确保贴图的合理利用。
- Max Lightmap Size：用于设置整张光照贴图的最大分辨率大小，更好地控制贴图的尺寸和质量。

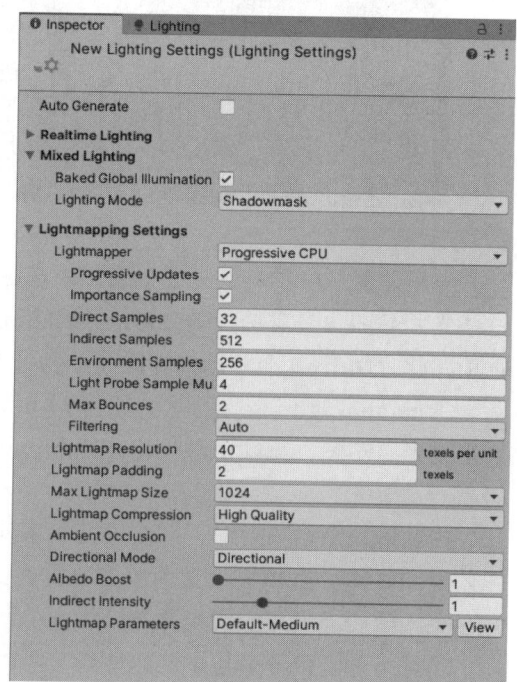
图 9.28

9.4 光与探针

本节将深入讲解两种关键探针技术：光照探针和反射探针。在创建高品质的项目时，这两种探针的巧妙运用能够显著提升场景的光照与反射效果，实现更为精细的场景定制。

9.4.1 光照探针

在 9.3.1 小节中已经介绍了光照贴图的概念，它用于记录场景中静态物体表面的光照信息。与之相似，光照探针也是记录场景光照信息的重要工具。但区别在于，光照探针主要关注的是光线在场景中穿过空白区域后的信息。

1. 光照探针的必要性

当场景中没有使用光照烘焙且光源设置为实时或混合模式时，这些光源通常只会为场景提供直接的实时光照；而当场景中使用光照烘焙后，静态物体将受到光照贴图的影响，包括直接光和间接光的信息。

然而，对于非静态物体，如果它们不进行烘焙，即使在实时模式下也只能接收部分光源的直接光效果。**若要让这些非静态物体在没有光照贴图的情况下仍能接收场景的间接光，就需要借助光照探针来实现。**

2. 光照探针的原理

光照探针技术的核心在于通过存储光线在空间中的关键信息来插值计算出每个点的光照情况。以图 9.29 中的场景为例，当光源设置为烘焙光照时，由于图 9.29 中圈出的圆球是非静态物体，因此并没有接收到烘焙出的光照信息。但通过在场景中放置光照探针，就可以捕捉并存储光线在这些空白区域中的传播信息。当圆球或其他非静态物体进入这些区域时，Unity 会利用光照探针存储的信息来插值计算出它们应接收到的光照，从而实现间接光的渲染效果。

但在图 9.30 所示的画面中，圆球表面上接收了来自点光源的光照信息，此时其光照数据就是由其附近的光照探针插值计算出来的，图中球体附近的几个由黄线相连的小球体，就是光照探针。当相机靠近这些探针时，可以看到探针表面记录了其在当前位置下的光照信息。**在光照探针范围内的物体，会使用这些光照探针上的数据，通过插值计算出球体对应的光照信息。**

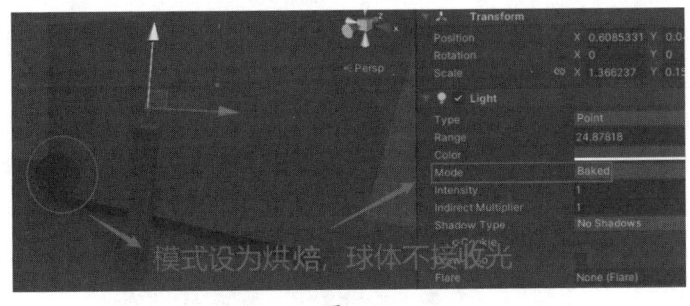
图 9.29

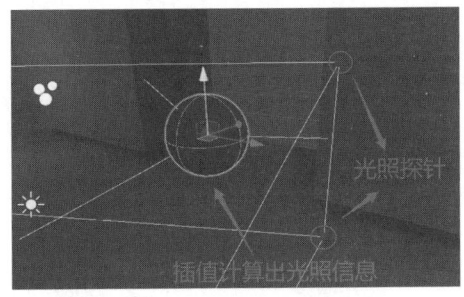
图 9.30

3. 光照探针的创建

在 Unity 中，光照探针通常不是单独使用的，而是以光照探针组的形式协同工作。想在场景中新建一个光照探针组，只需在 Hierarchy 视图中右击，选择 Light→Light Probe Group 命令即可创建。创建后的画面如图 9.31 所示。

创建后，可以看到场景中出现了一个Light Probe Group组件。在该组件的第一行，有一个Edit Light Probes选项，单击该选项后，即可在Scene视图中对每个光照探针进行编辑。

在Light Probe Group组件下方提供了以下操作选项。

- Light Probe Group：启用光照探针组。
- Edit Light Probes：在Scene视图中编辑和调整每个光照探针，使其适应场景需求。
- Add Probe /Select All /Delete Selected/ Duplicate Selected/Add Component：用于增加、选择、删除、复制光照探针以及为选中的光照探针添加组件。在实际操作中可以使用快捷键Ctrl + D复制探针，使用Delete键删除探针。

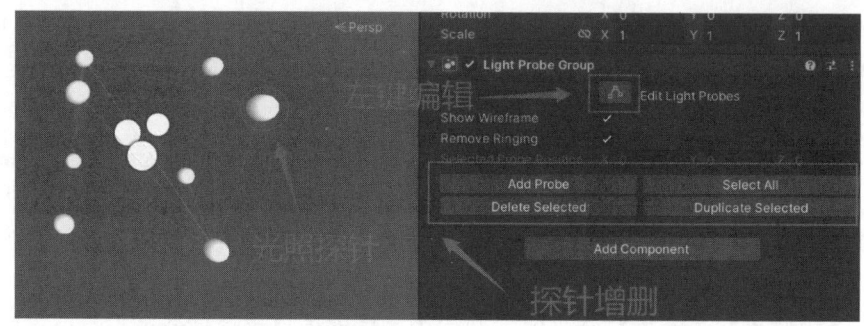

图 9.31

> **注意**：状态探针与烘焙
>
> 在场景中布置完光照探针后，还需要在Lighting窗口对场景进行烘焙，以便让光照探针记录其当前位置的光照信息。烘焙完成后，如果有动态物体经过光照探针的区域，此时其会受到光照探针的影响，并将光照探针上的数据应用到物体上。

4. 光照探针的使用

光照探针要布置在光照信息发生变化的位置。在讲解光照探针的概念时提到，物体在当前位置时会使用其周围的光照探针记录的数据来插值得到结果。但假设现在是在图9.32所示的情况，场景中光照的区域分为亮、暗、亮3块。如果光照探针仅分布在暗区域，则此时无论物体是在暗区域还是在亮区域，其使用光照探针得到的光照效果都是亮的效果。这是因为使用两个亮的探针信息，插值出来的结果还是亮信息。

为了让光照探针在场景中充分发挥作用，需要精心布置它们的位置。具体来说，**应尽可能将光照探针放置在光照信息发生显著变化的位置**，如图9.33所示。当发现光照信息发生变化时，可以在该位置的**两边分别放置光照探针**，确保这些探针能够充分涵盖并记录光照的详细信息。这样的布局方式有助于光照探针更准确地捕捉和反映场景中的光照变化，从而为动态物体提供更真实、更精细的光照效果。

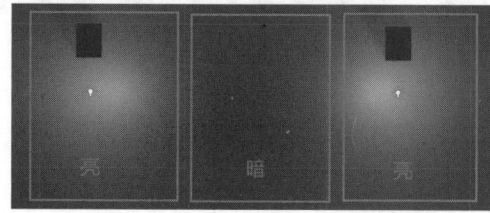

图 9.32

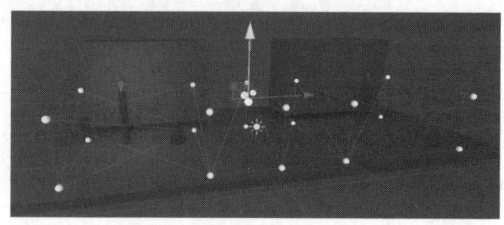

图 9.33

9.4.2 反射探针

1. 反射探针的必要性

在许多游戏中，金属和玻璃材质等物体常常具有反射效果，这些效果赋予了游戏世界更丰富的视觉层次。然而，实时渲染这些反射效果通常对性能有较高要求，可能导致游戏运行不流畅。为了解决这个问题，Unity引入了反射贴图技术。**这项技术的核心思想是将反射结果预先存储在贴图中，游戏运行时只需加载这些贴图，就能快速实现反射效果。**这其实也是一种"以空间换时间"的策略，通过牺牲一些存储空间来换取更高的运行效率。

不过，Unity的反射贴图技术也存在一些局限性。例如，当物体主要在室内移动时，反射贴图通常能表现出良好的效果。但一旦涉及室内和室外的切换，如物体从室外进入室内，就可能出现反射贴图与当前环境不匹配的情况，如仍然显示室外的天空盒效果。这显然会破坏游戏的沉浸感。

为了克服这一缺陷，Unity推出了反射探针技术，如图9.34所示。

图 9.34

2. 反射探针的工作原理

反射探针的工作原理与光照探针颇为相似，它们都是通过一系列探针来捕捉并记录场景中不同位置的环境信息。**在场景的关键点布置反射探针，并对其中心点周围的视觉环境进行采样和烘焙后，这些采样得到的反射信息会被精心存储在一个立方体贴图上。**这个立方体贴图的6个面如同一面全方位的镜子，详细记录了其周围6个方向上的视觉信息。

一旦有物体靠近反射探针，这些预先采样得到的反射效果就会实时地应用到物体上，使其呈现出逼真的反射画面。而当在场景中布置了多个反射探针时，它们之间的反射效果会进行精细的插值计算，以确保物体在不同位置都能获得连贯且自然的反射效果。

3. 反射探针的使用

【示例9.2】 反射探针的使用与设置

（1）创建反射探针。在Hierarchy视图中右击，选择Light→Reflection Probe命令，新建一个反射探针。之后，单击此反射探针，在Inspector视图中可以看到Reflection Probe组件，如图9.35所示。需要注意的是，此组件中的具体内容与渲染管线的类型有关。此处将以内置渲染管线的Reflection Probe组件为例进行讲解。

（2）编辑区域。在图9.35中，单击"开启编辑"按钮，即可进入图9.36所示的界面。此时，反射探针的周围会有一圈六面体，每个六面体上都有小正方形，单击后可以拖动其位置进行调整。

通常而言，**要将反射探针的位置放置在场景中明显可以进行反射的对象旁边，如让六面体的各个平面靠近房间墙壁的边缘**，如图9.37所示。

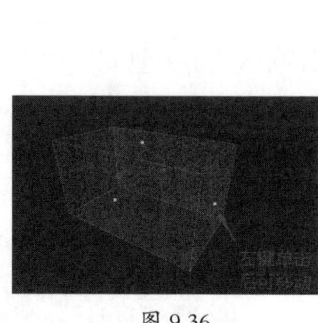

图 9.35　　　　　　　　图 9.36　　　　　　　　图 9.37

（3）调整属性。设置完反射探针的大小与位置后，需要进一步调整Reflection Probe组件的属性。

- Type选项：此选项用于设置反射是实时模式还是烘焙模式，通常使用烘焙模式。选择烘焙模式后，还需要将环境物体设置为Static（静态），否则这些物体不会被绘制到反射效果中。
- Resolution和Shadow Distance选项：分别用于设置绘制出来的反射图像的分辨率与渲染探针时阴影的距离。
- Bake选项：用于进行反射图像的烘焙。此时，反射探针上面已经存储了环境的反射信息，如图9.38所示。如果物体靠近此反射探针，并且其材质的Metallic（金属度）和Smoothness（平滑度）属性值均为1.0时，可以看到完全反射的效果。

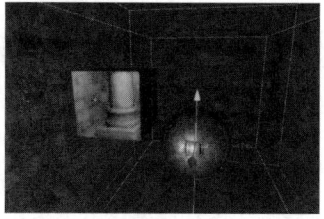

图 9.38

9.5　灯光布置

前面的内容探讨了在开发过程中涉及的各种光照技术，涵盖基本的光源类型、光照烘焙的方法和光照探针的应用等。利用这些技术，开发者可以实现多种炫酷的视觉效果。但前面的内容更多地是关注如何运用这些技术，忽略了另一个很重要的问题：这些技术应该如何应用到具体的场景中？如何调整灯光的位置和颜色参数，才能精准地传达出场景的核心信息？本节将介绍灯光布置这个主题。

9.5.1　视觉传达的逻辑

为什么要在场景中使用灯光？灯光的作用是什么？是为了烘托场景的氛围、渲染情感？还是展示物体表面的细节？

这些答案都是正确的。可以把这些内容抽象为一句话：灯光是为了传递某种信息。

当在场景中使用这些灯光之前,首先应该思考的一件事情是:这些灯光需要传递什么样的信息。确定了目的之后,再从所学的技术中思考哪些技术可以满足这些条件并进行配置。图9.39所示为这个逻辑过程。

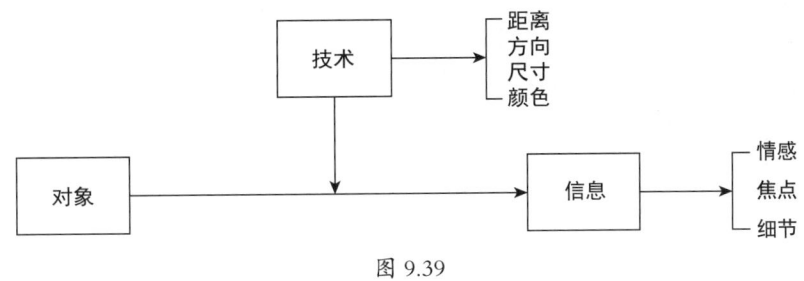

图 9.39

灯光设计的3个基本步骤:确定对象、选择技术、传递信息。新手可以试着使用以上步骤来分析场景的灯光安排。

1. 确定需传递的信息

在布置灯光之前,首要考虑的并非灯光本身。灯光本质上是一种信息的传递媒介,其核心目的是借助这些光线来传达特定的信息。因此,灯光布置的首要步骤是思考:我们的目标是什么?以室内环境为例,当布置这一空间时,应首先明确:我们希望通过这个场景传达出什么样的氛围?是营造一种温馨的氛围,还是冷酷的氛围?当角色踏入这个房间时,我们期望体验者的目光聚焦在何处?只有在明确了场景的逻辑和想要传递的信息之后,才可以真正进入灯光布置的第二步。

2. 设计光照参数

在确定了要传递的信息后,选择具体技术满足这一需求。例如,如果想要营造温暖的氛围,可以使用区域光来使光线和阴影更加柔和,并搭配偏暖色调的自然光。如果想要引导用户走向特定区域,可以试着在场景中制造一定的对比色以突出重点。又如,当场景的大部分区域为暖色调时,使用冷色调的灯光照亮某个房间或物体,就会吸引用户的注意力。这些技术在后续内容中会逐一介绍。这里需要理解的是:每种技术有其独特效果,但在选择和应用时必须紧密结合场景的上下文及需求。

3. 优化主体信息

在根据需求使用了合适的灯光后,需要重新分析当前被传递的信息主体。此主体上的信息是否得到了良好的展现?是否存在高光过亮而丢失细节的地方?颜色是否自然?某些区域的阴影是否过重,是否需要增加补光?这一步的核心就是重新审阅信息主体,分析想传递的信息是否得到了有效传达,如果有地方可以进行改进,就将待解决的需求重新列出来,并重新回到第一步,继续循环此逻辑过程,直到达到想要的效果为止。

9.5.2 阴影

阴影的设置其实与内容的展示逻辑紧密相连。**恰到好处的阴影能够丰富内容的呈现,让画面更富层次感;而完全缺乏阴影则可能会让内容显得单调,难以凸显重点。**当然,阴影过强也可能会掩盖一些细节,但它同样具有强调特定部分的效果。

如图9.40所示,当光源、相机和物体处于同一位置,即阴影从正前方投射时,物体表面无阴影,所有细节以相同的重要性展现,但画面可能显得平淡。对比图9.41,虽然墙壁部分区域因阴影而失去细节,但那些被照亮的部分因阴影的衬托而更加立体，墙壁的凹凸结构也更为突出。

 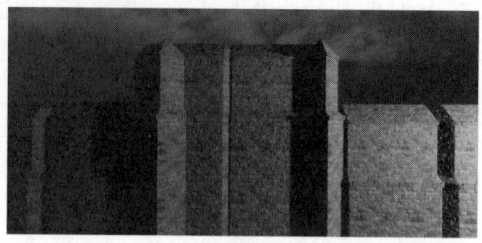

图 9.40　　　　　　　　　　　　　　　图 9.41

因此，阴影与内容呈现之间存在着微妙的逻辑关系：一个物体的存在，正是通过它周围的阴影部分来凸显的。想象一下，如果所有内容都毫无差别地展现在我们面前，整个场景就会显得杂乱和平淡，缺乏一个焦点。

可以说，阴影的设计其实是一种关于"消失"的艺术。作为灯光设计者，我们拥有3个强大的工具来实现这一设计：光源的方向、光源的尺寸，以及光源与物体之间的距离。

9.5.3　光源的方向

光源的方向会直接决定阴影的效果。下面以一个废墟建筑作为示例，简单介绍几种常见的打光方向及其所产生的独特效果，从而更深入地理解阴影在游戏场景中的作用。

1. 正前方

如图9.42所示，当光源直接正面照射物体时，物体表面并不会产生阴影，从而确保了物体表面的细节得以清晰展现。如果照明目标是尽可能全面地呈现物体表面的信息，那么正前方的光照无疑是一个值得考虑的选项。**这种照明方式能够有效凸显物体的轮廓和纹理，使物体在视觉上更为立体和生动。**

2. 正上方

如图9.43所示，**这种从上往下照射的灯光，虽然能够展现物体的部分信息，但同时也带来了一些视觉上的影响。**在这种灯光的作用下，建筑的大部分细节得以保留，然而，建筑的门和窗户下方常常形成阴影。对于用户来说，门通常是通行的象征，但在此种光照角度下，门的位置被阴影所覆盖，这可能给用户带来一种拒绝进入的感觉，或者传递出一种进入可能存在危险的信号。

图 9.42　　　　　　　　　　　　　　　图 9.43

3. 后上方

如图9.44所示，当光源从建筑的后上方投射时，物体表面的细节几乎被完全遮蔽，难以辨认。然而，在物体的边缘处，仍能够捕捉到一些基本的轮廓，从而大致判断出当前位置存在物体。这种特殊的灯光角度巧妙地应用在照明场景中，对于那些不希望用户过多关注的物体对象尤为适用。这些物体虽然受到了一定的光照，但与当前背景场景的对比度并不显著，表面的细节信息也大多被隐去。因此，这种照明方式非常适合用于那些不重要或不希望引起用户过多注意的对象上，以实现视觉上的平衡与和谐。

4. 正右/左方

如图9.45所示，这种角度的光源在自然界中极为罕见，因为太阳光的照射角度通常不会如此极端。因此，在场景中遇到这种光源时，可以断定它必定是人为的。**当这种光源照射在建筑上时，虽然光线和阴影相对基础，但建筑的结构因此变得格外突出，让用户能够清晰地观察到该区域的建筑特征。**由于这种光源的角度显得不够自然，用户的注意力往往会不自觉地集中在光线照射的一侧，这种视觉引导有可能影响用户的下一步行为决策。因此，在设计和运用这种角度的光源时，需要谨慎考虑其对用户视觉体验和行为的影响。

图 9.44

图 9.45

5. 正下方

在现实中，太阳光自然是从上而下照耀。然而，当灯光从下往上照射时，如图9.46所示，这种非传统的照明方式会给人带来一种明显的诡异感。**特别是当灯光从建筑物的下方照射上来时，这种违反常规视觉逻辑的照明方式往往能营造出怪异甚至恐怖的氛围。**例如，在众多的恐怖电影中，经常可以看到反派角色的脸部被从下往上打的灯光照亮，这种手法有效地增强了恐怖感。因此，这种特殊角度的灯光可以巧妙地构建出特定的情感氛围，为场景增添独特的视觉冲击力。

6. 左上方/右上方

如图9.47所示，这种光源的角度基本和太阳光一致，因此在决定灯光角度时也是使用得最多的角度。**这种角度的灯光因为类似于自然光，所以在照明时不具有不和谐感，但同时也具有足够多的阴影来凸显出正面的细节。**

图 9.46

图 9.47

通过对不同角度灯光的深入分析，相信读者对阴影的作用已经有了初步的了解。在之前的讲解中，探讨了各种灯光角度所带来的不同效果，值得强调的是，具体的灯光角度并不是此处介绍的重点。因为在实际的游戏制作中，游戏环境会不断变化，被照明的对象也各具特色。关键在于之前讲解灯光时所采用的分析方法，即在了解不同的角度下，阴影会出现在哪些位置，并进一步分析当阴影处于这些位置时，会产生怎样的视觉效果和情感影响。

9.5.4 光源的尺寸

光源的尺寸对光照的效果十分重要。在同等距离下，大尺寸光源的照明效果更为柔和，能够覆盖更广泛的区域；而小尺寸光源则会产生更为硬朗的阴影，为画面增添结构感，有效突出被照明对象的重点信息。

如图9.48所示，在点光源画面中，光照自一个中心点向四周均匀扩散。那些未能被光线触及的区域便形成了阴影，而阴影的边缘则显得尤为锐利，与光照区域形成鲜明对比。这种照明方式在Unity中常用于营造局部高亮和强烈对比的视觉效果，使场景更具层次感和立体感。

如图9.49所示，在区域光画面中，光源的尺寸相对较大。尽管光源的位置保持不变，但由于其尺寸的增大，能够照亮的范围也更为广泛。此外，由于光源尺寸的扩大，许多原本会产生硬阴影的区域现在也能接收到光源平面上的光线。这使阴影与光照之间的过渡区域变得更为柔和，减少了硬阴影的出现，从而营造出更为自然、和谐的照明效果。

图 9.48

图 9.49

当希望被照明物体的表面可以保存更多的细节、照亮更多的内容时，可以考虑使用更大尺寸的光照；当想要突出画面的重点和结构时，可以使用更小尺寸的光源，如点光源。

9.5.5 光源与物体之间的距离

先来思考一个情况：什么样的光，无论它与物体的距离有多远，都能对物体表面产生光照效果？在现实世界中，这种光就是无处不在的太阳光；而在Unity 3D游戏引擎中，这种光称为平行光。

当光源距离物体表面较近时，可以明显观察到光源距离的变化对物体产生的影响。如图9.50所示，随着光照距离的减小，物体表面的光照信息会逐渐减少，阴影部分也会相应增多。这种变化使物体在视觉上呈现出一种独特的立体感和层次感。

然而，如果使用一个距离更远的光源，效果会截然不同。如图9.51所示，由于光源距离较远，物体表面的光照分布更加均匀，阴影部分也相对较少。这种光照方式通常用于营造更为宽广和明亮的场景氛围。

图 9.50

图 9.51

对比图9.50和图9.51可以明显看出，在光源距离变远但亮度保持一致的情况下，图9.51中右侧两个物体的表面被照亮的区域更广，更多细节得以展现。同时，光照在不同物体之间的差异也相对减小，使整个场景的光照分布更加均匀和协调。

上述内容的总结见表9.1。

表 9.1 光照距离影响

项目	内容/信息呈现	重点内容传达
大尺寸	更多的信息	难突出重点
小尺寸	更少的信息	易突出重点
远距离	更多的信息	难突出重点
近距离	更少的信息	易突出重点

9.5.6 颜色

颜色在场景中的作用非常多，接下来将简要介绍颜色的几种基本作用，并通过解析其实现原理，帮助读者建立起对光源颜色的基本认知。希望这些内容能够为读者在Unity 3D场景中运用颜色提供有益的启示和指导。

1. 传递情感

颜色最基本的功能就是传递情感。例如，在图9.52所示的画面中，使用了偏暖的色调，因此整个场景也会显得比较温暖，给人比较强的亲近感。但在图9.53所示的画面中，场景的平行光使用冷色调来照亮环境，因此整体气氛也会显得比较严谨、冷酷，同时还会带有阴森的感觉。

图 9.52

图 9.53

当一个场景中需要传递某种氛围或营造某种情感时，可以试着去一些摄影网站上寻找灵感。先搜索和当前正在搭建的场景类似的图片，然后观察这些摄影作品中灯光颜色的分布，以及看到这些图片之后内心的第一感受。将这种感受记录下来，并思考哪种感觉是想通过当前场景所传达出来的，分析其中光源的颜色，并试着将其应用到场景中。

2. 环境信息

灯光还有一种很重要的作用，它可以引导出当前物体所在的位置信息，因为灯光的颜色经常会与一些场景或环境存在固定的联系。在讲解这种联系之前，先来认识一下Unity中两种调节颜色的模式。

当使用HDRP作为项目的渲染管线时，有两种调节颜色的模式，如图9.54所示。

（1）Filter and Temperature模式：表示当前的调试使用的是开尔文（Kelvin）色温模式。

开尔文色温模式是一个基于黑体辐射原理的概念。简单来说，黑体是一个理想化的物体，它能完全吸收所有投射到其上的辐射，并在不同温度下发出不同颜色的光。想象一下，当加热一块铁块时，它的颜色会随着温度的上升而变化，从红色逐渐变为橙色，最后甚至达到白色。这就是色温变化的直观表现。

由于开尔文色温模式基于真实的物理现象，它能够非常准确地描述自然界中光的颜色变化。因此，在图9.55所示的场景中，当灯光需要模拟自然环境而非人造光源时，采用开尔文色温模式来调节灯光颜色是一个理想的选择。

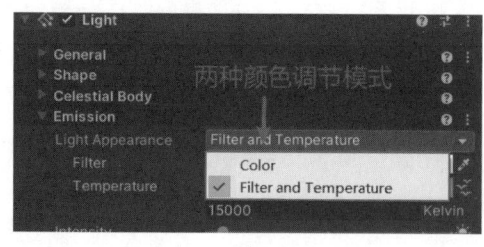
图 9.54

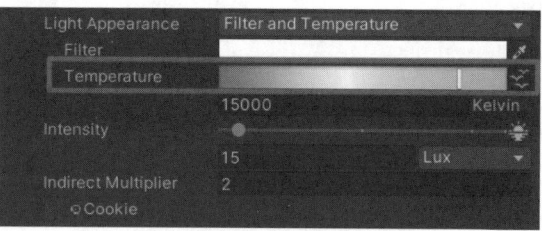
图 9.55

（2）Color模式：单击即可进入颜色调节界面，如图9.56所示。在颜色调节面板中，许多颜色并非自然界中常见的光源色。当使用较为极端的颜色（如紫色或绿色）灯光时，可能会产生一些诡异效果。然而，若当前场景设定为城市环境，这些颜色的运用则恰到好处，能营造出独特的氛围。因此，在选择灯光颜色时，需结合具体场景和需求进行考量，以达到最佳视觉效果。

3. 制造焦点

颜色还有一个重要作用就是引导参与者的注意力，暗示他们下一步的行动方向。以图 9.57 为例，整个场景的色调偏冷，但在建筑物门口巧妙地运用了一片暖色调。这种色差对比使当参与者进入这片区域时，目光会自然而然地聚焦在门口，从而引导他们的行动方向。巧妙利用颜色的色差可以有效地控制视觉焦点，提升用户体验和场景的互动性。

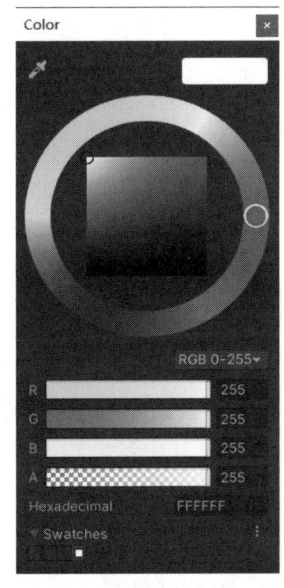

图 9.56

图 9.57

9.6 本章习题

1. Unity提供了几种光源？分别是什么？
2. 什么是光照贴图？
3. 简述Unity中阴影产生的大致流程。
4. Unity中为什么需要光照探针？

第10章 动画系统

> **内容概述**
>
> 在计算机模拟中,对于结构复杂的模型(如人形模型),如果使用物理引擎来模拟角色动画,经常会出现不确定性以及难以设计的问题。
>
> 为了精准且直接控制人形模型及其他物体的行为,设计师通常需要预设物体在不同帧时的位置,并将这些位置信息存储下来。当需要触发某个行为时,再播放这些连续的、离散的位置数据,使模型可以复现设计师设计的动作。这一过程就是"动画"。本章将围绕动画系统展开介绍。

10.1 动画基础

扫一扫,看视频

本节将深入探讨角色动画的发展历史和Unity动画系统的核心框架。**了解角色动画的发展史,不仅有助于读者领悟现有技术的诞生背景,更能让读者明确这些技术在哪些场合下最为适用,以及如何有效使用。** Unity的动画系统是一个庞大且复杂的体系,其中各个知识点之间紧密相连。

10.1.1 角色动画的发展历史

为什么本小节是"角色动画的发展历史"而不是"动画发展历史"呢?这是因为在3D或2D的数字内容中,大部分动画需求均是由角色驱动的。**场景中的动画,除了与UI相关的部分,大多数都源自角色的行为。** 因此,动画系统的演进历程实际上是随着角色交互设计的日益复杂而不断前进的。由于角色在画面上的呈现需求更为复杂多变,这就要求角色动画技术必须更为精湛和高级。回溯动画技术的起源,可以发现它源于手绘动画的原理,即通过一连串静止图像的连续播放来产生动感效果。这一原理至今仍是动画制作的基础。

1. 传统动画时代

动画是一种特殊的视觉呈现形式,它通过连续播放一系列静止的图像(帧),在时间的推移下创造出运动和变化的视觉效果。

(1)传统动画原理。传统动画起源于手绘动画,最初应用于卡通动画中。在传统动画中,艺术家绘制一系列静态图像,每张图像都略有不同,捕捉了对象在时间上的微小变化。**这些静态图像通常被称为帧,通过连续、快速地播放这些帧,观众会感受到图像中的对象在移动、旋转或进行其他动作,这就是动画的基本原理。**

在现代实时游戏中,动画同样依赖于一系列静态帧的连续播放来展现动态效果。然而,不同于传统动画,这些帧是由计算机实时生成的。通过这种方式,游戏中的物体在场景中的交互和动作可以通过播放一系列精心设计的动画帧来实现,为玩家带来更加逼真的游戏体验。早期的2D游戏在此基础上进行了技术升级,催生了专门针对2D游戏的精灵动画(Sprite Animation),进一步丰富了游戏画面的表现力和动态效果。

(2)精灵动画。精灵动画是2D游戏开发中的核心技术,它在过去的游戏时代中占据了举足轻重的地位。**精灵，简而言之，就是一张张小巧精致的位图图像，它们可以代表游戏中的角色、道具、特效等各种元素**。这些精灵作为独立的图像对象，可以灵活地放置在游戏场景的任意位置，而不会干扰到背景画面的呈现。

精灵动画的原理是在一定的时间间隔内快速播放一系列精灵图像帧，从而模拟出角色的运动和变化。这些帧通常描绘了角色的不同动作状态，如行走、奔跑、跳跃等。当这些帧以极快的速度切换和渲染时，游戏中的角色就会展现出流畅而自然的动态效果。设计师通过巧妙地组合不同的精灵，可以创造出丰富多样的角色动画效果。

> **提示：精灵动画的应用**
>
> 正是因为精灵动画的广泛应用，2D游戏才能够呈现出如此生动和富有活力的画面。例如，经典游戏《超级马里奥》《魂斗罗》等，都采用了类似的动画设计原理，为玩家带来了难忘的游戏体验。

2. 初入3D动画

随着动画行业的发展，画面逐渐进入到3D时代。为了在3D空间中实现角色的动画效果，3D空间需要有专门的动画处理方法。早期，一个广泛应用的方法就是刚体层阶式动画。

（1）刚体层阶式动画。刚体层阶式动画在概念上有以下两部分需要理解。

1）刚体：刚体是角色模型的基本组成单元（其概念详细讲解见第8章）。刚体通常用于表示不可变形的物体，如角色骨架中的骨骼部分。**在3D角色动画中，典型的刚体部分包括骨盆、躯干、上臂、下臂、大腿、小腿、手部、脚部、头部等位置**。这些部分与人的实际解剖结构相对应，便于在动画中准确地模拟角色的运动。

2）层阶：将这些刚体以一种层次化结构的方式连接起来，使刚体之间构成父子关系。例如，骨盆作为根部（根节点），其他部分（如躯干和大腿）则称为其直接子物体，以此类推，串联起所有刚体。**这种层次结构使动画变换的传递变得相对简单，当移动或旋转父物体时，子物体会相应地跟随变换**。这种变换也符合人的运动逻辑，当某个骨骼进行变换时，会受到和其骨骼相连的其他骨骼力的约束。

综上所述，刚体层阶式动画使用层阶结构连接了角色的各个刚体部分，使其可以模拟出各种动画效果。但也因为其基于刚体的动画形式，使刚体层阶式动画有着非常大的画面效果问题：**在不同刚体的衔接处，当刚体进行旋转或位移时，角色的身体在关节处会产生明显的割裂**。这对于人形模型而言会破坏画面效果。

（2）全顶点动画。为了解决刚体层阶式动画带来的画面负面效果，出现了一种基于模型所有顶点的全顶点动画。**全顶点动画着重于模型的每个顶点，而不是刚体部分**。动画师可以为每个顶点存储动画数据，如位置、法线等。全顶点动画是对物体的所有顶点进行动画数据存储，因此可以实现更加精细的动画效果，如角色的拉伸、挤压等。

全顶点动画的一个很重要的特点是数据密集。因为它需要在每个顶点上存储动画的信息，所以需要大量的内存空间来表示复杂的模型和动画效果，从而导致动画文件的体积庞大，而且需要在运行时分配更多的计算资源来处理这些数据。因此，对于有着极高实时性要求的游戏以及其他交互式产品而言，很少会用到全顶点动画。这种技术通常用于非实时渲染领域，如电影制作中。

3. 蒙皮动画

刚体层阶式动画会产生画面的割裂效果，但是其性能优秀，只需计算并存储刚体的变换即可得到动画的效果。全顶点动画的画面表现出色，但是需要消耗大量的性能和内存资源。蒙皮动画将它们的优点集于一体，使用一套技术同时兼顾了画面效果以及性能表现。

（1）蒙皮动画具有骨骼。蒙皮动画的骨骼概念继承自刚体层阶式动画，每个骨骼都是单独的刚体。这些刚性骨骼不会被画面进行渲染并相互约束。由于基于有限数量的刚体进行计算，因此蒙皮动画具有高性能的优点。

（2）蒙皮动画具有皮肤。蒙皮动画的皮肤概念继承自全顶点动画。皮肤的三角形网格会被绑定到指定的骨骼上，皮肤上的每个顶点会追踪骨骼关节的变换，并进行自然拉伸。由于其和全顶点动画一样可以对顶点进行计算，因此其画面效果比刚体层阶式动画更加平滑，画面效果更好。

蒙皮动画就是骨骼和皮肤两项技术的集大成者。骨骼负责计算物体的整体运动，并确定顶点计算的相对坐标位置；皮肤则通过三角形网格绑定到骨骼，使顶点可以随着骨骼关节的变化而变化，从而保证画面效果的平滑性。

Unity的动画系统正是基于蒙皮动画技术构建的。接下来，将详细讲解Unity动画系统的核心框架。

10.1.2　Unity 动画系统的核心框架

Unity的核心动画系统是Mecanim，主要由4部分构成：Animation Clip（动画片段）、Animator（动画组件）、AnimatorController（动画控制器）和Avatar（可复用人形动画）。它们在Unity中的关系如图10.1所示。

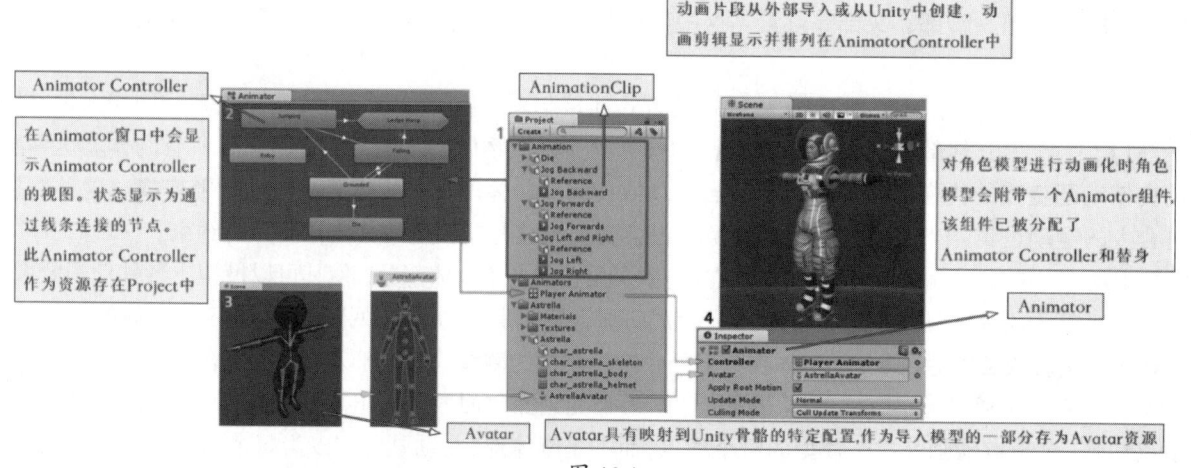

图 10.1

下面对构成Unity动画系统的各个部分进行详细讲解。

10.2　动画片段

在Unity中，动画系统使用动画片段作为动画的渲染与播放的数据结构。Unity提供了一套处理流程，可以用于创建或导入其他软件制作的动画数据。此外，动画数据被导入到Unity中之后，还可以使用动画曲线来对动画进行进一步的设置，接下来，将对这些内容进行详细讲解。

10.2.1 动画片段基础

在Unity中，获取动画片段的方法有以下两种：①在编辑器中，使用Animation窗口创建动画片段；②从支持的外部源导入动画片段。

第二种方法比较简单，只需将符合Unity动画系统的动画数据直接拖到Unity的Project视图中，即可完成动画数据的导入。第一种方法会更加复杂一些，接下来，将逐步讲解动画片段相关的知识。

扫一扫，看视频

1. 动画编辑器

在Unity中，提供了一个专门用于预览与编辑动画片段的编辑器界面，即Animation视图。

【示例10.1】 打开动画编辑器

在Unity中选择Window→Animation命令，打开Animation视图，如图10.2所示。

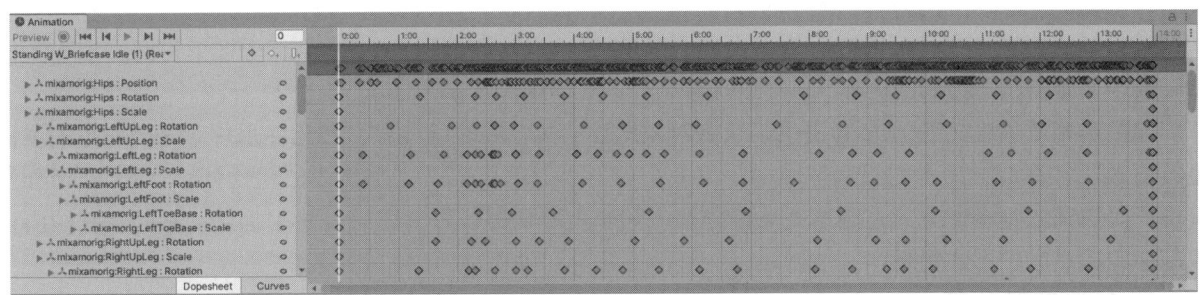

图 10.2

Animation窗口是用于创建、编辑和管理动画片段的一个重要工具。其内容可以来自于场景中选择的游戏对象，也可以使用Project视图直接选择目标动画片段资源。Animation窗口的主要作用是允许开发者为游戏对象定义关键帧动画，控制动画的时间轴和曲线，以及预览和调整动画效果。通过一个可视化的形式，开发者可以直观地控制物体的变换。

（1）已动画化属性列表。物体有很多属性，如位置、角度、缩放及其他组件上定义的公开成员变量。这些属性并不会被自然地列入动画片段中。当想要将某个变量的数据作为动画片段的动画数据的一部分时，需要先开启动画的录制选项，然后此数据才会列为被动画化的属性，并可以在时间轴上记录，如图10.3所示。

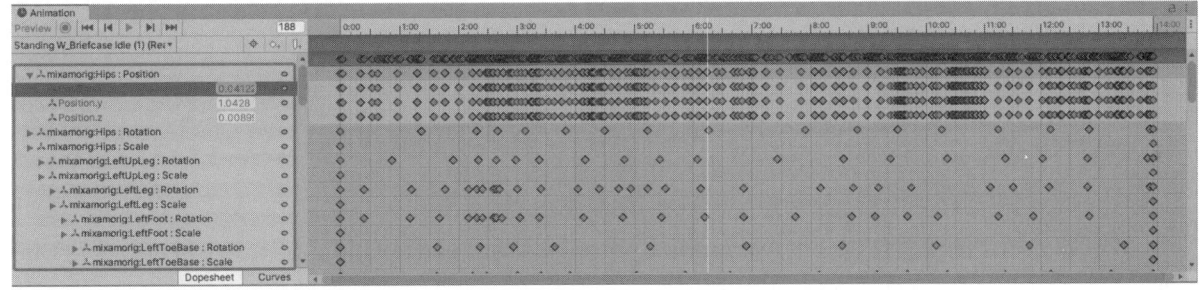

图 10.3

从图10.3左侧框选出来的区域中可以看到物体名称，以及物体身上的部分属性。这些出现在已动画化属性列表中的属性，就是动画已经记录的变量。

（2）动画时间轴。在Animation视图的右侧显示了当前动画片段的时间轴，如图10.4所示。每个动画属性的关键帧都显示在此时间轴中，用于呈现当前已记录的动画数据。

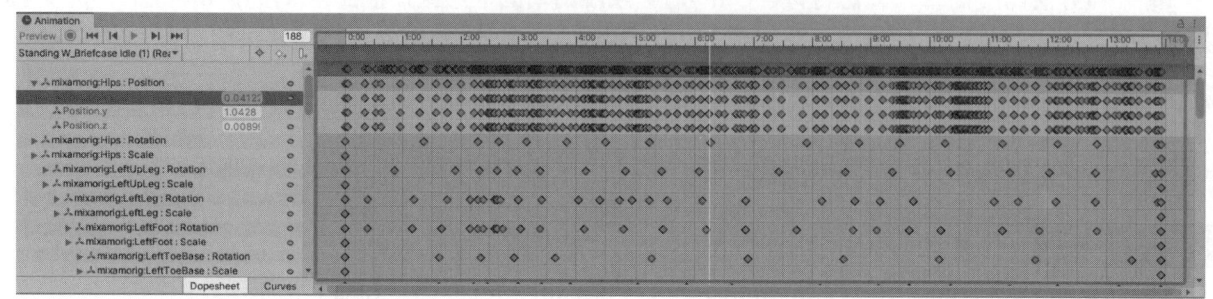

图 10.4

时间轴有两种模式：关键帧清单模式和曲线模式。曲线模式将在10.2.3小节中详细讲解，本小节将演示基于关键帧清单模式的内容。

在关键帧清单模式下，Unity提供了所有对象属性的关键帧时间信息，并允许用户对每个对象的属性进行更改。在图10.4所示的红框区域中，每一个菱形小点都代表了一个具体的关键帧。在Animation窗口中，可以通过拖动的方式控制这些关键帧在时间轴上所处的位置，还可以录制物体动画，录制的内容也都会以关键帧的形式呈现。

2. 创建动画片段

在Unity中，可以十分轻松地使用Animation窗口开启一段动画片段的录制。

【示例10.2】 利用 Animation 窗口创建一个动画片段

首先在场景中选择一个物体对象，此物体的属性将会在动画片段中被记录。选中物体后，进入Animation窗口，单击Create按钮，即可在本地创建一个动画片段，如图10.5所示。

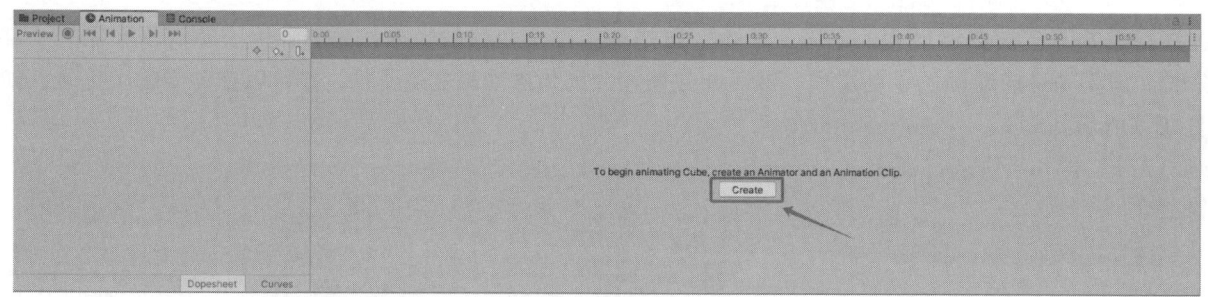

图 10.5

在Unity中创建动画片段后，如果想要实现在场景中播放该动画片段的效果，需要完成以下几个步骤。

（1）**在本地指定的位置创建一个Animator Controller和AnimationClip**。如图10.6所示，因为Unity的动画系统基于Animator Controller来管理和控制动画片段，如果当前的游戏对象（GameObject）还没有关联Animator Controller和AnimationClip，Unity会在本地资源文件夹中自动创建。

图 10.6

（2）**将新片段添加到 Animator Controller**。如图10.7所示，自动创建的Animator Controller将新创建的AnimationClip对象作为默认状态机状态添加进去。

（3）**将Animator组件添加到游戏对象**。将已创建的Animator Controller和AnimationClip与场景中的物体绑定。此时，Animator组件充当了控制器的容器。

（4）**为Animator 组件分配新生成的Animator Controller**。如图10.8所示，为目标物体的Animator组件分配刚刚创建的动画控制器（Animator Controller）。

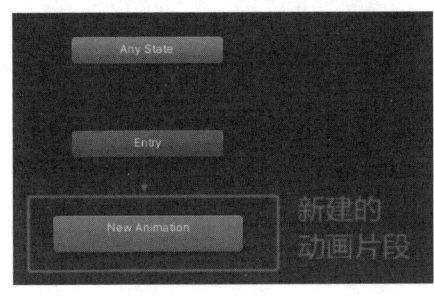

图 10.7

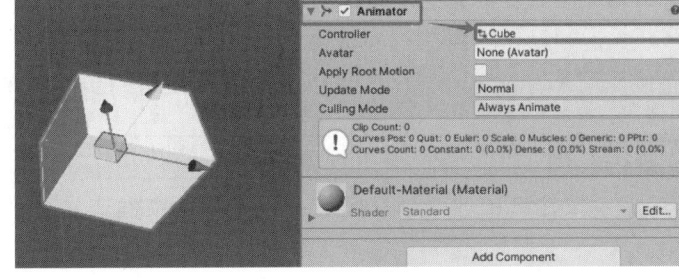

图 10.8

3. 动画录制

当物体已经创建了所需的组件后，即可使用Animation窗口进行动画的录制。想要开始录制动画，需要进入录制模式。

（1）**录制模式**。如图10.9所示，在Animation窗口的左上角有一栏与录制动画相关的按钮，其中圆形按钮是录制模式的开始按钮。**单击开启录制按钮，按钮的颜色将会变成深红色**，此时在场景中移动、旋转或以其他方式修改游戏对象的可动画化属性时，Unity都会自动为其创建关键帧。

图 10.9

（2）**时间轴**。动画片段中的数据会在时间轴上以关键帧呈现。Animation窗口的时间轴是指用来控制和编辑动画的时间线，它是一个水平轴，显示在Animation窗口的顶部，如图10.10所示。时间轴的主要功能是显示并控制动画的时间，让开发者可以在不同的时间点上编辑和预览动画。

时间轴上的数字表示秒和帧。例如，此时指针指向的位置为0:30，即表示第0.5秒或第30帧的位置。

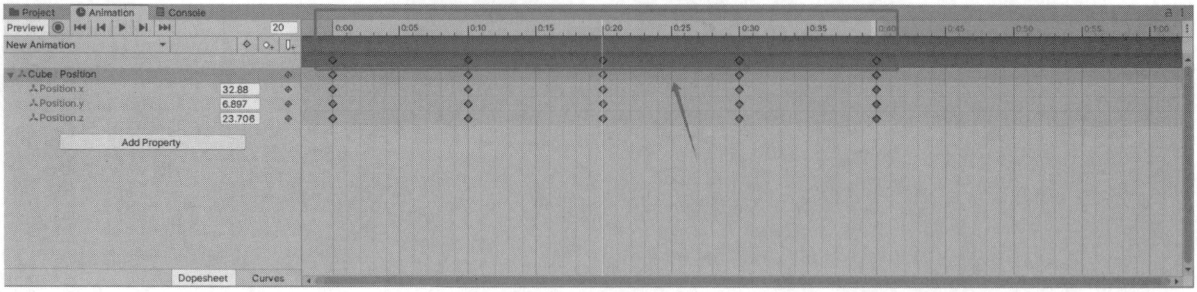

图 10.10

（3）关键帧。当开启录制之后，物体的移动会自动创建关键帧。Unity中不仅提供了这一种方式，还支持以下三种设置关键帧的方式。

1）在录制模式下，移动指针，更改物体属性后自动完成创建。

2）在Inspector视图中选择目标属性，右击，选择Add Key命令添加关键帧。

3）选择Animation窗口中的添加关键帧按钮，如图10.11所示。此方法会为当前对象的所有已动画化的属性创建关键帧。

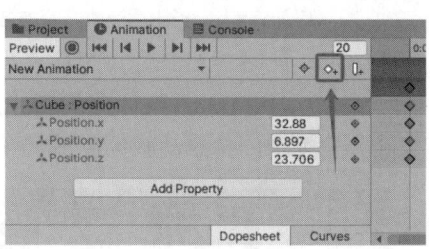

图 10.11

（4）关键帧操作。当在一个动画片段中创建了多个关键帧后，可以直接使用Animation窗口对这些关键帧进行更进一步的操作。

【示例 10.3】 在关键帧清单模式下多选关键帧

方法1：按住Shift键，在图10.12所示的界面中框选关键帧。此时可以同时框住多个关键帧，表示将其选中。

方法2：按住Shift键的同时单击部分关键帧，将其加到当前选择列表中。选中的关键帧如图10.13所示。

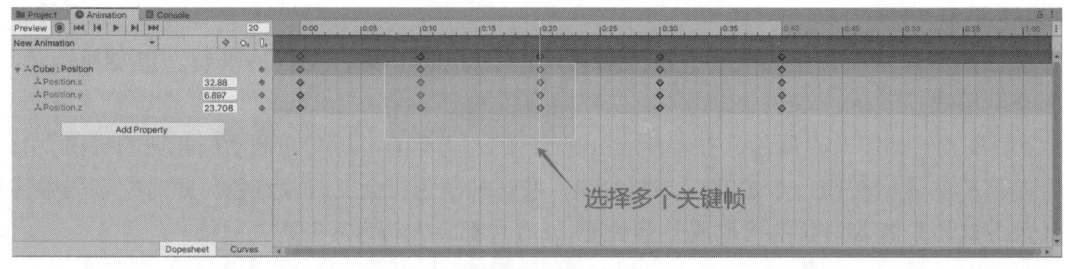

图 10.12

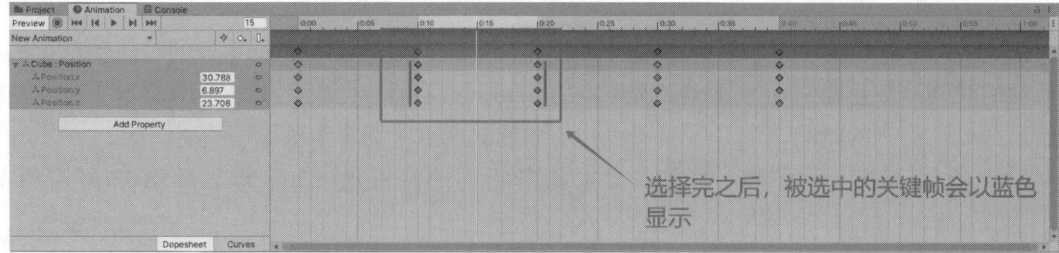

图 10.13

【示例 10.4】 在关键帧清单模式下移动关键帧

单击选中框后，可以拖动当前所选的关键帧。框选区域的最左侧和最右侧的关键帧的时间信息会被渲染到屏幕上，如图 10.14 所示。

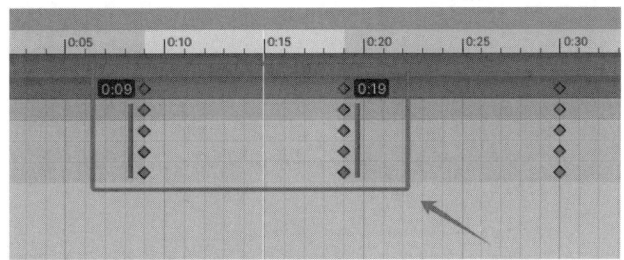

图 10.14

【示例 10.5】 在关键帧清单模式下缩放关键帧

选择并移动缩放框，即可完成缩放，如图 10.15 所示。

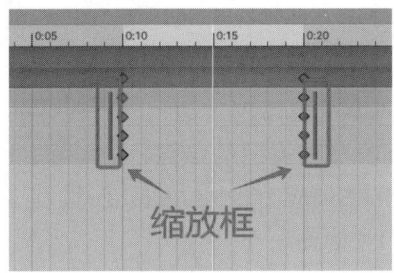

图 10.15

【示例 10.6】 在关键帧清单模式下复制关键帧

选择多个目标关键帧之后，可以按快捷键 Ctrl + C 复制关键帧。此时，可以更改时间轴的指针位置，再按快捷键 Ctrl + V，即可将复制的关键帧粘贴到当前指针指示的时间位置上，如图 10.16 所示。

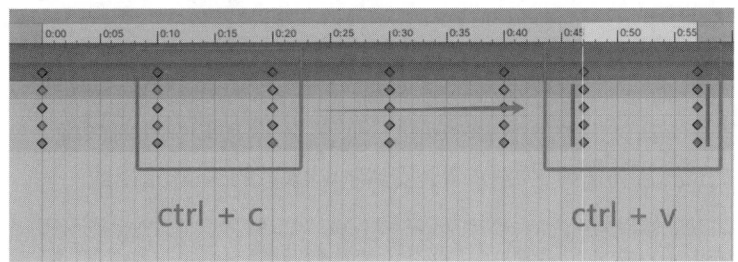

图 10.16

10.2.2 动画事件

在 Unity 的动画系统中，动画事件是一个强大的功能，它允许在动画片段的特定时间点触

扫一扫，看视频

发特定的脚本函数。**通过动画事件机制，可以轻松地将动画与游戏逻辑相结合，实现更丰富的交互体验。** 例如，当角色完成一个跳跃动作时，可以为其添加一个动画事件来调用一个脚本函数，从而触发与跳跃相关的游戏逻辑。这一功能不仅提高了开发效率，还使动画与游戏功能的融合更加自然和流畅。

为动画片段创建动画事件主要分为3步：新建事件、编写事件函数、选择事件函数。

【示例10.7】 在关键帧清单模式下为动画片段创建动画事件

（1）新建事件。首先选中目标动画片段，并在Animation窗口中找到时间轴上的合适位置。将时间轴的指针移动到这个位置，确保它指向希望触发事件的精确时刻。接着，单击图10.17所示的权重图标，这样就会在当前时间点创建一个动画事件。

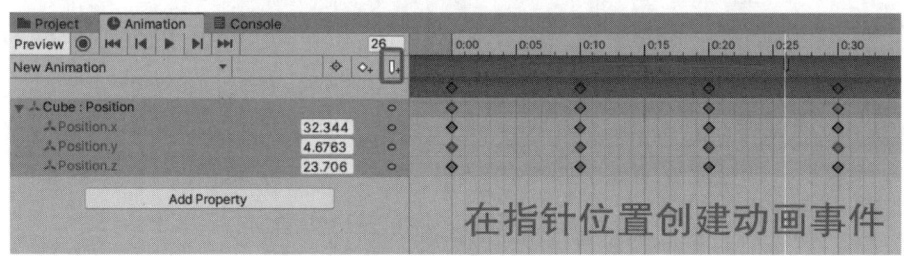

图 10.17

（2）编写事件函数。在自建的脚本中编写用于动画事件回调的函数，然后将其挂载到播放动画的游戏物体上。**这个回调函数可以接收多种类型的参数，如float、string、int或object引用，也可以是AnimationEvent对象本身。** AnimationEvent对象中的成员变量，能够一次性传递浮点值、字符串、整数、对象引用以及触发函数调用的其他相关信息。

【示例10.8】 传递动画事件参数

```
using UnityEngine;
public class ExampleScript_10_1: MonoBehaviour
{
    public void PrintInt(int value)
    {
        Debug.Log("PrintInt value:" + value);
    }
}
```

（3）选择事件函数。为动画事件选择事件函数。如图10.18所示，在时间轴上选中动画事件后，可以在Inspector视图中单击Function选项，并在其中找到刚刚编写的PrintInt函数。

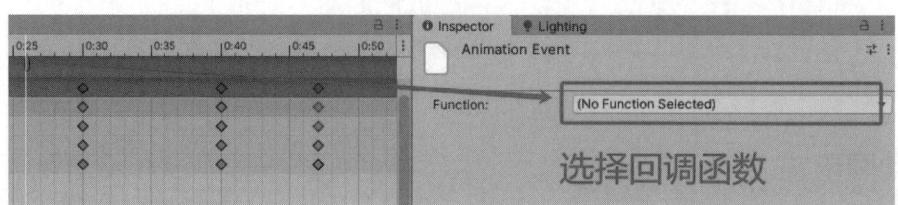

图 10.18

10.2.3 动画曲线

在介绍动画片段时提到，在Animation窗口中对动画片段进行编辑时主要有两种模式，分别是关键帧清单模式和曲线模式。本小节将重点讲解曲线模式。

1. 什么是动画曲线

在关键帧清单模式下，对目标物体的每次编辑都会转化为时间轴上的一系列关键帧。在这些关键帧之间，Unity会使用线性插值的方法来计算物体之间的属性变化，从而实现流畅的动画效果。然而，并非所有动画效果都是线性的。当需要在两个关键帧之间呈现更复杂、更细腻的动画效果时，就需要借助动画曲线进行编辑。

任何被赋予动画效果的属性都可以拥有自己的动画曲线。这些动画曲线的作用是能够精确控制属性随时间变化的规律。在关键帧清单模式下，每个属性的动画值呈现为一条直线，代表其线性的变化轨迹。但当切换到曲线模式时，这些属性值的变化轨迹会变得更加丰富和复杂，可以是平滑的曲线，也可以是陡峭的折线。

> **注意：动画曲线模式**
> 无论是否使用曲线模式，动画的曲线均存在。可以将关键帧清单模式理解为数据提供的简化视图。

2. 曲线模式下的编辑操作

【示例10.9】 曲线模式下的编辑操作

在Animation窗口中单击Curves按钮，进入曲线模式的编辑界面，如图10.19所示。

（1）**按下F键，目标点自动根据曲线数值缩放垂直比例**。如图10.20所示，按下F键后，目标点在Animation窗口中的显示更加紧凑，缩放垂直比例会根据目标点的具体数值自动调整。

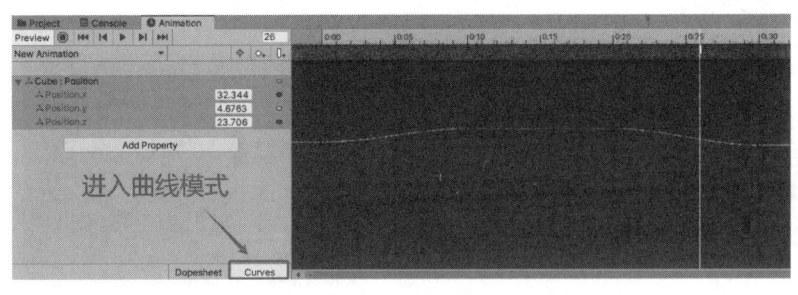

图 10.19

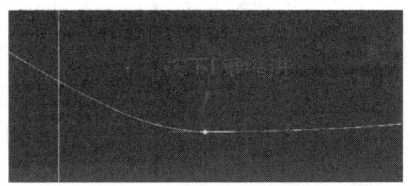

图 10.20

（2）**按住Shift键的同时使用鼠标滚轮，缩放垂直比例**。与第一种方法类似，但第一种方法的缩放比例是根据曲线的数值自动得出的，而这种方法的缩放比例是由鼠标滚轮控制的。如图10.21所示，按住Shift键时，滚动鼠标滚轮可进行缩放。

（3）**使用鼠标滚轮，缩放时间轴比例**。当仅使用鼠标滚轮时，缩放的是时间轴，效果如图10.22所示。

图 10.21

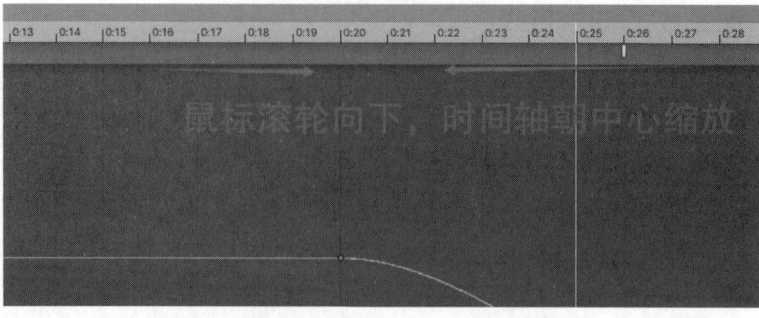

图 10.22

（4）**单选某属性**。如图10.23所示，在Animation窗口左侧的已动画化属性列表中选择某属性，此时在曲线面板中将只观测到此属性的曲线。

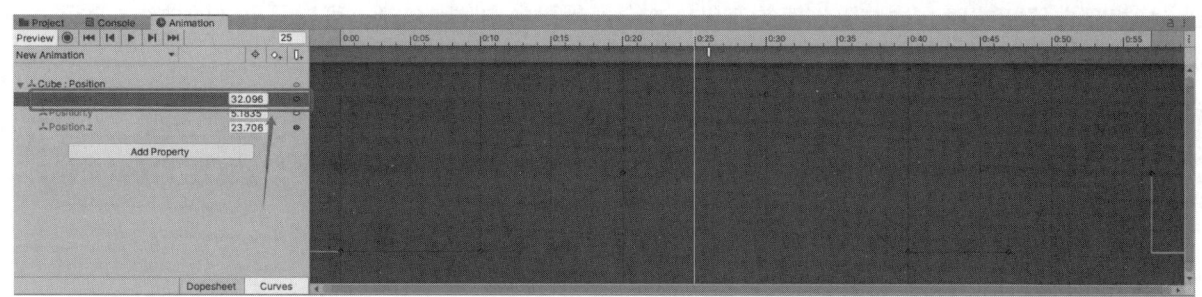

图 10.23

以上是对于曲线界面的一些关键编辑操作。接下来，将讲解与曲线点相关的编辑操作。

3. 曲线点编辑操作

【**示例10.10**】 在曲线模式下添加关键帧

双击曲线上的某个点后，即可在此添加一个关键帧。如图10.24所示，每个关键帧都有两条相连的切线。还可以同时对多个关键帧进行操作：①按住 Shift 键的同时逐个单击关键帧，可以一次选择多个关键帧；②按住 Shift键的同时再次单击关键帧，可以取消选择关键帧。③按住Shift键的同时用鼠标左键框选，可以把其他区域的关键帧加入当前的框选区域中。

图 10.24

【**示例10.11**】 在曲线模式下编辑曲线

由图10.24可知，每个关键点有两条切线：一条在左侧，用于控制向内的斜坡；另一条在右侧，用于控制向外的斜坡。每条切线会有一个圆点图标，单击后可以旋转该图标，从而改变当前曲线的斜率。图10.25所示是两条切线的圆点图标，此时两条切线位于同一条直线上，对于一条切线的角度更改将同时影响到另一条曲线。

右击一个关键点，可以选择该关键点的切线类型，如图10.26所示。**从以下多种切线类型中选择一种类型，用于控制曲线离开一个关键点并到达下一个关键点的方式。**切线类型的不同选项介绍如下。

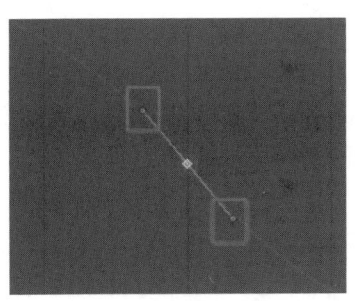
图 10.25

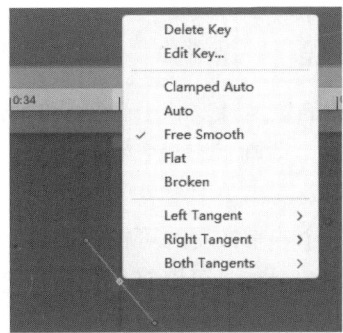
图 10.26

- Clamped Auto（默认切线模式）：使用此模式，系统会自动设置切线的斜率，使曲线在通过关键点时保持平滑。当编辑关键点的位置或时间时，切线会自动进行调整以保证曲线的平滑。如果开发者在Clamped Auto模式下手动调整了关键点的切线，切线类型会自动切换为Free Smooth模式。
- Free Smooth（切线控制模式）：拖动切线控制柄来自由设置切线的斜率。两条切线被锁定为共线，以确保平滑。
- Auto（旧版切线模式）：此选项为旧版动画曲线的选项，用于和旧项目向后兼容。除非有特别原因，否则默认推荐使用Clamped Auto模式。
- Flat（切线水平模式）：此模式为Free Smooth模式的特例，表示当前曲线被设置为水平，如图10.27所示。

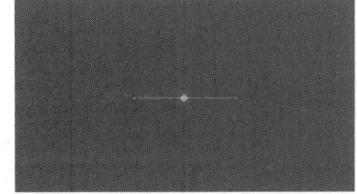
图 10.27

- Broken（急剧变化切线模式）：有时可能不希望曲线在通过关键点时是平滑的，而是在曲线中产生急剧的、常量的变化，需要先选择Broken切线模式。如图10.28所示，当前曲线的两条切线可以被自由设置。

可以对Broken模式的曲线的左右切线进一步设置。Left Tangent和Right Tangent分别用来设置左、右曲线，如图10.29所示。

- Free：表示自由设置切线，为默认模式。
- Linear：表示线性曲线段，当切线指向邻近的关键帧时，将创建线性的曲线段。
- Constant：表示常量段，选择此选项后，曲线在两个关键帧之间保持常量值。

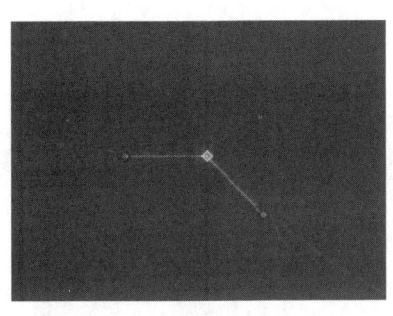
图 10.28

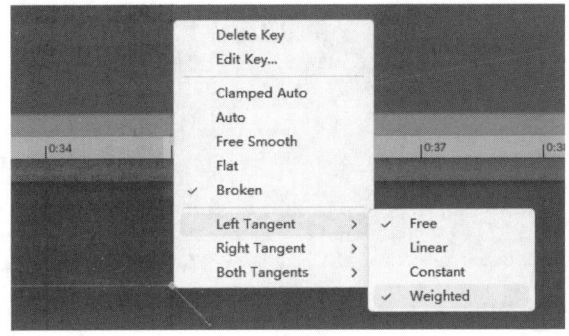
图 10.29

10.3 动画状态机

为了更直观、更高效地开发和组合复杂的动画效果，需要一种抽象表示来连接动画的渲染管道和具体的动画片段。这就是动画状态机（Animation State Machine）所扮演的角色，它在Unity中的具体实现形式就是动画控制器及其相关编辑界面。

动画控制器是一个非常实用的可视化工具，无须编写烦琐的代码，就能让开发者定义角色或对象的复杂动画行为。使用这个工具可以轻松管理角色的不同动画状态，如行走、奔跑、跳跃等；还可以定义这些状态之间的过渡条件，如角色速度达到一定程度时，从行走状态过渡到奔跑状态。

> 提示：栩栩如生的动画效果
>
> 一旦这些状态和过渡条件设置好，动画控制器就能根据游戏逻辑自动触发相应的动画片段，让角色在游戏世界中展现出栩栩如生的动态效果。

接下来，将详细介绍动画控制器的各项功能，掌握如何设计和使用动画状态机，从而让游戏角色更加生动、有趣。

10.3.1 动画控制器

扫一扫，看视频

1. 什么是动画控制器

在Project视图中选择Create→Animator Controller命令，创建一个动画控制器资源，如图10.30所示。

动画控制器是基于状态机理念设计的，它将每个动画片段视为状态机上的一个独立状态。在一个动画控制器资源中，可以引用多个动画片段，为角色或对象打造丰富多样的动作表现。动画片段之间的切换过渡可以通过调整参数来实现，使动画转换更加自然流畅。此外，动画控制器还提供了多层次的Mask设置，允许针对不同层应用不同的动画效果，实现更精细的动画控制。简而言之，动画控制器的功能就像绘画中的"点、线、面"一样，构成了动画设计的基础元素。

（1）**点**：代表每个具体的状态。每个状态都对应了一个动画片段，如人物的空闲、行走、跑步、跳跃等。状态机不仅可独立运作，还能作为其他状态机的启动点，实现更精细的动画逻辑控制。通过引入子状态机，可以构建嵌套的状态机结构，将复杂的动画流程分解为更易管理的部分。点之间的不同切换如图10.31所示。

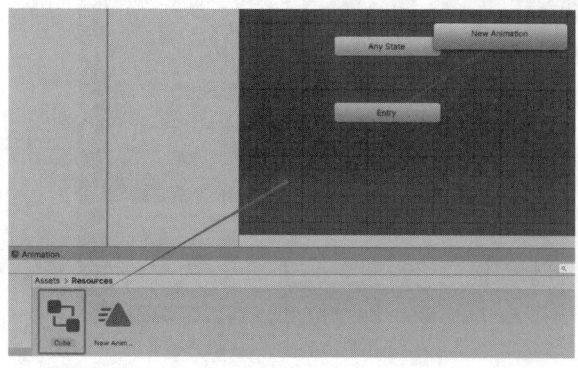

图 10.30

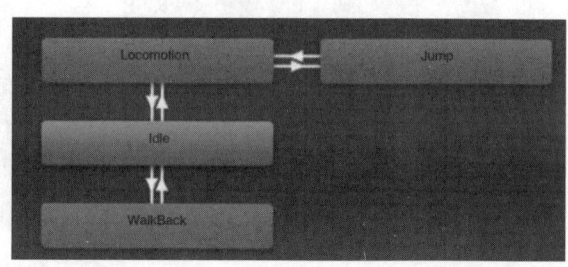

图 10.31

（2）线：当角色从当前状态切换到下一个状态时，状态过渡的条件就是控制器的"线"。不同的状态切换需要不同的数值来控制，在动画控制器中使用可受脚本控制的参数实现，如图10.32所示。

（3）面：对于管理不同身体部位的复杂状态机，可以采用分层策略。具体来说，可以将状态机分为多个层次。例如，一个层次专门负责人物移动的下半身动画，另一个层次则负责人物攻击时的上半身动画。控制器的动画层设置如图10.33所示。

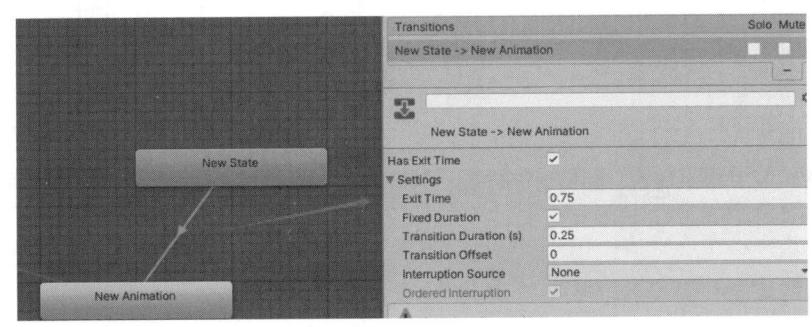

图10.32

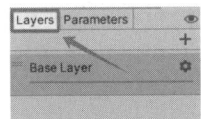

图10.33

以上是动画控制器功能的基本描述，接下来将详细学习其各个部分的内容。

2. 基本状态

状态是指某一个具体的动作。在图10.34所示的界面中，黑色网格区域是存放状态的部分。

新建的动画控制器默认包含以下几种状态。

- Any State：表示任意状态。无论当前处于何种状态，都可以播放此动画。
- Entry：进入状态，表示当前状态机的进入点，是默认连接接收的动画片段。
- Exit：退出当前动画状态机的状态。

以上三种状态是系统自带的，开发者也可以通过拖入状态或创建一个空状态。

创建一个新的空状态后，可以单击选择此状态，在Inspector视图中可以设置其指向的动画片段、速度、切换状态等信息，如图10.35和图10.36所示。

其中，Motion代表此动画状态当前引用的动画片段，单击右侧的圆圈按钮，可以选择一个动画片段，如图10.37所示。

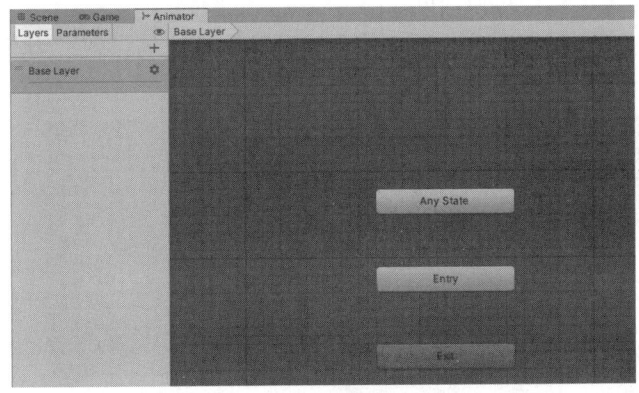

图10.34

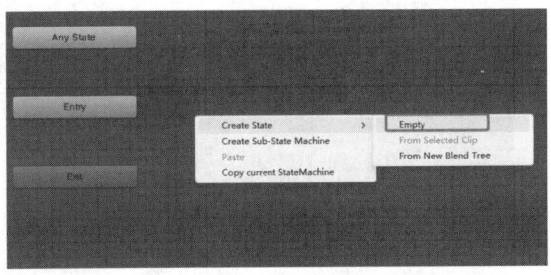

图10.35

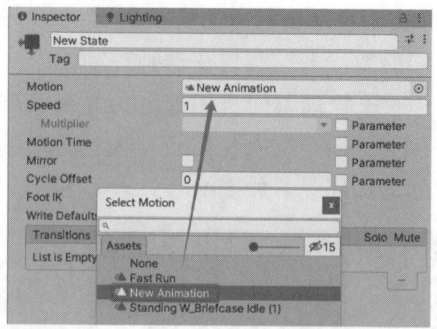

图 10.36   图 10.37

> 📌 **提示**：自动引用本地的目标动画片段
>
> 除了可以新建空状态之外，还可以在Project视图中选择AnimationClip，将其拖入动画控制器中，创建一个动画状态，此状态将自动引用本地的目标动画片段。

状态除了可以是一个动画片段，还可以是混合树，这部分将会在10.3.3小节中讲解。

3. 状态过渡与动画参数

在Unity 3D的动画状态机中，除了默认的Entry（进入）和Exit（退出）连接状态外，其他所有状态之间的切换都需要精心设置。其中包括确定具体的过渡方式（如是否平滑过渡、过渡的时间长短等），以及设置过渡条件（即何时触发状态切换）。

（1）动画过渡控制。可以在两个动画状态之间创建过渡。如图10.38所示，选中State1，右击，选择Make Transition选项，设置State1的出口状态。将State1的状态连接到State2，单击过渡线段可以查看具体属性，如图10.39所示。

常用过渡属性的参数介绍如下。

- Mute：表示禁用此过渡。
- Solo：仅播放该过渡。
- Has Exit Time：启用此选项后，可以在Exit Time中指定过渡时间。例如，当时间为0.75时，播放当前动画的75%的帧，Exit Time的条件变为真，动画将逐渐过渡到下一个状态。
- Fixed Duration：勾选此复选框后，将以秒为单位解读过渡时间。
- Conditions：表示状态，是控制动画状态切换的核心选项，可以使用控制器中新建的参数，为此过渡设置单个条件、多个条件或无条件。

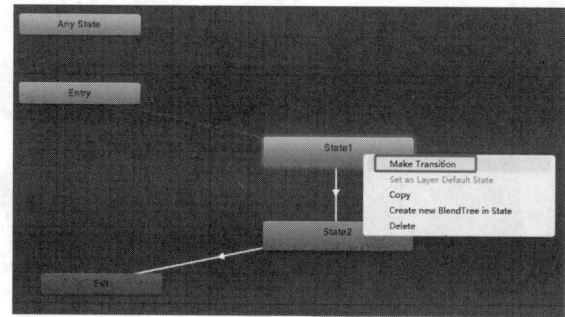

图 10.38

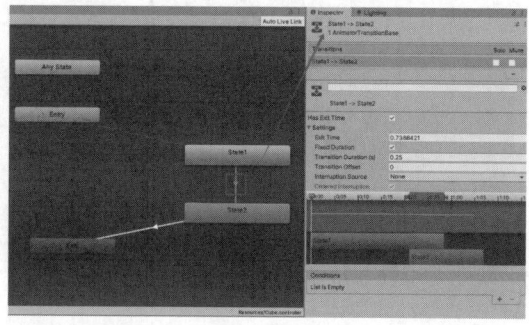

图 10.39

（2）动画参数。要想控制状态的切换，需要使用动画参数来控制过渡条件。以下是可以通过脚本访问的控制器参数：Int（整数）、Float（浮点数）、Bool（布尔数）、Trigger（由控制器充值的触发型布尔值参数）。可以在动画控制器的Parameters窗口中单击 按钮创建参数，如图10.40所示。

当为控制器创建好参数之后，接下来可以使用接口在脚本中控制这些参数。下面使用SetInteger接口演示如何访问动画控制器，其他接口的使用方式基本类似。

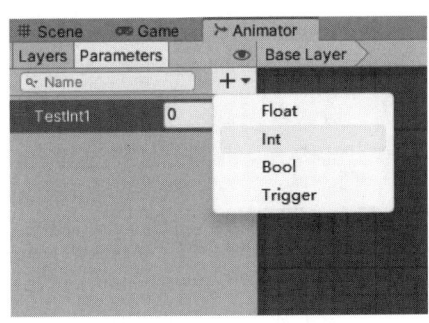

图 10.40

（1）定义：

```
public void SetInteger(string name, int value);
public void SetInteger(int id, int value);
```

（2）描述：设置给定整数参数的值。可以按名称或 ID 号识别参数，但名称或 ID 号必须与要在动画控制器中更改的参数相同。以下是一个简单的代码示例。

【示例 10.12】 使用 SetInteger 接口访问动画控制器

```
using UnityEngine;
public class ExampleScript_10_2: MonoBehaviour
{
    Animator m_Animator;
    void Start()
    {
        m_Animator = GetComponent<Animator>();
    }
    void Update()
    {
        if (Input.GetKey(KeyCode.Space))
        {
            m_Animator.SetInteger("TestInt1",1);
        }
    }
}
```

将以上脚本挂载在物体上，并为其添加Animator，引用包含State1和State2状态的动画控制器。当按Space键后，将更改Animator上引用的动画控制器的TestInt1参数的值。

10.3.2 子状态机

虽然状态机思想在动画和其他模块管理中发挥着重要作用，但随着状态数量的增加和切换关系的复杂化，其管理难度也会急剧上升。状态机在数据结构上可以看作是一个有向有环图，当状态变得越来越多时，这个图就会变得越来越复杂，维护起来也变得异常困难。

扫一扫，看视频

为了解决这一问题，引入子状态机的方法。通过模块化封装不同的状态，可以将复杂的状态机工程拆分成多个更易于管理的部分。

1. 创建子状态机

子状态机是动画状态管理中的一种重要结构，作为主状态机的嵌套部分，它在组织和管理复杂动画系统中扮演着关键角色。**通过将多个相关状态封装成一个子状态机，开发者能够更清晰地划分动画系统的层次结构，从而简化维护过程。**

【示例10.13】 创建一个子状态机

在Animator Controller状态机编辑界面的空白处右击，选择Create Sub→State Machine命令，即可创建一个子状态机，如图10.41所示。

创建的子状态机形状为六边形。双击即可进入该子状态机，如图10.42所示。此时，可以看到当前状态机是处于Base Layer之下的New StateMachine子状态机。

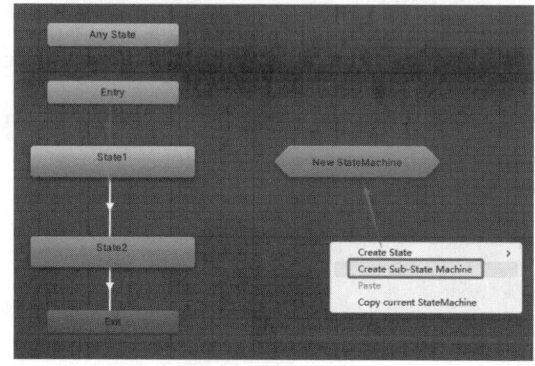

图 10.41

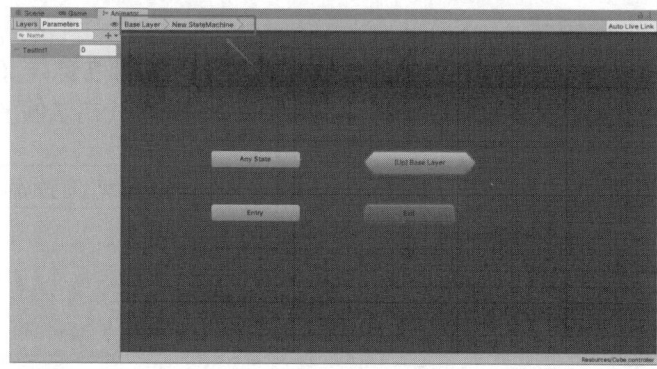

图 10.42

2. 外部过渡

当需要从外部进入子状态机时，就需要连接其他状态以创建过渡。在过渡到子状态机时，必须选择要连接到子状态机的是哪个具体状态，如图10.43所示。

在New StateMachine的子状态机中，可以看到有一个以Up开头的六边形状态，表示此状态机拥有当前子状态机的外部状态。当需要返回到Base Layer的状态机时，可以在New StateMachine中选择一个状态进入Base Layer的状态机中，如图10.44所示。框选部分是离开子状态机后进入的状态。

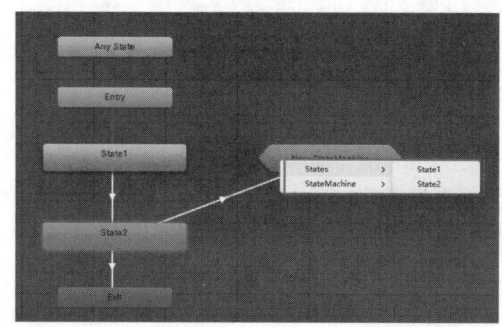

图 10.43

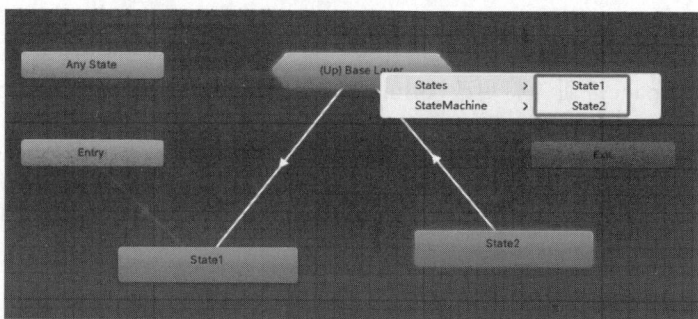

图 10.44

10.3.3 混合树

在呈现动画效果时,除了单独的动画模块和状态,还常会遇到多个动画片段之间紧密关联的复杂动画。这类动画对过渡的流畅性要求极高。例如,角色从站立到行走,再到奔跑的转换,就需要对这3个动画状态进行精细的插值处理。

扫一扫,看视频

在进行动画片段过渡插值时,有时需要通过参数来调整不同属性混合的比例。常规的过渡只是简单地在一定时间内从一个状态切换到另一个状态。但借助混合树技术,可以使用脚本来自由控制混合比例,从而更精准地管理多个相关动画之间的过渡行为。

1. 混合树基础

【示例10.14】 创建一个混合树

(1)在Animator Controller窗口的空白区域右击,选择Create State→From New Blend Tree命令,即可创建一个混合树。双击进入此混合树的界面,如图10.45所示。

(2)在Inspector视图中可以看到当前混合树所使用的动画片段列表,如图10.46所示。当前默认还未添加动画片段。

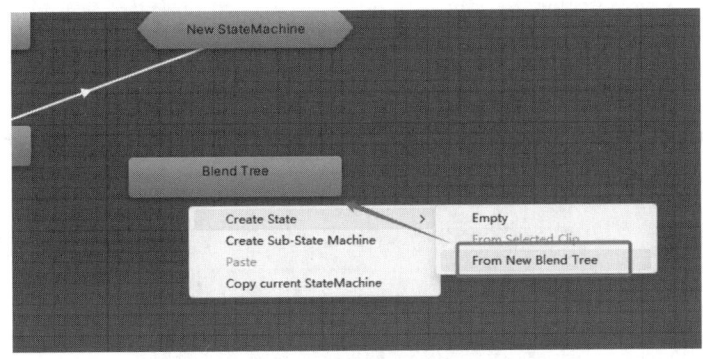

图 10.45

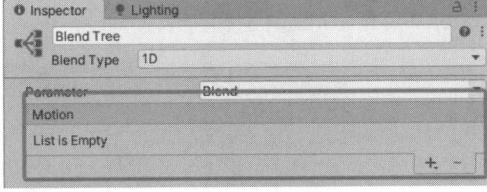

图 10.46

(3)单击Motion区域的+按钮,选择Add Motion Field选项,为其添加一个新的动画片段,如图10.47所示。

(4)为混合树添加3个状态,分别为State1、State2、State3,如图10.48所示。

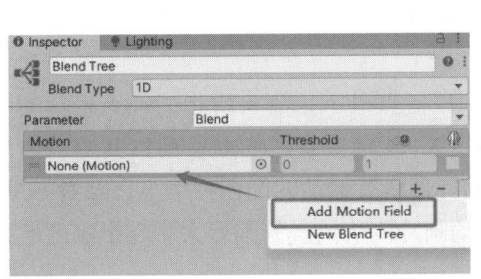

图 10.47

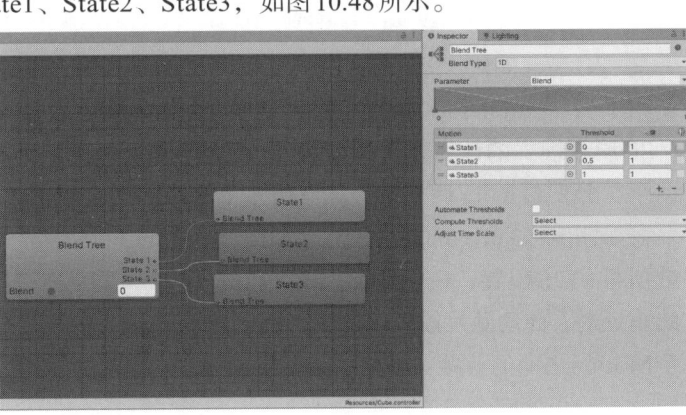

图 10.48

（5）在Inspector视图中为当前动画设置混合过渡的模式和参数。不同的混合模式使用不同的算法，因此对于不同类型的动画片段，需要合理分析并选择合适的混合模式。

2. 混合模式

在设置动画状态过渡时，可以在Blend Type中选择混合模式，如图10.49所示。主要有三种混合模式：1D混合模式、2D混合模式和Direct混合模式。其中，2D混合模式又分为2D Simple Directional、2D Freeform Directional和2D Freeform Cartesian 三种。

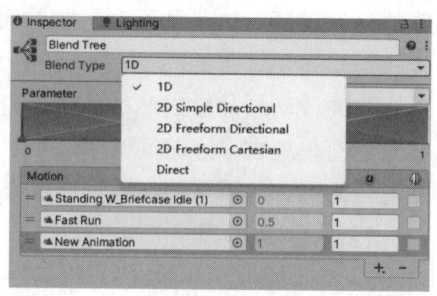

图 10.49

（1）1D混合模式。1D混合模式是几种混合模式中最简单的一种。此模式与其他模式最大的差别是，1D混合模式仅使用单个参数来混合所有的子运动。

当将混合树设置为1D混合模式后，在Animator Controller的参数界面中可以看到，默认使用了变量名为Blend的float类型参数，也可以为此混合树单独创建一个float类型的参数。如图10.50所示，使用了Direction参数控制混合树。由图10.50可以看到，每个MotionField都有一个Thresh属性，表示当前动画片段的阈值。例如，当Direction参数的数值为0时，当前参数值最接近State1的Thresh，此时State1的动画权重即为1，其他动画片段为0。如果此时播放角色的混合树动画，角色将仅使用State1进行播放。当Direction介于0~1时，Unity将自动计算当前3个状态各自所需权重占比，并将动画片段进行混合。

可以直接拖动不同状态的阈值。如图10.51所示，将State2的阈值往参数为0的方向拖动，此时State2的Thresh数值也相应减少。

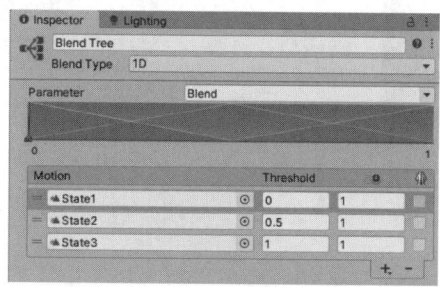

图 10.50

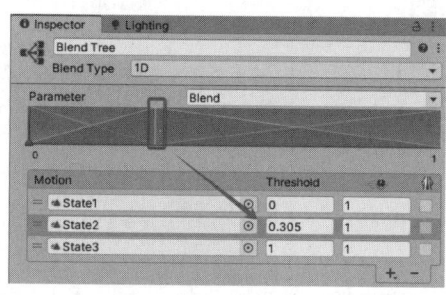

图 10.51

（2）2D混合模式。2D 混合模式使用两个参数控制子运动的混合。如图10.52所示，在Parameters部分使用了当前Animator Controller定义的两个float型参数DirectionX和DirectionY。

2D混合模式的计算方法和1D混合模式类似，不同之处在于计算不同动画片段权重的参数从一个变为两个，分别沿X和Y两个轴计算当前多个状态的混合权值。

在如图10.53所示的混合图中，State1、State2和State3分别以蓝点显示，箭头所指的红点表示当前参数所处的2D位置，使用DirectionX和DirectionY参数来表示其X、Y轴。当把红点移动到其中一个蓝点的附近时，此动画片段表示的圆点圆圈将获得更大的半径，而其他所有运动的圆圈将缩小直至看不见。几个Motion之间的位置关系将决定其混合后的权重，可以看到动画片段所代表的圆形大小与影响区域在不同位置的强度完全对应。

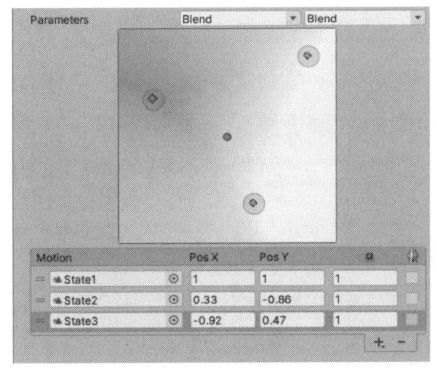
图 10.52

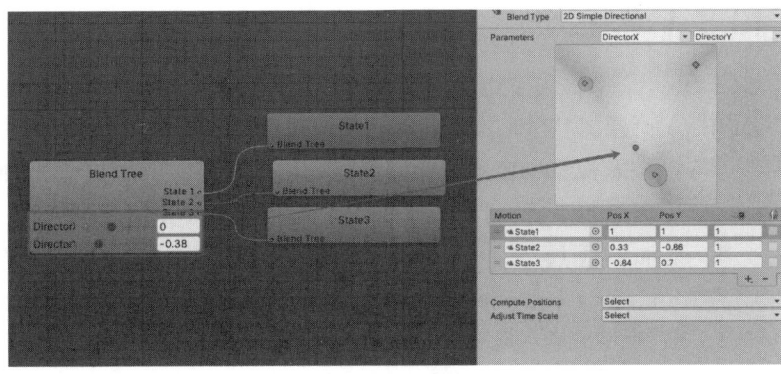
图 10.53

不同的 2D 混合模式具有不同的适用场景，它们使用不同的算法计算每个Motion对应的动画片段所带来的影响。

- **2D Simple Directional**：主要用于表示不同方向的动作，如"向前走""向后退""向左走""向右走"。在这种模式中，同一方向上不应该存在多个Motion。例如，"向前走""向前跑"不能同时出现在一个方向上。
- **2D Freeform Directional**：当混合树控制的动画需要表示不同的方向时，可以使用此模式。此混合模式可用于处理在同一方向上有多个运动。例如，"向前走"和"向前跑"同时存在。
- **2D Freeform Cartesian**：当混合树控制的动画不表示不同的方向时，可以使用此模式。在这种模式下，X、Y 参数可以表示不同维度的概念，如X表示角速度，而Y表示线速度。使用这类参数可以实现如"向前走不转弯""向前走右转"这一类的动画效果。

（3）Direct混合模式。Direct混合模式可以使用更多数量的参数来对动画进行控制。这类模式用于将Animator上的参数一一映射到混合树中，进而计算动画片段的权重。**如果需要精确控制所混合的各种动画，而不是使用一个或两个参数来间接混合它们，此时可以使用Direct混合模式。**

如图10.54所示，当前每个Motion都分别使用了一个参数来控制其权重计算。在混合面部表情、身体部分部位的复杂动作时，直接使用参数控制各个部分的权重变得十分有效。

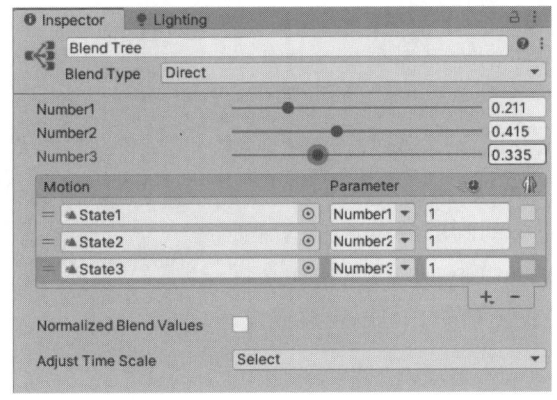
图 10.54

10.3.4 动画层

扫一扫，看视频

当一个物体对象（尤其是人形对象）需要在不同部位播放不同效果的动画时，可以使用动画层的技术来实现。**动画层通过创建不同的Layer，并将动画的效果设置为不同的权重，从而按照权重决定不同部位受到的动画效果，实现更精细的动画控制，进而管理不同身体部位的复杂状态机。**

1. 添加动画层

在Animator Controller的界面中，单击Layers选项卡，可以看到当前Layer的列表，如图10.55所示。进入Layers后可以看见默认创建的Base Layer，其表示初始动画层。当创建一个新的动画层时，可以单击Layers选项旁的+按钮，如图10.56所示。

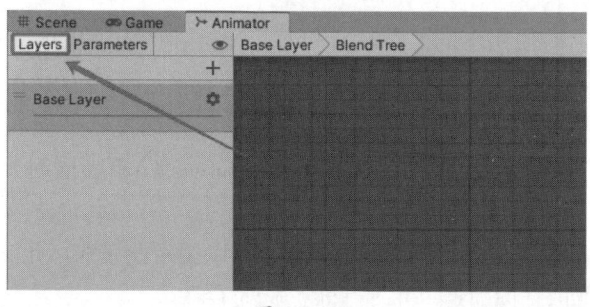

图 10.55

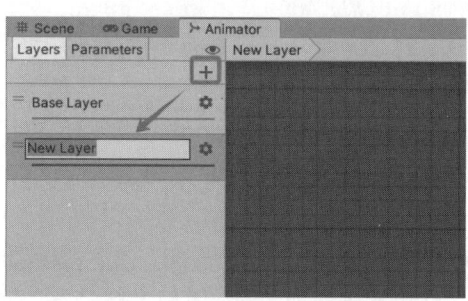

图 10.56

> **提示：构建复杂的动画状态**
>
> 可以单独为每个状态机设置其复杂行为。在图10.56中可以看到，新创建的New Layer动画层拥有不同于Base Layer的动画状态机，其操作方式与Base Layer一致，可以为其构建复杂的动画状态。

2. 权重与模式

当一个Animator Controller中存在多个Layer时，可以使用权重来为不同动画层设置播放权重，同时可以使用模式来设置动画播放的叠加算法。

（1）Weight：权重，表示当前动画层的播放权重。

（2）Blending。

1）Override：覆盖，表示此动画层将会覆盖其他动画层的动画。

2）Additive：相加，表示此动画层播放的动画会和其中状态机叠加。

以上属性可以通过单击目标动画层的设置按钮后进行调整。图10.57所示为单击Arm Layer的设置按钮之后的画面。在设置按钮旁边出现的窗口中，可以设置权重、模式等内容。

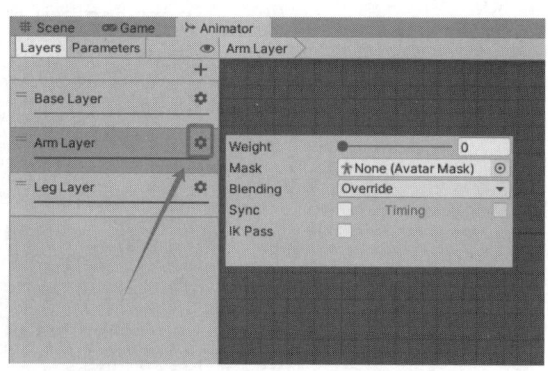

图 10.57

3. 动画遮罩

角色动画经常需要使用动画层来分别控制身体不同部位的动画。为此，需要先为人形模型创建一个

Mask（动画遮罩），以单独设置角色的Avatar在哪些部位需要应用动画。

【示例10.15】 创建一个动画遮罩

（1）在Project视图中右击，选择Create→Avatar Mask命令，完成动画遮罩创建。单击新创建的Avatar Mask资源，进入图10.58所示的界面。

（2）在图10.58所示的Avatar Mask资源的Inspector视图中，可以设置不同身体部位是否受到动画层的影响。**红色部分表示不受当前设置动画层的影响，绿色部分表示目标部位会受到当前设置的动画层的影响**。例如，当前想让角色的上半身受到Arm Layer的影响，可以在Avatar Mask资源中逐个单击下半身的身体部位，取消其使用，如图10.59所示。

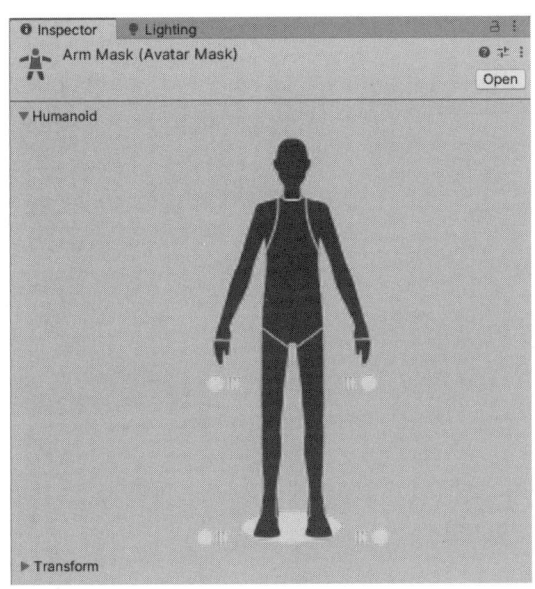
图10.58

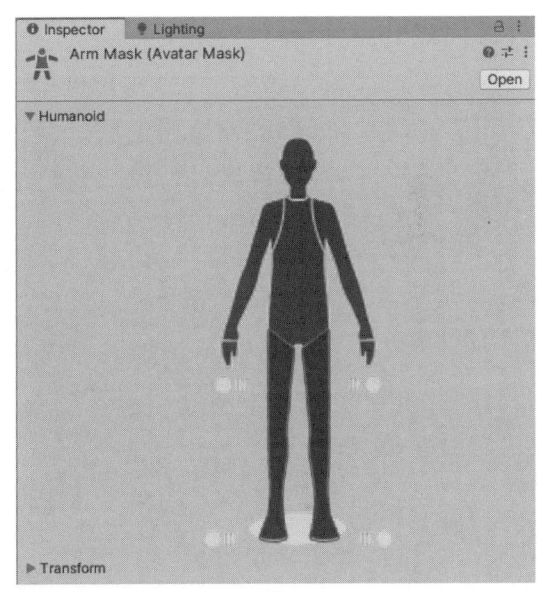
图10.59

（3）在设置Arm Mask后，可以进入Animator Controller的Layers界面，选择Arm Layer，将Arm Layer的Mask设置为当前创建的Arm Mask，如图10.60所示。

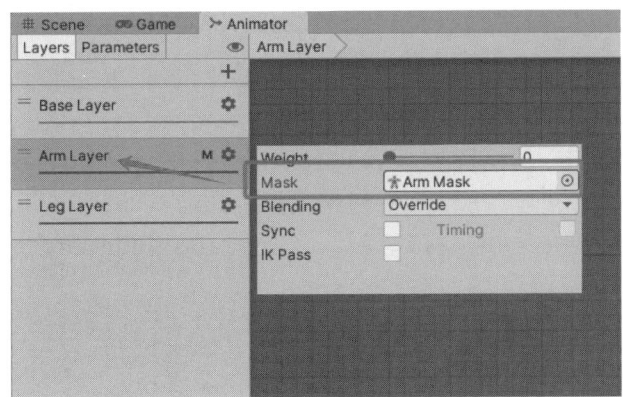
图10.60

10.4 可复用角色动画

除了可以使用Unity自带的Animation界面创建动画外，通常还需要导入其他来源制作的外部动画。然而，这些动画并不能直接在Unity中使用，尤其是人形动画。这些动画的数据需要与具体的物体对应，并将物体和动画的数据信息链接起来。例如，在Blender中制作了一个人物奔跑的动画，如果想让此动画在当前Unity的工程中复用，就需要对可复用角色动画进行重定位。

本节将介绍如何在Unity中导入外部来源的动画，并使用Unity中的可复用角色动画系统。

1. 外部资源导入

外部动画资源的导入方式与3D模型文件相同。可以将目标动画资源直接拖入Unity的Project视图中完成导入，如图10.61所示。

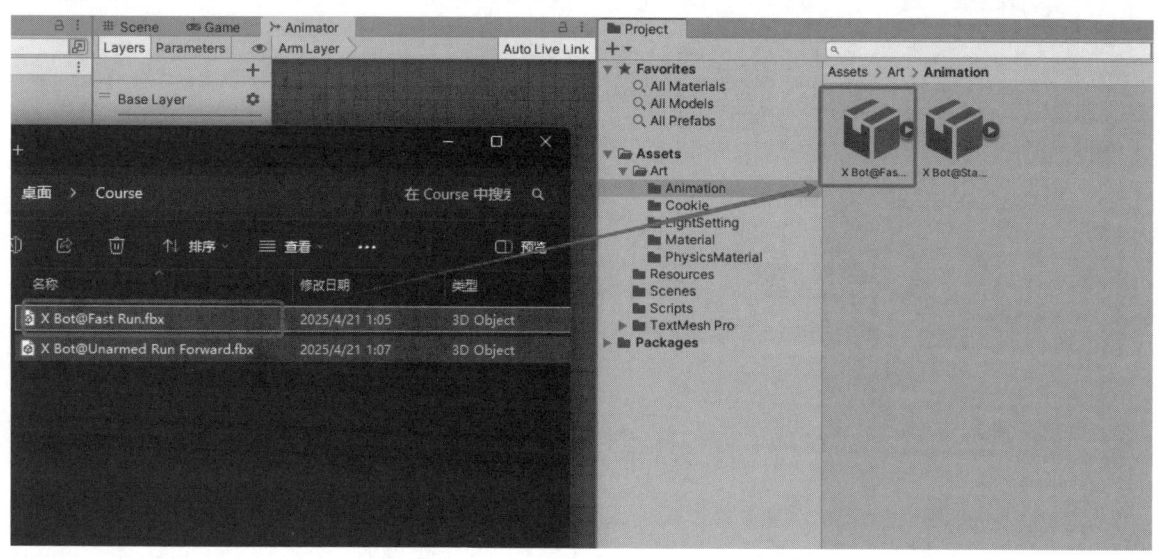

图 10.61

这些动画资源无论是通用的FBX格式，还是其他艺术软件所制作的原生格式，都可以包含动画数据，此数据表示当前导入对象的动画录制结果。

需要注意的是，并非所有动画都可以复用。导入的动画可以分为以下两种。

（1）特定模型所特有的不可复用动画。

（2）可配置并复用的角色动画。

接下来，介绍导入设置，导入的都为类型（2）的动画。

Unity可以导入有限格式的动画，标准3D文件格式包括.fbx、.dae、.dxf和.obj。

除了以上几种标准3D文件格式，还支持导入.ma、.mb、.max和.blend等专用文件格式，这些格式需要安装对应软件后才可使用。

在以上格式中，.fbx格式最为常用，推荐在实际开发中优先使用.fbx格式。

将动画资源导入Unity中后，可以在Animation窗口中查看导入的动画数据。例如，图10.62所示为Run_Forward动画片段存储的帧动画数据。

第 10 章 动画系统 · 293 ·

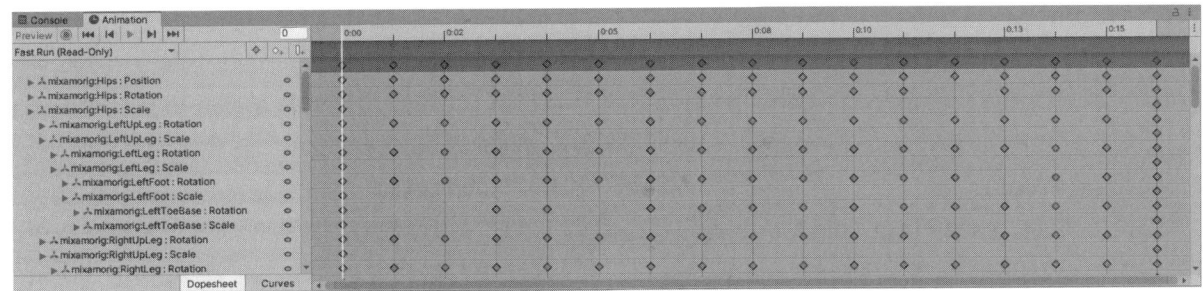

图 10.62

2. Avatar 基本概念

动画总是伴随着模型一起导入。Unity的动画系统支持两类模型的导入：人形模型（Humanoid）和通用模型（Generic）。

这里主要讨论人形模型的导入设置。大部分可复用角色动画资源都以人形模型为基准进行制作，如果想在Unity中复用其他平台制作的人形动画，就需要对导入的人形模型类型进行设置。

> **提示：人形模型**
>
> 人形模型是一种特殊的结构，包含若干层次化组织的骨骼，其组织形式和人体骨架大致相符。图10.63所示为Unity中提供的通用Avatar结构，当在Unity中导入包含人形骨骼和动画的模型资源时，就需要将骨骼结构与Avatar进行定位，因此系统需要将文件中的每个骨骼映射到人形Avatar的各个部位上，从而正确播放动画。

3. 模型导入

将模型拖入Project视图后，可以单击模型资源并在Inspector视图中找到Rig选项卡，将其中的Animation Type设置为Humanoid类型。单击Apply按钮，如图10.64所示。在将Animation Type设置为Humanoid类型后，需要将结果保存。

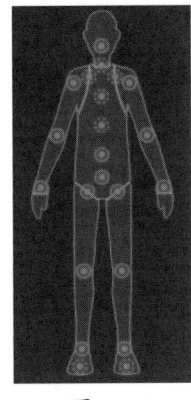

图 10.63   图 10.64

这一步将此模型从通用类型更改为人形模型，进而进行下一步的设置。

需要注意的是，Animation Type下面的Avatar Definition有两个选项。

（1）Create From This Model：默认使用此选项。使用此选项时，Unity会将文件中定义的一组骨骼自动映射到人形Avatar。

（2）Copy From Other Avatar：用于使用其他模型文件已定义的Avatar。例如，在不同的建模软件中使用多个动画创建一个网格时，可以将此网格导出到一个FBX文件中，并为每个动画导出各自的FBX文件。然后在此步骤创建Avatar时勾选此选项，可以将这些动画的模型文件都使用同一个Avatar文件。

4. 配置 Avatar

无论上述的Create From This Model操作是否成功，在此步骤中都可以对模型的各个骨骼进行更详细的定制。可以单击Rig选项卡中的Configure选项，对Avatar进行修复或更准确的配置。图10.65所示为进入当前模型的Configure界面。

在Configure界面中，可以对每个骨骼的映射进行配置。图10.66所示为Avatar的每个骨骼以及其映射的物体。

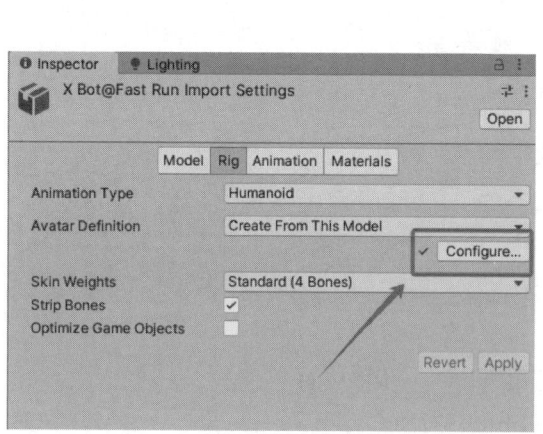

图 10.65　　　　　　　　图 10.66

如果模型未产生有效匹配，或者需要自己对每个部位进行配置，可以按照以下步骤进行Avatar设置。

（1）在图10.66中，单击Avatar窗口底部Mapping菜单中的Clear选项，进行重置映射。

（2）选择Mapping→Automap命令，从初始姿势创建骨骼映射，或对每个骨骼对应的物体进行自定义配置。

（3）在选择Pose→Enforce T-Pose命令，将模型设置回T形姿势状态。

（4）单击当前Avatar窗口右下角的Apply选项，保存设置。

10.5 本章习题

1. Unity的Animation和Animator之间有何区别？

　　A. Animation用于动画状态机的控制，Animator用于创建动画资源

　　B. Animation用于创建和编辑动画资源，Animator用于控制动画播放逻辑

　　C. Animation用于物理效果模拟，Animator用于角色动画

　　D. Animation和Animator没有明显区别

2. 请简要说明Unity中的Animator Controller的多层控制是什么，以及在游戏开发中的应用场景。

第11章 UI系统

> **内容概述**
>
> 在游戏开发中，除了要实现游戏的各种功能外，开发者还需关注一个重要问题：如何让玩家在游戏外通过特定方式控制并访问游戏内的逻辑部分。这就需要用到**用户界面（User Interface，UI）工具**。
>
> 用户界面在程序中通常用于直观地展示内部信息，同时促进程序与用户的交互。而在游戏中，用户界面的作用远不止于此。它需要根据游戏内容的变化而调整，确保玩家能够顺畅地通过按钮控制游戏角色和场景。同时，游戏通过任务栏、血量条和地图等界面元素向玩家传递重要信息。此外，玩家还能通过"游戏设置"中的按钮和滑动条调整游戏的音效、画面等设置。
>
> 可以说，用户界面是连接游戏与玩家的桥梁。它让玩家能够轻松理解游戏状态，并与之进行互动。因此，用户界面在游戏中的地位至关重要，是游戏不可或缺的一部分。

11.1 UI基础概念

游戏UI作为玩家与游戏之间沟通的桥梁，涵盖了众多关键元素，包括但不限于功能按钮、角色状态展示、地图导航、任务指引及社交互动等。**这些设计元素并非随意堆砌，而是服务于一个核心目的，即增强游戏内容与玩家的交互体验**。通过精心地设计和布局，游戏UI将这些功能和交互组件有机结合，从而提升玩家的游戏体验，帮助玩家能够更好地探索游戏世界，理解游戏机制，并与其他游戏玩家进行互动。

在Unity中，开发者通常使用UGUI（Unity Graphical User Interface，Unity图形用户界面）来创建并设计游戏UI。

11.1.1 UI的设计原则

扫一扫，看视频

游戏UI设计是游戏设计中非常重要的一部分。当玩家打开游戏时，除了主界面的游戏画面外，他们首先看到的就是游戏UI。**因此，游戏UI设计不仅是调动玩家兴趣的基础，还在很大程度上决定了游戏的整体可玩性。**

1. 一致性

游戏UI应保持与游戏画面的一致性。在保证游戏UI美观的同时，设计者还应注意游戏UI的颜色、字体、图标和布局等元素的一致性。当玩家进入游戏主界面时，第一眼看到的是游戏背景画面和游戏UI，如果两者的画面风格、字体风格等差异较大，那么玩家在游戏过程中会产生割裂感，导致游戏体验感降低。

此时，设计者需要巧妙地把握游戏主题与UI主题之间的紧密联系。例如，如果游戏采用像素风格，那么UI设计也必须紧跟这一风格。同样，字体选择也应使用像素风格的字体，以确保整体视觉效果的一致性和和谐性。这样的设计思路不仅考验设计者的审美眼光，更要求他们具备将游戏主题与UI设计完美融合的专业能力。

著名游戏《我的世界》（Minecraft）就给设计者提供了良好的解决方案。其游戏主题和UI主题的设计风格基本一致，使玩家能够更好地投入游戏。

2. 简洁性

游戏UI的简洁性至关重要。虽然游戏中需要展示的信息量巨大，包括各种游戏对象的状态和数据，但过于复杂的UI界面会严重干扰玩家的操作体验。实际上，游戏的难度往往与UI界面元素的数量密切相关。在节奏较慢的游戏中，UI元素数量的影响可能不太明显，但在节奏紧凑、需要快速响应的游戏中，如《绝地求生》这类大逃杀游戏，繁杂的UI界面会极大地分散玩家的注意力，从而降低游戏体验。**因此，在设计游戏UI时，务必保持简洁，并确保与游戏画面的和谐统一，以提供流畅、无干扰的游戏体验。**

近年来，简洁化游戏UI已成为众多著名游戏的目标。《奥日与萤火意志》（Ori and the Will of the Wisps）的设计者通过减少操作界面的UI元素，只显示技能值、血量值和技能，从而确保玩家屏幕的大部分区域都能用于显示游戏画面，使玩家在游玩时会更加沉浸其中。

3. 反馈机制

游戏UI在游玩时应给予玩家及时且明显的反馈。响应式网页之所以受大众认可，主要是因为其在事件调取后栩栩如生的动效广受用户青睐。游戏UI的反馈机制也是同样的道理，毫无反馈的单击会使玩家的操作感受降低，从而影响游戏体验。为解决这种问题，设计者可以在大部分交互性UI和一部分非交互性UI中添加动画，让游戏UI具有反馈机制，从而提升玩家游戏体验。

4. 感知性

游戏UI应根据当前的游戏情境和玩家的需求，动态调整UI显示的效果。尽管游戏再真实，最终也只能展现在屏幕空间上，因此设计者需要通过一些方法去增加游戏的感知效果，使玩家更加沉浸于游戏场景中。因此，游戏UI的感知性应随着游戏所呈现的效果而改变。例如，**当玩家靠近观察某个对象时，可以适当隐藏一些游戏UI组件，防止遮挡游戏画面；当玩家处于危险中时，游戏UI可以适当弹出用于警告的组件来提醒玩家等。**

游戏UI对玩家的游玩体验起到至关重要的作用。因此，设计游戏UI也是一项非常庞大的工作，需要设计者对游戏主题和玩家感知有深刻的理解，并具备优秀的美术功底。不过，本书不涉及游戏美术的要求，读者只需了解UI设计的基本原则即可。

11.1.2 画布

画布（Canvas）是Unity UI的基础，它提供了一个承载对象，用于布局和展示各种游戏UI元素，从而让UI便于使用者操作。

扫一扫，看视频

1. Canvas 的定义

在日常语境中，Canvas通常是指用于绘画的承载体，有"帆布"或"油画"的意思。**而在游戏UI中，Canvas是开发者用来承载各类UI元素的核心组件。**当然，这些元素不仅包括通常使用的交互性元素（如按钮、滑动条等），还可以是美术设计者设计出来的艺术元素。当这些元素通过某种排布方式摆放到Canvas中后，开发者就可以通过API接口获取程序中的参数，并以可视化的形式将信息显示在Canvas中，从而使信息更加清晰明了。

【示例11.1】 创建画布

在Hierarchy视图中右击，选择UI→Canvas命令，创建一个画布，如图11.1所示。

Canvas提供了UI元素布局和渲染的抽象空间。简单来说，Canvas就像是绘制UI元素的画布，所有的UI组件都需要在这个画布上进行布局和渲染。**因此，当在Unity中创建UI元素时，这些元素会自动成为Canvas的子对象，并被附加到Canvas上。**

> 注意：在Canvas下创建UI组件
>
> 如果开发者在没有先创建Canvas的情况下直接新建了其他UI组件，Unity会自动创建一个Canvas组件来容纳这些UI元素。这是因为所有的UI都需要在Canvas下进行布局和渲染。如果开发者强行将Canvas内的UI元素（如按钮等）移出Canvas，Unity将无法正确渲染这些组件，导致它们无法在场景中显示。因此，为了确保UI元素能够正常显示与交互，必须确保它们始终位于Canvas组件下。

在众多的3D项目中，画布物体的呈现方式多种多样。除了常见的在画面外部显示外，有时还需要在场景内部将其作为实体对象来显示，用以描述某个物体的状态或特征。为了满足多样化的显示需求，Unity提供了一套解决方案——Render Mode（渲染模式），用于调整场景内画布的渲染方式。同时，设计者还可以根据用户常用显示器的尺寸和分辨率来改变UI Scale Mode（画布缩放模式），以确保UI在不同设备上都能正确显示。

（1）Render Mode：Render Mode有三种渲染方式，即Screen Space（屏幕空间）–Overlay（表面）、Screen Space（屏幕空间）–Camera（摄像机）和World Space（世界空间）。用户可以通过单击场景中的画布物体，并在Inspector视图的Canvas组件中更改Render Mode来选择合适的渲染方式，如图11.2所示。

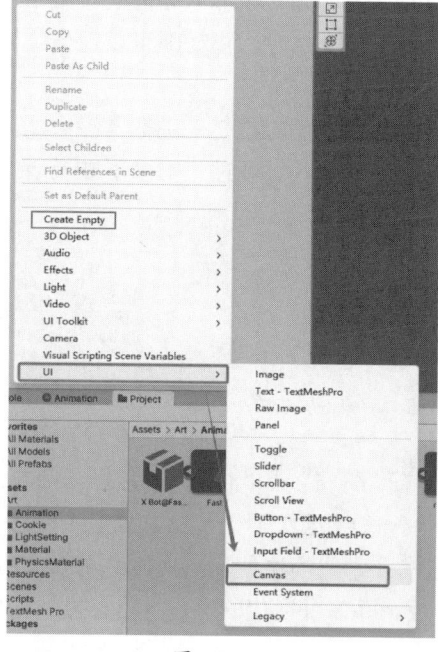

图 11.1

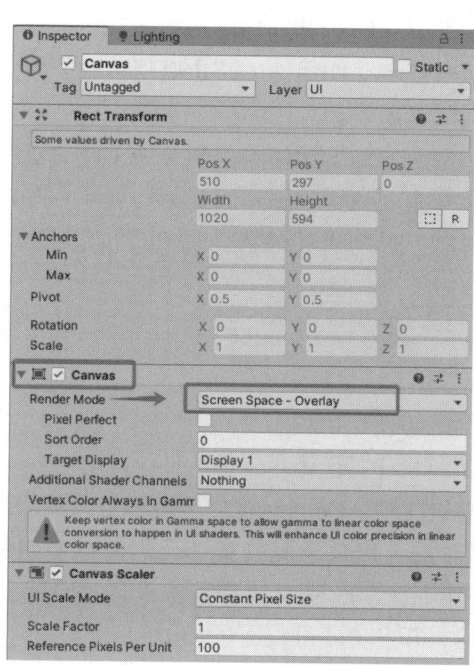

图 11.2

1）Screen Space – Overlay：屏幕空间下的表面渲染。在该模式下，Canvas会进行屏幕的自适应缩放，且不受场景中Camera的影响。**当场景中没有Camera时，Canvas依旧会被渲染，类似于在视网膜上贴了一层UI显示屏。物体不会对UI的渲染层级造成影响，场景中的物体始终会被渲染在Canvas的后方。** 如图11.3所示。

图11.3

可以使用Canvas Scaler组件中的UI Scale Mode来更改屏幕的大小或分辨率。

使用这种渲染模式时，还需要了解一些基本属性，如图11.4所示。

- Pixel Perfect：勾选后将无锯齿渲染UI，提升渲染效果，但会降低性能。
- Sort Order：当场景中有多个Canvas时，为防止互相遮挡产生显示混乱，可以通过调整此参数更改渲染的先后顺序，数值越大的越先渲染。
- Target Display：更改Canvas的Display（显示器）。只有当场景中Camera与Canvas的Display相同时，才会显示该Canvas及其子UI组件。

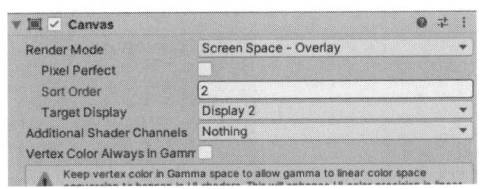

图11.4

2）Screen Space – Camera：屏幕空间下的摄像机渲染。该模式的原理类似于在摄像机前方的一定距离渲染一个用于存放UI元素的Canvas平面。**因此，使用这一渲染模式后，需要在场景中选择一个Camera作为该Canvas平面的渲染者，并挂载在Render Camera中。** 与Screen Space - Overlay不同的是，物体并不会始终显示在Canvas之后。当将物体放在场景中的Canvas平面的后方时，Canvas将会遮挡在物体和Camera之间；而当将物体放置在场景中的Canvas与Camera之间时，Camera会先渲染物体，再渲染Canvas及其中的UI元素，如图11.5和图11.6所示。与Screen Space – Overlay相同的是，也可以使用Canvas Scaler组件中的UI Scale Mode更改屏幕的大小或分辨率。

图11.5

图11.6

Screen Space – Camera的基本属性如下。

- Render Camera：Canvas渲染的摄像机。
- Plane Distance：生成画布的位置到Camera的距离。当增大或减小距离时，Canvas会根据Camera的视锥尺寸相应地增大或减小。
- Sorting Layer：在Inspector视图中添加Sorting Layer，通过调整Sorting Layers的顺序来设置Canvas的渲染顺序。上层的节点先渲染，下层的节点后渲染。也可以通过调整Order in Layer的数值来更改渲染顺序。
- Order in Layer：调整场景中多个Canvas的渲染顺序。

3）World Space：世界空间下渲染。在一个支持局域网联机的场景中，除了要获取场景内第一人称角色的状态信息外，还需获取局域网内其他用户或物体的信息，特别是在第一人称视角内。这种情况下，仅仅依赖之前提到的渲染方式可能无法满足需求。而World Space的渲染方式会将Canvas物体作为场景内的物体对象进行渲染，可以在场景内创建多个这样的Canvas物体并渲染到对应的场景对象上，如图11.7和图11.8所示。例如，在一些类似于大逃杀的游戏中，敌方角色身上显示血量条就是通过这种方式实现的。此模式不能使用UI Scale Mode更改屏幕的大小或分辨率。

图 11.7

图 11.8

（2）UI Scale Mode：**在设计Canvas时，应该考虑用户显示器的分辨率和比例**。为此，Unity提供了一种解决方案，就是通过调整Canvas Scaler组件中的UI Scale Mode参数，选择改变Canvas大小的因素（如像素或屏幕比例），从而动态更改Canvas的大小，如图11.9所示。

1）Constant Pixel Size：**在这种模式下，无论屏幕大小如何，UI元素都将保持其原始像素大小不变**。选择此选项后，可以通过更改Scale Factor按比例缩放Canvas中的所有UI元素。该模式的缺点在于：当设计者所设计的Canvas分辨率是1080p时，使用2K或4K屏幕的用户就会发现整个Canvas及其UI子物体的尺寸会等比例缩小。不过，这一问题可以通过更改锚点的方式解决，具体将在11.1.3小节中详细讲解。

2）Scale With Screen Size：**在这种模式下，Canvas会根据屏幕的大小调整UI元素的大小**。选择此选项后，可以通过更改Reference Resolution（参考分辨率）定义目标分辨率，从而自动调整UI元素的大小。当目前使用的分辨率的宽高比不适应目标分辨率时，可以通过Screen Match Mode设置如何调整Canvas区域。具体包括：①基于宽高比来缩放Canvas；②直接扩展或裁剪Canvas区域（Expand和Shrink），让Canvas适应屏幕。

3）Constant Physical Size：**在这种模式下，Canvas保持设置的物理大小，不根据分辨率或屏幕大小发生改变**。可以通过更改Physical Unit指定Canvas的物理位置和物理大小。

2. 画布组（Canvas Group）

当Canvas中有多组UI元素需要分别管理，尤其是需要确保某组元素的操作不会干扰到其他组时，Canvas Group的作用就显得尤为重要。利用Canvas Group可以对该组内的所有UI元素进行统一操作和管理，从而避免逐一调整每个元素，如图11.10所示。

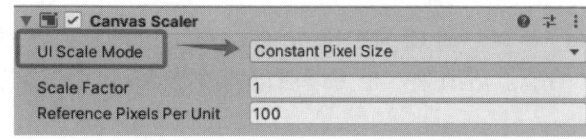

图 11.9

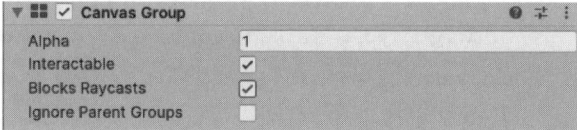

图 11.10

Canvas Group 的基本属性如下。
- Alpha：用于更改此UI组的透明度。
- Interactable：用于控制该组中的UI元素是否需要交互。当取消勾选该属性后，该组中的UI元素将无法进行交互。
- Blocks Raycasts：用于控制该组中的UI元素是否可以接收图形射线的检测。当勾选该属性后，该组可以接收检测。
- Ignore Parent Groups：是否需要忽略父级对象中的Canvas Group的设置。当勾选该属性后，该组将忽略此设置。

【示例 11.2】 创建一个 Canvas Group

（1）在Canvas下右击，选择Create Empty命令，创建一个空物体，如图11.11所示。

（2）单击空物体，在Inspector视图中单击Add Component按钮，添加Canvas Group组件，如图11.12所示。

（3）在Hierarchy视图中，将UI元素拖入带有Canvas Group组件的空物体下，使这些UI元素成为该空物体的子物体，从而完成分组，如图11.13所示。

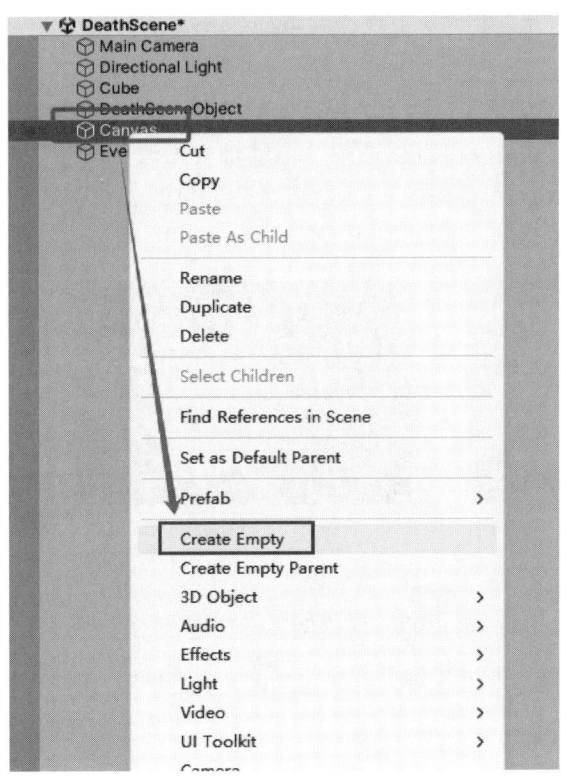

图 11.11

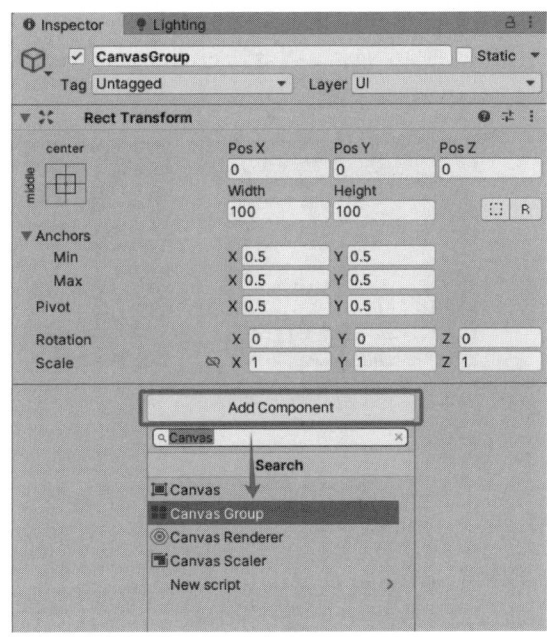

图 11.12

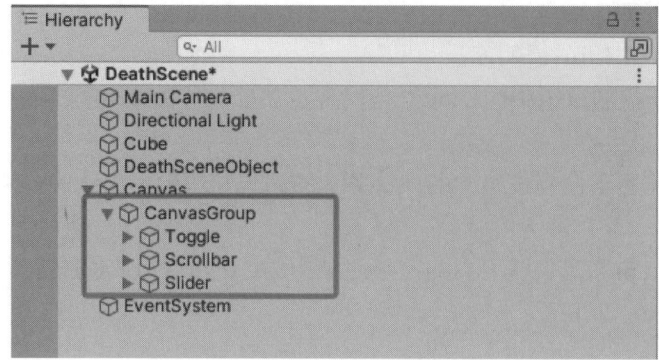

图 11.13

11.1.3 轴心与锚点

扫一扫，看视频

在Unity中，Canvas作为场景中的一个世界物体对象，具有特定的角度、大小和位置。然而，当UI元素也以世界物体的形式存在于Canvas上时，布局这些UI元素的位置可能会遇到诸多不便。为了解决这一问题，Unity提供了轴心与锚点这两个强大的工具。轴心帮助确定物体在空间中的旋转中心，而锚点则用于控制UI元素相对于其父级元素或Canvas的位置。

1. 轴心

UI的轴心是UI元素自身的中心点，**它决定了该元素在Canvas上的局部坐标位置**。无论是缩放还是旋转UI元素，都是围绕这个轴心进行的。为了方便调整，可以直接选中并拖动轴心来改变其位置，如图11.14~图11.16所示，或者通过精确修改Rect Transform组件中的Pivot数值来达到目的。关于这一点，将在后续的内容中详细讨论。

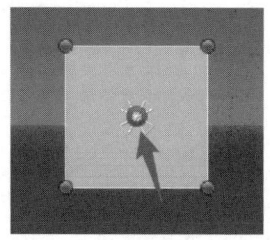   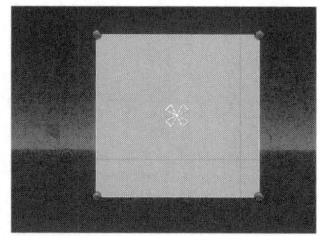   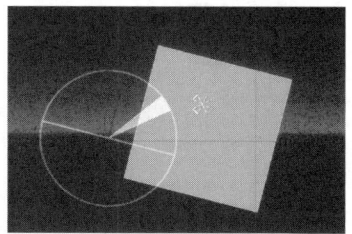

图 11.14   图 11.15   图 11.16

2. 锚点

锚点在Scene视图中显示为4个小三角控制柄。根据目标用户的屏幕比例，设计者通常使用锚点来对Canvas中的UI进行排布，即使用户屏幕的长宽比不一致，通过对锚点的适当设置，UI的布局也不会发生较大的伸缩变化。

通过锚点改变UI元素的伸缩有以下三种方式。

（1）锚点集中在一起时：当Canvas的大小发生变化时，UI元素不会和Canvas同步缩放，而是保持与原来一样的大小，并且该UI的所有点到锚点中心的距离不会发生改变，如图11.17所示。

（2）锚点分开但形成一条直线时：当Canvas的大小发生变化时，两对锚点的交点与UI矩形的长或宽保持固定的偏移，但是两对锚点所连成的直线与矩形的距离不会发生变化，如图11.18所示。

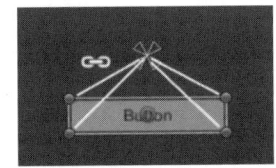
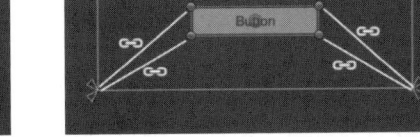

图 11.17　　　　　　　　　　图 11.18

（3）锚点完全分开成矩形时：当Canvas的大小发生变化时，4个锚点所连成的矩形会发生缩放，而这个矩形也会对UI元素矩形产生缩放影响。不过，这种情况不太常用，很少会有4个锚点全部分开的情况。

在设置锚点位置时，Unity的Rect Transform组件为设计者提供了一个工具：锚点预设。可以通过点开Rect Transform的锚点图标找到Anchor Presets按钮，快速选择一些常用的锚定选项，如图11.19所示。

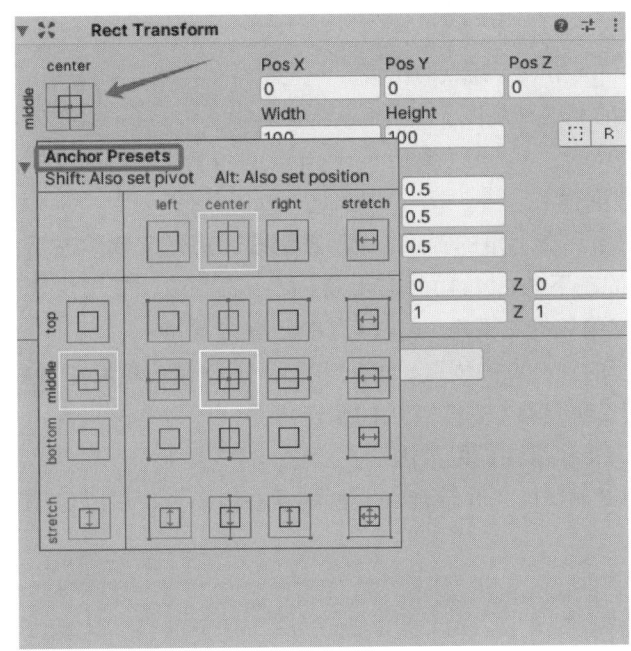

图 11.19

3. Rect Transform

在前面章节中探讨了Transform组件对场景中物体的影响。然而，当涉及Canvas及其UI元素时，使用世界坐标系来表示会变得相当烦琐。相比之下，Rect Transform采用局部坐标系的方式，并结合Canvas中的轴心和锚点，能够更为精确和方便地描述2D平面上UI元素的位置、大小等信息。

> **提示：Rect Transform父子关系**
>
> 如果Rect Transform的父级也是Rect Transform，那么子级的Rect Transform还可以进一步指定子矩形相对于父矩形的定位和大小调整方式。这里的矩形实际上是指UI元素所占用的矩形区域，如图11.20所示。

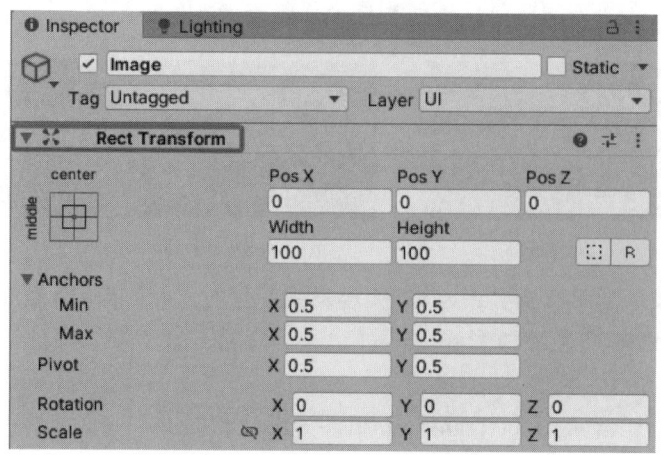

图 11.20

了解Rect Transform需要掌握以下属性。

- Pos X/Y/Z：矩形轴心点相对于锚点的位置。
- Width/Height：矩形的宽度和高度。
- Left, Top, Right, Bottom：矩形边缘相对于锚点的位置。当某UI的锚点分离时，Pos和Width/Height将被这些参数取代。
- Anchors：矩形左下角和右上角的锚点。Min表示该UI矩形父物体左下角的锚点，(0,0)相当于该锚点定位到父物体的左下角，(1,1)为右上角；Max表示该UI矩形父物体右上角的锚点，(0,0)相当于该锚点定位到父物体的左下角，(1,1)为右上角。
- Pivot：矩形旋转围绕的轴心点的位置。(0,0)相当于轴心在该矩形左下角，(1,1)为右上角。
- Rotation：对象围绕其轴心沿X、Y、Z轴的旋转角度（以°为单位）。
- Scale：对象在X、Y、Z维度中的缩放因子。

通过Rect Transform的以上属性，并结合UI元素的轴心与锚点，可以对UI的位置进行精确布局。

11.2 UI 基本元素

在Unity中，UI元素分为基本元素和可交互元素。基本元素通常用于单方面向用户提供信息，如文本UI、图片UI等；而有一些UI基本元素则具备少量的交互功能，如按钮、开关等。在学习这些元素时，掌握其布局的方式以及相关的交互接口即可。

11.2.1 文本 UI

扫一扫，看视频

文本UI通常用于程序某些场景的解释说明，如游戏场景下的一些界面标题、虚拟场景下单击物体后弹出的介绍文字，以及按钮等UI物体上的说明文字。而在Unity的Canvas中，可以创建的文本UI有两种，分别是Text和Text – TextMeshPro。

1. Text

【示例 11.3】 利用 Text 组件创建一个文本 UI

（1）在Hierarchy视图中右击Canvas，选择UI→Legacy→Text命令，即可创建一个文本UI，如图11.21所示。

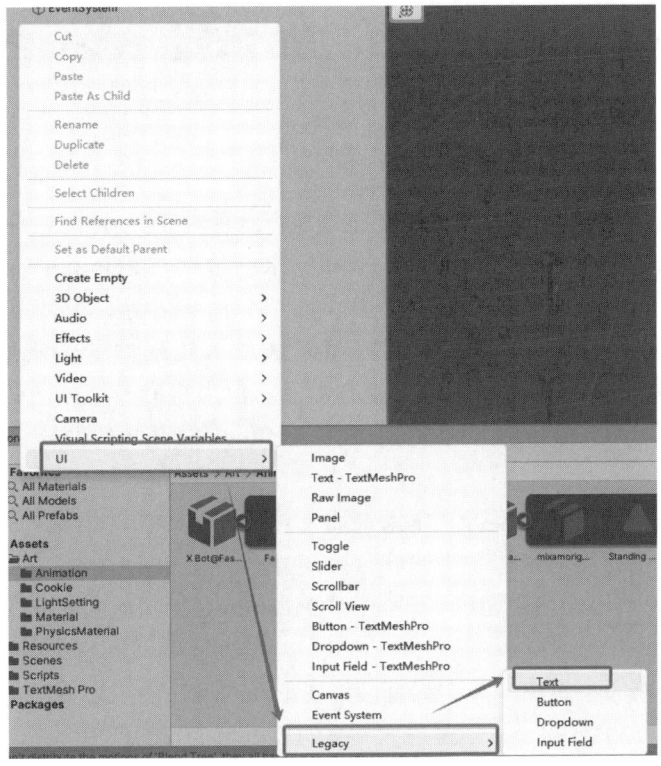

图 11.21

（2）单击Hierarchy视图中的Text(Legacy)，可以在Insp-ector视图中找到Text组件。通过Text组件中的参数，可以更改文字的排布方式。其主要参数介绍如下。

- Text：控件显示的文本。在该文本框内输入文本时，场景内的文本UI会同步更新。
- Font：用于显示文本的字体。可以将外部的.ttf或.otf文本文件导入到Unity的Assets目录下，并将该字体文件挂载到Font上，从而更改场景内文本的字体。
- Font Style：应用于文本样式。**选项包括Normal（普通）、Bold（加粗）、Italic（斜体）和Bold And Italic（加粗斜体）。**
- Font Size：显示文本的大小。
- Line Spacing：文本的行间距。
- Rich Text：是否更改为富文本样式。**在开发网页前端文本时，通常会使用如<b></b>、<i></i>等HTML标签对文本进行加粗、倾斜等操作。**Unity引入富文本是为了便于单独更改一段话中某个字的样式。

【示例11.4】 对一段文字的某一部分的样式进行单独调整

例如，对这一段文字进行调整："嗨，这里是简问！"
（1）取消勾选Rich Text，将文字改为"嗨，这里是\<b\>简问\</b\>！"效果如图11.22所示。
（2）在HTML中，\<b\>\</b\>表示文本加粗。勾选Rich Text后，显示效果如图11.23所示。

图 11.22　　　　　　　　图 11.23

可以看到，这里的"简问"会显示为加粗效果。

- Alignment：设置文本的水平和垂直对齐方式。
- Align by Geometry：**使用字形几何形状的范围执行水平对齐**。通常，一种类型字体的文本文件会包含字形指标信息，字体会根据这些信息来执行水平对齐。在Unity中，勾选此选项后，Unity会计算这些字体的几何范围，取消使用字形指标水平对齐，根据字体几何范围的信息执行水平对齐。
- Horizontal Overflow：**用于处理文本太宽而无法放入矩形内的情况**。提供的选项为Wrap和Overflow。Wrap是指对字体超出的部分换行显示，但当矩形竖直方向的长度小于字体换行后的长度时，则Unity将不会渲染超出的部分；而Overflow是指超出的部分在矩形外显示，既不换行，也不隐藏。
- Vertical Overflow：**用于处理换行文本太高而无法放入矩形内的情况**。提供的选项为Truncate和Overflow。Truncate是指对字体超出的部分换列显示，但当矩形水平方向的长度小于字体换列后的长度时，则Unity将不会渲染超出的部分；而Overflow是指超出的部分在矩形外显示，既不换列，也不隐藏。
- Best Fit：Unity忽略大小属性，并尝试直接将文本放入控件的矩形内。勾选此选项后，字体会根据矩形的容量自动放大或缩小，但是最大不会超过Font Size的数值。
- Color：设置字体颜色。
- Material：设置字体材质。

2. Text – TextMeshPro

在大多数情况下，Text可以满足设计者对游戏文本的基本需求。**不过，Unity仍然给开发爱好者提供了一个更加完美的Unity文本解决方案：TextMeshPro（TMP）**。相较于Text，TMP拥有更加高级的文本渲染技巧以及一组自定义着色器，改进了视觉质量。用户在放大和缩小时不会有锯齿感，并且在Text的控制文本布局的方法下，还提供了字符、单词、行和段落间距调整、字距调整、文本对齐、链接、超过30种富文本标签、多种字体和精灵支持、自定义样式等功能。

> **注意**：导入TextMeshPro插件
>
> 在创建TMP之前，需要导入TextMeshPro插件，如图11.24所示。一般来说，第一次创建TMP时，Unity会弹出对话框请求用户导入。如果未弹出，也可以通过Package Manager搜索TextMeshPro并单击Install按钮导入（图11.24中是下载后的界面，因此"Install"的位置上显示的是"Remove"）。

当导入并创建好TMP后，设计者可以通过参数改变字体的显示效果，如图11.25所示。

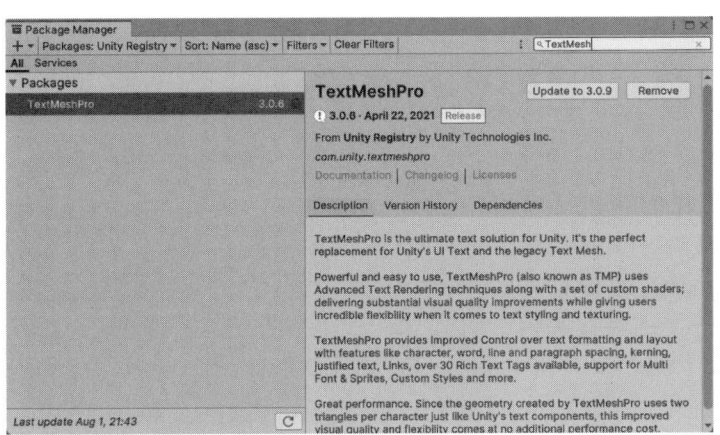
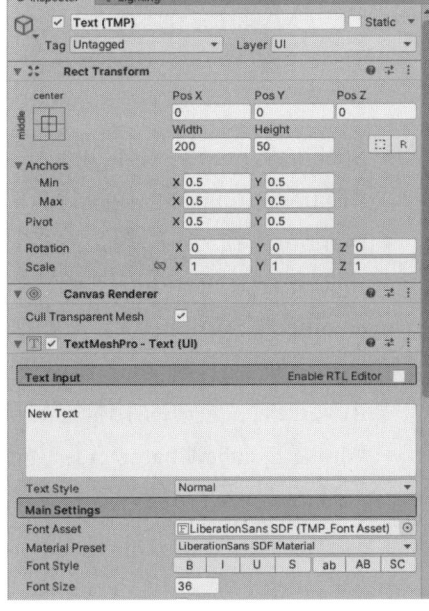

图 11.24　　　　　　　　　　　　　　　　图 11.25

设计者还可以通过设置界面更改TMP的一些常用属性来更改字体的样式。

（1）Main Settings设置界面如图11.25所示。

- Font Asset：选择字体。与Text不同的是，这里需要使用TMP格式的字体文件。当然，设计者可以选择Windows→TextMeshPro→Font Asset Create命令将普通格式的字体文件转换为TMP格式的字体文件，如图11.26所示。
- Material Preset：字体材质预设。材质预设一般都为字体文件中自带的效果。
- Auto Size：根据边框自动调整大小。
- Vertex Color：字体颜色。
- Color Gradient：字体颜色渐变。设计者可以调整参数得到渐变色的字体，如图11.27所示。
- Override Tags：启用这个属性会使得所有的字符都忽视颜色标签，使用默认颜色。Unity使用的颜色标签（如红色）的格式为<color=red></color>，使用这个标签会使标签内的文本变为红色，如图11.28所示。而取消勾选此属性后，这些标签将无法使用，如图11.29所示。

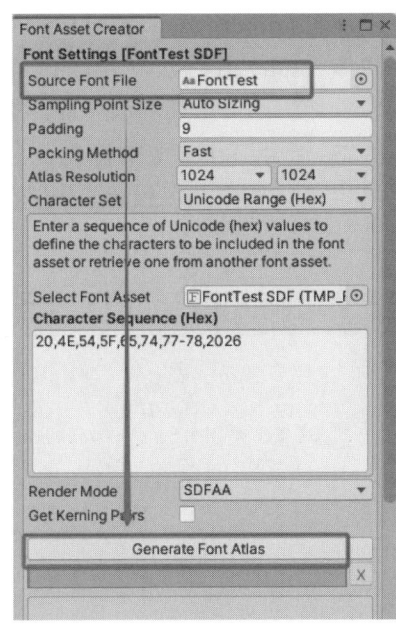

图 11.26

 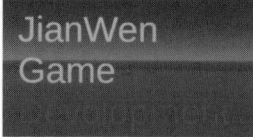 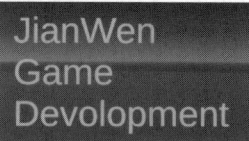

图 11.27　　　　　　　　图 11.28　　　　　　　　图 11.29

- Spacing Options：文本空间间距。通过此参数可以根据字、词、行、段落调整间距。

（2）Extra Settings 界面如图 11.30 所示。

- Margins：在文本框和文本之间添加空隙。可调整的方向有 Top、Bottom、Left、Right。
- Geometry Sorting：每个文本的渲染顺序。选择 Normal 时，右边的字体在最顶层被渲染；选择 Reverse 时，左边的字体在最顶层被渲染。
- Parase Escape Characters：勾选此选项，反斜杠转义字符会解析为特殊字符。例如，"\n" 会转译为换行等。
- Kerning：控制 TMP 字体间距。这些间距由 Font Asset 定义，如果没有定义，则不会起到作用。

图 11.30

（3）材质编辑器功能面板。

- Face 面板：调整字体颜色、字体表面柔和度以及字体的粗细。
- Outline 面板：调整字体边框轮廓颜色和透明度，控制字符边框轮廓的厚度。
- Underlay 面板：Underlay 可以理解为文本的阴影。通过调整参数可以调整 Underlay 的颜色和透明度、X/Y 方向的偏移量、控制 Underlay 的粗细以及柔和度。

3. 调用 Text 文本组件

当程序需要对场景的某些信息使用数字进行可视化显示时，调用 Text 文本组件成了很多开发者的第一选择。

【示例 11.5】 利用脚本调用 Text 文本组件

```
using System.Collections.Generic;
using UnityEngine;
//这里需要调用Unity自带的UI接口，才可以使用UI组件
using UnityEngine.UI;

public class ExampleScript_11_1: MonoBehaviour
{
    //使用Text需要先定义Text数据类型
    private Text text;

    void Awake()
    {
        if(text == null)
```

```
        {
            //当场景中找不到字体文件时，可以根据字体父物体名称寻找
            GameObject.Find("TextName");
        }
        //可以根据Unity API中提供的参数更改字体的样式
        text.font = arial;
        text.text = "JianWen";
        text.fontSize = 48;
        ...
    }
}
```

动态更改文本可以用于许多场景，如游戏的分数、玩家的状态等。而开发者使用上述API接口可以更方便地动态更改场景中的文本。TMP的调用方式与Text基本一致，本小节不再赘述。

11.2.2 图片

图片是UI的第二个基本元素，通过挂载图片的方式将图片文件渲染到Unity场景的Canvas中，作为一些场景内的图标显示给用户，并且没有交互功能。Unity提供了两种图片显示方式：Raw Image（原始图像）组件和Image（图像）组件。

1. Raw Image

Raw Image组件通过接收用户挂载的Texture来渲染图片到Unity场景中。

【示例11.6】 利用 Raw Image 组件创建 UI 图片

在Hierarchy视图中右击Canvas，选择Create→UI→Raw Image命令，即可创建一个Raw Image物体。Raw Image的属性相比于Text简单得多，如图11.31所示。

Raw Image的属性说明如下。

- Texture：表示要显示的图像纹理。除了可以使用本地的纹理图片外，还可以通过超链接显示互联网上的图像。
- Color：用于设置图像的颜色。
- Material：用于渲染图像的材质。
- Raycast Target：启用此选项后，Unity会将视其为射线投射的目标。**通过光标射线检测用户是否碰到了此物体，并触发相对应的功能。**当然，射线机制不仅适用于光标，还可以用于场景中的其他物体。

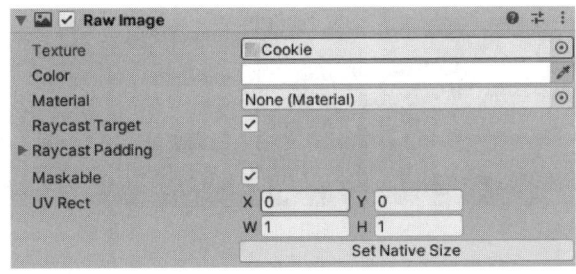

图 11.31

> **提示：射线机制**
>
> 在3D场景中，通过x-y二维坐标轴无法获取光标的位置。因此，Unity设置了射线机制。当光标在场景中移动时，会产生一道射线，这道射线将从光标的位置开始向远处投射，并且在此无限远的距离中，会对射线所触碰到的物体进行检测。当射线碰到此物体时，Unity就可以获取到此物体的信息。例如，开发者可以通过射线机制实现鼠标拖动物体的功能。

- Raycast Padding：可以通过上、下、左、右4个方向对射线触发的位置进行扩大或缩小。
- UV Rect：图像在控件矩形内的偏移和大小。可以通过改变坐标X、Y的值更改纹理位置，通过W、H更改纹理的缩放。
- Set Native Size：调整图像大小以实现像素精准。

2. Image 组件

与Raw Image组件不同，Image组件使用的是一种名为Sprite（精灵）的特殊纹理类型。尽管其内部可能涉及一些复杂的技巧来组合和管理这些精灵纹理，从而提高开发效率和便捷性，但从本质上来说，它仍然是一种纹理。因此，对于大多数读者来说，不必深入了解其复杂的功能结构。

如果确实需要使用Image组件，就需要确保所使用的纹理是Sprite类型。为了实现这一点，需要按照以下步骤操作：① 将所需的图片从本地文件导入Unity的Project视图中；② 单击刚导入的图片，在Inspector视图中找到Texture Type选项，将其更改为Sprite(2D and UI)；③ 单击Apply按钮以应用更改，如图11.32所示。如果更改后的纹理能够成功挂载到Image组件的Source Image上，那么说明更改已经成功完成。

Image组件的大部分属性与Raw Image组件一致，但有一些区别需要掌握。

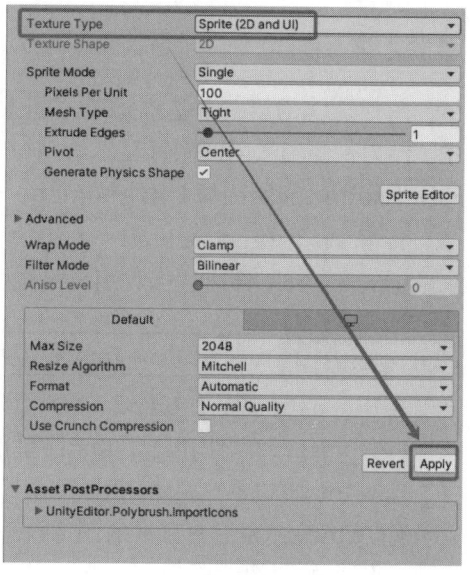

图 11.32

Image组件设置图片的显示类型分为Simple、Sliced、Tiled、Filled 4种。不同的图片显示类型使得Sprite有不同的填充方式。

- Simple：Sprite将直接显示在Image组件中。**勾选Use Sprite Mesh后，可以更好地控制Sprite的形状和动画，但可能会影响游戏性能**；勾选Preserve Aspect后，可以保证Image物体缩放时保持等比例缩放。效果如图11.33所示。

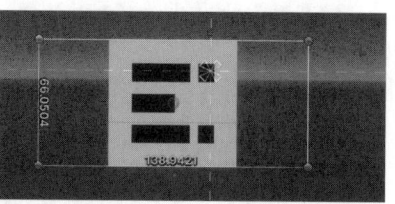

图 11.33

- Sliced：Sprite将被分为9个切片进行渲染。这种2D技术适用于各种经过装饰的UI框和矩形元素，一般用在Unity 2D开发。
- Tiled：图片重复显示。为使Sprite填满整个Image组件，会在Sprite尺寸不变的情况下重复显示。通过更改Pixels Per Unit Multiplier可控制重复图片的显示。效果如图11.34所示。
- Filled：与Simple的显示方式相似，但是它可以将图片从不显示到显示的过程平滑过渡出来。通过更改Fill Method的参数可以更改平滑过渡的方式，如水平、垂直或通过角度旋转过渡；通过更改Fill Origin可以设置过渡的起始方向；通过更改Fill Amount可以设置图片显示的比例，范围为0~1。效果如图11.35所示。

图 11.34　　　　　　　　图 11.35

11.2.3　按钮

扫一扫，看视频

UI按钮与后面的UI开关一样，属于半交互性元素，这里将其放在基本元素中进行讲解。相较于11.2.1小节和11.2.2小节的组件来说，按钮在实际应用中更加重要。在3D场景中，玩家与场景的交互以及某些功能的实现都需要用到按钮组件。因此，了解Unity中的按钮组件就变得尤为重要。

Unity提供了两种按钮组件：Button 和 Button - TextMeshPro。

1. Button 组件

【示例 11.7】 利用 Button 组件创建按钮

在Hierarchy视图中右击Canvas，选择UI→Legacy→Button命令，即可创建一个Button物体。在其子物体中找到Text子物体，用于设置按钮的文字。

> **注意：Button中的Text物体组件**
>
> 此Text物体与11.2.1小节中的Text功能参数基本一致，读者可以回顾该小节将其参数进行调整。而且Button组件与11.2.2小节中的Raw Image概念相似，也可以叫作"原始按钮"。相较于接下来的Button-TextMeshPro，其按钮字体的渲染效果并不理想，但对游戏性能的影响较小。

单击Button物体时，Inspector视图中除了Button物体应有的Button组件以外，还有Image组件。除了使用自带的Button样式，还可以更改其样式。设计者可以通过制作与游戏相关主题的图片并将其挂载到Button物体的Image组件中，使Button物体的设计贴合整个游戏的主。如图11.36所示为使用默认按钮图片的Button物体。

Button组件中需要掌握以下属性，如图11.37所示。
- Interactable：启用此属性，可以使按钮接收输入。也就是说，此属性可以禁用或启用Button组件，从而决定其是否具有交互性。
- Transition：确定Button以何种方式对用户操作进行可视化响应。
  - Color Tint：Button将通过颜色变换响应输入。通过更改从上到下的颜色属性，从而更改单击前、单击时和单击后一系列的颜色变化。
  - Sprite Swap：Button将通过Sprite纹理的变换响应输入。准备多个Sprite纹理并挂载到组件上，设置单击前、单击时和单击后的Sprite纹理变化。
  - Animation：Button将通过动画变换的形式响应输入。如果要启用这个选项，就需要准备一套完整的动画用于响应单击过程的变化。
- Navigation：确定控件顺序的属性。选中该按钮后，可以通过方向键（如W、A、S、D或↑、↓、←、→）选择其他按钮。**前提是导航目标按钮也开启了导航功能，可通过Enter键或Space键单击按钮响应单击事件。**

图 11.36

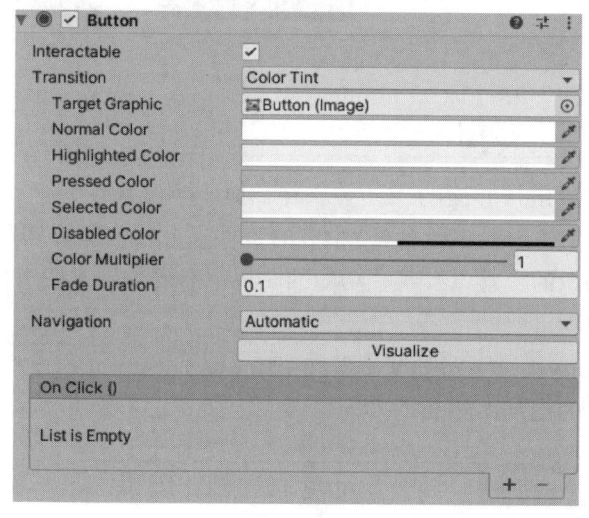

图 11.37

2. Button – TextMeshPro

Button - TextMeshPro组件的功能属性与Button组件基本相同，唯一的不同在于其子物体的UI文本为TextMeshPro。图11.38所示为新建的Button物体及其自带的TextMeshPro文本。

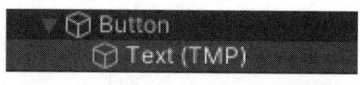

图 11.38

Button组件除了上述属性外，还有一个未提到的功能——On Click。该功能属性需要通过API脚本来实现，因此将单独讲解。

On Click是Unity提供的鼠标单击触发Button的重要API接口，通过它，用户才能够使用Button来触发相应的场景功能。

【示例11.8】 利用 On Click 功能设计响应式按钮

在使用前，先写好相应脚本，如图11.39所示。

图 11.39

（1）编写脚本。脚本内容如下：

```
using System.Collections;
using System.Collections.Generic;
using UnityEngine;
//这里需要调用Unity自带的UI接口，才可以使用UI组件
using UnityEngine.UI;

public class ExampleScript_11_2: MonoBehaviour
{
    //使用Button定义Button数据类型
    pubilc Button button;

    void Awake()
    {
        if(button == null)
        {
            //当场景中找不到Button时，可以根据Button的名称查找
            GameObject.Find("Start");
        }

        //Button需实现的功能
        Public void StartGame()
        {
            //需要实现的功能逻辑
            Debug.Log("Hello World");
        }
    }
}
```

（2）添加脚本。在未使用该功能时，On Click方框中不会有任何的功能列表，并会提示List is Empty，如图11.40所示。当脚本编写完成后，需要通过Button按钮运行时，单击右下角的+按钮添加脚本（可以添加多个脚本）即可，如图11.41所示。

图 11.40

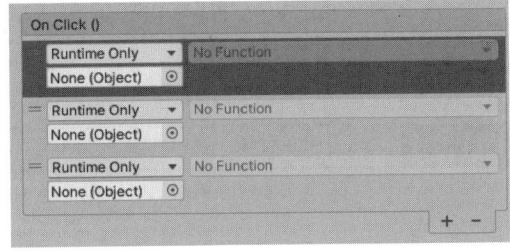

图 11.41

（3）将写好的脚本挂载到On Click上。**切记，该脚本必须是已经挂载到场景中的某个物体上才可以使用**。通过右侧的下拉列表框选择写好的脚本并选择其中的功能，如图11.42所示。图11.43所示为脚本方法无参数时的情况。当功能中带有参数时，On Click中会自动显示参数并让设计者填写。如图11.44所示，在Button(Click Button)的右侧存在一个按钮，其值用于作为bool参数，传入到Start Game()方法中。

（4）运行并测试。运行程序并单击场景中的Button物体，响应式按钮创建成功，如图11.45所示。

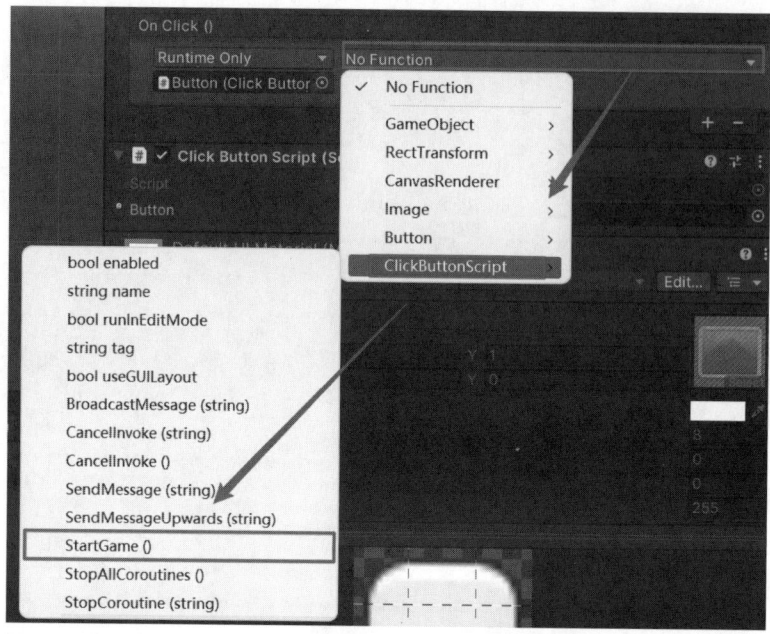

图 11.42

图 11.43

图 11.44

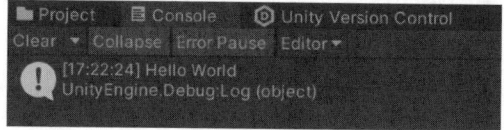

图 11.45

【示例11.9】 利用脚本设计响应场景的按钮

除了通过Unity Button组件中的On Click启用按钮功能之外，还可以通过脚本动态地为Button添加功能。

（1）编写脚本代码。

```
using System.Collections;
using System.Collections.Generic;
using UnityEngine;
//这里需要调用Unity自带的UI接口，才可以使用UI组件
using UnityEngine.UI;

public class ExampleScript_11_3 : MonoBehaviour
```

```csharp
{
    //使用Button定义Button数据类型
    pubilc Button button;

    void Awake()
    {
        if(button == null)
        {
            //当场景中找不到Button时，可以根据Button的名称查找
            GameObject.Find("Start");
        }
    }

    void Start()
    {
        //使用onClick的事件监听方法，并在后面填上写好的功能
        button.onClick.AddListener(StartGame);
        //如果带有参数
        button.onClick.AddListener(()=>ObjectDestroy(true));
    }

    //Button需实现的功能
    public void StartGame()
    {
        //需要实现的功能逻辑
        Debug.Log("Hello World");
    }

    //Button实现的带参数功能
    public void ObjectDestroy(bool isDestroy)
    {
        if(isDestroy == true)
        {
            Debug.Log("Destroy");
        }
        else
        {
            Debug.Log("Don't Destroy");
        }
    }
}
```

（2）将此脚本挂载到场景中并运行。运行程序后，Unity会在Console栏中输出脚本中定义的内容，运行结果如图11.46所示。

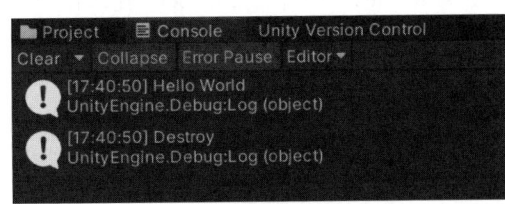

图 11.46

11.2.4 开关

扫一扫，看视频

UI开关与11.2.3小节中的UI按钮相似，属于半交互性元素。在日常使用的手机或计算机的设置界面中，也会出现类似组件，用于控制某个属性的开启或关闭。Unity中的UI开关也是如此。

本小节将重点掌握Toggle和（开关）Toggle Group（开关组）的使用方法。

1. Toggle

【示例 11.10】 创建一个开关物体

在Hierarchy视图中右击，选择UI→Toggle命令，即可新建一个Toggle物体，如图11.47所示。

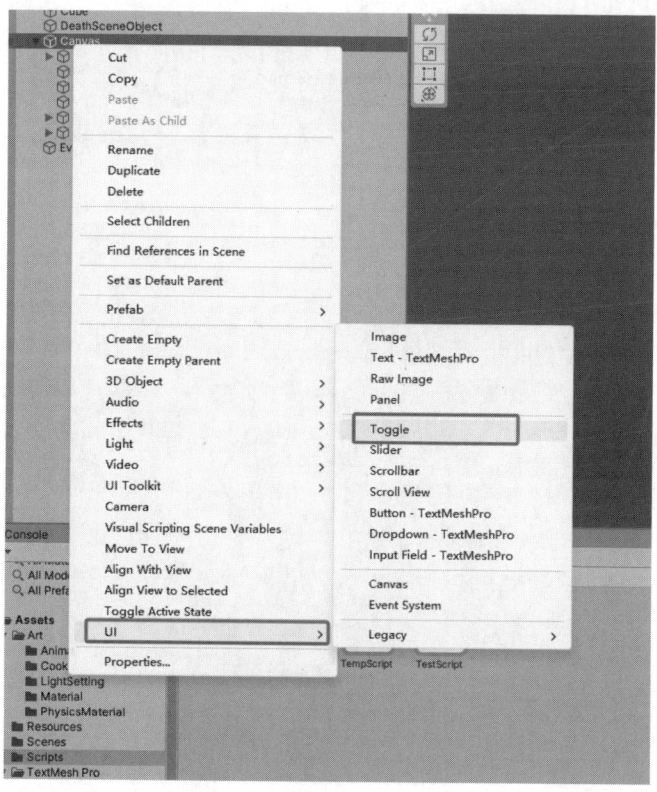

图 11.47

Toggle物体包含两个子物体：Background（背景图）和Label（标签），如图11.48所示。其中，Background用于展示开关的背景图像；而Label则用于显示开关所代表的属性或功能的标签。此外，Background还有一个子物体Checkmark（检查标志），它作为一个视觉指示器，用于清晰地表示开关的开启或关闭状态。

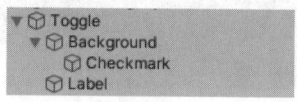

图 11.48

> **提示：Toggle子物体使用Image呈现子物体信息**
>
> 为了使Background及其子物体Checkmark能够准确地显示开关的状态，可以利用Image组件来呈现相关信息。而Label作为标识开关的文字部分，则主要依赖于Text组件来展示其内容。这些组件在前面的章节中已经介绍过，此处不再赘述。

开关的一些UI属性与按钮类似，有Interactable属性（设置可交互性）和Transition属性（设置交互变换方式），如图11.49所示。需要设计者掌握的属性有以下几点。

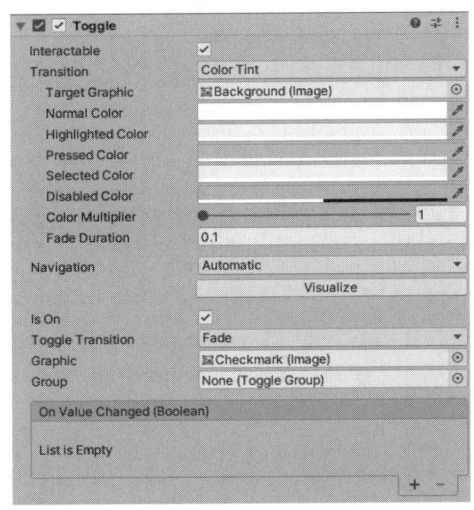

图 11.49

- Is On：表示开关是否为打开状态。
- Toggle Transition：开关在其值发生变化时，会以图形的方式做出反应，为用户带来直观的视觉反馈。设计师可以通过调整其相关属性实现不同的视觉效果。例如，选择None效果时，开关会在被选中时直接出现或消失，简洁明了；选择Fade效果时，开关会在被选中时以淡入或淡出的方式呈现，为用户带来柔和的视觉体验。
- Graphic：选中标记的图像。Unity默认图像是"#xF050;"，设计者也可以根据场景主题需求更改此图像。
- Group：此开关所属的开关组。这个开关组就是上文提到的Toggle Group。

2. 使用 On Value Changed 为开关物体添加事件

UI开关与UI按钮的调用方式相似，但是添加了一些属性自身的特色：当设计者直接通过11.2.3小节的方法单击"+"按钮添加写好的事件时，会导致运行后无论开关处于开或关都会调用事件，并且事件中的bool参数不会发生改变。因此，需要添加AddListener监听函数调用onValueChanged中的bool值，最后调用相应的方法。

【示例11.11】利用脚本为开关物体添加事件

```
using System.Collections;
using System.Collections.Generic;
```

```csharp
using UnityEngine;
//这里需要调用Unity自带的UI接口，才可以使用UI组件
using UnityEngine.UI;

public class ExampleScript_11_4 : MonoBehaviour
{
    //使用toggle定义toggle数据类型
    public Toggle toggle1;
    public Toggle toggle2;

    void Start()
    {
        //初始化isOn参数
        toggle1.isOn = false;
        toggle2.isOn = false;

        //第一种方法
        toggle1.onValueChanged.AddListener(OnValueChange);
        //第二种方法
        toggle2.onValueChanged.AddListener((bool value) =>
        {
            if(value)
            {
                //触发的方法
                …
            }
        });
    }

    //toggle1需实现的功能
    public void OnValueChange (bool value)
    {
        if(value)
        {
            //触发的方法
            …
        }
    }
}
```

3. Toggle Group

使用单个Toggle时，通过脚本来触发状态改变是非常直接的。然而，在实际应用中，经常会遇到需要选择多个属性，但每次只能选择一个开关的场景，如设置屏幕分辨率或选择玩家角色类型等。在这种情况下，为了确保用户每次只能选择一个选项，就需要利用Toggle Group功能来限制开关的数量。

【示例11.12】 创建 Toggle Group

（1）在Hierarchy视图中右击Canvas，创建一个空物体（当然也可以创建Image等其他UI物体）。
（2）在Inspector视图的Add Component中搜索Toggle Group并添加，如图11.50所示。
（3）将场景中的Toggle物体拖入带有Toggle Group组件的物体下，使其成为子物体，如图11.51所示。

（4）在Toggle物体的Toggle组件中，找到Group并挂载到带有Toggle Group组件的UI物体中，如图11.52所示。

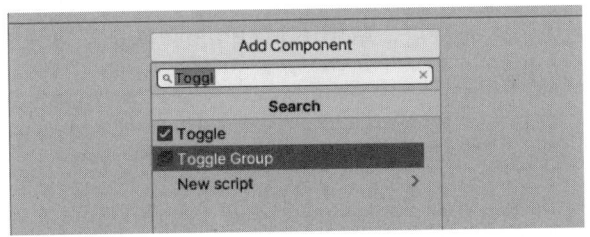

图11.50

图11.51

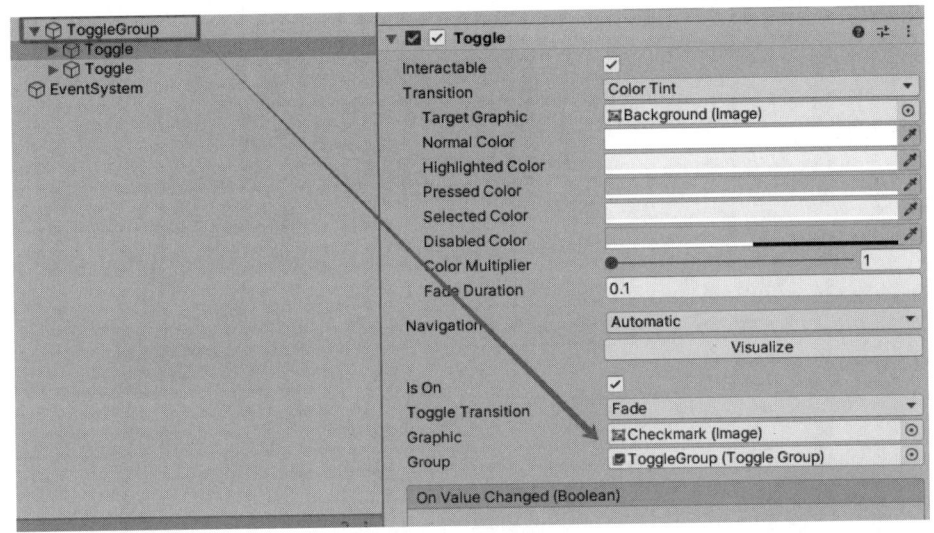

图11.52

将场景中所有需要组成开关组的开关挂载上Toggle Group后，一组开关就创建完成了。当程序运行时，用户就可以在这些开关之间进行互斥。

此外，还可以通过更改Toggle Group中的Allow Switch Off参数来确定开关组中的所有开关是否可以全部关闭。如果勾选此选项，用户可以将所有开关都关闭；反之，则至少会有一个开关保持选中状态。

11.3　UI交互元素

UI交互元素与UI基本元素虽然都能为场景增添UI界面，但它们的功能特点大相径庭。相较于UI基本元素，UI交互元素在功能属性上更加丰富多样，其子物体在构成上也更为复杂，往往需要多个物体相互挂载，并启用特定的功能属性才能实现预期效果。因此，从操作和使用层面来看，UI交互元素通常会比UI基本元素更为复杂。但无论UI交互元素还是UI基本元素，它们都是UI界面不可或缺的组成部分，其本质上都是提升用户体验和界面交互效果。

11.3.1 输入框

扫一扫,看视频

UI输入框(Input Field)与平常使用的输入框基本一致,用于编辑各类文本,通过键盘输入来触发事件。UI输入框具有UI交互元素的特点,单个Input Field物体是不可见的元素,需要通过多个子UI元素组合才能够显示出来。

1. Input Field(Legacy)

【示例11.13】 创建一个输入框物体

在Hierarchy视图中右击,选择UI→Legacy→Input Field命令,即可在场景中创建一个Input Field(Legacy)物体了,如图11.53所示。

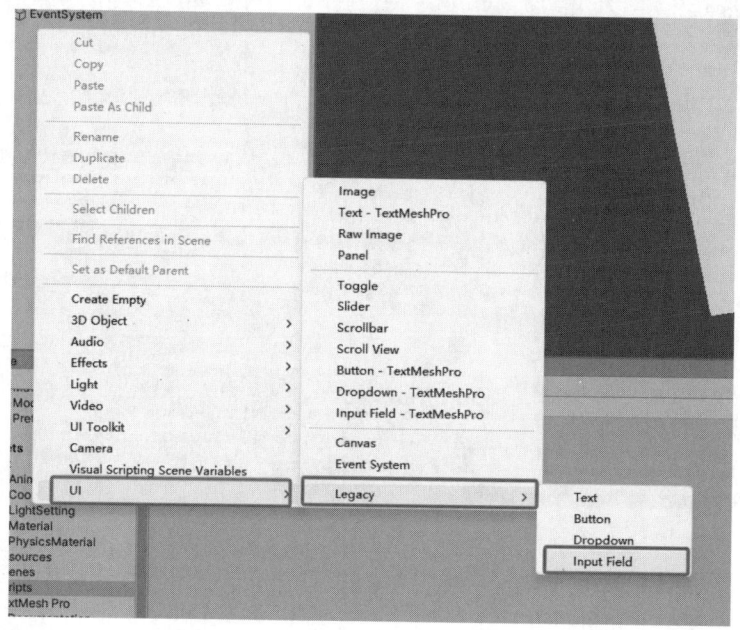

图11.53

Input Field(Legacy)物体本身包含Image组件和Input Field组件。除此之外,Input Field(Legacy)还拥有两个子物体:一个是Placeholder,用于显示未输入文本时的占位符;另一个是Text,用于显示用户在运行场景中输入的文本。

Input Field属性介绍如下。

- Text Component:对用作字段内容的文本元素的引用。开发者可以把文本内容写入Text物体中,并将其挂载到该属性上,从而构成Input Field中的输入文本。**通常情况下,Unity会自动为创建好的Input Field添加一个Text子物体并挂载到Text Component中。**
- Character Limit:可在输入字段中输入的最大字符数。当值设为0时,最大字符数无限制。
- Content Type:内容类型。开发者可以通过下拉菜单选择多种文本的内容类型,如常见的密码、邮箱格式等。
- Placeholder:占位符,用于表明输入字段,不包含文本。例如,日常生活中的浏览器搜索框就会有这些占位符。
- Caret Blink Rate：定义该行上的光标的闪烁速率，如图11.54所示。
- Caret Width：定义该行上的光标的宽度，如图11.55所示。

　　　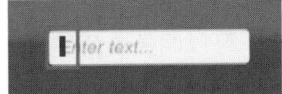

图 11.54　　　　　　　　图 11.55

- Custom Caret Color：启用后，其下方会出现Caret Color，用于更改闪烁光标的颜色，如图11.56所示。

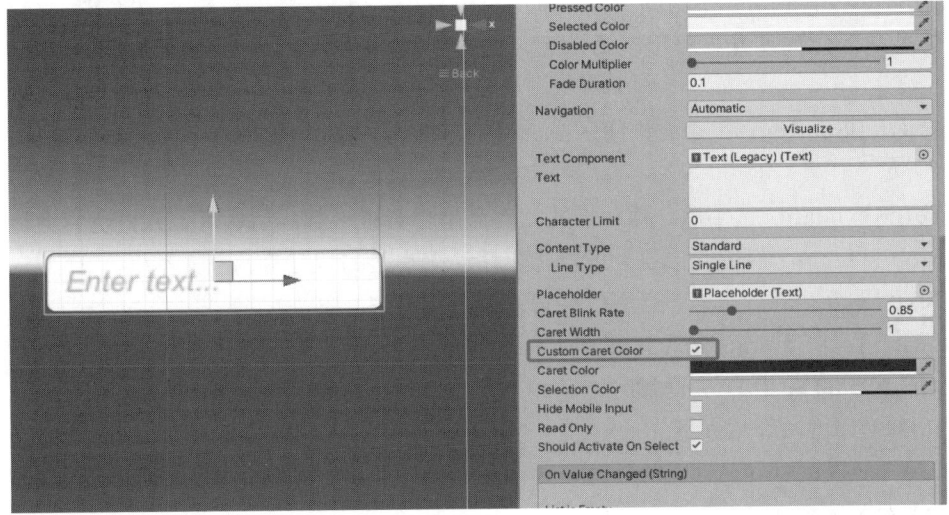

图 11.56

- Selection Color：选中文本内容的背景颜色，如图11.57所示。

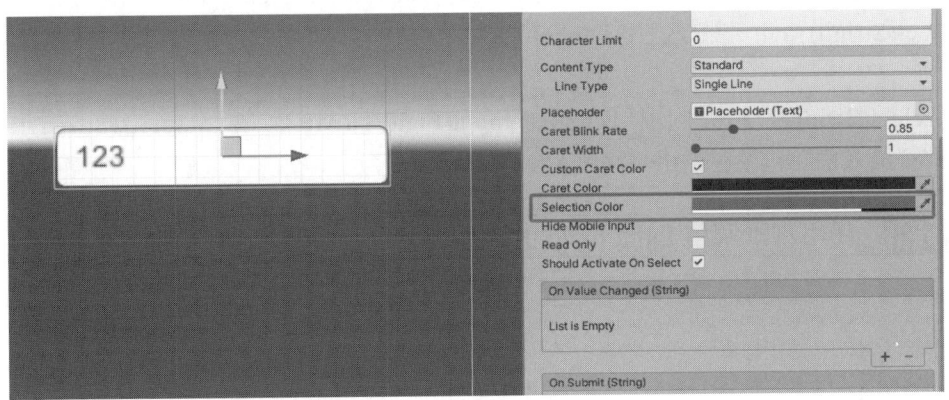

图 11.57

- Hide Mobile Input：是否隐藏移动输入（仅限iOS使用）。
- Read Only：是否将文本设为只读类型。

2. Input Field（TMP）

Input Field（TMP）与Input Field（Legacy）在本质上都是一样的，区别在于字体的渲染程度、子物体的组成和某些属性功能的增加。

在创建过程中，只需在Hierarchy视图中右击，选择UI→Input Field→TextMeshPro命令即可。**将其中的文字与Input Field对比，可以明显看到，Input Field（TMP）中的字体放大后更加清晰。**

Input Field属性介绍如下，如图11.58所示。

- OnFocus – Select All：当输入框被选中时，其中的文本是否会被全部选中。启用该属性后，文本将被全部选中。
- Reset On DeActivation：重新激活输入框时，光标位置和文本是否会被重置。启用该属性后，文本将被重置。

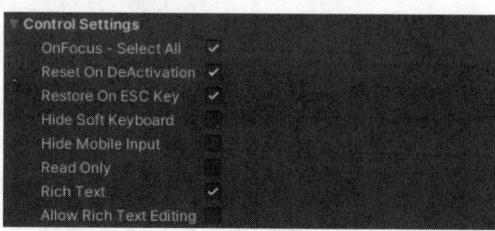

图 11.58

- Restore On ESC Key：是否允许使用Esc键清空输入框中的全部文本。启用该属性后，按Esc键将清空文本。
- Hide Soft Keyboard：选中后，移动端的软键盘是否会被唤起。启用后，软键盘将会被唤起。
- Hide Mobile Input：启用此选项，可以防止移动端唤起的软键盘遮挡文本框。
- Rich Text：是否支持富文本。启用后，则支持富文本。
- Allow Rich Text Editing：是否允许富文本编辑。

3. Input Field 的常用方法详解

Input Field的常用方法介绍如下。

- OnValueChanged(String)：当Input Field中的文本内容发生更改时触发。**可以通过AddListener监听事件并触发脚本API。**
- OnSubmit(String)：当用户按下Enter键时，Input Field就会调用此API中的方法。
- OnEndEdit(String)：当结束编辑时，即用户的光标离开Input Field，Input Field就会响应一次。
- OnSelect(String)：此功能仅适用于Input Field（TMP）。当用户选中输入框时，就会调用一次此API。
- OnDeselect(String)：此功能同样仅适用于Input Field（TMP）。与OnSelect(String)相反，当用户鼠标离开输入框时，就会调用一次此API。

【示例 11.14】 利用脚本调用 Input Field 的常用方法

```
using System.Collections;
using System.Collections.Generic;
using UnityEngine;
//这里需要调用Unity自带的UI接口，才可以使用UI组件
using UnityEngine.UI;

public class ExampleScript_11_5: MonoBehaviour
{
```

```csharp
//定义Input Field
public InputField inputField;
//定义Input Field(TMP)
public TMP_InputFiled TMP_inputField;

void Awake()
{
    //从挂载的物体中获取组件
    inputField = gameObject.GetComponent<InputField>();
    TMP_inputField = gameObject.GetComponent<TMP_InputField>();
}

void Start()
{
    //Input Field的基本功能
    inputField.onValueChanged.AddListener(InputGeneral);
    inputField.onSubmit.AddListener(InputGeneral);
    inputField.OnEndEdit.AddListener(InputGeneral);
    TMP_inputField.onSelect.AddListener(InputGeneral);
    TMP_inputField.onDeselect.AddListener(InputGeneral);
}

public void InputGeneral(string value)
{
    Debug.Log("value:"+value);
    //开发者自定义的功能
    ...
}
}
```

11.3.2 滑动条

Unity滑动条（Slider）是一种可以平滑调整数值的特殊元素，它使开发者能够方便地设置需要精细调节的属性，如音乐音量等。

扫一扫，看视频

在Hierarchy视图中，选择UI→Slider命令，即可轻松创建一个滑动条，如图11.59所示。这个滑动条其实是由多个子物体协同工作的结果。其中，Background子物体利用Image组件形象地展示了还未被滑动触及的区域；Fill Area下的Fill子物体，同样通过Image组件表示了滑动后填充的部分；而Handle Slide Area下的Handle物体，则是由Image组件构成的滑动"控制柄"，玩家可以通过拖动它来调整数值。

当游戏开始运行时，即使没有为其添加任何触发事件，Slider依然支持使用鼠标进行拖动操作，这大大增强了其交互性和易用性。

图 11.59

1. Slider 的基本属性

Slider的基本属性如下。

- Fill Rect：用于Slider填充区域的图形。Unity默认使用Slider物体中的Fill作为填充图形，也可以自行设计其他风格的填充图形进行填充。
- Handle Rect：用于Slider中控制滑动部分的图形，即上文所述"控制柄"图形。Unity默认使用Slider物体中的Handle作为"控制柄"图形，也可以自行设计其他风格的填充图形代替"控制柄"。
- Direction：拖动Handle时滑动条值增加的方向。其中有4个选项，分别是Left To Right（从左向右滑动）、Right To Left（从右向左滑动）、Bottom To Top（自底向上滑动）和Top To Bottom（自顶向下滑动）。
- Min Value：控制柄处于最低端时的滑动条值，即滑动条的最小值。
- Max Value：控制柄处于最高端时的滑动条值，即滑动条的最大值。
- Whole Number：是否应该将滑动条约束为整数值。若是，则滑动条的值将被约束为整数。
- Value：滑动条的当前数值。

2. Slider 脚本详解

Slider脚本的常用方法介绍如下。

On Value Changed(Single)：当用户选中此Slider后，将会触发该API，并且会传入一个float类型的参数，而此参数就是Slider滑动条的值。

【示例 11.15】 利用脚本实现滑动条功能

```csharp
using System.Collections;
using System.Collections.Generic;
using UnityEngine;
//这里需要调用Unity自带的UI接口，才可以使用UI组件
using UnityEngine.UI;

public class ExampleScript_11_6: MonoBehaviour
{
    //定义Slider
    public Slider slider;

    void Awake()
    {
        //从挂载的物体中获取此组件
        slider = gameObject.GetComponent<Slider>();
    }

    Void Start()
    {
        //Slider的基本功能
        slider.onValueChanged.AddListener(ValueOfSlider);
    }

    Public void ValueOfSlider(float value)
    {
```

```
            Debug.Log("value:"+value);
            //开发者自定义的功能
            ...
        }
    }
```

11.3.3 滚动条

与滑动条相比，滚动条(Scrollbar)同样具备滑动空间和滑动控制条(Handle)这两个核心部分，它们在形状和功能上颇为相似，因此在实际应用中可以根据具体需求进行灵活组合使用。不过，虽然两者在功能上有一定的重叠，但滑动条主要用于数值的平滑调节，而滚动条则更多地用于实现文本内容的上下滚动调节，以满足用户在阅读长文本时的便捷性需求。

扫一扫，看视频

【示例 11.16】创建滚动条

在Hierarchy视图中右击，选择UI→Scrollbar命令，即可完成滚动条的创建，如图11.60所示。

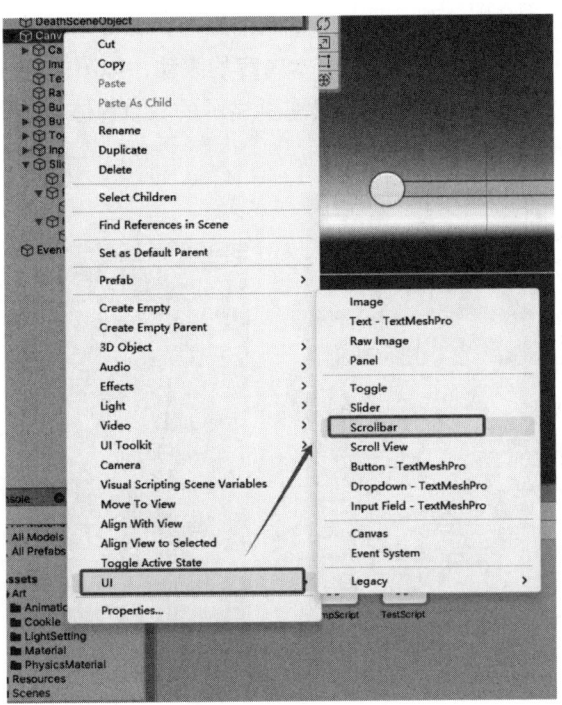

图 11.60

1. Scrollbar

Scrollbar的基本属性如下。

- Handle Rect：用于Scrollbar滑动"控制柄"部分的图形。默认情况下，挂载的是Sliding Area下的Handle物体。
- Direction：拖动Handle时滚动条值增加的方向。其中有4个选项，分别是Left To Right（从左向右滑动)、Right To Left (从右向左滑动)、Bottom To Top (自底向上滑动)和Top To Bottom (自顶向下滑动)。开发者可以根据游戏设计要求进行更改。
- Value：滚动条的初始位置值。与滑动条不一样的是，滚动条的Value值域不可改变，范围为0.0 ~ 1.0。
- Size：控制柄在滚动条内的比例大小，范围为0.0 ~ 1.0。
- Number Of Steps：滚动条允许的不同滚动位置的数量。当值为0时，滚动条理论上可以在最小值和最大值之间滚动无数次，实现平滑滚动；当值为大于0的整数n时，滚动条就会在最小值和最大值之间分为n段，当用户滚动控制条时，控制条会不平滑地滚动n次。

2. Scrollbar 内容滚动

【示例 11.17】创建滚动条滚动文本内容

实现文本内容滚动需要借助Image和Text两个UI物体。

(1) 在Canvas中创建Image和Text这两个物体，并创建文本内容。

(2) 在创建好的Image物体中创建两个组件。单击Add Component按钮搜索并添加Mask和Scroll Rect。Mask的作用是将文本内容限制在Image所占的范围内，超出范围外的不显示；而Scroll Rect的作用是将Image区域和Scrollbar区域绑定，实现文本内容的滚动，如图11.61所示。

(3) 在Scroll Rect组件中找到Content并挂载需要显示的Text物体。挂载后，文本内容只会在Image的区域内显示，如图11.62所示。

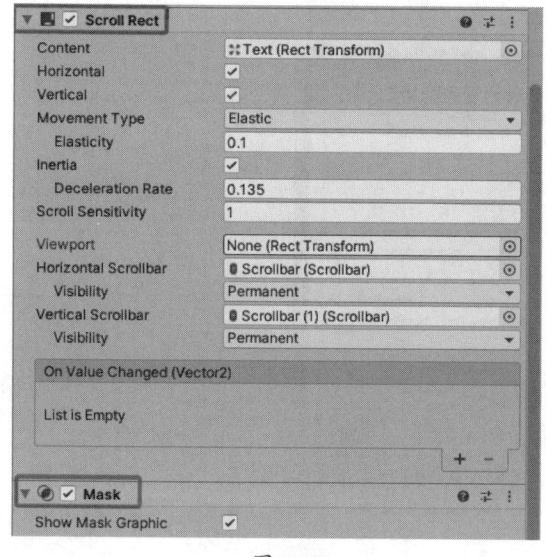

图 11.61

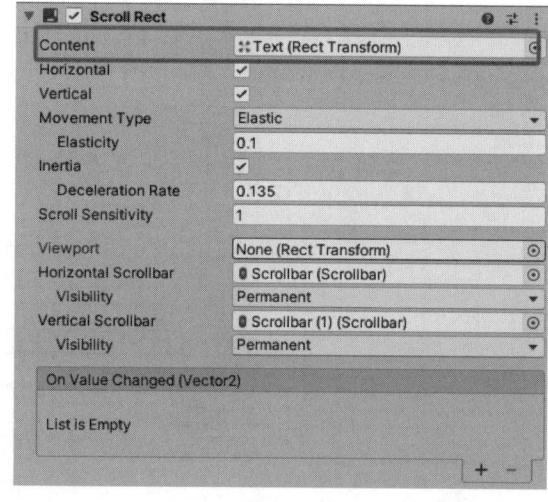

图 11.62

(4) 勾选 Scroll Rect中的Horizontal和Vertical。这两个选项分别表示是否可以水平或竖直滚动文本内容。若勾选，则可以滚动，如图11.63所示。

(5) 在下方的Horizaontal Scrollbar和Vertical Scrollbar中挂载准备好的水平和竖直滚动条。挂载成功后，单击运行，就可以拖动滚动条滚动文本内容了，如图11.64所示。

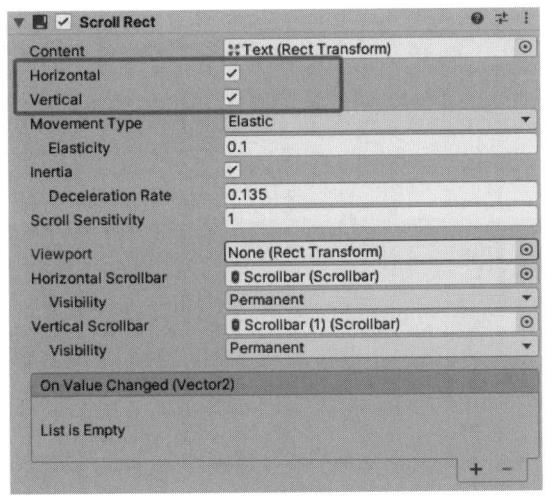

图 11.63　　　　　　　　　　　　图 11.64

3. Scrollbar 脚本详解

Scrollbar脚本常用方法介绍如下。

OnValueChanged(Single)：当用户选中此Scrollbar后，将会触发该API，并传入一个float类型的参数，而此参数就是Scrollbar滚动条的值。

【示例 11.18】 利用脚本实现滚动条功能

```
using System.Collections;
using System.Collections.Generic;
using UnityEngine;
//这里需要调用Unity自带的UI接口，才可以使用UI组件
using UnityEngine.UI;

public class ExampleScript_11_7: MonoBehaviour
{
    //定义Scrollbar
    public Scrollbar scrollbar;

    void Awake()
    {
        //从挂载的物体中获取此组件
        scrollbar = gameObject.GetComponent<Scrollbar>();
    }

    void Start()
    {
        //Scrollbar的基本功能
        slider.onValueChanged.AddListener(ValueOfScrollbar);
    }

    public void ValueOfScrollbar(float value)
    {
```

```
            Debug.Log("value:"+value);
            //开发者自定义的功能
            ...
        }
    }
```

11.4 本章习题

一、选择题

    1. 在Unity中，UGUI是（　　）的缩写。

       A. Unity Graphic User Interface

       B. Universal Graphic User Interface

       C. Unity Graphical User Interface

       D. Unity GUI Integration

    2.（　　）可以动态修改Text组件中的文本内容。

       A. 通过Text组件的text属性

       B. 通过Text组件的image属性

       C. 通过Text组件的color属性

       D. 通过Text组件的font属性

二、简答题

    1. 解释Canvas的渲染模式有哪些，并且说明它们之间的区别。

    2. 请描述Unity UGUI中常用的布局组件，并举例说明它们的使用场景。

第 12 章 音频系统

> **内容概述**
>
> 本章将深入探讨 Unity 的音频系统。
>
> 在追求虚拟世界的真实感和沉浸感体验时,大多数开发者和用户往往首先关注图形与画面的呈现,这从市面上众多引擎架构书籍的内容分配上便可窥见一二。然而,若从情感渲染这一层面来审视,音乐对用户的影响和画面同样重要。音乐在构建虚拟世界的真实感以及调控用户的情绪方面,都扮演着重要角色。因此,深入学习和理解本章内容,对于 Unity 开发的实践具有重要的现实意义。

12.1 音频系统介绍

本节将详细介绍音频系统的构成。声音作为一种信号,在现实世界和Unity引擎中,都遵循着相似的传播规律。这涉及**信号的发出者、接收者及信号本身这3个核心要素**。

在Unity中,声音的传递与接收同样包含3个关键环节。

(1)声音本身:即音频片段本身,它可能源自一个喇叭、枪械或其他发声物体。这些发声物体产生的声音内容,在Unity中被称为AudioClip,是音频的基础元素。

(2)声音的发出者:也就是音频源,如喇叭、枪械及物体本身。它们作为声音的起点,决定声音的发出位置。

(3)混音器:在Unity中,混音器是一个音频轨道编辑器,它可以为音频片段添加各种效果,如混响、调整声音的高低频等。混音器能够将不同的声音连接到不同的音频轨道上,并为它们施加独特的效果,从而打造出丰富而立体的音效体验。

12.2 音频系统基础

本节将重点介绍音频片段与音频源这两个核心概念。

(1)音频片段:顾名思义,就是一段具体的音频内容,它可以是音乐、音效或其他任何形式的声音。

(2)音频源:它则是一个相对抽象的概念。简单来说,**音频源就像是音频片段的"播放器"或"发射器"**。当有了一个音频片段后,需要通过音频源使其在场景中播放出来。通过音频源,不仅可以控制音频片段的播放与停止,还可以调整其音量大小、位置、音高,甚至实现音频在3D场景中的立体效果。

12.2.1 音频格式

为了确保音频素材不会过度占用系统内存,有必要了解当前市场上最为流行的音频格式及其编码方式。通过了解这些常见音频格式与编码方法的特点,可以更有针对性地优化音频资源,确保其在Unity中的高效运用。

1. 两种编码方法

（1）PCM（Pulse Code Modulation，脉冲编码调制）：是一种将模拟信号数字化的方法。它通过将信号的强度按照固定的间隔分割成若干段，并为每段分配一个独特的数字标记，从而实现了信号的量化。作为最基础的音频采样方式，PCM简单地对连续变化的模拟信号进行抽样、量化、编码，最终生成对应的数据信号。**但由于PCM对音频进行无差别采样，因此生成的音频文件通常较大。**采样示例如图12.1所示。

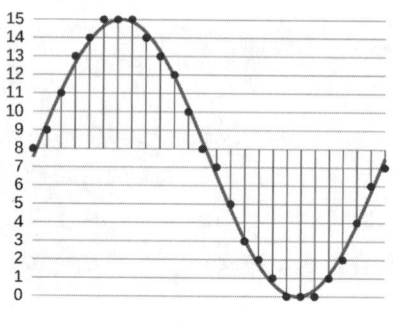

图 12.1

（2）ADPCM（Adaptive Differential Pulse Code Modulation，自适应差分脉冲编码调制）：是一种更为高效的音频压缩技术。它利用先前的样本值来预测下一个输入样本的值，从而减小实际样本值与预测值之间的误差。ADPCM将原本16位的采样数据以4位的形式进行存储，因此能够实现高达4∶1的压缩比率。这种算法特点使得ADPCM在保持高质量音频的同时，降低了空间消耗，成了一种受欢迎的音频编码方式。

2. 常见音频格式

（1）MP3：这是目前最流行的数字音频编码格式，它采用有损压缩技术，能够在保持较高音质的同时，显著减少音频数据所需的存储空间。对于大多数用户来说，MP3是首选的音频格式。

> **提示：关于MP3格式**
>
> MP3格式的核心在于其压缩技术。当想要将现实中的音频存储到计算机时，需要以特定频率对音频信号进行采样。
>
> MP3的压缩技术特别之处在于，它选择性地舍弃了PCM采样得到的音频中部分人耳不太敏感的数据，如部分高频信息（人耳对12Hz以上的声音并不敏感）。同时，对于人耳敏感的低频信号，它采用较低的压缩率。这种差异化处理使MP3能以1∶10甚至更高的压缩率来减小数据体积。

（2）WMA（Windows Media Audio，微软媒体音频）：由微软公司推出的一种有损压缩格式，它在音质和压缩比上均优于MP3，即使在低采样频率下，也能保持良好的音质。

（3）WAV（Waveform Audio File，波形音频文件）：由微软、IBM公司联合开发，是一种面向个人计算机存储音频流的音频数据格式。其采用了PCM的无损音频采样格式，不会对声音信号进行压缩。如果源文件是无损的，则WAV文件也是无损的。但也因此，其音频文件比MP3格式大。

（4）FLAC（Free Lossless Audio Codec，自由无损音频压缩编码）：一种专业的无损音频压缩格式。相比常见的.ZIP等压缩方式，FLAC拥有更高的压缩比，能在保持音频原始质量的同时，有效减小文件体积。此外，FLAC允许用户根据需要自由选择压缩率和压缩时间，既灵活又高效。最重要的是，FLAC是开源格式，这意味着任何人在使用它时都无须获得任何许可或支付费用。这也正是FLAC中Free一词的深意所在——赋予用户真正的自由，让他们能够自由地使用、分享和修改这种音频格式。

（5）AAC（Advanced Audio Coding，高级音频编码技术）：由杜比实验室提供的技术，由Fraunhofer IIS、杜比、苹果、AT&T、索尼等公司共同开发，目的是取代MP3音频格式，现被广泛使用在各大平台。2000年，AAC从MPEG-4中整合其新特性，改名为MPEG-4 AAC，即m4a格式。

（6）OGG（OGGVobis）：一种免费、开放且无专利限制的音频格式，扩展名为.ogg。与MP3相似，

OGG是一种有损压缩技术，但是其采用了更先进的声音模型来减小音质损失。OGG格式支持流式播放，这意味着在加载音频时，可以选择适当的解压缩模式，以确保包体较小。

12.2.2 音频片段组件

在对音频格式有了简单了解后，接下来学习Unity中与音频片段相关的内容。

1. 导入音频资源

【示例12.1】 导入音频资源

（1）在Unity中的Project视图中选择合适的文件夹，将音频素材拖入该文件夹中，如图12.2所示。

（2）在Project视图中单击音频文件，Inspector视图中的内容如图12.3所示。

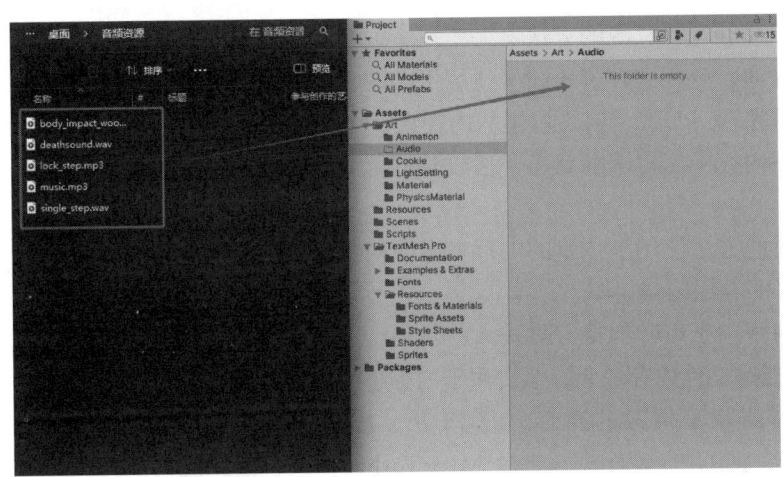

图 12.2

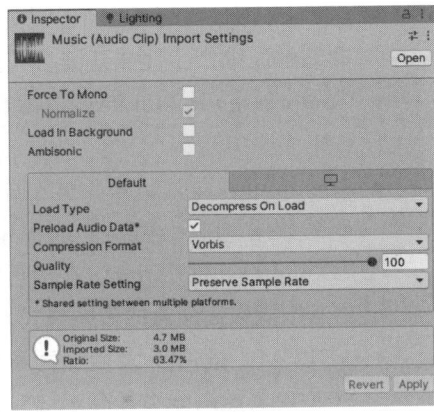

图 12.3

2. 音频片段通用选项

音频片段可以存储的音频格式包括 .aif、.wav、.mp3 和 .ogg。此处可以设置音频的压缩格式和加载方式，对于管理音频资源十分重要。常用组件参数介绍如下。

（1）Force To Mono（强制单声道）：勾选此选项后，原本的多声道音频在打包时会合并成单声道。在3D场景中，音频常用于增强沉浸感。但即使是双声道音频，音频监听器最终也只能捕捉到单点的声音效果，双声道在这里不仅没有起到作用，还会占用更多的计算机内存。因此，**如果项目中使用了双声道音频，勾选Force To Mono选项可以有效减少内存消耗，提升运行效率**。

（2）Load In Background（后台加载）：勾选此选项后，音频剪辑的加载将在后台单独进行，不会干扰主线程的执行。这样，即使音频正在加载，应用程序也能保持流畅运行，不会出现卡顿或延迟的情况。

> **补充：关于音频资源加载**
> 计算机程序在运行时会被分配到不同的线程中执行。Unity程序在运行时有一个核心的主线程，它负责游戏的主要逻辑和计算任务。然而，有时某些资源的加载（如复杂的路径计算或大型文件的加载）可能会阻塞主线程，导致游戏运行不流畅，影响玩家的体验。
> 这时可以考虑将这些耗时的计算任务放到单独的线程中，异步完成加载工作。这样，主线程就可以

继续处理其他任务，而不会影响游戏的流畅性。

这种异步加载选项同样适用于音频资源。如果某个音频资源在当前场景的初始阶段并不需要使用，那么勾选Load In Background选项后，音频资源将会在后台加载，而不会阻塞游戏的主线程。这样，当需要播放这些音频时，它们已经准备就绪，可以立即播放，不会造成任何延迟。

（3）Ambisonic（立体混响声）：开启此选项后，音频可以根据听者的方向动态调整声场，使其呈现出360°的环绕效果。这种音频格式在360°视频和XR（扩展现实）应用程序中表现尤为出色，为用户带来沉浸式的听觉体验。如果音频文件采用了立体混响声编码，可以选择启用此选项。与传统的录音方式相比，Ambisonic技术不仅能捕捉水平方向的音信号，还能精准监测前后及上下方位的音频变化。它采用多个麦克风进行多方位记录，而非单一麦克风，从而能够更真实、更立体地还原声场环境。在VR（虚拟现实）、3D电影等需要高度沉浸感的场景中，Ambisonic技术得到了广泛应用。

3. 音频片段可选属性

（1）Load Type：Unity在运行时用于加载音频资源的方法。

- Decompress On Load：音频文件加载后将立即解压缩。适用于小的、压缩过的音频文件，以避免动态解压缩产生性能开销。其耗费的CPU少，但是占用的内存大。
- Compressed In Memory：音频在内存中保持压缩状态，播放时解压缩。占用内存少，但是耗费的CPU多。
- Streaming：即时解码音频数据。此方法使用最少量的内存来缓冲从磁盘中逐渐读取并即时解码的压缩数据。在上述三种方法中占用内存最少。

（2）Compression Format：在运行时将用于声音的特定格式。

- PCM：提供高质量的音频格式，但是文件内存较大，适合用于内存小的声音效果。
- ADPCM：适用于大量噪声和需要频繁播放的声音（如脚步声、撞击声、武器声音）。相比于PCM，其压缩能力提高了3.5倍，但CPU使用率远低于MP3/Vorbis格式，因此成为上述声音类别中的最佳压缩方案。
- Vorbis/MP3：通过压缩减小文件大小，但与PCM音频相比，质量又略有降低。可通过设置Quality来配置其压缩量。此格式最适合中等长度的音效和音乐。

> 补充：关于音频资源的设置
>
> 使用Decompress On Load选项时，意味着音频文件在加载到内存之前需要先进行解压缩。特别是当使用PCM编码格式时，由于其无损采样的特性，虽然音质优越但会导致文件包体积增大。因此，在设定此选项时，若音频文件较小且采用ogg压缩格式，选择Decompress On Load会更合适。
> 对于时长较长的音效，推荐使用Compressed in Memory选项，并选择ADPCM作为压缩格式。因为PCM是无压缩格式，使用Compressed in Memory时，其解压缩的特性无法体现，因此并不适用。而对于游戏中长时间播放的内容（如背景音乐），则建议采用PCM压缩格式，并利用Streaming这种即时解码的方式来处理音频资源，以确保流畅播放和内存的有效利用。

12.2.3 音频源

在了解了音频片段的知识后，就可以将音频源（Audio Source）添加到场景中，让其参与并影响游戏体验。**音频源接入游戏的方法就是将音频片段添加到音频源组件上。**

【示例12.2】 将音频添加到音频源

（1）在场景中新建一个空物体。

（2）在Add Component中选择添加Audio Source组件，如图12.4所示。或者可以直接将音频片段文件拖到游戏的场景中，Unity会自动生成一个挂载了Audio Source及对应AudioClip的物体，如图12.5所示。

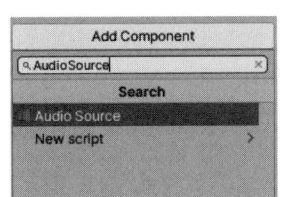

图 12.4

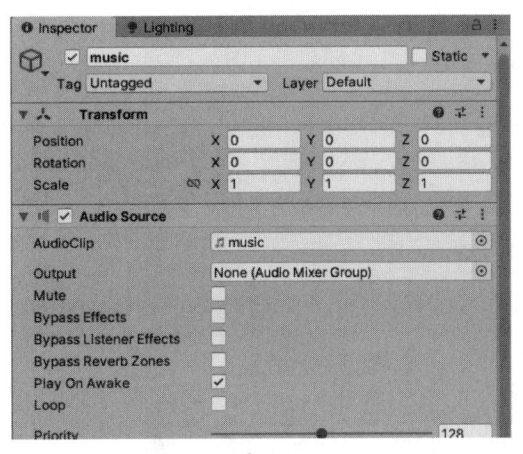

图 12.5

1. Audio Source 组件

可以为物体添加Audio Source组件，如图12.6所示。

Audio Source组件的常用参数介绍如下。

（1）AudioClip（音乐片段）：指定即将播放的音频片段。单击AudioClip旁的按钮，选择要存储的音频片段，如图12.7所示。

（2）Output（音频输出）：默认情况下，音频剪辑将直接输出到场景中的音频监听器。使用此属性可以将音频剪辑的输出位置更改为混音器。**在场景中，需要设置一个音频监听器（Audio Listener）接收音频源发出的内容。音频监听器默认绑定在场景中的主摄像机（Main Camera）上**，有时也会根据需要放置在场景中其他需要监听声音的位置。

（3）Mute（静音）：勾选此复选框后，此音频源将被静音。但请注意，即使设置了静音，该组件及其对应的音频依然会参与到游戏的计算过程中，消耗计算机的内存。除非需要频繁开启或关闭该音频源，否则建议在不需要此音频源时直接移除该音频源组件，而不是只启用Mute。

（4）Play On Awake（启动时播放）：启用此选项后，音频将会在场景启动时直接开始播放。

（5）Loop（循环）：启用此选项后，音频片段播放完毕将会继续循环播放。

（6）Priority（优先级）：设置音频在场景中播放的优先级。

（7）Volume（音量）：设置音频的音量大小。

（8）Pitch（音调）：设置音频播放时的速度变化量。

（9）Stereo Pan（声道占比）：设置音频靠近左右声道的比例。

（10）Spatial Blend（空间混合）：**调整音频的空间属性，使其呈现为3D声音或2D声音。当设置为0时，音频源的声音大小将保持恒定，不受与监听器距离的影响，呈现出一种平面的、背景音的效果，不具备

3D空间感；当设置为1时，音频将完全以3D形式呈现，其音量和音质会随着与监听器之间的距离变化而动态调整；当设置为0～1时，音频的空间属性将按照设定的比例进行平滑过渡，实现2D与3D声音之间的自然融合。

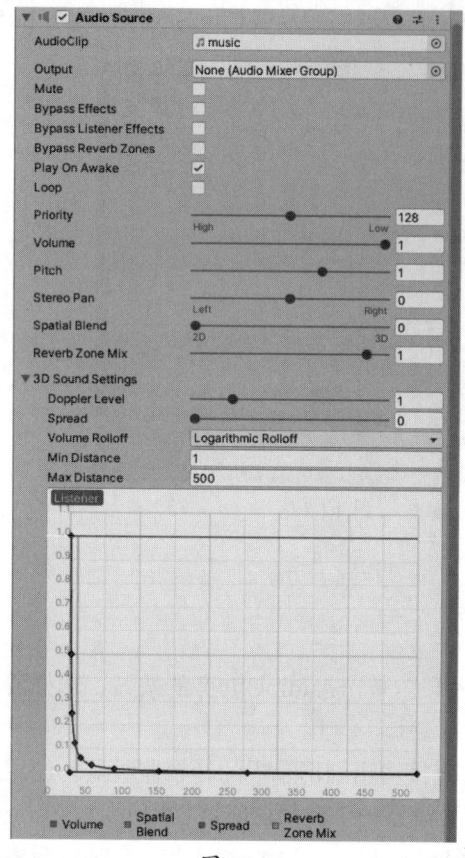

图 12.6

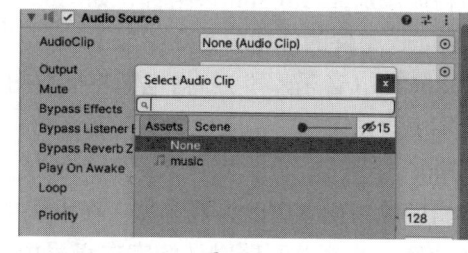

图 12.7

2. 音频源脚本

接下来，讲解与音频源相关的部分代码内容。

在音频源的方法中，有以下两个方法需要重点学习。

（1）定义如下：

```
public void Play (ulong delay= 0);
public static void PlayClipAtPoint(AudioClip clip, Vector3 position, float volume= 1.0F);
```

（2）描述如下：

1）使用Play()方法可以播放一段音频片段，为Audio Source设置了音频片段后，可以在代码中使用对应物体实例上的AudioSource调用Play()方法来播放音频。与Play()方法类似的还有Stop()方法，Stop()方法会停止当前音频片段的播放，并且下次播放时音频会从头开始。Pause()方法则是暂停当前音频。

2）使用PlayClipAtPoint()方法可以设置要播放的音频源及其将播放的位置。在调用此方法后，音频将会在场景中指定的位置播放。

【示例12.3】 利用脚本设置音频在指定位置播放

编写脚本，使用代码控制audioClip在clipPosition变量所指定的位置进行音频播放。代码如下：

```
using UnityEngine;
public class ExampleScript_12_1 : MonoBehaviour
{
    public float clipVolume;
    public Vector3 clipPosition;
    public AudioClip audioClip;
    public AudioSource audioSource;
    void Start()
    {
        clipVolume = 1f;
        clipPosition = new Vector3(0, 0, 0);
        audioSource.Play();
        audioSource.Pause();
        audioSource.Stop();
        AudioSource.PlayClipAtPoint(audioClip, clipPosition, clipVolume);
    }
}
```

当调用PlayClipAtPoint()方法后，Unity会在场景中自动生成一个One shot audio物体，如图12.8所示。此物体上会自动挂载一个AudioSource组件并设置参数，其中包含传入的音频片段。播放完成后，此物体会自动摧毁。

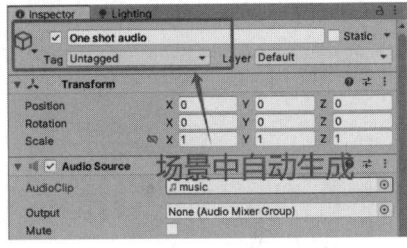

图 12.8

12.2.4 三维空间音频

之前讲解了音频源组件的基础设置及其功能。然而，音频源还有一个重要的部分尚未触及，那就是它的3D设置。这部分内容对于实现音频在三维空间中的精准表现至关重要，将直接影响玩家在游戏中的听觉体验。3D Sound Settings界面如图12.9所示。

1. Doppler Level

Doppler Level（多普勒效应）是第一个可以设置的选项。那么什么是Doppler Level？

简单来说，**当波源（如声音或光）和观测者之间有相对运动时，观测者接收到的波的频率会发生变化**。例如，当波源靠近观测者时，波的频率会升高，听起来更尖锐；而当波源远离时，频率会降低，声音则显得低沉。这种效应在波源速度越快时越明显。

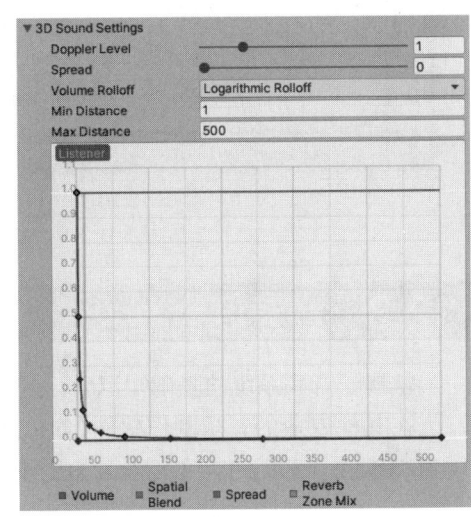

图 12.9

那么，这与听觉有何关联呢？之所以能够听到声音，是因为声波传递到了耳朵里。声音不同，其实是因为波的频率不同。在正常情况下，如果声音发生源和我们的位置都不变，那么声音的传播就正常。但想象一下，如果声音发生源在发出声音的同时也在向我们靠近，那么新发出的声波就会追上之前发出的波，这样我们在单位时间内接收到的波峰就会增多，导致听到的频率变高。这就是Doppler Level在声音中的表现。

在Unity中，可以通过设置Doppler Level来控制这种效应的程度。如果将这个数值设为0，那么场景中的声音将不会受到Doppler Level的影响，物体的移动不会改变听到的声音。

2. 其他设置

- Volume Rolloff：**设置音频的衰弱方式**。有三种预设，第一种预设方式为Logarithmic Rolloff，也就是呈指数型的衰弱方式，即当监听器离开声音源后，音量大小会快速降低，如图12.10所示。第二种预设方式为Linear Rolloff，即线性的衰弱方式，声音的衰弱与其距离成正比，如图12.11所示。第三种预设方式为Custom Rolloff。音频源的效果会根据曲线图变化，可以通过在曲线上增加关键点的方式来控制声音衰弱。
- Min Distance：**决定了声音保持最大响度的范围**。在这个范围内，无论监听器如何移动，声音都会保持其最响亮的状态。一旦监听器移动到了Min Distance之外，声音便会开始逐渐衰弱。
- Max Distance：**声音能够传播到的最远距离**。一旦监听器的位置超出了这个数值，声音将会降低到0，即声音完全消失。

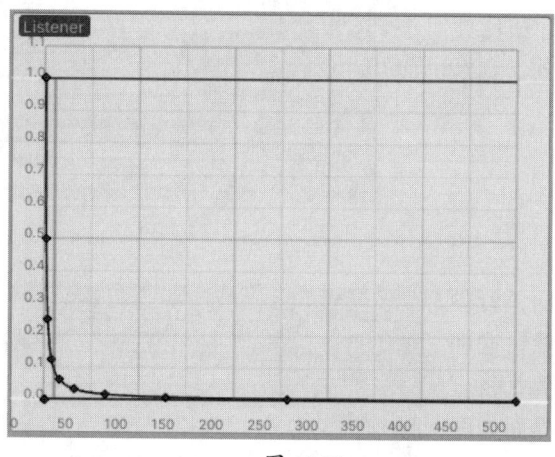

图 12.10

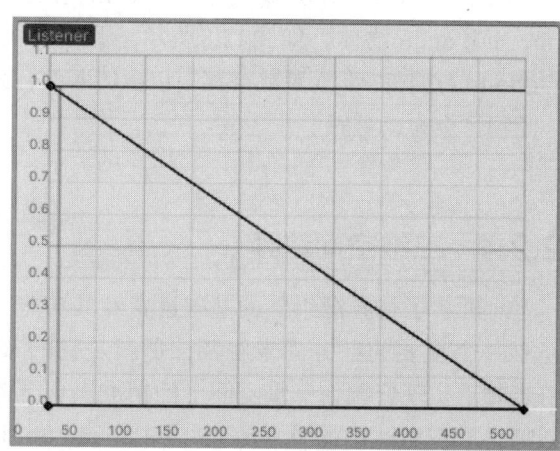

图 12.11

12.3 音频混音器

掌握了音频系统的基础知识后，接下来将深入探索其进阶功能——音频混音器（Audio Mixer）。

在其他专业的音乐制作软件（如FL Studio）中，一个完整的音乐作品通常包含多个音频轨道，每个轨道都承载着不同的声音元素，如旋律、节奏、和声等。而这些轨道还可以单独施加各种音频效果，以丰富音乐的层次感和听感。例如，为了打造一首动感的电子音乐，可能会为Bass部分设置一个专门的轨道，并为其添加混响和低频滤波器，以增强其厚重感和深度。同时，对于人声部分，如果存在环境音，还可以针对该轨道进行环境音的处理，使其更加清晰纯净。

这种能够对音频进行多轨道管理，并为每个轨道施加不同音效的工具，就是音频混音器。在Unity中，引擎同样内置了一套强大的混音器系统，让开发者能够轻松地将音频源的输出分配到不同的音频轨道上，并为每个轨道施加各种音效。

12.3.1 混音器基础

【示例12.4】 创建一个混音器

在Project视图中右击，选择Create→Audio Mixer命令，即可完成创建混音器，如图12.12所示。

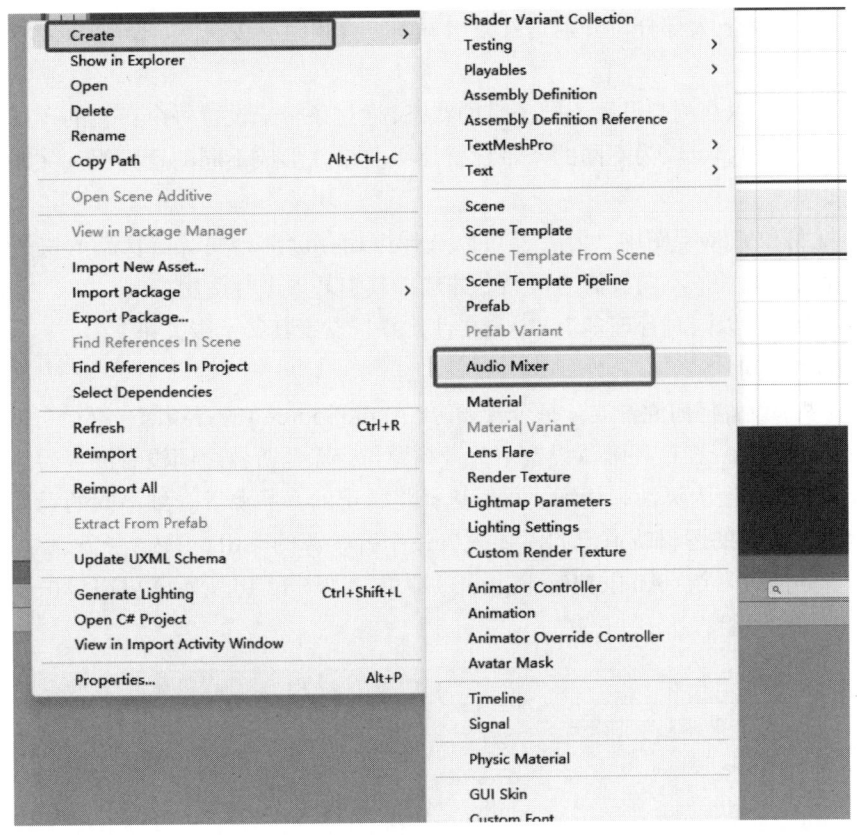

图 12.12

12.3.2 混音器界面介绍

双击Audio Mixer文件，进入混音器界面，如图12.13所示。

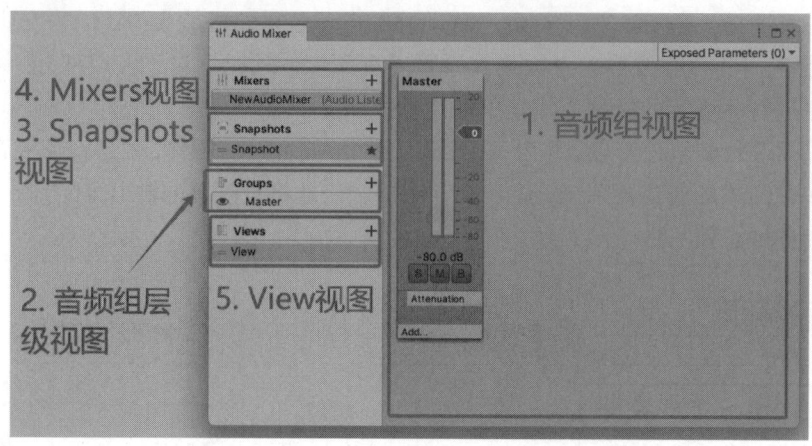

图 12.13

混音器的主界面分为五大部分，分别是音频组视图、音频组层级视图、Snapshots视图、Mixers视图及View视图。

在音频组视图中，可以观测与设置不同条带的状态，通过条带来设置每个音轨的音量大小、音频效果。

在音频组层级视图中，可以为不同的条带设置层级关系并形成不同的音频组。父级音频组的数值也会影响到子级的效果。

在Snapshots视图和View视图中，混音器可以选择性地存储部分混音器状态的快照，让开发者将不同的状态在本地存储为设置了不同数值的快照，并选择其中某项进行使用。

在Mixers视图中，可以同时管理多个Mixer文件，并且设置其父子级关系。

1. 控制路由重定向

如果一个场景中未设置任何混音器，每个音频源（AudioSource）的音频信号都会自动路由到默认的音频监听器（AudioListener）。在这种默认设置下，音频源与音频监听器之间没有混音器的介入。但可以使用混音器来使音频处理得更为灵活和精细。可以选择将特定的音频源混合到不同的混音器音频组中，并通过编程动态地调整音频的逻辑轨道流向。要设置一个音频源的路由，只需在音频源的Output属性中，选择想要设定的音频混音器组（AudioMixerGroup）即可。如图12.14所示，可以单击Output属性后，选择音频源要路由到的音频组。

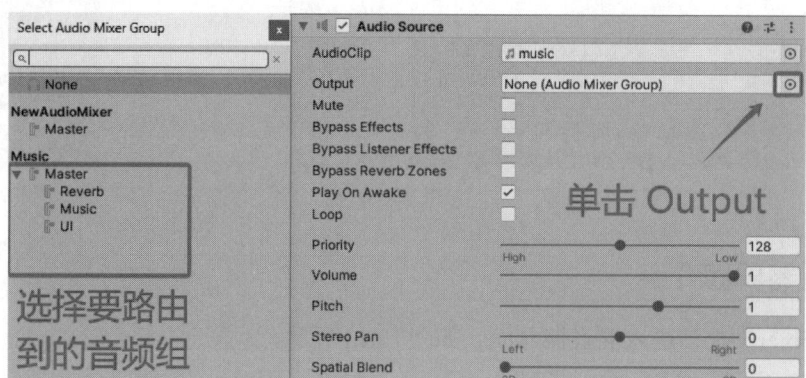

图 12.14

2. 条带

在混音器的界面中，条带是最基础的组成部分。**每个音频组在视图中都呈现为一个条带。**条带由几个部分构成，如图12.15所示。

条带顶部是标题，标明了该音频组的名称。条带的中间部分是垂直展示的VU计量表，实时显示左右声道的分贝值大小。通过旁边的黄色小箭头，可以调整左右声道的数值，确保音频的平衡和协调。条带的VU视图的下面有S、M、B 3个按钮，用于设置音频的状态。

- S（Solo，独奏）：用于选择只听整个混音或仅当前正在播放的音频组。
- M（Mute，静音）：用于快速将当前播放的音频组静音。
- B（Bypass，绕过）：用于暂时禁用或启用音频组中的所有音效。

条带底部是音频效果列表和Add选项。所有为音频组添加的音效都会展示在条带的音频效果列表中，可以通过选择Add选项来添加一些音效。

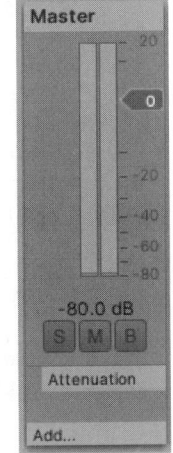

图 12.15

3. 音频组

条带是音频组的可视化展现，对音频组的管理就是对条带的管理。 单击Groups旁边的 + 按钮，对其进行重命名，得到一个新的音频组，如图12.16所示。

图 12.16

补充：音频组之间具有父子级关系

在Groups界面中选择一个音频组后，将其拖动到其他音频组下，此时被拖动的音频组就成了另一音频组的子级。如图12.17所示，SceneSoundEffect和UISoundEffect是Reverb音频组的子级。

图 12.17

当设置某一音频组为另一音频组的子级之后，任何对于父级的更改都会影响到子级。例如，当把父级音频组设置为静音后，子级的所有音频组也会被静音。

4. 运行时编辑

可以通过Audio Mixer动态地调整混音器各项参数。为了实现这一功能，需要进入Audio Mixer界面，并单击Edit in Play Mode选项，如图12.18所示。

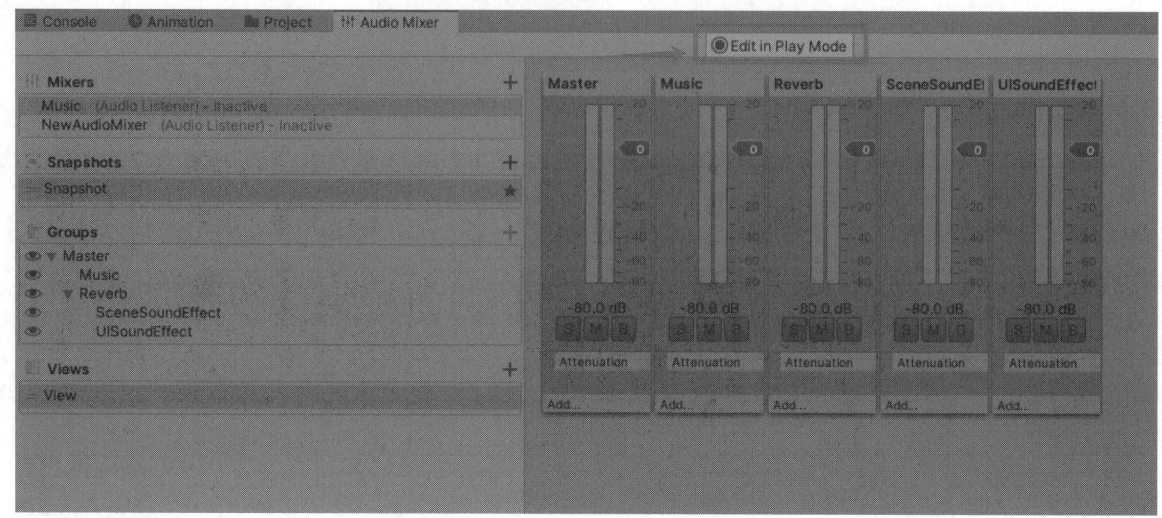

图 12.18

需要注意的是，因为Audio Mixer中的内容是独立于当前场景文件、存在于外部文件中的，所以即使是在运行时更改了某个Audio Mixer的数值，在结束运行后其数值也不会自动恢复。

5. 音频组快照

在开发过程中，频繁地为各个音频组设置不同数值是一项烦琐的任务。混音器的Snapshots视图简化了这一流程。**在Snapshots视图中可以选择创建当前音频组状态的副本，即快照，这些快照会作为资源文件保存在资源系统中**。这意味着，开发者可以使用代码在游戏运行时动态地切换这些快照，从而实现音频效果的快速调整。

【示例 12.5】 创建一个音频组快照

在Snapshots视图中单击 + 按钮，如图12.19所示。这时可以对右侧的音频组内容进行编辑。

选择某个快照对其进行编辑。当选择其他快照时，会结束当前快照的编辑，音频组的数值会立即更新为当前快照的数值。

简而言之，开发者可以自由调整音频组的数值，并将这些状态保存为快照。**离开当前快照时，音频组的状态会自动保存；重新选择该快照时，音频组的状态又会迅速恢复**。这种方式不仅提高了开发效率，还使音频效果的调整变得更加灵活和便捷。例如，创建一个名为ReverbSnapshot的快照，如图12.20所示。

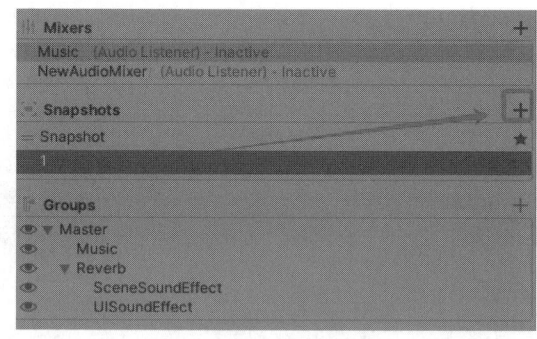

图 12.19

> 注意：快照与Play Mode

当游戏不运行时，混音器中Inspector视图的所有参数都由快照机制来控制，只有进入Edit in Play Mode时才会覆盖当前的快照，并在Play Mode期间直接对当前快照进行编辑。

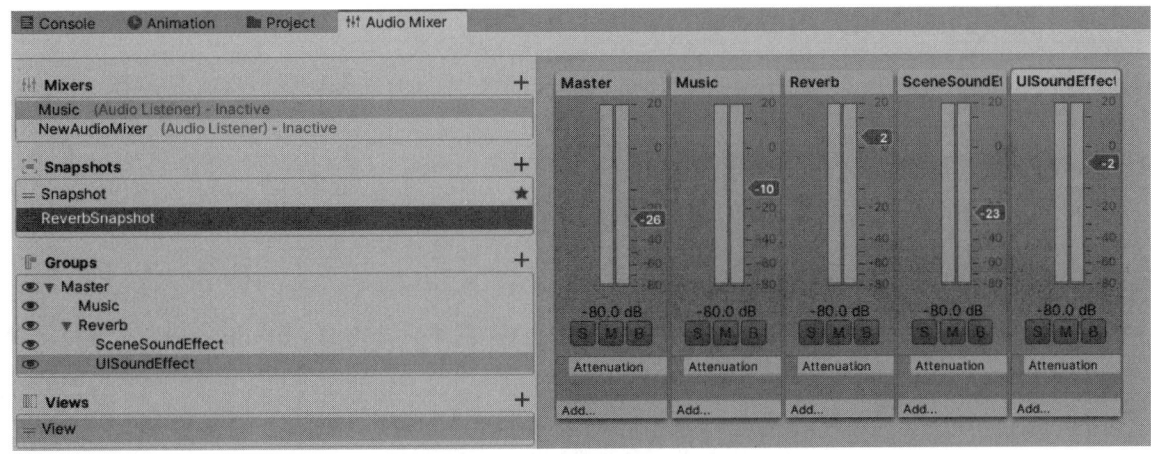

图 12.20

6. 多混合器管理

Mixers面板集中展示了项目中所有新建的混音器,可以快速选择并切换到其他混音器的开发面板。

如果没有特别设定场景中的混音器,那么场景中所有的音频源都会默认传输到场景的监听器上。不过,通过音频组,可以灵活地改变这一路由的输入与输出。

在Mixers面板中,这种概念得到了进一步拓展。具体来说,先将一个混音器的音频路线进行混合,再将其路由到另一个混音器的音频组中。

那么,如何设置混音器之间的父子级关系,以便将混音器的音频输出混合到另一个混音器的音频组呢?

操作非常简单:在Mixers面板中,单击作为子级的混音器,将其拖动到另一个混音器上即可。需要注意的是,把当前混音器拖动到另一个混音器上时,还需要选择一个音频组来接收这个混音器的输出。例如,在图12.21中,将EffectMixer拖到MasterMixer下方后,EffectMixer就变成了MasterMixer的子级,可以为其设置一个MasterMixer中的Reverb音频组,以便接收EffectMixer的输出。

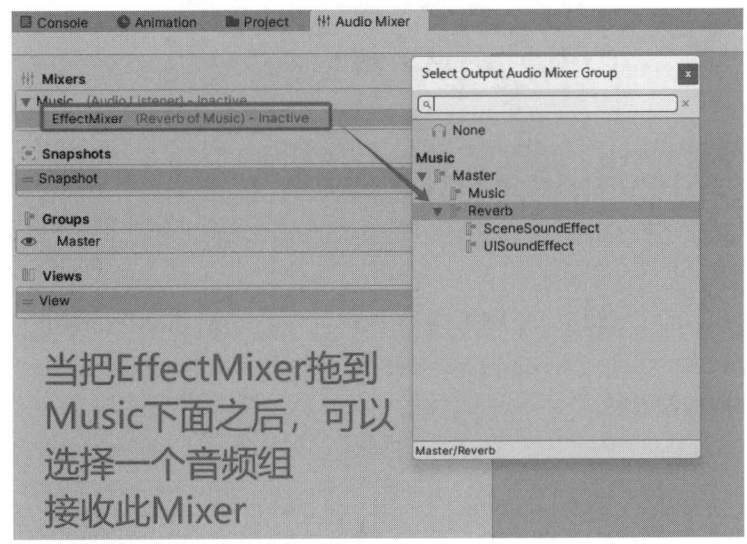

图 12.21

12.3.3 混音器脚本相关内容

Unity的Audio Mixer类提供了一系列实用的接口，用于在运行时动态地调整当前混音器的参数或输出设置。

1. 参数暴露与重命名

在使用脚本控制混音器的参数之前，需要进行一些设置以确保某些参数能够被外部访问和使用。

【示例12.6】 设置参数暴露

在Audio Mixer中单击某个音频组，在其Inspector视图中右击一个变量（如Volume），在下拉菜单中选择Expose '×××××' to script的选项，如图12.22所示。

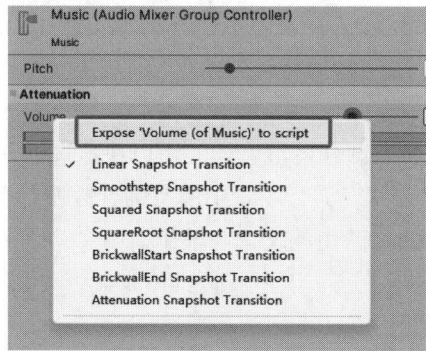

图 12.22

【示例12.7】 重命名参数

在Audio Mixer界面中，单击Exposed Parameters选项，选择参数后双击，对其进行重命名，如图12.23所示。

图 12.23

2. 脚本控制参数

设置了参数暴露后，可以新建一个脚本来控制这些参数。AudioMixer提供了两个非常重要的方法，分别是AudioMixer.Set×××()、AudioMixer.Get×××()。下面以AudioMixer.SetFloat()和AudioMixer.GetFloat()为例介绍如何控制参数。

（1）定义：

```
public bool SetFloat (string name, float value);
public bool GetFloat (string name, out float value);
```

(2) 描述：
- AudioMixer.SetFloat()方法：**如果未找到暴露参数或快照处于编辑状态，则返回false**。此方法可以传入两个参数，分别为参数的名称和目标数值。使用此方法后，参数的数值便会更改为目标值。
- AudioMixer.GetFloat()方法：**如果指定的暴露参数不存在，则返回false**。其参数类型为out，因此只要将变量作为参数传入该方法后，即可在后续代码中使用此数值。

【示例12.8】 利用脚本控制混音器

以下代码调用了AudioMixer.SetFloat()和AudioMixer.GetFloat()方法。当按下Space键时，Volume的数值便会增加1。

```
using System.Collections;
using System.Collections.Generic;
using UnityEngine;
using UnityEngine.Audio;
public class ExampleScript_12_2 : MonoBehaviour
{
    public AudioMixer audioMixer;
    public float targetVolume;
    private float volume;

    private void Update()
    {
        //每按下一次Space键，Volume增加1
        if (Input.GetKeyDown(KeyCode.Space))
        {
            //将此时MusicVolume的数值赋值到volume上
            audioMixer.GetFloat("MusicVolume", out volume);
            targetVolume = volume + 1;
            if (targetVolume <= 20f)
            {
                //将volume的数值增加1后，重新设置到volume上
                audioMixer.SetFloat("MusicVolume", targetVolume);
            }
            Debug.Log(targetVolume);
        }
    }
}
```

3. 控制路由

如果要在运行时动态更改混音器的路由，要通过更改Audio Mixer中的outputAudioMixerGroup变量实现。

【示例12.9】 利用脚本控制混音器的路由

编写脚本代码，更改Mixer中的outputAudioMixerGroup变量，使其被赋值为audioMixer，实现动态更改混音器路由的功能。

```
using System.Collections;
```

```csharp
using System.Collections.Generic;
using UnityEngine;
using UnityEngine.Audio;
public class ExampleScript_12_3 : MonoBehaviour
{
    //MasterMixer下的音频组
    public AudioMixerGroup[] audioMixerGroups;

    //当前的Audio Mixer
    public AudioMixer audioMixer;

    private void Update()
    {
        if (Input.GetKeyDown(KeyCode.Q))
        {
            ChangeOutputAudioMixerGroup("Music", audioMixer);
        }
        if (Input.GetKeyDown(KeyCode.E))
        {
            ChangeOutputAudioMixerGroup("Reverb", audioMixer);
        }
    }
    //重定向Mixer路由
    public bool ChangeOutputAudioMixerGroup(string targetGroup,AudioMixer mixer)
    {
        foreach (AudioMixerGroup mixerGroup in audioMixerGroups)
        {
            if (mixerGroup.name == targetGroup)
            {
                mixer.outputAudioMixerGroup = mixerGroup;
                return true;
            }
        }
        Debug.LogWarning("没有找到" + targetGroup + "音频组!");
        return false;
    }
}
```

在上述代码中，先声明了一个AudioMixerGroup数组变量，用于存储被路由的对象。然后将此代码挂载在场景的物体上，并在Project视图中将目标Audio Mixer下的音频组拖至此数组变量中。

在ChangeOutputAudioMixerGroup()方法中，使用foreach语句遍历当前audioMixerGruops中的所有音频组，依据targetGroup中的指示内容，将Audio Mixer下的outputAudioMixerGroup设置为目标音频组，完成重定向。

12.3.4 混音器音效

前文介绍了音频组的相关知识，但还有没有详细展开如何为音频组添加音效。Unity引擎提供了一系列内置的音频效果，使音效处理变得十分简单。

1. SFX 混响效果

混响，简而言之，就是声音在室内传播时与墙壁等障碍物相互作用后产生的回声效果。发出的声波在室内四处传播，碰到墙壁或其他障碍物时会发生反弹。每次反弹，声波都会损失一部分能量，形成逐渐减弱的回声。当原始声音停止后，这些回声与直接发出的声音混合在一起，形成了所谓的混响效果。

混响器的作用就是模拟不同大小的空间环境。通过调整混响器的参数，可以改变这个模拟空间的大小和特性，从而营造出不同的音响氛围。例如，可以通过混响器模拟出一个宽广的教堂空间，也可以模拟出一个狭窄的密闭房间。

【示例 12.10】 给音频组添加混响效果

在效果列表中选择 SFX Reverb 来为音频组添加混响效果，如图 12.24 所示。

在混响效果的参数列表中，有几个参数可以重点进行设置，如图 12.25 所示。

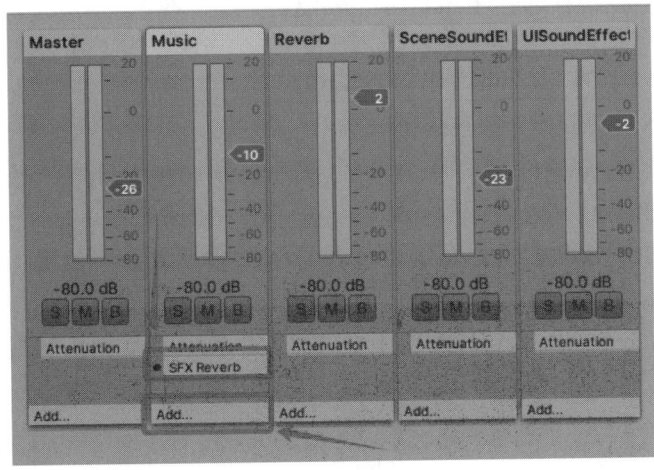

图 12.24

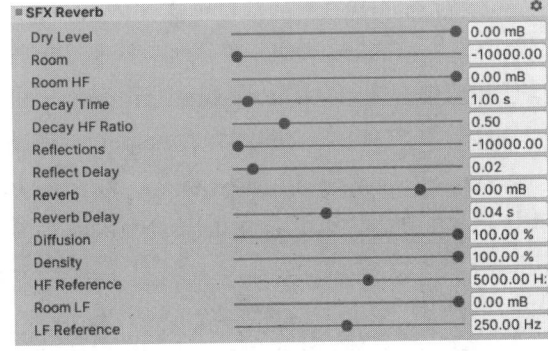

图 12.25

常见的混响效果的参数介绍如下。

（1）Room（房间效果等级）：决定了低频下的房间效果强度，单位是 mB（毫贝尔）。其取值范围为 -10000.0 ～ 0.0，表示可以从几乎无房间效果调整至较为明显的房间效果。默认值为 -10000.0 mB，表示初始状态下房间效果非常弱。

（2）Reverb（晚期混响等级）：相对于 Room，用于控制晚期混响的等级，单位是 mB。**晚期混响是指声音在房间内多次反射后产生的长时间延续的回声效果。**

（3）Reflections（反射等级）：相对于 Room，用于调整声音的反射级别，单位是 mB。**反射效果模拟了声波在房间四壁之间直接反弹回来的短促回声。**

（4）Diffusion（混响扩散密度）：决定了混响的扩散程度或回声的密度，以百分比表示。扩散密度越高，回声听起来越密集、越模糊；反之，则回声更加清晰、分散。

2. 音频的低通与高通效果

音频的低通效果（Low Pass Effect）是一种专业的音频处理技术，用于剔除超过设定截止频率（Cutoff Frequency）的高频声音，仅保留目标低频部分的声音。这种效果常用于制作温暖、深沉的音效，或者在特定情境下突出低频元素。在图12.26中，可以看到截止频率被设定为5000.00Hz，这意味着高于这个频率的声音都将被剔除。

与音频低通效果相对应的是音频高通效果（High Pass Effect），它同样是一种音频滤波技术，但作用方向恰好相反。音频高通效果会剔除低于设定截止频率的低频声音，仅保留高频部分。这在需要突出清脆、明亮声音的场景中非常有用。在图12.27中，截止频率同样被设定为5000.00Hz，此时低于这个频率的声音都将被剔除。

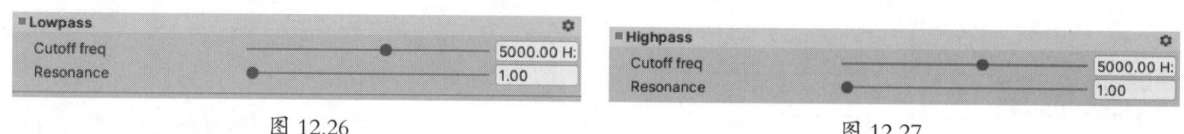

图12.26　　　　　　　　　　　　图12.27

3. 音频的发送与接收

在Audio Mixer中，音频组之间信号的发送与接收可以通过Send/Receive效果实现。

【示例12.11】　建立Music音频组与Reverb音频组之间传递信号的桥梁

要将Music音频组的信号传递到Reverb音频组，可以按照以下步骤操作。

（1）在Music音频组下方添加一个Send效果，在Reverb音频组下方添加一个Receive效果。此时，为信号在两个音频组之间的传递建立了通道，如图12.28所示。

（2）单击Music音频组，在Inspector视图中为刚添加的Send效果设置一个接收对象，即设置了Receive效果的音频组。简单来说，就是将Music音频组的信号"发送"到Reverb音频组。完成这一步操作之后，所有Music音频组中的声音信号都会发送到Reverb音频组中，并接收Reverb音频组内的混响效果，如图12.29所示。

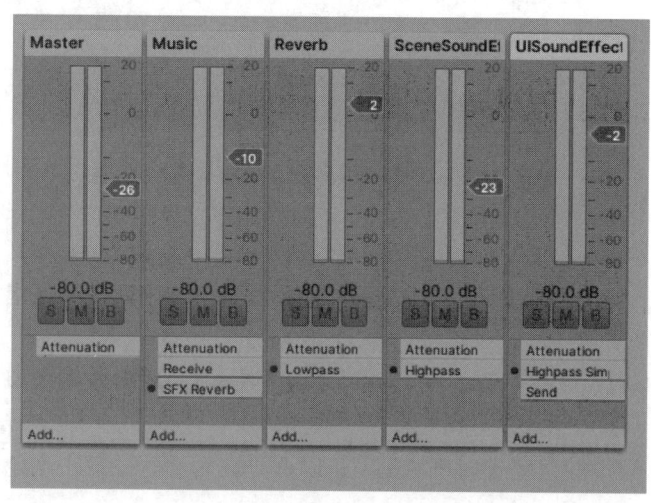

图12.28　　　　　　　　　　　　图12.29

> 提示：效果的先后处理
>
> 在Audio Mixer中，效果之间的处理顺序非常重要。位于上方的效果会先于下方的效果进行处理。

例如，在图12.28中，由于Receive效果位于SFX Reverb效果的上方，它首先会接收来自其他音频组的信号。随后，这些信号才会经过SFX Reverb效果器进行混响处理。

如果SFX Reverb效果的位置在Receive效果的上方，那么Receive效果将不会接收到经过SFX Reverb混响处理后的信号。因此，正确安排效果器的顺序对于实现预期的音频效果至关重要。

12.4 音频录音与采样

Unity为音频录音和采样提供了封装好的类和方法，使开发者能够便捷地执行相关操作。接下来，将对这两部分进行简要介绍。

12.4.1 游戏内录音

Unity中内置了Microphone类及其相关方法，用于连接麦克风并录制音频片段。一旦录制完成，这些音频片段会被自动存储，随后可以被音频源直接调用。此处以Microphone.Start()方法为例进行介绍。

（1）定义：

```
public static AudioClip Start (string deviceName, bool loop, int lengthSec, int frequency);
```

（2）描述：

Start()方法的核心功能是允许开发者使用指定的设备（通过deviceName参数指定）来录制音频。如果开发者没有提供设备名称，即传入值为null，那么该方法会自动选择系统默认的麦克风进行录制。该方法与Microphone.End()方法配合使用，表示开启或暂停当前正在进行的音频录制。

（3）参数说明：

- deviceName：用于指定录制音频的设备名称。
- loop：决定了当录制的音频长度达到lengthSec所设定的秒数后，是否应该继续录制。如果设置为true，录制会循环进行，即当达到指定长度时，会自动从AudioClip的开头重新开始录制；如果设置为false，则录制会在达到指定长度后停止。
- lengthSec：用于设定录制生成的AudioClip音频片段的长度，以s为单位。
- frequency：决定了录制生成的AudioClip音频片段的采样率。采样率越高，音频的质量通常越好，但也会占用更多的存储空间。

【示例12.12】 利用脚本实现音频录制并返回音频片段的功能

编写录制音频的脚本，在录制完成后，程序会将录制得到的音频片段进行返回，并保存至音频源的Clip上。代码如下：

```
using System.Collections;
using System.Collections.Generic;
using UnityEngine;
```

```csharp
[RequireComponent(typeof(AudioSource))]
public class ExampleScript_12_4 : MonoBehaviour
{
    private AudioSource audioSource;
    //用于记录当前设备是否拥有麦克风
    private bool MicIsExist = false;
    //如果存在麦克风设备，用此数值记录当前麦克风可记录的最大频率与最小频率
    private int minFreq;
    private int maxFreq;
    private void Start()
    {
        audioSource = GetComponent<AudioSource>();
            //记录当前存在的麦克风数量，如果数量为0，则表示无
        if (Microphone.devices.Length == 0)
        {
            Debug.LogWarning("程序无法检测到麦克风!");
        }
        else
        {
            MicIsExist = true;
            //获得当前设备可记录的频率范围，并将其赋值到minFreq和maxFreq上
            Microphone.GetDeviceCaps(null, out minFreq, out maxFreq);
            //待录制的音频不超过人耳能听到的最高频率
            if (maxFreq > 44100)
            {
                maxFreq = 44100;
            }
        }
    }

    //进行音频录制的方法封装
    private void AudioStartRecord(AudioSource source,int recordTime)
    {
        //如果存在麦克风
        if (MicIsExist == true)
        {
            //如果当前麦克风不在录制
            if (!Microphone.IsRecording(null))
            {
                //开始录制音频，并将音频存储到source的clip上
                source.clip = Microphone.Start(null, true, recordTime, maxFreq);
            }
        }
    }

    private void AudioStopRecord()
    {
        //结束录制
        Microphone.End(null);
        Debug.Log("结束录制");
    }
```

```csharp
    private void Update()
    {
        //按下J、K、L键分别进行录制、暂停录制、播放
        if (Input.GetKeyDown(KeyCode.J))
        {
            AudioStartRecord(audioSource,30);
        }
        if (Input.GetKeyDown(KeyCode.K))
        {
            AudioStopRecord();
        }
        if (Input.GetKeyDown(KeyCode.L))
        {
            if (audioSource != null)
            {
                audioSource.Play();
            }
        }
    }
}
```

在以上代码中，首先在Start()方法中检查当前设备是否配备了麦克风，并收集到可用的麦克风设备的高频和低频信息，以便后续使用。完成麦克风的初始化后，定义了两个功能方法：一个用于启动音频录制；另一个用于结束录制。在Update()函数中，程序会持续监测玩家的输入。一旦检测到玩家按下J键，程序便会立即启动录音功能，并开始捕捉声音。

12.4.2 音频采样

在掌握了音频录制的方法后，再来探讨音频系统中的另一个关键功能：音频采样。简单来说，**音频采样就是对声音信号进行数字化处理，将连续的声波信号转换为离散的数值数据。**

每段音频都包含不同频段的声音，而人耳能够听到的频段主要集中在20 ~ 20000Hz内。从外部导入一段音频后，可以利用Unity提供的接口进行采样处理。采样可以将音频中不同频率段的信号转化为具体的数值，这些数值可以被程序直接使用，从而实现更精确的声音控制和效果处理。

在Unity中，音频采样通常使用AudioSource.GetSpectrumData()方法。

（1）定义：

```csharp
public void GetSpectrumData (float[] samples, int channel, FFTWindow window);
```

（2）描述：提取音频频谱数据，即不同频率段的强度信息。

（3）参数说明：

- samples（数组）：用于存储音频样本数据。数组的长度必须是2的幂次方倍，最小值为64，最大值为8192。
- channel：采样的声道，通常有左声道和右声道。
- window：FFTWindow类型的参数，用于**定义在频谱分析时使用的窗口类型**。FFT（Fast Fourier

Transform，快速傅里叶变换）是一种将时域信号转换为频域信号的方法，而窗口化则有助于减少频段中可能产生的信号泄露，从而提高频谱分析的准确性。

在使用GetSpectrumData()方法前，理解参数概念是非常重要的。该方法中的第一个参数，即float[] samples，用于存放经过频谱分析后的结果。这个数组的长度决定了采样结果的精度和分辨率。例如，如果声明了一个长度为512的float数组（float[] spectrum = new float[512]），并将其作为参数传入GetSpectrumData()方法中，那么将得到512个频谱样本值，每个样本大约代表了43Hz的信号宽度（因为采样率除以样本数等于每个样本代表的频率宽度）。根据这些样本值，可以分析音频的频谱特性。

12.5 本章习题

1. 简述音频系统的组成。
2. 简述什么是音频采样。
3. 如何设置音频在三维空间中的衰减方式？

第 13 章　寻路导航系统

> **内容概述**
> 在 Unity 开发中，当场景中的角色需要前往指定地点时，需要依赖一套导航网格系统来实现。这套系统就如同角色在游戏世界中的"指南针"，确保他们能够到达目的地。本章将深入探讨 Unity 中的寻路导航系统。

13.1　寻路导航系统基础

当 Unity 中的目标角色（以下简称角色）需要移动到目标位置时，便需要使用寻路导航技术来计算移动的路径，并可以动态处理路径上出现的障碍。Unity 中的寻路导航系统提供了以下 4 个功能。

（1）导航网格：**导航网格本质上是一种特殊的数据结构，当角色需要进行寻路时，首先需要场景具备可行走表面。**对于给定的角色而言，并不是所有的物体表面都可以移动，因此需要基于给定的角色信息，对场景中给定物体进行烘焙，得到基于当前角色的可行走表面数据。存储这些数据的数据结构即为导航网格。

（2）代理：代理是人工智能领域经常用到的一个术语，但在 Unity 中，它特指寻路导航时的目标角色。**代理是一种假设的物体模型**，其并不一定和实际的角色完全一致，通过设置代理的数据（如高度、半径等信息），可以帮助进行导航网格的烘焙，进而使角色可以顺利地进行寻路。

（3）障碍：在角色寻路时，可能会出现动态的障碍物，为了使角色可以动态规划其寻路路径，需要对这些动态障碍物进行设置，使场景可以烘焙包含动态物体的导航网格。

（4）外链接：在场景中，部分地面可能无法直接行走，但角色又需要穿过或者越过这些地面，如跳过沟渠或越过围栏。**此时可以使用外链接在这些不同的物体表面上建立双向或单向的链接，使角色可以跨过障碍直接到达物体表面。**

除了以上 4 个功能外，还有两个概念需要进行单独辨析。

（1）角色：特指场景中具体的物体，如游戏中的人物、场景中的生物等。

（2）代理（Agent）：并不直接等同于角色，而是角色的一个抽象化模型。在寻路导航系统中，**代理用于为一类相似的角色建立通用的行为模板**。这个模板会抽象出角色在寻路过程中所需的关键数据，如角色的移动半径、站立高度等。基于这些代理数据，导航网格系统可以进行精确的烘焙处理，确保角色在移动过程中能够避开障碍物，实现流畅自然的导航。

13.2　导航网格

13.2.1　可行走区域与寻路算法

当需要将角色移动到目标位置时，首要任务是确定基于当前场景的合理寻路路径。要实现这一目标，关键的一步是进行预烘焙，即计算场景的可行走区域。这种描述可行走区域的技术在Unity中称为导航网格（Navigation Mesh，Nav Mesh）。

1. 可行走区域

首先需要明确一个概念：什么是可行走区域？

可行走区域的概念是相对于代理而言的。简而言之，**可行走区域代表了在当前代理的数据配置下，场景中哪些区域是角色可以顺畅行走的**。在图13.1所示的普通平面中，目前尚未定义任何可行走区域。

假设当前代理的直径为0.5m，则此时代理在此平面上的可行走区域（阴影部分为可行走区域）如图13.2所示。

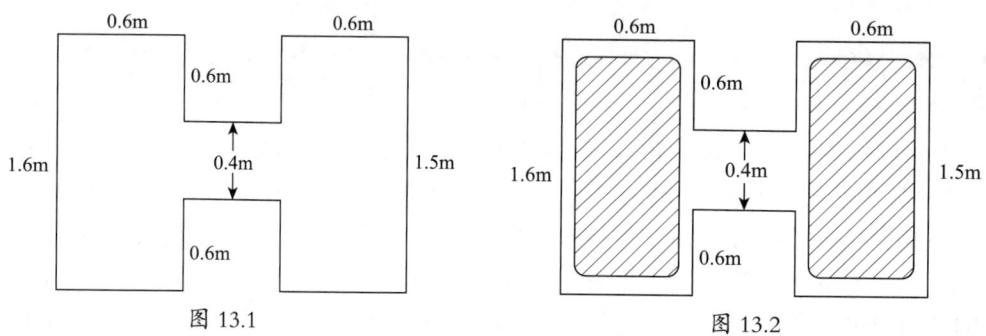

图 13.1　　　　　　　　　　　　图 13.2

从图13.2中可以观察到，左右两个矩形相连的中间部分并没有阴影覆盖，这意味着这部分区域是完全不可通行的。考虑到当前代理的直径为0.5m，若要通过中间矩形区域，该区域的宽度至少需达到0.5m。由此可知：**可行走区域的界定完全依赖于代理的设定**。实际上，可行走区域的生成是代理数据与当前场景平面信息相互融合、共同作用的结果。

> 补充：Unity中的可行走区域
> 在Unity中，可行走区域是以物体表面的凸多边形数据格式进行存储的。这些凸多边形不仅记录了自身的信息，还包含了与之相邻的多边形数据。

2. 寻路算法

Unity使用基于A星算法改良而来的寻路算法进行两点间最短路径的计算。简单来说，A星算法是一个不断循环的过程，它帮助角色找到从起点到终点的最佳路径。该算法可以理解为以下过程的循环。

（1）从当前代理的起始位置开始计算，访问当前起始位置的所有邻居节点。

（2）在访问的过程中，持续计算代价值（用来判断哪个节点更接近目标）：

$$f(n) = g(n) + h(n)$$

其中，$g(n)$表示当前节点距离起点的实际代价；$h(n)$表示当前节点到目标节点的预计代价；$f(n)$表示当前节点的综合优先级。当在当前选择列表中选择下一个节点时，会选择$f(n)$值最高的节点。

（3）持续计算每个节点的$f(n)$值，并选择下一个要走的节点，直到最终到达目标节点。

（4）一旦到达目标节点，算法会保存角色走过的所有路径，这条路径就是角色从起点到终点的最佳路线。

Unity已经实现了基于这个算法的寻路系统。开发者可以大概了解上述原理，以便在开发游戏时更清楚地知道如何设计角色的移动路径。

13.2.2 导航网格烘焙

对当前场景中的几何体计算其可行走区域的过程，称为导航网格烘焙（Nav Mesh Baking）（以下简称"烘焙"）。

烘焙分为以下3步。

（1）选择需要计算导航网格的物体，并勾选Navigation Static复选框。

（2）在Navigation窗口中调整烘焙参数。

（3）单击Bake按钮，构建导航网格。

接下来，将具体讲解如何为场景构建导航网格。

【示例13.1】 为场景构建导航网格

（1）**选择需要计算导航网格的物体**。在场景中，并不是所有物体都需要进行烘焙，关注那些角色可能行走或交互的区域即可。例如，如果角色在游戏中不会到达房子的屋顶、装饰用的石头等位置，那么这些物体不需要参与导航网格计算。如图13.3所示，选中了平面物体。

（2）**在物体的Inspector视图中勾选Navigation Static复选框**，表明此物体为静态物体，将被纳入烘焙，如图13.4所示。

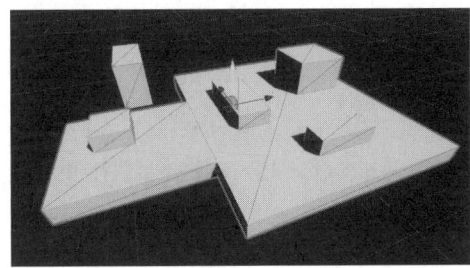

图 13.3

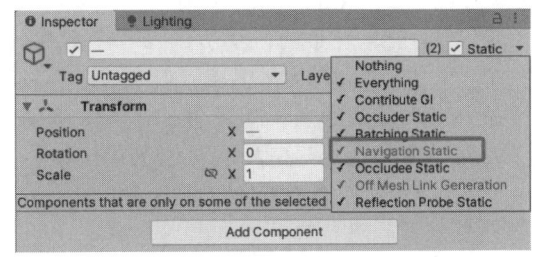

图 13.4

（3）选择Window→AI→Navigation命令，打开Navigation窗口，调整与烘焙相关的参数，如图13.5所示。如果未找到该选项，则可以在Package Manager中下载安装AI Navigation包，如图13.6所示。

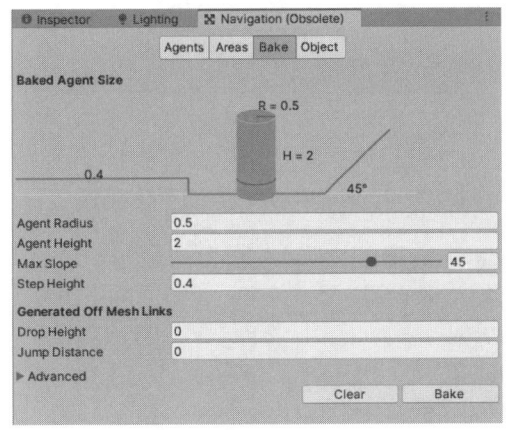

图 13.5

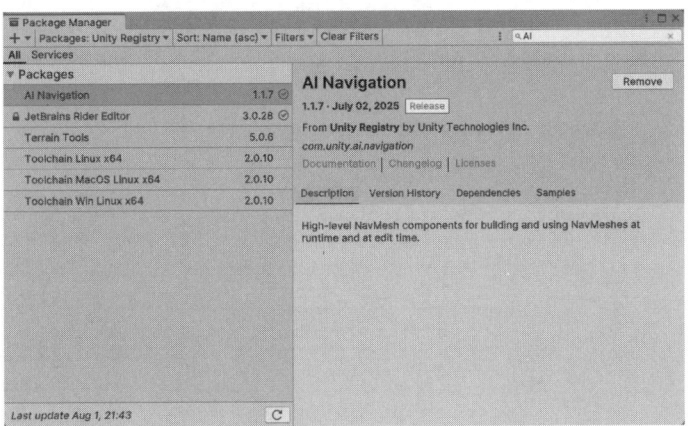

图 13.6

> **提示：关于Agents选项卡**
>
> 在Agents选项卡（图13.5）下可以设置当前代理人的信息，Unity会按照此代理数据构建导航网格。参数介绍如下。
> - Name：代理人名称。
> - Radius：代理人半径。
> - Height：代理人高度。
> - Step Height：台阶高度。当两个物体之间的高度差低于这个设定值时，Unity会忽略这个落差，将其视为一个连续平面进行导航网格的烘焙。这意味着角色可以顺畅地在这类低矮台阶上行走，就像走在平坦地面上一样。
> - Max Slope：最大角度。

（4）**设置导航网格区域类型**。除了设置代理的数据外，还可以为不同的导航网格区域设置类型，并为其赋予不同的权重值。如图13.7所示，Areas选项卡中内置了Built-in 0、Built-in 1、Built-in 2区域，分别代表Walkable（可行走）、Not Walkable（不可行走）和Jump（跳跃）。也可以自行创建新的导航网格区域，并设置权重值。

> **提示：关于导航网格权重**
>
> 　　导航网格权重是Unity中用于引导角色寻路的一个重要参数。前文提到，角色的路径是根据公式$f(n) = g(n) + h(n)$计算得出的。然而，当考虑到导航网格的权重时，这个公式可以扩展为$f(n) = g(n) + h(n) + e(n)$。其中，新增的$e(n)$代表当前节点$n$的权重值。
>
> 　　权重值在寻路算法中起到了关键作用。它就像一个指南针，指引角色选择更加合适的路径。**低权重值的节点意味着角色通过它所需付出的代价较小，而高权重值的节点则意味着需要付出更大的代价。** 因此，在计算每个节点的总代价时，如果$g(n)$和$h(n)$的代价无法抵消$e(n)$的代价，那么角色会优先选择那些权重值较低的路径。
>
> 　　例如，假设场景中有水和草地两种可行走区域，为水设置一个较高的权重值（如10），为草地设置一个较低的权重值（如1）。除非绕开水行走的代价远远大于穿水而过的代价，否则角色在寻路时总是会优先选择草地作为行走路径。
>
> 　　在Unity中，可以在Areas选项卡中自定义不同的导航网格区域，并为其设置相应的权重值。如图13.7所示，新建Water和Grass区域类型，权重值分别设置为10和1。在Scene视图中选中目标物体，为其设置对应的导航网格区域类型，如Grass，如图13.8所示。

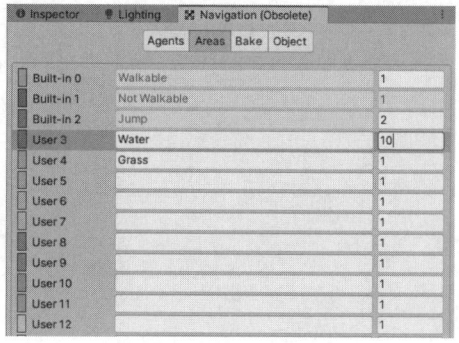

图 13.7

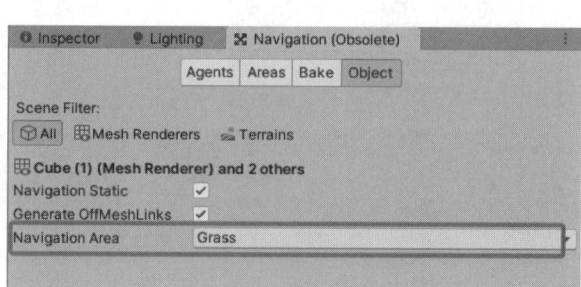

图 13.8

（5）**单击Bake按钮，构建导航网格**。选择Window→AI→Navigation命令，打开Bake选项卡，如图13.9所示。单击Bake按钮，对当前场景进行烘焙，烘焙后的效果如图13.10所示。不同颜色代表不同的导航网格区域。当导航网格覆盖到某个地方时，该区域会以特定的颜色显示。而没有被任何颜色标识的区域，表示它们没有参与到导航网格的烘焙过程中，因此不会被纳入角色的寻路范围。

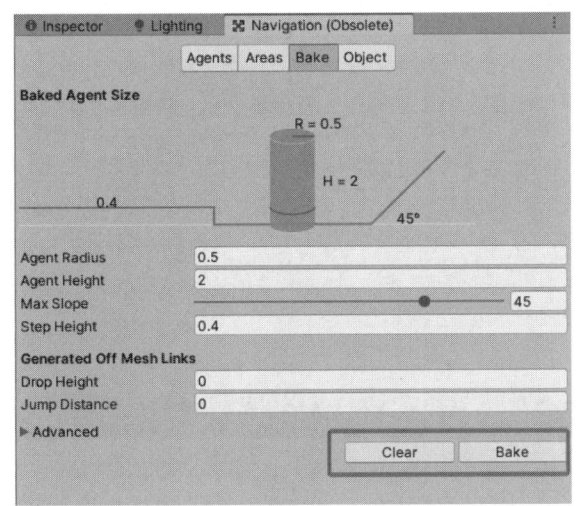
图 13.9

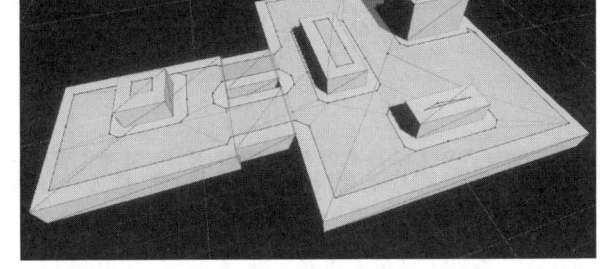
图 13.10

13.3 寻路组件

掌握了导航网格的创建方法后，接下来便可以设置代理的寻路行为。

代理的寻路行为离不开3个核心组件的协同工作：①代理组件，如同角色的"大脑"，用于主导角色的寻路逻辑和行为决策；②障碍组件，用于实时地在场景中创建动态障碍物，确保角色能够灵活地避开临时或突发的障碍；③外链接组件，用于在复杂地形中创建更加高效、便捷的寻路路径。

13.3.1 代理组件

在完成了场景中导航网格的烘焙后，接下来便可以为场景中的角色设置代理，并使用脚本控制角色的移动。本小节将讲解如何使用Unity中的Nav Mesh Agent（代理组件），并控制角色的寻路行为。

【示例13.2】 使用 Nav Mesh Agent 组件控制角色移动

当场景中的物体或角色需要进行导航时，首先需要为其添加一个Nav Mesh Agent组件。使用Nav Mesh Agent组件可以使当前角色朝目标方向移动，并避开场景中设置的障碍。

（1）选择目标物体，在Inspector视图中单击Add Component按钮，搜索Nav Mesh Agent组件并添加，如图13.11所示。

（2）设置Nav Mesh Agent组件的参数，如图13.12所示。

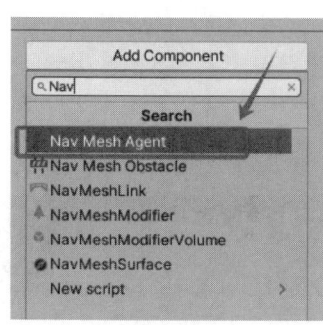

图 13.11

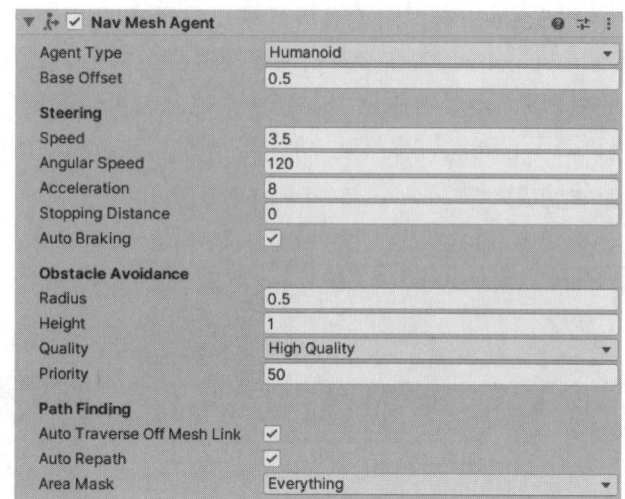

图 13.12

> **提示**：关于 Nav Mesh Agent 组件
>
> 以下是 Nav Mesh Agent 组件中常用的参数介绍。
>
> （1）Agent Type：选择代理类型。在 Navigation 窗口中可以创建不同类型的代理，此处可切换代理类型。
>
> （2）Base Offset：关于 GameObject 的垂直位移的设置，即设置 GameObject 相对于地面的高度。
>
> （3）Steering：驾驶控制。
> - Speed：代理能够移动的最大速度。
> - Augular Speed：代理的最大旋转速度，即它能够多快地改变方向。
> - Acceleration：代理的最大加速度，即它从静止到最大速度所需的时间。
> - Stopping Distance：当代理距离目标位置达到这个数值时，它会停止移动。
> - Auto Braking：勾选此复选框后，代理在接近目标时会自动减速。
>
> （4）Obstacle Avoidance：障碍躲避。
> - Radius：代理的半径。
> - Height：代理的高度，对于 3D 环境中的导航很重要。
> - Quality：障碍躲避质量。如果场景中有大量代理，降低这个值可以节省 CPU 资源，但代理的避障效果也会相应减弱。设置为 0 时，代理将不会主动躲避障碍。
> - Priority：躲避障碍时，高优先级的代理会忽略低优先级的代理。数字越小，优先级越高。
>
> （5）Path Finding：路径寻找。
> - Auto Traverse Off Mesh Link：勾选此复选框后，代理在遇到 Off Mesh Link 时会自动纳入寻路计算。如果想用动画或脚本来控制角色在特定位置的路径，建议关闭此选项。
> - Auto Repath：勾选此复选框后，当代理到达路径的某个部分时，会尝试重新寻找通往目标的最佳路径。如果无法找到直接到达目标的路径，代理将尝试找到距离目标最近的可达位置。
> - Area Mask：代理的可行走区域类型。

【示例 13.3】 使用脚本控制角色移动

1. Nav Mesh Agent 组件的变量

调整Nav Mesh Agent组件的变量，可以精确控制角色的移动方式和路径。除了在Unity编辑器的Inspector视图中直接修改和观察的变量外，还可以在代码中直接访问Nav Mesh Agent示例的以下变量，以精确控制角色行为。

- destination：用于指定代理的目标位置。一旦设定了目标点，代理就会自动规划并沿着最佳路径移动到该位置。
- path：当前代理的完整路径信息，包括沿途的路标和状态信息。
- velocity：用于设置代理的移动速度，手动控制代理的移动快慢。

以上3个变量主要用于控制角色并获取其路径信息，而以下两个变量则用于判断代理是否接近或到达目标位置。

- pathPending：表示代理是否正在计算新路径但尚未开始移动。如果此值为true，说明代理正在准备沿新路径移动。
- remainingDistance：反映了代理当前位置与目标位置之间的剩余距离。如果代理还未确定到达目标的路径，此值将设置为无穷大。

2. Nav Mesh Agent 组件的示例代码

以下是使用Nav Mesh Agent组件来控制角色移动的简单示例代码。代码中定义了4个关键变量来辅助角色寻路：①TargetObject 代表角色寻路的目标位置，用GameObject来代表，角色会根据这个目标位置来寻路；②RemainingDistance 用于设置角色距离目标位置多远时，视为已到达；③agent 是当前角色的Nav Mesh Agent组件的引用，用于控制角色的移动和寻路；④IsPath 是一个布尔变量，用来标识角色是否已经到达目标点。

在Update()函数中不断检查agent.remainingDistance是否小于或等于RemainingDistance。RemainingDistance值表示角色当前位置到目标位置的剩余距离。当首次满足这个条件时，意味着角色已经接近或到达了设定的目标点，此时代码会输出一条消息,表示已经到达目标位置。

```csharp
using UnityEngine;
using UnityEngine.AI;
[RequireComponent(typeof(NavMeshAgent))]
public class ExampleScript_13_1 : MonoBehaviour
{
    public GameObject TargetObject = default;
    public float RemainingDistance = 0.5f;
    private NavMeshAgent agent;
    private bool IsPath = false;
    private void Start()
    {
        if (TargetObject == null)
        {
            TargetObject = GameObject.Find("DestPoint");
        }
        if (agent == null && gameObject.GetComponent<NavMeshAgent>() != null)
        {
```

```
            agent = GetComponent<NavMeshAgent>();
        }
    }
    private void Update()
    {
        agent.destination = TargetObject.transform.position;
        if (!agent.pathPending && agent.remainingDistance <= RemainingDistance && IsPath
            == false)
        {
            Debug.Log("已经到达目标点:" + agent.destination + ",停止寻路。");
            IsPath = true;
        }
    }
}
```

13.3.2 障碍组件

在讲解导航网格烘焙时，曾提到如何设置可导航区域中的物体。要让物体成为导航网格系统的一部分并参与烘焙过程，首要条件是将这些物体设置为静态。然而，在实际开发中，有时要求某些物体既需要在程序运行时能够动态移动，又要能被导航网格系统识别并用于烘焙导航网格。

为了解决这一矛盾，Unity提供了网格障碍物（Nav Mesh Obstacle）组件。

【示例13.4】 使用 Nav Mesh Obstacle 组件为物体添加障碍属性

（1）选中目标物体，在Inspector视图中单击Add Component按钮，搜索并添加Nav Mesh Obstacle组件，如图13.13所示。

（2）设置Nav Mesh Obstacle组件的参数，如图13.14所示。

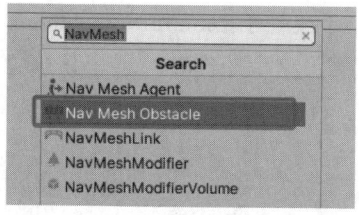

图 13.13

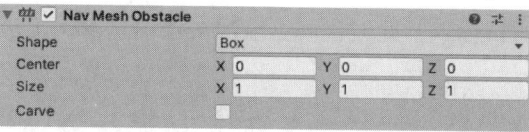

图 13.14

> **提示：关于Nav Mesh Obstacle组件**
>
> 以下是Nav Mesh Obstacle组件的参数介绍。
>
> （1）Shape：选择障碍物所使用的几何体形状。
> - Box：表示盒型几何体，可以设置盒体的Center（盒体的中心）和Size（盒体的大小）。
> - Capsule：表示胶囊几何体，可以设置胶囊体的Center（胶囊体的中心）、Radius（胶囊体的半径）和Height（胶囊体的高度）。
>
> （2）Carve：如果想要此物体在运行时能够被动态地烘焙导航网格，确保勾选此复选框。勾选Carve复选框后，导航网格障碍物会在导航网格中创建一个孔，这样其他角色或物体在导航时就会避开这个障碍物，如图13.15所示。

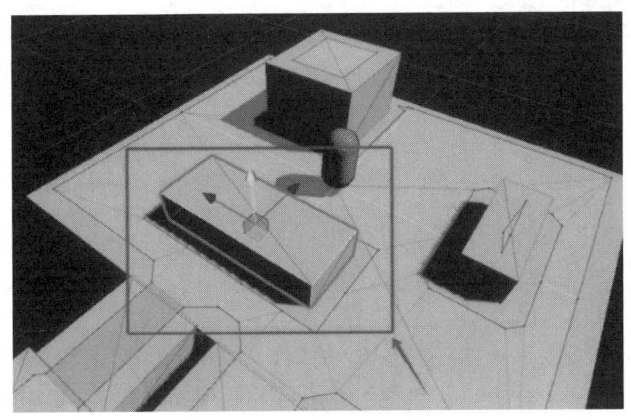

图 13.15

13.3.3 外链接组件

代理的导航通常是在一个相对平坦的平面内进行的，这是因为代理无法直接翻越或跨越障碍物。然而，在Unity 3D场景中，有时会遇到一些区域存在高度差或障碍物，但又希望代理能够在这些区域之间顺畅地寻路。此时可以借助外链接技术来解决这一问题。

当场景中存在需要代理跳过的围栏、高墙或其他障碍物时，可以使用网格外链接（Off Mesh Link）来连接两个需要通行的位置点。一旦代理到达设置的链接起点，它就会自动沿着预先设定的路线移动到另一个点，从而轻松地跨越障碍物或高度差。

【示例 13.5】 使用 Off Mesh Link 组件使物体跳过障碍物

（1）新建一个空物体，添加外链接组件Off Mesh Link，如图13.16所示。

（2）在场景中创建两个物体，用于指定当前外链接的两个点，如图13.17所示。在添加有外链接组件的Off Mesh Link-1 物体下创建两个子物体，分别设置在高度不同的平面上。再将Start和End参数分别设置为这两个子物体。

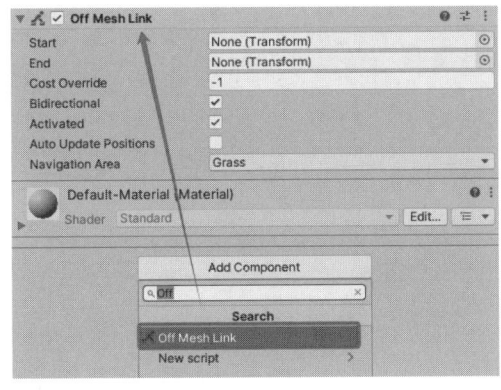

图 13.16

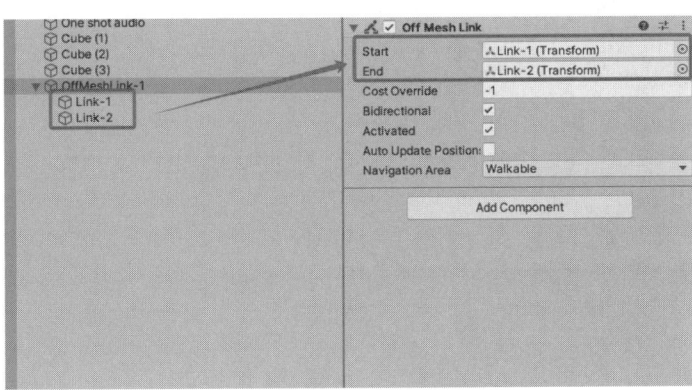

图 13.17

> **提示：关于Off Mesh Link组件的设置**
>
> Off Mesh Link组件如图13.18所示。以下是Off Mesh Link组件的常用参数介绍。
>
> - Start：指定网格外链接的起始点对象。
> - End：指定网格外链接的结束点对象。
> - Cost Override：覆盖默认的路径成本。如果此值为正，则在处理路径成本时使用该值，否则使用默认成本(此游戏对象所属区域的成本)。
> - Bidirectional：勾选此复选框后，网格外链接将变为双向通行。这意味着代理不仅可以从Start到End，还可以从End返回Start。如果未启用，则链接只支持从Start到End的单向通行。
> - Activated：指定寻路器是否使用此链接。如果设置为假(即未激活状态)，那么即使链接存在，代理也不会通过它进行寻路。

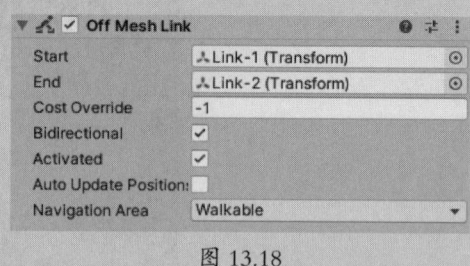

图 13.18

13.4 本章习题

1. 简述什么是状态机和行为树。
2. 简述代理和导航网格的关系。

4

实战演练篇

实战破局，项目制胜

第 14 章 游戏开发项目实战

> **内容概述**
>
> 本章将把之前所学的音频系统、物理系统、用户界面设计、设计模式以及面向对象设计等丰富知识付诸实践。这些基础性知识将作为本章的核心技术,共同构筑一个完整且基于 Unity 开发的项目。鉴于这一项目内容丰富、技术点众多,本章的小节数量会相应增加且各小节之间的逻辑关系紧密,构成了一个连贯的开发流程。本章将通过实际项目的开发过程,逐步展示项目的构建步骤,带领读者进行一场实战演练,全面提升综合应用能力。

14.1 需求分析与项目准备

本节将深入探讨当前项目的核心需求,详细解析项目的每个关键环节。同时,全面梳理开发项目所需的所有准备工作,确保在后续的开发过程中能够得心应手、游刃有余。

> **注意:**
>
> 本章因代码量较大,仅展示部分代码片段,并且不会将代码按照章节命名。读者可以先将 TheShadow.unitypackage 包导入自己的项目,再根据类名找到对应的代码。

14.1.1 需求分析

本小节将详细解析当前项目的核心功能——"阴影"机制。

1. 核心玩法介绍

此项目为游戏项目,核心玩法机制称为"阴影",在项目中命名为 Shadow。游戏开始后,关卡内会在玩家的后方生成一个巨大的烟雾状物体,随着游戏时间的推移而不断向玩家视角的右方前进。一旦玩家与这个物体接触,便会立即宣告游戏结束。游戏运行时画面如图 14.1 所示。

图 14.1

围绕游戏的核心机制引出了以下几个重要设计。

（1）核心动作：游戏内除了基础的人物移动之外，还提供了推、拉、破坏三种动作。

（2）功能块系统：关卡中，所有玩家移动路径上的非地面物体都为功能块。

（3）体力系统：对功能块的动作会消耗游戏内的体力值。

这3个机制互相作用、相互制约。其中，**核心动作**会消耗体力，而消耗体力的多少由功能块属性决定。**功能块系统**不能单独作用，必须通过核心动作才可以完成交互。功能块的属性功能需要通过体力系统实现。**体力系统**制约玩家的行为，但体力的消耗需要由核心动作触发，并由功能块系统决定。

这3个精心设计的机制都以一个核心前提为基础——持续逼近的阴影。在紧迫的时间压力下，玩家需要迅速地决策，选择最优路径并施展恰当的动作。这一系列的限制和这3个机制间的紧密互动共同编织出了一种独特的闯关体验。玩家不仅要应对阴影带来的紧张追逐，还要在有限的时间内精准操作，通过推、拉、破坏等核心动作与功能块系统交互，同时精细管理体力，以应对各种挑战。

2. 具体机制介绍

了解了游戏的整体玩法后，接下来具体了解每部分的具体设计。

（1）阴影。游戏开始时，在玩家后方生成烟雾状物体。随着游戏内时间的推移，阴影以固定速度向当前关卡正前方移动，玩家碰到它时便会死亡。当阴影距离玩家越来越近时，阴影所产生的声音也将随之变大。图14.2所示为场景中移动着的阴影。

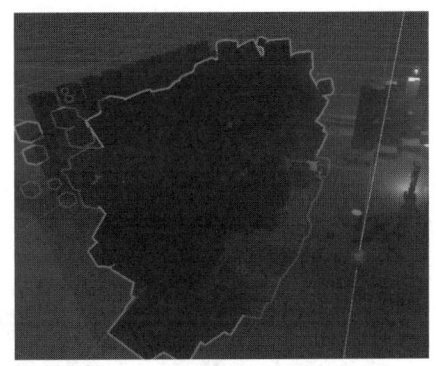

图 14.2

（2）动作。基础动作：角色根据W、A、S、D键的按下进行移动，每按下一次，玩家所操纵的角色会往指定方向前进一个固定距离（在游戏中为一个单元格的距离）。两次移动之间会有输入间隔限制，防止玩家移动速度过快。

核心动作介绍如下。

- 推：向着与角色面对且相邻的可交互功能块使用，消耗体力值使功能块向角色面对方向移动。
- 拉：向着与角色面对且相邻的可交互功能块使用，消耗体力值使玩家和功能块向角色面对方向相反的方向移动。
- 破坏：向着与角色面对且相邻的功能块使用，消耗体力值破坏玩家面前的功能块。

（3）功能块。游戏中的功能块按照是否可以交互，分为可交互功能块和不可交互功能块两种类型。其中，可交互功能块具有是否可推动、是否可拉动、是否可破坏三种属性。

如果以上三种属性的答案是"是"，则其都会有一个对应的消耗体力值属性。例如，游戏中"木墩"功能块是可推、可拉、可破坏类型的物体，其推、拉的消耗体力值为3，破坏的消耗体力值为10。图14.3所示为场景中一个选中的功能块。

（4）体力。在游戏进行时，游戏会以固定的数值和时间间隔来恢复玩家的体力，玩家当前的体力值也会显示在游戏的左上角UI中（图14.1）。游戏中的体力值消耗殆尽后，玩家将进入一段短暂的恢复期，在这段时间内玩家将无法移动，直到体力值重新恢复到0以上。

（5）安全屋。安全屋是游戏的获胜条件。当玩家赶在阴影吞噬之前到达关卡最后的安全屋，即表示当前游戏关卡闯关成功。图14.4所示为安全屋的画面。

其他更加详细的游戏玩法将会在开发过程中进行讲解。在了解了游戏的大致玩法与设计之后，接下来进入项目的准备工作。

图 14.3

图 14.4

14.1.2 项目准备

本小节将完成对于项目的所有准备工作，并简单介绍当前项目的目录结构。

1. 项目新建

当前项目使用Unity 2022.3.14f1c1版本作为开发工具，并且使用HDRP作为项目的渲染管线。本项目基于3D的HDRP模板创建，如图14.5所示。如果读者之前没有下载过3D(HDRP)的模板，这里需要先单击"下载模板"按钮，再单击"创建项目"按钮，完成项目新建。

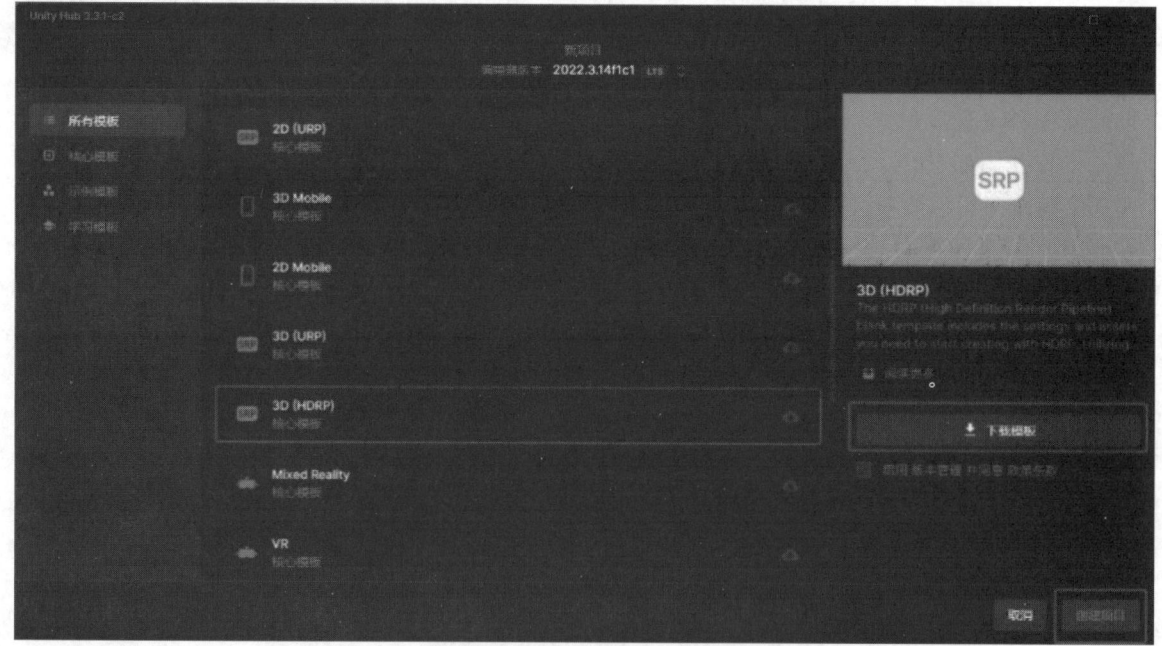
图 14.5

在完成项目的新建后，还要导入项目所需的一些插件。推荐读者在项目准备阶段导入以下3个插件：

ProGrids、ProBuilder和Visual Effect Graph。

对于本项目而言，使用ProGrids和ProBuilder可以辅助场景的Demo搭建，提高开发效率。而Visual Effect Graph插件则用于自定义场景中的阴影艺术效果。

选择Window→Package Manager命令进入包管理器，在包管理器的左上角选择"+"按钮导入插件，如图14.6所示。

选择Add package from git URL，分别导入3个插件，如图14.7所示。

- ProGrids：com.unity.progrids。
- ProBuilder：com.unity.probuilder。
- Visual Effect Graph：com.unity.visualeffectgraph。

在安装好插件后，ProGrids和ProBuilder的菜单项将出现在Unity菜单栏中，如图14.8所示。

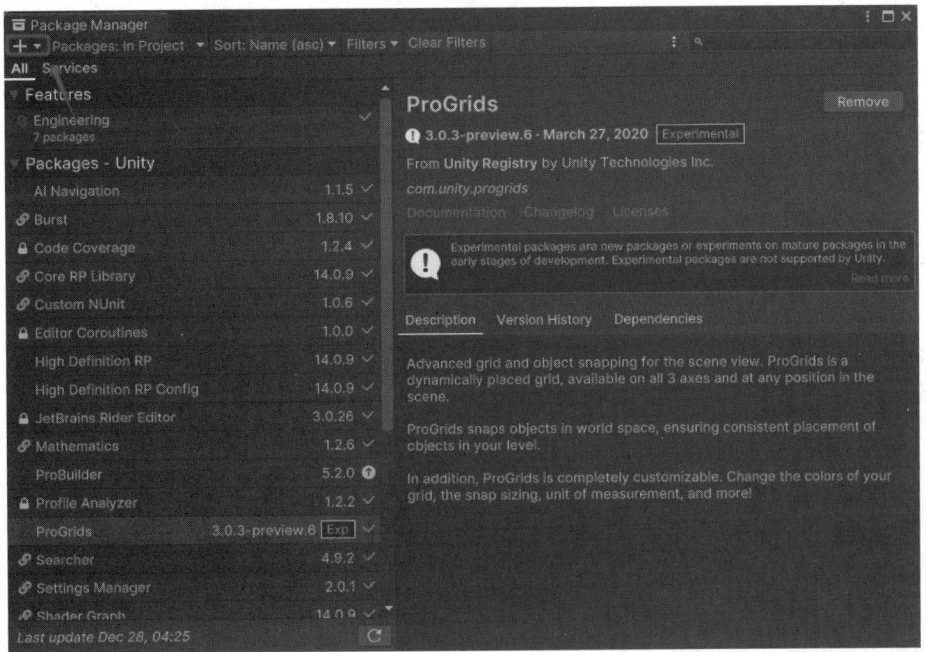

图 14.6

图 14.7

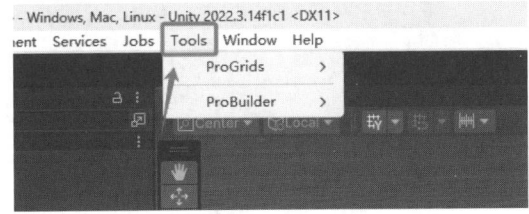

图 14.8

2. 项目目录结构

在新建项目并导入所需插件后，接下来设计当前项目的目录结构。

在2.5.5小节中讲解过项目目录结构的设计思想，本项目参考其设计思想，将当前项目的目录结构设计为以下几个主要部分，如图14.9所示。

当前项目在Assets下主要有4个文件夹：用于存放所有艺术资源的GameAssests文件夹，用于读取本地文件API的Resources文件夹，用于存放场景的Scenes文件夹，以及用于存放项目所有脚本的Scripts文件夹。

项目各种类型的艺术资源包括音频、字体、材质、模型、预制体、场景设置信息（HDRP设置和灯光设置）、UI、VFX等，全部都存储在GameAssests文件夹中。

Scripts文件夹存放了当前项目所使用的所有脚本。其中，与功能块相关的所有C#代码都会放在Scripts文件夹下的Unit文件夹中。

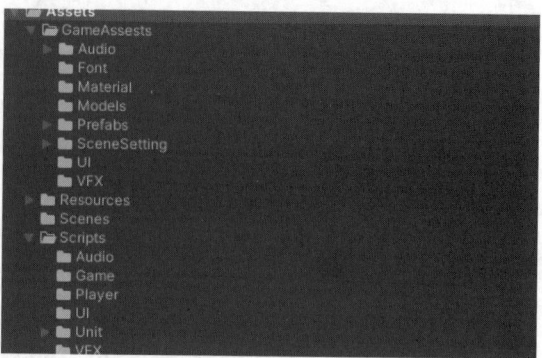

图 14.9

3. 美术资源导入

当前项目所用到的所有美术资源，包括UI、模型及特效，都已整理并免费提供给读者使用。读者可以在书籍附带的资源中找到当前项目所使用的所有美术资源。下载完成后，可以直接将对应的美术资源拖入其所属的文件夹中：将所有模型资源导入Assets→GameAssests→Models文件夹中，将所有UI资源导入Assets→GameAssests→UI文件夹，将阴影的特效资源导入Assets→GameAssests→VFX文件夹中。

至此，当前项目的所有准备工作全部完成，接下来进入项目的正式开发工作。

14.2 人物控制系统

本节将详细讲解如何实现游戏中的人物控制功能。值得注意的是，本节所介绍的人物控制功能将构成最终游戏人物控制的完整体系。由于当前项目的角色移动逻辑与功能块系统紧密相连，因此在功能块部分代码编写完成之前，我们将先集中实现相对独立的部分人物控制功能。具体来说，人物控制功能主要涵盖以下3个方面：基础移动实现、运动间隔限制以及相机视角控制。

如图14.10所示，人物控制流程图清晰地展示了人物控制的完整过程，共涉及9个步骤。本节将重点关注其中的**"玩家移动输入""运动间隔判断""执行运动"** 这3个核心环节。

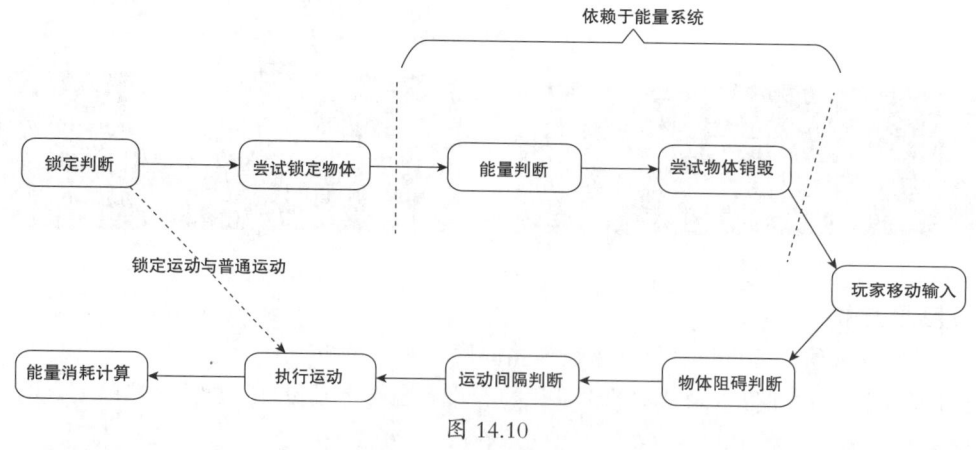

图 14.10

14.2.1 基础移动实现

在本小节中，将实现游戏的基础移动功能。当玩家按下W、A、S和D键后，场景中的角色将会向着相对于关卡方向的左、右、后进行移动。

1. 新建物体与脚本

在编写逻辑脚本之前，需要在场景中新建一个物体来表示角色。读者可以选择直接使用下载的美术资源，也可以选择场景中的一个Cube物体作为角色模型替代。如图14.11所示，创建了一个名为Player的空物体，并将人物模型作为子物体。

> **注意：Player子物体位置**
>
> Player子物体的位置和角度需要全部置零，否则在测试人物移动时可能会出现旋转Bug。后续测试中的脚本也都会挂载在Player物体上，而"人物"物体仅用于显示角色模型。

为了模拟关卡环境，还可以在场景中新建一个任意大小的长方形平面，如图14.11所示。

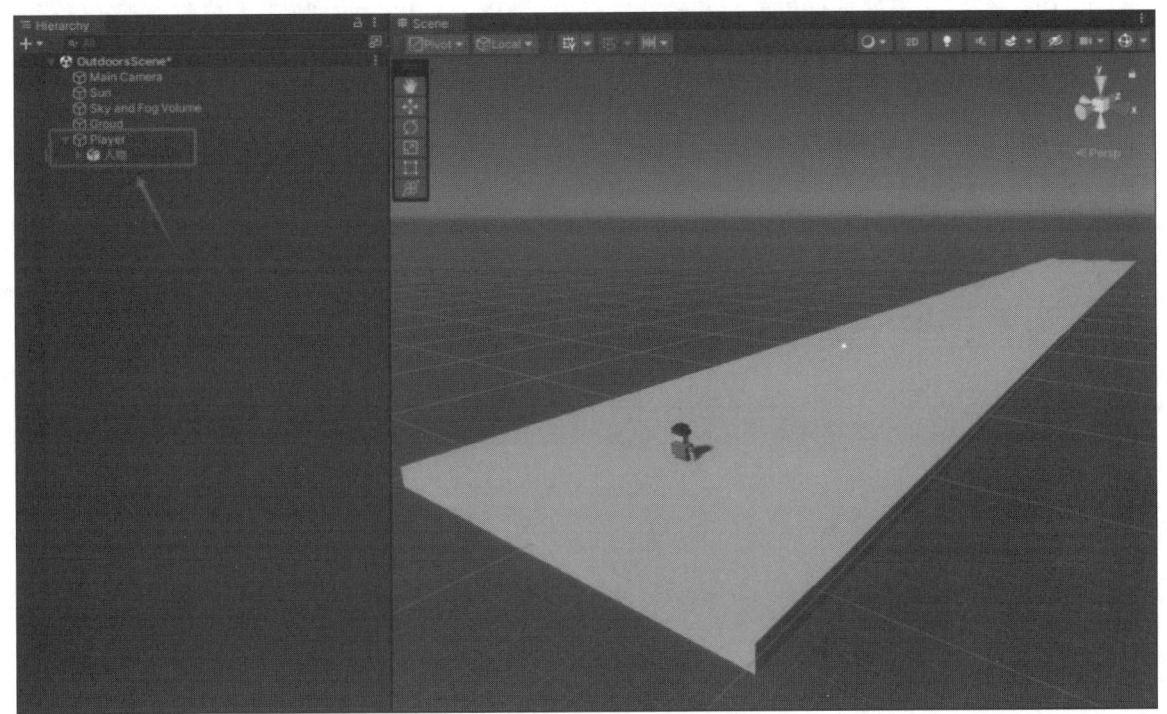

图 14.11

搭建好测试场景后，在本地的Assets→Scripts→Player文件夹和Assets→Scripts→Unit文件夹中分别新建一个C#脚本，并分别命名为PlayerMove和UnitAction。

PlayerMove类将继承自MonoBehaviour类，负责挂载在场景中，控制角色移动逻辑；UnitAction类负责编写静态工具方法，实现角色的各类运动行为。

2. 定义角色移动

（1）在PlayerMove脚本中添加两个枚举变量。

```
public enum PlayerState
{
    NormalMove,
    LockMove,
    StopMove
}
public enum PlayerMoveDirect
{
    Forward,
    Back,
    Left,
    Right
}
public class PlayerMove : MonoBehaviour{}
```

其中，PlayerState用于定义角色的运动状态。如果为NormalMove，则表示当前处于正常运动状态；如果为LockMove，则表示当前位于锁定运动状态（推、拉物体时，角色都会进入锁定状态）；如果为StopMove，则表示禁止运动状态。PlayerMoveDirect用于表示角色的移动方向。

（2）在PlayerMove类中定义以下变量。

```
[Header("移动速度")]
public float PlayerMoveSpeed = 1;
[Header("运动状态")]
public PlayerState PlayerMoveState = PlayerState.NormalMove;
[Header("方向")]
public PlayerMoveDirect PlayerMoveDirect = PlayerMoveDirect.Forward;
[SerializeField]
private GameObject playerObject;
private bool isInputMove = false;
```

（3）在PlayerMove的Start()函数中对以上变量进行初始化。

```
private void Start()
{
    if (this.gameObject.name == "Player" || this.gameObject.tag == "Player")
    {
        playerObject = this.gameObject;
    }
    else
    {
        //暴力寻找
        playerObject = GameObject.Find("Player");
    }
    playerObject.transform.rotation = Quaternion.Euler(Vector3.zero);
}
```

3. 实现角色移动

（1）定义用于实现移动逻辑的UnitAction静态类。

```
public static class UnitAction{}
```

> **注意**：UnitAction类的设计
>
> UnitAction类本身是一个静态类，这样设计的好处是它作为工具类不需要被实例化，通过静态类可以非常方便地调用其中的工具方法。

（2）定义Move()函数。Move()函数是用于处理角色移动的最底层代码，它会接收一个Transform对象，并根据目标方向和速度对其位置进行改变。

```
public static void Move(Transform moveTransform, Vector3 forwardDirect, float speed)
{
    moveTransform.Translate(forwardDirect * speed, Space.World);
}
```

有了实际处理角色移动的代码后，还需要对角色的移动进行判断。

（3）在PlayerMove()函数中对角色当前面向的方向进行判断，并且根据当前面向的方向决定此次移动的角度与位置量。

```
public static void PlayerMove(GameObject player, PlayerMoveDirect
playerMoveDirect, PlayerState playerState = PlayerState.NormalMove, float speed =
1f)
{
    //移动以及转动方向
    Vector3 playerMoveForward = Vector3.zero;
    Vector3 playerRotateForward = Vector3.zero;
    switch (playerMoveDirect)
    {
        case PlayerMoveDirect.Forward:
            playerRotateForward = new Vector3(0, 0, 0);
            playerMoveForward = Vector3.forward;
            break;
        case PlayerMoveDirect.Left:
            playerRotateForward = new Vector3(0, -90, 0);
            playerMoveForward = Vector3.left;
            break;
        case PlayerMoveDirect.Back:
            playerRotateForward = new Vector3(0, -180, 0);
            playerMoveForward = Vector3.back;
            break;
        case PlayerMoveDirect.Right:
            playerRotateForward = new Vector3(0, -270, 0);
            playerMoveForward = Vector3.right;
            break;
    }
    //执行旋转，然后位移
    if (playerState == PlayerState.NormalMove)
    {
        player.transform.rotation = Quaternion.Euler(playerRotateForward);
        Move(player.transform, playerMoveForward, speed);
    }
```

```
if (playerState == PlayerState.LockMove)
{
    //暂无
}
```

> **注意：** 由于当前还未编写与功能块锁定相关的代码，因此以上if语句中处理LockMove的部分暂时为空。

（4）在UnitAction中除了有处理角色移动的代码外，还需要有检测当前玩家移动输入的代码。以下代码将会检测当前玩家的移动输入，并更改PlayerMoveDirect枚举值。

```
public static bool PlayerInput(PlayerState playerState,ref PlayerMoveDirect playerMoveDirect)
{
    if (playerState == PlayerState.NormalMove) {
        if (Input.GetKeyDown(KeyCode.W)) {
            playerMoveDirect = PlayerMoveDirect.Left; return true;
        }
        if (Input.GetKeyDown(KeyCode.A)) {
            playerMoveDirect = PlayerMoveDirect.Back; return true;
        }
        if (Input.GetKeyDown(KeyCode.S)) {
            playerMoveDirect = PlayerMoveDirect.Right; return true;
        }
        if (Input.GetKeyDown(KeyCode.D)) {
            playerMoveDirect = PlayerMoveDirect.Forward; return true;
        }
        return false;
    }
    //这里未来还会增加LockMove部分的输入检测
    return false;
}
```

（5）在PlayerMove类的Update()函数中实际使用以下代码。

```
private void Update()
{
    //获得用户输入
    isInputMove = UnitAction.PlayerInput(PlayerMoveState, ref PlayerMoveDirect);
    if (isInputMove == true)
    {
        //执行移动
        UnitAction.PlayerMove(playerObject, PlayerMoveDirect, PlayerMoveState, PlayerMoveSpeed);
    }
}
```

此时，角色的基础移动代码就编写完成了。读者可以将脚本挂载在场景中的Player物体上，确保角色物体的名称为Player，标签设置为Player，然后即可测试运行当前代码。

14.2.2 运动间隔限制

在基础移动实现中，玩家可以通过W、A、S、D键进行快速的、无限制的移动，两次移动之间没有时间间隔，移动速度完全取决于玩家按下键盘的速度。

本小节将对玩家的移动行为进行限制，将实际移动限制在一定的时间间隔内，只有在达到时间间隔后，玩家才可以进行下一次移动。

（1）在UnitAction类中新定义一个MoveTimeCal()方法。

```
public static bool MoveTimeCal(ref float calMoveTime, float moveIntervalTime)
{
    calMoveTime += Time.deltaTime;
    if (calMoveTime >= moveIntervalTime)
    {
        return true;
    }
    return false;
}
```

此方法会返回true或false，每次执行时，将会对当前的时间进行判断。在此方法中，定义了一个浮点型变量calMoveTime，每次执行，该变量都会加上当前帧的时间，并判断它是否大于变量moveIntervalTime。如果满足条件，则表示当前已经在时间间隔之外，此时方法返回true，表示角色可以移动；否则返回false，表示角色无法移动。

（2）完成MoveTimeCal()方法的编写后，将其逻辑集成到PlayerMove类中。

首先，定义在MoveTimeCal()方法中需要的变量：

```
[Header("运动间隔时间")]
public float moveIntervalTime = 0.25f;
[SerializeField]
private float calMoveTime = 0f;
[SerializeField]
private bool isMoveIntervalTime = true;
```

然后，在Update()函数中使用限制运动的代码。

```
private void Update()
{
    //获得用户输入
    isInputMove = UnitAction.PlayerInput(PlayerMoveState, ref PlayerMoveDirect);
    //判断是否满足运动间隔时间
    isMoveIntervalTime = UnitAction.MoveTimeCal(ref calMoveTime, moveIntervalTime);
    if (isInputMove == true && isMoveIntervalTime == true)
    {
        //执行移动
        UnitAction.PlayerMove(playerObject, PlayerMoveDirect, PlayerMoveState, PlayerMoveSpeed);
        isMoveIntervalTime = false;
        calMoveTime = 0f;
    }
}
```

14.2.3 相机视角控制

在完成了基础移动实现和运动间隔限制后,当前还不能在场景中正确观测到角色物体。为了使相机可以随着角色的移动而移动,本小节将讲解如何编写相机视角跟随代码。

1. 相机视角控制基本概念

在本项目中,玩家的视角采用俯视角,这与传统的第三人称或第一人称视角游戏有着显著的区别。因此,本项目的相机视角控制需特别关注3个核心问题:①位置跟随及偏移的调整;②视角的精确跟随;③角色移动后相机平移的平滑处理。本小节将重点围绕这3个核心问题的解决展开代码编写。

首先需要明确哪些属性是控制相机视角的关键。如图14.12所示,相机共有3个关键的公开属性:**相机位置调整、相机旋转角度调整及跟随后处理时间**。这些属性分别对应上述3个核心问题,它们将共同协作,确保相机视角的精准与流畅。

在本地的Assets→Scripts→Player文件夹中新建脚本CameraFollow.cs,将其添加到MainCamera物体上,并在脚本中定义以下变量。

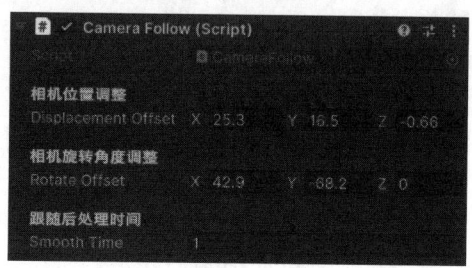

图 14.12

```
//完成平滑处理所需的时间
[Header("跟随后处理时间")]
public float smoothTime = 1;
//摄像机位置调整量,三轴位移量
[Header("相机位置调整")]
public Vector3 displacementOffset = new Vector3();
//摄像机视角角度调整量,三轴旋转量
[Header("相机旋转角度调整")]
public Vector3 rotateOffset = new Vector3();

//玩家的transform组件
private Transform playerTransform;
//初始位置偏移量
private Vector3 positionOffset;
//移动后处理变量
//位移终值
private Vector3 finalPosition;
//当前摄影机位移速率,由SmoothDamp()函数自行更改
private Vector3 velocity = Vector3.zero;
```

其中,前3个变量为公开类型,可以在Unity的Inspector视图中进行更改。后4个私有类型的变量主要用于存储一些与变换相关的信息。

2. 编写视角跟随逻辑

(1)在CameraFollow类的Start()函数中,加入以下代码来对变量进行初始化。

```
void Start()
{
    if (playerTransform == null)
    {
        //找到玩家的transform组件
```

```csharp
        playerTransform = GameObject.FindGameObjectWithTag("Player").transform;
    }
    //得到初始位置偏移量
    positionOffset = transform.position - playerTransform.position;
}
```

GameObject.FindGameObjectWithTag代码用于获取Player物体的transform组件，其通过player（玩家）身上的Player标签来完成物体的查找。positionOffset变量表示角色初始时相机位置的位移，通过计算相机物体和玩家物体的位置差得到。

（2）在Update()函数中实时更新MainCamera的属性。

```csharp
void Update()
{
    //旋转
    Quaternion rotation = Quaternion.Euler(rotateOffset);
    //位置更新
    finalPosition = positionOffset + playerTransform.position + displacementOffset;
    transform.position = Vector3.SmoothDamp(transform.position, finalPosition, ref velocity, smoothTime);
    //角度更新
    transform.rotation = rotation;
}
```

在上述代码中，finalPosition变量表示相机的目标位置，由以下3个重要的位置变量共同计算得出。

- positionOffset：初始位置偏移量。
- playerTransform.position：当前玩家物体所代表的位置。
- displacementOffset：开发者进行定制和微调的偏移量。

整个计算过程可以理解为：**在positionOffset的基础上，根据玩家当前的实时位置（playerTransform.position），动态地加上这个偏移量，从而得到相机的目标位置**。同时，通过调整displacementOffset，开发者可以灵活地改变相机与玩家之间的相对位置关系。

一旦计算出了相机的目标位置，代码将会使用Vector3.SmoothDamp()函数，确保相机能够平滑地移动到这个目标位置，而不是突兀地跳跃过去。其中，smoothTime参数决定了平滑移动所需的时间，可以根据游戏的需求进行调整，以实现最佳的视觉效果。

完成上述代码的编写后，相机视角控制功能就已经实现了。接下来，读者可以在Unity的Inspector视图中，根据游戏的具体需求修改这3个数值，从而定制出独特的游戏游玩视角。

14.3 项目核心功能框架

在实现了游戏的基础控制功能后，接下来准备接入游戏的游戏性系统。在游戏性系统开发中，本节将会讲解两个框架性的内容：功能块框架和流程控制框架。其中，功能块框架用于为后续的功能块系统进行铺垫；而流程控制框架则用于整体游戏状态的切换。它们是本项目的基础系统，需要在项目前期就完成搭建。

14.3.1 功能块框架

在需求分析时提到，本项目的核心需求之一是功能块系统。在关卡中，所有玩家移动路径上的非地面物体都属于功能块。本小节将会先对功能块的需求进行分析，然后在此基础上进行具体代码的设计与实现。

1. 功能块需求分析

功能块系统在代码设计时需要重点考虑以下两个方面。

（1）由于游戏中会有多种类型的功能块，若不以合适的类结构来组织这些对象，新功能的添加将变得越来越困难。因此，为了保证项目后期各种新功能的开发，需要帮助功能块框架在设计时就具有一定的可扩展性。

（2）功能块的代码设计需要确保其不同功能所对应的接口定义清晰。游戏中出现的各种功能块，除了要由程序员进行开发使用之外，策划和美术人员也需要使用它。例如，策划需要在游戏进行时实时更改、调试功能块的属性和数值，美术则需要给不同的功能块添加对应的模型和艺术效果。为了满足不同岗位的需求，就需要保证对新功能块的添加流程不能太复杂，对老功能块的修改要简单直观。

为了实现上述需求，功能块框架代码的设计主要分为以下3个类。

（1）UnitInfo：存储功能块的基本信息，并提供对功能块的状态进行更改的方法。

（2）UnitObject：将功能块的逻辑挂载在场景中的物体上，并提供可修改的参数界面。

（3）UnitMethod：提供对功能块的物体锁定、物体解锁、物体摧毁等功能。

本小节将完成UnitInfo和UnitObject类的搭建，而UnitMethod的具体实现将在后续的小节中逐步完成。

2. UnitInfo 类实现

（1）在Assets→Scripts→Unit文件夹中新建UnitInfo.cs脚本，并编写UnitInfo抽象类。

```
public abstract class UnitInfo{}
```

为什么要将UnitInfo设计为抽象类？这就需要先分析一下当前项目的功能块结构。在当前项目中，功能块按照是否可以交互分为两种类型：可交互功能块和不可交互功能块。可交互功能块又具有推、拉、破坏这3类属性。每个功能块的大小不一，消耗的能力不一。**为了将这些不同功能块的共同需求部分抽象出来，需要建立一个只用于继承、不可被实例化的抽象类UnitInfo。** 当新的功能块接入框架中时，新加入的功能块类需要继承自UnitInfo类，对UnitInfo类中的属性进行初始化，并在此基础上进一步定制所需的功能。

而框架中的UnitMethod和UnitObject类只会对UnitInfo类进行操作，不会对具体的UnitInfo实例类进行操作。通过这一抽象类的设计，将系统的变化点从多个毫不相干的、负责具体功能块的类集中到了UnitInfo这一抽象类，进而使系统在面对变化时更加稳定。

（2）在UnitInfo.cs脚本中加入两个枚举变量，分别代表功能块物体的当前状态和功能块物体的类型。

```
//功能块物体的当前状态
public enum UnitObjectState
{
    Ready,
```

```
    Lock,
    Push,
    Destroy,
    Through,
    NotInteractive
}
//功能块物体的类型
public enum UnitObjectType
{
    Default,
    NotInteractive,
    Stone,
    Tree
}
public abstract class UnitInfo{}
```

其中，UnitObjectState枚举表示当前功能块物体动态的状态：Ready表示准备状态；Lock表示锁定状态；Push表示推状态；Destroy表示破坏状态；Through表示可穿过；NotInteractive表示不可交互状态。

UnitObjectType枚举表示功能块物体的静态属性：Default表示此功能块为默认功能块类型；NotInteractive表示此功能块为不可交互的功能块类型；Stone表示此功能块为岩石类型（岩石类型的功能块可以推动，但是不可以破坏）；Tree表示树类型（树类型的功能块可以推动、可以破坏）。

如果读者想要设计其他的类型功能块，可以在UnitObjectType中加入目标类型，并对UnitObjectState中的状态进行组合。

（3）在UnitInfo.cs脚本中定义功能块的基础属性。

```
[Header("能量消耗")]
public readonly int PushEnergyCost = 0;
public readonly int DestroyEnergyCost = 0;
//物体的可动作状态链表
protected List<UnitObjectState> objectCanStateList;
private UnitObjectState state;
```

在上述代码中，定义了PushEnergyCost和DestroyEnergyCost，它们分别代表推动以及破坏功能块需要消耗的能量。此属性被定义为只读属性，因为它代表了此功能块对玩家能力的消耗，仅会有读取的动作，不需要对其进行更改。objectCanStateList使用了List（链表）作为容器，存储当前物体可以执行的所有状态。例如，假设objectCanStateList中有Push状态，但没有Destroy状态，此时物体就不具有Destroy属性。

（4）在当前函数的构造函数中初始化UnitInfo。

```
private UnitInfo() { }
protected UnitInfo(int pushCost,int destroyCost = 0)
{
    this.state = UnitObjectState.Ready;
    this.PushEnergyCost = pushCost;
    this.DestroyEnergyCost = destroyCost;
    objectCanStateList = new List<UnitObjectState>();
}
```

需要注意的是，UnitInfo类的默认构造函数被private修饰，这意味着当前UnitInfo类的子类在构造时，必须按照UnitInfo(int pushCost,int destroyCost = 0)的定义来传递所需的参数，确保pushCost一定具有某个数值。

（5）为其编写state的获取与更改方法。

```
public UnitObjectState GetState()
{
    return state;
}
public void ChangeState(UnitObjectState newUnitObjectState)
{
    this.state = newUnitObjectState;
}
```

当角色尝试与该功能块互动时，角色可能会有推、破坏、穿过等行为。

（6）为了判断行为对当前功能块是否合法，还需要对objectCanStateList进行初始化。

```
public void InitCanStateList(bool canPush, bool canThrough, bool canDestroy,
UnitObjectType unitObjectType){
    this.objectCanStateList.Clear();
    if (unitObjectType == UnitObjectType.NotInteractive)
    {
        this.objectCanStateList.Add(UnitObjectState.NotInteractive);
    }
    if (canPush == true)
    {
        this.objectCanStateList.Add(UnitObjectState.Push);
    }
    if (canThrough == true)
    {
        this.objectCanStateList.Add(UnitObjectState.Through);
    }
    if (canDestroy == true)
    {
        this.objectCanStateList.Add(UnitObjectState.Destroy);
    }
}
```

InitCanStateList()方法会根据传入的布尔参数值，确定当前UnitInfo中objectCanStateList所需的状态，并将其添加到链表中。

（7）判断状态类型。在游戏运行过程中，当角色和功能块发生交互时，还需要动态判断当前功能块物体交互的类型。

```
public bool CanTryThisState(UnitObjectState unitObjectState) {
    if (objectCanStateList.Contains(unitObjectState))
    {
        return true;
    }
    return false;
}
```

```
public bool CanTryThisState(UnitObjectState unitObjectState1, UnitObjectState
unitObjectState2){
    if (objectCanStateList.Contains(unitObjectState1) && objectCanStateList.
    Contains(unitObjectState2))
    {
        return true;
    }
    return false;
}
```

3. UnitObject 类实现

接下来编写UnitObject类。UnitObject类主要起中介作用，即将游戏性逻辑（如UnitInfo.cs和UnitMethod.cs）与实时的游戏世界相连接，并使开发者可以在游戏运行时动态更改功能块的各个数值。因此，在UnitObject的变量部分需要设置多个public修饰的变量。

（1）设置变量。

```
[Header("Unit物体类型")]
public UnitObjectType unitObjectType;
[HideInInspector]
public UnitInfo UnitInfo;
//是否可以推动、穿过、破坏
public bool CanPush;
public bool CanThrough;
public bool CanDestroy;
[Header("推动消耗")]
public int PushCost;
[Header("破坏消耗")]
public int DestroyCost;
private GameObject unitGameObject;
```

其中，CanPush、CanThrough、CanDestroy表示当前是否可以推动、穿过、破坏，PushCost和DestroyCost分别代表推动和破坏的能量消耗。

（2）在Awake()函数中对以上字段进行初始化。

```
private void Awake()
{
    if (this.gameObject != null)
    {
        unitGameObject = this.gameObject;
    }
    if (this.gameObject.tag != "UnitObject")
    {
        this.gameObject.tag = "UnitObject";
    }
    //此处还有UnitInfo初始化的代码，将会在后续内容中补充
}
```

（3）当外部需要访问UnitObject对应的GameObject物体时，可以使用以下封装过的方法。

```
public GameObject GetUnitObject()
```

```
{
    if (unitGameObject != null)
    {
        return unitGameObject;
    }
    Debug.LogWarning("UnitObject不存在");
    return null;
}
```

在完成UnitInfo和UnitObject类的编写后,当前功能块的基础框架即已搭建完成。具体的功能会在后续小节中逐步完成。

14.3.2 流程控制框架

每个游戏都有生命周期,包含从游戏开始、进行到结束等诸多过程。每当开启了一局新的游戏,就需要进入当前游戏所设定的生命周期流程。为了控制游戏的流程,为游戏提供开始、准备、结束的判断条件,需要为当前游戏编写一套流程控制框架。

1. 流程控制框架基础概念

状态切换可以理解为状态机模型的简化版,当前游戏会有一个游戏的入口状态。图14.13所示为准备状态。当游戏正式开始后,游戏会进入运行状态。在游戏的流程控制代码中,每一帧都会对当前的判断条件进行判断。当状态为Win时,将会执行游戏胜利的画面并返回主界面;当状态为Fail时,将会执行游戏失败的画面并显示是否重新开始。

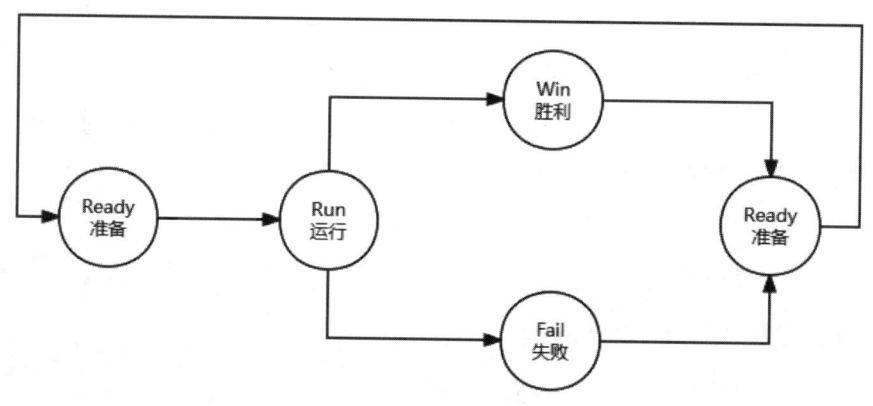

图 14.13

2. 流程控制代码编写

(1)在编写流程控制代码之前,需要在游戏场景中放置一些特殊物体,负责检测玩家的胜利和失败状态。在这个项目中,设定了一个名为"安全屋"的模型作为检测游戏胜利的条件,如图14.14所示(该模型资源可以在本书的附赠资源中找到)。一旦角色成功进入"安全屋",游戏即判定为胜利。如果玩家不慎进入"阴影"模型的区域,游戏将判定为失败,如图14.15所示。

在"阴影"物体和"安全屋"物体中都添加一个Box Collider组件,并勾选Is Trigger复选框。这样,当角色与这些物体发生交互时，不会产生物理碰撞，而是触发相应的事件，从而实现胜利和失败状态的检测。

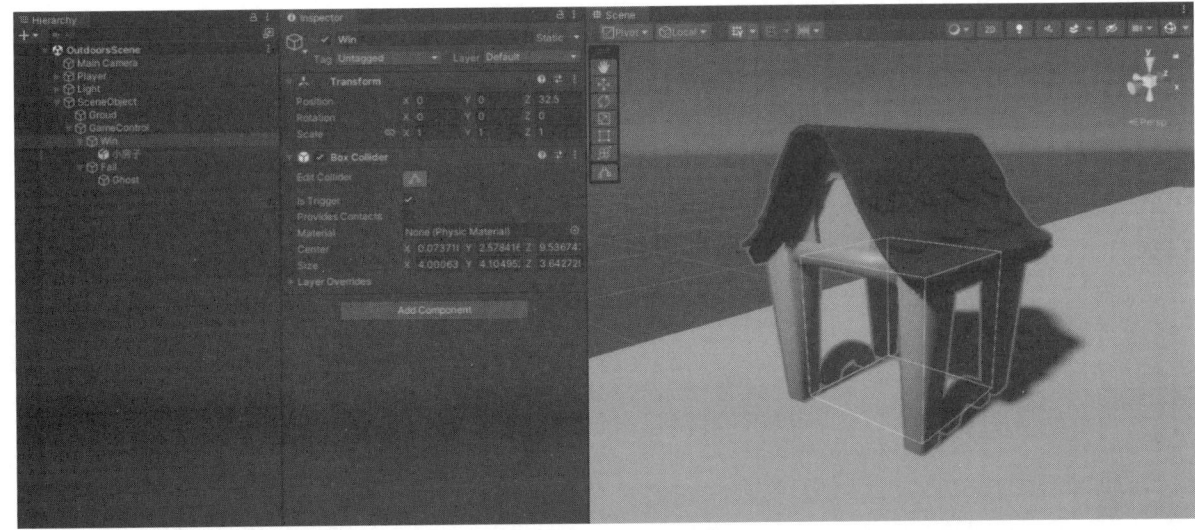

图 14.14

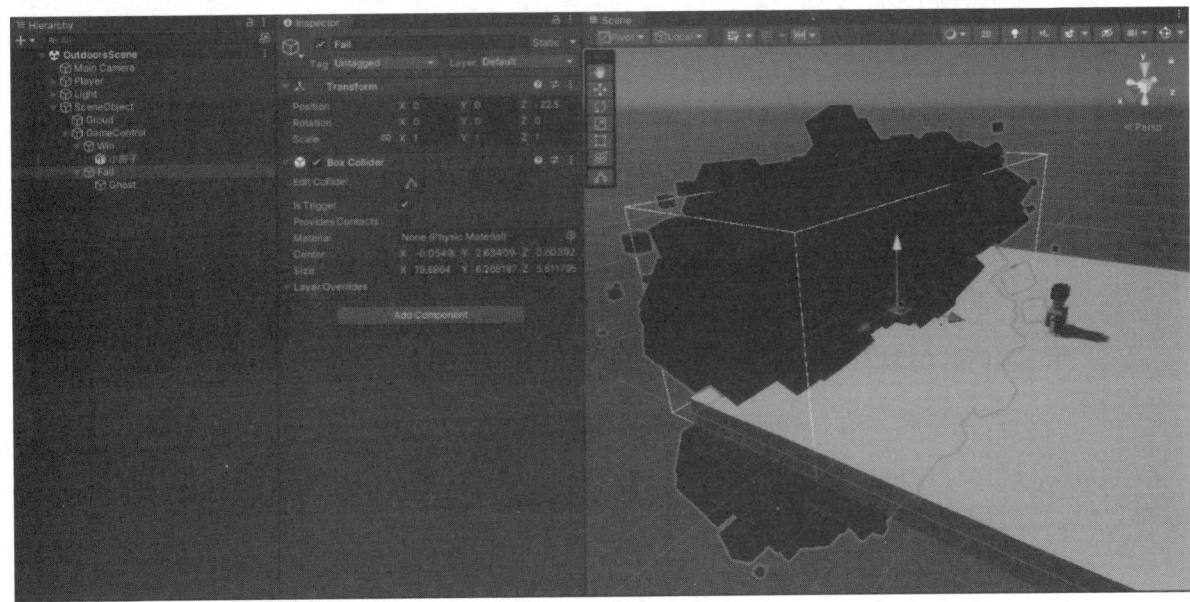

图 14.15

（2）创建脚本。在Assets→Scripts→Game 文件夹中，新建GameControl.cs、WinTrigger.cs和DeathTrigger.cs 3个脚本，分别用于游戏流程控制、胜利条件触发和失败条件触发。

（3）在当前场景中新建一个名为GameManager的空物体，并将GameControl.cs脚本挂载到此物体上。

（4）在GameControl.cs脚本中新建一个用于表示游戏状态的枚举变量GameCondition，并对其进行初始化。

```
public enum GameCondition
{
    Ready,Run,Win,Fail
}
public class GameControl : MonoBehaviour
{
    public GameCondition GameCondition = GameCondition.Ready;
    public GameObject WinTrigger;      //终点检测体
    public GameObject FailTrigger;     //失败检测体
    private void Start()
    {
        if (GameCondition == GameCondition.Ready)
        {
            GameCondition = GameCondition.Run;
        }
        if (WinTrigger == null && FailTrigger == null)
        {
            WinTrigger = GameObject.Find("Win");
            FailTrigger = GameObject.Find("Fail");
        }
    }
}
```

（5）在GameControl.cs脚本中，编写分别用于处理游戏失败和胜利的方法。这些方法的具体内容因为依赖于其他游戏性系统的实现，所以，在此先暂时使用Debug输出代替。

```
private void GameFail()
{
    Debug.Log("Game Fail!");
}
private void GameWin()
{
    Debug.Log("Game Win!");
}
```

以下是用于判断游戏状态的方法。

```
private void GameConditionUpdate(GameCondition gameCondition)
{
    switch (gameCondition)
    {
        case GameCondition.Win:
            GameWin();
            break;
        case GameCondition.Fail:
            GameFail();
            break;
    }
}
```

（6）为了触发角色的失败/胜利行为，还需要分别为"阴影"触发盒和"安全屋"添加对应的触发检测代码。将WinTrigger.cs脚本挂载到安全屋物体上,并在WinTrigger.cs中编写以下代码。

```csharp
using UnityEngine;
public class WinTriggerCube : MonoBehaviour
{
    private GameControl gameControl = default;
    private void Start()
    {
        if (gameControl == null)
        {
            gameControl = GameObject.Find("GameManager").GetComponent<GameControl>();
        }
    }
    private void OnTriggerEnter(Collider other)
    {
        if (other.gameObject.tag == "Player")
        {
            if (gameControl !=null)
            {
                gameControl.GameCondition = GameCondition.Win;
            }
        }
    }
}
```

OnTriggerEnter()方法将会检测当前进入触发器的物体标签是否为Player。如果为真,则将GameControl中的状态更改为Win。

(7) 编写DeathTrigger.cs脚本。DeathTrigger.cs不仅需要判断当前玩家是否进入"阴影"内,还需要在游戏进行时持续更改当前"阴影"物体的位置,直到游戏失败。

```csharp
using UnityEngine;
public class DeathTriggerCube : MonoBehaviour
{
    [Header("死亡迷雾Trigger往前移动速度")]
    public float DeathTriggerSpeed;
    private GameControl gameControl = default;
    private void Start()
    {
        if (gameControl == null)
        {
            gameControl = GameObject.Find("GameManager").GetComponent<GameControl>();
        }
    }
    private void Update()
    {
        this.gameObject.transform.position += new Vector3(0, 0, DeathTriggerSpeed);
    }
    private void OnTriggerEnter(Collider other)
    {
        if (other.gameObject.tag == "Player")
```

```
            {
                gameControl.GameCondition = GameCondition.Fail;
            }
        }
    }
```

（8）在GameControl类的Update()方法中加入判断当前状态的代码。

```
private void Update()
{
    GameConditionUpdate(GameCondition);
}
```

（9）确保当前场景中的物体设置正确，如图14.16所示，确保Win、Fail、GameManager这几个物体的命名正确。

因为Player物体需要进入BoxTrigger中进行触发器检测，为了确保检测成功发生，需要在Player物体上新建Capsule Collider和Rigidbody组件，并且开启Rigidbody组件上的Is Kinematic选项以及关闭Use Gravity选项，如图14.17所示。

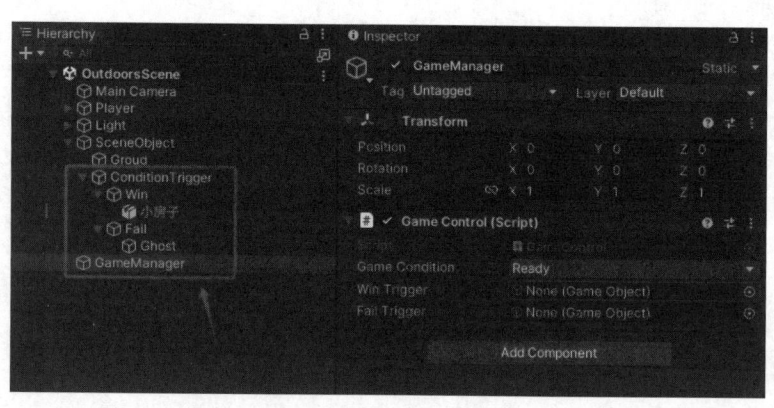

图14.16　　　　　　　　　　　　　　　图14.17

14.4 功能块的核心功能

接下来，为流程控制框架添加内容。本节将按照功能块从触发到锁定，再到破坏的全流程，讲解功能块系统所需的各个功能。

14.4.1 功能块触发

1. 功能块系统概览

先来整体分析功能块所需的各个功能及它们对应的类。图14.18所示为当前功能块系统的执行流程图。

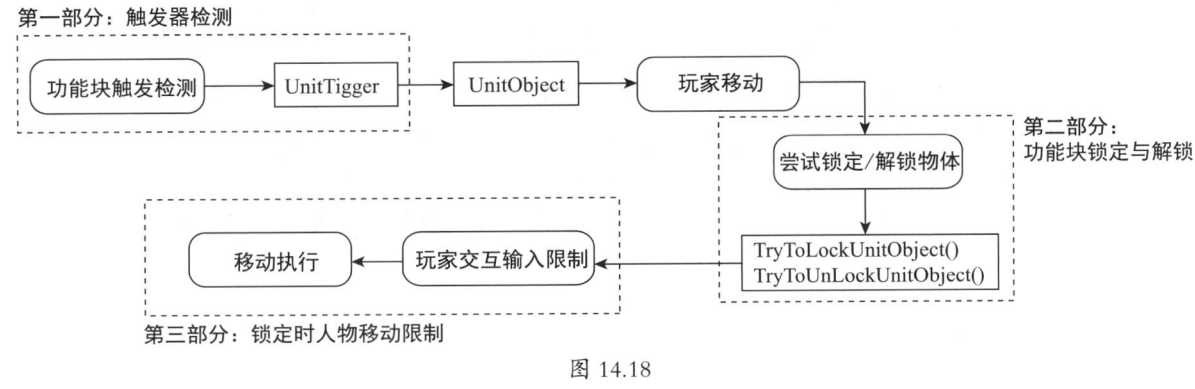

图 14.18

功能块的交互过程可以划分为以下3个核心环节。

（1）功能块的触发器检测环节。当角色前方存在功能块时，其身上的触发盒实体将能够准确地识别并捕获这些物体。

（2）功能块的锁定与解锁模块。根据功能块的属性及种类，相关信息将被传递给功能块的锁定与解锁模块。如果功能块的CanPush属性为真，那么当玩家按下左键时，角色将锁定其前方的功能块，并在移动时带动该功能块一同移动。

（3）角色移动的额外限制。当功能块被锁定时，其移动完全受角色控制，这意味着如果功能块前方有障碍物，它可能会直接穿过该物体，这是因为系统并未为这些功能块设置碰撞检测。为了防止这种情况的发生，角色在锁定功能块后，其移动范围将受到进一步限制。

除了上述3个核心环节，还有一个相对独立的功能块摧毁功能。这一功能依赖于功能块的锁定机制，且其逻辑相对独立，将在14.4.4小节中进行讲解。

2. 功能块触发实现

功能块触发的核心原理很简单。

（1）在角色当前位置前方新建一个Box Collider作为碰撞体，开启Is Trigger选项，并为其添加刚体。PlayerUnitTrigger物体的位置和Inspector视图中的内容如图14.19所示。

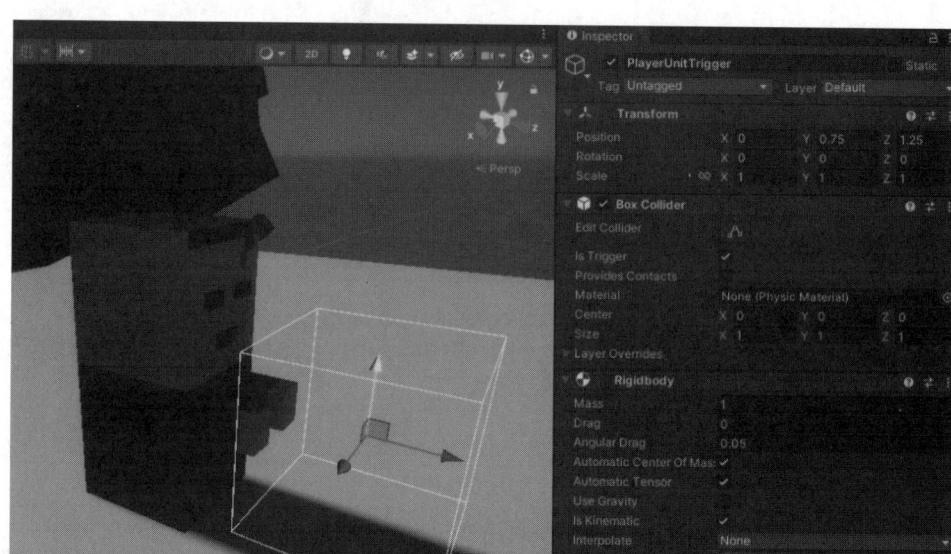

图 14.19

（2）在Assets→Scripts→Unit 文件夹中，新建UnitTrigger.cs脚本。

（3）UnitTrigger.cs脚本中的代码如下：

```
using UnityEngine;
public class UnitTrigger : MonoBehaviour
{
    private PlayerMove playerMove;
    private GameObject unitObject = null;
    private bool isUnitTrigger = false;
    private void Start()
    {
        if (playerMove == null)
        {
            playerMove = GameObject.Find("Player").GetComponent<PlayerMove>();
        }
        else
        {
            Debug.LogWarning("未找到玩家物体!");
        }
    }
    private void OnTriggerEnter(Collider other)
    {
        if (other.gameObject.tag == "UnitObject")
        {
            if (other.GetComponent<UnitObject>().UnitInfo.CanTryThisState
            (UnitObjectState.NotInteractive) == false)
            {
                if (other.GetComponent<UnitObject>().UnitInfo.CanTryThisState
                (UnitObjectState.Through) == false)
```

```
                    isUnitTrigger = true;
                    unitObject = other.gameObject;
                    playerMove.IsUnitTrigger = true;
                    playerMove.UnitObject = unitObject.GetComponent<UnitObject>();
                }
            }
        }
    }
    private void OnTriggerExit(Collider other)
    {
        if (other.gameObject.tag == "UnitObject")
        {
            if (other.GetComponent<UnitObject>().UnitInfo.CanTryThisState
            (UnitObjectState.NotInteractive) == false)
            {
                if (other.GetComponent<UnitObject>().UnitInfo.CanTryThisState
                (UnitObjectState.Through) == false)
                {
                    isUnitTrigger = false;
                    unitObject = null;
                    playerMove.IsUnitTrigger = false;
                    playerMove.UnitObject = null;
                }
            }
        }
    }
}
```

在UnitTrigger类中，首先维护了3个变量，分别是playerMove、unitObject和isUnitTrigger。其中，playerMove用于引用当前玩家的PlayerMove类；unitObject用于存储当前玩家触发器检测到的功能块物体；isUnitTrigger用于标记当前的触发状态。

在OnTriggerEnter()和OnTriggerExit()函数中，分别对当前进入触发器的物体进行检测，如果当前物体的标签为UnitObject，则表示当前物体为功能块物体，可以进行交互；如果当前功能块的UnitInfo的状态不是UnitObjectState.NotInteractive或UnitObjectState.Through，则表示当前功能块为可交互类型。满足这些条件的功能块将可以被交互，函数将会更改unitObject、isUnitTrigger属性的内容，并访问当前PlayerMove类中的IsUnitTrigger和UnitObject属性。

（4）在PlayerMove类中添加以下两个变量。

```
[Header("功能块")]
public UnitObject UnitObject = null;
[HideInInspector]
public bool IsUnitTrigger = false;
```

在PlayerMove类的Update()函数中，加入更改当前玩家状态的代码。

```
//确定玩家是否进入锁定状态
if (IsUnitTrigger == true && UnitObject != null && Input.GetMouseButton(0))
{
    PlayerMoveState = PlayerState.LockMove;
}
else
```

```
        PlayerMoveState = PlayerState.NormalMove;
    }
```

当IsUnitTrigger为真且当前玩家获得了一个功能块物体时，当前角色的移动状态将会进入锁定状态；反之，则解除锁定状态。

14.4.2 功能块的锁定与解锁

接下来讲解功能块的锁定与解锁机制。在当前程序实现的语境下，锁定意味着将当前物体的移动权限转移给角色物体。这意味着角色可以对这个物体进行推动或拉动操作。无论是推还是拉，程序内部的处理方式是统一的：**将当前功能块设置为角色物体上某个子物体的附属，从而实现对角色和功能块移动的整体控制**。

本小节将详细解析功能块锁定与解锁功能的代码实现。

1. 功能块物体锁定

功能块物体的锁定行为主要包括以下步骤。

（1）检查当前功能块的状态，确保其满足锁定的前提条件。

（2）将其状态更新为Lock，标记该物体为已锁定状态。

（3）将功能块物体的父物体设置为当前角色物体。

如果一个功能块物体符合锁定要求，通过以上步骤，功能块物体将被锁定，并随着角色的移动而移动。以下是功能块物体锁定的代码实现。

```
public static bool TryToLockUnitObject(UnitObject lockUnitObject, GameObject playerObject, PlayerState playerState)
{
    if (lockUnitObject == null || lockUnitObject.UnitInfo.CanTryThisState(UnitObjectState.Push) == false)
    {
        return false;
    }
    //改变功能块物体的状态，并将其父物体设置为角色
    if (lockUnitObject.UnitInfo.GetState() == UnitObjectState.Ready || playerState == PlayerState.LockMove)
    {
        lockUnitObject.UnitInfo.ChangeState(UnitObjectState.Lock);
        lockUnitObject.transform.SetParent(playerObject.transform);
        return true;
    }
    Debug.LogWarning("[UnitAction]：更改" + lockUnitObject.gameObject.name + "物体的状态失败");
    return false;
}
```

2. 功能块物体解锁

在锁定了功能块物体之后，还需要对其进行解锁。以下是功能块解锁部分的代码。

```
public static bool TryToUnLockUnitObject(UnitObject lockUnitObject, GameObject unitObjectParent)
```

```
{
    if (lockUnitObject == null || lockUnitObject.UnitInfo.CanTryThisState (UnitObjectState.
    Push) == false)
    {
        return false;
    }
    if (lockUnitObject.UnitInfo.GetState() == UnitObjectState.Lock)
    {
        lockUnitObject.UnitInfo.ChangeState(UnitObjectState.Ready);
        Debug.Log("当前UnitObject的Parent为:" + unitObjectParent.name);
        lockUnitObject.transform.SetParent(unitObjectParent.transform);
    }
    Debug.LogWarning("[UnitAction]: 更改" + lockUnitObject.gameObject.name + "物体的状
    态失败");
    return false;
}
```

TryToUnLockUnitObject()方法的第二个参数unitObjectParent表示所有功能块物体的父物体。在角色锁定功能块物体后，功能块物体的父物体将会设置为角色。当玩家解锁功能块物体后，功能块物体的父物体需要重新设置为当前场景中的UnitObjectParent空物体，这个空物体的Transform数值为默认值，其唯一的作用就是挂载当前场景中的所有功能块物体，如图14.20所示。

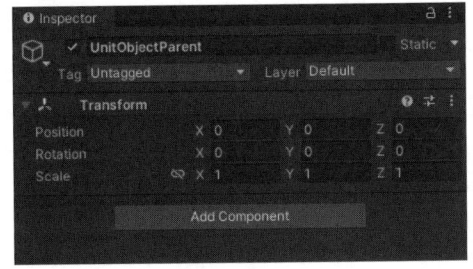

图 14.20

3. 锁定 / 解锁与 PlayerMove

在完成锁定与解锁功能的方法后，还需要将其应用至角色的移动逻辑中。在PlayerMove类中，首先需要获得场景中的UnitObjectParent物体。

```
[Header("所有UnitObject的父物体")]
public GameObject UnitObjectParent = null;
```

在Start()函数中加入对UnitObjectParent物体的获取。

```
if (UnitObjectParent == null)
{
    UnitObjectParent = GameObject.Find("UnitObjectParent");
}
```

在Update()函数中检测当前玩家的输入。当玩家按下左键时,将会尝试锁定物体；当玩家松开左键时，将会尝试解锁物体。

```
if (Input.GetMouseButtonDown(0))
{
    UnitAction.TryToLockUnitObject(UnitObject, playerObject, PlayerMoveState);
}
if (Input.GetMouseButtonUp(0))
{
    UnitAction.TryToUnLockUnitObject(UnitObject, UnitObjectParent);
}
```

14.4.3　锁定时人物移动限制

在角色进入锁定状态后，为确保游戏的流畅性和逻辑性，需要对角色的行为进行必要的限制。**在本游戏的设定中，角色可以锁定某些功能块进行推动或拉动操作。无论是向前推还是向后拉，角色的移动方向必须保持一致。**例如，如果角色面向X轴方向锁定了一个物体，那么它只能沿着正X轴方向推动物体或沿负X轴方向拉动物体，无法改变方向，更不可能在Z轴方向上移动。

此外，当角色面前遇到无法穿过的功能块物体时，角色将无法直接穿越该物体，并会受到阻碍，导致无法在该方向上进行移动。当角色周围的前、后、左、右没有功能块时，它可以自由地进行正常的移动。然而，一旦角色锁定了一个物体，其移动限制范围将会有所扩大，这个范围将涵盖角色本身以及被锁定的功能块所占据的区域。

本小节将讲解在锁定状态下角色移动限制的代码设计及其具体实现。

1. 开发准备

（1）选择用于挂在触发盒的4个物体，如图14.21所示。在这4个物体上新建用于检测触发的碰撞盒，均勾选Is Trigger复选框，并添加Box Collider以及Rigidbody组件，如图14.22所示。

（2）将这4个物体放置在Player物体的前、后、左、右4个方向，按照Up、Down、Left、Right的顺序，它们的位置坐标分别为(-1, 1, 0)、(1, 1, 0)、(0, 1, -1)、(0, 1, 1)。

（3）在Assets→Scripts→Unit文件夹中新建UnitTriggerMove.cs脚本，并声明Trigger枚举。

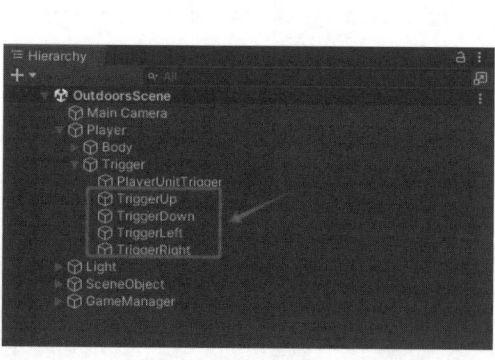

图 14.21

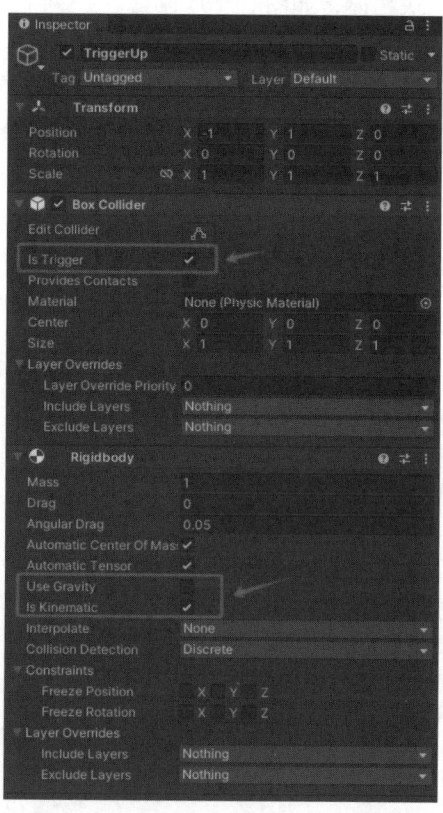

图 14.22

```
public enum Trigger
{
    up,
    down,
    left,
    right,
    other
}
```

（4）在UnitTriggerMove类中加入基本字段的初始化。

```
private int unitLength = 1;
private bool isLock = true;
private Vector3 triggerForward;
private Trigger trigger;
private void Start()
{
    if (this.gameObject.name == "TriggerUp")
    {
        trigger = Trigger.up;
    }
    if (this.gameObject.name == "TriggerDown")
    {
        trigger = Trigger.down;
    }
    if (this.gameObject.name == "TriggerLeft")
    {
        trigger = Trigger.left;
    }
    if (this.gameObject.name == "TriggerRight")
    {
        trigger = Trigger.right;
    }
}
```

（5）将此代码作为组件添加到4个Tigger物体上后，完成所有准备工作。

2．编写锁定时人物移动限制逻辑代码

在UnitAction类中添加若干与人物移动逻辑相关的代码，以支撑角色完成对功能块物体的检测，并在完成计算后返回布尔值，表示当前是否可以移动。

（1）声明与检测Trigger相关的变量。

```
//上、下、左、右4个方向上是否被阻挡
public static bool[] isBlock = new bool[] { false, false, false, false };
//是否允许碰撞盒物体进入锁定模式
public static bool isLock = false;
//被锁定方向上的触发器
public static Trigger blockTrigger = Trigger.other;
```

（2）判断当前角色前方是否有物体阻挡。编写IsLockJudging()方法，返回所需结果。

```
public static bool IsLockJudging(PlayerMoveDirect playerMoveDirect, PlayerState
```

```
playerState)
{
    int triggerDirection = 0;
    switch (playerMoveDirect)
    {
        case PlayerMoveDirect.Forward:
            triggerDirection = 3;
            break;
        case PlayerMoveDirect.Left:
            triggerDirection = 0;
            break;
        case PlayerMoveDirect.Back:
            triggerDirection = 2;
            break;
        case PlayerMoveDirect.Right:
            triggerDirection = 1;
            break;
    }
    if (playerState == PlayerState.NormalMove)
    {
        isLock = false;
    }
    if (playerState == PlayerState.LockMove)
    {
        isLock = true;
        switch (triggerDirection)
        {
            case 0:
                blockTrigger = Trigger.up;
                break;
            case 1:
                blockTrigger = Trigger.down;
                break;
            case 2:
                blockTrigger = Trigger.left;
                break;
            case 3:
                blockTrigger = Trigger.right;
                break;
        }
    }
    return IsPlayerBlock(triggerDirection);
}
```

（3）执行return语句时会使用isBlock数组中的内容，在此使用IsPlayerBlock()方法。

```
public static bool IsPlayerBlock(int triggerDirection)
{
    return isBlock[triggerDirection];
}
```

（4）为了同步触发器物体和返回玩家后方碰撞盒的参数，还需要添加TranslateBackDirection()方法和TriggerPositionCorrect()方法。

```csharp
//用于返回玩家后方碰撞盒在布尔数组中的参数
public static int TranslateBackDirection(PlayerMoveDirect playerMoveDirect)
{
    switch (playerMoveDirect)
    {
        case PlayerMoveDirect.Forward:
            return 2;
        case PlayerMoveDirect.Left:
            return 1;
        case PlayerMoveDirect.Back:
            return 3;
        case PlayerMoveDirect.Right:
            return 0;
        default:
            return -1;
    }
}
//将碰撞盒物体与玩家的坐标同步
public static void TriggerPositionCorrect(GameObject PlayerTrigger)
{
    if (PlayerTrigger == null)
        PlayerTrigger = GameObject.Find("PlayerTrigger");
    //找到玩家物体
    GameObject Player = GameObject.FindGameObjectWithTag("Player");
    PlayerTrigger.transform.position = Player.transform.position;
}
```

3. 修改原移动输入模块

在UnitAction类的PlayerInput()方法中,原先仅考虑了NormalMove(普通移动)的情况,对角色的移动进行了处理。然而,这种处理方式并不适用于LockMove(锁定移动)的情境。因为在锁定状态下,角色的移动方式会有所不同。因此,需要对在LockMove情况下的PlayerInput()方法进行补充和完善。

```csharp
//上一次运动时的方向
public static PlayerMoveDirect oldPlayerMoveDirect;
//是否向前
private static bool isForward = true;
//与运动模块交互的变量
public static PlayerMoveDirect PlayerMoveDirect;
//输入判定
public static bool PlayerInput(PlayerState playerState, ref PlayerMoveDirect playerMoveDirect)
{
    if (playerState == PlayerState.NormalMove)
    {
        if (Input.GetKeyDown(KeyCode.W))
        {
            playerMoveDirect = PlayerMoveDirect.Left;
            oldPlayerMoveDirect = playerMoveDirect;
            return true;
```

```csharp
        }
        if (Input.GetKeyDown(KeyCode.A))
        {
            playerMoveDirect = PlayerMoveDirect.Back;
            oldPlayerMoveDirect = playerMoveDirect;
            return true;
        }
        if (Input.GetKeyDown(KeyCode.S))
        {
            playerMoveDirect = PlayerMoveDirect.Right;
            oldPlayerMoveDirect = playerMoveDirect;
            return true;
        }
        if (Input.GetKeyDown(KeyCode.D))
        {
            playerMoveDirect = PlayerMoveDirect.Forward;
            oldPlayerMoveDirect = playerMoveDirect;
            return true;
        }
        return false;
    }
    if (playerState == PlayerState.LockMove)
    {
        if (oldPlayerMoveDirect == PlayerMoveDirect.Left)
        {
            if (Input.GetKeyDown(KeyCode.W))
            {
                playerMoveDirect = PlayerMoveDirect.Left; isForward = true;
                return true;
            }
            if (Input.GetKeyDown(KeyCode.S))
            {
                playerMoveDirect = PlayerMoveDirect.Left; isForward = false;
                return true;
            }
        }
        if (oldPlayerMoveDirect == PlayerMoveDirect.Right)
        {
            if (Input.GetKeyDown(KeyCode.W))
            {
                playerMoveDirect = PlayerMoveDirect.Right; isForward = false;
                return true;
            }
            if (Input.GetKeyDown(KeyCode.S))
            {
                playerMoveDirect = PlayerMoveDirect.Right; isForward = true;
                return true;
            }
        }
        if (oldPlayerMoveDirect == PlayerMoveDirect.Forward)
        {
            if (Input.GetKeyDown(KeyCode.A))
```

```
                {
                    playerMoveDirect = PlayerMoveDirect.Forward; isForward = false;
                    return true;
                }
                if (Input.GetKeyDown(KeyCode.D))
                {
                    playerMoveDirect = PlayerMoveDirect.Forward; isForward = true;
                    return true;
                }
            }
            if (oldPlayerMoveDirect == PlayerMoveDirect.Back)
            {
                if (Input.GetKeyDown(KeyCode.A))
                {
                    playerMoveDirect = PlayerMoveDirect.Back; isForward = true;
                    return true;
                }
                if (Input.GetKeyDown(KeyCode.D))
                {
                    playerMoveDirect = PlayerMoveDirect.Back; isForward = false;
                    return true;
                }
            }
            return false;
        }
        return false;
    }
```

4. 修改玩家移动逻辑

在PlayerMove中增加LockMove的逻辑。当在锁定状态下时，需要在前进时判断前方是否阻挡，在后退时判断后方是否阻挡。

```
public static void PlayerMove(GameObject player, PlayerMoveDirect playerMoveDirect,
GameObject playerTrigger, bool isBlock, PlayerState playerState = PlayerState.
NormalMove, float speed = 1f)
{
    //移动以及转动方向
    Vector3 playerMoveForward = Vector3.zero;
    Vector3 playerRotateForward = Vector3.zero;
    switch (playerMoveDirect)
    {
        case PlayerMoveDirect.Forward:
            playerRotateForward = new Vector3(0, 0, 0);
            playerMoveForward = Vector3.forward;
            break;
        case PlayerMoveDirect.Left:
            playerRotateForward = new Vector3(0, -90, 0);
            playerMoveForward = Vector3.left;
            break;
        case PlayerMoveDirect.Back:
            playerRotateForward = new Vector3(0, -180, 0);
            playerMoveForward = Vector3.back;
```

```
                break;
            case PlayerMoveDirect.Right:
                playerRotateForward = new Vector3(0, -270, 0);
                playerMoveForward = Vector3.right;
                break;
        }
        //执行旋转,然后位移
        if (playerState == PlayerState.NormalMove)
        {
            player.transform.rotation = Quaternion.Euler(playerRotateForward);
            if (!isBlock)
            {
                Move(player.transform, playerMoveForward, speed);
            }
        }
        if (playerState == PlayerState.LockMove)
        {
            //在锁定状态下前进时判断前方是否阻挡,后退时判断后方是否阻挡
            if (isForward && !isBlock)
            {
                Move(player.transform, playerMoveForward, speed);
            }
            else if (!isForward && !IsPlayerBlock(TranslateBackDirection(playerMoveDirec
t)))
            {
                Move(player.transform, playerMoveForward, -speed);
            }
        }
        //同步碰撞盒物体和玩家的位置
        TriggerPositionCorrect(playerTrigger);
}
```

5. 在 PlayerMove 类中新增锁定时人物移动限制的判断逻辑

(1) 在PlayerMove类的变量中新增加以下变量。

```
[Header("是否被阻挡")]
public bool isBlock = false;
[Header("触发器物体")]
public GameObject PlayerTrigger = null;
```

(2) 对Update()函数中的代码进行更改。

```
//确定玩家是否进入锁定状态
if (IsUnitTrigger == true && UnitObject != null && Input.GetMouseButton(0))
{
    PlayerMoveState = PlayerState.LockMove;
}
else
{
    PlayerMoveState = PlayerState.NormalMove;
}
if (Input.GetMouseButtonDown(0))
```

```
        UnitAction.TryToLockUnitObject(UnitObject, playerObject, PlayerMoveState);
}
if (Input.GetMouseButtonUp(0))
{
        UnitAction.TryToUnLockUnitObject(UnitObject, UnitObjectParent);
}
//获得用户输入
isInputMove = UnitAction.PlayerInput(PlayerMoveState, ref PlayerMoveDirect);
//判断前方是否有物体阻挡
isBlock = UnitAction.IsLockJudging(PlayerMoveDirect, PlayerMoveState);
//判断上下次运动间隔时间
isMoveIntervalTime = UnitAction.MoveTimeCal(ref calMoveTime, moveIntervalTime);
if (isInputMove == true && isMoveIntervalTime == true)
{
        //执行移动
        UnitAction.PlayerMove(playerObject, PlayerMoveDirect, PlayerTrigger,isBlock,
        PlayerMoveState, PlayerMoveSpeed);
        isMoveIntervalTime = false;
        calMoveTime = 0f;
}
```

以上是锁定时人物移动限制的全部代码内容。

14.4.4 功能块破坏

在对功能块进行锁定后，此时玩家可以选择是否对功能块进行破坏。功能块的破坏过程涉及以下3个步骤。

（1）检测当前玩家的输入指令，这是触发破坏行为的起始点。

（2）对锁定中的功能块进行解锁操作，为后续的破坏行为做好准备。

（3）将功能块从其当前位置移除，完成破坏动作。

通过精确执行以上3个步骤，玩家能够顺利破坏当前锁定的功能块，实现游戏中的特定目标或效果。

1. 增加解锁逻辑

在编写TryToDestroyUnitObject()方法时，仅需要实现针对特定功能块物体的解锁功能。为了高效且灵活地处理这一需求，可以对TryToUnLockUnitObject()方法进行重载。通过重载这个方法，会在保持原有解锁功能的基础上新增一个专门用于TryToDestroyUnitObject()方法的解锁机制。

```
public static bool TryToUnLockUnitObject(UnitObject lockUnitObject)
{
    if (lockUnitObject == null || lockUnitObject.UnitInfo.CanTryThisState
    (UnitObjectState.Push) == false)
    {
        return false;
    }
    if (lockUnitObject.UnitInfo.GetState() == UnitObjectState.Lock)
    {
        lockUnitObject.UnitInfo.ChangeState(UnitObjectState.Ready);
    }
```

```
            Debug.LogWarning("[UnitAction]:更改" + lockUnitObject.gameObject.name + "物体的状
态失败");
            return false;
        }
```

2. 破坏功能块物体

在UnitAction类中可以新增TryToDestroyUnitObject()方法，此方法会检测玩家的左键输入，并对功能块进行破坏。破坏主要分为两个动作：尝试解锁功能块物体，以及将功能块物体的位置移动至地图外。完整代码如下。

```
public static void TryToDestroyUnitObject(UnitObject unitObject)
{
    if (unitObject == null)
    {
        return;
    }
    if (Input.GetMouseButtonDown(1))
    {
        if (unitObject.UnitInfo.CanTryThisState(UnitObjectState.Destroy) == true)
        {
            TryToUnLockUnitObject(unitObject);
            unitObject.gameObject.transform.position = new Vector3(10000, 10000,
                10000);
        }
    }
}
```

3. 在 PlayerMove 类中新增破坏逻辑

在PlayerMove类的Update()函数中使用上述新增的TryToDestroyUnitObject()方法，代码如下：

```
//确定玩家是否进入锁定状态
if (IsUnitTrigger == true && UnitObject != null && Input.GetMouseButton(0))
{
    PlayerMoveState = PlayerState.LockMove;
}
else
{
    PlayerMoveState = PlayerState.NormalMove;
}
if (Input.GetMouseButtonDown(0))
{
    UnitAction.TryToLockUnitObject(UnitObject, playerObject, PlayerMoveState);
}
if (Input.GetMouseButtonUp(0))
{
    UnitAction.TryToUnLockUnitObject(UnitObject, UnitObjectParent);
}
//尝试破坏物体
UnitAction.TryToDestroyUnitObject(UnitObject);
//获得用户输入
isInputMove = UnitAction.PlayerInput(PlayerMoveState, ref PlayerMoveDirect);
```

```
//判断前方是否有物体阻挡
isBlock = UnitAction.IsLockJudging(PlayerMoveDirect, PlayerMoveState);
//判断上下次运动间隔时间
isMoveIntervalTime = UnitAction.MoveTimeCal(ref calMoveTime, moveIntervalTime);
if (isInputMove == true && isMoveIntervalTime == true)
{
    //执行移动
    UnitAction.PlayerMove(playerObject, PlayerMoveDirect, PlayerTrigger,isBlock,
    PlayerMoveState, PlayerMoveSpeed);
    isMoveIntervalTime = false;
    calMoveTime = 0f;
}
```

14.4.5 功能块类型创建

在14.3.1小节中实现的功能块框架中提到，所有的功能块类型都将继承自UnitInfo类。本小节将讲解如何实现UnitInfo类，如何为不同的功能块创建具体的类型，并完成这些类型的初始化。

1. 实现不同功能块类型

在Assets→Scripts→Unit文件夹中新建UnitObjectType文件夹，所有的功能块类型都将存放在此文件夹下。在此文件夹下新建四种功能块基础类型，分别为DefaultUnitInfo（默认功能块）、NotInteractiveUnitInfo（不可交互功能块）、StoneUnitinfo（石功能块）及TreeUnitInfoc（树功能块），如图14.23所示。

其中，**不可交互功能块不可以推拉、不可以破坏；石功能块可以推拉，不可以破坏；树功能块可以推拉、可以破坏**。

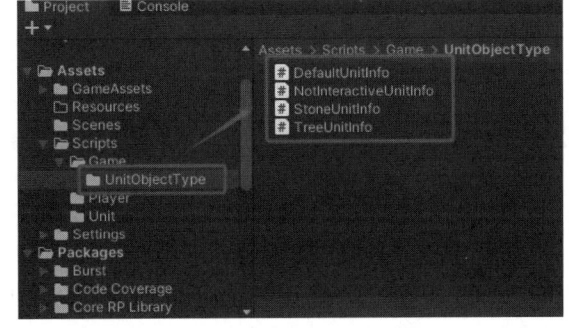

图14.23

（1）设计UnitInfo类的构造函数。UnitInfo类的构造函数代码如下。其中，无参构造函数设置为private访问修饰符，表示在实例化一个UnitInfo类的子类时，必须向UnitInfo类中传参。

```
private UnitInfo() { }

protected UnitInfo(int pushCost,int destroyCost = 0)
{
    this.state = UnitObjectState.Ready;
    this.PushEnergyCost = pushCost;
    this.DestroyEnergyCost = destroyCost;
    objectCanStateList = new List<UnitObjectState>();
}
```

UnitInfo类必须传递pushCost（表示推拉时的能量消耗）和destroyCost（表示破坏时的能量消耗）。

（2）实现具体的功能块类型。以下是DefaultUnitInfo类的实现代码，其继承自UnitInfo类，并且设置了一个int类常量，表示其默认的能量消耗数值。

```
[System.Serializable]
```

```csharp
public class DefaultUnitInfo : UnitInfo
{
    private const int DefaultUnitInfoCost = 1;
    public DefaultUnitInfo() : base(DefaultUnitInfoCost){}
}
```

以下是不可交互功能块的实现代码,其能量消耗设置为最大值。

```csharp
public class NotInteractiveUnitInfo : UnitInfo
{
    private const int NotInteractiveUnitInfoCost = int.MaxValue;
    public NotInteractiveUnitInfo() : base(NotInteractiveUnitInfoCost){}
}
```

以下是石功能块的实现代码。

```csharp
public class StoneUnitInfo : UnitInfo
{
    public StoneUnitInfo(int pushCost, int destroyCost) : base(pushCost, destroyCost) {}
}
```

以下是树功能块的实现代码。

```csharp
public class TreeUnitInfo : UnitInfo
{
    public TreeUnitInfo(int pushCost, int destroyCost) : base(pushCost, destroyCost){}
}
```

如果想为某一种功能块设计更多功能,可以在具体类中进行添加。

2. 功能块类型初始化

在UnitAction类中编写CreateUnitInfo()方法。此方法用于根据传入的功能块类型枚举、功能块消耗能量来创建所需的UnitInfo类。

```csharp
public static UnitInfo CreateUnitInfo(UnitObjectType unitObjectType, int pushCost = 0, int destroyCost = 0)
{
    switch (unitObjectType)
    {
        case UnitObjectType.Tree:
            return new TreeUnitInfo(pushCost, destroyCost);
        case UnitObjectType.Stone:
            return new StoneUnitInfo(pushCost, destroyCost);
        case UnitObjectType.NotInteractive:
            return new NotInteractiveUnitInfo();
        case UnitObjectType.Default:
            return new DefaultUnitInfo();
        default:
            return new DefaultUnitInfo();
    }
}
```

在UnitObject类的Awake()函数中,将使用CreateUnitInfo()方法和InitCanStateList()方法来对当前

UnitObject物体的各信息进行初始化。

```
private void Awake()
{
    if (this.gameObject != null)
    {
        unitGameObject = this.gameObject;
    }
    if (this.gameObject.tag != "UnitObject")
    {
        this.gameObject.tag = "UnitObject";
    }
    UnitInfo = UnitAction.CreateUnitInfo(unitObjectType, PushCost, DestroyCost);
    UnitInfo.InitCanStateList(CanPush, CanThrough, CanDestroy, unitObjectType);
}
```

14.5 能量系统实现

能量系统与功能块系统紧密相连,二者的协同作用至关重要。在接下来的能量系统代码讲解中,每种功能块都拥有其特定的消耗属性,这些属性精确反映了功能块在运作时所需的能量。

能量系统不仅是数值的计算,更是角色行动能力的扩展。角色的能量会随时间自然增长。然而,当角色进行推拉或破坏功能块的操作时,若能量消耗值低于零点,角色将暂时丧失移动能力。为了精准实现这一与能量紧密相关的逻辑,本节将集中阐述相关逻辑的实现细节,并在功能块系统的各个环节中加以应用。

1. 能量系统的核心逻辑

在Assets→Scripts→Game文件夹下新建EnergySystem.cs脚本,能量系统的核心逻辑将全部在此代码中实现。

(1) EnergySystem类的实现代码如下:

```
private static EnergySystem instance;
public static EnergySystem GetInstance()
{
    if (instance == null)
    {
        Debug.LogWarning("EnergySystem实例不存在");
        instance = new EnergySystem();
        Debug.LogWarning("创建EnergySystem的实例");
    }
    return instance;
}
private void Awake()
{
    instance = this;
}
```

> **提示**：EnergySystem类的主要作用
>
> - 提供能量值数据：当前玩家所拥有的能量值数据存储于此类中，并且能量值将会随着时间变化而增加，达到上限后停止增加。
> - 提供锁定、破坏时更改能量值的公开方法：为了可以在功能块系统、角色移动系统中更好地更改能量值数值，在能量系统中对外设计并暴露了不同情况下用于更改能量值的方法。
>
> 从上述两个关键点来看，EnergySystem类的主要任务是向其他类提供访问能量值数据的接口。如果在代码实现时考虑到了其单向依赖关系的维护，将提升代码的可扩展性，并使依赖关系更为清晰。考虑到EnergySystem类在游戏中仅需一个实例，可将其设计为单例类，以确保全局唯一性，简化管理。

（2）EnergySystem类存储了当前玩家的能量值，能量值会随着时间的推移而增长。

```
[Header("最大体力值")]
public int MaxEnergyValue = 30;
[Header("当前体力值")]
[SerializeField]
private int energyValue = 30;
public int EnergyValue
{
    get
    {
        return this.energyValue;
    }
    set
    {
        if (value > MaxEnergyValue)
        {
            this.energyValue = MaxEnergyValue;
            return;
        }
        if (value < -2)
        {
            this.energyValue = -2;
            return;
        }

        this.energyValue = value;
        Debug.Log(energyValue);
        return;
    }
}
[Header("能量回复时间间隔")]
public int EnergyRate = 1;
[Header("单次能量回复数值")]
public int EnergyNumber = 1;
[SerializeField]
private float time = 0;
private void Update()
{
    time += Time.deltaTime;
    if (time >= EnergyRate)
```

```
        {
            EnergyValue += EnergyNumber;
            time = 0;
        }
    }
```

可以通过设置EnergyRate和EnergyNumber属性来更改能量的回复频率和单次能量回复数值,进而调控当前关卡的难度。

(3)编写SetCostToEnergy()方法,更改能量值。

```
private static void SetCostToEnergy(int cost)
{
    EnergySystem.GetInstance().EnergyValue -= cost;
}
```

此方法用private修饰,表示其不会被外部直接使用。

外部可直接使用的方法有以下两种,分别是锁定、破坏时更改能量值的方法。

```
public static void LockMoveCost(int cost)
{
    SetCostToEnergy(cost);
}
public static void DestroyMoveCost(int cost)
{
    SetCostToEnergy(cost);
}
```

将能量系统的核心脚本作为组件添加到场景中的GameManager物体上,如图14.24所示。

图 14.24

2. 锁定和破坏时的能量消耗

在实现了能量系统的核心部分后,接下来将其接入人物的锁定移动、物体破坏上,进而实现能量系统的功能接入。

(1)实现移动锁定物体时的能量消耗。在EnergySystem类中加入判断当前是否可以移动的方法。

```
public static bool IsMoveCondition()
{
    if (EnergySystem.GetInstance().EnergyValue <= 0)
    {
        return false;
    }
    return true;
}
```

然后,在PlayerMove类的Update()函数中加入判断能量值的方法。此方法应位于破坏物体的代码之前、锁定与解锁物体的代码之后。

```
//判断玩家是否有能量进行动作
if (EnergySystem.IsMoveCondition() == false)
{
    PlayerMoveState = PlayerState.StopMove;
    return;
}
```

对原本的移动部分代码进行修改,以实现移动锁定物体时的能量消耗。

```
if (isInputMove == true && isMoveIntervalTime == true)
{
    //执行移动
    UnitAction.PlayerMove(playerObject, PlayerMoveDirect, PlayerTrigger,isBlock,
    PlayerMoveState, PlayerMoveSpeed);
    isMoveIntervalTime = false;
    calMoveTime = 0f;
    if (PlayerMoveState == PlayerState.LockMove)
    {
        EnergySystem.LockMoveCost(UnitObject.UnitInfo.PushEnergyCost);
    }
}
```

(2)实现破坏物体时的能量消耗。在TryToDestroyUnitObject中加入DestroyMoveCost()方法。

```
public static void TryToDestroyUnitObject(UnitObject unitObject)
{
    if (unitObject == null)
    {
        return;
    }
    if (Input.GetMouseButtonDown(1))
    {
        if (unitObject.UnitInfo.CanTryThisState(UnitObjectState.Destroy) == true)
        {
```

```
                EnergySystem.DestroyMoveCost(unitObject.UnitInfo.DestroyEnergyCost);
                TryToUnLockUnitObject(unitObject);
                unitObject.gameObject.transform.position = new Vector3(10000, 10000,
                10000);
            }
        }
    }
```

14.6 音频系统实现

在成功构建游戏的能量系统之后，当前游戏的核心功能已经基本完成。接下来，实现音频系统属于开发中的锦上添花部分，主要用于提升游戏的沉浸感与反馈体验。音乐不仅能为每个关卡营造出独特的氛围，还能增加玩家的代入感。当角色移动或破坏物体时，触发的音效将进一步加强玩家对角色的控制感，使游戏体验更为真实和生动。这些音频元素对于构建一个完整而丰富的游戏世界至关重要，下面将逐一实现这些功能。

1. 音频导入与脚本新建

首先，为当前游戏导入一些音频素材。本项目用到的素材可以在本书的附带资源中找到，读者也可以自行使用喜欢的素材。图14.25所示为当前导入的素材。

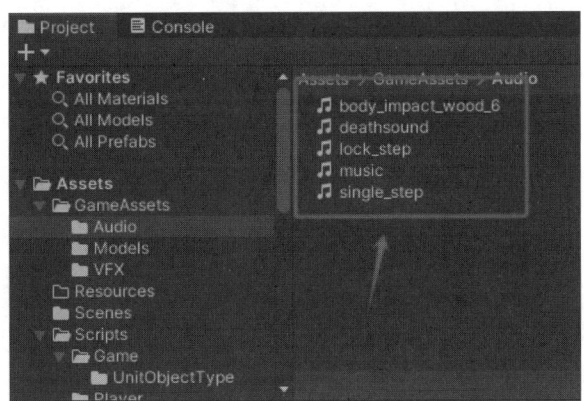

图 14.25

接着，新建一个管理和播放这些音频素材的组件。在Assets→Scripts→Game文件夹下新建AudioManager.cs脚本，并将其添加到场景中的GameManager物体上。

2. 编写 AudioManager 代码

音频系统与能量系统相似，作为一个相对独立的功能模块，为游戏的其他部分提供支持。为了确保场景中的音频管理统一而高效，仅用一个AudioManager实例即可实现对所有音频素材的管理。因此，**可以将AudioManager设计为单例模式，封装对音频的访问方法，使音频管理更加集中和便捷。**

在AudioManager类的内部，主要使用两个数组变量分别存储音乐和音效：Music_AudioClips数组用于存放所有的音乐音频片段；Sound_AudioClips数组则用于存放各种音效音频片段。当其他功能需要播放这些音频时，只需调用PlayMusic()或PlaySound()方法，并传入相应的下标，即可轻松实现音频的播放。完整代码如下：

```csharp
using UnityEngine;
public class AudioManager : MonoBehaviour
{
    private static AudioManager instance;
    public static AudioManager Instance()
    {
        if (instance != null)
        {
            return instance;
        }
        instance = new AudioManager();
        Debug.Log("AudioManager为空!");
        return null;
    }
    public AudioSource AudioSource_Music;
    public AudioSource AudioSource_Sound;
    public AudioClip[] Music_AudioClips;
    public AudioClip[] Sound_AudioClips;
    private void Awake()
    {
        if (instance == null)
        {
            instance = this;
        }
        else
        {
            GameObject.Destroy(this.gameObject);
            return;
        }
        AudioSource_Music = this.gameObject.AddComponent<AudioSource>();
        AudioSource_Sound = this.gameObject.AddComponent<AudioSource>();
        AudioSource_Music.volume = 0.8f;
        DontDestroyOnLoad(this.gameObject);
    }
    public void PlayMusic(int musicIndex)
    {
        AudioSource_Music.clip = Music_AudioClips[musicIndex];
        AudioSource_Music.Play();
    }
    public void PlaySound(int soundIndex)
    {
        AudioSource_Sound.clip = Sound_AudioClips[soundIndex];
        AudioSource_Sound.Play();
    }
}
```

3. 接入音频功能

首先，将音频素材添加到AudioManager的变量上，如图14.26所示。将存储在本地的音频素材添加到数组变量上。

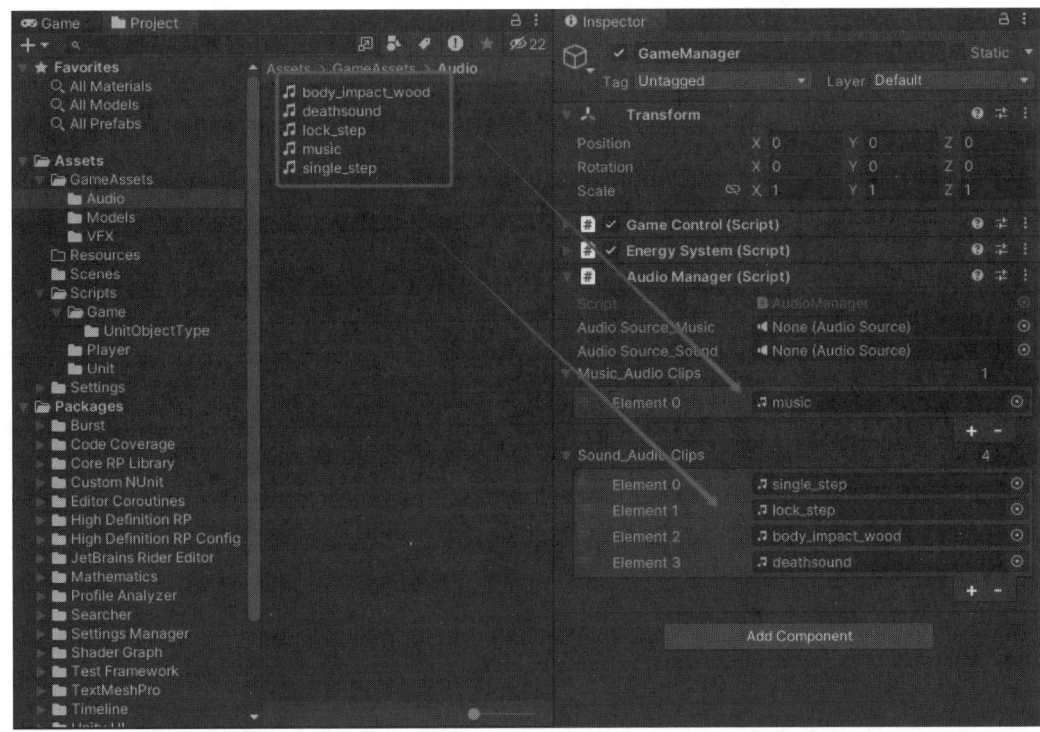

图 14.26

需要使用音频的场景包括角色正常移动时、角色锁定物体移动时、角色破坏物体时和角色失败时。接下来，将音频接入到游戏中需要使用高频的场景。

（1）更改UnitAction类中的PlayerMove()方法，为角色正常移动、角色锁定物体移动时添加音频。

```
//执行旋转，然后位移
if (playerState == PlayerState.NormalMove)
{
    player.transform.rotation = Quaternion.Euler(playerRotateForward);
    if (!isBlock)
    {
        AudioManager.Instance().PlaySound(0);
        Move(player.transform, playerMoveForward, speed);
    }
}
if (playerState == PlayerState.LockMove)
{
    //锁定状态下前进时判断前方是否阻挡，后退时判断后方是否阻挡
    if (isForward && !isBlock)
    {
        AudioManager.Instance().PlaySound(1);
        Move(player.transform, playerMoveForward, speed);
    }
    else if (!isForward && !IsPlayerBlock(TranslateBackDirection(playerMoveDirect)))
```

```
        AudioManager.Instance().PlaySound(1);
        Move(player.transform, playerMoveForward, -speed);
    }
}
```

（2）更改UnitAction类中的TryToDestroyUnitObject()方法，添加角色破坏物体时的音效。

```
public static void TryToDestroyUnitObject(UnitObject unitObject)
{
    if (unitObject == null)
    {
        return;
    }
    if (Input.GetMouseButtonDown(1))
    {
        if (unitObject.UnitInfo.CanTryThisState(UnitObjectState.Destroy) == true)
        {
            AudioManager.Instance().PlaySound(2);
            EnergySystem.DestroyMoveCost(unitObject.UnitInfo.DestroyEnergyCost);
            TryToUnLockUnitObject(unitObject);
            unitObject.gameObject.transform.position = new Vector3(10000, 10000,
            10000);
        }
    }
}
```

（3）更改GameControl类中的GameFail()方法，添加角色失败的音效。

```
bool isSoundPlay = false;
private void GameFail()
{
    Debug.Log("Game Fail!");
    if (isSoundPlay == false)
    {
        isSoundPlay = true;
        AudioManager.Instance().PlaySound(3);
    }
}
```

（4）在GameControl类的Start()函数中加入播放游戏音乐的代码，使游戏在开始时便自动播放游戏音乐。

```
private void Start()
{
    if (GameCondition == GameCondition.Ready)
    {
        GameCondition = GameCondition.Run;
    }
    if (WinTrigger == null && FailTrigger == null)
    {
        WinTrigger = GameObject.Find("Win");
        FailTrigger = GameObject.Find("Fail");
    }
```

```
        AudioManager.Instance().PlayMusic(0);
}
```

14.7 美术资源接入

为了打造丰富而引人入胜的关卡，需要为游戏增添形状各异、色彩缤纷的功能块。这些功能块不仅外观独特，而且在游戏场景中扮演着重要的逻辑角色。它们具备基础属性，部分功能块甚至可以与玩家进行交互。

为了将这些功能块融入游戏并赋予它们实际的功能效果，需要将它们与由UnitObject和UnitInfo组成的功能块逻辑系统相连接。

（1）创建预制体文件夹。在Assets→Resources文件夹下新建Prefabs文件，用于存放所有用到的预制体。

（2）添加功能块模型。在此，以山功能块为例（读者可以在本书附带的资源中找到"山1"模型），将其放置在场景中，如图14.27所示。

山功能块是一种不可被角色交互的静态功能块，主要作用是阻碍角色的移动。为了实现不可交互障碍物的功能，可以在此物体上添加UnitObject组件，并将其UnitObjectType属性值更改为Not Interactive，如图14.28所示。

由于山功能块不可交互，因此无须为其设置推、拉、破坏等消耗属性。在设置完属性后，将此物体拖动到Prefabs文件夹中，创建预制体，如图14.29所示。

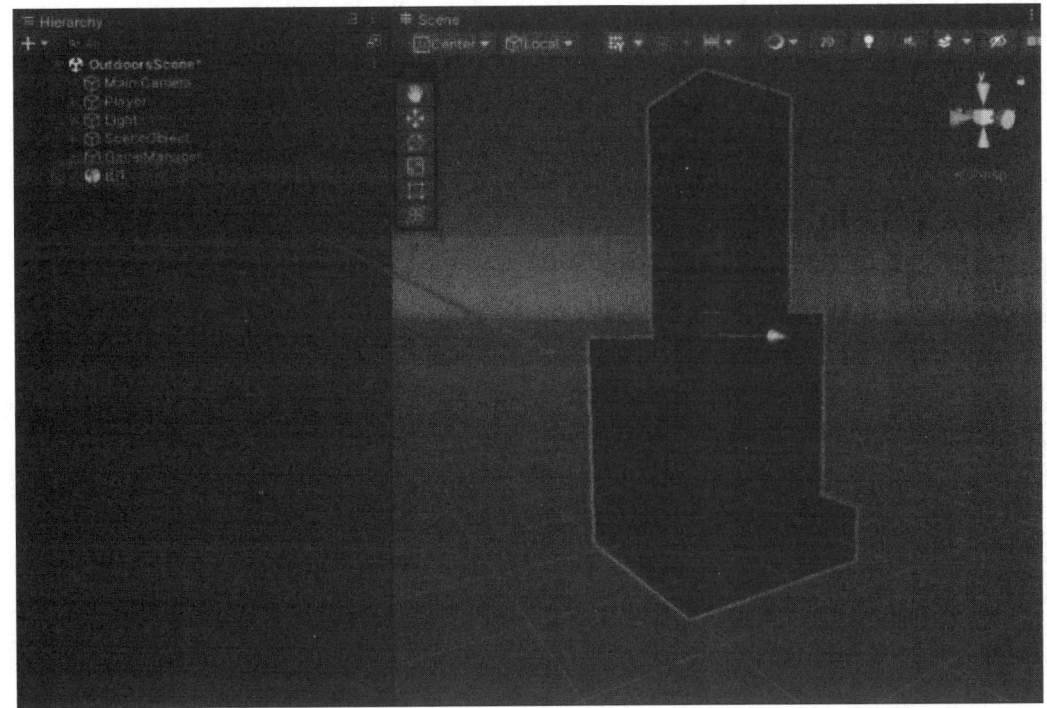

图 14.27

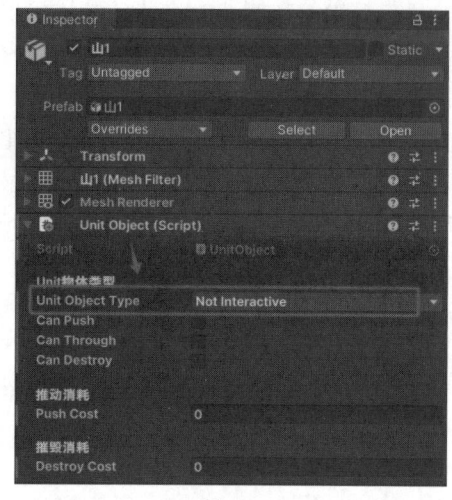

图 14.28

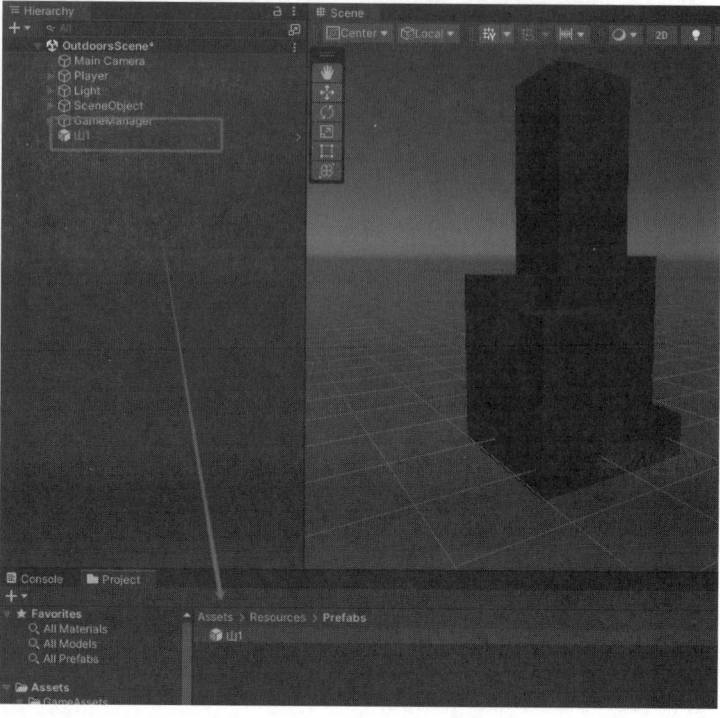

图 14.29

（3）设置其他功能块。其他功能块的设置方法类似，以石功能块为例，为其添加UnitObject组件，并根据需要设置其属性，如图14.30所示。

添加完UnitObject组件后，还需要为功能块添加对应形状的BoxCollider组件，并且开启Is Trigger选项，如图14.31所示。

（4）自定义功能块。读者可以根据自己的想法，添加任意数量的功能块。无论什么样的模型，只要按照上述顺序设置，就能将其接入当前的功能块系统中。

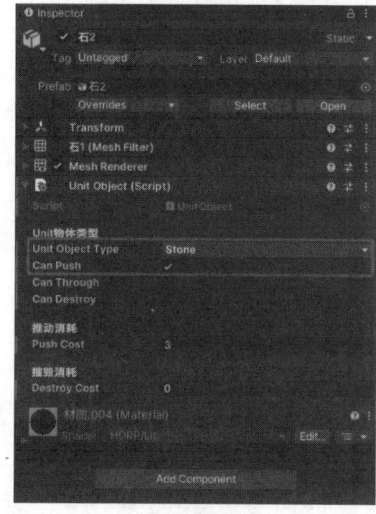

图 14.30

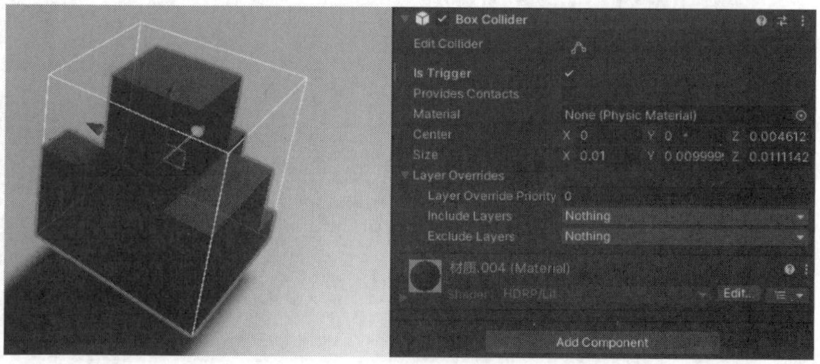

图 14.31

14.8 项目导出

在成功接入美术资源后，我们的项目便进入了尾声。接下来，读者可以使用书籍附带的功能块资源来构建关卡，并测试游戏的流畅性与稳定性。

关卡搭建完成后，将迎来项目的最后一步——项目导出。本节将以Windows平台的导出为例，详细介绍整个导出流程。

（1）选择工具栏→File→Build Setting命令，如图14.32所示。

1）Scenes In Build部分是当前游戏中即将用到的所有关卡。在这些关卡中，下标为0的关卡将是游戏启动后玩家首先进入的关卡。

2）确保当前正在开发的场景已经被添加到了Scenes In Build列表中。如果没有添加，可以通过单击Add Open Scenes按钮来添加。

（2）单击图14.32左下角的Player Settings按钮，进入项目导出设置界面，如图14.33所示。

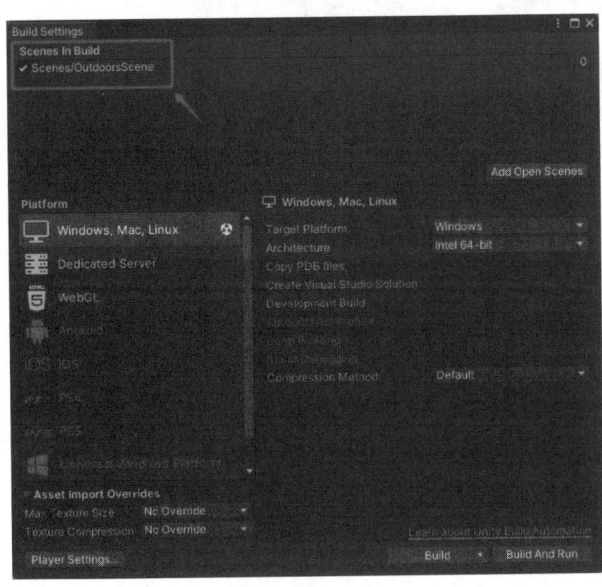

图 14.32

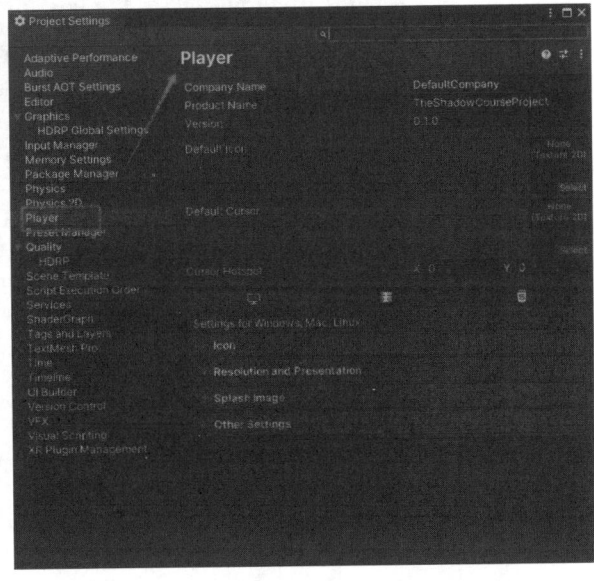

图 14.33

以下是常用的设置参数介绍。

- Company Name：设置公司的名称。
- Product Name：当前产品的名称。
- Version：版本。
- Default Icon：默认图标。
- Default Cursor：默认指针图标。

（3）设置完成后，返回Build Settings界面，单击Build按钮，即可导出当前项目，如图14.34所示。

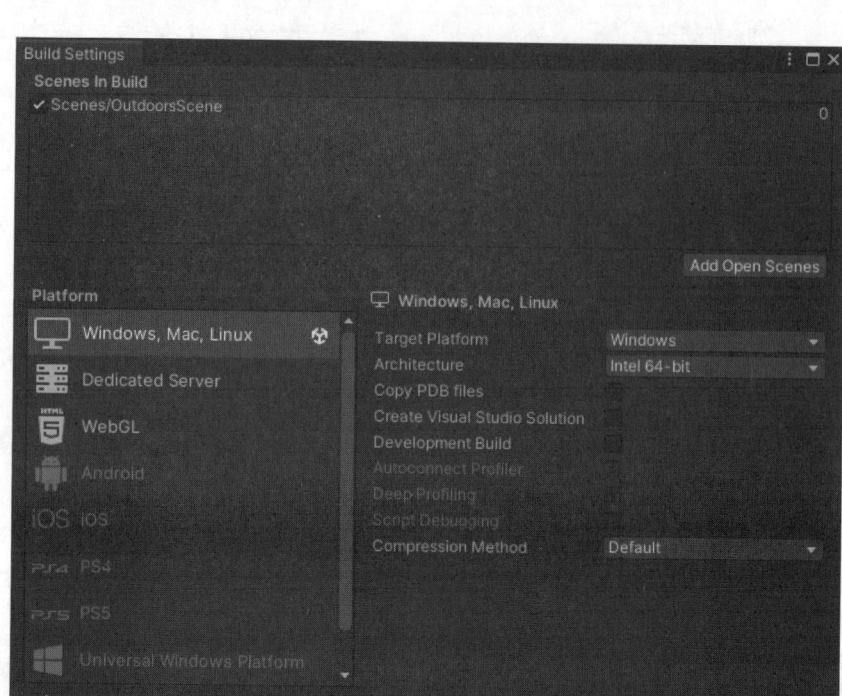

图 14.34

第 15 章 增强现实开发项目实战

> **内容概述**
> 本章将深入探讨增强现实开发的奥秘。从增强现实的基本原理出发，再结合 Unity 和 Vuforia 这两个强大的工具，手把手教读者如何快速实现一个基于增强现实技术的虚拟倒计时项目。通过这一实践过程，读者能够迅速掌握增强现实开发的核心技能，为未来的创新应用奠定坚实的基础。无论是初学者还是有一定经验的开发者，本章内容都能为你带来宝贵的启发和收获。

15.1 增强现实简介

1. 增强现实的基本概念

增强现实（Augmented Reality，AR）是一种融合了虚拟信息和现实世界的交互技术。它通过计算机图形、传感器和显示技术等手段，将虚拟对象叠加到真实环境中，使用户能够通过AR设备（如智能手机、AR眼镜等）感知到增强的现实场景。与虚拟现实技术不同，增强现实并不将用户完全置于虚拟环境之中，而是通过将虚拟元素与真实世界相结合，扩展了人们对现实世界的感知和互动。

增强现实的核心技术包括环境感知、图像识别和姿态追踪等。通过这些技术，增强现实系统能够识别用户所处的环境，并将相应的虚拟内容准确地叠加在现实世界中，实现沉浸式的交互体验。

增强现实技术的应用领域广泛，涵盖了教育、游戏、医疗、工业和零售等多个领域。例如，在教育领域，AR可以提供沉浸式的学习体验，将抽象的概念以具体的3D模型呈现在与现实交互的场景中，帮助学生更好地理解抽象概念；在游戏领域，AR能够将虚拟世界与现实环境相结合，提供更加丰富的游戏体验。

2. 增强现实的基本原理

增强现实技术的基本工作原理是通过计算机图形处理、传感器技术和实时渲染等手段，将虚拟信息与真实世界相结合，实现对现实场景的增强。首先，增强现实系统通过传感器（如摄像头）来获取用户所处环境的相关信息，并利用计算机视觉中的图像处理技术对所采集的环境信息进行分析和识别，确定真实世界中的物体、平面或具体的图像。然后，计算机会根据识别结果在相应的位置和角度上叠加虚拟对象或信息，利用实时渲染技术将其融合到用户的视野中，最终呈现给用户。这样，用户便可以通过终端设备（如智能手机、AR眼镜等）感知到增强的现实场景，同时与虚拟信息进行互动，实现沉浸式的交互体验。

15.2 Vuforia 基本概念

本节将使用Unity + Vuforia完成增强现实的开发。

1. Vuforia 的基本概念

Vuforia是一种广泛使用于AR领域的AR开发工具，它是一个跨平台的增强现实和混合现实应用程序开发平台，支持主流的大部分移动设备及头戴设备。开发者可以非常简单地将一些高级的计算机视觉效果应用于 Android、iOS 和 UWP 应用，创建基于现实环境可交互、丰富、真实的 AR 世界。

Vuforia 支持许多第三方设备，如 AR 眼镜和具有后置摄像头的 VR 设备（如 Gear VR）。在网站中可以查到当前 Vuforia 支持的设备清单（网站链接见书籍资源）。开发者可以使用任何带摄像头的设备（如计算机的前置摄像头）来测试使用 Vuforia 在 Unity 中构建的增强现实应用程序。

2. Vuforia 的工作原理

在使用 Vuforia 进行项目开发之前，理解其工作原理至关重要。这主要涉及如何利用标记实现位置跟踪，进而渲染出目标画面。

（1）标记的定义。Vuforia 采用了一种名为"基于标记的跟踪"技术。在增强现实应用中，标记指的是预先在应用程序中注册过的特定图像或 3D 对象。这些标记在增强现实应用运行时起到关键作用，它们不仅是触发 AR 画面的要素，还是定位这些画面渲染位置的重要参考。**当设备摄像头在现实世界中捕捉到这些标记时，Vuforia 会根据其在世界坐标系中的位置，精确地在摄像头画面上渲染出对应的虚拟内容。**

基于标记的跟踪技术适用于多种类型的标记，如图 15.1 所示。其中，图像目标（Single Image）是最常用的一种标记类型。这类标记通常是一张具有显著特征的图像，通过它在现实世界中的位置，Vuforia 能够准确地将虚拟内容叠加到相应的位置，并为用户带来沉浸式的增强现实体验。

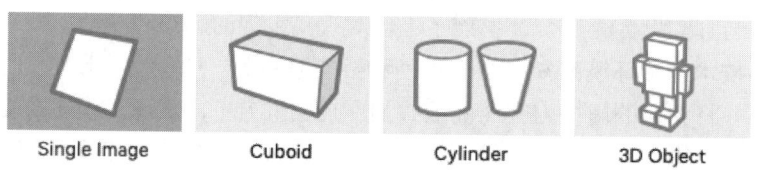

图 15.1

（2）图像目标与无跟踪标记的区别。在 Vuforia 中，基于标记的跟踪技术是实现现实场景中画面渲染的关键。其中，**图像目标作为一种特定的标记类型，扮演着触发并传递渲染位置的重要角色。**开发者需要手动向应用程序注册特定的图像，一旦这些注册的图像被摄像头捕捉到，Vuforia 便会触发并显示相应的虚拟内容。

> **注意**：图像目标的选择
>
> 为了确保跟踪效果最佳，选择图像目标时需要注意。具有复杂轮廓和不同形状的图像更易于被识别，因为它们的视觉特征更为鲜明，有助于跟踪算法更精准地捕捉和定位。

除了基于标记的跟踪，Vuforia 还提供了无标记跟踪技术。这种技术常用于基于位置的增强现实应用。它依赖于 GPS、陀螺仪等传感器或更复杂的图形算法来确定虚拟对象或信息在环境中的位置。无标记跟踪为开发者提供了更多的灵活性，特别是在无法或不便使用物理标记的场景中。

简而言之，图像目标是有形、可识别的物理标记，用于触发和定位虚拟内容；而无标记跟踪则依赖传感器和算法，无须物理标记即可实现虚拟内容的呈现。两者各有优势，开发者可根据具体需求选择使用。

15.3　Vuforia 开发实战

在理解了Vuforia的核心概念后，接下来进入Unity的开发环境，正式开始构建增强现实项目。

首先，简单介绍一下当前项目的核心功能：运用增强现实技术，在特定的图形上实时渲染一个3D数字倒计时。这一功能的实现将分为3个步骤：首先，设置Vuforia平台并上传图像目标；接着，在Unity中对这个图像目标进行配置与激活；最后，将配置好的图像目标导入Unity场景中，并渲染3D以增强现实效果。

接下来，将按照这3个关键步骤的顺序，详细讲解如何利用Vuforia在Unity中开发一个完整的增强现实项目。

15.3.1　在项目中导入 Vuforia

1. 创建 Unity 项目并设置 Vuforia 账号

要想在Unity中使用Vuforia，需要为Unity导入Vuforia组件。

（1）新建一个用于增强现实开发的项目。如图15.2所示，创建一个默认的3D项目即可。

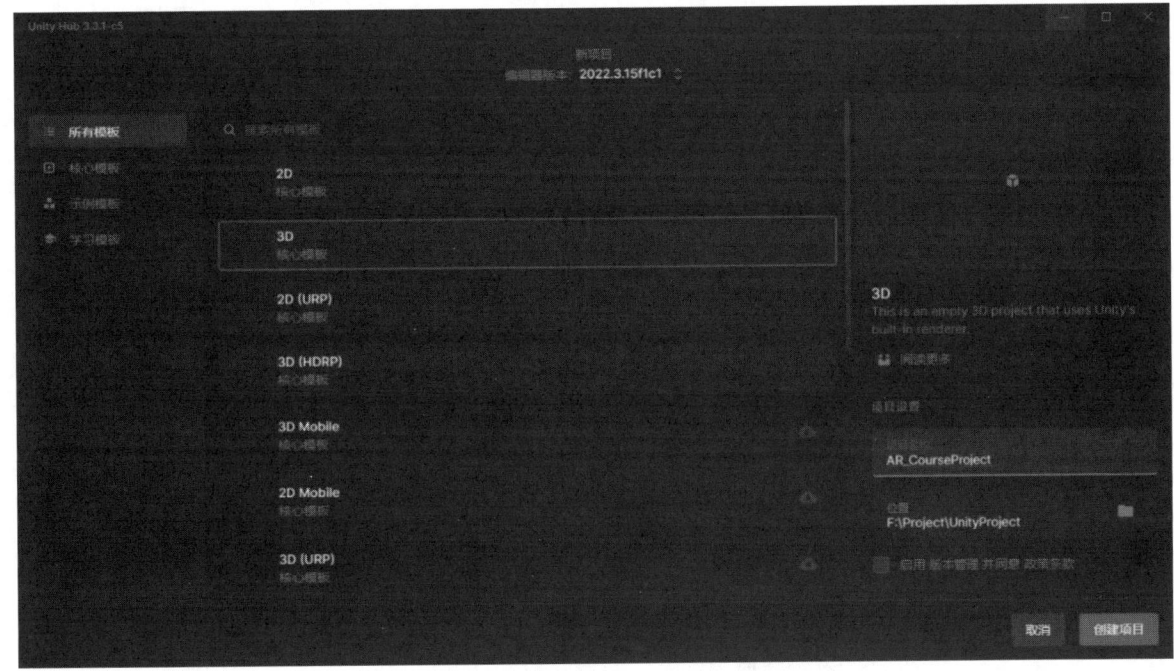

图 15.2

（2）进入Vuforia网站，创建一个账号（网站链接见书籍资源），单击右上角的Register按钮，如图15.3所示。

图 15.3

(3)在注册界面填写个人信息,单击Create account按钮即可完成账号的创建。

2. 在 Unity 中导入 Vuforia 插件

(1)Vuforia在Unity中的开发插件可以在Unity的资源商店中下载并导入,也可以通过Vuforia网站进行下载(网站链接见书籍资源)。

(2)进入此网站后,单击图15.4所示的框选内容,即可下载后缀为.unitypackage的Unity包文件。

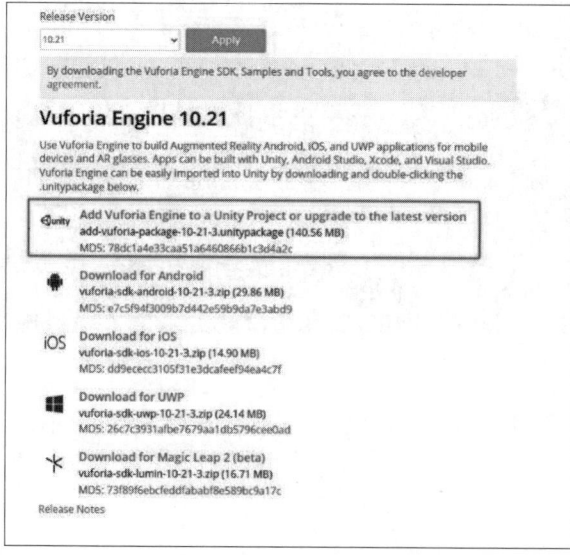

图 15.4

（3）下载完成后，进入当前Unity项目，执行Assets→Import Package→Custom Package命令，将下载的包文件导入到当前项目中。

（4）在Unity中选择Help→Vuforia Engine→Check for Updates命令，查看当前Vuforia是否为最新版本。

（5）完成Vuforia的导入后，右击当前项目的Hierarchy视图，选择Vuforia Engine→AR Camera命令，将会在当前场景中创建一个增强现实相机，如图15.5所示。

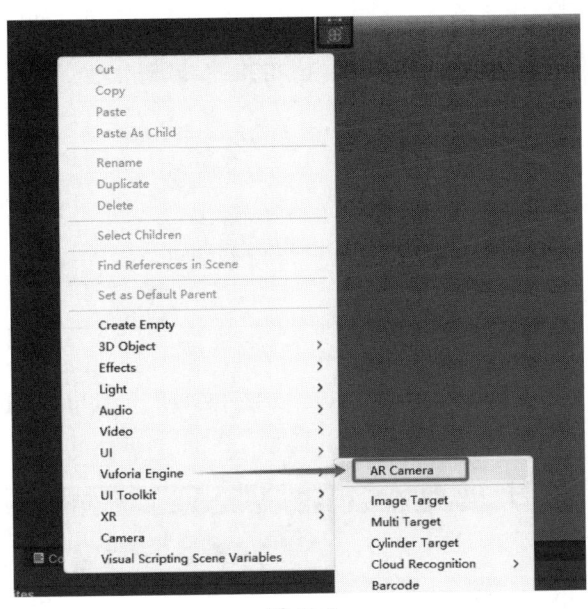

图 15.5

与一般3D项目的Camera不同，增强现实项目中需要使用一类特殊的AR Camera，它们负责增强现实场景中画面的渲染。

> **注意**：AR Camera和普通Camera的区别
>
> 新建AR Camera之前可以先将场景中的Main Camera删除，这是因为AR Camera拥有它自己的Camera组件。

15.3.2 密钥创建与图像目标激活

在导入Vuforia组件后，接下来在项目中创建密钥，并使用Vuforia中的图像目标功能。

1. 创建一个 licenses key

在开发和部署Vuforia项目时，一个不可或缺的步骤是为当前项目获取一个独特的Vuforia许可证licenses key（密钥）。这个密钥对于Vuforia引擎来说至关重要，它就像一个独特的身份证，让引擎能够准确地识别当前的应用程序，并激活Vuforia的各项强大功能。

（1）进入图15.6所示的网站进行Licenses创建（网站链接见书籍资源）。进入此网站后，单击Get Basic按钮即可创建licenses key，如图15.6所示。

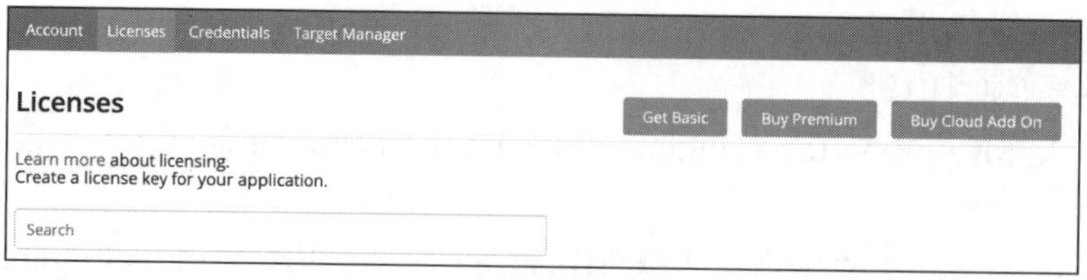

图 15.6

（2）为当前licenses key输入一个名称，单击Confirm按钮进行确认，如图15.7所示。

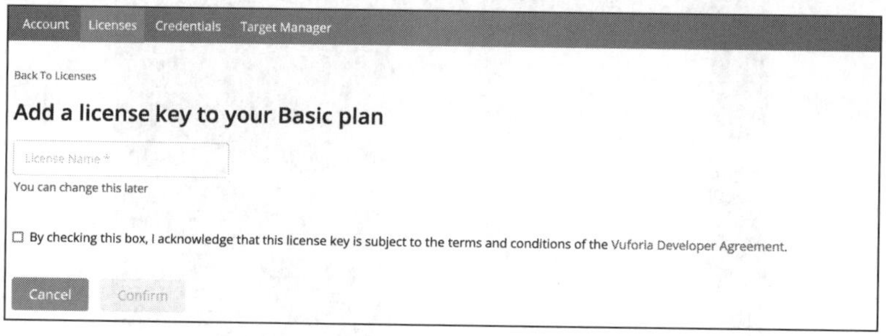

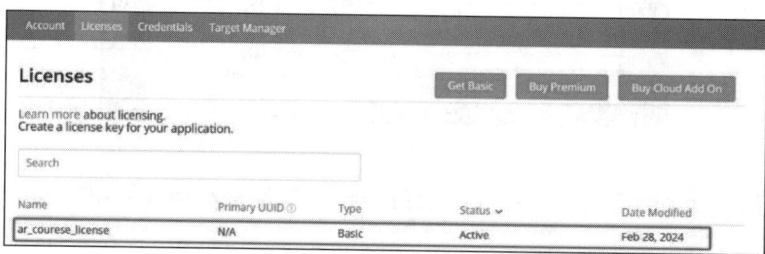

图 15.7

（3）此时，可以看到新创建的licenses key，如图15.8所示。单击Licenses，可看到其唯一的Developer license key。

图 15.8

2. 在 Unity 中设置 license key

（1）在Unity的工具栏中，选择Help→Vufoira Engine→Show Developer Agreement命令，确保当前项目的Vuforia Configuration可以被设置，如图15.9所示。

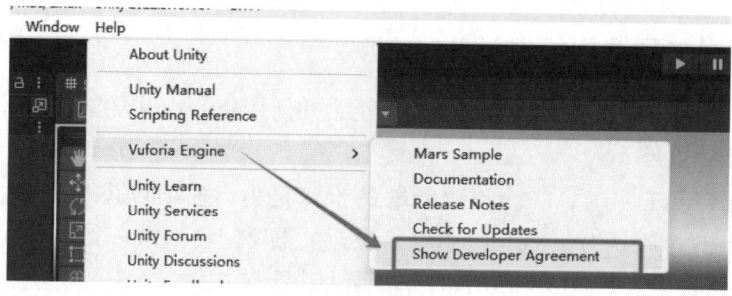

图 15.9

（2）在Inspector视图中可以看到当前项目与Vuforia有关的配置信息，如图15.10所示。**复制刚刚注册**

Vuforia 账号的Developer license key，并粘贴到App License Key字段上，如图15.10所示。

3．设置图像目标

为了使当前的AR Camera可以识别到图像目标，需要在Vuforia的Target Manager中创建并管理图像目标数据库（Target Databases）。

（1）进入Target Manager网站（网站链接见书籍资源），单击Add Database选项，在数据库中创建目标。图15.11所示为数据库设置基本信息。需要注意的是，需选中Device选项。

（2）如图15.12所示，在当前ar_coursese_demo项目的Target Databases中，选择添加Target的操作。

（3）选择一个Image类型的Target，并为其上传一张图片文件，如图15.13所示。单击Browse按钮，从本地计算机中选择所需的图片进行上传。在Width字段中为当前图片Target设定宽度。这个宽度属性实际上代表了该图片Target在场景中时其对应目标对象在真实世界中的宽度尺寸。注意：使用m作为默认单位。

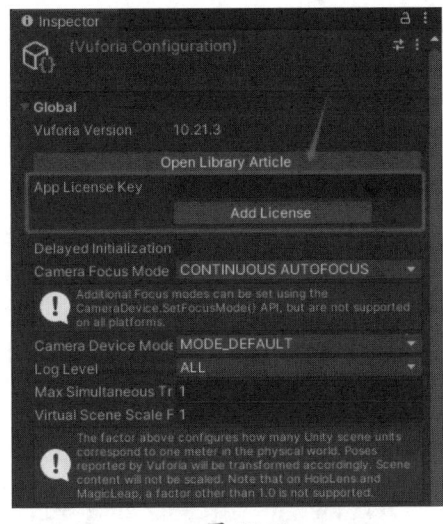

图 15.10　　　　　　　　　　图 15.11

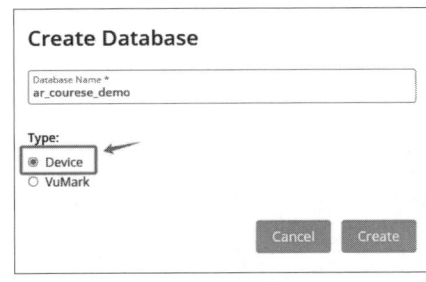

图 15.12　　　　　　　　　　图 15.13

（4）完成后，单击Add按钮，将当前图片作为Target成功上传至Target Databases。

4. 在Unity中使用图像目标

（1）Target Databases需要导入至Unity工程中后才可发挥作用。如图15.14所示，单击Download Database(AI)按钮，即可进入图15.15所示的界面。选中Unity Editor选项，单击Download按钮，即可下载Target Database。

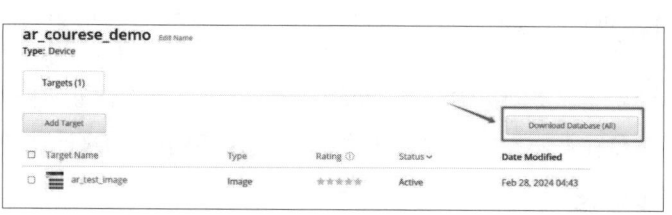

图 15.14　　　　　　　　　　　　　图 15.15

（2）进入当前Unity项目，选择Assets→Import Package→Custom Package命令，将刚刚下载的.unitypackage导入至当前项目，如图15.16所示。

（3）完成数据库导入后，在当前场景中创建ImageTarget物体。右击Hierarchy视图，选择Vuforia Engine→Image Target命令，创建ImageTarget物体。在Inspector视图中为此ImageTarget物体设置数据库中的图像目标，如图15.17所示。

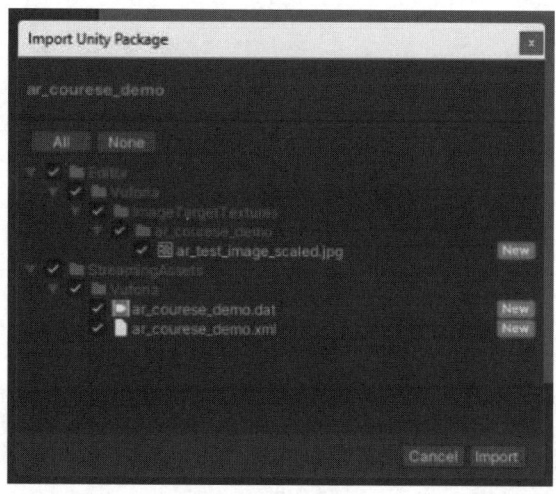
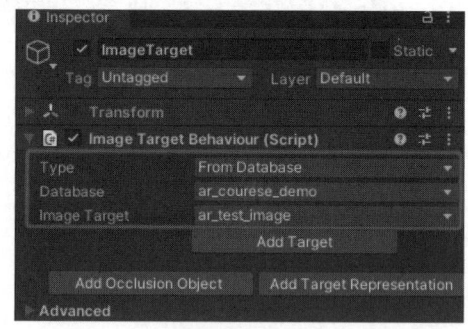

图 15.16　　　　　　　　　　　　　图 15.17

（4）设置Type属性为From Database，设置Database属性为创建的数据库名称，设置Image Target属性为创建的Target名称，即可完成图像目标的激活与设置。

15.3.3　倒计时逻辑实现

接下来，在图像目标物体的基础上增加一些需要在现实世界中实现的物体。此处以一个倒计时功能为例，讲解如何将场景中的内容添加到图像目标上。

（1）在Assets文件夹下新建一个C#脚本TimeControl.cs，然后在当前场景中添加一个Canvas，并在Canvas下添加一个Text文件。

（2）在Canvas物体的Canvas组件上，设置Render Mode属性为World Space，将Event Camera设置为当前场景中的ARCamera，如图15.18所示。

（3）在ExampleScript_15_1.cs中编写倒计时逻辑。

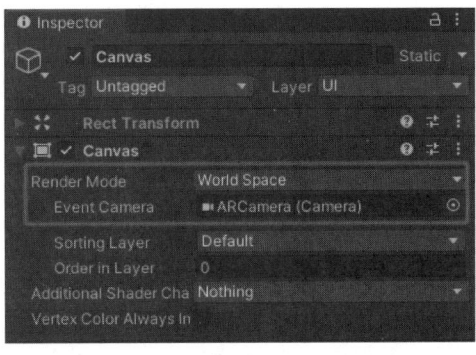

图 15.18

【示例15.1】 倒计时的逻辑实现

```
using UnityEngine;
using UnityEngine.UI;
public class ExampleScript_15_1 : MonoBehaviour
{
    [HideInInspector]
    public Text TimeText = default;
    [Header("倒计时时间")]
    public float StartTime = 30f;
    [Header("是否开启倒计时")]
    private bool IsStartTime = false;
    private float currentTime = default;

    private void Start()
    {
        if (TimeText == null)
        {
            TimeText = GameObject.Find("TimeText").GetComponent<Text>();
            TimeText.text = (StartTime).ToString();
        }
        currentTime = StartTime;
    }
    private void Update()
    {
        if (Input.GetKeyDown(KeyCode.Space))
        {
            if (IsStartTime == false)
            {
                Debug.Log("开始倒计时!");
                IsStartTime = true;
            }
        }
        if (IsStartTime == true)
        {
            if (currentTime > 0)
            {
                currentTime -= Time.deltaTime;
            }
            else
            {
```

```
                currentTime = StartTime;
                IsStartTime = false;
                Debug.Log("倒计时结束!");
            }
        }
        TimeText.text = (currentTime).ToString();
    }
}
```

上述代码实现了倒计时的功能。当用户按下Space键时，倒计时便会启动。起始时间由StartTime变量设定，随后不断递减，直至归零时停止。可以将这段代码挂载到Unity场景中的Canvas或任意一个空物体上，以实现倒计时效果。

完成倒计时的逻辑后，可以将需要被Image Target识别并显示的3D物体设置成为Image Target的子物体。此处可以将刚创建的TimeText物体设置到ImageTarget物体下。完成这一步后，单击开始按钮，倒计时图像即可自动显示在图像目标上。

第16章 虚拟现实开发项目实战

> **内容概述**
>
> 从20世纪70年代个人计算机的诞生,到1993年世界上公认的第一部智能手机IBM Simon(西蒙个人通信设备)的问世。人类的持续探索推动了数字技术的飞速发展。这一过程不仅使数字计算更加私人化和小型化,也促使人类对数字的追求越来越趋向"真实化",最终出现了名叫"虚拟现实"的产物。
>
> 本章节将基于项目,学习如何使用Unity进行虚拟现实开发。

16.1 虚拟现实基本概念

虚拟现实技术极大地改变了人类世界与数字世界的交互方式,该技术可以让用户依赖各种感官(如听觉、视觉、触觉)体验和感知虚拟世界,与其中的一些物品进行交互,从而使用户感觉好像身临其中。**虚拟现实是一种通过计算机技术模拟出的仿真环境,让用户能够沉浸其中,与虚拟世界进行交互,产生身临其境的感觉。**

在满足用户沉浸式体验的基础上,虚拟现实技术还通过其强大的渲染功能在像游戏、医疗、工业设计、军事等行业领域中得到了广泛应用。它不仅为用户提供了高度沉浸感和真实感的体验,还为实验和培训创造了逼真的环境。

在本书中,将以Unity+PICO平台为基础来讲解虚拟现实中常用的工具,并且会搭建一个简单的虚拟现实项目Demo。

16.2 虚拟现实项目环境配置

在通过Unity开发虚拟现实项目时,需要对Unity本身的环境进行配置。

【示例16.1】 安装环境

(1) PICO OS基于Android定制开发。因此,下载好Unity Hub后,开发者还需要下载Android模块,方便后期项目的导出,如图16.1所示。

(2) 安装完成后,创建一个3D项目,并且在PICO开发者官网中下载一款由PICO官方基于Unity XR提供的开发工具:PICO Unity Integration SDK(网站链接见书籍附带资源),如图16.2所示。

(3) 下载并解压SDK后,打开创建的3D项目,通过菜单栏中的Window打开Unity Package Manager,并按照图16.3的方式从计算机的资源管理器中导入PICO Unity Integration SDK文件夹中的package.json。

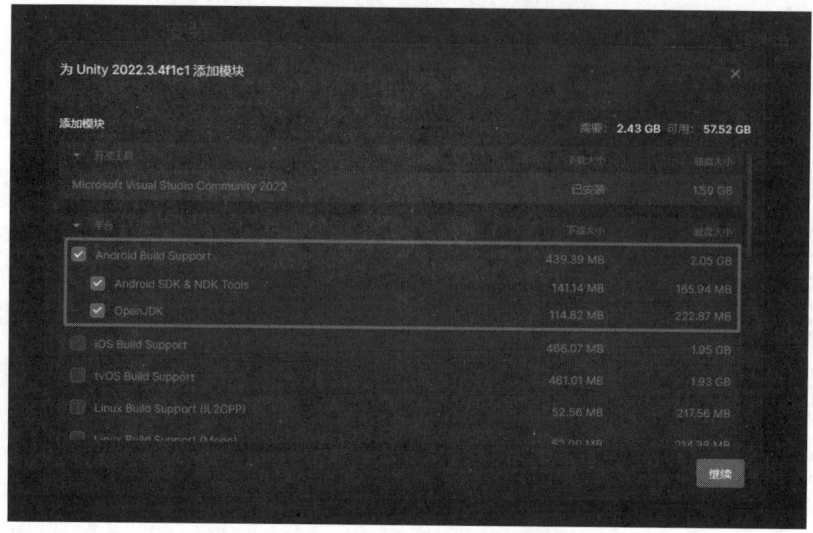

图 16.1

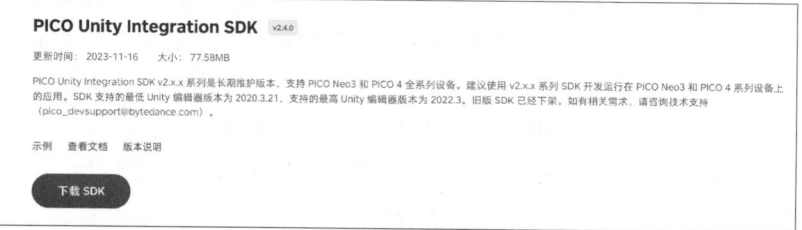

图 16.2

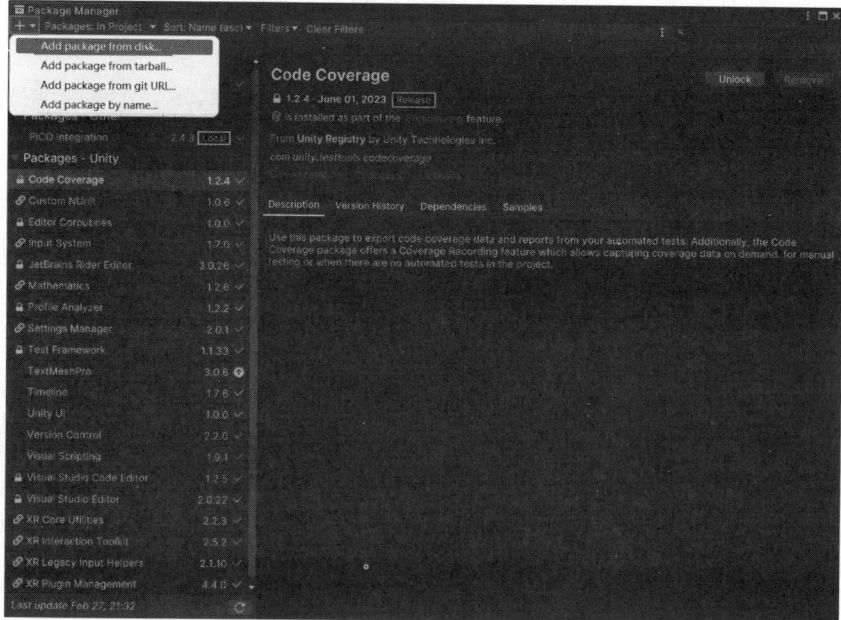

图 16.3

（4）导入完成后，将打开 PXR SDK Setting 窗口，关闭即可。

（5）配置Unity中的PICO XR插件。首先从Unity上方菜单栏中选择Edit→Project Settings命令，并在弹出的窗口中的左侧选择XR Plug-in Management→安卓设置图标，最后勾选PICO，启用PICO XR 插件。

（6）启用插件后，还需要根据PICO开发工具继续配置Unity环境。首先在Project Settings面板的左侧选择Player，此部分设置主要影响应用的基础编译方式和支持系统版本。需要设置的部分如下。

- Minimum API Level：设置应用运行所需的最低 Android SDK 版本。**PICO 插件支持的最低 Android SDK 版本为 10.0（即 API 等级 29）。若低于该版本，构建应用时会报错。**
- Target API Level：设置用于编译应用的目标 Android SDK 版本。**所选版本必须等于或高于最低 Android SDK 版本，否则将报错。**
- Scripting Backend：设置项目内 C# 代码的编译方式。
- Target Architectures：设置应用的运行环境（即 CPU）。

【示例16.2】 设置应用的运行环境

（1）选中Android图标，如图16.4所示。

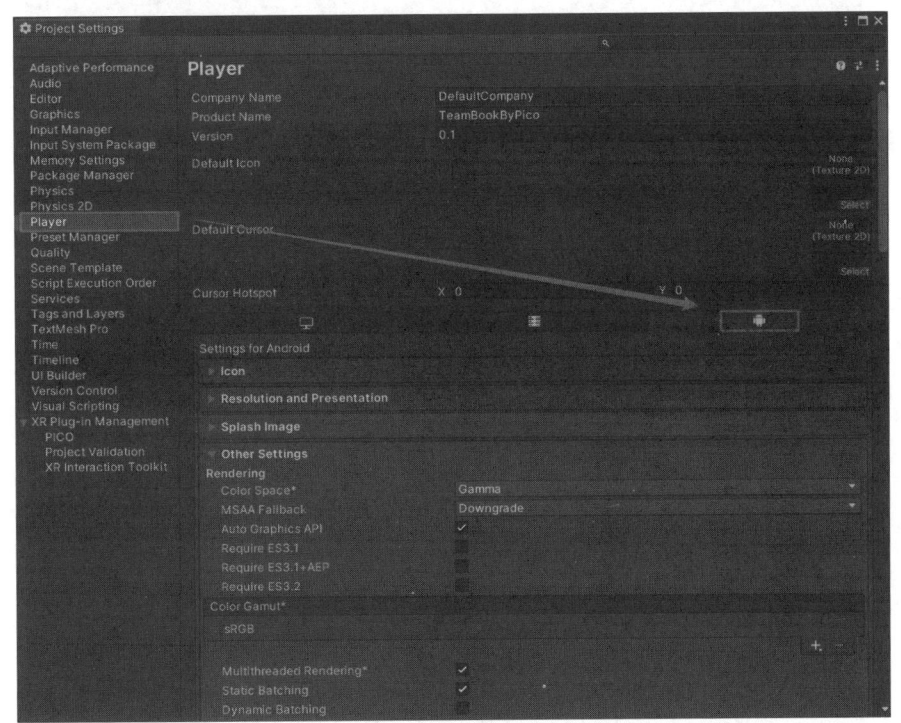

图 16.4

（2）更改Minimum API Level数值，使其大于等于10.0，并且将Target API Level的参数改为Automatic（highest installed），使其自动下载所满足的最高版本的Android SDK；再更改Scripting Backend中的参数为IL2CPP，如图16.5所示。

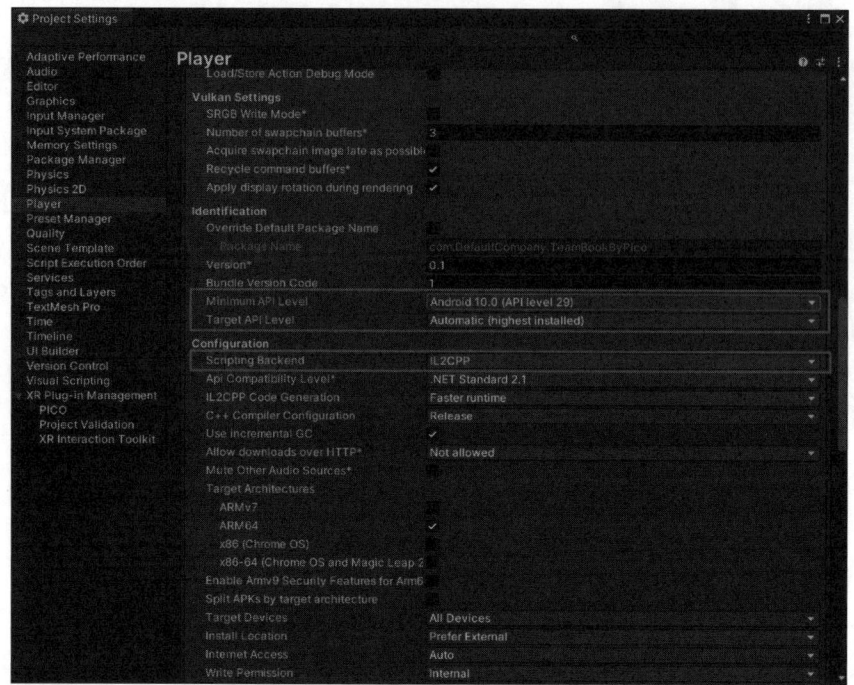

图 16.5

（3）勾选ARM64复选框，并取消勾选ARMv7复选框，如图16.6所示。ARM64允许应用在64位环境中运行，以实现更好的应用性能。此外，64位应用拥有更高的寻址空间（超过4GB），且支持动态内存分配。

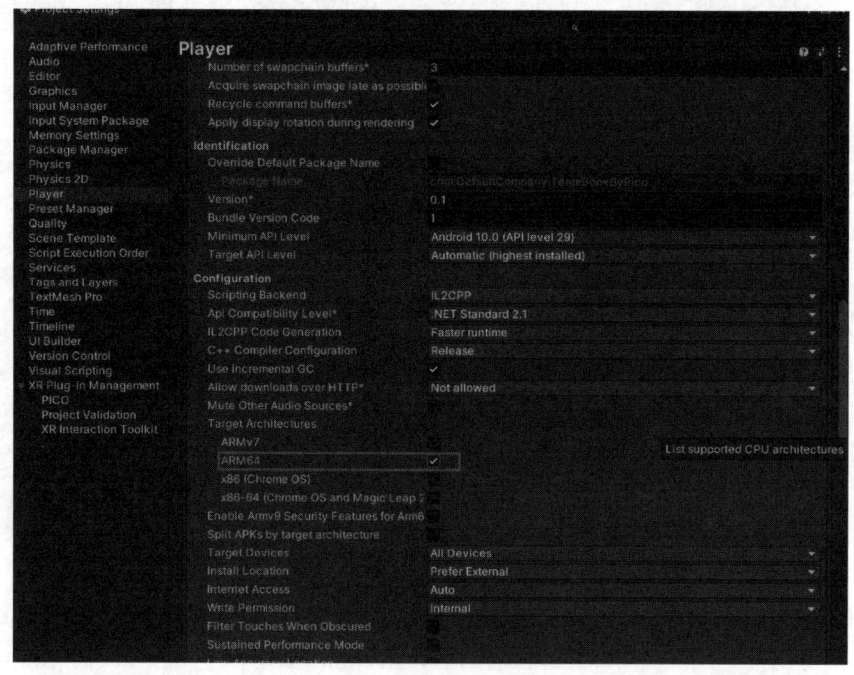

图 16.6

16.3 虚拟现实场景创建

完成项目配置后，开发者还需要对环境进行编译运行。因此，本节将搭建一个包含XR摄像机、地面、手柄和射线的基础场景。

【示例 16.3】 导入示例文件

在搭建场景之前，需要在Unity的Package Manager中升级XR Interaction Toolkit并导入示例文件。

PICO开发者XR Interaction Toolkit 是 Unity 提供的一个高级工具包，包含许多跨平台的 XR 交互功能。以下是导入该工具包的详细步骤。

（1）在Unity上方菜单栏处选择Windows→Package Manager命令，打开Package Manager窗口。

（2）在Package Manager窗口中选择Package中的Unity Registry，如图16.7所示。

（3）在Package Manager窗口右上角搜索XR Interaction Toolkit，选中后先导入，然后单击右侧的Samples，并导入Starter Assets和XR Device Simulator两个示例文件。图16.8所示为已经导入完成的结果。表16.1是这两个示例文件的说明。

表 16.1 示例文件的说明

示例文件	说 明
Starter Assets	该示例文件默认位于 Assets/Samples/XR Interaction Toolkit/[version]/Starter Assets 目录下，提供了一套示范配置文件，包括一套默认的输入动作和预设
XR Device Simulator	XR 设备模拟器，提供用于模拟 XR 头戴和手柄的资产，默认位于 Assets/Samples/XR Interaction Toolkit/[version]/XR Device Simulator 目录下。该示例文件允许通过鼠标和键盘输入来操控头戴和手柄。文件夹内包含与模拟器配套使用的示例 Binding，以及一个可以在场景中快速使用的预制体

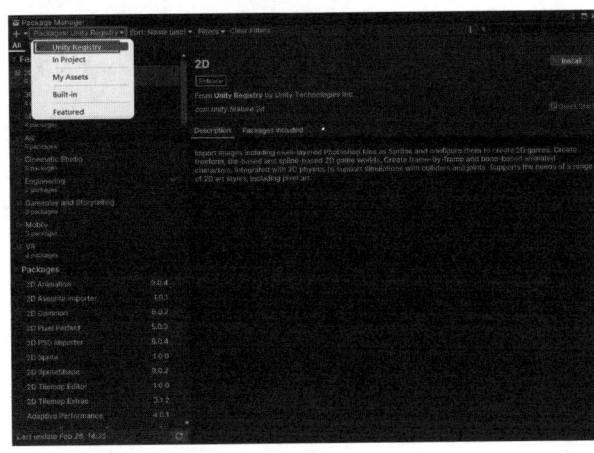

图 16.7　　　　　　　　　　　　　图 16.8

【示例 16.4】 配置场景

更新并下载完XR示例文件后就可以配置场景了，以下是详细操作步骤。

1. 配置 XR 摄像机

需要在场景内添加一个XR摄像机，用于捕捉虚拟世界并将其显示在显示器上。XR 摄像机是 XR Interaction Toolkit 中的一个默认组件，可以同时渲染左右眼画面并在头戴上呈现。

（1）在Hierarchy视图中，删除场景中默认的主摄像机（Main Camera）。

（2）单击+→XR→XR Origin（VR），如图16.9所示，将XR Origin添加到场景中，如图16.10所示为XR Origin（VR）的结构。

（3）选中XR Origin (XR Rig)，在Inspector视图中单击底部的Add Component按钮，并搜索PXR_Manager脚本，将其添加，如图16.11所示。

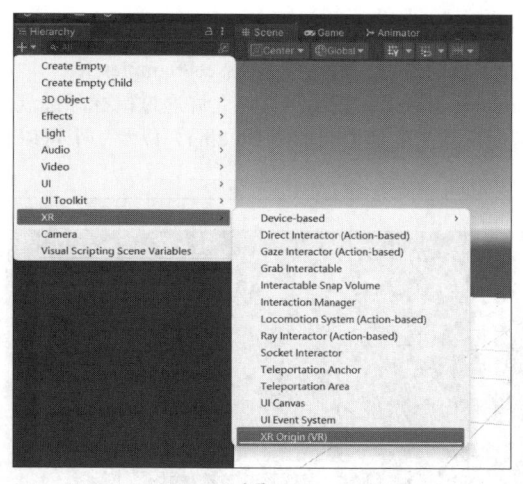

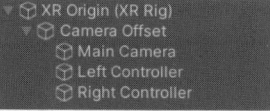

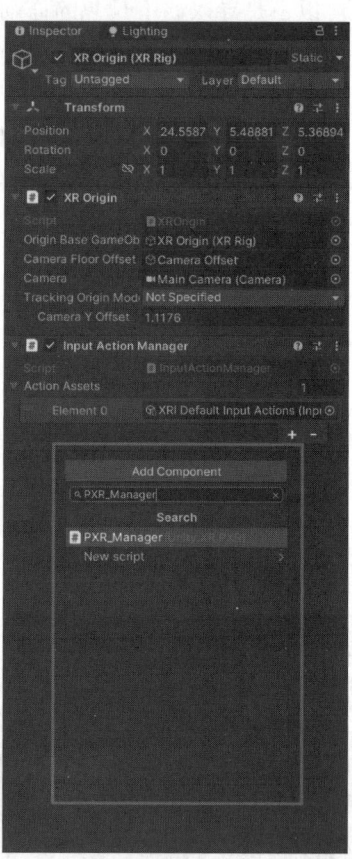

图 16.9　　　　　　　　　图 16.10　　　　　　　　　图 16.11

2. 配置手柄模型

在完成VR摄像机的配置后，接下来需要配置手柄模型。手柄模型是通过16.2节导入的PICO Unity Integration SDK插件提供的。

（1）在Hierarchy视图中，单击XR Origin (XR Rig)→Camera Offset，选中Left Controller，在Inspector视图中，单击XR Controller (Action-based) 右上角的Select Preset按钮，如图16.12所示。

（2）在弹出的窗口中选择XRI Default Left Controller设置文件，并双击将其添加，如图16.13所示。

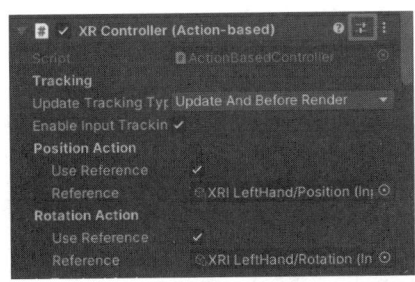
图 16.12

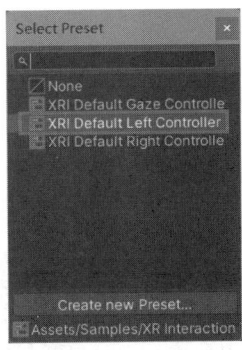
图 16.13

(3) 添加设置文件后,在同一个XR Controller (Action-based) 下找到Model Prefab设置项。与此同时,在Project视图中的Packages→PICO Integration→Assets→Resources→Prefabs路径下,找到手或手柄模型,并将其挂载到Model Prefab上,如图16.14所示。

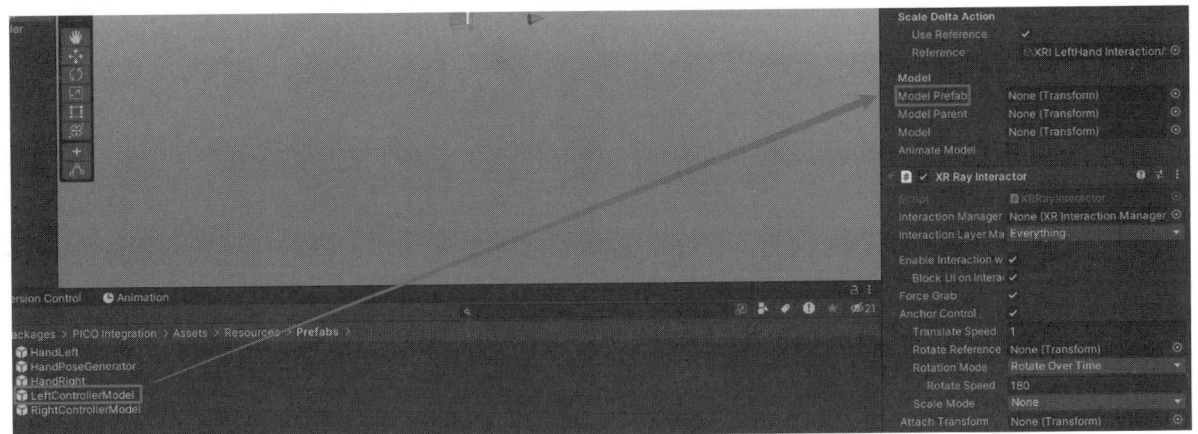
图 16.14

(4) 完成步骤(1)~(3)后,模型就绑定在Left Controller上了,可以按同样的方式配置Right Controller。

3. 设置输入判定

为了使场能够正确判定VR手柄设备的输入,需要使用PICO Unity Intergration SDK中自带的最新Unity输入系统,并在XR Origin (XR Rig) 中添加Input Action Manager脚本来控制输入。

(1) 在Hierarchy视图中选中XR Origin (XR Rig),在Inspector视图底部单击Add Component按钮,在搜索框中输入Input Action Manager,然后双击添加,如图16.15所示。

(2) 添加后,在Input Action Manager脚本区域展开Action Assets列表,单击 + 按钮,添加Element 0配置项,并单击Element 0右边的圆圈图标,双击弹出窗口中的XRI Default Input Actions,将其挂载在Element 0上,如图16.16所示。

至此,基础虚拟现实场景搭建完成,效果如16.17所示。

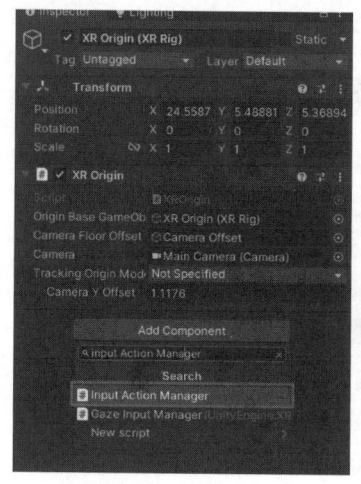
图 16.15

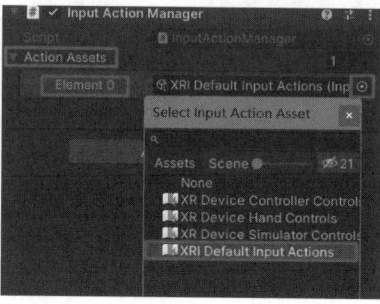
图 16.16

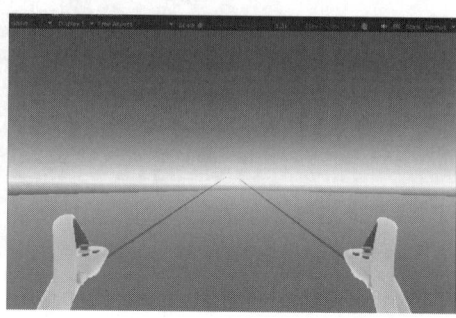
图 16.17

16.4 虚拟现实项目实现

在Unity VR环境和场景都配置并搭建完成后，本节将通过一个例子来演示VR接口的使用：如VR射线检测、VR按键输入等。

该例子所实现的效果是将地面上的一个球体捡起，然后将其放置到指定区域，并且可以反复进行捡起和放置操作。具体效果如图16.18所示。

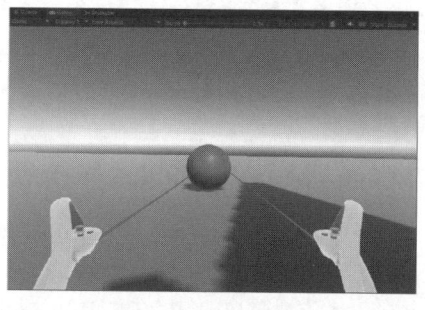
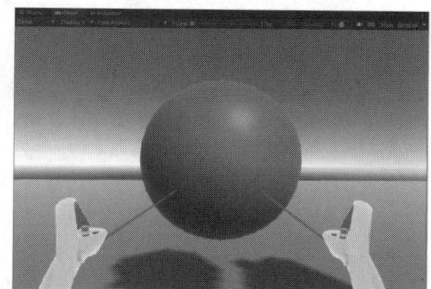
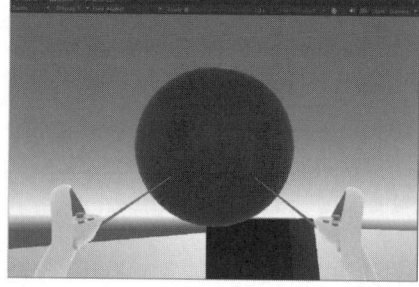

图 16.18

【示例 16.5】 制作 Demo

制作 Demo 的基本流程如下。

1. 创建场景物体

（1）创建一个名为 Player 的物体，带有 Rigidbody 组件。如图 16.19 所示，勾选 Use Gravity 复选框，并且勾选 Freeze Rotation 中的 X 和 Z 复选框，使其不围绕 X 轴和 Z 轴旋转。

（2）**创建一个名为 PlayerTrigger 的物体（最好是 Cube 物体），用于检测 Player 物体是否接近放置区。**因此，需要取消勾选其组件中的 Mesh Renderer，并且在其 Box Collider 组件中勾选 Is Trigger 复选框，如图 16.20 所示。然后将其放置在玩家物体的位置上，并且将整体缩放成一个体积大于玩家的立方体，如图 16.21 所示。

（3）根据 16.3 节的内容创建一个 XR 摄像机，并创建一个 Ball 物体用于拿起和放置，如图 16.22 所示。

（4）创建一个 DropArea 物体作为放置区，如图 16.23 所示。

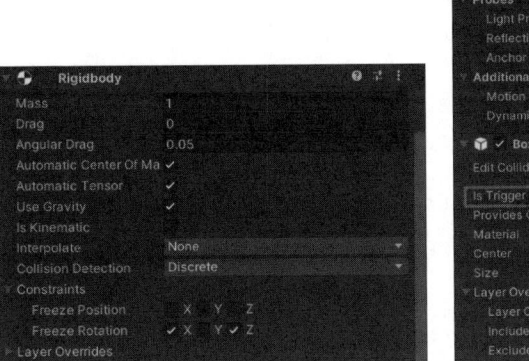

图 16.19

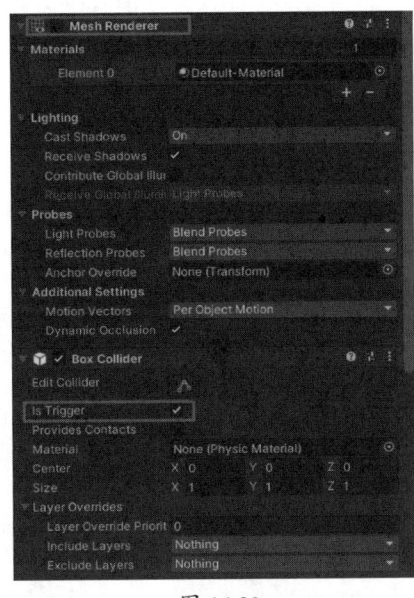

图 16.20

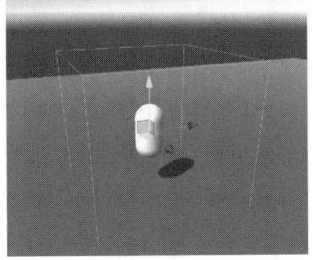

图 16.21

图 16.22

图 16.23

2. 编写脚本

根据上文所实现的效果，可以得出这个 Demo 的开发思路。具体如下：

- 玩家手柄射线检测拿起物体。
- 玩家触发器检测是否靠近放置区物体。
- 条件满足时，将玩家物体放置在放置区物体上。

根据上面的思路，可以整理出以下功能。

（1）OnTriggerEnter(Collider other)：判断放置区是否进入玩家的触发器内。若进入，则更改状态，此状态可以使物体固定在放置区内。

（2）OnTriggerExit(Collider other)：判断放置区是否离开玩家的触发器内。若离开，则更改状态，使物体在放置时不会固定在放置区内。

（3）PlayerRayTrigger()：判断玩家手柄中射出的左右射线是否接近物体。当接近物体并且距离小于3时更改状态，此状态可以使物体被玩家拿起。

（4）PickUp()：拿起物体。判断玩家手柄射线检测状态，若状态符合，则将拿起的物体设置为玩家的子物体，将其位置保持在玩家的胸前部位，并且取消其重力作用，更改状态。

（5）DropDown()：放置物体在地上/放置区域内。判断玩家的射线检测和触发器检测是否都符合状态，若符合，说明玩家已经处于放置区域内，则可以将拿起物体的父物体更改为放置区物体，并且将其位置固定在放置区正上方，并取消其重力作用，更改状态；若不符合，说明玩家处于放置区域外，只能将拿起的物体丢出去，并且恢复其重力作用，更改状态。

【示例16.6】 代码实现 VR Demo

```
using UnityEngine;
//调用命名空间
using UnityEngine.XR.Interaction.Toolkit;

//玩家手柄射线检测状态
public enum RayTrigger
{
    noTrigger,
    isTrigger,
    onTrigger
}

//玩家触发器检测状态
public enum BoxTrigger
{
    noTrigger,
    isTrigger,
}

public class ExampleScript_16_1 : MonoBehaviour
{
    [Header("玩家物体")]
    public Transform Player;
    public Transform Camera;

    [Header("玩家触发器")]
```

```csharp
public Collider PlayerCollider;

[Header("玩家左、右射线")]
public XRRayInteractor leftRayInteractor;
public XRRayInteractor rightRayInteractor;
RaycastHit hit;

[Header("场景内物体")]
public Transform SceneObj;

[Header("放置区物体")]
public Transform DorpObj;

[Header("球")]
public Transform BallObj;
public Rigidbody BallRig;

[Header("搬起物体距离玩家的位置差值")]
public Vector3 offset_Ball;

[Header("放置区位置差值")]
public Vector3 offset_Drop;

[SerializeField]
public BoxTrigger boxTrigger;
public RayTrigger rayTrigger;

//获取左右手柄设备
InputDevice leftHandController;
InputDevice rightHandController;

//判断是否按下
bool isPrimaryButton = false;
bool isSecondButton = false;

private void Start()
{
    leftHandController = InputDevices.GetDeviceAtXRNode(XRNode.LeftHand);
    rightHandController = InputDevices.GetDeviceAtXRNode(XRNode.RightHand);
}


private void Update()
{
    PlayerRayTrigger();
    if (rightHandController.TryGetFeatureValue(CommonUsages.primaryButton, out isPrimaryButton))
    {
        PickUp();
    }
    if (rightHandController.TryGetFeatureValue(CommonUsages.secondaryButton, out isSecondButton))
```

```csharp
        {
            DropDown();
        }
    }

    private void OnTriggerEnter(Collider other)
    {
        if (other.gameObject.tag == "DropObject")
        {
            boxTrigger = BoxTrigger.isTrigger;
        }
    }

    private void OnTriggerExit(Collider other)
    {
        if (other.gameObject.tag == "DropObject")
        {
            boxTrigger = BoxTrigger.noTrigger;
        }
    }

    public void PlayerRayTrigger()
    {
        if (leftRayInteractor.TryGetCurrent3DRaycastHit(out hit) || leftRayInteractor.TryGetCurrent3DRaycastHit(out hit))
        {
            float distance = (hit.collider.transform.position - Player.transform.position).magnitude;
            if (distance <= 3)
            {
                if (rayTrigger == RayTrigger.onTrigger)
                {
                    rayTrigger = RayTrigger.onTrigger;
                }
                else
                {
                    rayTrigger = RayTrigger.isTrigger;
                }
            }
            else
            {
                rayTrigger = RayTrigger.noTrigger;
            }
        }
    }

    public void PickUp()
    {
        if (rayTrigger == RayTrigger.isTrigger)
        {
            BallObj.SetParent(Camera);
```

```csharp
            BallObj.localEulerAngles = Vector3.zero;
            BallObj.localPosition = Vector3.zero + offset_Ball;
            rayTrigger = RayTrigger.onTrigger;
            BallRig.useGravity = false;
        }
    }

    public void DropDown()
    {
        Debug.Log("box状态" + boxTrigger);
        if (boxTrigger == BoxTrigger.isTrigger && rayTrigger == RayTrigger.onTrigger)
        {
            BallObj.SetParent(DorpObj);
            BallObj.localEulerAngles = Vector3.zero;
            BallObj.localPosition = Vector3.zero + offset_Drop;
            rayTrigger = RayTrigger.noTrigger;
        }
        else
        {
            BallObj.SetParent(SceneObj);
            rayTrigger = RayTrigger.noTrigger;
            BallRig.useGravity = true;
        }
    }
}
```

第 17 章 音频可视化程序开发实战

> **内容概述**
>
> 本章将综合利用 UI 系统和音频系统来实现一个简易的音频可视化程序。

17.1 项目准备

当播放一段音频时，屏幕上会出现随着音频节奏和音量大小而变化的动画效果。这些引人入胜的动画可以使用 Unity 内置的音频采样技术实现。通过对音频信号进行采样，可以将其转化为可视化的图形，使图形与音频信号之间建立起紧密的联系。

1. 素材导入

在编写程序之前，需要先将一些音频素材导入项目中，如图 17.1 所示。读者可以使用自己的音频素材或者书籍附带的音频资源。这些音频素材是创建音频可视化程序的基础，它们将用于后续的音频处理和可视化展示。导入音频素材后，可以根据需要对音频片段进行必要的处理，如裁剪、调整音量等。

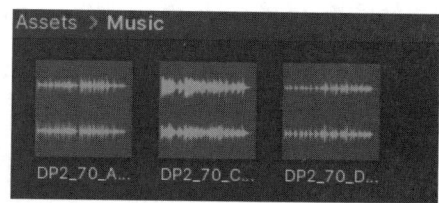

图 17.1

2. 在场景中导入音频片段

完成音频素材的导入和处理后，接下来需要在 Unity 的场景中添加这些音频片段。

（1）在 Hierarchy 视图中创建一个新的空物体，命名为 Music-Manager。这个空物体将作为音频管理的中心，方便组织和管理各个音频片段。

（2）在 MusicManager 下继续创建几个子物体，分别命名为 Mus-ic1、Music2 和 Music3，如图 17.2 所示。这些子物体将用于承载不同的音频片段，以便在运行时进行播放和控制。

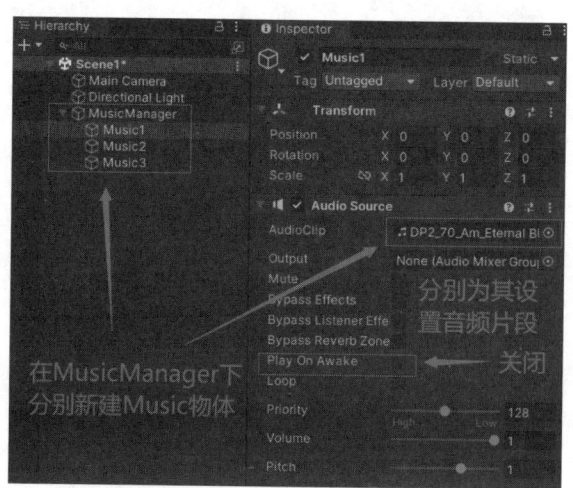

图 17.2

（3）为每个子物体添加AudioSource组件，将之前导入的音频片段分别赋值给每个子物体的AudioClip属性，并关闭每个AudioSource组件的Play On Awake选项。

> **提示：关于Play On Awake选项**
>
> AudioSource组件的Play On Awake选项用于设置音频是否在场景加载时自动播放。本章将在程序运行时通过代码来控制音频的播放，因此需要将这个选项关闭。

17.2 交互界面

在本章中，用户可以根据自己的喜好，在程序运行时选择想要播放的音频和混音器效果。为了方便用户操作，需要设计一个直观易用的用户界面。

（1）按照Unity中UI组件的常规做法，在场景中创建一个Canvas对象作为所有UI元素的容器。为了让UI能够适应不同屏幕尺寸，可以将Canvas的UI Scale Mode参数设置为Scale With Screen Size。

（2）在Canvas下方添加所需的UI元素。此处添加两个图片对象，即Image_BackGround和Image_MusicButtonList，分别作为背景图和音乐列表的展示图，如图17.3所示。为了让音乐列表与背景更加分明，给音乐列表图片添加一个Outline组件，如图17.4所示。

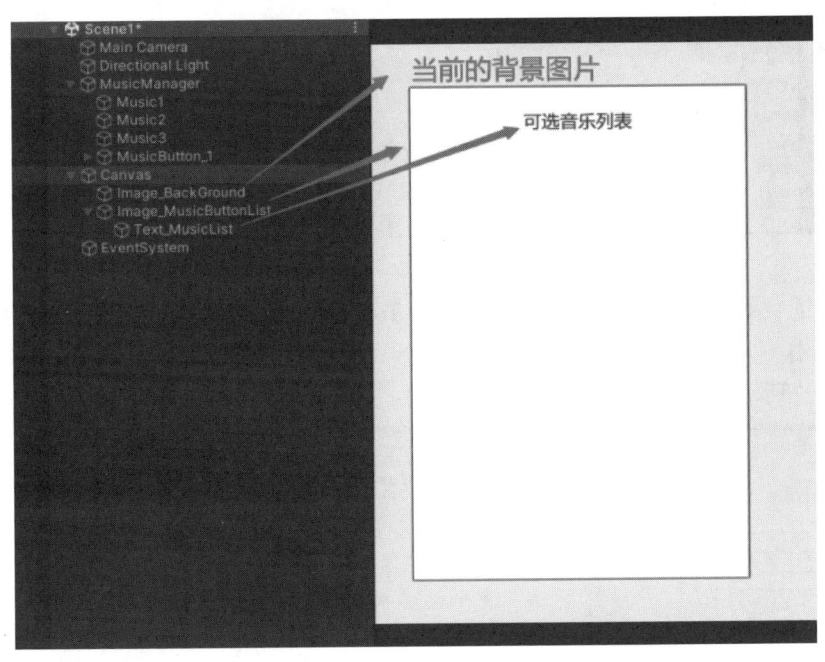

图17.3

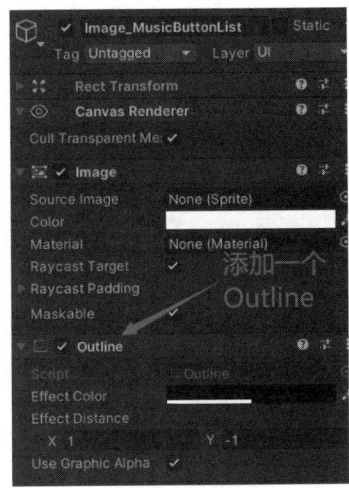

图17.4

（3）在Image_MusicButtonList下方创建一个文本对象，用于显示相关信息。通过调整文本对象的位置和对齐方式，确保其居中显示，如图17.5所示。在音乐列表界面中放置这些按钮，如图17.6所示。

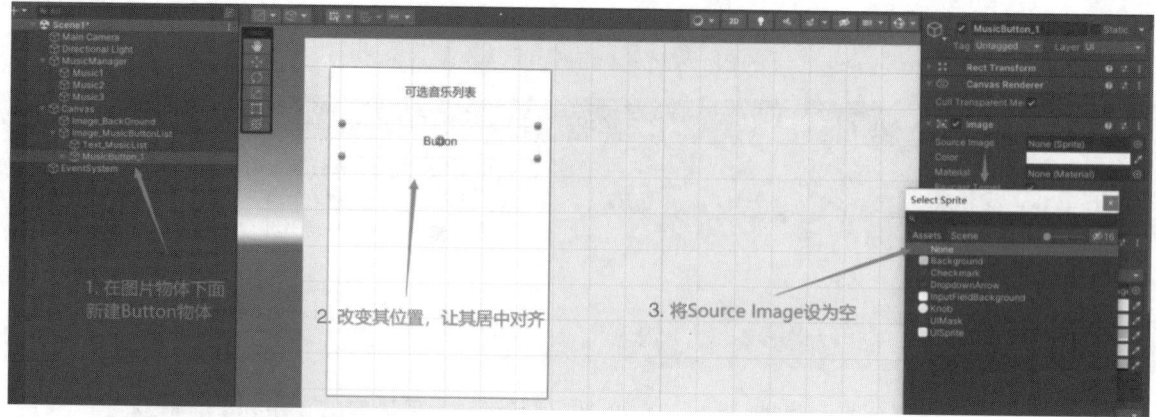

图 17.5

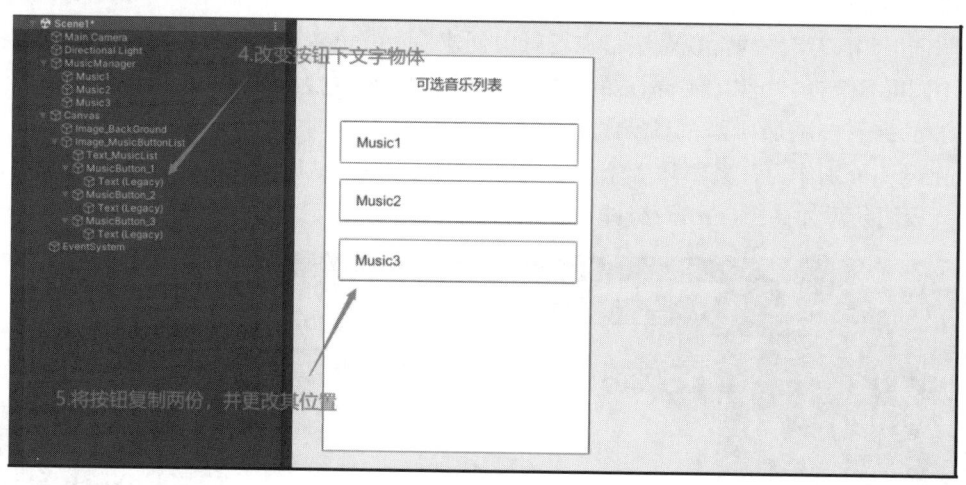

图 17.6

（4）为了方便用户选择不同的混响效果，在主界面右侧添加一个 Toggle Group 组件。这个组件包含两个 Toggle 按钮，用户可以通过单击不同的 Toggle 按钮来切换混响效果预设，从而在运行时改变音频组的混响效果。具体设置步骤如图 17.7 所示。

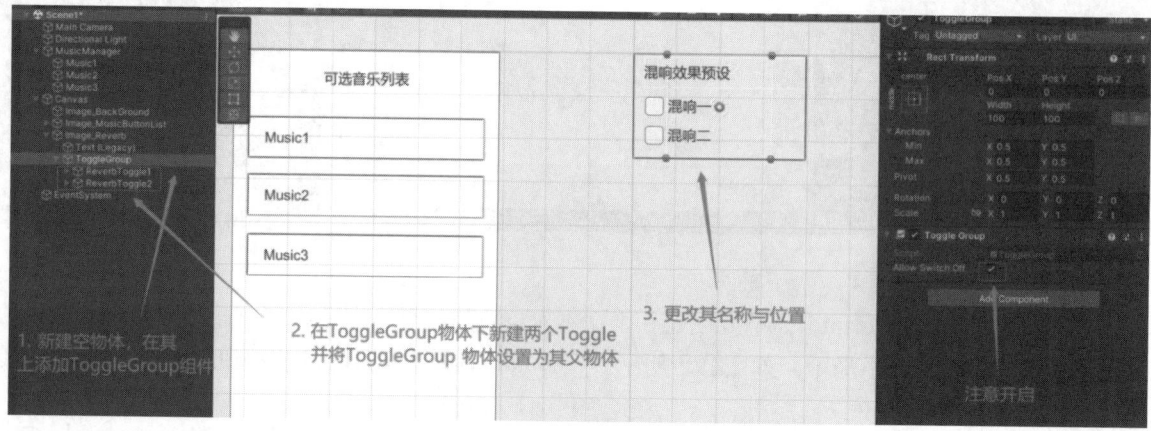

图 17.7

(5)添加一个Slider控件，用于调节音频组的音量大小，如图17.8所示。

(6)在界面的右下角放置一个按钮，用户单击该按钮即可进入音频可视化界面。

至此，整个UI部分的设计就完成了。最终效果如图17.9所示。

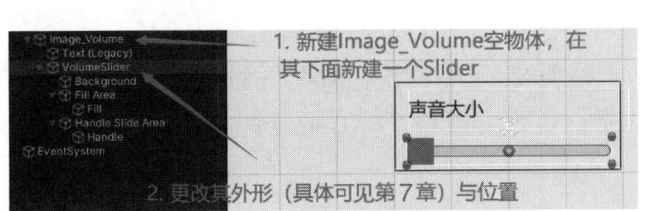

图17.8

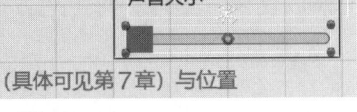

图17.9

17.3 音频可视化脚本实现

音频可视化的核心逻辑在于利用GetSpectrumData()方法获取音频频谱数据，实时地调整物体的Y轴缩放值，从而呈现出动态的视觉效果。音频可视化脚本的实现，有以下五部分需要重点关注。

(1)在代码中定义两个关键数组。

- MusicCubes[]：游戏对象数组，用于存储可视化立方体，每个立方体都代表音频信号的一个可视化元素。
- samplefloat[]：浮点型数组，用于存储通过GetSpectrumData()方法获取的音频频谱数据。

代码如下：

```
private GameObject[] MusicCubes = new GameObject[ShowCube];
[SerializeField]
private float[] samplefloat = new float[SampleNumber];
```

(2)声明了一个公开的AudioSource变量，代表用户在界面上选择的音频源。

(3)在程序的初始化部分，**根据模板MusicCubeSample创建了32个立方体对象，并将它们的位置按序排列**。每个新创建的立方体都在前一个的基础上沿X轴方向偏移一定的距离。

代码如下：

```
for (int i = 0; i < ShowCube; i++)
{
    MusicCubes[i] = Instantiate(MusicCubeSample, new Vector3(i, 0, 0),
    MusicCubeSample.transform.rotation);
}
```

(4)程序会逐帧检查IsPlaying变量的值。如果音频正在播放（即IsPlaying为真），则使用GetSpectrumData()方法获取当前音频源的频谱数据，并将这些数据存储到samplefloat[]数组中。

代码如下：

```csharp
if (IsPlaying == true)
{
    audioSource.GetSpectrumData(samplefloat, 0, FFTWindow.Rectangular);
    for (int i = 0; i < ShowCube; i++)
    {
        //将每个Cube的Y轴大小，更改为采样出的数组的值
        MusicCubes[i].transform.localScale = new Vector3(1, samplefloat[i]*100, 1);
    }
}
```

（5）程序遍历samplefloat[]数组。数组的每个下标都对应一段频率范围的声音信号的数值。根据对应位置的频谱数据值，动态调整每个立方体的Y轴缩放比例。这样，每个立方体的高度就会根据音频信号的强度实时变化。

【示例17.1】　音频可视化脚本

```csharp
using System.Collections;
using System.Collections.Generic;
using UnityEngine;

public class ExampleScript_17_1 : MonoBehaviour
{
    //目标采样位数，这里设置为512位
    public const int SampleNumber = 512;

    //用于可视化展示的Cube的数量
    //注意：这里的ShowCube的数量和SampleNumber数量并不一致
    //因为采样出来的信号在32位之后，大多数值比较小，因此人为舍弃了
    public const int ShowCube = 32;
    //当前音频是否在播放
    public bool IsPlaying = false;
    //用于存放用户选择的音频
    public AudioSource audioSource;
    //初始化Cube物体
    public GameObject MusicCubeSample;
    //场景中所有的Cube数组的大小由ShowCube决定
    private GameObject[] MusicCubes = new GameObject[ShowCube];
    //序列化[SerializeField]
    private float[] samplefloat = new float[SampleNumber];
    private void Start()
    {
        //在场景中生成32个Cube，并且X轴位置依次加1
        for (int i = 0; i < ShowCube; i++)
        {
            MusicCubes[i] = Instantiate(MusicCubeSample, new Vector3(i, 0, 0),
            MusicCubeSample.transform.rotation);
        }
```

```csharp
    }
    private void Update()
    {
        AudioSample();
    }

    private void AudioSample()
    {
        if (IsPlaying == true)
        {
            //如果当前音频正在播放,采样每帧,并将结果存放到samplefloat[]数组中
            audioSource.GetSpectrumData(samplefloat, 0, FFTWindow.Rectangular);

            for (int i = 0; i < ShowCube; i++)
            {
                //将每个Cube的Y轴大小更改为采样出的数组的值
                MusicCubes[i].transform.localScale = new Vector3(1, samplefloat[i]*100, 1);
            }
        }
    }
}
```

17.4 交互事件实现

在可视化代码准备就绪后,接下来的关键步骤是将UI界面中的按钮与音频处理逻辑紧密关联起来。UI界面包含4个核心部分,包括可选音乐列表、混响效果预设和可视化界面按钮。

1. 可选音乐列表

由17.2节中的图17.9可知,"可选音乐列表"中有3个按钮,以下是代码实现。

【示例17.2】 可选音乐列表实现

```csharp
using System.Collections;
using System.Collections.Generic;
using UnityEngine;

public class ExampleScript_17_2 : MonoBehaviour
{
    //3个Music的音频源
    public AudioSource[] audioSourceMusics;
    //存放MusicCube物体,用于获取其自身的AudioSource
    private GameObject m_MusicCubes;

    private void Start()
    {
        m_MusicCubes = GameObject.Find("MusicCubes");
```

```
}

public void OnClickMusic_1()
{
    m_MusicCubes.GetComponent<Script_9_5>().audioSource = audioSource-
    Musics[0];
}

public void OnClickMusic_2()
{
    m_MusicCubes.GetComponent<Script_9_5>().audioSource = audioSource-
    Musics[1];
}

public void OnClickMusic_3()
{
    m_MusicCubes.GetComponent<Script_9_5>().audioSource = audioSource-
    Musics[2];
}
```

脚本编写完成后，还需要给按钮添加单击事件。在Inspector视图中，分别单击3个按钮物体，在其OnClick中设置对应的回调函数以实现逻辑的绑定，如图17.10所示。

图 17.10

2. 混响效果预设

完成了可选音乐列表的事件绑定后，下一步就是配置混响效果的预设。

（1）创建一个混音器来管理不同的音频组。在Unity的Project视图中，新建一个名为ReverbMixer的Audio Mixer。双击，进入Mixer界面，在音频组列表视图中新建两个音频组，分别命名为ReverbEffect1和ReverbEffect2，如图17.11所示。

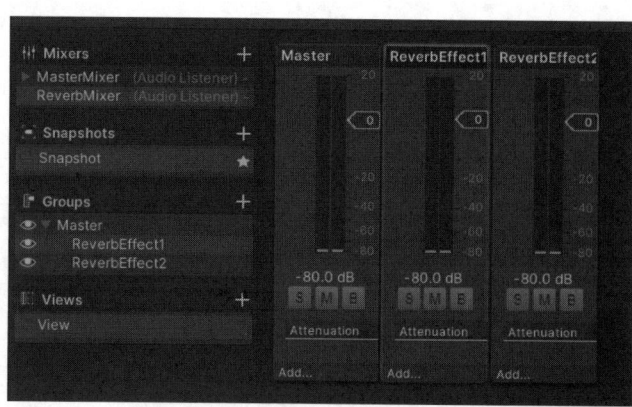

图 17.11

（2）音频组创建完成后，选中一个音频组，单击Add选项，添加SFX Effect效果。在右侧的属性视图中，可以分别设置这些混响效果的参数数值。

（3）编写脚本控制这些效果。通过控制Audio Source的输出来实现。

（4）在编写脚本时，首先获取MusicCubes物体，再更改其Audio Source的属性值。由于这个功能将被Toggle组件触发，因此脚本中需要实现Toggle的事件回调。当Toggle1被单击时，会调用其OnValueChange_1()方法。在调用后，还要检查其isOn属性的值，确保只有在按钮被单击时才执行更改outputAudioMixerGroup的操作。

【示例17.3】 音频组切换

```csharp
using System.Collections;
using System.Collections.Generic;
using UnityEngine;
using UnityEngine.Audio;

public class ExampleScript_17_3 : MonoBehaviour
{
    public AudioMixerGroup[] audioMixerGroups;

    //存放MusicCube物体，获取其AudioSource
    private GameObject m_MusicCubes;

    private void Start()
    {
        m_MusicCubes = GameObject.Find("MusicCubes");

    }

    public void OnValueChange_1(bool isOn)
    {
        if (isOn == true)
        {
            m_MusicCubes.GetComponent<Script_9_5>().audioSource.
            outputAudioMixerGroup = audioMixerGroups[0];
        }
    }

    public void OnValueChange_2(bool isOn)
    {
        if (isOn == true)
        {
            m_MusicCubes.GetComponent<Script_9_5>().audioSource.
            outputAudioMixerGroup = audioMixerGroups[1];
        }
    }
}
```

3. 可视化界面按钮

可选音乐列表和混响效果预设的事件绑定后，还有两个部分：声音调节和可视化界面按钮。可视化界面按钮的实现十分简单，当用户单击按钮后，UI界面消失，场景中播放用户选择的音乐，并对音乐进行采样和可视化展示。

【示例17.4】 可视化界面代码实现

```csharp
using System.Collections;
using System.Collections.Generic;
using UnityEngine;

public class ExampleScript_17_4 : MonoBehaviour
{
    public GameObject canvasObj;
    private GameObject m_MusicCubes;

    private void Start()
    {
        m_MusicCubes = GameObject.Find("MusicCubes");
    }

    public void OnClickShowMusic()
    {
        canvasObj.SetActive(false);
        m_MusicCubes.GetComponent<Script_9_5>().audioSource.Play();
        m_MusicCubes.GetComponent<Script_9_5>().IsPlaying = true;
    }
}
```

最终效果如图17.12所示。小方块数组会根据当前播放的音频信息，实时调整其在Y轴上的大小变化，呈现出动感十足的视觉效果。

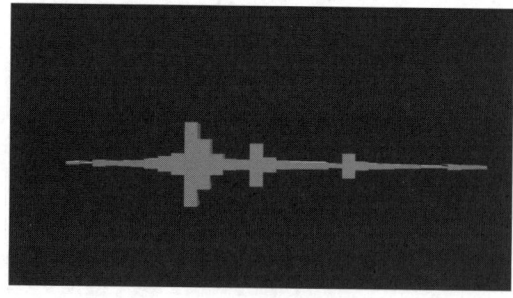

图 17.12